Marianne Leuzinger-Bohleber · Eugen Mahler (Hrsg.)

Phantasie und Realität in der Spätadoleszenz

Marianne Leuzinger-Bohleber · Eugen Mahler (Hrsg.)

Phantasie und Realität in der Spätadoleszenz

Gesellschaftliche Veränderungen und Entwicklungsprozesse bei Studierenden

Westdeutscher Verlag

Die Deutsche Bibliothek – CIP-Einheitsaufnahme

Phantasie und Realität in der Spätadoleszenz:
gesellschaftliche Veränderungen und Entwicklungsprozesse bei Studierenden / Marianne Leuzinger-Bohleber; Eugen Mahler (Hrsg.).
– Opladen: Westdt. Verl., 1993
ISBN 3-531-12382-3
NE: Leuzinger-Bohleber, Marianne [Hrsg.]

Der Westdeutsche Verlag ist ein Unternehmen der Verlagsgruppe Bertelsmann International.

Umschlaggestaltung: Horst Dieter Bürkle, Darmstadt
Druck und buchbinderische Verarbeitung: Lengericher Handelsdruckerei, Lengerich
Gedruckt auf säurefreiem Papier
Printed in Germany

ISBN 3-531-12382-3

Inhaltsverzeichnis

Vorwort

Nicht nur die Einsicht, daß die Spätadoleszenz in der psychoanalytischen Literatur immer noch wie ein Stiefkind behandelt und ihr erstaunlich wenig Aufmerksamkeit geschenkt wird, sondern auch pragmatische Überlegungen motivierten uns 1988 zu dem Forschungsprojekt "Psychische Konflikte und Hochschulstruktur, 1968 und heute", dessen Ergebnisse wir in diesem Buch zusammenfassen: außer neuen Erkenntnissen zu spätadoleszenten Entwicklungsprozessen heutiger Studierender erhofften wir von unserer Forschungsarbeit auch, öffentlich auf die prekäre Situation an der Psychotherapeutischen Forschungs- und Beratungsstelle für Studierende an der Gesamthochschule Kassel aufmerksam zu machen. Zum damaligen Zeitpunkt stand zur Diskussion, ob diese ohnehin nur kümmerlich ausgestattete Beratungsstelle (2 1/2 TherapeutInnenstellen, 1/2 Sekretärinnenstelle für ca. 14000 Studierende) weiter existieren kann. Wie die meisten Beratungsstellen für Studierende im deutschsprachigen Raum war diese Institution indirekt den 68er Studierenden zu verdanken, die nicht nur auf gesellschaftliche Konflikte, sondern auch auf ihr persönliches Leiden lautstark in der Öffentlichkeit hingewiesen hatten. In der Folge waren an vielen Universitäten, z.T. mitgetragen von studentischen Initiativen, Psychotherapeutische Beratungsstellen eingerichtet worden, in denen die Studierenden in ihren oft entwicklungsbedingten Krisen rasche, kompetente und kostenfreie psychotherapeutische Hilfe bekommen sollten. Viele Psychoanalytiker haben sich in solchen Beratungsstellen engagiert; denn aus der - wenn auch spärlichen - psychoanalytischen Fachliteratur geht hervor, daß die meisten spätadoleszenten Krisen trotz einer zuweilen gravierenden Symptomatik mit erstaunlich geringem therapeutischen Aufwand, d.h. in verschiedensten Formen psychoanalytischer Kurztherapie und Gruppentherapie, verstanden werden können und dadurch oft der Entwicklungsprozeß von einer Regression wieder in die Progression umgelenkt werden kann (vgl. dazu u.a. Krecji u. Bohleber, 1981[1]). Daher ist für Psychoanalytikerinnen und Psychoanalytiker die therapeutische Arbeit mit Studierenden zwar oft recht schwierig und herausfordernd, aber auch beeindruckend und befriedigend.

Solche Erfahrungen hatten uns beide geprägt: Eugen Mahler baute 1968-70 die Psychotherapeutische Beratung für Studierende in Frankfurt auf. Marianne Leuzinger-Bohleber arbeitete 1975 bis 1981 an der Beratungsstelle des Instituts für Klinische Psychologie der Universität Zürich vor allem mit Spätadoleszenten. Daher bewegte uns beide, daß an einer Reformuniversität wie der GhK so wenig Sensibilität und Einsicht vorzufinden war, welche individuellen und institutionellen Chancen verpaßt werden, wenn Studierenden an der Universität keine Möglichkeit geboten wird, rasche und kompetente Hilfe in ihren Krisen in Anspruch zu nehmen. Oft sind es gerade besonders begabte und sensible Studierende, die akute Krisen in dieser Entwicklungsphase erleben, die sie ohne therapeutische Hilfe nicht bewältigen können. Wird ihnen eine solche Hilfe rasch und unkompliziert gewährt, kann die Krise zur Entwicklungschance und Persönlichkeitsreifung umgewandelt werden. Wird sie ihnen verweigert, bestimmt dies u.U. den gesamten weiteren Lebensweg, wobei das

---

[1] Literaturangaben: vgl. Einleitung dieses Buches.

persönliche Leiden oft korrespondiert mit einer Verlängerung der Studienzeit, mit Prüfungsversagen bis hin zum Studienabbruch (vgl. dazu Mahler, 1969, Leuzinger-Bohleber, 1991). Daher ist es aus unserer Sicht eine Mißachtung des kreativen Potentials der nachwachsenden Generation, ihnen psychotherapeutische Beratungen innerhalb der Universität zu verweigern. Eine dort angesiedelte Beratungsstelle senkt nicht nur die Hemmschwelle, psychotherapeutische Hilfe in Anspruch zu nehmen, sondern verringert, verglichen mit Kriseninterventionen in psychiatrischen Institutionen oder auch in psychotherapeutischen Praxen, darüber hinaus die Gefahr einer Pathologisierung und Stigmatisierung der Studierenden, was gerade in der Spätadoleszenz eine nicht zu unterschätzende Relevanz hat.

An der GhK war die psychotherapeutische Beratung von Studierenden an die Professur von Dr. Dr. H. Junker geknüpft, der diese Institution zusammen mit Renate Dumschat aufgebaut und jahrelang geleitet hatte. Als sich sein Forschungsgebiet verlagerte und er die Leitung der Beratungsstelle aufgab, war diese in ihrer Weiterexistenz bedroht. Um diese Einrichtung zu sichern, aber gleichzeitig auf die institutionelle und personelle Notlage der Beratungsstelle hinzuweisen, übernahm Eugen Mahler schließlich die Leitung der Beratungsstelle, unter der Bedingung, daß er zusammen mit Marianne Leuzinger-Bohleber das hier vorgestellte Forschungsprojekt durchführen kann. An dem Projekt beteiligten sich die Mitarbeiterinnen und Mitarbeiter der Beratungsstelle, Renate Dumschat, Roland Koechel, Ulla Sperling und Gerhard Wittemberger, sowie einige Studierende, vor allem Diethelm Class, Claudia Lützen, Ulrike Schulmeyer-Herbold. Annette Bertrams schreibt im Rahmen des Projektes ihre Promotion. Wir danken ihnen allen für die bereichernde und interessante Zusammenarbeit. Dieses Buch enhält, ergänzt durch einige Manuskripte, die Ergebnisse unserer psychoanalytischen Studie und ist als Beitrag zu einem vertieften Verständnis spätadoleszenter Enwicklungsprozesse, vor allem bei heutigen Studierenden, gedacht.

Das zweite Ziel unseres Projektes haben wir nur teilweise erreicht: Zwar hat sich das Studentenwerk Kassel (vor allem dank der Initiativen von Dieter Beuermann und Tom W. Ackerman) in Kooperation mit der Universität (u.a. von Marion Schomburg, Wolfgang Gabler und dem Präsidenten, Dr. Hans Brinckmann) um eine stabile institutionelle Verankerung der Beratungsstelle bemüht; doch wurde leider bisher die personelle Ausstattung nicht erweitert, obschon inzwischen fast 17000 Studierende an der GhK eingeschrieben sind. Wir wünschten uns daher, daß nicht nur Fachleute, sondern auch einige der politisch Verantwortlichen unser Buch zum Anlaß nehmen, über die psychische und psychosoziale Situation heutiger Studierender nachzudenken.

Wir selbst haben bei diesem Nachdenken viele Anregungen von den Kolleginnen und Kollegen erhalten, mit denen wir an einer Tagung im April 1992 in Kassel die Ergebnisse unseres Forschungsprojektes diskutieren konnten. Wir danken den Tagungsteilnehmerinnen und -teilnehmern für diese Bereicherung wie auch den Referenten, deren Beiträge wir im ersten Teil dieses Buches abdrucken. Frau Heidi Eickmann hat unser Projekt während der ganzen vier Jahre unterstützt und vor allem die Durchführung der Tagung mit großem Organisationstalent und Engagement ermöglicht. Frau Traudel Meyer-Stoll hat nicht nur viele Manuskripte sorgfältig geschrieben, sondern, z.T. unterstützt durch Frau Inge Gerlach-Wiegand, TDS Melsungen, die anspruchsvolle Formatierung und Gestaltung der Manuskripte übernommen. Ihnen allen gilt unser herzlicher Dank.

Das Forschungsprojekt wurde im Rahmen des Wissenschaftlichen Zentrums II für Psychoanalyse, Psychotherapie und psychosoziale Forschung der GhK durchgeführt und mit bescheidenen Mitteln unterstützt. Weitere finanzielle Unterstützung erhielten wir durch die Thyssen-Stiftung, das Hessische Ministerium für Kunst und Wissenschaft und die Hans-Böckler-Stiftung (Promotionsstipendium von Annette Bertrams).

Vor allem aber danken wir den Studierenden, die uns in ihrer spätadoleszenten Sensibilität immer wieder auf Romantisierungen oder latente Wertungen in unseren "wissenschaftlichen" Aussagen aufmerksam machen und die intensive Auseinandersetzung und den Dialog mit uns suchen - trotz aller Widrigkeiten der heutigen Massenuniversität.

Kassel, im November 1992

Marianne Leuzinger-Bohleber | Eugen Mahler

Teil I:

Zur Psychoanalyse der Spätadoleszenz

Phantasie und Realität in der Spätadoleszenz - Gesellschaftliche Veränderungen und Entwicklungsprozesse bei Studierenden

Eine Einleitung

Marianne Leuzinger-Bohleber/Eugen Mahler

"Das schönste in diesem Museum aber war, daß alles immer genauso stehen blieb. Nichts bewegte sich. Man hätte hunderttausendmal hingehen können, und der Eskimo hätte immer gerade die beiden Fische gefangen gehabt, die Vögel wären immer noch auf ihrem Flug nach Süden gewesen, die Rehe hätten noch aus dem Wasserloch getrunken, mit ihrem hübschen Geweih und den hübschen hageren Beinen, und die Squaw mit der nackten Brust hätte immer noch an der gleichen Decke gewoben. Nichts wäre anders gewesen. Nur man selber wurde anders. Nicht daß man plötzlich viel älter war oder so. Das meine ich eigentlich nicht. Man war einfach nur anders. Man hatte diesmal einen Mantel an. Oder das Kind, das beim letztenmal neben einem hergegangen war, hatte jetzt Scharlach, so daß ein anderer neben einem ging. Oder eine Stellvertreterin von Miss Aigletinger führte die Klassen ins Museum. Oder man hatte gehört, wie sich die Eltern im Badezimmer entsetzlich stritten. Oder man hatte auf der Straße gerade eine Pfütze mit Ölringen in allen Regenbogenfarben gesehen. Man wars einfach irgendwie anders - ich kann nicht erklären, was ich damit meine. Und wenn ich es könnte, hätte ich wahrscheinlich keine Lust dazu." (Holden Caulfield)[1]

Zu erklären, was "anders wird" - dazu haben Jugendliche selbst meist keine Lust; sie überlassen dies den Erwachsenen, vor allem den Wissenschaftlern, die sich den Kopf zerbrechen über für sie unerklärliche, neue Verhaltensweisen der Heranwachsenden. Sie versuchen daher Jugendliche zu befragen, zu beobachten, zu "beforschen" , oft im Wunsch, mit ihnen dadurch in Dialog zu treten, sie und ihre spezifische Situation besser zu verstehen, aber zuweilen auch, um die persönliche Verunsicherung zu bewältigen, die durch die Infragestellung eigener Werte, Lebensentwürfe und Weltanschauungen von den Adoleszenten ausgeht. Zuweilen steckt in der Motivation zur Jugendforschung auch der nur teilweise bewußte Wunsch, nochmals an den adoleszenten Entwicklungsprozessen zu partizipieren und daher eigene, in der Spätadoleszenz getroffene Festlegungen zu relativieren. - Doch scheint es gerade zu den Jugendlichen in unserer Kultur zu gehören, daß sie sich - mindestens teilweise - dem Dialog mit den Erwachsenen und deren Wunsch nach Partizipation ent-

[1] In: "Der Fänger im Roggen" von J.D. Salinger, S. 90. Holden Caulfield ist ein Jugendlicher, "der vor der Schule relegiert und dem Elternhaus enfremdet, durch die Gigantenstadt New York irrt" ('Untertitel' des Buches).

ziehen, um sich abzugrenzen, auf sich selbst zu konzentrieren und "anders" werden zu können, d.h. Altes hinter sich zu lassen und Neues zu entdecken. Sie sind in "heißen Kulturen" die Träger des kulturellen Fortschritts (Erdheim). Im oft chaotischen, subjektiven Erleben der adoleszenten Entwicklungsprozesse werden alte individuelle und gesellschaftliche Strukturen durchbrochen: neue Entwicklungen bahnen sich ihren Weg.

Die Trauer von uns Erwachsenen - auch von uns Forschern - , von diesem Aufbruch zu Neuem ausgeschlossen zu sein, fließt zuweilen in eine Romantisierung der Jugendlichen ein. Dabei wird verleugnet, daß die Adoleszenz oft auch eine Zeit der Verunsicherung und der Krise für den Jugendlichen selbst ist, die zu neuen Strukturen führen kann, aber auch - falls die kreativen Ressourcen versagen - mit der Gefahr einer Entgleisung im persönlichen und gesellschaftlichen Bereich verbunden ist. Welches Forschungsinstrumentarium versetzt uns in die Lage, den Blick für die Komplexität und Vielschichtigkeit dieses Forschungsgegenstandes, für die Chancen und Risiken adoleszenter Entwicklungsprozesse, zu öffnen und es nicht im Dienste der Abwehr der "Angst des Forschers vor seinem Forschungsgegenstand" (Devereux) einzusetzen? - Ist hier nicht einmal mehr der Dichter dem Forscher überlegen? "...er richtet seine Aufmerksamkeit auf das Unbewußte in seiner Seele, lauscht den Entwicklungsmöglichkeiten desselben und gestattet ihnen den künstlerischen Ausdruck, anstatt sie mit bewußter Kritik zu unterdrücken. So erfährt er aus sich, was wir bei anderen erlernen, welchen Gesetzen die Bestätigung dieses Unbewußten folgen muß, aber er braucht diese Gesetzte nicht auszusprechen, nicht einmal sie klar zu erkennen, sie sind infolge der Deutung seiner Intelligenz in seinen Schöpfungen verkörpert enthalten." (Freud, GW VII, S. 130/31).

Der Dichter kann sein Werk für sich sprechen lassen. Forscher sind verpflichtet, ihre Beobachtungen im öffentlichen und fachlichen Diskurs der kritischen Diskussion zu stellen - erst in diesem Dialog wird sich die Plausibilität der angestellten Interpretationen erweisen, wobei, besonders in einem Gebiet wie der Jugendforschung, mit einem ständigen Wechsel auch dieser Plausibilitäten gerechnet werden muß, da der Forschungsgegenstand selbst in ständigem Wandel begriffen ist und sich daher "letzten Erklärungen und Wahrheiten"[2] immer entzieht.

An diese Problematik fühlten wir uns erinnert, als wir die eben erschienenen Ergebnisse der neuen Shell-Jugendstudie lasen:

Ungeachtet aller Krisenerscheinungen schaut, nach dieser Studie, die nachwachsende Generation optimistisch in die Zukunft: 72 % von 4000 befragten Jugendlichen im Alter zwischen 13 und 29 Jahren sehen die Zukunft des Lebens eher zuversichtlich als düster, in den neuen Bundesländern sind es sogar 76 %. Dieses Ergebnisse erstaunen nicht nur, weil bei der analogen Untersuchung 1981 der ausgeprägte Zukunftspessimismus der damaligen Jugendlichen auffiel, sondern auch weil sie im starken Gegensatz zum Bild heutiger Adoleszenter steht, das z.Z. die Medien dominiert: eine Welle jugendlicher

[2] Auf die wichtigen, damit implizierten wissenschaftstheoretischen Fragen können wir in diesem Band kaum eingehen (vgl. dazu u.a. Leuzinger-Bohleber, 1987, 1989 und Fischer/Zinnecker, 1992, S. 19ff), sondern hoffen, statt dessen einen Eindruck in unsere Forschungspraxis zu vermitteln, in der wir versucht haben, uns mit verschiedensten methodischen Vorgehensweisen unserem komplexen Forschungsgegenstand anzunähern.

Gewalt gegen Ausländer und Asylanten hält uns in Atem. Es scheint schwer, in diesen Gewalttaten "optimistische Zukunftsvisionen" zu erkennen, vielmehr verweisen diese Adoleszenten schon beim zweiten Blick auf ihre Arbeitslosigkeit und ihre desolate persönliche Situation und damit auf die Schattenseiten der gerade zwei Jahre zurückliegenden deutsch-deutschen Vereinigung. Ist dies nur eine punktuelle Entgleisung adoleszenter Radikalität ins Asoziale, eine kleine Randgruppe inmitten einer Generation zufriedener und optimistischer Jugendlicher?

Zinnecker (1992), ein Autor der Shell-Jugendstudie, vermutet, daß der Zukunftsoptimismus darauf zurückzuführen ist, daß diese Generation während der achtziger Jahre "in einer stabilen ökonomischen Situation mit beispiellosen Wachstumsraten groß geworden ist. Ihre Zuversicht könnte sich des weiteren auf individuelle Lebenschancen gründen, die sich den geburtenschwächeren Jahrgängen eröffnen. So haben sich Bildungs- und Ausbildungsmarkt deutlich entspannt - mit Ausnahmen der Hochschulen, die gerade jetzt mit den Angehörigen der 'Millionenjahrgänge' zu kämpfen haben" (S.116). Zudem vermutet er, daß die jungen Westdeutschen gelernt hätten, sich auch unter unübersichtlichen Bedingungen "privat und beruflich ins Erwachsenenleben einzufädeln: Es ist eine äußerst pragmatische Generation" (S. 116). Wie andere neuere Jugendstudien belegt die Shell-Studie, daß damit eine geringe Bereitschaft, sich politisch zu engagieren, einhergeht. Die heutigen Jugendlichen haben zwar den Pessimismus der 80er-Generation angesichts der Apokalypsevision atomarer Nachrüstung und ökologischer Katastrophe hinter sich gelassen, aber auch das damit verbundene gesellschaftliche Engagement. Politik scheine für diese Jugendlichen eher eine "Art Zuschauersport als ein Betätigungsfeld" (S.161). Zudem teile die überwältigende Mehrheit der Jugendlichen die Ansicht, daß Politiker sich nicht für die Probleme ihrer Wähler interessieren und die Bevölkerung von ihnen betrogen werde.

Zinnecker sieht darin ein ernstzunehmendes Signal einer sich abzeichnenden Entfremdung zwischen dieser Generation und der Welt der Politik bzw. einer politischen Kultur und deren Institutionen. Da diese Generation aufgrund ihrer Sozialisationserfahrungen wie selbstverständlich davon ausgehe, auch weiterhin auf günstige sozioökonomische Bedingungen für ihre persönliche und berufliche Selbstentfaltung zu stoßen, könne bei entsprechenden Enttäuschungen, die aufgrund aktueller Anzeichen einer Rezession zu erwarten sind, die Entfremdung durchaus in offene Feindseligkeit umschlagen, "zumal dann, wenn Stimmungen und Enttäuschungen von den sozialen Rändern des Jugendspektrums auf die Mehrheit der Jugend übergreifen" (S.119). Schon aus diesem Grunde scheint es angebracht, adoleszente Stimmungen, Proteste und Gewaltakte ernstzunehmen, die darin versteckten Botschaften und Gefahren zu entschlüsseln und sie nicht nur als passagere Vorkommnisse von Randgruppen zu bagatellisieren. Auf solche Manifestationen adoleszenter (und vor allem spätadoleszenter) Befindlichkeiten und Konflikte einzugehen und sie einem vertieften, wenn auch immer vorläufigen und bruchstückhaften Verständnis zu erschließen, ist ein Anliegen dieses Buches. Wir denken, daß das psychoanalytische Forschungsinstrumentarium sich dazu eignet, den unbewußten Mikrokosmos bei einzelnen Individuen minutiös zu studieren. Daher könnten psychoanalytische Studien sozialpsychologische Untersuchungen wie die Shell-Studie sinnvoll ergänzen und im interdisziplinären Dialog zu einem differenzierten Verständnis auch latenter Dimensionen der repräsentativen Daten verhelfen. Adoleszenz und Spätadoleszenz stellen die Forscher immer wieder vor komplexe und neue Fragen, da sie besonders geprägt sind durch das Spannungsfeld zwischen aktuellen gesellschaftlichen Prozessen, entwicklungsspezifischen Konflikten und idiosynkratischen und kollektiven Sozialisationsfaktoren, ein Spannungsfeld, das in seinen vielen Facetten nur im interdisziplinären Dialog erforscht und ansatzweise verstanden werden kann.

So ist z.B. für viele erschreckend, daß in manchen rechtsradikalen Äußerungen dieser "dritten Generation" das unverarbeitete Erbe der deutschen Vergangenheit, die unbewußte Identifizierung mit der Ideologie der Großväter, wieder aufscheint. Wie kommt es zu diesen transgenerativen Phänomenen? Durch welche psychischen und psychosozialen Mechanismen werden solche Verhaltensweisen und damit verbundene Ideologien von einer Generation zur anderen weitergegeben? Warum gerade zum jetzigen Zeitpunkt dieser Durchbruch adoleszenter Gewalt? Und warum schlägt das Pendel adoleszenter Protestformen, zwanzig Jahre nach der linken Studentenrevolte, nun derart nach rechts? Warum sind es heute vor allem 15- bis 20jährige - im Gegensatz zu den Spätadoleszenten der 68er Revolte - , die sich ins Rampenlicht der Öffentlichkeit setzen, junge Arbeitslose, Neonazis, Hooligans und Skinheads?

Einigen Vermutungen dazu werden wir in diesem Buch nachgehen. Allerdings ist dabei nicht zu vergessen, daß es vor 4 Jahren wiederum die *Studierenden* in Peking waren, deren politischer Protest von Panzern niedergewalzt wurde und mit ihnen die Hoffnungen von Millionen auf gesellschaftliche Veränderungen. Adoleszenz und Spätadoleszenz sind nicht voneinander unabhängige Entwicklungsphasen, sondern strukturell und inhaltlich miteinander verwandt.

Die deutsch-deutsche Vereinigung hat - von hoffnungsvollen Aussichten für große Teile der Bevölkerung, auch der Jugend, einmal abgesehen - vor allem bei einer Gruppe von Adoleszenten im Osten, die, wie etwa in Rostock von einer realen Arbeitslosigkeit von über 80 % betroffen sind (nach Spiegel, 31.8.92, S.21) und oft keinerlei berufliche und persönliche Lebensperspektiven sehen, Wut, Enttäuschung und Haß aktiviert. Diese Emotionen entzünden sich, wie so oft in der (deutschen) Geschichte, am "Fremden", das sich bekanntlich als Projektionsfläche eigener abgewehrter Impulse besonders gut eignet (vgl. dazu u.a. Bohleber, 1992b, Kristeva, 1991, Literaturverzeichnis). "In den Krawallen gegen Ausländer leben sie ihre Frustrationen über den Schmerz der "Wende" aus. In den Wehrlosen vor ihrer Haustür bekämpfen sie die Angst vor ihrer eigenen Zukunft." (Claußen, 1992, S.12). Diese Jugendlichen nehmen in ihrer desolaten persönlichen Situation latente gesellschaftliche Konflikte im Umkreis der ungelösten Fragen wie Asyl, Einwanderung und anderen Facetten der multikulturellen Gesellschaft seismographisch wahr und entfalten auf dem Boden der offenen Probleme ihre adoleszente, ins Asoziale entgleitende Gewalt.

Verglichen mit der psychosozialen Situation dieser Jugendlichen geht es Studierenden an deutschen Universitäten zweifelsohne weit besser. Und doch können wir einen Notstand nicht mit einem anderen aufrechnen: auch an den Universitäten haben die Zustände für die Betroffenen die Grenze des Zumutbaren erreicht. Daher teilen wir die Einschätzung Zinneckers, daß es durchaus im Bereich des Möglichen liegt, daß der Funke des adoleszenten Protestes auch auf die Spätadoleszenten an den Massenuniversitäten überspringt bzw. in diesem Milieu seine Ausbreitung sucht. - Die zwar noch kaum öffentlich registrierte Zunahme konservativer und rechtsgerichteter Gruppen (z.B. von rechten Burschenschaften) auch an den Universitäten mag ein erster Indikator für solche Entwicklungen sein.

Massenuniversität und Multiversität: veränderte institutionelle Rahmenbedingungen spätadoleszenter Entwicklungsprozesse heutiger Studierender

Die Zustände an den Universitäten übersteigen oft die Grenze des Erträglichen, vor allem für die Studierenden, aber auch für die Lehrenden: Zwei bis drei Studenten sitzen auf ein und demselben Studienplatz; für 1,8 Millionen Studierende existieren nur 700 000[3] Studienplätze. Dazu kommt, daß die Aufwendungen des (west)deutschen Staates für die Universitäten seit 1972 praktisch auf dem gleichen Stand geblieben sind und ungeachtet der Zunahme der Studentenzahlen und der steigenden Kosten für die wissenschaftliche Infrastruktur nach wie vor 0,3 % des Bruttosozialproduktes betragen (Meurer). Daher ist "*Massenuniversität*" nicht nur ein Schlagwort, sondern ein durchaus zutreffendes Stichwort für die heutige universitäre Situation mit ihren vielen Gesichtern. So besteht in der Tat die Gefahr, daß die Universität das ohnehin nur noch in Relikten aufzuspürende Humboldtsche Bildungsideal endgültig aufgibt und statt eine Stätte der umfassenden Bildung des akademischen Nachwuchses mit dem Ziel zu sein, durch ganzheitliche Lernprozesse verantwortungsvolle und kreative Akademikerpersönlichkeiten heranzuziehen, zu einem "Durchlauferhitzer für einen guten Job" (Gandela) wird.

Diese starke Berufsorientierung sticht bei Studierenden der Betriebswissenschaft sehr ins Auge: "Sie leisten sich kaum noch ein Moratorium, sondern zeigen eine auffallende Karriereorientierung. Diese Studierenden möchten ihr Studium möglichst schnell und effizient hinter sich bringen, es scheint in sich kaum einen anderen Wert außer Profilierung für die spätere Berufslaufbahn zu haben", so faßte Brämer (1992) kürzlich in einem Hochschuldisput im Hessischen Rundfunk die entsprechenden Ergebnisse der Befragung "STUDENT 92" zusammen. Ähnlich, wenn auch nicht ganz so extrem, sähe es bei den Pharmaziestudenten (und hier vor allem bei Frauen!) aus sowie bei den Juristen (bei 2/3 der Studierenden), den Wirtschaftswissenschaftlern und den Technikstudenten: auch sie nehmen sich kaum die Muße zum Nachdenken oder zum persönlichen Ausgestalten des Studentenlebens, sondern möchten möglichst schnell studieren. Brämer führte weiter aus, daß seine Untersuchungsergebnisse klar belegen, daß in all den Studienrichtungen, in denen eine starke Berufsorientierung vorherrsche und möglichst schnell und effizient

---

[3]Die in dieser Einleitung zitierten Daten basieren auf den Statistischen Jahrbüchern, den Studentenbefragungen des BMBW (1989), den Sinus -Studien (83 und 85) , "Student 90 und 92" (von Brämer u.a.) , den Shell Jugendstudien sowie dem Hochschuldisput am HR 3 vom 20.6.92 (unter der Moderation von J. Gandela, Mitwirkende: Birgit Sticker, Sozialwesenstudentin, 10. Sem., GhK; Thomas Büttefeld, Maschinenbaustudent, 10. Sem., GhK; Dr. Rainer Brämer, Hochschulforscher, Univ. Marburg;; Dr. Dieter Meinke, Geschäftsführer des Studentenwerks, Marburg, Prof. Dr. Dieter Meurer, Jurist, Vorsitzender des Hessischen Hochschulverbandes; Marianne Leuzinger-Bohleber). Wenn ein Bezug zu einer spezifischen Äußerung eines Teilnehmers hergestellt wird, wird diese Person in Klammern erwähnt.

studiert werde, von den Studierenden eine große Unzufriedenheit mit den Studienbedingungen, den Professoren und der Atmosphäre unter den Studierenden geäußert werde. Eine Ausnahme bildeten die Technikstudenten, die aufgrund einer Haltung der Konfliktvermeidung wenig Unzufriedenheit ausdrückten. Die Technikstudenten, die 20 % der gesamten Studentenschaft ausmachen, seien eine klar abgrenzbare Gruppe, die dadurch auffalle, daß sie stark wissenschafts- und berufsorientiert sei, aber - etwa im Gegensatz zu Naturwissenschaftlern und Mathematikern - kaum ein "gebrochenes" Verhältnis zum wissenschaftlichen und technischen Fortschritt aufweise, z.B. selten umweltbewußt auftrete. Sie seien Nesthocker, d.h. ein Großteil wohne noch zu Hause und fahre mit dem eigenen Fahrzeug zur Universität, esse weniger häufig in der Mensa (Meinke) und arbeite noch mehr als die meisten Studierenden, nämlich durchschnittlich 47 Stunden pro Woche. Thomas Büttefeld schilderte auf die Frage nach studentischen Spielräumen eindrücklich die Zwangsjacke, die viele Maschinenbaustudenten sich anziehen müssen, um dem Konkurrenzdruck gewachsen zu sein. "Die Länge des Studiums ist in der Industrie ein Einstellungskriterium: wer am schnellsten studiert hat, wird vorgezogen... daher ist es mit der Freiheit nicht so weit her. Ich kenne Studenten, die in der vorlesungsfreien Zeit, wie wir hier die Semesterferien nennen, da nur die Vorlesungen ausfallen und alles andere weiterläuft, keine Zeit hatten, mal zwei Wochen in Urlaub zu fahren, weil immer Klausuren oder andere Verpflichtungen anstanden."[4] - Wir werden in diesem Buch, bezugnehmend auf die psychoanalytische Entwicklungstheorie, diskutieren, wie sich ein solches Fehlen von Freiräumen auf die spätadoleszenten Identitätsbildungsprozesse auswirken kann und mit welchen individuellen und gesellschaftlichen Kosten solche forcierten Anpassungsprozesse an äußere Realitäten in dieser Entwicklungsphase verbunden sind.

Allerdings betrifft diese Situation nicht alle Studierenden: in der Befragung "STUDENT 92" stellten Brämer u.a. fest, daß die Hälfte der Befragten äußerten, sie studierten ihr Fach vorwiegend aufgrund eines persönlichen Interesses und identifizierten sich auch mit ihrem Studium, allerdings nicht so sehr aufgrund einer Berufsorientierung, sondern aufgrund persönlicher Motivationen. Daher seien sie eher "selbstverwirklichungsorientiert" und darauf bedacht, "ein ordentliches Studium" zu durchlaufen. Im Gegensatz zu den 68er Studenten versuchten sie nicht mehr, die ganze Gesellschaft zu veränden und sich für gesellschaftliche Utopien einzusetzen. Sie seien aber auch nicht vorwiegend arbeitsorientiert, sondern legten auf Werte wie Freizeit, Freunde und Familie die erste Priorität. Für diese Studierenden ist die Studienzeit zu einer Lebensphase mit einem eigenen Sinn geworden, einer Lebensphase, in der die Erfahrung mit sich selbst und anderen und eine hohe Lebensqualität das Erstrebenswerteste ist. - Daher möchten diese Studierenden nicht auf Ansprüche an einen persönlichen Lebensstil, eine eigene Wohnung und eine befriedigende Freizeitgestaltung verzichten, so daß viele von ihnen auch während des Semesters einer Teilzeitarbeit nachgehen: 60 % aller Studierenden sind daher Teilzeitstudierende. Die ständige Konfrontation mit der Berufswelt mag die Einsicht

---

[4]Sperling hat schon 1967 die Frage fachspezifischer Neurosen und Persönlichkeitsstrukturen bei Studierenden diskutiert. Er hat auch schon 1964 darauf hingewiesen, wie wichtig eine "eigenständige Muße" für die Entwicklung einer kreativen Persönlichkeit in der Spätadoleszenz sei, ein Aspekt, auf den wir gleich noch eingehen.

unterstützen, daß das Studium mehr als dem Erwerb von Wissen und Fertigkeiten dient, sondern, wie dies viele Studierende ausdrücken, von möglichst hoher Lebensqualität sein soll. Wenn man nicht weiß, ob man nach dem Studium überhaupt einen Arbeitsplatz findet, wird der Blick vom ursprünglichen Ziel des Studiums, dem angestrebten späteren Beruf, weggelenkt und nach neuen sinnstiftenden Möglichkeiten der momentanen Lebensphase gesucht (vgl. u.a. die latenten Auswirkungen der historisch noch neuen Akademikerarbeitlosigkeit, Leuzinger-Bohleber u. Garlichs, 1991). - Diese Haltung wird vor allem von Studierenden der Geistes- und Sozialwissenschaften vertreten, wobei in Zeiten der "*Multiversität*" (Brämer) offenbar auch in diesem Bereich eine Vielzahl von verschiedenen Kulturen nebeneinander existiert: Während bei den Pädagogen der Wunsch nach Selbstverwirklichung und persönlicher Entwicklung oft zur zentralen Studienmotivation gehöre, sei schon bei den Psychologen die Situation völlig anders und diktiere durch rigide Studienanforderungen eine relativ asketische Arbeitshaltung, die in mancher Hinsicht mit jenen der Technikwissenschaften vergleichbar werde, die, wie wir erwähnt haben, eine völlig andere Lebens- und Arbeitskultur pflegen.

Charakteristischerweise wählen auch heute noch mehr Frauen jene Studienfächer, die offene Spielräume für die Erfahrung mit sich selbst bieten und nicht vorwiegend berufs- und karriereorientiert sind. Diese Studierenden äußerten in der Befragung mehr Zufriedenheit mit ihrer Studiensituation, was, wie wir in diesem Buch diskutieren werden, wohl kaum erstaunlich ist. Allerdings darf diese relative Zufriedenheit nicht darüber hinwegtäuschen, daß die Situation auch an manchen geisteswissenschaftlichen Fachbereichen und Fakultäten wegen der erwähnten Überfüllung inzwischen geradezu katastrophal geworden ist. Ein kurzes Beispiel mag die Situation für den Leser konkretisieren:

> Im Sommersemester 92 boten Hans Rauschenberger und Marianne Leuzinger-Bohleber am Fachbereich 1 "Erziehungs- und Humanwissenschaften" der GhK ein Seminar zum Thema "Das Fremde und die Gewalt" an. Ziel des Seminars war, zukünftige Lehrerinnen und Lehrer im interdisziplinären Dialog zwischen einem Erziehungswissenschaftler und einer Psychoanalytikerin zu sensibilisieren für das aktuelle Problem von Gewalt vor allem bei Jugendlichen, aber auch schon bei Grundschulkindern in heutigen multikulturellen Schulklassen. Doch wie sollte dieser Intention auch nur ansatzweise entsprochen werden, wenn sich zu Beginn des Semesters statt der erwarteten 20 Studierenden fast 200 Personen versammelten, um sich einen Platz im Seminarraum zu erkämpfen. Nach einem Umzug in einen der größten Hörsäle der GhK bekam die Veranstaltung eher den Charakter einer anonymen Vorlesung statt eines diskussionsintensiven Seminars. Eine emotionale und intellektuell differenzierte Beschäftigung mit dem Thema wie auch die geplante interdisziplinäre wissenschaftliche Zusammenarbeit wurde durch diese Rahmenbedingungen von vornherein verunmöglicht. Wie wird es den Studierenden ergangen sein, die sich als zukünftige Lehrer mit diesem für sie wichtigen Thema auseinandersetzen wollten? Eine Studentin machte ihrer Frustration nach der 4. Sitzung Luft: "Nachdem ich das erstemal vor der Türe stand und nichts mitkriegte und nun seit 3 Sitzungen auf der obersten Treppenstufe kauere und kaum etwas

verstehe, bleibe ich das nächstemal lieber zu Hause und lese Zeitung. Es merkt ohnehin niemand, ob ich da bin oder nicht."

Diese studentische Erfahrung ist kein Einzelfall. Wie wir in diesem Buch diskutieren möchten, sind die damit verbundenen Gefühle von Ohnmacht, von Bedeutungslosigkeit und Anonymität für die spätadoleszente Identitätsbildung von entscheidender Bedeutung: psychische Entwicklungsprozesse spielen sich nie im luftleeren Raum ab, sondern sind immer bezogen auf "bedeutsame Andere" in der "Realität draußen". Wir möchten den Blick mit Hilfe psychoanalytischer Konzepte und Untersuchungen vermehrt auf mögliche, verdeckte Kosten lenken, die mit der heutigen Massenuniversität verbunden sind und vielleicht erst in unerwarteten Eskalationen oder aber in individuellen und gesellschaftlichen Spätfolgen in einigen Jahrzehnten sichtbar werden. Angesichts unserer Einschätzung, daß die spätadoleszente Identitätsbildung einen zentralen Stellenwert für die Kreativität und Problembewältigung im Erwachsenenleben einnimmt, mutet es geradezu grotesk an, welche Barrieren für diese Entwicklungsprozesse einer ganzen Generation an heutigen Universitäten existieren. Wir werden in diesem Buch diskutieren, daß wir den Eindruck haben, daß heutige Studierende zwar noch von dem vermehrten Spielraum an dieser Institution profitieren, den sich die 68er Generation erkämpft hat, doch scheinen solche Spielräume im Zuge der Überfüllung und der Arbeitslage in manchen Disziplinen immer mehr zu schrumpfen.

Weiter wird uns beschäftigen, daß das psychische Leiden heutiger Studierender "stiller" geworden ist und aggressive Impulse vermehrt gegen sich selbst gerichtet werden (vgl. z.B. Zunahme diffuser psychosomatischer Beschwerden). Wir sehen darin eine Parallele, daß es um die psychosoziale Befindlichkeit der Studierenden in der Öffentlichkeit ebenfalls auffallend "stiller" geworden ist. Den revoltierenden 68er Studierenden war es gelungen, sich für kurze Zeit ins "Zentrum des öffentlichen Diskurses" zu rücken. Ihre lautstarken Parolen wie "Unter den Talaren der Muff von 1000 Jahren" u.ä. sind bis heute noch nicht völlig verhallt. Wie wir aufgrund einer Zeitungsanalyse der Frankfurter Rundschau und der Frankfurter Allgemeinen Zeitung 1967/68 und 1989/90 berichten werden (vgl. Beitrag von Schulmeyer-Herbold und Lützen und von Schütze u.a. in diesem Band), wurde vor zwanzig Jahren in den Medien häufig und ausführlich von studentischen Anliegen berichtet, während heute solche Berichte viel seltener geworden sind und andere inhaltliche Akzente haben. An heutigen Berichterstattungen fällt auf, daß sie oft die "ökonomische Verwertbarkeit" der Studierenden ins Zentrum stellen - im Gegensatz zu den gesellschaftskritischen Kontroversen, die die 68er in der Öffentlichkeit initiierten. Wir werden diskutieren, daß für die individuellen Entwicklungsprozesse in der Spätadoleszenz nicht belanglos ist, ob in der Öffentlichkeit ein Bewußtsein für die subjektive Befindlichkeit, die Gedanken, Gefühle und Anliegen von Jugendlichen, Adoleszenten wie Spätadoleszenten, existiert oder nicht.

Während viele Studierende der 68er Generation von einem Grundgefühl geprägt waren, mit "ihrer Revolution" die Welt zu verändern, scheinen viele heutige Adoleszente und Spätadoleszente überzeugt zu sein, daß sie als Individuen oder als Zugehörige zu einer Gruppe kaum etwas zu gesamtgesellschaftlichen

Veränderungen beizutragen haben.[5] Der oben erwähnte Rückzug ins Privatistische und der Versuch einer hedonistischen Lebensgestaltung auch während des Studiums (vgl. dazu auch Shell-Studie '92) scheinen uns verständliche und produktive Formen der Bewältigung dieser Ohnmachtsgefühle. Weniger produktive Formen sehen wir im klinischen Bereich, wo Therapeuten von einer Zunahme diffus narzißtischer Störungen, von depressiven Verstimmungen und psychosomatischen Symptomen berichten (vgl. Bertrams und von Salis in diesem Band). Diese Manifestationen individuellen Leidens verweisen auch auf die sie mitauslösenden Mißstände für viele Spätadoleszente an den Universitäten.

Forschungsprojekt: Psychische Konflikte und Hochschulstruktur - 1968 und heute

Unsere eigenen Alltagserfahrungen als Lehrende an einer heutigen Massenuniversität und viele Gespräche mit Studierenden sowie unsere klinisch-psychoanalytischen Erfahrungen mit Spätadoleszenten motivierten uns u.a. zu dem Forschungsprojekt, dessen Ergebnisse wir in dieser Publikation zusammenfassen. Wir nannten die Studie, in Anlehnung an eine Publikation von Eugen Mahler (1969): "*Psychische Konflikte und Hochschulstruktur, 1968 und heute*". Wir waren beide, wenn auch in unterschiedlicher Weise, in unseren Biographien stark durch die Studentenrevolten 1968 geprägt. Daher fielen uns die Unterschiede zu der institutionellen und persönlichen Situation vieler Studierenden von damals und heute besonders auf, ohne sie aber oft differenzierter beschreiben zu können. Was hatte sich für die Studierenden in den letzten zwanzig Jahren verändert? Wie wirkte sich die veränderte gesellschaftliche und institutionelle Situation auf die psychische Entwicklung der Studierenden aus? Verlaufen die spätadoleszenten Identitätsbildungsprozesse heute wesentlich anders als damals? Haben studentische Krisen heute eine andere Sprache? Hat sich nur die Symptomatik der psychischen Konflikte geändert, die Manifestation individuellen Leidens oder auch die ihr zugrundeliegende unbewußte Psychodynamik? Motivieren heute andere Probleme Studierende zum Aufsuchen einer psychotherapeutischen Beratungsstelle als Ende der 60er Jahre? Diese Fragen stellten wir ins Zentrum des Forschungsprojektes, das wir zusammen mit den Mitarbeiterinnen und Mitarbeitern der psychotherapeutischen Forschungs- und Beratungsstelle, R. Dumschat, Dr. med. R. Koechel, U. Sperling und Dr. G. Wittenberger[6] 1988 initiierten. Ein erstes Ziel des For-

[5] So wurde z.B. in einer kürzlichen Studie zu Zukunftshoffnungen und Zukunftsängsten von Kindern und Jugendlichen aus beiden Teilen Deutschlands festgestellt, daß 76 % der untersuchten 14Jährigen in Kassel und 47 % aus Jena ihrer Überzeugung Ausdruck verliehen, sie könnten ihre Zukunft und insbesondere die gesellschaftliche Zukunft in keiner Weise mitbeeinflussen (Leuzinger-Bohleber u. Garlichs, 1993).

[6] Im Laufe der Zeit beteiligten sich auch Studierende intensiv an diesem Forschungsprojekt, z.B. Annette Bertrams (vgl. Beitrag in diesem Band), Claudia Lützen und Ulrike Schulmeyer-Herbold (vgl. Beitrag in diesem Band), Diethelm Class (vgl. Beitrag im fragmente-Sonderheft: Student heute). Das Projekt wurde am Wissenschaftlichen Zentrum II für Psychoanalyse, Psychotherapie und psychosoziale Forschung an der GhK durchgeführt und mit bescheidenen Mitteln finanziell unterstützt. Eine weitere finanzielle Unterstützung verdanken wir der Hans-

schungsprojekts bestand darin, zu einem vertieften Verständnis der psychosozialen und psychischen Probleme heutiger Studierender beizutragen, was auch der praktisch-klinischen Beratungstätigkeit zugute kommen könnte. Zum zweiten würde uns die psychoanalytische Untersuchung individuellen psychischen Leidens auch kuturkritische Perspektiven eröffnen, wie dies die Psychoanalyse als Lehre vom individuellen und kollektiven Unbewußten immer in sich birgt, sofern wir "die Augen haben, sie zu sehen". Besonders in psychoanalytischen Therapien mit Jugendlichen fühlen wir uns erinnert an die Äußerung von Sigmund Freud: "Die Kenntnis der neurotischen Erkrankungen einzelner Menschen hat für das Verständnis der großen sozialen Institutionen gute Dienste geleistet, denn die Neurosen selbst enthüllten sich als Versuche, die Probleme der Wunschkompensation individuell zu lösen, welche durch die Institutionen sozial gelöst werden sollen." (1913, S. 416) Studierende, die eine psychotherapeutische Hilfe suchen, verweisen in ihrem individuellen Leiden immer auch auf institutionelle und gesellschaftliche Realitäten[7], deren latente und offene Widersprüche und ungelöste Probleme sie seismographisch wahrnehmen. Daher kann das minutiöse Aufschlüsseln unbewußter Determinanten spätadoleszenter Krisen auch Erkenntnisse zu Tage fördern, die über den psychoanalytisch-therapeutischen Rahmen hinaus von Interesse sind, da sie Zusammenhänge zwischen innerer und äußerer Realität beleuchten, die in üblichen Befragungen von Studierenden untergehen. Sie enthalten daher immer auch ein Stück Institutions- und Kulturkritik. Aus diesem Grunde können psychoanalytische Forschungen repräsentative Umfragen (wie die oben erwähnten Studien "STUDENT 92" und die Shell- Jugendstudien) nicht ersetzen, aber ergänzen und zu einer Tiefenoptik bei der Interpretation einzelner Ergebnisse beitragen, die evtl. ungeahnte Dimensionen in den beobachteten Phänomenen offenlegen. Wir hoffen, diese Aussagen durch die Ergebnisse unserer psychoanalytischen Studie zu konkretisieren und darin enthaltene Versprechungen mindestens teilweise einzulösen.

Zwei Studentengenerationen miteinander zu vergleichen, ist eine komplexe und anspruchsvolle Forschungsaufgabe, zu der wir in unserem Projekt lediglich einen ersten Beitrag leisten können[8]. Da u.W. noch keine psychoanalytischen Studien zu unserer Fragestellung vorlagen, hatte unsere Untersuchung

---

Böckler-Stiftung (Promotionsstipendium für A. Bertrams), der Thyssen-Stiftung und dem Ministerium für Wissenschaft und Kunst.

[7]In diesem Kontext wurde auch die Beziehung zwischen Individual- und Gruppen- bzw. Massenpsychologie diskutiert. Freud (1921) schrieb z.B. in Massenpsychologie und Ich-Analyse: "Der Gegensatz von Individual- und Sozial- oder Massenpsychologie, der uns auf den ersten Blick als sehr bedeutsam erscheinen mag, verliert bei angehender Betrachtung sehr viel von seiner Schärfe...". Er hat diese Aussage gerade in diesem Werk praktiziert und aufgezeigt, wie manche massenpsychologischen Phänomene zu individualpsychologischen korrespondieren. Seine Analysen haben teilweise bis heute Gültigkeit, wie z.B. kürzlich Bohleber (1992b) bei seiner Diskussion von nationalistischen Massenbewegungen aufzeigte.

[8]Einen solchen Versuch legte kürzlich Reinhard Mohr in seinem Buch "Zaungäste. Die Generation, die nach der Revolte kam" (1992) vor. Er bezeichnet sein Buch als einen Essay (S.12), der zwar spannend zu lesen ist, wobei uns allerdings der damit intendierte (wissenschaftliche) Erkenntnisgewinn fragwürdig scheint, vor allem, weil durch die oft unreflektierten (subjektiven) Wertungen des Autors die Gefahr besteht, eine ganze Generation von Studierenden zu stigmatisieren.

den Charakter einer Pilotstudie. Daher wählten wir auch ein methodisches Vorgehen, das eine Annäherung an den komplexen Forschungsgegenstand aus unterschiedlichen Perspektiven gestattete. Wir stellten eine Reihe genuin psychoanalytischer Forschungsmethoden, basierend auf dem Freud'schen Junktim von Forschen und Heilen in der psychoanalytischen Behandlung (Psychoanalysen, psychoanalytische Psychotherapien, Adoleszenztherapien, Fokaltherapien, analytische Gruppentherapien), zwei empirisch-psychoanalytischen Methoden gegenüber (Delphi-Befragung von Studenten-Psychotherapieexperten; theoriegeleitete Inhaltsanalyse von Zeitungsartikeln zu studentischen Themen 1968/69 und 1989/90) und erhofften uns dadurch die Möglichkeit einer Ergänzung und Erweiterung der Beobachtungen, gewonnen durch einzelne Methoden, wie auch eine kritische methodische und wissenschaftstheoretische Reflexion (vgl. dazu u.a. Leuzinger- Bohleber, 1987,1989, Leuzinger- Bohleber, Schneider, Pfeifer, 1992).

Wir werden bei der Übersicht über die einzelnen Beiträge dieses Buches die einzelnen Forschungsansätze genauer beschreiben. Doch zuerst noch einige begriffliche Anmerkungen zum theoretischen Hintergrund dieser Studie

Zur Psychoanalyse der Spätadoleszenz

Wir haben immer wieder betont, daß wir es als einen bisher von anderen psychologischen Theorien unübertroffenen Vorteil der Psychoanalyse betrachten, daß sie als einzige über eine explizite Entwicklungspsychologie verfügt, aus der sich sowohl eine phasenspezifische Diagnostik als auch eine darauf basierende phasenspezifische Behandlungstechnik ableiten lassen (vgl. dazu u.a. Bohleber, 1982, Krejci u. Bohleber, 1982, Leuzinger-Bohleber, 1992, Mahler, 1991). In unserer Kultur werden Studierende der *Spätadoleszenz* zugeordnet. Wir möchten die spezifischen Entwicklungsaufgaben und- konflikte der Spätadoleszenz im folgenden einleitend kurz charakterisieren, nicht nur, weil wir dieses theoretische Konzept unserer Untersuchung zugrundegelegt haben, sondern weil wir in diesem Buch speziell das Augenmerk auf diese Entwicklungsphase richten möchten. Dabei gehen wir davon aus, daß die Identitätsbildungsprozesse, die die Spätadoleszenz kennzeichnen, nicht nur die psychischen Entwicklungsprozesse von Studierenden charakterisieren, sondern, wenn auch möglicherweise in anderen Manifestationen, für andere Bevölkerungsgruppen gelten[9] und daher ein breiteres Interesse eines Fachpublikums verdienen.

Zu Freuds zentralen Entdeckungen gehörte bekanntlich die Erkenntnis, daß die menschliche Sexualentwicklung "zweizeitig sei", d.h. sich in zwei Phasen vollzieht: in der frühinfantilen Zeit bis ca. zum 6. Lebensjahr und in der Pubertät (Freud, 1905). Moses Laufer (1965) charakterisiert vier Entwicklungsaufgaben, die der Adoleszente zu bewältigen hat:

1. Das noch infantile Ich des Adoleszenten ist konfrontiert mit der einsetzenden physiologischen Reifung und dem damit verbundenen Triebschub und

[9] Allerdings haben u.a. Döbert und Nunner-Winkler (1975) darauf hingewiesen, daß das psychosoziale Moratorium und die darin stattfindende Identitätsentwicklung ein Charakteristikum unserer westlichen, spätkapitalistischen Gesellschaft ist und nicht von diesem Kontext losgelöst betrachtet werden kann.

droht davon überwältigt zu werden. Die körperlichen Veränderungen und vor allem die physisch reifen Genitalien führen zu einer Umstrukturierung des Körperschemas und müssen in ein neues Körperbild integriert werden.

2. Die Beziehung zu den infantilen Bezugspersonen, insbesondere zu den Eltern, erfährt eine Veränderung. Die infantil-libidinöse Bindung an den gegengeschlechtlichen Elternteil muß gelockert werden. Doch kommt es in den frühen Phasen der Adoleszenz zunächst einmal zu einem Wiederaufleben ödipaler Strebungen. Der Jugendliche scheint mit einem "Schritt zurück" Kräfte zu sammeln, um daraufhin "zwei Schritte vorwärts" gehen zu können. Die Reaktivierung ödipaler Strebungen hat auch die Funktion, die innere Verbindung zum infantilen Liebesobjekt dem Adoleszenten psychisch wieder präsenter zu machen; denn die anstehende Loslösung ist nicht in erster Linie eine äußere Loslösung, sondern eine psychische Auseinandersetzung mit den mächtigen inneren Repräsentanzen der primären Bezugspersonen, bei uns vor allem den Eltern. Der Niederschlag der frühinfantilen Beziehungen zu den Eltern in Identifizierungen im Ich-Ideal und Überich werden im adoleszenten Entwicklungsprozeß einer Revision unterzogen und dadurch sukzessiv in ihrer Bedeutung relativiert. In diesem Prozeß spielt die Peer-group eine entscheidende Rolle, ermöglicht sie doch dem Adoleszenten Identifizierungen außerhalb der Familie und bietet ihm einen unverzichtbaren Halt in seinem Loslösungsprozeß von den Eltern. Dadurch erwirbt sich das adoleszente Ich sukzessiv eine sekundäre Autonomie und Unabhängigkeit von den familiären Bezugspersonen.

3. Die Loslösung von den libidinösen inneren (und auch noch realen) elterlichen Objekten bereitet die Suche nach einem (i.d.R. heterosexuellen) Liebesobjekt vor. Vorstufen einer neuen libidiösen Objektbeziehung sind Onaniephantasien und das Ausprobieren von realen Beziehungen ohne allzu große Festlegungen. Nach Laufer spielen die zentralen Onaniephantasien eine entscheidende Rolle bei der Ausbildung einer definitiven Genitalorganisation, in die frühinfantile libidinöse Strebungen sowie deren Abwehr und Umformung oder auch eigene frühinfantile Traumatisierungen eingehen. In diesem komplexen psychischen Prozeß kommt es schließlich zur Ausbildung ganz spezifischer persönlicher Liebesbedürfnisse, in der prägenitale Befriedigungsmodi unter das Primat der Genitalität gestellt werden.

4. Mit diesem Prozeß verbunden ist auch die Integration der präödipalen und ödipalen Identifizierungen und der aktuellen inneren und äußeren Verhaltenserwartungen und Ideale in eine stabile Identität. "Wer bin ich?" ist die zentrale Frage des Adoleszenten, auf die er eine idiosynkratische Antwort finden muß. Diese - erstmals in seinem Leben - durch Reflexion begleitete Identitätsfindung ermöglicht ihm im folgenden eine Kontinuitätserfahrung mit sich selbst als einer unverwechselbaren und einzigartigen Person. "To remain the same in the midth of change...."(Lichtenstein). In diese Identität gehen das infantile Triebschicksal mit eigenen charakteristischen Befriedigungsmodalitäten, aber auch erlittene Traumatisierungen mit ein, deren Bewältigung zu einer lebenslänglichen Aufgabe wird. Auch das *Herstellen von Identität bzw. eines kongruenten Identitätsgefühls* bleibt ein lebenslanger krisenanfälliger Prozeß, der in der Adoleszenz als selbstreflexiver, seelischer Vorgang beginnt und *in der Spätadoleszenz als entwicklungsspezifische Aufgabe in den Vordergrund rückt* (vgl. dazu auch Krecji und Bohleber 1982, 1992a und in diesem Band, Caldwell, 1976, Erikson, 1959, Lichtenstein, 1977). Da einige Arbeiten in diesem Band differenziert auf das Konzept der Identitätfindung eingehen,

können wir hier darauf verweisen und uns mit einigen skizzierten Anmerkungen begnügen.

Peter Blos (1979) hatte, unabhängig von der Forschungsgruppe um Moses Laufer, diese eben angeführten adoleszenten Entwicklungsprozesse noch einer weiteren Differenzierung unterzogen, indem er, ohne Altersangaben zu implizieren, einzelnen Subphasen der Adoleszenz spezifische Entwicklungsaufgaben zuschreibt.

In der *Präadoleszenz* steht, ausgelöst durch den Wachstumsschub und die einsetzende physiologische Reifung, die Auseinandersetzung mit dem sich verändernden Körperbild im Zentrum des psychischen Geschehens. Blos weist auf die intensive körperliche und seelische Spannung hin, in der Adoleszente bei diesem Eintritt in die Jugendphase stehen. Dies begünstigt auch ein Ausagieren von Spannungen in verschiedensten Formen, allein oder in der Gruppe, besonders in der Präadoleszenz, aber auch noch in den anschließenden Subphasen der Adoleszenz (vgl. u. a. Bürgin und Biebricher in diesem Band).

In der *Frühadoleszenz* setzt die äußere und innere Loslösung vom Elternhaus ein. Eltern werden vermehrt einer kritischen Evaluation unterzogen, doch erlebt der Frühadoleszente oft ein Wechselbad an Gefühlen, ein Schwanken zwischen plötzlichen, intensiven Liebeswünschen an die primären Bezugspersonen, gefolgt von Ablehnung und dem Versuch, sich zu distanzieren. Oft ist in dieser Zeit ein Wiederaufleben prägenitaler Identifizierungen zu beobachten, besonders Identifizierungen mit dem gleichgeschlechtlichen Elternteil. Unbewußt werden solche Identifizierungen einer ersten Kritik unterzogen, ein Grund, warum in dieser Zeit homoerotische Beziehungen zu Freundinnen oder Freunden zunehmen.[10]

Zudem fallen in solchen homoerotischen Anziehungen oft narzißtische Modalitäten auf: im gleichgeschlechtlichen Alter-Ego wird ein Spiegel für sich selbst gesucht, um die geschwächte narzißtische Selbstwertregulation zu stabilisieren wie auch die beginnende Auseinandersetzung mit sich selbst und der eigenen Identität einzuleiten.

In der *eigentlichen Adoleszenz* nehmen vorerst einmal diese narzißtischen Modalitäten ab. Es erfolgt eine vermehrte Zuwendung zu heterosexuellen Objekten. Ödipale Wünsche und Konflikte werden wieder reaktiviert und leiten, wie oben kurz erwähnt, den aufregenden und gleichzeitig schmerzhaften Abschied von der Kindheit und ihren Liebesobjekten ein. Neue Rollen, Selbst- und Selbstidealbilder und Objektbeziehungen werden nun in Phantasie und Realität ausprobiert. "Wer bin ich ?" wird zur zentralen Frage des Selbst. Die peer-group mit ihren vom Elternhaus abweichenden Normen und Werten wird sukzessiv mehr libidinös besetzt und ermöglicht durch neue Identifizierungen, sich von der Primärfamilie wegzubewegen. Dabei fallen diese neuen, durch Peer-Group-Ideale geprägten Wertsysteme, Idole und Ideologien durch ihre archaische, präambivalente Qualität auf. Das noch schwache adoleszente Ich scheint keine Grautöne zu ertragen: es wird scharf zwischen "Gut" und "Böse", "Schwarz" und "Weiß", Liebe und Haß, Freund und Feind unterschieden. Dies verleiht auch der adoleszenten Kritik an gesellschaftlichen Mißständen zwar oft eine hellsichtige, aber in der Regel noch holzschnittartige Qualität (vgl.

---

[10]Thomas Mann hat in seinem Adoleszenz-Roman "Tonio Kröger" diese homoerotische Phase sensibel beschrieben. Halberstadt-Freud geht in ihrem Beitrag in diesem Buch auf analoge Entwicklungskonflikte bei Marcel Proust ein.

dazu auch Leuzinger-Bohleber u. Garlichs, 1993). Weiter spielen in diesem Entwicklungsprozeß Omnipotenzphantasien eine zentrale Rolle. Der Jugendliche wehrt mit ihrer Hilfe schwere Insuffizienzgefühle ab, die in Zusammenhang stehen mit der adoleszenten Ichschwäche. Zu der Ichschwäche trägt u.a der Verlust alter, frühinfantiler Orientierungen an elterlichen Maßstäben und Verhaltensregeln bei (während der Latenz fortgesetzt durch die Introjektion der elterlichen Wertsysteme ins Ich-Ideal und Überich). Der Jugendliche kann die Welt sukzessiv weniger durch die Augen der Eltern wahrnehmen und interpretieren, was bisher zwar eine eingeschränkte Sicht der Dinge bedeutete, aber auch ein Gefühl von Sicherheit und Orientierung garantierte. Der Adoleszente ringt nun um eine eigene, persönliche "Weltinterpretation" - doch erlebt er sich in dieser Phase des Übergangs als labil, geschwächt und unsicher. Damit verbundene altersspezifische Ohnmachts- und Insuffizienzgefühle können oft psychisch nicht ertragen und müssen mit Hilfe adoleszenter Größenphantasien abgewehrt werden. In diesen Größenphantasien (z.B. in Tagträumen) fühlt sich der Adoleszente als "der Größte, Klügste, als der Retter der Menschheit". Klinische Erfahrungen belegen, wie wichtig diese Omnipotenzphantasien für den adoleszenten Entwicklungsprozeß sind. Der Jugendliche braucht teilweise die Illusion, er sei ein unersetzbares, einzigartiges Wesen, auf das "die Welt wartet", um den innerseelischen narzißtischen Notzustand zu kompensieren, der durch das Wegfallen bisheriger narzißtischer Befriedigungen (z.B. durch Lob der realen oder internalisierten Eltern im Ich-Ideal oder Überich) bedingt ist. Besteht wenig innerer oder äußerer Spielraum zum Entwickeln solcher Omnipotenzphantasien, oder erfolgt eine zu schnelle Desillusionierung, z.B. durch die Erfahrung drohender Arbeitslosigkeit und Perspektivelosigkeit, fallen die Omnipotenzphantasien abrupt in sich zusammen. Angst, Wut (bis hin zur narzißtischen Wut) und Gewalt können eine mögliche Folge sein.

In der *Spätadoleszenz* hat sich oft dieser seelische Notstand etwas reguliert. Schulische Erfolge und zunehmende Sicherheit in neuen Objektbeziehungen und in der narzißtischen Selbstwertregulation führen zu einer vermehrten Stabilität. Dies ist eine Voraussetzung für eine erhöhte Differenzierung seelischen Problemlösens: erste Ambivalenzen und Ambiguitäten in der Wahrnehmung des Selbst, des Selbstideals und der Objekte werden zugelassen und seelisch ertragen. Diese zunehmende psychische Reife ist eine Voraussetzung, die entwicklungsspezifischen Aufgaben der Spätadoleszenz in Angriff zu nehmen. Diese stehen in Zusammenhang damit, daß in unserer Gesellschaft die *Spätadoleszenz* eine Reihe unabdingbarer Entscheidungen und Festlegungen mit sich bringt: nach einer Phase des Experimentierens mit verschiedenen Selbstentwürfen, Rollen und Verhaltensweisen werden von dem Spätadoleszenten in unserer Gesellschaft identifikatorische Festlegungen erwartet: der Jugendliche muß sich für einen (bzw. höchsten einige wenige) Berufe entscheiden, sich vertiefend in eine Liebesbeziehung einlassen (die immer auch ein Verzicht auf andere, ebenfalls potentiell mögliche Beziehungen bedeutet), sexuelle Erfahrungen mit konstanten Partnern suchen und auch im Bereich des persönlichen Wertraums eine Reihe von Festlegungen treffen: politische, ideologische und religiöse Lebenseinstellungen nehmen nun Kontur an. Daher wird im Laufe der Spätadoleszenz sukzessiv eine unverwechselbare Charakterstruktur sichtbar, in die Gefühlsdispositionen, individuelle Bedürfnishierarchien und spezifische Verletzlichkeiten bzw. Residuen infantiler Traumatisierungen integriert werden. Dies alles resultiert in einem vertieften Gefühl der eigenen, unverwechselbaren Identität, der immer wieder Kontinuität mit sich selbst vermittelnden Erfahrung : "Das bin ich!". Wie wir in diesem Buch diskutieren werden, ist dieser Prozeß krisenanfällig und vielschichtig und wird meist als schmerzlich erlebt, weil er - für die meisten Spätadoleszenten unserer Kultur - mit irreversiblen Entscheidungsprozessen verbunden ist. Vergangenheit, Gegenwart und Zukunft werden erstmals reale Größen - ein Bewußtsein der eigenen Lebenszeit, von Endlichkeit und Sterblichkeit zeichnet sich ab - ein schmerzvoller Prozeß. Die damit verbundene Trauerarbeit einerseits, aber auch die Erfahrung realer Kompetenz als verläßlicher Partner in einer Liebesbeziehung, der für Bedingungen sorgen kann, die befriedigende Erfahrungen für sich selbst und andere mit sich bringen, ist eine Voraussetzung für den Eintritt ins junge Erwachsenenalter, das Blos mit der psychischen Bereitschaft, Verantwortung für die kommende Generation zu übernehmen, eine Bereitschaft zur psychischen Elternschaft, in Verbindung bringt.

Die Validität dieses Phasenmodells wurde inzwischen vielfach in Frage gestellt; dennoch eignet es sich, die innerseelischen Prozesse theoretisch adäquater zu beleuchten, die wir bei unserer Thematik im Auge haben. Spätadoleszente Entwicklungsprozesse sind durch ein komplexes Ineinanderwirken von entwicklungsspezifischen Konflikten, idiosynkratischen Sozialisationsfaktoren und institutionellen und gesellschaftlichen Realitäten determiniert. Werden nun, wie wir noch diskutieren werden, durch institutionelle Realitäten wie die Multi- und Massenuniversität psychosoziale Freiräume bedroht oder gar weitgehend zum Verschwinden gebracht, können spätadoleszente Identitätsbildungsprozesse sehr erschwert werden und u.U. nur partiell oder im Extremfall sogar kaum noch durchlaufen werden. Die oben beschriebenen Gefühle chronischer Ohnmacht, das Erleben "auf mich kommt es nicht an... ich bin nur ein winziges Glied in einer Masse und werde weder gesehen noch als individuelle Persönlichkeit wahrgenommen", kann einen regressiven Prozeß begünstigen. Betrachten wir das aufgeführte Phasenmodell, können dadurch Omnipotenzphantasien der frühen Adoleszenz (bzw. der "eigentlichen Adoleszenz") sekundär wiederbelebt und eine "primitivere Stufe psychischen Funktionierens" zu Tage gefördert werden. Die nun auftauchenden archaischen Mechanismen seelischer Prozesse sind eine Folge der psychischen Regression, die dem spätadoleszenten Differenzierungsniveau nicht mehr entsprechen, sondern eher an die Manifestationen Adoleszenter erinnern. In andern Worten kann durch solche chronischen, institutionellen oder gesellschaftlichen Erfahrungen in der äußeren Realität ein Regressionsprozeß bei Spätadoleszenten in Gang gesetzt werden, der zu adoleszenten psychischen Mechanismen, wie der rigiden Spaltung in "Gut" und "Böse", "Schwarz" und "Weiß", von Omnipotenz und archaischer Wut, führt. Wir werden auf diese regressiven Prozesse, auch im Zusammenhang mit Gruppenerfahrungen, nochmals eingehen und versuchen, auch auf die politischen Dimensionen solcher gefährdeter Entwicklungsprozesse bei der heranwachsenden Generation zu verweisen. Dabei ist, dem psychoanalytischen Denken entsprechend, selbstverständlich, daß es sich bei diesen Prozessen um komplexe ineinander verwobene Interaktionsprozesse zwischen inneren und äußeren Realitäten handelt; i.a.W.: Je nach idiosynkratischer Sozialisation und Individualität reagieren die einzelnen Studierenden verschieden auf eine ähnliche institutionelle Realität. Obschon wir uns mit einer solchen theoretischen Konzeptualisierung als Psychoanalytikerinnen und Psychoanalytiker von einer ausschließlich sozialpsychologischen Betrachtungsweise abgrenzen, sind wir aber gleichzeitig überzeugt, daß Extrembedingungen der Massenuniversität auch für relativ ichstarke Spätadoleszente eine große Belastung darstellen und u.U. ihren spätadoleszenten Identitätsbildungsprozeß empfindlich beschränken.

Doch bevor wir auf solche charakteristischen Identitätsverläufe in der heutigen universitären Situation hinweisen, seien noch einige kurze Bemerkungen zur *Identitätsbildung in der Spätadoleszenz* eingefügt..

In diesem Rahmen können wir das schwierige Konzept der Identität sowohl in der Psychoanalyse wie auch in der Soziologie nicht diskutieren (vgl. dazu u.a. Abend, 1974, Adorno, 1966, Bohleber, 1992b, Caldwell, 1976, Erikson, 1959, Goffmann, 1963, Krappmann, 1982, Lichtenstein, 1977, Sonnemann, 1988). Verschiedene Arbeiten in diesem Band werden näher auf Facetten dieser Problematik eingehen (vor allem Bohleber und Leuzinger-Bohleber u. Dumschat). Es sei hier nur angemerkt, daß der psychoanalytische Beitrag zur Identitätsdiskussion vor allem darin besteht, auf das *Nicht-Identische,* das *Unbewußte,* und seine Rolle bei der Entwicklung eines stabilen Identitätsgefühls hinzuweisen sowie das Krisen- und Prozeßhafte der Identitätsbildung als lebenslangen Prozeß zu betonen. Dies dokumentieren auch neuere psychoanalytische Arbeiten zur Identitätsbildung. Darin sind, nach Bohleber (1988), vor allem drei Bereiche bestimmend[11]:

I. *Identität kann definiert werden als ein Bestandteil des intermediären Bereichs nach Winnicott.* "Dieser dritte Bereich des menschlichen Lebens,.... ist ein intermediärer Bereich von Erfahrungen, in den in gleicher Weise innere Realität und äußeres Leben einfließen." (1971, S.11) Damit gehört die Identität weder ganz zur inneren psychischen Realität des einzelnen, noch zur realen äußeren Welt, in der er lebt. Identität ist immer sowohl "von außen" soziologisch, wie auch von innen "psychologisch" zu beschreiben (dies entspricht in etwa dem soziologischen Konzept der Ich-Identität, die (nach Goffmann, 1963, Krappmann, 1982, Buchmann, 1983) als Fähigkeit der Balance zwischen sozialer und persönlicher Identität verstanden wird). Identität ist somit nie statisch vorhanden, sie ist immer eine kreative Leistung des Einzelnen, die "sich aber an den symbolischen Strukturen einer Gesellschaft artikulieren muß und immer teilweise wandlungs- und veränderungsfähig bleibt" (Bohleber, a.a.O., S. 17). Allerdings ist sie auch immer teilweise konflikthaft, da sie von einer antagonistischen Gesellschaft erzwungen wird. Weiter ist sie wesentlich determiniert durch das "Nicht-identische", das Unbewußte, das vom "Identischen" Ausgeschlossene. Identitätsbildungsprozesse sind daher immer als innerer Dialog zwischen Bewußtem, Vorbewußtem und Unbewußtem zu verstehen (vgl. dazu Bohleber, 1992a).

---

[11]Wir beziehen uns hier weitgehend auf unsere frühere Zusammenfassung dieser komplexen Identitätstheorie (vgl. Leuzinger-Bohleber, 1992, Leuzinger-Bohleber u. Dumschat, 1991, Leuzinger-Bohleber u. Garlichs, 1991). Im Beitrag von Leuzinger-Bohleber und Dumschat in diesem Band werden die weiblichen Identitätsbildungsprozesse von Studentinnen diskutiert. In diesem Zusammenhang werden die Konzepte der Identitätsentwicklung nochmals aus einer anderen Perspektive beleuchtet. Bohleber befaßt sich in seinem Beitrag in diesem Band speziell mit dem Problem seelischer Integration, das die Identitätsbildung charakterisiert. Seine Arbeit ist eine Weiterentwicklung der hier vorgestellten Konzeptualisierungen.

Nach Winnicott ist dieser intermediäre Bereich für den Beginn einer Beziehung zwischen Kind und Welt erforderlich, z.B. zur ersten Unterscheidung zwischen Ich und Nicht-Ich im ersten Lebensjahr. Er kann sich nur durch eine hinlänglich gute mütterliche Betreuung entwickeln, z.B. durch die zuverlässige, sich immer wieder einstellende Bedürfnisbefriedigung dem Kind die Illusion ermöglichen, es könne diese Bedürfnisbefriedigung aktiv- etwa durch die innere Vorstellung der Brust im Hungerzustand, also in der Phantasie, herbeiführen. Winnicott bezeichnet diese "Illusion" als die erste kreative Leistung des Kindes. Im Spiel findet diese kreative Leistung im intermediären Raum seine Fortsetzung: in ihm eignet sich das Kind sukzessiv die Außenwelt an und erwirbt sich dadurch eine von der Mutter z.T. unabhängige Phantasiewelt - einen Spielraum. Dieser bildet die innere Voraussetzung für die ersten Trennungs- und Individuationsprozesse im 2. Lebensjahr mit den wichtigen Pendelprozessen zwischen der Erfahrung des Einsseins mit der Mutter und jener des Abgetrenntseins, der Autonomie.

In der zweiten Phase psychischer Strukturbildung, in der Adoleszenz, bedarf nun der Adoleszente ebenfalls eines solchen Spielraums, eines psychosozialen Moratoriums, wie dies Erikson bezeichnete, um sich von den internalisierten Eltern, etwa elterlichen Werten und Vorstellungen im Ich-Ideal und Überich zu lösen und zu einer eigenen Identität mit einem eigenen Wertraum zu finden. Wunsch- und triebbesetzte Vorstellungen, die auf Verwirklichung drängen, können durch diesen Spielraum erprobt, reexternalisierte Überichanteile geprüft, neue Werte, Vorstellungen und Handlungsmuster durchgespielt, verworfen oder angenommen und dann internalisiert werden.

Auch in diesem Prozeß spielen die Größenphantasien eine zentrale Rolle, nicht nur, wie anderswo beschrieben (Leuzinger-Bohleber und Garlichs, 1991) zur Abwehr der Insuffizienzgefühle, sondern auch als kreative Leistung. Z.B. muß der Jugendliche Größenphantasien, in gewissem Sinne auch Illusionen, ausbilden können, er sei ein wichtiges, aktiv mitgestaltendes Mitglied der Gesellschaft- und in seiner Phantasie seine eigenen "Weltentwürfe", Wertsysteme etc. entwerfen können, sonst wird er vorschnell auf eigene Ohnmachts- und Wertlosigkeitsgefühle zurückgeworfen. Wie im ersten Trennungsprozeß im 2./3. Lj. wird ein sukzessives Abarbeiten und schließlich ein Verzicht auf narzißtische Größenphantasien, eine adäquate Desillusionierung, nur ermöglicht durch die reale Erfahrung des Angenommenseins auch ohne sie - beim Spätdoleszenten, durch die reale Erfahrung des persönlichen Erwünschtseins, des Gebrauchtwerdens wenigstens in einem Sektor dieser Gesellschaft. An solche Prozesse dachten wir, als wir auf die mögliche Langzeitwirkung chronischer Ohnmachts- und Insuffizienzgefühle bei Studierenden an unseren heutigen Massenuniversitäten hinwiesen.

II. Die Bildung der Identität hat zweitens wesentlich zu tun mit einem *Spiegelprozeß im Ich.* Das Selbst spiegelt mittels des Ichs seine Selbstrepräsentanzen am Ort des dritten Bereichs in "von außen hereingeholten Identitätselementen" (z.B. einer Berufsvorstellung (Bohleber, a.a.O., S.17). In einem kreativen Prozeß wird "vor dem inneren Auge", also in der Phantasie, z.B. eine bestimmte in der Realität erlebte Berufs- oder Geschlechtsrolle ausprobiert und geprüft, ob man sich mit dieser identisch fühlen kann, sich in ihr wiederfindet. Durch solche Proberealisierungen und identifikatorischen Festlegungen wird eine eigene Identität gebildet.

Auch diese seelischen Prozesse haben, nach psychoanalytischer Auffassung, ihre frühen Vorläufer. Wie die neuere Säuglingsforschung eindrücklich belegt, ist das Neugeborene in einer viel umfassenderen Weise, als man bisher angenommen hat, für den Dialog mit der Mutter ausgestattet (vgl. dazu Emde, 1983, Lichtenberg, 1983, Stern, 1985). Durch Spiegelungsprozesse der Mutter, konkret etwa indem sie die Affekte des Säuglings auf ihrem Gesicht wiedergibt (vgl. dazu auch Krause, 1981), lernt er sukzessiv seine Affekte als die eigenen erkennen: das Selbst entwickelt sich nur durch die Spiegelung im Objekt. Doch auch viel später in der Entwicklung, bei den hier fokussierten spätadoleszenten Identitätsbildungsprozessen, ist die Erfahrung eines bedeutsamen Anderen, eines spiegelnden Objekts, unverzichtbar. Daher kann die Anonymität an manchen Fachbereichen unserer Universitäten, in denen kaum noch eine persönliche, intensive Erfahrung mit den Dozenten, Assistenten, ja zuweilen nicht einmal zu anderen Studierenden möglich ist, einen großen Einfluß auf diese Identitätsbildungsprozesse ausüben, ein wichtiger Aspekt bei der oft beklagten Vereinzelung vieler heutiger Studierenden. Dabei wird aus psychoanalytischer Sicht wiederum entscheidend sein, auf welche inneren Ressourcen ein bestimmter Studierender bei der Verarbeitung solcher neuen Erfahrungen in der Realität zurückgreifen kann. Werden durch ungenügende Interaktionen mit "bedeutsamen Anderen" an der Massenuniversität strukturell analoge frühinfantile Traumatisierungen reaktiviert, wird sein Erleben aktueller Einsamkeit und Ohnmacht angereichert durch gespeicherte archaische Emotionen aus analogen frühkindlichen Traumatisierungen, was zu einer ganz anderen Brisanz des aktuellen Erlebens führt als bei einem Studierenden, der über weniger traumatische Erfahrungen in diesem Problembereich verfügt. So sehen wir, z.B. in der Studentenpsychotherapie, ein breites Spektrum möglicher Verarbeitungsweisen analoger institutioneller Realitäten bei verschiedenen Individuen, wobei - jedes in seiner idiosynkratischen (evtl. psychosomatischen) Sprache - auf die objektiv vorhandenen institutionellen Konflikte hinweist.

III. Drittens spielen nun in der Spätadoleszenz die *Festlegungsprozesse, eine Auswahl von "innerlich gespiegelten Identitätsentwürfen", eine große Rolle:* man kann nur in einem sehr beschänkten Maße gleichzeitig Handwerker, Künstler, Sozialwissenschaftler und Jurist werden. Zugunsten einer vertieften Qualifizierung für einen Wissenschaftszweig, einen Beruf etc., muß auf viele andere potentiell mögliche Identitäten verzichtet werden. Diese in unserer Kultur weitgehend in der Spätadoleszenz erzwungenen Festlegungsprozesse aktualisieren nun immer auch Trennungsprozesse. Man muß sich von alten Identitätsentwürfen trennen, Abschied nehmen von früheren Selbst- und Selbstidealvorstellungen. Neue Identitätssegmente werden assimiliert, alte "ausgestoßen". Der Jugendliche bleibt durch diesen Prozeß zwar immer der Gleiche, ist aber doch nicht mehr identisch mit dem, der er vorher war. Zudem ist er auch anders als andere - auch dies verbunden mit der Wahrnehmung des Getrenntseins, der Unterschiede. Wie schon erwähnt, kann auch dieser Trauerprozeß nur vollzogen werden, wenn gleichzeitig durch die Festlegung gewonnene narzißtische Gratifikationen auf der anderen Seite der Waagschale liegen - Erfahrungen, die nur durch reale Entfaltung ermöglicht werden. Auch aus diesem Grunde sind persönliche und differenzierte Feedbacks auf studentische Leistungen durch die Lehrenden für die Studierenden sehr wichtig - sie sind eine Basis der eben ausgeführten Evaluationsprozesse, aber auch notwendige Quellen narzißtischer Befriedigungen. Welche narzißtischen Befriedigungen aber kann ein Studierender aus einer anonym bewerteten Multiple Choice Prüfung ziehen, außer der Befriedigung, daß er eben die Prüfung bestanden hat? Wie eingeschränkt sind dabei seine Erfahrungen mit sich und den eigenen Leistungen, vergleichen wir sie mit den intensiven und u.U. jahrelangen Auseinandersetzungen, die damalige Studierende mit ihren (geliebt/gehaßten) Professoren an manchen Fakultäten geführt haben (vgl. dazu u.a. Mahler, 1991)! Allerdings ist eine Kehrseite der Medaille auch, daß die "vaterlose Universität" bzw. die Multiversität manchen Studierenden (vor allem aus den Geistes- und Sozialwissenschaften) auch größere Möglichkeiten zur eigenen Selbstentfaltung bietet und neue Chancen der Identitätsbildung eröffnet (vgl. dazu Leuzinger-Bohleber und Dumschat in diesem Band).

Einige drastische Identitätsbildungsverläufe - als Stimulation einer Diskussion

Um kurz auf die Bandbreite heutiger Identitätsbildungverläufe bei Spätadoleszenten zu verweisen, möchten wir im folgenden kurz drei exemplarische "spätadoleszente Biographien" erwähnen, die unseren Blick für einige Chancen und Klippen dieser Entwicklungsprozesse schärfen könnten. Es geht uns dabei nicht um die Psychopathologisierung heutiger Spätadoleszenter, sondern um die erwähnten kulturkritischen Perspektiven, die in der psychoanalytischen Arbeit mit sensiblen Menschen, die an "gesellschaftlichem Unglück neurotisch leiden", eröffnet werden.

Wir sind auf solche typischen Identitätsbildungsprozesse auch in einer Untersuchung zur Auswirkung der erschwerten Berufssituation auf spätadoleszente Entwicklungsprozesse, diskutiert am Beispiel von Absolventen des Lehrerstudiengangs der GhK, gestoßen (vgl. Leuzinger-Bohleber u. Garlichs, 1991, Wiedenhöft, 1993).

a) "Multiversität" - auch eine historische Chance für die Entwicklung alternativer, flexibler Identitätsentwürfe

Wir haben erwähnt, daß an heutigen Universitäten eine Vielzahl von Kulturen nebeneinander existiert, was für die Studierenden einerseits eine verwirrende Situation sein kann, anderseits aber auch eine aufregende Vielfalt, einen Erfahrungsreichtum bietet, der die spätadoleszenten Identitätsbildungsprozesse bereichern und erweitern mag. Die weitgehend starren und hierarchischen Strukturen der Universitäten vor 1968 boten zwar den Studierenden einerseits Orientierung und Halt, anderseits aber auch ein teilweise recht enges Korsett für die eigene Identitätsbildung. War damals die Wahl des Studiums gefallen, nahm die alma mater ihre neuen Kinder unter ihre Fittiche und wies ihnen einen genau umschriebenen Platz in der "zukünftigen Elite der Gesellschaft" zu. Die heutige alma mater nimmt keine solchen klaren Platzzuweisungen mehr vor - sie zeigt den Neuankömmlingen oft eher ein strukturloses, verschwommenes, ja oft sogar chaotisches Gesicht. Eigneten sich die alten Universitätsstrukturen aus psychoanalytischer Sicht strukturell eher zur Reaktivierung von ödipal strukturierten Konflikten, die sich z.B. in Autoritäts- und Prüfungsängsten manifestierten, evoziert das heutige Chaos in manchen Fachbereichen eher Sehnsüchte und Ängste aus der prägenitalen Zeit, wie z.B. Wünsche, "endlich gesehen und wertgeschätzt zu werden" und "versorgt und aufgehoben zu werden". Diese reaktivierten Sehnsüchte und Wünsche mögen - neben den oben erwähnten realen Faktoren - ein psychodynamischer Hintergrund dafür sein, daß die Hälfte der Studierenden angibt, aus persönlichen, "selbstverwirklichungszentrierten" Motiven zu studieren, und ihren Wunsch ausdrückt, auch in der gegenwärtigen Ausbildungsphase nach einer möglichst hohen Lebensqualität zu streben. Obschon auch viele von ihnen an den Mißständen der Massenuniversität leiden, scheint diese Gruppe der Studierenden mit der Reaktivierung von (oralen?) Versorgungswünschen nicht regressiv umzugehen, sondern die reale "Mangelsituation" an den Universitäten wahrzunehmen und insofern für sich persönlich in Rechnung zu stellen, als eigene Sehnsüchte an die "alma mater" zurückgenommen werden und man sich selbst verantwortlich für die momentane Lebensgestaltung fühlt. "Ich hatte zu Beginn des Studiums erwartet, daß da jemand ist, der mir sagt, wie ich dies alles zu machen habe, mich so quasi an der Hand nimmt und mich in die Uni einführt. Als dies aber nicht geschah, war ich zwar lange Zeit relativ hilflos und verwirrt, aber dann habe ich mich zusammengerappelt und mir gesagt: Nun mußt Du halt selbst das Beste aus der Situation machen. Ich fand es dann sehr aufregend, was es alles so gibt an der Uni, und ich habe mir die Rosinen rausgepickt, das, was mich interessiert, so persönlich. Und ja - ich denke, ich habe mir in der langen Studienzeit ganz schön viel holen können, so für mich persönlich. Die geforderten Scheine für mein Studium habe ich allerdings eher so nebenbei gemacht. Doch merkwürdig, dennoch fühle ich mich relativ sicher, daß ich einen Job finden werde, der mir Spaß macht und dem ich gewachsen bin!" (Ursula, eine Magisterstudentin der Erziehungswissenschaft im 10. Semester). Diese ichstarke Studentin hatte die psychische Kraft, "aus der Not eine Tugend" zu machen: nach einer Krisenphase mit großen Insuffizienz- und Ohnmachtsgefühlen entdeckte sie die vielen Anregungen, die an der Universität für sie zu finden sind, und wählte nun für sich "die Rosinen" aus, d.h. Erfahrungen, die sie für sich und ihren Identitätsbildungsprozeß produktiv nutzen kann. Aus psychoanalytischer Sicht spricht aus ihrer Aussage vieles für einen kreativen, flexiblen Identitätsbildungsprozeß, den sie während ihrer Studienzeit durchlaufen konnte.

> In der Arbeitslosenstudie haben wir, allerdings nur vereinzelt, solche kreativen Identitätsbildungsverläufe bei arbeitslosen Jungakademikern gefunden. Ein Beispiel haben wir anderorts ausführlich beschrieben, da uns bei der jungen Frau beeindruckte, daß sie selbst formulierte, erst die unsichere Berufssituation habe ihr die Chance eröffnet, einen eigenständigen, kreativen Identitätsfindungsprozeß zu durchlaufen (vgl. Leuzinger-Bohleber u. Garlichs, 1991, S. 26 -36). Hätte sie gleich nach dem Abschluß des Studiums eine Stelle als Lehrerin angeboten bekommen, hätte sie höchstwahrscheinlich das Angebot angenommen, ohne sich nochmals zu fragen, ob ihr dieser Beruf auch wirklich liegt. Die Arbeitslosigkeit, die allerdings für sie existentiell wenig Sorgen einbrachte, weil sie durch ihren Ehemann finanziell abgesichert war, initiierte bei ihr einen nochmaligen Reflexionsprozeß und die Entdeckung eigener künstlerischer Begabungen, die sie ausprobierte und schließlich in einen

neuen, idiosynkratischen beruflichen Identitätsentwurf als Buchillustratorin integrierte.

Wir vermuten, daß die chaotische, offene Situation an manchen heutigen Fachbereichen ähnlich kreative Identitätsbildungsprozesse begünstigen kann. Allerdings haben wir an dem eben angeführten Beispiel diskutiert, daß diese Chance nicht nur an psychische Faktoren geknüpft ist, sondern nur dann genutzt werden kann, wenn eine soziale und existentielle Absicherung vorliegt. Daher wird es nicht zufällig sein, daß wir solche, aus unserer Sicht kreativen Identitätsentwicklungen nur bei Studierenden fanden, die sich ihre Existenzgrundlage während des Studiums durch Bafög und eine stabile Teilzeittätigkeit sichern konnten. Diese reale Absicherung ermöglichte ihnen die Muße, den psychosozialen Spielraum zu erkämpfen, um einen spätadoleszenten, immer auch mit persönlichen Krisen verbundenen Identitätsfindungsprozeß zu durchlaufen.

Die Möglichkeit, sich solche notwendigen, "produktiven" Krisen zu erlauben, scheint, wie oben erwähnt, bei vielen Studierenden der Betriebswirtschaft, Pharmazie, der Technikwissenschaften und evtl. auch bei manchen Naturwissenschaften weitgehend zu fehlen. Aus psychoanalytischer Sicht betrachten wir die institutionelle Einschränkung des psychosozialen Moratoriums, das in solchen Phänomenen sichtbar wird, mit kritischen Augen, da wir an folgende Identitätsentwicklungen denken:

b) Die Gefahr einer verkürzten Identitätsbildung bzw. der Ausbildung einer Pseudoidentität

Die zitierte Aussage von Thomas Büddefeld, seine Kommilitonen könnten sich nicht einmal zwei Wochen Urlaub leisten, ist für uns ein Indikator, wie eingeschränkt für solche Studierenden der innere und äußere Spielraum ist (vgl. dazu auch Sperling, 1967). Sie scheinen die meisten ihrer psychischen Kräfte dafür zu brauchen, den Anforderungen nachzukommen, die an sie gestellt werden, die Rolle des "fleißigen, leistungsfähigen Studenten" zu spielen. Selbstverständlich geht es uns als Psychoanalytikern nicht nur um die äußeren Realitäten, sondern immer um das Wechselspiel mit inneren Faktoren. Daher sehen wir in der Aussage, "daß sich Kommilitonen nicht mal 14 Tage Urlaub gönnen", auch einen Hinweis für den innerseelischen Druck, in dem sich diese Studierenden befinden.

In einer solchen, über längere Zeit andauernden Streßsituation wird der Spätadoleszente kaum fähig sein, in Muße nochmals Erfahrungen mit sich selbst vor dem inneren Auge vorbeiziehen zu lassen, zu entscheiden, ob er sich in diesem "Spiegelbild" wiedererkennt oder nicht, bei Unsicherheiten nochmals neue, ähnliche Erfahrungen zu suchen, diese wiederum auf sich wirken zu lassen, auf die Kongruenz mit sich selbst sorgfältig zu prüfen und damit die komplexen Entscheidungsprozesse zu durchlaufen, die die Basis einer tragenden Identität bilden. Diese psychischen Evaluations- und Selbstfindungsprozesse sind i.d.R. sehr störungsanfällig und bedürfen im eigentlichen Sinne eines Stücks "Zeit-losigkeit", d.h. der Möglichkeit, Zeit "los-zu-lassen" und sich dem innerseelischen Reflexionsprozeß hinzugeben. Daher sind sie nur in Ausnahmefällen mit einer andauernden Druck- und Streßsituation zu vereinbaren. Doch nicht nur im beruflichen Bereich, sondern auch im sozialen besteht bekanntlich durch eine chronische zeitliche Überlastung die Gefahr einer Einschränkung der sozialen Beziehungen, bis hin zur Vereinzelung und Isolierung, was wiederum seine Rückwirkungen auf die spätadoleszente Identitätsbildung hat, da evtl. wesentliche Erfahrungen mit "bedeutsamen Anderen" fehlen.

Nur Studierenden mit guten innerseelischen Ressourcen wird es in einer solchen institutionellen Streßsituation dennoch gelingen, sich zeitweise vom Druck zu befreien und einen "nicht-effizienten" Reflexions- und Selbstfindungsprozeß zu durchlaufen, sich ein Stück "Rêverie" zu gönnen. Daher werden es wohl eher nur einige wenige Studierende dieser Fachrichtungen sein, die aufgrund spezifischer (günstiger) innerseelischer Konstellationen "aus der Not eine Tugend" machen können und - im Extremfall - sogar die Drucksituation produktiv für ihren Identitätsfindungsprozeß einsetzen, z.B. indem sie in der Realität die Grenzen ihrer Leistungsfähigkeit und ihrer Kreativität unter erschwerenden institutionellen Bedingungen "ausprobieren" und dadurch zu sich selbst finden.

Selbstverständlich ist chronischer Streß in jedem Lebensalter belastend und kann auch in anderen Lebensphasen zur Identitätsstörungen führen; in der Spätadoleszenz besteht aber die spezifische Gefahr, daß die Identitäts*entwicklung* dadurch stark verkürzt, evtl. sogar abgebrochen wird, was im Extremfall zu einem klinischen Bild führt, das wir als "*Pseudoidentität*" gut kennen. Menschen mit einer Pseudoidentität sind in rigider Weise an das Ausfüllen eines ganz bestimmten Rollensets in der Realität gebunden. Erfüllen sie diese Rollen, fühlen sie sich stabil und unhinterfragt "in Ordnung". Treten jedoch Veränderungen ein, die eine Anpassung an neue Rollen verlangen, z.B. eine berufliche Umstellung oder ein Verlust eines bestimmten Rollensets im familiären oder sozialen Bereich (z.B. eine Scheidung oder aber - unspektakulärer - der Wegzug der Kinder), kommt es zu einer schweren psychischen Krise, die durch eine tiefe Verunsicherung gekennzeichnet ist, bis zu dem Verlust des eigenen Identitätsgefühls. Ein erfolgreicher Manager einer großen Firma (45 Jahre alt) formulierte nach seinerm ersten Herzinfarkt drastisch:

> "Das Schlimmste für mich ist nicht mal mein körperlicher Zustand, sondern daß ich Stimmungen erlebe, in denen ich gar nicht mehr weiß, wer ich bin und was ich mit mir anfangen soll. Alles ist zusammengebrochen. Ich hatte immer Erfolg, wußte immer, was ich zu tun habe, bin von Termin zu Termin gehetzt, fühlte mich durch meinen Erfolg bestätigt und habe mich eigentlich nie gefragt, ob ich diesen Lebensstil auch wirklich wollte. Ich bin da so hineingeruscht, mehr oder weniger zufällig, weil ich eben einen sehr guten Studienabschluß machte und gleich einen hoch attraktiven Job angeboten bekam. Und nun merke ich erst, wie sehr ich von außen bestimmt war und wie so eine Marionette dorthin marschierte, wohin man mich haben wollte... Im Grunde genommen weiß ich überhaupt nicht, wer ich eigentlich bin und wofür ich lebe..".

Dies mag ein extremes Beispiel sein, doch beschäftigt uns, daß gerade in den beruflichen Bereichen, für die die eben erwähnten Studiengänge vorbereiten, in unserer Gesellschaft zunehmend Verantwortung, Kreativität und Originalität von den Führungskräften verlangt werden, nicht nur, um die wirtschaftliche, technische und wissenschaftliche Weiterentwicklung in Zeiten der Computerrevolution zu sichern, sondern auch, weil von ihrer kreativen und weitsichtigen Problemlösung sowie ihrem "Zusammendenken" und der interdisziplinären Zusammenarbeit in vielen Bereichen, zugespitzt formuliert, vielleicht das Überleben von uns allen abhängt, denken wir hier nur an Schlagworte wie die aktuelle Völkerwanderung, die Gefahr einer ökologischen, atomaren aber auch einer sozialen Katastrophe im Zusammenhang mit dem härter werdenden, weltweiten Verteilungskampf. Solche gemeinsamen Problemlösungen setzen beim Individuum hohe kreative, unkonventionell- kompetente und soziale Fähigkeiten voraus, auch eine stabile Identitätsentwicklung, die nicht durch Veränderungen in der äußeren Realität zu sehr in Frage gestellt wird (vgl. dazu Leuzinger-Bohleber, 1992). Auf diesem Hintergrund scheint es uns höchst problematisch, daß manche Studienbedingungen es den Studierenden derart erschweren, sich ein psychosoziales Moratorium für die Entwicklung einer tragfähigen Identität zu gönnen.

Auf die Vereinzelung, die Anonymität und die Isolierung sowohl des Individuums als auch der wissenschaftlichen und institutionellen Substrukturen an unseren modernen Universitäten bzw. das Fehlen von Integration und "Zusammendenken" reagiert eine Gruppe Studierender besonders seismographisch. Sie neigt zu folgenden Identitätskonflikten:

c) Gefahr einer schweren Identitätskrise bzw. einer Identitätsdiffusion

In den theoretischen Ausführungen haben wir kurz diskutiert, welche zentrale Rolle die Omnipotenzphantasien bei der spätadoleszenten Identitätsentwicklung spielen, da sie der Abwehr von Insuffizienzgefühlen dienen und die narzißtische Selbstwertregulation stabilisieren. Allerdings gehört es zu einer der wichtigen Aufgaben in der Spätadoleszenz, daß sukzessiv narzißtische Befriedigungen durch reale Erfahrungen (z.B. durch Erfolgserlebnisse im Studium, aber auch in sozialen Interaktionen) an die Stelle dieser Omnipotenzphantasien treten und schließlich einen weitgehenden Verzicht auf sie ermöglichen. Wir haben an verschiedenen Stellen oben darauf verwiesen, daß die heutigen Zustände an den Massenuniversitäten solche, für den spätadoleszenten Entwicklungsprozeß unabdingbaren Erfahrungen oft erschweren, im Extremfall sogar weitgehend verunmöglichen. So kann die erwähnte chronische Erfahrung, in überfüllten Hörsälen zu sitzen "und von niemandem zur Kenntnis genommen zu werden", zu massiven Ohnmachts- und Insuffizienzgefühlen führen, die, falls keine kompensatorischen Erfahrungen im familiären und sozialen Bereich als Gegengewicht eingesetzt und nicht auf gut entwickelte, innerseelische Regulationsprozesse zurückgegriffen werden kann, u.U. eine sekundäre Besetzung der Omnipotenzphantasien nach sich ziehen. Vereinfacht zusammengefaßt, ziehen sich solche Studierende aus der für sie psychisch untragbaren Studiensituation sukzessiv mehr in ihre Phantasiewelt, z.B. in exkzessives Tagträumen, zurück, die oft dadurch gekennzeichnet ist, daß Omnipotenzphantasien vom eigenen Wert und der "Bedeutung für die Menschheit" ausgestaltet werden. Es kommt im folgenden zu einem fatalen circulus vitiosus: der Studierende zieht sich immer mehr auf sich selbst zurück und isoliert sich dadurch mehr und mehr. In der Folge setzt er sich immer weniger realen Situationen (im Studium oder in sozialen Interaktionen) aus. Dadurch verringert sich die Wahrscheinlichkeit, daß er in der Realität irgendwelche Erfolgserlebnisse erzielt, die innerseelisch als Gegengewicht zu den Omnipotenzphantasien zur Stabilisierung des narzißtischen Gleichgewichts eingesetzt werden könnten. Dies verstärkt noch die psychische Bedürftigkeit und die Verletzbarkeit, was wiederum Rückzug nach sich zieht, etc.

Solche Prozesse haben schließlich ein klinisches Bild zur Folge, das wir als Identitätsdiffusion beschreiben: die Grenzen zwischen Phantasie und Realität, zwischen innen und außen, zwischen Selbst und Objekt werden fließend. In solchen psychischen Zuständen besteht eine erhöhte Anfälligkeit für psychsomatische Erkrankungen sowie eine Affinität zum Drogenkonsum, der bekanntlich das lustvolle Tagträumen und Ausagieren von Omnipotenzphantasien unterstützt.

> Ein hochbegabter Abiturient begann sein Medizinstudium voll Enthusiasmus und in der festen adoleszenten Überzeugung, ein herausragender Arzt in der Entwicklungshilfe zur werden. Seine Spitzenposition im Gynmasium einer Kleinstadt hatte ihm viel soziale Anerkennung eingebracht und ihm geholfen, die Scheidung seiner Eltern und die anschliessende familiäre Isolation zu verkraften. Die Erfahrung, zusammen mit mehreren hundert anderen Medizinstudenten im Hörsaal zu sitzen, war für ihn ein Schock und wurde, zusammen mit anderen Erlebnissen, auf die wir hier nicht eingehen können, zur traumatischen Wiederholungserfahrung für ihn. Als sein einziger Bekannter das Studium aufgab, besuchte er immer weniger die Vorlesungen: "Es nahm sowieso keiner wahr, ob ich da war oder nicht, und ich mit meiner Hochbegabung dachte, ich könne mir den Stoff auch durch Bücher aneignen.." So verbrachte er immer mehr Zeit in seiner kleinen Studentenbude, hörte Musik und verfiel seinen Tagträumen. Um Gefühle der Insuffizienz, aber vor allem der Isolation und der Einsamkeit besser ertragen zu können, griff er immer häufiger zum Alkohol, bis er schließlich eindeutige Suchterscheinungen zeigte. Seine Mutter konnte ihn schließlich zu einer Therapie motivieren.
>
> In den ersten Beratungsgesprächen waren seine Erlebnisse der Identitätsdiffusion deutlich. Der Alkoholkonsum diente auch dazu, archaische Ängste vor Identitätsverlust zum Verschwinden zu bringen und ihm den seelischen Zustand erträglicher zu machen, "in dem ich mich fühle, wie ein Ei ohne Schale. Jeder kann in mich eindringen, sich mit mir vermischen - ich weiß nicht mehr, wer ich bin...". In der Therapie stellte sich heraus, wie fatal die Erfahrungen an der Massenuniversität seinen frühinfantilen Traumatisierungen im Zusammenhang mit seiner schwer depressiven Mutter und einer fast tödlich verlaufenden Polio strukturell entsprochen hatten: sie paßten wie der Schlüssel ins Schloß einer reaktivierbaren infantilen Neurose (Mahler).

Auch dieses Beispiel mag drastisch wirken, doch sind Übergänge von normalen spätadoleszenten Krisen bis hin zu solchen schweren psychopathologischen Bildern am Rande der Psychose bekanntlich fließend. In den dramatischen psychischen Zustandsbildern glauben wir aber eine Gefahr zu erkennen, die für die heutige Studentengeneration und vielleicht für die anfangs erwähnten Adoleszenten - verglichen mit früheren - vermehrt zu bestehen scheint: die Gefahr, chronischen Ohnmachts- und Insuffizienzgefühlen ausgesetzt zu sein, als Individuum "wenig zu zählen" sowie nur selten Erfolgserlebnisse in der

Realität zu erfahren, die sukzessiv zu einer stabilen narzißtischen Selbstwertregulation führen - eine Voraussetzung, um auf Omnipotenzphantasien und die Abwehr von Unwert und Wut verzichten zu können. Perspektivlosigkeit und Zukunftsangst, gekoppelt mit der Erfahrung, "eine Null in der Masse zu sein", ist eine fatale Erfahrung sowohl für Spätadoleszente als auch für Adoleszente und erhöht die Wahrscheinlichkeit der Gewalt gegen außen und innen.

In vielen Beiträgen dieses Buches werden wir diese individuellen Entwicklungsprozesse im Spannungsfeld zwischen Biologie und Kultur differenzierter reflektieren.

Übersicht über die Beiträge dieses Bandes

In Teil I unseres Buches sind die Beiträge enthalten, die an einer internationalen Expertentagung vom 24. bis 26. April 1992 in Kassel gehalten wurden. Diese Tagung bildete den Abschluß unseres Forschungsprojektes und sollte uns die Möglichkeit bieten, unsere Ergebnisse, Beobachtungen und Hypothesen mit psychoanalytischen Fachleuten der Spätadoleszenz zu diskutieren. Daher fassen wir in dieser Übersicht auch einige prägnante Diskussionsergebnisse zusammen, vor allem zu den Beiträgen aus unserem Forschungsprojekt, die (ergänzt durch zwei Arbeiten) im Teil II aufgeführt werden.

Werner Bohleber beschreibt in seinem Beitrag eine der Hauptschwierigkeiten spätadoleszenter Entwicklungsprozesse, frühere und neue Identifizierungen in eine tragende Identität mit einem stabilen Identitätsgefühl zu integrieren. In der psychoanalytischen Literatur der letzten Jahre wurde dieser Aspekt wenig diskutiert, auch weil die Ich-Psychologie außer Mode geraten war und daher die Untersuchung von Integrationsprozessen wenig Interesse erweckte. Zudem war das Erikson'sche Konzept der Identität wegen der Schwierigkeiten, die durch seine psychosozialen Definitionen entstanden, in den Hintergrund getreten. Die Selbstpsychologie und die Kontroverse um die Narzißmustheorie zwischen Kohut, Kernberg u.a. standen in den 70er und anfangs der 80er Jahre im Zentrum des psychoanalytisch-wissenschaftlichen Diskurses.

Bohleber entwickelt eine neue theoretische Perspektive, indem er sich u.a. auf Ergebnisse der Neuen Säuglingsforschung bezieht und diskutiert, welchen Beitrag der daraus entwickelte Begriff des Selbst für ein differenziertes Verständnis spätadoleszenter Integrationsprozesse sowie deren Störungen leistet. Betont wird dabei der interaktive Ansatz dieser Forschungen, die der komplexen Wechselwirkung zwischen innen und außen, zwischen Subjekt und Objekt, zwischen Individuum und Gruppen, Phantasie und Realität Rechnung tragen, wie wir dies auch in der Einleitung oben ausgeführt haben. Er zeigt ins einzelne gehend auf, daß der adoleszente Entwicklungsprozeß eine spezifische Struktur besitzt, die dem spätadoleszenten Ich hilft, diese immense Integrationsleistung zu bewältigen. Er diskutiert, daß die Integrationsprozesse in der Spätadoleszenz im Sinne der "Nachträglichkeit" (Freud, 1918) die Funktion haben, sich die eigene Lebensgeschichte aktiv anzueignen und angesichts der sexuellen Veränderungen der Pubertät neu zu interpretieren. Gelingt eine solche Integration nicht, kommt es zu Störungen des spätadoleszenten Entwicklungsprozesses. Diese Überlegungen werden anhand einer Fallvignette aus einer psychoanalytischen Psychotherapie mit einer 20jährigen Schülerin mit weiblichen Identitätskonflikten aus einer Scheidungsfamilie diskutiert. Es wird darauf verwiesen, wie in diesem Alter eine Stagnation des Entwicklungsprozesses oft mit erstaunlich geringem therapeutischen Aufwand aufgehoben werden kann, wenn es gelingt, mit geeigneten Interventionsstrategien die Entwicklungsblockade in der Übertragungsbeziehung bearbeitbar zu machen.

Während Bohleber den Blick auf die gesamten spätadoleszenten Identitätsbildungsprozesse richtet, wird in den beiden daran anschließenden Beiträgen jeweils ein Aspekt besonders herausgegriffen.

Roger Shapiro befaßt sich mit dem Ablösungsprozeß von der Primärfamilie in der Adoleszenz und Spätadoleszenz. Er faßt einige der Forschungsergebnisse eines fast zwei Jahrzehnte dauernden Forschungsprojektes am National Institute of Mental Health der George Washington University zusammen. Anhand von Verbatimprotokollen mit einer Familie mit zwei schwer gestörten Adoleszenten (zwei jugendlichen Brüdern mit den Diagnosen "narzißtische Persönlichkeitsstörung" bzw. "Borderline-Persönlichkeit") diskutiert er seine Modifikationen der Theorieansätze von H. Kohut und O. Kernberg zur Psychodynamik der narzißtischen Persönlichkeitsstörungen. Damit bezieht er sich auf die gleiche Diskussion zum Verständnis der narzißtischen Selbstwertregulationen in der Adoleszenz, von der Bohleber ausgegangen ist, und beleuchtet deren Genese auch bezogen auf die Interaktionsstrukturen in den Familien. Die unbewußte Verbindung zwischen der Neurosenstruktur der Eltern und adoleszenten Pathologien wird in minutiösen Interaktionsbeobachtungen in familientherapeutischen Sitzungen sichtbar, mit psychoanalytischen Beobachtungen in Beziehung gesetzt und, bezogen auf die Plausibilität konkurrierender theoretischer Erklärungen, diskutiert. Methodisch illustriert Shapiro in seinem Beitrag exzellent die Ergänzung von direkten Interaktionsbeobachtungen in einem familientherapeutischen Setting und Informationen aus dem szenischen Geschehen in psychoanalytischen Einzeltherapien.

Während bei Shapiro der Schwerpunkt auf der Analyse familiärer und individueller Pathologien liegt, fokussieren *Dieter Bürgin* und *Dorothe Biebricher* ihre Überlegungen mehr auf die Frage nach den gesellschaftlichen Auswirkungen adoleszenter Konflikte. Sie fassen Ergebnisse ihrer jahrelangen Forschungen zur Delinquenz bei Adoleszenten und Spätadoleszenten zusammen, eine Thematik von hoher Aktualität. Allerdings berichten sie in ihrem Beitrag weniger von einzelnen empirischen Befunden, sondern integrieren diese in theoretischen Überlegungen zur sozialen und antisozialen Tendenz des Menschen. Wie Bohleber beziehen sie sich ebenfalls auf die neue Säuglingsforschung und begreifen antisoziale Tendenzen als seelische Kräfte, die Integrationsprozessen entgegenwirken. Die Autoren betonen den Stellenwert früher Interaktionserfahrungen für die zunehmende Differenzierung sozialer und antisozialer Tendenzen wie auch ihrer Intergration. An einem ausführlichen Fallbeispiel, einem 18jährigen Jugendlichen, der nach schwersten emotionalen Deprivationen in der Adoleszenz dissoziales Verhalten und eine mittelschwere Drogenabhängigkeit zeigte, werden die theoretischen Konzepte detailliert illustriert. Informationen und szenische Interaktionen aus einem Gespräch im Rahmen einer jugendpsychiatrischen Begutachtung werden diskutiert, um die Gewalthandlung des Jugendlichen, der einen Dealer lebensgefährlich verletzte, als er ihm keinen Stoff ohne Bezahlung geben wollte, adäquater zu verstehen. Diese Analysen mögen in vielen Punkten auch für die einleitend erwähnten gewalttätigen deutschen Jugendlichen zutreffen, die ebenfalls häufig extremen emotionalen Deprivationen in ihren Familien ausgesetzt waren.

Die kriminellen Handlungen sind für diesen Jugendlichen auch ein Schutz vor seiner eigenen Sehnsucht nach Passivität (z.B. im Drogenkonsum), was bekanntlich eine hohe Relevanz für spätadoleszente Entwicklungsprozesse hat, wie *Shmuel Erlich* aus Jerusalem in seinem Beitrag diskutiert. Er konzeptualisiert zwei seelische Modalitäten, das "Being" und das "Doing", deren Integration und Verschmelzung gerade in der Spätadoleszenz zur entwicklungsspezifischen Aufgabe wird. Gelingt einem Spätadoleszenten eine solche Integration nicht, entgleitet ihm die progressive Entwicklung. Überwiegt das "Being", sind wir bei dem erwähnten Rückzug in die Passivität, in neurotische Störungen bis hin zur Affinität zu einem Suchtverhalten (vgl. Beispiel des oben angeführten Medizinstudenten). Wird hauptsächlich dem "Doing" seelische Priorität eingeräumt, entstehen Störungsformen wie Hyperaktivität, die ähnliche Entwicklungen zur Folge haben können, wie wir sie oben dem Beispiel des Managers angedeutet haben: zugunsten einer aktiven, vorwiegend auf Erfolg von außen ausgerichteten Lebenseinstellung gehen andere psychische Bedürfnisse nach Genießen, Erholung und Entfaltung in sozialen und libidinösen Beziehungen unter. So wird eine gelungene spätadoleszente Entwicklung davon abhängen, inwieweit "der junge Mensch seine 'Doing'- bzw. 'Being'-Beziehung zur Realität als getrenntes Gegenüber oder als mit ihm selbst vermengtes Konglomerat mit einsprechenden Phantasie-Inhalten und Ich-Zuständen zu integrieren vermag." (Erlich, S. 127 seines Beitrags). Ein Fallbeispiel eines 20jährigen Mannes mit schweren Identitätskonflikten und eine psychoanalytische Behandlung eines 16jährigen Jungen in einer akuten Ablösungskrise dienen dazu, diese These detailliert zu illustrieren und zu diskutieren. Schließlich wird noch die soziale Realität des Spätadoleszenten in den Blick genommen und darauf verwiesen, daß der Heranwachsende auf ein "Höchstmaß an Realitätskonstanz und ein Mindestmaß an sozialem Konvervatismus" in seiner Umwelt angewiesen ist, um Neues, Progressives und Unbekanntes zu entdecken.

Hendrika C. Halberstadt-Freud verfolgt einen sehr spezifischen Rückzug aus sozialen Beziehungen in der Adoleszenz: die Flucht in die Perversion. Sie bezieht sich in ihren Ausführungen nicht auf klinische Erfahrungen mit Patienten, sondern, einer berühmt gewordenen Freud'schen Tradition entsprechend, auf "schöne Literatur". Ihre Hauptthese ist, daß Marcel Proust, der sein Werk eine "introspektive Novelle" nannte, psychoanalytische Erkenntnisse ergänzen kann und besonders, bezogen auf die Relevanz der Mutter-Sohn-Beziehung, bei der Entstehung von Perversionen hellsichtig neuere psychoanalytische Einsichten bezüglich der Genese dieser Störungen schon zu seiner Zeit beschrieben hat. Marcel Proust hat in seinem Roman "Auf der Suche nach der verlorenen Zeit" in der Hauptfigur des Erzählers und bei einer weiteren literarischen Figur, Jean Santeuil, meisterhaft pathologische adoleszente Ablösungsprozesse dargestellt, die dem Jugendlichen als Sicherung vor einer psychotischen Erkrankung nur den Ausweg in die perverse Identität offen lassen. Halberstadt-Freud zeichnet Stadien dieser Entwicklung nach und bezieht sich dabei hauptsächlich auf Prousts Romanfiguren, stellt aber auch einige Bezüge zu Prousts eigener Biographie her. Für sie ist, analog zu den Erkenntnissen der neuen Säuglingsforschung, eine Symbiose zwischen Mutter und Kind keine normale Entwicklungsphase, sondern Ausdruck einer hoch pathologischen Interaktionsstruktur.

Ihre Ausführungen werfen nochmals ein neues Licht auf die Bedeutung der familiären Interaktion für den adoleszenten und spätadoleszenten Entwicklungsprozeß und stellen daher eine gute Ergänzung zu den Beiträgen von Shapiro und Bürgin und Biebricher dar.

Mario Erdheim öffnet im letzten Beitrag des Teils I wieder den Blick auf die gesellschaftliche Matrix, in der Spätadoleszenz stattfindet. Er bezieht sich auf die späte Freud'sche Kulturtheorie, in der - in "heißen Kulturen" - ein unvereinbarer Gegensatz zwischen Familie und Kultur postuliert wird. Während in "kalten Kulturen" Initiationsriten den Übergang vom Jugend- ins Erwachsenenalter übernehmen und damit herrschende Regeln in der Kultur konservativ durchsetzen, sind moderne "heiße" Gesellschaften auf kulturellen Fortschritt angewiesen. In diesen Kulturen wird vom Adoleszenten erwartet, daß er aus dem familiären Rahmen ausbricht und dadurch zum Träger des kulturellen Fortschritts, des Neuen in einer Gesellschaft wird. Der adoleszente Triebschub bietet die biologische Basis für diese individuelle Aktivität, für die progressive Abwendung vom Bekannten, von alten Strukturen. Erdheim bezieht sich bei diesen Analysen u.a. auf Turner, der zwei binäre Gegensätze zwischen Struktur und Anti-Struktur, Ordnung und Chaos diskutiert. Turner zeige auf, daß auch gesellschaftliche Ordnungen immer das Chaos brauchen, da sie sonst erstarren. Daher haben afrikanische Gesellschaften in "heiligen Zeiten" den Individuen ein kontrolliertes "Chaos" gewährt. Erdheims These ist nun, daß im Verlaufe des Zivilisationsprozesses diese "heiligen Zeiten" immer mehr abgeschafft wurden (vgl. Karneval, Fasnacht) und das Chaos aus der Gesellschaft in die Individuen hineinversetzt worden sei, was man in der Adoleszenz am besten wiedererkenne.

In der Diskussion wurde diese These aufgenommen und darauf verwiesen, wie wichtig, aber auch wie störungsanfällig ("chaotisch") solche Prozesse sowohl im individuellen als auch im gesellschaftlichen Bereich sind. Einerseits ist unsere moderne Gesellschaft in ihrer kulturellen Akzeleration bis hin zur Weiterentwicklung von Wirtschaft und Wissenschaft von den progressiven Impulsen abhängig, die von der jungen Generation ausgehen; anderseits besteht im adoleszenten Chaos immer auch die Gefahr der Entgleisung, einer Destruktion, wie dies z.Z. die rechtsradikalen Gewaltausschreitungen einmal mehr illustrieren. Gesellschaftlich und individuell ist, wie Freud schon betonte, Kultur nur durch einen Triebverzicht, i.a.W. auch durch Verzicht auf aggressive Triebbefriedigung zu erwerben, was aus psychoanalytischer Sicht u.a. auch daran gebunden ist, ob eine solche kulturelle Leistung für den Adoleszenten bzw. Spätadoleszenten attraktiv ist oder nicht. Erdheim weist darauf hin, daß nationalistische und rassistische Vorstellungen sich eignen, der Kulturleistung auch insofern entgegenzuwirken, daß sie grundsätzlich zur Ordnung der Familie und nicht zu derjenigen der Kultur gehören und auf einer Phantasmagorie der Familie basieren. Nationalismus und Rassismus sind auf die Gesellschaft projizierte Surrogate der Familie und haben daher besonders für jene Adoleszente eine hohe Attraktivität, die durch extreme familiäre Deprivationen archaische Ideale und Mutterrepräsentanzen psychisch erhalten mußten, die dann leicht auf "Nation" und "Rasse" u.ä. projiziert werden (vgl. dazu auch Bohleber, 1992b). Daher werden durch Erdheims Analyse die klinisch-psychoanalytischen Ausführungen vor allem von Bürgin und Biebricher und Shapiro noch durch eine zusätzliche Dimension ergänzt.

Im Teil II stellen wir einzelne Teilprojekte aus unserer Studie "*Psychische Konflikte und Hochschulstruktur, 1968 und heute*", ergänzt durch zwei Beiträge aus der Umfragenforschung zur gleichen Fragestellung, vor.

Eugen Mahler beschränkt sich in seinem "Werkstatt-Bericht" auf die Darstellung und Ausdeutung einer einzigen gruppenanalytischen Arbeitssitzung mit Studierenden. Mit ihm als Leiter, Gerhard Wittenberger als Co-Leiter und Diethelm Class als Beobachter sind sie als Leitungsteam ein Triumvirat, wobei E. M. der Großväter-, G.W. der Väter- und D.C. der Söhne- bzw. Geschwister-Generation zugerechnet werde könnten. Pragmatisch vereinfachend und mit der unbewußt-gekonnten Absicht, zunächst multiplen Übertragungsaspekten zu entgehen, werden die Leiter von der Gruppe als "Profis" bezeichnet, die der Gruppe aus einer "chaotischen Diskussion" heraushelfen sollen. Aus Verlorenheitsängsten und Abhängigkeits- und Geborgenheitswünschen heraus entwickelt sich ein Gruppenprozeß, gesteuert von einer unbewußten Gruppenphantasie, die mutmaßlich einen Initiationsritus zum Inhalt gehabt haben könnte. Das Einschreiben in eine Teilnehmerliste und verallgemeinernd die Immatrikulation erhielten dabei über den hochschultechnischen Verwaltungsakt hinaus eine Aufgehobenheit vermittelnde, feierliche und richtungsweisende Bedeutung. Wie im Zeitraffer ereignen sich die weiteren Rivalitäts- und Rangordnungskämpfe - auch Paarbildungen zeichnen sich ab - , alles jedoch im Dienste von Übertragungsvorgängen, die schließlich in dem Geschlechts-Identitätsproblem den Leitern gegenüber münden. Als Vaterübertragung erscheint schließlich der "preußische Beamte", der notwendig wird, um einer "verschlingenden Mutter" zu entgehen. Letztendlich kommt ein intensives Arbeitsklima zustande, in dem sich aus verschiedenen, von den Teilnehmern mitgeteilten Vater- und Elternbildern der Autoritätsverfall des Vaters in der heutigen Zeit ebenso zeigt wie der fortbestehende Wunsch nach dem akademischen Ersatzvater mit unabhängiger und richtungsweisender Autorität, der aber in der augenblicklichen Hochschullandschaft schwer zu finden ist.

Diese Linien waren andeutungsweise in der ablaufenden Sitzung schon enthalten. Durch einen Zufall ist diese Sitzung dann darüber hinaus zum Studienobjekt unseres Forschungsseminars geworden, indem dort eine Tonbandaufzeichnung abgehört und diskutiert worden ist - ein Verwendungszweck, dem die Teilnehmer der Gruppensitzung dankenswerterweise von vornherein zugestimmt hatten. Mit hoher Aktualität waren, ausgehend von der Vertiefung der Erkenntnisse zum Gruppenverlauf, Verallgemeinerungen möglich. Die meisten Einzel- und Gruppensitzungen entziehen sich der eingehenden hermeneutisch-verstehenden Forschung. Die Praxis mit ihrer Überfülle an immer wieder neuen Eindrücken läßt leider die eingehende Beforschung dieser Art nur schwerlich zu.

Auf die Funktion der "fehlenden Väter" kommen auch *Marianne Leuzinger-Bohleber* und *Renate Dumschat* im Zusammenhang mit der Frage zu sprechen, warum es nur manchen Studentinnen gelingt, historisch neue Freiräume für die weibliche Identitätsentwicklung zu nutzen. Nachdem sie in einer vorangegangenen Arbeit einen Aspekt aus dieser komplexen Problematik herausgegriffen haben, die Frage nach dem Einfluß der jüngsten deutschen Geschichte auf die zweite bzw. dritte Generation auf weibliche Entwicklungsprozesse in der Spätadoleszenz (Leuzinger-Bohleber u. Dumschat, 1991), gehen sie in diesem Beitrag von der Beobachtung aus, daß heute statistisch auffällig viele Studentinnen aus Scheidungsfamilien die psychotherapeutische Beratungsstelle aufsuchen. Bezugnehmend auf das oben vorgestellte Konzept spätadoleszenter Identitätsentwicklung wird aufgezeigt, daß bei diesen Frauen aufgrund von Traumatisierungen im Bereich von Individuation und Separation eine Autonomieproblematik auffällt, die es diesen Studentinnen erschwert, auf bisherige Sicherheiten, die ein traditionelles Frauen- und Mutterbild zu vermitteln schien, zu verzichten und einen idiosynkratischen Weiblichkeitsentwurf, z.B. eine persönliche Vorstellung einer befriedigenden Kombination von sexueller und beruflicher Entfaltung einerseits und Mutterschaft anderseits, zu phantasieren und zu realisieren. Diese Weiblichkeitskonflikte heutiger Studentinnen werden mit jenen der 68er Generation verglichen, die ebenfalls oft ohne Väter aufgewachsen ist: doch "ist ein toter Vater kein geschiedener Vater." An zwei Fallbeispielen werden die theoretischen Überlegungen konkretisiert und erste psychodynamische Hypothesen entwickelt.

Ebenfalls u.a. mit dem Thema "Weiblichkeit", bzw. dem Geschlechterverhältnis, befaßt sich *Rainer Brämer*, allerdings aus einer bildungssoziologischen Perspektive, die unsere psychoanalytische Einzelfalloptik sinnvoller- und notwendigerweise ergänzen und evtl. modifizieren kann. Er greift Daten aus den Befragungen "STUDENT 90" und "STUDENT 92" heraus und diskutiert daran die Beobachtung, daß heute auch die Studenten der Naturwissenschaften u.a. durch den Einfluß der Friedensbewegung ein gebrochenes Verhältnis zum unpolitischen Expertentum und zu einer alles dominierenden Karriereorientierung haben. Verglichen mit dem Durchschnitt aller Studierenden sind aber bei dieser Gruppe die Werteverschiebungen weniger dramatisch. Während 85 % aller Studierenden der Befragung '92 "Familie, Freunde und Freizeit" in den Mittelpunkt ihres Lebens stellen, fällt bei den Naturwissenschaftlern nach wie vor eine eher asketische Lebenseinstellung und eine relative Kontaktarmut auf. Besonders eindrücklich ist dies bei den Student*innen*. Vergleicht man die Studentinnen dieser Fachrichtungen mit den durchschnittlichen Werten aller studierenden Frauen, weisen sie eher ein "klassisch-männliches Werteprofil" auf, d.h. sie sind berufs- und karriereorientierter als die meisten Studentinnen und stehen Technik und Wissenschaft unkritischer gegenüber als ihre Kommilitoninnen. Diese Beobachtungen beleuchten ein Phänomen, das mit jenen psychischen Prozessen bei Frauen in Verbindung stehen könnte, die Leuzinger-Bohleber und Dumschat in ihrem Beitrag diskutieren: man fühlt sich bei solchen Feststellungen an den Abwehrmechanismus der Identifikation mit dem Aggressor erinnert, besondern wenn man darüber nachdenkt, auf welche weiblichen Entfaltungsmöglichkeiten diese Naturwissenschaftsstudentinnen u.U. freiwillig verzichten, indem sie sich bereitwillig und vielleicht durchaus unter dem Etikett der Emanzipation an gesellschaftliche und wirtschaftliche Anforderungen anpassen.

Notwendige Anpassungsprozesse an sich wandelnde Realitäten werden auch in den beiden nächsten aufeinander bezogenen Beiträgen thematisiert: *Margrit Venner, Irene Misselwitz* und *Christian Ederer* aus Jena und *Martin Bender* aus Marburg berichten von einem Vergleich von Medizinstudenten aus Jena und Marburg. Sie diskutieren an ihren Beobachtungen den Einfluß der "Wende" auf spätadoleszente Identitätsfindung. So ist z.B. eindrücklich, wie sehr die Jenenser Studentinnen und Studenten ihre eigenen Eltern und deren politische Vergangenheit in Schutz nehmen und vor der eigenen spätadoleszenten Kritik schützen. Viele von ihnen wohnen auch noch zu Hause und versuchen den Eltern, die sich oft in schweren Krisen befinden, z.B. arbeitslos sind oder sich durch den Zusammenbruch bisheriger Werte und Normen orientierungslos und verwirrt fühlen, Unterstützung, wenn nicht sogar neuen Lebenssinn zu vermitteln. Als Psychoanalytiker denken wir bei solchen Phänomenen an die klinisch gut bekannte Tatsache, daß sich Adoleszente und Spätadoleszente nur von den Eltern real und psychisch ablösen können, wenn diese Eltern mit ihrem Leben und ihrer Realität einigermaßen zurechtkommen und der Jugendliche spürt, daß er sie durch seine Loslösung nicht "real zerstört", obschon mit dem Separationsprozeß immer solche Phantasien und Ängste einhergehen. Möglicherweise ist für die Jenenser Studierenden z.Z. eine spätadoleszente Identitätsentwicklung sehr erschwert.

Um die Wechselwirkung von institutioneller und gesellschaftlicher Situation einerseits und spätadoleszenten Entwicklungsprozessen bei Studierenden andererseits vertiefend zu diskutieren, führten wir im Rahmen unserer Studie eine Delphi-Befragung von psychoanalytisch orientierten Studententherapeuten durch, die über jahrelange Erfahrungen mit Studierenden verfügen und daher Experten in dieser Fragestellung sind. Die Delphi-Befragung, benannt nach dem Orakel von Delphi, wird als systematische Befragungsmethode oft in sozialwissenschaftlichen und ökonomischen Untersuchungen verwandt, wenn zu komplexen Fragestellungen Experten, "Weise", über Wissen verfügen, das durch keine andere Quelle zu eruieren ist. Ebendies schien bei unserer Fragestellung der Fall zu sein: manche der Therapeuten sind schon seit fast zwanzig Jahren in der Studentenpsychotherapie tätig und verfügen daher, aufgrund ihrer reichen klinischen Erfahrung, über ein Wissen zu spätadoleszenten Entwicklungsprozessen, das nirgends, auch in keiner Fachpublikation, zu finden ist. In der Delphi-Befragung übernimmt der Forscher die Funktion, eine "wissenschaftliche" Kommunikation zwischen solchen Experten herzustellen, indem er das Wissen der einzelnen Experten u.U. durch provokative Fragen diesen teilweise erst zugänglich macht, indem sie es durch diesen Anstoß aus dem Vorbewußten ins Bewußte heben können. Das Wissen fließt in eine schriftliche Befragung ein, die der Forscher daraufhin miteinander vergleicht. Anschließend, in einer zweiten Befragungsrunde, werden die einzelnen mit dem Wissen der übrigen Experten konfrontiert.

Annette Bertrams führte im Rahmen ihrer Doktorarbeit eine solche Befragung durch und stellt in ihrem Beitrag das methodische Vorgehen und einige der wichtigsten Ergebnisse detailliert vor. Sie reflektiert ihre Daten eingehend und stellt dabei vielfältige Verknüpfungen zu psychoanalytischen, psychosozialen und gesellschaftlichen Beobachtungen her. Ihre Zusammenfassung weist daher auf viele Detailveränderungen studentischer Identitätsbildung in den letzten zwanzig Jahren hin.

Als spezifische Modifikation der Delphi-Befragung schlossen wir an die schriftliche Befragung einen intensiven mündlichen Austausch der beteiligten Experten im Rahmen unserer Tagung an. *Thomas von Salis* leitete diese Gruppe mit Hilfe des *operativen Gruppenkonzeptes*, das Armando Bauleo und andere argentische Psychoanalytiker speziell für Arbeitsgruppen entwickelt hatten (vgl. u.a. Bauleo, 1988). Thomas von Salis illustriert in seinem Beitrag diese analytisch-sozialpsychologische Forschungsmethode anhand einer differenzierten und originellen Analyse des Gruppenprozesses der Delphi-Experten während unserer Kasseler Tagung.

In den beiden letzten Beiträgen wird von einer weiteren empirisch-psychoanalytischen Arbeit berichtet, die im Rahmen unseres Projektes durchgeführt wurde. Wir haben oben wiederholt darauf hingewiesen, daß spätadoleszente Entwicklungsprozesse nicht nur innerseelisch ablaufen, sondern immer in einem dialektischen Verhältnis zu der institutionellen und gesellschaftlichen Realität stehen. Daher ist es für Studierende nicht belanglos, wie sie in der Öffentlichkeit wahrgenommen werden. Indikatoren für das Bewußtsein der Öffentlichkeit bezüglich der psychosozialen Situation von Studierenden finden wir z.B. in der Berichterstattung in den Medien. Aus diesem Grunde interessierte uns, wie zwei der wichtigsten Tageszeitungen, die Frankfurter Rundschau und die Frankfurter Allgemeine Zeitung 1967/68 und 1989/90, über Studierende berichten. *Claudia Lützen* und *Ulrike Schulmeyer- Herbold* führten eine theoriegeleitete Inhaltsanalyse der entsprechenden Zeitungsartikel durch und fassen in ihrem Beitrag methodisches Vorgehen und herausragende Ergebnisse zusammen. Wir hatten nicht erwartet, daß die Unterschiede in der Berichterstattung derart deutlich sind: die Berichterstattung vor zwanzig Jahren war nicht nur viermal so häufig wie heute, sondern auch qualitativ auffällig anders. Berichteten 1968 die Journalisten vorwiegend von politischen Themen, die die revoltierenden Studierenden evozierten, scheint heute, polemisch ausgedrückt, die Berichterstatter vor allem die wirtschaftliche "Verwertbarkeit" der Studierenden in Industrie und Wirtschaft zu interessieren.

Da in Kassel *Fritz Schütze*, einer der führenden Experten für qualitative Textanalysen, arbeitet und seit 10 Jahren eine Forschungswerkstatt für qualitative Sozialforschung leitet, haben wir ihn gebeten, einige der Zeitungsartikel, die wir mit der Inhaltsanalyse untersucht hatten, auch mit seiner Methode zu analysieren. Er wird einige Ergebnisse davon hier zusammenfassen und dabei sowohl auf die unterschiedliche Berichterstattung in den beiden Zeiträumen als auch in der liberalen FR, verglichen mit der konservativen FAZ, verweisen. Anhand einer Detailanalyse eines Artikels aus der FAZ 1968 diskutiert er z.B. das darin sichtbare Nostrifizierungs-Handlungsschema bzw. die ihm entsprechende Wahrnehmung des Studenten "als fremdes, bedrohliches Wesen". Schütze illustriert in seinem Beitrag erstmals die Anwendung seiner qualitativen, textanalytischen Methode auf einen Zeitungsbericht, eine Forschungsmethode, die er bisher vor allem in Untersuchungen von narrativen Interviews vorgestellt hat.

Eindrücklich ist, daß mit Hilfe beider methodischer Zugriffe sichtbar wird, daß es den 68er Studenten im Gegensatz zu den heutigen gelungen ist, sich für kurze Zeit ins Zentrum des "Diskursuniversums der bundesdeutschen Gesellschaft" (Schütze) zu setzen und dadurch auf ihre persönliche, aber auch auf die institutionelle Situation an den Universitäten aufmerksam zu machen. Heute ist es in vieler Hinsicht "stiller" um die Studierenden geworden, obwohl heutige Studierende nicht weniger an ihren Entwicklungskonflikten und den teilweise untragbaren institutionellen Bedingungen an den Universitäten leiden. Wir können dies mit dieser Publikation nicht verändern, aber vielleicht im besten Falle einen bescheidenen Beitrag leisten, daß spätadoleszente Konflikte wenigstens in Fachkreisen aus ihrer Stiefkindposition herauswachsen.

Der kürzlich verstorbene Schweizer Schriftsteller Max Frisch hat auf seine Weise schon 1932, damals selbst Student, auf die Relevanz der Spätadoleszenz hingewiesen:

"Man heisst es das wirkliche Leben, wohin es mich gestellt hat. Als ob Gedanken und Gefühle weniger wirklich wären als Taten. Aber sie sind hier unein-

lösbarer Wechsel, diese Gedanken und Gefühle. Das ist es. Für ein inneres Abschiednehmen von meinem Vater lassen sie keine Zeit, für ein inneres Erfassen des Todes keine Zeit. So stehe ich vor Gesichtern und Bürotüren, vor Telefonen und Briefen, als wäre ich in der Fremde und verstünde die Landessprache nicht. Oft wirkt Erfahrungslosigkeit wie ein wohltuender Witz, anderswo dagegen schmeckt sie bitter. Aber alles in allem: die Erfahrungen kommen schon, sogar rudelweise; hinter jeder Türe wartet eine, mehr oder minder freundlich.

Das Aufreibende ist die eigene innere Unsicherheit. Man schreibt und telefoniert und stellt sich vor. Und während man sich selber empfiehlt, stösst und sticht einen immer und immer wieder die Frage: was bist du denn eigentlich? Bis hinein in die Träume verfolgt einen das.....

Und das Wissen um die Unwiederbringlichkeit dieser Jahre und um die Uneinholbarkeit wächst und verzerrt sich in Minderwertigkeitsängste.

Anderseits muss man sich gestehen, dass man in diesen Jahren auch etwas geleistet hat. Und wir bringen doch auch etwas mit. Ich meine nicht die Testate und das Wissen aus Büchern und Vorlesungen. Aber man hat an sich selber gearbeitet. Mit grossem Aufwand an Zeit und Seele. Auch all die Irrungen können nicht verloren sein; selbst wenn sie an sich albern sind, so bedeuten sie doch eine Strecke auf unserem Weg nach menschlicher Reife. Das ist es: wir sind weniger vorgedrungen in der Richtung auf einen Beruf im alltäglichen Sinn dieses Wortes, es ging uns weniger darum, einen Beruf zu besitzen als ein Mensch zu werden. Auch wenn wir dieses Ziel noch unmöglich erlangt haben können, so sind wir doch immerhin vorwärts gekommen. Und das Wissen um diesen erkämpften, lebendigen inneren Reichtum verleitet einen vor gewissen Gesichtern zu einer lächerlichen Überheblichkeit.

Was bin ich?

Zum Broterwerb mangeln mir gewisse Fähigkeiten, mangelt mir Praxis. Aber meine Konkurrenten haben sie, sie kennen das Kampffeld und sind trainiert. Und zum Ersäufen bin ich innerlich zu schön. Ich habe einen lebendigen Reichtum, und ich pilgere mich müde; denn er ist ein uneinlösbarere Wechsel.

Oft denke ich mir das Studium wie eine Brücke. Wir bauen auf ein sicheres Ufer hin und vertrauen auf unseren Bau und kümmern uns spärlich um das, was wir da eigentlich überbrücken. Es ist ein Ulk: in der Mitte bricht es, und man rutscht als Nichtschwimmer in den Fluss."

(geschrieben als phil. I. Student, im "Zürcher Student", vgl. "Gesammelte Werke in zeitlicher Folge", Frankfurt/Main: Suhrkamp, 1976)

Literatur

Abend, S. M. (1974): Problems of Identity. Theoretical and Clinical Applications. Psa. Quart., 43, 606-637.

Adorno, T.W. (1966): Negative Dialektik. Ges. Schriften 6, Frankfurt/Main: Suhrkamp,1984.

Blos, S. (1979): The adolescent passage. Developmental issues. New York: International Universities Press.

Bohleber, W. (1987): Die verlängerte Adoleszenz. Identitätsbildung und Identitätsstörungen im jungen Erwachsenenalter. Jahrbuch der Psychoanalyse 21, 58-84.

Bohleber, W. (1988): Spätadoleszente Identitätsbildungsprozesse. Unveröffentlichter Anhang zu Bohleber (1987), vgl. oben.

Bohleber, W. (1991): Spätadoleszente Identitätsbildung. Unveröffentlichtes Manuskript. (Vorfassung der Publikation, 1992a, vgl. unten).

Bohleber, W. (1992a): Identität und Selbst. Die Bedeutung der neueren Entwicklungsforschung für die psychoanalytische Theorie des Selbst. Psyche 46, 4, 336-366.

Bohleber, W. (1992b): Das Phantasma der Nation. Nationalismus, Fremdenhaß und Antisemitismus. Psychoanalytische Überlegungen. Psyche, 46, 8, 689-710.

Bohleber, W./Kafka, J. (1991): Antisemitismus. Bielefeld: Aisthesis.

Bürgin, D. (1980): Spätadoleszenz und Autonomie. Psyche, 34, 5, 449-464.

Bürgin, D. (Hg.) (1988): Beziehungskrisen in der Adoleszenz. Stuttgart: Huber.

Buchmann, M. (1983): Konformität und Abweichung im Jugendalter. Diessenhofen: Verlag Rüegger.

Bundesminister für Bildung und Wissenschaft (Hg.) (1986): Das soziale Bild der Studentenschaft in der Bundesrepublik Deutschland. Bonn: Bock Verlag.

Caldwell, R.S. (1976): Primal Identity. Int. Rev. Psycho-Anal., 3, 417-434.

Claußen, D. (1992): Die antisemitische Alltagsreligion. Hinweise für eine psychoanalytisch aufgeklärte Gesellschaftskritik. In: Bohleber, W./Kafka, J. (Hg): Antisemitismus. Bielefeld: Aistheses.

Dahrendorf, R. (1990): Die Sache mit der Nation. Merkur 44, 823-834.

Devereux, G. (1967): Angst und Methode in den Verhaltenswissenschaften. München: Carl Hansen Verlag.

Dickel, H./Döp, S.W./Hahn, H./Jüngst, S./Klein, J./Pletsch, A./Radloff, J./Schulze-Göbel, H./Thomale, E./Weber, S. (1974): Studenten in Marburg. Sozialgeographische Beiträge zum Wohn- und Migrationsverhalten in einer mittelgroßen Universitätsstadt. Marburg/ Lahn: Selbstverlag des Geographischen Instituts der Universität Marburg.

Döbert, R./Nunner-Winkler, G. (1975): Adoleszenzkrise und Identitätsbildung. Frankfurt/Main: Suhrkamp.

Elias, N. (1989): Studien über die Deutschen. Frankfurt/Main: Suhrkamp.

Emde, R. N. (1983): René A. Spitz: Dialogues from Infancy. New York: Int. Univ. Press..

Erdheim, M. (1988): Die Psychoanalyse und das Unbewußte in der Kultur. Frankfurt/Main: Suhrkamp.

Erdheim,M. (1992): Das Eigene und das Fremde. Über ethnische Identitäten. Psyche, 46, 8, 730-745.

Erikson, E. (1959): Identität und Lebenszyklus. Frankfurt/Main: Suhrkamp, 1966.

Fischer, A./Zinnecker, J. (1992): Einleitendes zur Jugendstudie. In: Jugendwerk der Deutschen Shell (1992): Jugend '92, Bd. 1 - 3. Opladen: Leske und Budrich, vgl. unten, S. 9-23.

Freud, S. (1905): Drei Abwandlungen zur Sexualtheorie. GW, Bd. V, 27-145.

Freud, S. (1907): Der Wahn und die Träume in W. Jensens "Gradiva", GW VII, 29-122.

Freud, S. (1913): Das Interesse der Psychoanalyse für die nicht psychologischen Wissenschaften. GW, VIII, 403-420.

Freud, S. (1921): Massenpsychologie und Ich-Analyse, GW, XIII, 72-161.

Giordano, R. (1987): Die zweite Schuld oder Von der Last Deutscher zu sein. Hamburg: Rasch u. Röhring.

Goffmann, E. (1963): Stigma. Notes on the Management of Spoiled Identity. Englewood Cliffs, N.Y.: Prentice Hall. 3. Auflage.

Hardtmann, G. (1992): Psychoanalytische Gespräche mit rechtsradikalen Jugendlichen. Beitrag an der 2. Nürnberger Jahrestagung für Ethnopsychoanalyse, 19.- 21.6.92.

Heim, W. (1992): Fremdenhaß und Reinheit - die Aktualität einer Illusion. Sozialpsycho-logische und psychoanalytische Überlegungen. Psyche, 46, 8, 710-730.

Heitmeyer, W. (1992): Die Bielefelder Rechtsextremismus-Studie. Erste Langzeitunter-suchung zur politischen Sozialisation männlicher Jugendlicher. Weinheim: Juventa Verlag.

Jugendwerk der Deutschen Shell (1992): Jugend '92, Bd. 1-3. Opladen: Leske und Budrich.

Junker, H./Waßner, Th. (1984): Psychotherapeutisch denken. Patient und Therapeut in der analytischen Arbeit. Berlin: Springer.

Krappmann, L. (1982): Soziologische Dimensionen der Identität. Stuttgart: Klett Cotta.

Krause, R. (1981): Affekt und Sprache. Stuttgart: Kohlhammer.

Krecji, E./Bohleber, W. (Hg.) (1982): Spätadoleszente Konflikte. Indikation und Anwendung psychoanalytischer Verfahren bei Studenten. Göttingen: Vandenhoeck u. Ruprecht.

Kristeva, J. (1988): Fremde sind wir uns selbst. Frankfurt/Main: Suhrkamp.

Laufer, M. (1965): Assessment of Adolescent Disturbances. Psa. Study Child, 20, 99-123.

Lempp, R. (Hg) (1987): Reifung und Ablösung, Bern: Huber.

Leuzinger-Bohleber, M. (1982): Indikation psychotherapeutischer Verfahren bei Studenten. In: Krejci, E./Bohleber, W. (Hg.): Spätadoleszente Konflikte (vgl. oben), 81-117.

Leuzinger-Bohleber, M. (1987): Veränderung kognitiver Prozesse in Psychoanalysen. Bd. I: Eine hypothesengenerierende Einzelfallstudie. Berlin: Springer (PSZ Verlag).

Leuzinger-Bohleber, M. (1989): Veränderung kognitiver Prozesse in Psychoanalysen. Bd.II: Fünf aggregierte Einzelfallstudien. Berlin: Springer (PSZ Verlag).

Leuzinger-Bohleber, M. (1992): Spätadoleszente Entwicklungsprozesse. Chancen und Risiken - eine Einzelfallskizze. In: Schmied-Kowarzik, W. (Hg.): Einsprüche kritischer Philosophie. Kleine Festschrift für Ulrich Sonnemann. Kasseler Philosophische Schriften, 179-209.

Leuzinger-Bohleber, M. (1992): Interdisciplinary Exchange or "Turning a Blind Eye"? Defense Mechanisms of Psychoanalysts: A Case Study. In: Leuzinger-Bohleber, M./Schneider, H./Pfeifer, R. (eds.): "Two Butterflies on My Head..." (vgl. unten), 47-75.

Leuzinger-Bohleber, M. (1992a): "Der Traum der schönen Frau Seidenmann und der Riss in der Geige". Zum Motiv des erzwungenen Identitätswechsels im Roman von Andrzej Szczypiorsky. fragmente, 38, 79-109.

Leuzinger-Bohleber, M./Dumschat, R. (1992b): Weibliche Identitätskonflikte, 1968 und heute. Zwei Fallskizzen. fragmente Sonderheft: Student heute, 132-163.

Leuzinger-Bohleber, M./Garlichs, A. (1991): Lehrerausbildung für die Arbeitslosigkeit. Spätadoleszenten. Identitätsbildungeprozesse unter erschwerten Berufsperspektiven. In: Trescher, H./ Büttner, Ch. (Hg.): Jahrbuch für psychoanalytische Pädagogik. Mainz: M. Grünewald-Verlag, 7-49.

Leuzinger-Bohleber, M./Garlichs, A. (1993): Zukunftshoffnungen und Zukunftsängste von Kindern und Jugendlichen in beiden Teilen Deutschlands. Eine angewandt psychoanalytische Studie im pädagogischen Feld. Erscheint bei Juventa Verlag.

Leuzinger-Bohleber, M./Schneider, H./Pfeifer, R. (eds) (1992): "Two Butterflies on My Head...". Psychoanalysis in the Interdisciplinary Dialogue. Berlin: Springer.

Lichtenberg, J.D. (1983): Psychoanalysis and Infant Research. London: the Analytic Press..

Lichtenstein, H. (1977): The Dilemma of Human Identity. New York: Aronson.

Loewenstein, B. (1992): Massenpsychologie des Nationalismus. Merkur, 521, 657-669.

Mahler, E. (1969): Psychische Konflikte und Hochschulstruktur. Psyche, 23, 10, 772-795.

Mahler, E. (1974): Psychoanalytische Gruppenarbeit mit Lehrerstudenten, Psyche, 28, 2, 97-115.

Mahler, E. (1976): Interdependenz von Klein- und Großgruppenprozessen aus psychoanalytischer Sicht.- Am Beispiel einer Gruppenarbeit in der Lehrerausbildung. Gruppenpsychotherapie und Gruppendynamik, 10, 1, 25-49.

Mahler, E. (1983): Christliche Botschaft und Apokalypse. Ein psychohistorischer Prozeß ohne Zukunft? In: Passett, P./Modena, E. (Hg.): Krieg und Frieden aus psychoanalytischer Sicht. Frankfurt/Main: Strömfeld u. Roter Stern, 290-316.

Mahler, E. (1989): Psychische Konflikte und Hochschulstruktur. 1968 und heute. Unveröffentlichter Vortrag, gehalten in Ulm, 15.9.89.

Mahler, E. (1991): Psychische Konflikte und Hochschulstruktur. 1968 (bis) und heute. In: fragmente Sonderheft: Student 1968 und heute., 17-51.

Meinke , D. (Hg.): Das soziale Bild der Studentenschaft in Marburg. Marburg/Lahn: Selbstverlag der Marburger Geographischen Gesellschaft e.V.

Mitscherlich, A. /Mitscherlich, M. (1977): Die Unfähigkeit zu trauern. München:Piper.
Mohr, E. (1992): Zaungäste. Die Generation, die nach der Revolte kam. Frankfurt/Main: Fischer.
Richter, H. E. (1982): Die psychologische Wirkung der Atomkriegsdrohung. Vortrag auf dem 2. Internationalen Kongreß der Ärzte zur Verhütung eines Atomskriegs (IPPNW), Frankfurter Rundschau (22.4.1982).
Rutschky, K. (1992): Rechtsradikal oder irre? Merkur, 521, 702-707.
Sinus-Institut (1985): Jugend privat. Verwöhnt? Bindungslos? Hedonistisch?. Opladen: Leske und Budrich.
Sonnemann, U. (1988): "Geschichte als Flucht vor ihr. Warum in den deutschen Historikern sich die Amnesie lieber fortsetzt als wahrnimmt." In: Türcke, Ch. (Hg.): Perspektiven Kritischer Theorie. Eine Sammlung zu Hermann Schweppenhäusers 60. Geburtstagstag. Lüneburg: zu Klampen, 31-54.
Sperling, E. (1967): Gesundheitsstörungen bei Studenten und strukturelle Probleme ihrer Prophylaxe und Behandlung. Schriftenreihe "Arbeitsmedizin, Sozialmedizin, Arbeitshygiene", Bd. 19. Stuttgart: Geuter, 54-61.
Stern, D. (1985): The Interpersonal World of the Infant. A View from Psychoanalysis and Developmental Psychology. New York: Basic Books.
Streeck-Fischer, A. (1992): "Geil auf Gewalt". Psychoanalytische Bemerkungen zu Adoleszenz und Rechtsradikalismus. Psyche, 46, 8, 745-769.
Wiedenhöft, A. (1993): Reflexionsfähigkeit: eine Determinante spätadoleszenter Identitätsentwicklung. Promotionsarbeit am FB 1 der GhK, erscheint voraussichtlich 1993.
Winnicott, D.W. (1971): Vom Spiel zur Kreativität. Stuttgart: Klett, 1973.
Wirth, H.J. (1992): Interviews mit Skinheads. Vortrag an der 2. Nürnberger Jahrestagung zur Ethnospsychoanalyse, 19.-21.6.92.
Zinnecker, J. (1992): "Optimistisch in der Krise". Zur neuen Shell-Jugendstudie. Spiegel, 45, 113-119.

Seelische Integrationsprozesse in der Spätadoleszenz

Werner Bohleber

1. Überblick über die adoleszente Entwicklung

Durch die körperlichen Veränderungen und den Triebschub der einsetzenden Pubertät wird das seelische Gleichgewicht und die bis dahin erreichte Abwehrorganisation des Jugendlichen erschüttert. Er muß sich durch die Wiederbelebung ödipaler und präödipaler Wünsche und infantiler Objektbeziehungen in neuer Weise mit seiner Kindheit auseinandersetzen.

In der Spätadoleszenz kommt diese Auseinandersetzung - wenn die Entwicklung nicht allzusehr gestört verläuft - zu einem relativen Ende. Ein neues seelisches Organisationsniveau zeichnet sich ab. Es bewirkt, daß sich die seelischen Prozesse wieder stabilisieren. Integration ist die übergeordnete Aufgabe dieser Entwicklungsphase. Das gestärkte und mit differenzierten Interessen ausgestattete Ich muß dieses neue seelische Gleichgewicht zustande bekommen. Es ist durch folgende Entwicklungen gekennzeichnet:

a) In der Auseinandersetzung zwischen präödipalen und ödipalen Wünschen kommen die ersteren durch die Ermöglichung genitaler Sexualität weitgehend unter die Herrschaft der Ödipalität oder unterliegen erneuter Verdrängung.

b) In der eigentlichen Adoleszenz sind Selbst- und Objektrepräsentanzen gegeneinander durchlässig geworden. Unterschiedliche Selbst-Repräsentanzen konnten widersprüchlich nebeneinander stehen. Durch Integration einerseits und Verdrängung andererseits entsteht nun eine relativ widerspruchsfreie Selbst-Repräsentanz mit stabilen Grenzen gegen die Objekt-Repräsentanzen.

c) Das ödipale Überich verliert seine Rigidität. Wie Loewald (1980) gezeigt hat, ist das ödipale Überich als eine späte Struktur für regressive Tendenzen in Richtung auf erneute Veräußerlichung eigentümlich anfällig. Um sich von den elterlichen Werten und Vorstellungen zu lösen, bedarf es notwendig dieser Reexternalisierung von Überich-Anteilen und der Erprobung neuer Werte, Vorstellungen und Handlungsmuster. Durch die Auseinandersetzung mit der nicht familiären Umwelt kommt es zu neuen Inhalten und Wertsetzungen, die dann integriert werden.

d) Das narzißtische Ich-Ideal hat sich zu einem reifen Ich-Ideal gewandelt. Übertriebene Idealisierungen von Selbst und Objekt werden auf ein realistisches Maß zurückgenommen. Die narzißtischen Größenphantasien verlieren ihre Stabilisierungsfunktion für das adoleszente Selbst. Sie werden zunehmend durch Gratifikationen ersetzt, die aus realer Verwirklichung von Wünschen und Plänen stammen.

Die Adoleszenz spiegelt kaleidoskopartig sämtliche vorangegangenen Entwicklungen in der einen oder anderen Form wider und stellt den Heranwachsenden vor die gigantische Aufgabe der Konsolidierung und Integration (Blos 1985). Somit ist die Spätadoleszenz auch eine Zeit der Krise. Sehr leicht kann die Integrationsfähigkeit des Ichs überfordert werden, worauf es zu adaptivem

Versagen, Ich-Einschränkungen und zur Ausbildung von rigiden Abwehrmaßnahmen kommen kann. Aber diese Wiederbelebung der vorangegangenen Entwicklungen verschafft dem Adoleszenten die Möglichkeit, durch innere Umstrukturierungen neue Lösungen für alte Konflikte zu finden. So bezeichnet Peter Blos die Adoleszenz als eine zweite Chance. Moses Laufer betont die Wahlmöglichkeiten des Jugendlichen in der Adoleszenz. Und Freud schreibt 1915 (Anmerkung zu den "Drei Abhandlungen über die Sexualität"): "Die Entscheidung über das endgültige Sexualverhalten fällt erst nach der Pubertät und ist das Ergebnis einer noch nicht überschaubaren Reihe von Faktoren, die teils konstitutioneller, teil aber akzidentieller Natur sind" (1905, S. 44f).

In der Lebensgeschichte Erwachsener, die eine schwere infantile Traumatisierung erlebt haben, ist oft eindrücklich zu beobachten, wie das infantile Trauma in der Adoleszenz aktiv wieder inszeniert wird (vgl. Leuzinger-Bohleber u. Dumschat in diesem Band). Es hängt von den neuen realen Umständen und den mit einbezogenen Personen ab, ob diese Traumatisierung durch neue Erfahrung gemildert oder befestigt wird. So schafft der Wiederholungszwang auch hier neue Bewältigungsmöglichkeiten. Ekstein (1979) hat gezeigt, wie das pathologische Trauma in der Adoleszenz zu einem kreativen Organisationsprinzip werden kann und damit "das Trauma zu einer Chance".

In der Adoleszenz werden Kindheitskonflikte nicht einfach redupliziert, sondern das zwischenzeitlich gestärkte adoleszente Ich, veränderte Beziehungspersonen, andere Lebenskonstellationen, die über die Familie hinausreichen, und die für den Adoleszenten neuen Horizonte gesellschaftlicher Kultur schaffen Bedingungen, die er handelnd für neue Lösungen seiner Kindheitskonflikte nutzen kann. Adoleszente Entwicklung eröffnet einen Spielraum. Beweglich gewordene Strukturen, Reinszenierungen und Probehandeln ermöglichen seelische Umwandlungen und neue Verbindungen seelischer Inhalte und Neuschöpfungen.

Nicht nur von innen her strebt die Entwicklung auf ein vereinheitlichtes seelisches Ganzes hin, sondern auch von außen bestehen Anforderungen, sich zu definieren, Rollen zu übernehmen, einen Beruf zu wählen und Beziehungen einzugehen. Seelische Integration und Identitätsbildung sind auf diese Weise stets auch ein gesellschaftlich erzwungener Vorgang. Zudem trifft jede Gesellschaft Vorkehrungen, daß die adoleszente Freisetzungsdynamik nicht dysfunktional wird. Durch Rituale, Prüfungen, Berufslaufbahnen und Militärdienst schafft sie institutionelle Sicherungen. Damit wird die Spätadoleszenz auch zu einer Zeit der Festlegungen und Wahlen. Die adoleszente Option auf Vieles muß in vielen Bereichen in die Festlegung auf Eines münden. (Zum Problem der verlängerten Adoleszenz, Bohleber 1987.)

Die sogenannten synthetischen Funktionen des Ichs erweisen sich von enormer Bedeutung für die spätadoleszente Entwicklung. Dies möchte ich weiter ausführen und Elemente sowie Entwicklungsbedingungen dieses Integrationsprozesses untersuchen. In der psychoanalytischen Theoriebildung hat eine solche Untersuchung seelischer Integrationsprozesse eher eine randständige Rolle gespielt. Gründe dafür liegen auch in der Sache selbst. Denn "der Weg ..., auf dem die Persönlichkeitskonsolidierung fortschreitet, bleibt in vieler Hinsicht dunkel. Integration geht eben leiser vor sich als Desintegration" (Blos 1962, S. 152).

Nach Einführung der Strukturtheorie finden sich in Freuds Schriften immer wieder Hinweise auf das "Einheitlichkeitsstreben" des Ichs. Freuds Begriff des

Ichs umfaßt dieses als metapsychologische Struktur sowie das Ich-Selbst als Erfahrungsbegriff. Er schied beide Begriffe nie voneinander und insistierte damit auf der untrennbaren Verbindung von Ich und Selbst. Bei Freud bleibt so ein ganzheitlicher, personaler Bezugspunkt erhalten, der in der psychoanalytischen Theorie nach der Ausformulierung der Ich-Psychologie verlorengegangen war und dann mit der Struktur des Selbst wieder eingeführt werden mußte.

Indem Freud vom "zusammenhängenden Ich" spricht, sieht er das abgespaltene Verdrängte als ein Ergebnis des Einheitlichkeitsstrebens des Ichs an. Dieses Einheitlichkeitsstreben beherrscht die seelische Entwicklung: "Im Fortschritt der Entwicklung vom Kinde zum reifen Erwachsenen kommt es überhaupt zu einer immer weitergreifenden Integration der Persönlichkeit, zu einer Zusammenfassung der einzelnen, unabhängig voneinander, in ihr gewachsenen Triebregungen und Zielstrebungen" (1921, S. 85). 1926 schreibt er in "Die Frage der Laienanalyse": "Das Ich ist eine Organisation, ausgezeichnet durch ein sehr merkwürdiges Streben nach Vereinheitlichung, nach Synthese" (1926, S. 223). Dieses Freud merkwürdig erscheinende Streben des Ichs sieht er aus desexualisierter Libido gespeist, und letztlich im Dienste der Absichten des Eros stehend, dessen Ziel es ist, zu binden und zu vereinigen.

Kehren wir zurück zur Adoleszenz. Wie ist diese Vereinheitlichung, ihr Ablauf und ihr Ziel zu beschreiben?

2. Ziele seelischer Integration

Für Freud ist das Ziel der adoleszenten Entwicklung die Herstellung der "Genitalorganisation". Die maßgebenden Veränderungen der Pubertät bestehen in der "Unterordnung aller sonstigen Ursprünge der Sexualerregung unter dem Primat der Genitalzonen".

Moses Laufer knüpft unmittelbar an Freuds "Drei Abhandlungen zur Sexualtheorie" von 1905 an. Auch für ihn ist die wichtigste Funktion der Adoleszenz die Festlegung der endgültigen sexuellen Organisation. Ihr werden alle anderen seelischen Aufgaben der Adoleszenz untergeordnet: "Für uns liegt die wichtigste Funktion der Adoleszenz also in der Festlegung der endgültigen sexuellen Organisation, einer Organisation, zu der - was die Körperrepräsentation angeht - jetzt auch der zur Reife gelangte Genitalapparat gehören muß. Die verschiedenen Aufgaben, die in der Adoleszenz zu bewältigen sind - die veränderte Einstellung zu den ödipalen Objekten, die veränderte Einstellung zu den Gleichaltrigen, das neue Verhältnis zum eigenen Körper - , sollten unter dieser wichtigsten entwicklungsorientierten Funktion subsumiert und nicht als separate Aufgaben betrachtet werden" (1989, S. 21f). Die Reorganisation und schließlich die Integration der bisherigen psychischen Entwicklung findet in dem neuen Kontext der physisch-sexuellen Reife statt. Die präpuberalen Wünsche und Phantasien, vor Eintritt der physisch-sexuellen Reife gefahrlos und annehmbar, werden nun mit einer neuen inzestuösen Bedeutung befrachtet. Das Ich des Adoleszenten hat einen Kompromiß zwischen dem Erwünschten und dem Zulässigen auszuhandeln. Diese Kompromißlösung stellt dann die nicht mehr umkehrbare sexuelle Identität eines Menschen dar.

Für Erikson ist die menschliche Entwicklung ein lebenslanger Prozeß der Identitätsbildung. "Die ganze Kindheit hindurch werden Kristallisationen erprobt, welche das Kind fühlen und glauben lassen ..., daß es annähernd weiß, wer es ist - um jedoch bald zu finden, daß diese Selbstgewißheit immer wieder den Brüchen in der psychosozialen Entwicklung ... zum Opfer fällt" (1959, S. 141). Die Identitätsbildung wird in der Spätadoleszenz zur phasenspezifischen Hauptaufgabe. Kindheitsidentifizierungen sind nicht mehr brauchbar und müssen aufgegeben, verändert oder in neuen Konfigurationen absorbiert werden. Die endgültige Organisation der Identität ist jeder einzelnen Identifizierung mit den infantilen Primärobjekten übergeordnet. Sie schließt alle wichtigen Identifizierungen ein, aber verändert sie auch, um aus ihnen ein einzigartiges und einigermaßen zusammenhängendes Ganzes zu machen. Auch Erikson spricht bei diesem Organisationsprozeß von einem Kompromiß. Die Spätadoleszenz sollte mit dem "relativ konfliktfreien Kompromiß" einer integrierten Persönlichkeit abgeschlossen werden.

Unabhängig von der Frage, in welchem Bereich die hauptsächlichste seelische Organisationsleistung der Adoleszenz angesiedelt wird, dürfte deutlich geworden sein, daß diese Organisationsprozesse eine Aufgabe seelischer Integration sind und eine Entwicklungsbewegung der "Vereinheitlichung" zeigen. Die Tendenz zur Vereinheitlichung erzwingt seelische Kompromißbildungen. Die synthetischen Funktionen des Ichs treiben die seelische Organisation in dieser Zeit voran. Die synthetische Funktion besteht ja bekanntlich darin, daß das Ich sich bemüht, die verschiedenen Kräfte aus Es, Überich und Außenwelt zu einem Ganzen zu integrieren, um aus den verschiedenen psychischen Tendenzen ein einheitliches Wollen und Handeln abzuleiten, was ihm häufig nicht gelingt und den Konflikt fixiert. Unabhängig von der Vermittlung zwischen den Instanzen faßt die Synthese seelische Inhalte zu immer komplexeren Gebilden zusammen.

Hier stellt sich nun die Frage, wodurch dieses Streben nach Einheitlichkeit gesteuert wird und welches übergeordnete Regulationsprinzip seelischen Geschehens hier im Spiele ist. Vereinfacht gesagt, es muß eine Instanz geben, die beurteilt, welche seelischen Inhalte zueinander passen. Dieses Regulationsprinzip finden wir im Identitätsgefühl, das sich in der Spätadoleszenz in neuer Weise entwickelt.

3. Selbst und Identitätsgefühl[1]

Mit der strukturtheoretischen Frage, ob das Selbst eine übergeordnete seelische Struktur darstellt oder in die Struktur des Ichs eingebettet ist, möchte ich mich hier nicht beschäftigen. Das Selbst übernimmt die Aufgabe eines übergeordneten Organisators, der die seelischen Integrationsprozesse aktiviert und sich dabei der synthetischen Funktionen des Ichs bedient. Zu ihnen gehört auch das Identitätsgefühl. Der Adoleszente kämpft darum, wer "Herr im Hause" ist. Er befürchtet eine Überwältigung durch drängende triebhafte Wünsche, was sehr plastisch illustriert, daß nicht nur Konflikte zwischen verschiedenen seelischen Tendenzen ausgetragen werden, sondern in erster Linie zu entscheiden ist, ob eine seelische Strebung mit den Zielen des Selbst als kompatibel angesehen wird. Ein innerer Vergleichsprozeß läuft ab, bei dem zentrale Selbst-Repräsen-

[1]Das Folgende ist ausführlicher dargestellt in Bohleber (1992). Dort habe ich auch versucht, die Ergebnisse der neueren Säuglingsforschung für ein psychoanalytisches Konzept der Identität fruchtbar zu machen.

tanzen, die das Ergebnis einer Vereinheitlichung sind, die Funktion eines inneren Bezugsrahmens für das Identitätsgefühl übernehmen. Viele alte infantile und auch neue Identifizierungen müssen durch den Adoleszenten einer Überprüfung unterzogen werden, ob er sie als Bestandteil seines Selbst integrieren möchte. Dabei pendelt das Ich von zentralen Selbst-Repräsentanzen, die das Identitätsgefühl vermitteln, hin zu der Repräsentanz, die in Frage steht, um sie durch eine innere Probebesetzung mit der zentralen Selbst-Repräsentanz zu vergleichen und zu prüfen, wie weit und bis zu welchem Grad sich dabei das Identitätsgefühl herstellen läßt. Danach kann es zu Assimilierung oder Verdrängung dieser Repräsentanz kommen.

An dieser Stelle erscheint es mir wichtig, Art und Struktur der zentralen Selbst-Repräsentanzen zu beschreiben, die als Identitätselemente fungieren. Unter Nutzung von Ergebnissen neuerer Gedächtnisforschung haben Lichtenberg (1983), Stern (1985) u.a. gezeigt, daß das Selbst-Gefühl in Form von "episodic memories" gespeichert wird. Gespeichert werden Interaktionen, die mit zunehmender Erfahrung generalisiert werden. Selbst, Objekt, die Art der Interaktion und die Situation werden zusammen mit den beteiligten Affekten zu Bestandteilen der Erinnerung. Erinnerungen können kognitiv um jedes ihrer Elemente jeweils neu gruppiert und mit anderen Erinnerungen zusammengeschlossen werden. Ein zentrales Element für Gruppierung und Generalisierung sind die Selbst-Repräsentanzen, die zudem in diesem Synthetisierungsvorgang selbst prototypisch verallgemeinert bzw. abstrahiert werden. Selbst-Repräsentanzen sind stets in einem interaktiven generalisierten Kontext organisiert, mit der Möglichkeit, einzelne hoch motivierende "episodic memories" rasch abzurufen, die in dem aktuellen Interaktionszusammenhang von zentraler Bedeutung sind und die auf diese Weise zu Motivationen des Selbst werden. Hierbei ist zu beachten, daß es nicht nur ein Cluster von zentralen Selbst-Repräsentanzen als Bezugsrahmen gibt, sondern mehrere, falls nicht miteinander integrierbar sind. Identität ist insofern nur teilweise eine "Integration als relativ konfliktfreier psychosozialer Kompromiß" (Erikson 1959, S. 449). Eine harmonische Identität kann sich nur sehr begrenzt bilden. Zum einen sind Bedürfnisse und Wünsche des Individuums nie wirklich mit der Realität der Gesellschaft zu versöhnen. Individuelle Identität ist stets durch Brüche und Widersprüche zwischen den einzelnen Identitätselementen gekennzeichnet. Zum anderen gibt es miteinander nicht vereinbare hoch motivierende Selbst-Erfahrungen, die aus infantilen Quellen gespeist und dort begründet sind. Sie stellen wichtige Identitätselemente dar, die durch neue, mit ihnen integrierbare Selbst-Erfahrungen verstärkt werden. Solche Selbst-Repräsentanzen können als Regulationszentren miteinander in Konflikt treten. Sind Identitätselemente, die bisher nicht vereinbar waren, durch innere Umstrukturierungen, neue Erfahrungen und Handlungen plötzlich integrierbar, so hat dies eine tiefe Befriedigung und ein Glücksgefühl zur Folge, weil beide Identitätselemente in einem Handlungszusammenhang gleichzeitig erlebbar geworden sind. Ein Empfinden vertiefter Kontinuität, wachsender Ganzheit und neuer Integrität entsteht.

Mit zwei Hauptstrategien versucht das Identitätsgefühl regulativ die innere Einheit des Selbst zu erzielen.

1. Durch Verdrängung werden nicht kompatible Selbst-Repräsentanzen aus der Identität ausgeschlossen.

2. Unbewußte und bisher ausgeschlossene Selbst-Anteile werden wieder aktualisiert und in Handlungszusammenhängen neu inszeniert, was zu einer vertieften Integration und einer erweiterten Identität führt.

Bei diesen Prozessen spätadoleszenter Identitätsbildung ist ein hohes Maß von seelischer Aktivität erforderlich. Im folgenden sollen uns die Quellen dieser seelischen Aktivität und ihre spezifischen Behinderungen weiter beschäftigen.

4. Seelische Aktivität und Regression

In der Frühzeit der Psychoanalyse war das Forschungsinteresse vor allem auf Wiederaufleben und Überwindung ödipaler Konflikte in der Adoleszenz gerichtet. Wie die psychoanalytische Forschung der letzten Jahrzehnte gezeigt hat, ist das Wiederaufleben der Ödipalität stets auch mit der Aktualisierung präödipaler Strukturen und regressiven Verhaltens verknüpft. Sie stellen den eigentlich komplizierenden Faktor der adoleszenten Entwicklung dar, und ihre Stärke entscheidet oft darüber, ob eine adoleszente Entwicklung zum Stillstand kommt oder gar scheitert. Entscheidend ist, wieweit prägenitale Wünsche mit passiven Triebzielen in ein aktives Handeln des Ichs integriert werden können, oder ob die prägenitalen Wünsche das Ich überwältigen.

Stets birgt die Mobilisierung infantiler Objektbeziehungen das Risiko eines regressiven Schubs in sich. Aber in dieser Gefahr ist auch gleichzeitig eine progressive Möglichkeit begründet. Blos (1979) hat auf den paradoxen Sachverhalt aufmerksam gemacht: Nur wenn alte Bedürfnisstrukturen regressiv wiederbelebt werden, ist eine Veränderung der Residuen infantiler Traumata, Konflikte und Fixierungen möglich. Durch die Regression werden diese wieder lebendig, kommen nun aber unter den Einfluß eines gestärkten adoleszenten Ichs, das zudem durch den progressiven Entwicklungsschub der Adoleszenz unterstützt wird. Auf diese Weise kann das gestärkte Ich beim Einbruch triebbedingter unbewußter Vorstellungen in das Bewußtsein auf das Verdrängte direkten Einfluß ausüben und es im Sinne einer ich-syntonen Arbeit verändern. Ist die Abwehrorganisation des Adoleszenten zu schwach oder sind die passiven prägenitalen Wünsche zu stark, so überschwemmen sie das Ich. Alte Verschmelzungswünsche und Auflösungsphantasien drängen ins Bewußtsein, das Phantasma der wiederverschlingenden Mutter löst Angst aus, und der Adoleszente sieht die Integrität seines Selbst bedroht. Ein häufiger Versuch, sich vor dieser inneren Gefahr zu schützen, besteht in einer starren Opposition, einem Negativismus und einer Rebellion, woraus der Adoleszente dann kaum noch einen Ausweg findet. Auch eine weniger heftige Angst vor Verschmelzung kann zu einer Fixierung auf narzißtisch regressive und passive Bedürfnisse führen, die ihrerseits durch wiederaufgelebte alte Omnipotenzphantasien verstärkt werden. Drogen und die durch sie erzeugte euphorische Hochstimmung lassen solche Situationen oft ausweglos erscheinen.

Moses und Eglé Laufer (1984) beschreiben die Sackgasse, in die eine adoleszente Entwicklung durch zu starke prägenitale Wünsche geraten kann. Sie nehmen an, daß mit dem Ausgang des Ödipuskomplexes eine zentrale Masturbationsphantasie fixiert wird. In ihr sind die verschiedenen Formen der Befriedigungen sowie die wichtigsten sexuellen Identifizierungen enthalten. Die zentrale Masturbationsphantasie ist nach Laufer ubiquitär und nicht davon abhängig, ob ein Mensch masturbiert oder nicht. Der normale Jugendliche benutzt die Onanie bzw. die Onaniephantasien als Probehandeln zur Bildung der definitiven sexuellen Organisation. Im günstigsten Falle ermöglicht dies, die Wünsche, die in den zentralen Masturbationsphantasien enthalten sind, zu befriedigen und dafür gleichzeitig die Zustimmung der Überichs zu erlangen. Vor allem regressive prägenitale Wünsche stoßen auf das Verbot des Überichs, was zu Kompromißbildungen zwischen dem Gewünschten und dem vom Überich Zugelassenen führt. Das Ich des Adoleszenten hat hier eine aktive aushandelnde Funktion. Solange das Ich diese aktive Funktion erhalten kann, verläuft der Entwicklungsprozeß auch in progressiven Bahnen. Der entscheidende Punkt ist aber nicht, ob es sich um rein aktive oder passive sexuelle Wünsche handelt, sondern ob das Ich die Fähigkeit behalten kann, sowohl mit aktiven als auch mit passiven Wünschen *aktiv* umzugehen. Dies bedeutet, daß die Genitalität letztlich die Oberhand behält, auch wenn es Kompromisse gibt. Obsiegen die prägenitalen Wünsche, dann kann der Jugendliche die Masturbation und die begleitenden Phantasien nicht mehr als aktives Probehandeln einsetzen. Der Körper, zur sexuellen Reife gelangt, eröffnet nicht die aktive genitale Sexualität, sondern er wird als Quelle regressiver Wünsche erlebt, die das Ich zu überwältigen drohen. Um sich davor zu schützen, weist das Ich den Körper als Organ der sexuellen Befriedigung insgesamt zurück. Denn ihn als Quelle regressiver Wünsche zu akzeptieren, hieße auf der unbewußten Ebene, ihn wieder an die Mutter auszuliefern.

Greifen wir das eben Beschriebene nochmals auf. Im Probehandeln der Masturbation werden die prägenitalen Triebwünsche ihrer eigenständigen Ziele beraubt und allmählich der Genitalität unterworfen. Die genitale Strebung zwingt die anderen passiven Strebungen unter ihre Oberhoheit. Frühkindliche autoerotische Erfahrungen kommen in der Adoleszenz durch Phantasien und Vorstellungen in Kontakt mit Objekten. Im Kräftefeld zwischen triebhaften Strebungen und Überich-Einstellungen vollziehen sich Verschiebungen, Abgrenzungen und Neuverbindungen von Inhalten, so daß schließlich ein idiosynkratischer Kompromiß hinsichtlich prägenitaler und genitaler Triebbedürfnisse zustandekommt.

Ist die Feindschaft zwischen Ich und den Trieben zu stark (Anna Freud, 1936), kann die andrängende sexuelle Erregung als ein Verlust der Kontrolle über den Körper erlebt werden. Der Jugendliche fühlt sich von innen her angegriffen. Der Körper wird zu einer feindlichen Macht, die Unterwerfung erzwingt und den Jugendlichen in eine hilflose Position manövriert. Dies hat weitreichende Wirkung auf die aktiven integrativen Kräfte des Ichs. Die Gefahr besteht darin, daß die Aktivität des Ichs von zwanghaft erscheinenden Impulsen oder starken passiven Wünschen überwältigt wird. Damit geht die für den Fortschritt der Entwicklung unbedingt notwendige aktive, erprobende Haltung des Ichs verloren. Das Ich gerät in eine Situation, in der es sich in der Passivität gefangen fühlt und verliert die Fähigkeit, mit seinen synthetischen und integrativen Funktionen auf die aktualisierten ödipalen und präödipalen Triebregungen und Objektbeziehungen direkten Einfluß zu nehmen. Umgestaltung und Neuordnung des seelischen Gefüges sind blockiert.

5. Nachträglichkeit und wiederholende Neuschöpfung

Den zweiphasigen Charakters der psychosexuellen Entwicklung brauche ich hier nicht weiter darzustellen. Ich will mich mit der Bedeutung beschäftigen, die die zweiphasige psychosexuelle Entwicklung für die Aneignung der eigenen Vergangenheit hat. Die adoleszente Frage: "Wer bin ich?" bringt auch eine aktive Auseinandersetzung mit den eigenen Erinnerungen in Gang. Sie ist psychodynamisch mit der Aneignung des sexuell reifen Körpers und mit der Ablösung von den infantilen Beziehungspersonen verbunden. Die Auseinandersetzung resultiert in einer bewußten und auswählenden Aneignung der eigenen Vergangenheit. Die so geformte Vergangenheit wird ein Teil der sich entwickelnden Identität. Diesen Aneignungsprozeß möchte ich noch eingehender beschreiben.

Im Alter zwischen 12 und 14 Jahren erlebt der Adoleszente einen entscheidenden Zuwachs an kognitiver Reife. Er wird zu dem fähig, was Piaget "formale Operationen" nennt. Durch diese formalen Operationen ist eine weitgehende Dezentrierung des Subjekts möglich. Der Adoleszente kann sich nun mit seiner konkreten Vergangenheit selbst zum Objekt machen und darüber in allgemeiner Weise abstrahierend reflektieren, was ihm ermöglicht, seine Selbst-Bilder zu restrukturieren. Er entwirft seine eigene Lebensphilosophie und ein ganzes System von Werten, Idealen und ethischen Normen. Indem der Adoleszente reflexiv mit seiner eigenen Vergangenheit in Kontakt kommt, erlebt er sich selbst in ganz anderer Weise als Kontinuum. Ebenso kann er sich in die Zukunft entwerfen, sich in die entsprechenden Entwürfe hineinversetzen, probeweise identifizieren und reflexiv auseinandersetzen.

Im Lichte der Gegenwart eignet sich der Jugendliche seine Vergangenheit *aktiv* an. Freud stellt hierzu fest, "daß die 'Kindheitserinnerungen' der Menschen erst in einem späteren Alter (meist zur Zeit der Pubertät) festgestellt und dabei einem komplizierten Umarbeitungsprozeß unterzogen werden, welcher der Sagenbildung eines Volkes über seine Urgeschichte durchaus analog ist. Es läßt sich deutlich erkennen, daß der heranwachsende Mensch in diesen Phantasiebildungen über seine erste Kindheit das Andenken an seine autoerotische Betätigung zu verwischen sucht, indem er seine Erinnerungsspuren auf die Stufe der Objektliebe hebt, also wie ein richtiger Geschichtsschreiber die Vergangenheit im Lichte der Gegenwart erblicken will" (1909, S. 427). Diese Feststellung Freuds steht im Zusammenhang mit seiner Theorie der Nachträglichkeit. Die Verspätung der Pubertät verursacht diese Nachträglichkeit, und zwar deshalb, weil die sexuellen Veränderungen ein anderes Verständnis des Erinnerten ermöglicht haben. Die Kindheit wird im Licht der erworbenen pubertären Sexualität neu gelesen. Das heißt, ihre eigentliche *lebensgeschichtliche* Bedeutung erlangen die Kindheitserinnerungen erst durch den Einfluß der Adoleszenz. Und die neuen adoleszenten Erfahrungen bestimmen nun, in welcher Weise infantile Erinnerungen festgehalten werden und ihre aktuelle Bedeutung erlangen. Dies zeigt nochmals, daß es sich beim Wiederaufleben infantiler präödipaler und ödipaler Konflikte nicht einfach um eine Reduplizierung, sondern vielmehr um eine wiederholende Neuschöpfung aus Altem handelt (Loewald 1980, S. 69). Diese Neuinterpretation und ihre Umsetzung in Handlung wird so zu einer kreativen Wiederholung der Vergangenheit unter dem Einfluß der Organisationstätigkeit des Ichs. Sie vollzieht sich in einem ständigen Wechsel zwischen innerer und äußerer Bühne, auf der sich diese Wiederholung abspielt.

6. Das Selbstgefühl - Trennung und Vereinigung

Um ein Selbst zu werden, muß sich der spätadoleszente Jugendliche sukzessive und immer umfassender aus den infantilen Abhängigkeiten herauslösen. Er hört auf, die Eltern als Hilfs-Ich zu nutzen. Die Wahrnehmung, wirklich eine Einzelperson zu sein, trotz aller Verbindung abgetrennt von den anderen, kann eine scharfe und schmerzliche Selbsterfahrung werden. Ein 18jähriger hat auf dem Weg zur Behandlungsstunde folgendes Erlebnis: "Auf dem Weg zu Ihnen sah ich einen Lastwagen und dachte plötzlich, 'das bin ja *ich*, der diesen Lastwagen sieht'". Ein panikartiges Gefühl überkam ihn, und er empfand diese Erkenntnis "wie einen Schlag", wobei er danach den Gedanken hatte: "Eigentlich habe ich seither automatisch gelebt." Sein Selbst-Gefühl hat sich in dieser Wahrnehmung schlagartig verändert, und er erlebt sich plötzlich als getrennt von seiner Umgebung. Solche Erfahrungen stehen im Dienste der inneren Abgrenzung und dienen dem Erwerb eines neuen Identitätsgefühls. Infantile Separationskonflikte können diese Trennungsreaktion verschärfen und die Abgrenzung des Selbst und die damit verbundene spätadoleszente Identitätsbildung konfliktbelastet bleiben lassen.

Solche Selbst-Erfahrungen führen Spätadoleszente auch aktiv herbei, indem sie sich innerlich in bestimmte Positionen imaginieren, z.B. sich auf einen anderen Planeten versetzen und dann auf die Erde mit ihren Milliarden von Menschen herabblicken und sich selbst dort unten als einen von diesen unzähligen vielen sehen. Diese Art der Dezentrierung des Subjektes dient einerseits der inneren Loslösung aus der Verkoppelung mit vertrauten Objekt-Repräsentanzen, andererseits kann sie den einzelnen mit einem Gefühl der Einsamkeit konfrontieren, das ihm unerträglich erscheint. Solche Erfahrungen werden von Jugendlichen als "kosmisches Frieren" oder "Weltraumgefühl" bezeichnet. Dem Beobachter erscheint es, als habe sich der Adoleszente aus einer inneren Geborgenheit heraus zu weit über den Rand gelehnt. Ich möchte diese Selbst-Erfahrung psychologisch genauer untersuchen, weil sie die spätadoleszente Selbstfindung besser verstehbar macht. Ich wähle als Ausgangspunkt die Spiegelerfahrung. Blicken wir in den Spiegel und sehen unser Spiegelbild, so werden wir dort normalerweise uns selbst als das vertraute innere Gegenüber unserer eigenen Reflexion sehen. Wir sind, was die innere Selbstwahrnehmung betrifft, immer zwei Personen. Diese Wahrnehmung kann aber kippen, und das Spiegelbild wird nun als abgetrennt von einem selbst erlebt. Eine andere "fremde" Person blickt uns an, was ein Erschrecken auslöst. Es handelt sich um eine psychische Grunderfahrung, die in rudimentärer Form erstmals mit ca. 18 Monaten auftritt. Sie wurde in sehr differenzierten Spiegelexperimenten mit Kleinkindern erforscht. Mit 18 Monaten ist die kognitive Reifung so weit fortgeschritten, daß das Kind sich selbst im Spiegel erkennt. Das Kind weiß jetzt, daß es selbst in einer Form repräsentiert werden kann, die außerhalb seines gefühlten Selbsts besteht. In dieser Zeit fangen die Kinder auch an, Pronomen für sich selbst zu benutzen. Amsterdam und Levitt (1980) haben die affektiven Reaktionen des Kindes auf sein Spiegelbild untersucht. Auf das Erkennen seines Spiegelbildes reagiert das Kind mit einem komplexen Verhaltensmuster. Es wendet sich vom Spiegel ab, reagiert verlegen und zeigt andere auf Selbstbefangenheit rückführbare Affekte. Die Erklärung dieses unsicheren und verlegenen Verhaltens des Kindes, in dem Selbst-Erkenntnis und Identitätsgefühl auftauchen, ist nicht einfach. Es gehört in den Komplex der von Margaret Mahler und ihren Mitarbeitern beschriebenen Rapprochement-Krise. Das Kind kann sich nun als Objekt eigener und fremder Beobachtung erfahren und erlebt sich als "objektives Selbst" und somit von seinem subjektiven Selbst-Gefühl entfremdet. In der Adoleszenz verstärkt sich zeitweise diese Distanz zwischen vertrautem Selbstgefühl und dem objektiven Selbst, da das vertraute Körperbild durch die puberalen Körperveränderungen verwandelt wird. Das Erlebnis der Entfremdung verschärft sich.

Wenden wir uns nun dem anderen Teil dieser Selbst-Erfahrung, dem vertrauten inneren Selbstgefühl, zu. Es ist eine Erfahrung von Sicherheit und Kontinuität, derer wir uns normalerweise nicht bewußt werden, weil wir aus ihr heraus jeweils erleben und handeln. Dieses grundlegende Kontinuitätsgefühl ist für den Adoleszenten in all den inneren Umbrüchen von besonderer Bedeutung. Aber wie kommen diese Sicherheit und dieses Gefühl der Kontinuität zustande?

Auch hier müssen wir, um die Struktur des Kontinuitätsgefühls zu verstehen, auf seine Entstehung zurückgreifen. Durch Mirroring-Prozesse, einem reziprok spiegelnden Verhalten zwischen Mutter und Kind, und überhaupt durch Interaktionen, in denen sich Mutter und Kind sich gegenseitig beeinflussen und aufeinander abstimmen, macht der Säugling eine Menge Erfahrungen mit seiner Bezugsperson. Die Mutter reguliert das Niveau der lustvollen Erregung des Kindes, ebenso wie dessen Sicherheitsgefühl, das Neugierverhalten, die Aufmerksamkeit und die Affektintensität. Die Regulierung des Selbst-Gefühls durch die Mutter ermöglicht die Erfahrung von Verschmelzungserlebnissen. Austauschprozesse, Mirroring und die regulierende Aktivität erzeugen zwischen dem 2. und 6. Monat ein prärepräsentationales Kern-Selbst-Gefühl (Stern 1985). Es ist kein kognitives Konstrukt, sondern ein Empfinden von Integration, das durch die Erfahrung der Interaktionsprozesse entsteht. Später ist das Kern-Selbst-Gefühl so unser eigenes geworden, daß wir annehmen, wir hätten es immer gehabt. Dabei entgeht uns, daß das Kern-Selbst-Gefühl eine Geschichte hat. In ihm ist die regulierende Interaktion zwischen Mutter und Kind aufbewahrt. Dieses Kern-Selbst-Gefühl ist strukturell die Fusion einer interaktiven Beziehung von Selbst und Primärobjekt.

Das Kern-Selbst-Gefühl bildet die Basis und die Verankerung unseres Identitätsgefühls. Es trägt dazu bei, daß wir uns in aller Veränderung stets als die Gleichen fühlen, und gründet in den triebhaften Befriedigungserfahrungen und Verschmelzungserlebnissen mit der Mutter. Da es sich um ein vorrepräsentationales Selbst-Gefühl handelt, ist es im Gegensatz zur Selbst-Repräsentanz nicht kognitiv verobjektivierbar. Man kann mit Caldwell (1976), Lichtenstein (1977) und Loch (1981) von einer "primären Identität" bzw. einem "primären Selbst" sprechen. André Green (1983) hat die vorrepräsentationale Interaktion zwischen Mutter und Kind als "rahmengebende Struktur" für das entstehende Selbst beschrieben. Erst wenn diese vorhanden ist, entstehe für das Selbst die Möglichkeit durch Bildung eigener Repräsentanzen und eines reflexiven Selbst-Bewußtseins, eigene Objekte zu schaffen und sie zu besetzen. Dadurch werde das mütterliche Objekt in seiner Eigenschaft als primäres Objekt der Verschmelzung ausgelöscht, denn diese primäre Erfahrung mit der Mutter kann nicht durch abgegrenzte Repräsentanzen verankert werden. Das Primär-Objekt bzw. die Vorstellungen, die den Beitrag der Mutter zur Interaktion mit dem des Kindes verschmelzen, samt den zugehörigen Affekten, verschwinden aber nicht, sondern sie werden, nach der Hypothese von André Green, zur rahmengebenden Struktur des Selbst. Vorstellungen von der Mutter, die sich danach entwickeln werden als Objekt-Repräsentanzen in das Innere der rahmengebenden Struktur projiziert, ebenso wie andere Objekt- und Selbst-Repräsentanzen. Dieser psychische Rahmen biete so die Garantie für die mütterliche Anwesenheit in ihrer Abwesenheit. Er kann mit Phantasmen aller Art gefüllt werden und bildet als rahmengebende Struktur eine Art primäre Identität.

Hans Loewald (1980) kommt von anderen Ausgangspunkten her zu ähnlichen Auffassungen. Er zeichnet die Entwicklung des reifen Ich-Gefühls des Menschen nach. Freud (1930, S. 424f) stellt unter Bezug auf Ferenczi und Federn fest, daß unser reifes Ich-Gefühl nur ein eingeschrumpfter Rest eines allumfassenden Gefühls inniger Verbindung oder Einheit mit der Umwelt sei. Von diesem ursprünglichen Selbst-Gefühl, das der primärnarzißtischen Vereinigung mit der Mutter entstammt, löse das Ich eine Außenwelt ab, und es komme zu Differenzierung zwischen Ich und Realität. Ich hatte schon erwähnt, daß Freud von dem "merkwürdigen Streben des Ichs nach Vereinheitlichung und nach Synthese" spricht. Loewald (1980, S. 31) führt dies auf die Sehnsucht nach der primären narzißtischen Vereinigung mit der Mutter zurück. Das Ich vermittle, vereinige und integriere, weil es seinem Wesen entspreche, auf immer komplexeren Ebenen der Differenzierung und Objektivierung die ursprüngliche, der primären narzißtischen Position entstammende Einheit zu erhalten.

Damit bin ich zum Ausgangspunkt zurückgekehrt, an dem ich begonnen habe, die seelische Integrationsarbeit des spätadoleszenten Ichs zu untersuchen. Ich habe versucht, einige der Bedingungen herauszuarbeiten, die die psychischen Umwandlungen und Neuordnungen der Adoleszenz auf den Weg bringen, erleichtern und unterstützen. In einem letzten Teil will ich dies mit Hilfe eines Fallbeispiels veranschaulichen.

7. Ein Fall

Eine 20jährige Schülerin sucht mich wegen Arbeitsschwierigkeiten auf, die sie in der Schule hat. Das, was sie gerne leisten möchte, könne sie nicht umsetzen und nicht auf Papier bringen. Sie verknote sich oft und bekomme dann nichts mehr heraus. Hinter dieser Klage wird rasch ein anderes Problem sichtbar, das sie wesentlich mehr beunruhigt, nämlich ein immer wieder auftretendes Gefühl einer inneren Leere und Hohlheit.

In den Vorgesprächen formuliert sie ihren Eindruck, daß mit ihr etwas nicht stimme. Aus Angst vor Liebesverlust kann sie gegenüber anderen Menschen nichts Eigenes festhalten, vor allem nicht gegenüber dem Freund. Sie bringt mir in den ersten Stunden viele Erinnerungen mit, die wieder aufgetaucht sind. Sie spricht über ihre Träume, die sie vor mehreren Jahren geträumt und jetzt in ihrem Tagebuch nachgelesen hat. Ich bekomme den Eindruck, als suche sie auch Hilfe dafür, sich ihre Geschichte anzueignen. Ich sage: "Sie suchen eine Antwort auf die Frage: Wer bin ich?" Sie fühlt sich sehr berührt und antwortet: "Ich habe so viele Fäden im Kasten, und ich bekomme sie nicht zusammen."

Sie weiß nicht, was sie werden soll. Sie hat verschiedene, zum Teil entgegengesetzte Berufsvorstellungen, kann sich aber aus inneren Gründen für keinen entscheiden. So fängt sie nach dem Abitur erst einmal zu jobben an.

Sie ist das jüngste Kind, hat noch einen älteren Bruder und zwei ältere Schwestern. Der Vater, ein nicht sehr erfolgreicher, selbständiger Geschäftsmann, verließ die Familie, als die Patientin 10 Jahre alt war, und nahm eine Stelle im Ausland an. Die Eltern ließen sich später scheiden. Die geschäftlichen Probleme des Vaters waren ihr als Kind nicht bewußt geworden. Sie bewunderte den Vater, litt aber unter seiner seltenen Anwesenheit. Nach der Trennung sah sie den Vater hin und wieder. Nach Beginn ihrer Pubertät erlebte sie bei Besuchen beim Vater dessen Verhalten mehrmals als verführerisch. Sie reagierte verwirrt, grenzte sich abrupt gegen den Vater ab und reduzierte später die Beziehung auf ein Minimum. Zu Beginn der Therapie ist sie voll Haß auf diesen Vater, ideologisch aufgeladen mit Attacken gegen mißbrauchende und vergewaltigende Männer.

Introspektiv begabt, kann die Patientin in den ersten Sitzungen Hinweise auf ursächliche Zusammenhänge für das Gefühl der Leere und Hohlheit geben: Sie will sich von Gefühlen wie Unsicherheit, Schmerz und Trauer nicht berühren lassen. Wenn ein Gefühl sie berühre, was es durchaus gäbe - sie werde in letzter Zeit immer wieder eifersüchtig - , dann habe sie die Empfindung, mehr bei sich selbst zu sein und in sich zu ruhen. In einer weiteren Stunde spricht sie im Zusammenhang mit dem Gefühl der Hohlheit davon, daß sie sich nicht selbst begegnen könne. Sie könne nicht innehalten und über sich nachdenken. Danach fällt ihr ein, wie gelegentlich ein Gefühl des Hungers in ihr auftauche, ohne daß sie wirklichen Hunger habe. Es sei wohl eine andere Art Hunger.

Dieses Gefühl datiert sie in seiner Entstehung zurück auf ihr 5. Lebensjahr. Damals habe sie versucht, gegen das Hungergefühl etwas zu trinken, aber das Trinken beseitigte es nicht. Sie sei alleine gewesen und habe auf die Mutter gewartet. Erst als die Mutter kam, sie in den Arm nahm und hin- und herwiegte, sei dieses Gefühl verschwunden. Die Bedeutung dieser Erinnerung für ihr jetziges Problem mußte zunächst offen bleiben. Als wir die Therapie verabreden, geht es ihr danach nicht, wie von ihr erwartet, gut, sondern sie kann nach der Stunde den Drang, sich etwas Süßes zu kaufen, nicht kontrollieren und muß sich vollstopfen.

Die Patientin hat Probleme mit ihrer weiblichen Identität. Weibliche Kleidung mag sie nicht. Sie übt am liebsten männliche Sportarten aus. Zu ihrer eigenen Sexualität hat sie eine ambivalente Einstellung. Wie das klinische Material zeigt, steht die neurotische Problematik um ihre Weiblichkeit unbewußt im Zusammenhang mit Penisneid, Kastration und oraler Regression. So hat sie beim Essen immer Angst, man könnte ihr etwas wegnehmen. Als sie in einer Stunde darüber berichtet, fällt ihr spontan ein, wie sie in ihrer Kindheit bei einer Auseinandersetzung mit dem Bruder einen Zahn verlor. Die Bewunderung für den Bruder und den Vater in der Kindheit war mit einem mangelhaften Selbstvertrauen gekoppelt. Sexualität bringt sie projektiv in den Männern unter und deklariert diese als deren Problem. Gegen "gierige Blicke" der Männer macht sie sich immun. Was sie suche, sei Wärme und Geborgenheit. Die Beziehung zum Freund ist vor allem von solchen prägenitalen Bedürfnissen geprägt. Die genitale Sexualität spielt in der Beziehung eher eine untergeordnete Rolle.

Neben diesen heterosexuellen Problemen zeigt sich eine starke homosexuelle Anziehung, die Frauen auf die Patientin in den letzten Jahren ausübten. Zum Teil verwirrt sie dies, zum Teil kann sie die emotional befriedigenden Beziehungen zu Freundinnen genießen, weil sie sicher ist, daß es keine sexuelle Beziehung wird. Ihre Mutter übt auf sie nach wie vor eine stark regressive Anziehung aus. Sie möchte eigentlich gerne mit ihr reden, kann aber das Wort nicht an sie richten, weil sie befürchtet, dann in eine Beziehung hineingezogen zu werden, aus der sie nicht mehr herauskommt. Obwohl sie bei der Mutter wohnt, lebt sie neben dieser her. In ihrem Selbst-Gefühl ist sie immer wieder ein Kind und keineswegs erwachsen.

Seit geraumer Zeit hat sie eine starke Leidenschaft für den Fechtsport entwickelt, die sie zunehmend absorbiert. Im Fechten als innerem Objekt scheinen sich verschiedene Triebbedürfnisse, Identifizierungen und Konfliktanteile sich miteinander zu verbinden. Sie bewundert ihre Fechtlehrerin ungemein und sucht deren Nähe. Gleichzeitig stellt dies ein mit aggressiven Phantasien verknüpftes Abwehrbündnis gegen Männer dar. Ihr starkes Engagement für das Fechten erscheint mir als ein vielfach überdeterminierter adoleszenter Versuch, eine vereinheitlichende Integration verschiedenartiger innerer Strebungen in ein Stück reale Identität zustandezubekommen. Ich will eine entscheidende Stelle aus dem Verlauf der Therapie ausführlicher darstellen, weil sich darin die ganze Psychodynamik ihrer Problematik eröffnet. Ich hatte die Patientin mit einer einstündigen psychoanalytischen Therapie behandelt, Dauer ca. 1 3/4 Jahre.

Die Position und Funktion, die ich für die Patientin zuerst in der Übertragung habe, ist die eines "Archivars". Ich soll alles, was sie erzählt, aufnehmen, ordnen und es ihr bei bestimmten Problemen passend wieder heraussuchen. In welchem Übertragungszusammenhang diese Phantasie psychodynamisch steht, verdeutlicht folgender Traum, den sie ca. nach 3/4 Jahr Therapie träumt: Sie hat Stunde bei mir und ist sehr unter Druck, etwas zu erzählen, was sie selbst noch kaum auf den Begriff bringen konnte. Sie erzählt und erzählt. Ich werde dabei unruhig und springe plötzlich mit der Bemerkung auf: Es ist so heiß hier, ich muß mich erst einmal umziehen. Im Aufspringen lasse ich meine lange Hose herunter, darunter wird eine kurze Hose sichtbar. Dann gehe ich raus und komme nicht wieder.

Auf mich wirkt der Traum etwas plakativ, wie ich überhaupt den Eindruck nicht los werde, sie übertreibe das verführerische Verhalten des Vaters und dessen Wirkung beträchtlich. Ich kann mir aber zu dieser Zeit der Therapie noch keinen Reim auf das Ganze machen. Auch bleiben Versuche ohne größeren Erfolg, ihr die Abwehr eigener sexueller Wünsche zu deuten und ihr zu zeigen, wie sie diese projektiv in die Männer verlagert.

Ein entscheidender Fortschritt für die Schwierigkeiten der Patientin, ihr adoleszentes Problem zu lösen, ergibt sich aus folgender Sequenz nach ca. 3/4 Jahr Therapie: Ich muß sie zu Beginn einer Stunde wegen einer wichtigen anderen Besprechung, die ich nicht verschieben kann, 10 Minuten warten lassen. Als ich sie im Wartezimmer abhole, entschuldige ich mich für die Verspätung. In der Stunde fällt ihr zunächst nichts ein, sie hat ein Kribbeln im Kopf. Daß es sie ärgerte, warten zu müssen, will sie sich nicht eingestehen. Ebenso will sie sich keine Vorstellungen darüber machen, was ich in der Zeit, in der sie warten mußte, gemacht habe. Überhaupt will sie keine Phantasien darüber haben, was ich außerhalb ihrer Stunden tue. Manchmal schössen ihr schon plötzlich Vorstellungen über mich durch den Kopf, aber sie drücke diese sehr schnell wieder weg. Dann taucht in der Stunde eine Erinnerung oder eine Erzählung der Mutter auf: die Mutter setzte, wenn sie sich mit den vielen Kindern nicht anders zu helfen wußte, diese einfach ins Laufställchen. Der Einfall ist mehrfach determiniert. Eine Übertragungsbedeutung ist: Bin ich mit meiner Arbeit auch so überfordert wie die Mutter und habe auch keine Zeit, mich ihr wirklich zuzuwenden?

Diese Übertragungslinie greife ich nicht auf, sondern ich fokussiere darauf, daß sie mit dieser Erinnerung regressiv ihre momentane und auch ihre adoleszente Blockade ins Bild setzt. Ich sage: Setzen Sie sich hier mir gegenüber nicht auch ins Ställchen, dürfen nicht neugierig sein und sich und mich nicht fragen, was ich sonst außerhalb der Stunde mache? (Daß sie damit der Mutter die Treue hält, lasse ich zunächst weg.) Sie ist überrascht. In die nächste Sitzung kommt sie mit der Bemerkung, es sei viel in Bewegung gekommen. Zunächst einmal reinszeniert sie unbewußt das Sitzengelassenwerden, indem sie mit dem Freund das wiederholt, was sie selbst mit mir erlebt hat. Sie verspätet sich und läßt ihn sitzen aufgrund von Umständen, die sie nicht kontrollieren kann. Mit dem Freund kommt sie über ihre Vergangenheit ins Gespräch. Sie entdeckt, daß es ihr ganz ungemütlich wird, Gefühle, die sie heute hat, mit Gefühlen und Verhältnissen von früher in Verbindung zu bringen. Sie bekomme dann ein schlechtes Gewissen, ihre heutigen Gefühle seien nicht echt. Sie will beides auseinanderhalten. Sie berichtet, welche heftigen Gefühle, die sie zum Weinen brachten, sie nach der letzten Stunde hatte. Aber dann habe sie wieder eine Wut auf den Vater gespürt, und die Tränen waren weg. Ich sage ihr: "Unterbrechen Sie nicht mit dieser Wut auf den Vater immer wieder die Kontinuität zu Ihren früheren Gefühlen und bringen ihn in die Position des Schuldigen, was dann in Ihnen alles abschneidet." Jetzt taucht eine Fülle von Erinnerungen in ihr auf, die herausdrängen, nicht sprudeln, sondern eher schwer sind wie Öl. Sie kreisen um Gefühle von Ausgeschlossensein und um den Druck, den sie in ihrer Kindheit empfand, und der vor allem aus den Spannungen herrührte, die zwischen den Eltern herrschten.

Nach dieser Stunde fühlt sie sich durch Erinnerungen und entsprechende Einfälle in ihrem heutigen Verhalten nicht mehr in Frage gestellt. Die Deutung ermöglicht ein inneres Kontinuitätsgefühl. Auch wird ihr der Charakter der Abwehridentifizierung, den ihre lustvolle sportliche Betätigung mit anderen Frauen beim Fechten gegen die Beziehung zu Männern hat, sofort durchschaubar. Einige Zeit später kann sich der Schmerz, daß der Vater nicht von sich aus den Kontakt zu ihr sucht, unmittelbar Bahn brechen.

Danach tritt klinisches Material, das im Zusammenhang einer homosexuellen Identifizierung steht, ebenso zurück wie die regressiven Wünsche nach oral nährender und bergender Vesorgung. Statt dessen taucht ödipales Material auf. Außerdem wird ihr nun schmerzlich bewußt, daß trotz Anziehung eine starke Barriere in ihr dagegen besteht, sich auf den Freund sexuell einzulassen. Ihr Berufsproblem kann sie nun auch lösen. Sie beginnt das zu studieren, was der Vater gerne gemacht hätte, nämlich Jura. Ihre innere seelische Aktivität ist befreit, was zu raschen Fortschritten in der Therapie führt, ein Faktum, das bei Adoleszenztherapien häufig zu beobachten ist. Es ist darin begründet, daß Behinderungen oder Stillstände des adoleszenten Entwicklungsprozesses beseitigt werden konnten. Bei der Patientin war die progressive Auseinandersetzung mit ihrer eigenen Sexualität und ihrem sexuell reifen Körper und damit die adoleszente Bewältigung ihrer ödipalen Konflikte durch die Trennung der Eltern und die zu große inzestuöse Nähe zum Vater behindert und fast blockiert worden. Da sich in der Spätadoleszenz auch abstrakte Wertsetzungen und Weltanschauungen bilden, drohte sich der aufgeschaukelte Haß auf den Vater zu einer ideologisch verfestigten Lebenseinstellung auszuwachsen. Damit konnte die Patientin auch ihre eigene Vergangenheit und ihre positiven Erinnerungen an den Vater nicht mehr produktiv nutzen.

Ein verstärktes Vordringen regressiv prägenitaler Wünsche und Erinnerungen war die Folge. Sie beherrschten zunehmend das Bewußtsein. Zudem begannen einzelne Frauen eine verwirrende homosexuelle Anziehung auf sie auszuüben. Der Abbau der inzestuösen Konfliktproblematik beseitigte das entscheidende dynamische Entwicklungshindernis. Die abgeschotteten seelischen Strebungen konnten zusammenfließen und einer kreativen Integrationsarbeit zugeführt werden. Die Patientin ist neugierig, welche weibliche Identität bei ihr herauskommen wird, sie fühlt sich in einem Stadium der Verpuppung. Aber dies will sie selbst erproben. Das Ergebnis der Therapie empfindet sie wie ein "Sich-häuten". Sie habe einen alten Teil, der sie einmal war, abgelegt. Diesen Teil beschreibt sie als die Person, die sich gelähmt fühlte und die nicht reden und sich nicht ausdrücken konnte.

Literatur

Amsterdam, B.K./Levitt, M. (1980): Consciousness of self and painful self-consciousness. Psa. Study Child, 35, 67-83.

Blos, P. (1962): Adoleszenz. Eine psychoanalytische Interpretation. Stuttgart: Klett 1973.

Blos, P. (1979): The adolescent passage. Developmental issues. New York: Int. Univ. Press.

Blos, P. (1985): Sohn und Vater. Diesseits und jenseits des Ödipuskomplexes. Stuttgart: Klett-Cotta 1990.

Bohleber, W. (1987): Die verlängerte Adoleszenz. Identitätsbildung und Identitätsstörungen im jungen Erwachsenenalter. Jahrbuch der Psychoanalyse 21, 58-84.

Bohleber, W. (1992): Identität und Selbst. Die Bedeutung der neueren Entwicklungsforschung für die psychoanalytische Theorie des Selbst. Erscheint in: Psyche, 46, 336-365.

Caldwell, R.S. (1976): Primal Identity, Int. Rev. Psycho-Anal., 3, 417-434.

Ekstein, R. (1979): Das Residualtrauma, Psyche, 33, 1077-1098.

Erikson, E.H. (1959): Identität und Lebenszyklus. Frankfurt a.M. : Suhrkamp 1966.

Freud, A. (1936): Das Ich und die Abwehrmechanismen. München: Kindler 1973.

Freud, S. (1905): Drei Abhandlungen zur Sexualtheorie. GW V, 27-145.

Freud, S. (1909): Bemerkungen über einen Fall von Zwangsneurose. GW VII, 379-463.

Freud, S. (1921): Massenpsychologie und Ich-Analyse. GW XIII, 71-161.

Freud, S. (1926): Die Frage der Laienanalyse. GW XIV, 207-296.

Freud, S. (1930): Das Unbehagen in der Kultur. GW XIV, 419-506.

Green, A. (1983): Narcissisme de vie, narcissisme de mort. Paris (Minuit).

Laufer, M./Laufer,E. (1984): Adoleszenz und Entwicklungskrise. Stuttgart: Klett-Cotta 1989.

Lichtenberg, J.D. (1983): Psychoanalyse und Säuglingsforschung. Berlin: Springer 1991.

Lichtenstein, H. (1977): The Dilemma of Human Identity. New York: Aronson.

Loch, W. (1981): Triebe und Objekte - Bemerkungen zu den Ursprüngen der emotionalen Objektwelt. Jahrbuch der Psychoanalyse, 12, 54-81.

Loewald, H. (1980): Psychoanalyse. Aufsätze aus den Jahren 1951-1979. Stuttgart (Klett-Cotta) 1986.

Stern, D. (1985): Die Lebenserfahrung des Säuglings. Stuttgart (Klett-Cotta) 1992.

Familiäre Determinanten von Borderline-Pathologien und narzißtischen Persönlichkeitsstörungen bei Adoleszenten

Roger L. Shapiro

Neuere Untersuchungen von Borderline- und narzißtischen Störungen bei Adoleszenten werfen die wichtige Frage auf nach dem Zusammenhang zwischen den Erfahrungen in der Familie und einer pathologischen Entwicklung des Selbst. Die Forschungsarbeiten von Erikson (1950, 1956, 1968), Jacobson (1964), Kernberg (1975), Kohut (1966, 1968, 1971, 1977), Mahler (1968, 1971, 1975) und Masterson (1972) gehen alle von der Ichpsychologie und der Objektbeziehungstheorie aus und befassen sich mit der Entwicklung des Selbst und seinen Strukturen und Grenzen. Die vorliegende Arbeit konzeptualisiert Störungen in der Entwicklung des Selbst in der Kindheit und stellt einen Zusammenhang her zwischen diesen Störungen und späteren pathologischen Manifestationen (Shapiro, E. 1978). Solche pathologischen Manifestationen werden häufig in der Adoleszenz zum erstenmal deutlich erkennbar.

In den Arbeiten Kernbergs, Kohuts und Mastersons werden Borderline- und narzißtische Störungen bei Adoleszenten und Erwachsenen mit wichtigen Merkmalen der Eltern-Kind-Beziehung in den ersten drei Lebensjahren des Kindes in Beziehung gesetzt. Meine Forschungsgruppe hat am National Institute of Mental Health eine Reihe von Untersuchungen mit Familien von Adoleszenten mit Borderlinestrukturen oder narzißtischen Störungen durchgeführt (Shapiro, R. 1967, 1969, 1979; Shapiro, R. und Zinner, J. 1971; Zinner, J. und Shapiro, R. 1972, 1974; Berkowitz et al 1974 a und b; Shapiro, E. et al 1975, 1977).

Zwischen den Theorien der verschiedenen Forscher über die Entwicklung und die strukturellen Defizite bei Borderline- Störungen und narzißtischer Pathologie gibt es signifikante Unterschiede (Kernberg, 1975; Kohut, 1971). Diese Theorien sind weitgehend abgeleitet aus der Beobachtung der Übertragung in der analytischen Dyade. Sie spiegeln Unterschiede in den Annahmen und Konzeptualisierungen der Persönlichkeitstheorie wider, die den klinischen Beobachtungen und Interventionen zugrunde gelegt werden. Diese Unterschiede sind insofern von Bedeutung, als strukturelle Erklärungen der Pathologie und der Ätiologie die Theorie und Therapie diktieren. Dementsprechend gibt es auch große Unterschiede in den therapeutischen Behandlungsmethoden bei diesen Störungen.

In unserer Arbeit mit Familien können wir diese Unterschiede mit einer neuen Datensammlung erforschen. Wir beobachten die Patienten nicht nur in einer regressiven Übertragungssituation in der Einzeltherapie, sondern auch zusammen mit ihren Familien in Episoden von Familienregressionen in den parallel dazu erfolgenden Familientherapien. Dabei stellen wir verblüffende Ähnlichkeiten zwischen den Konzeptualisierungen der intrapsychischen Strukturen bei

Patienten mit einer Borderlinestörung und solchen mit einer narzißtischen Persönlichkeitsstörung und den charakteristischen Merkmalen der regressiven Gruppenphänome in ihren Familien fest. Wir sind der Meinung, daß die Untersuchung der Familie als Gruppe eine wichtige Informationsquelle für die Verbindungen zwischen Konstrukten zur intrapsychischen Struktur und den charakteristischen Merkmalen der primären Objektbeziehungen ist, eine Informationsquelle, die durchaus vergleichbar ist mit Untersuchungen der Übertragung.

Kernberg (1975) macht eine klare Unterscheidung zwischen normalem und pathologischem Narzißmus. Pathologischer Narzißmus ist für ihn der Borderline-Persönlichkeit ähnlich hinsichtlich der charakteristischen Merkmale der Abwehr-Organisation, die bei diesen Störungen beobachtet werden kann: z.B. eine primitive Abwehrorganisation, in der Spaltungen oder primitive Dissoziierungen vorherrschen, die sich in sich abwechselnden dissoziierten oder abgespaltenen Ichzuständen manifestieren. Für Kernberg resultiert der Unterschied zwischen narzißtischer Persönlichkeitsstruktur und Borderline-Persönlichkeitsorganisation aus dem Vorhandensein eines integrierten äußerst pathologischen grandiosen Selbst bei der narzißtischen Persönlichkeit. Die Integration des pathologischen grandiosen Selbst kompensiert bei narzißtischen Persönlichkeitsstörungen die fehlende Integration des normalen Selbstkonzepts, was Teil der ihm zugrundeliegenden Borderline-Persönlichkeit ist.

Diese Formulierungen Kernbergs sind Folgerungen aus der Beobachtung dyadischer Übertragungsmanifestationen in der analytischen Einzeltherapie. Meines Erachtens können diese Formulierungen noch erweitert werden, wenn man die Patienten mit Borderline-Störungen und mit pathologischem Narzißmus in ihren Familien untersucht. Familienbeobachtungen legen die Folgerung nahe, daß zur Entwicklungserfahrung dieser Patienten wiederholte und charakteristische Episoden der Regression mit allen Familienmitgliedern gehören, die durch ihre Internalisierung zu wichtigen Determinanten der Borderline-Störung und des pathologischen Narzißmus des in der Entwicklung befindlichen Menschen werden. Außerdem liefert uns die Beobachtung der Familien unserer Patienten mit pathologischem Narzißmus Anhaltspunkte für eine narzißstische Beziehung zwischen Eltern und Kind, die - so schlage ich vor- eine wichtige Determinante des pathologischen grandiosen Selbst des Adoleszenten ist.

Ich werde hier die Untersuchungsergebnisse aus den Familienbeobachtungen über die Aktivierung und Charakteristika der Regression in den Familien darstellen, in der der Adoleszente eine Borderline-Pathologie aufweist, und diese der Borderline-Pathologie im pathologischen Narzißmus gegenüberstellen. Meine These ist, daß die Ähnlichkeit der Charakteristika der Familienregression bei diesen beiden Gruppen der grundlegenden strukturellen Ähnlichkeit der Charakteristika von Regression entspricht, wie Kernberg sie für Personen mit Borderline-Persönlichkeit oder pathologischem Narzißmus beschreibt. Der Unterschied, der durch das Vorhandensein einer narzißtischen Beziehung zwischen dem Adoleszenten und seinen Eltern entsteht, bestimmt die pathologische, narzißtische Selbst-Struktur des narzißtischen Adoleszenten. Ich werde vorschlagen, daß der Nachweis einer narzißtischen Beziehung zwischen dem Adoleszenten und seinen Eltern in Familien, in denen der Adoleszente einen pathologischen Narzißmus zeigt, wichtig ist für das Erkennen des Ursprungs des grandiosen Selbst und Kernbergs Auffassung unterstreicht, daß das grandiose Selbst bei narzißtischen Persönlichkeiten eine pathologische Struktur ist.

Zur Erhellung dieser These werde ich kurz die Familientheorie darstellen, die wir für unsere Familienbeobachtung benutzen, und anschließend unsere Befunde bei Familien von Adoleszenten mit schweren Borderline-Pathologien oder pathologischem Narzißmus zusammenfassen. Im Anschluß daran werde ich klinisches Material aus einer der Familien aus unserer Untersuchung darlegen, um diese Ergebnisse zu illustrieren.

1. Eine analytische Theorie über das Funktionieren von Familien. Unbewußte Annahmen und Familienregression

Direkte Familienbeobachtungen führen uns zu der Schlußfolgerung, daß der gestörte Adoleszente von seinen Eltern im Laufe seiner Entwicklung je nach der besonderen emotionalen Bedeutung, die er für seine Eltern hat, bei der phasentypischen Lebensbewältigung nicht hinreichend unterstützt wurde. Im Gegensatz zum elterlichen Verhalten in Familien, in denen der Adoleszente normal heranwächst, haben die Eltern des ernstlich gestörten Adoleszenten auf dessen Entwicklung mit Angst und mit Ablehnung der Veränderung in ihren Beziehungen zu ihm reagiert. Angesichts der fortschreitenden Individuation des in der Entwicklung befindlichen Kindes oder Adoleszenten werden in solchen Eltern charakteristische Abwehrstrategien mobilisiert, die durch ihre unbewußten Phantasien über das Kind aktiviert werden. Diese Phantasien verzerren die Wahrnehmung der Eltern von ihrem Kind und Adoleszenten und determinieren ihr Verhalten ihm gegenüber. Will man den Beitrag der Familie zur Pathologie solcher Adoleszenten erforschen, so muß man über ausschließliche dyadische Beobachtungen hinausgehen. Die Familienbeobachtungen zeigen, daß jedes Familienmitglied an Episoden der Familienregression beteiligt ist, die zur Pathologie beitragen. Es ist denn auch die gemeinsame Partizipation aller Familienmitglieder an diesen Episoden, der die Familienregression und die primitive Abwehrorganisation ihre Stabilität und Stärke verdanken.

Unsere Befunde aus Familienbeobachtungen weisen auf Zusammenhänge zwischen der Charakterpathologie des Adoleszenten und den charakteristischen Merkmalen der Abwehrmechanismen, der Regression und der Störungen in den Familienbeziehungen im Laufe der Entwicklung des Kindes und Adoleszenten hin. Um diese Zusammenhänge zu untersuchen, ermitteln wir das Ausmaß der Regression und die charakteristischen Abwehrstrategien in den Familientransaktionen sowie die unbewußten Phantasien, die die Motive für die Abwehr sind. Aufgrund dieser Befunde definieren wir die geteilten unbewußten Annahmen in der Familie und versuchen, die Partizipation, den Anteil und das heimliche Einverständnis (collusion) jedes einzelnen Familienmitgliedes in Familienregressionsepisoden festzustellen, in denen unbewußte Annahmen dominieren, und die wir für entscheidend halten für die Entwicklungsstörungen, die wir hier diskutieren.

Die zugrundeliegenden Annahmen über die Familie, die auf unbewußten Phantasien beruhen, werden konzeptualisiert als die unbewußten Annahmen der Familie als Gruppe. Wir beobachten das Wiederholungsmuster und das repetitive Verhalten in Familien, die sich gegen die Veränderung, die Entwicklung und die Individuation des Adoleszenten zu sprerren scheinen, und schließen daraus, daß die gemeinsamen unbewußten Annahmen der Familienmitglieder solches Verhalten motivieren und determinieren. Diese Annahmen scheinen von dem internalisierten Entwicklungsverhalten beider Elternteile aus ihren jeweiligen Primärfamilien abgeleitet zu sein. In der Ehe entsteht ein Geflecht von Motiven und Abwehrmechanismen, das sich als die unbewußten Annahmen der Familie konzeptualisiert. Diese sind wirksam während der gesamten Entwicklung des Kindes und des Adoleszenten.

Die Konzepte für unbewußte Annahmen der Familiengruppe und der Familienregression sind Konstrukte, die von der klinischen Beobachtung ausgehen. Sie sind abgeleitet von der Kleingruppentheorie von Bion (1961), einer Konzeptualisierung sowohl der bewußten Funktionen und Aufgaben, die Gruppen definieren, als auch der unbewußten Motive bei den Gruppenmitgliedern, die das Gruppenverhalten dominieren und die Gruppenregression auslösen können. Unser Bemühen um die Konzeptualisierung von Familienverhalten wurde durch die Verwendung eines ähnlichen Rahmens erleichtert, z.B. dem der bewußten Familienfunktionen und -aufgaben im Gegensatz zu vielen anderen Motiven, die das Familienverhalten bestimmen und zur Familienregression führen können.

Wenn die Familie sich in einer Situation befindet, in der durch unbewußte Annahmen Ängste mobilisiert werden, dann haben wir es mit einander widersprechenden, konflikthaften Motivationen zu tun und mit einem Verhalten, das mehr von der Phantasie als von der Realität bestimmt zu sein scheint. Daraus entsteht ein verworrenes primärprozeßhaftes Denken; gegenseitiges Verstehen und eine adäquate Kommunikation kommen nicht zustande; die Familie ist nicht in der Lage, Aufgaben kooperativ oder kreativ zu lösen, eine sinnvolle fruchtbare Diskussion zu führen oder realistisch auf anstehende Probleme zu reagieren. Kurz, wenn unbewußte Annahmen mobilisiert werden, entstehen Angst und Abwehrreaktionen, die ein realitätsgerechtes Funktionieren der Familie stören und zur Familienregression führen. Wenn, im Gegensatz dazu, unbewußte Annahmen nicht mobilisiert werden, zeigt die Familie auch keine Ängste und auffälliges Abwehrverhalten. Sie bleibt eindeutig realitätsorientiert, funktioniert auf einem reifen Niveau und reagiert angemessen auf Anforderungen, die die Entwicklung von Kindern und Adoleszenten erleichtern.

Das Konzept der projektiven Identifikation ist ein äußerst nützliches Instrument zur Konzeptualisierung einer Kategorie primitiver Abwehrmechanismen in Episoden der Familienregression (Zinner and Shapiro, R. 1972). In diesen Episoden erfolgt eine rasche Reduktion der üblichen Diskriminierungsleistungen des Ichs. Dies führt zu einer Beeinträchtigung der Selbst-Objekt-Differenzierung, mit zunehmender Spaltung und Projektion und wachsender Verwirrung über die eigenen persönlichen Merkmale, die leicht auf andere Familienmitglieder projiziert werden. Das projizierende Individuum versucht dann, das projizierte Merkmal in der andere Person zu kontrollieren. Wenn ein Familienmitglied eine Rolle einnimmt, die mit den Attributen der anderen Familienmitglieder auf dem regressiven Niveau vereinbar ist, wird es schnell zum Empfänger der Projektionen, die es dann leicht auf diese Rolle festlegen. Die Familienmitglieder projizieren einen Aspekt ihrer eigenen Persönlichkeitsmerkmale auf dieses Familienmitglied und identifizieren sich unbewußt mit ihm. Die Macht dieser Projektionen mit den dazugehörigen unbewußten Identifikationen können das Individuum in ein noch extremeres Rollenverhalten drängen und dadurch andere potentielle Entwicklungen behindern.

2. Charakteristika der Regression bei Familien von Borderline- und narzißtischen Adoleszenten

Die Borderline-Störung wird von Kernberg (1975) als fehlgeschlagene Ich-Entwicklung beschrieben, die gekennzeichnet ist durch eine unspezifische Ich-Schwäche mit einer Verminderung der Angsttoleranz, der Impulskontrolle und der Sublimierungsfähigkeiten und einer Hinwendung zu primärprozeßhaftem Denken. Darüber hinaus findet eine Regression auf eine bestimmte Struktur der internalisierten Objektbeziehungen statt, in denen es eine aktive Abspaltung aller guten (d.h. um lustvolle Eltern-Kind-Interaktionen herum organisierte) und aller schlechten (aus frustrierenden und aggressiven Interaktionen abgeleiteten) Selbstrepräsentanzen, Objektrepräsentanzen und ihrer affektiven Verbindungen gibt. Diese pathologische Fixierung auf einem Entwicklungsniveau, auf dem die Spaltungsprozesse stattfinden, erfolgt nach der Selbst-Objekt-Differenzierung, jedoch noch vor der Entwicklung der Objektkonstanz. Sie ist die Folge eines relativen Überwiegens "schlechter" Introjekte des Kindes, was bewirkt, daß diese Introjekte auch weiterhin abgespalten und nach außen projiziert werden müssen, um gute internalisierte Selbst- und Objektrepräsentanzen zu schützen und zu konsolidieren. Im weiteren Verlauf der Entwicklung führt die fortgesetzte defensive Verwendung der Spaltung zur Einschränkung der Realitätskontrolle sowie der Fähigkeit, Angst und Frustrationen auszuhalten und eine stabile, integrierte Objektbeziehung aufrechtzuerhalten. Obwohl eine grobe Realitätskontrolle bei diesen Personen durchaus intakt ist, sind Borderline-Adoleszente nicht in der Lage, die positiven (guten) und negativen (schlechten) Aspekte ihres Selbst und ihrer Objekte in ein integriertes Selbstkonzept und eine stabile Wahrnehmung ganzer Objekte zu integrieren und aufeinander zu beziehen.

Pathologischer Narzißmus repräsentiert das Versagen, eine innere Selbstwertregulierung aufzubauen und zu konsolidieren. Er ist der Borderline-Pathologie insofern verwandt, als seine Manifestationen ebenfalls eine Folge der fehlenden Integration von Teilen des Selbst sind. Bei narzißtischen Adoleszenten besteht jedoch die Pathologie des Selbst in der Unfähigkeit, die realen und idealen Selbst- und Objektrepräsentanzen in ein Selbstkonzept mit einer stabilen inneren Selbstwertregulation zu integrieren. Pathologischer Narzißmus ist gekennzeichnet durch extreme Schwankungen in der Selbstachtung, die zwei entgegengesetzte und voneinander getrennte Zustände des narzißtischen Gleichgewichts widerspiegeln - auf der einen Seite den Zustand von Grandiosität und Allmacht und auf der anderen von Insuffizienz- und Unterlegenheitsgefühlen anderen gegenüber. Eng verbunden mit diesen wechselnden Selbstwertgefühlen ist eine starke Abhängigkeit von der Zustimmung anderer und eine extreme Empfindlichkeit gegenüber Kritik.

Kohut (1971) beschreibt eine besondere Art der Beziehung in der narzißtischen Pathologie, bei der das narzißtisch gestörte Individuum auf das Verhalten eines Objekts angewiesen ist, um seine basale Selbstachtung als Subjekt aufrecht zu erhalten. Solche Personen benutzen andere primär, um ihr narzißtisches Gleichgewicht dadurch zu stabilisieren, daß sie die anderen als Ersatz für ihre fehlende psychische Struktur benutzen, anstatt sie um ihrer selbst willen zu schätzen. Das Objekt soll die Selbstwertregulierung des Subjekts gewährleisten und wird erfahren und behandelt als Verlängerung des Selbst und nicht als eigenständige, unabhängige Person. Narzißtische Objekte (oder -

in Kohuts Terminologie - Selbst-Objekte) sind Objekte, die emotional als Teil des Selbst erfahren werden und nicht als getrennte Objekte behandelt werden. Für die narzißtische Persönlichkeit ist das Gefühl der Kontrolle über ein Objekt, das als Teil des Selbst erfahren wird, unabdingbar für die Aufrechterhaltung des Selbstwertgefühls. Frustrationen oder ein Abbruch der Beziehung zum Objekt lösen bei dem narzißtisch gestörten Individuum eine auf Rache bedachte Wut und Entwertung aus.

In Familien, in denen Adoleszente eine Borderline-Pathologie oder einen pathologischen Narzißmus zeigen, finden wir immer wieder Hinweise auf ein einflußreiches Set unbewußter Annahmen bei den Familienmitgliedern, die Separation-Individuation gleichsetzen mit Verlust und Verlassenwerden. Gedanken und Handlungen von Familienmitgliedern, die diese Annahmen in Frage stellen, werden dann als destruktive Angriffe empfunden, und dementsprechend heftig wird auf sie reagiert (Shapiro, R. und Zinner, J. 1971; Shapiro, E., et al. 1975). Es gibt durchaus Ähnlichkeiten in den Charakteristika der Regression bei Familien mit Borderline-Adoleszenten und Adoleszenten mit pathologischem Narzißmus. Die Regression wird in Gang gesetzt durch das Verhalten von Familienmitgliedern, die eine Separation-Individuation signalisieren. Dadurch entsteht in der Familie nachweislich Angst vor drohendem Verlassenwerden. Die Regression manifestiert sich bei den Familienmitgliedern auf einem niedrigen Niveau der Abwehrorganisation in einem Geflecht von Verleugnungen, Spaltungen und Projektionen. Es erfolgt eine aktive Spaltung von Teilen des Selbst und der Objekte bei den einzelnen Familienmitgliedern. Diese abgespaltenen Selbst- und Objektrepräsentanzen werden dann durch projektive Identifikation auf die einzelnen Familienmitglieder verteilt. Es entsteht eine Situation pathologischen Trauerns, in der der sich zu einer eigenständigen Persönlichkeit entwickelnde Adoleszente nicht mehr als integriertes Gesamtobjekt erfahren und betrauert wird. Statt dessen aktiviert der drohende Verlust bei den Eltern eine Ich-Regression auf das Niveau primitiver Spaltungsprozesse, wobei "Schlechtsein" und "Entwertung " auf den individuierenden und sich ablösenden Adoleszenten projiziert werden.

Es gibt allerdings einen Unterschied in der Art der Spaltung im Selbst und den in der Familie vorhandenen Objektrepräsentanzen zwischen Adoleszenten mit einer Borderline-Pathologie und solchen mit einer narzißtischen Pathologie. Folglich gibt es auch einen Unterschied bei dem, was in das sich ablösende und zu einer eigenständigen Persönlichkeit sich entwickelnde Familienmitglied projiziert wird.

In den Familien mit Borderline-Adoleszenten weisen die Familienmitglieder eine Struktur internalisierter Objektbeziehungen auf, in der alle "guten" und alle "schlechten" Selbst- und Objekt- Repräsentanzen abgespalten sind (Shapiro, E., et al. 1975). Die Familienmitglieder spalten diejenigen ihrer "schlechten" Anteile ab, die mit schmerzlichen und aggressiven Erfahrungen mit Objekten in ihrer Vergangenheit zusammenhängen. Insbesondere vergangene schmerzliche Reaktionen auf Autonomiebestrebungen einzelner Familienmitglieder oder auf ein von einem Familienmitglied zum Ausdruck gebrachtes Bedürfnis nach emotionaler Zufuhr und Unterstützung evozieren geteilte unbewußte Annahmen in der Familie, die derartiges Verhalten mit Zerstörung assoziieren. Wenn der sich ablösende Adoleszente ein solches Verhalten an den Tag legt, projizieren andere Familienmitglieder "schlechte" Merkmale, die sie in sich selbst verleugnen, auf den Jugendlichen und lehnen ihn aufgrund der Identifikation ab, wie sie diese abgespaltenen Qualitäten in sich selbst auch ablehnen. Durch projektive Identifikation reagieren sie auf den sich ablösenden und individuierenden Adoleszenten genau so, wie sie auf eigene abgelehnte Teile in sich selbst reagieren und erteilen ihm in Episoden aggressiven Auseinandersetzungen und Rückzügen eine Abfuhr. Das Ergebnis beim Adoleszenten ist eine Identitätsformation, die von negativen Selbst- und Objektrepräsentanzen dominiert wird, eine Fortsetzung der Abspaltung von positiven und negativen internalisierten Beziehungen sowie das klinische Bild der Identitätsdiffusion.

Im Gegensatz dazu geht es bei den unbewußten Annahmen in Familien, in denen der Adoleszente eine narzißtische Störung aufweist, um die spezifischen Bedeutungen einer narzißtischen Beziehung zwischen einem Elternteil und dem Adoleszenten, die für das narzißtische Gleichgewicht des betreffenden Elternteils - und darüber hinaus der gesamten Familie - notwendig zu sein scheinen (Berkowitz et al. 1974a). Wenn ein Elternteil hochgeschätzte Aspekte seiner selbst (oder ihrer selbst) auf ein Kind oder einen Adoleszenten projiziert und es/ihn als Selbstobjekt benutzt, dann ist das narzißtische Gleichgewicht des betreffenden Elternteils gestört, wenn das Kind oder der Adoleszente sich in der Individuation in eine Position hineinbewegt, die dem narzißtischen Bedürfnis des Elternteils nicht mehr entspricht. Der Abbruch einer zentralen narzißtischen Beziehung in der Familie zerstört das Selbstwertgefühl anderer Familienmitglieder, deren narzißtisches Gleichgewicht von dem Elternteil abhängt, der nunmehr eine abrupte Störung seines Selbstwertgefühls erlebt.

In Familien, in denen der Adoleszente einen pathologischen Narzißmus aufweist, haben wir eine Struktur internalisierter Objektbeziehungen mit aktiver Spaltung grandioser - und entwerteter - Selbst- und Objektrepräsentanzen. Reale und ideale oder entwertete Selbst- und Objektrepräsentanzen werden bei den Familienmitgliedern nicht in ein Selbstkonzept mit einer stabilen inneren Selbstwertregulierung integriert, das von den realen und idealisierten oder entwerteten Objekten unterschieden wird. Die Familienmitglieder zeigen eine Selbstwert-Instabilität, die die Spaltung zwischen grandiosen und entwerteten Selbst- und Objektrepräsentanzen widerspiegelt. Das Bemühen, das Selbstwertgefühl zu stabilisieren, zeigt sich in der Aktivierung einer narzißtischen Beziehung innerhalb der Familie, die von den daran teilhabenden Familienmitgliedern erfahren wird als eine Beziehung zwischen dem grandiosen Selbst und einem idealisierten Objekt (einem Selbst-Objekt oder einem idealisierten elterlichen Objekt). In diesen Familien kann man eine narzißtische Beziehung finden zwischen einem narzißtischen Elternteil (einem grandiosen Selbst) und dem Adoleszenten (dem idealisierten Selbst- Objekt). Diese äußere Beziehung trägt dazu bei, daß die Spaltung in dem Elternteil wie in dem Adoleszenten zwischen der internalisierten Beziehung des grandiosen Selbst und dem idealisierten Selbst-Objekt aufrecht erhalten bleibt, die dissoziiert sind von minderwertigen und entwerteten Selbst- und Objektrepräsentanzen. Das Kind und der Adoleszente, das/der von dem Elternteil als Selbstobjekt benutzt wird, entwickelt ebenfalls eine pathologische narzißtische Selbststruktur. Er braucht die Beziehung zu einer omnipotenten Elternimago, um sein narzißtisches Gleichgewicht zu erhalten. Die Separation-Individuation erzeugt ein narzißtisches Ungleichgewicht sowohl in dem Elternteil als auch in dem Adoleszenten, mit Episoden narzißtischer Wut bei beiden und der Projektion der abgepaltenen und entwerteten Selbst- und Objektrepräsentanzen auf den anderen.

Die Familienregression bekämpft eine weitere Unterscheidung des Adoleszenten von seiner Familie. Statt dessen werden die Grenzen zwischen den einzelnen Familienmitgliedern durch projektive Identifikation eher noch stärker verwischt, wobei die Eltern und Geschwister diejenigen Minderwertigkeitsgefühle, die sie bei sich selbst leugnen, auf den Adoleszenten projizieren.

3. Ein Beipiel regressiven Verhaltens einer Familie: Auszüge aus der Interaktion in einer Familie, in der ein Adoleszenter ausschließlich eine Borderline-Pathologie und ein anderer sowohl pathologischen Narzißmus als auch eine Borderline-Pathologie aufweist

Das folgende Fallmaterial illustriert die charakteristischen Merkmale der Regression, wie wir sie in Familien von Adoleszenten finden, die eine Borderline-Störung oder einen pathologischen Narzißmus zeigen. Diese Jugendlichen waren stationär auf einer psychiatrischen Station für Adoleszente in der Klinik des National Institute of Mental Health aufgenommen worden. Zu unserem Therapieprogramm gehörten drei psychotherapeutische Einzelsitzungen in der Woche, eine Wochenstunde gemeinsamer Familientherapie und eine Wochenstunde Partnertherapie für die Eltern. Unser Augenmerk in der psychoanalytisch orientierten Familientherapie richtete sich auf das Verstehen von Episoden von Familienregressionen - ein Prozeß der Klarifikation und Interpretation, der zur Formulierung der unbewußten Annahmen der Familie als Gruppe führte.

Familie Grant

In dieser Familie weist der ältere Sohn in seiner Pathologie eine Kombination von narzißtischer und Borderline-Persönlichkeit auf, während der jüngere Sohn ausschließlich eine Borderline-Pathologie zeigt.

Die Familie Grant besteht aus Mr. Grant, 53 Jahre alt; Mrs. Grant, 48 Jahre alt; dem Sohn Michael, 18 Jahre alt, und dem Sohn Paul, 16 Jahre alt. Die Arbeit des Vaters im Auswärtigen Dienst erforderte häufiges Reisen, und die Familie lebte mehrmals längere Zeit im Ausland. Diese Auslandsaufenthalte wirkten sich störend auf Mrs. Grants Berufstätigkeit als Rechtsanwältin im Staatsdienst aus, und sie haßte sie deshalb. Michaels Schwierigkeiten begannen während des letzten Auslandsaufenthaltes, als er zwischen 14 und 16 Jahre alt war. Er weigerte sich, zur Schule zu gehen, stritt sich mit seinen Eltern und verbrachte ganze Tage damit, in der fremden Stadt, in der sie lebten, umherzustreunen. Er lief mehrfach von zu Hause fort, und delinquente Verhaltensweisen brachten ihn in Konflikt mit den örtlichen Behörden.

In derselben Zeit isolierte sich Paul sukzessiv und zog sich zurück. Er hatte keine Freunde und verbrachte viel Zeit allein zu Hause und lernte. In der Schule war er weiterhin gut.

Zu der für Separation und Verlust relevanten Biographie gehört die Tatsache, daß beide Elternteile in der Kindheit ihre Mutter verloren hatten; der Vater im Alter von 6 Jahren, und die Mutter, als sie 10 war. Der Vater des Vaters heiratete nach mehreren Jahren erneut, aber die neue Ehe war stürmisch und hielt nur fünf Jahre. Der Vater beschrieb seine Beziehung zu seinem eigenen Vater als schwierig und distanziert. Der Vater der Mutter heiratete nicht wieder; sie wurde von ihrer älteren Schwester versorgt.

Michaels ernste Schwierigkeiten setzten sich fort, als die Familie in ihr Heimatland zurückkehrte. Er war damals 16 Jahre alt. Er ging zwar einige Monate lang wieder zur Schule, wurde dann aber der Schule verwiesen, weil er trank und Marihuana rauchte. Die Streitereien mit seinen Eltern eskalierten derart, daß er von zu Hause fortlief. Er vagabundierte mehrere Monate lang durch das Land und arbeitete mal hier und mal dort. Schließlich kehrte er nach Hause zurück, weigerte sich jedoch, zu arbeiten oder zur Schule zu gehen, und kapselte sich von der Familie und von seinen Schulfreunden ab, mit Ausnahme von seiner Freundin Katie. Er begann, Yoga zu machen, und aß vegetarisch. Er war oft grandios in seinem Denken, seinen Eltern gegenüber voll von Verachtung und feindselig gegenüber seinem Bruder Paul. Zu anderen Zeiten äußerte er Angst und Hoffnungslosigkeit im Hinblick auf die Zukunft und beklagte sich über Depressionen, mangelndes Selbstvertrauen und verlor das Interesse an allem. Nach langen Auseinandersetzungen und Überredungskünsten suchte er - immer noch zögerlich - schließlich auf Drängen seiner Eltern einen Psychiater auf und wurde an das NIMH und an unser Projekt überwiesen.

Obwohl die Eltern in erster Linie um Michael besorgt waren, war klar, daß auch Paul große Probleme hatte. Er war weiterhin still und zurückgezogen, hatte keine Freunde und war äußerst irritierbar durch seine Eltern. Seine schulischen Leistungen waren jedoch gut, und die Eltern schienen sich keine großen Sorgen um ihn zu machen. Wir erfuhren später, daß seine Isolation notwendig war,um nicht seine eigene paranoide Angst wegen seiner (projizierten) Wut und seiner sexuellen Gefühle erleben zu müssen.

1. Auszug

Der erste Auszug aus der Familientherapie stammt aus dem Erstinterview vor Michaels Überweisung in die Adoleszentenstation. Die Interaktion ereignet sich kurz nach Beginn der Sitzung und zeigt den anfänglichen krassen Unterschied, wie die beiden Eltern Michael wahrnehmen. Der Vater erwartet von ihm, daß er explizit sagt, was seine Probleme sind. Er drängt ihn ganz klar in die Rolle des Familienproblems. Die Mutter spricht für Michael und fordert sehr wenig von ihm. Ihre Wahrnehmung von ihm als ängstlich hindert sie daran, in dem Interview irgendetwas von ihm zu erwarten, und sie tut sich schwer damit, seine Ängste von ihren eigenen Ängsten zu unterscheiden. Sie hört ihm nicht zu. Wir nehmen dies als ersten Befund für eine narzißtische Beziehung der Mutter zu Michael. Psychologisch unterscheidet sie sich nicht von ihm und behandelt ihn als einen sensiblen und fragilen Teil ihrer selbst und tut so, als reagierte er genau wie sie auf die Interview-Situation. Michaels Verhalten zu Beginn der Sitzung ist grandios. Er ignoriert die Bemühungen seines Vaters, ihn in die Patientenrolle zu drängen, und entwertet die Ärzte. Er versucht, sich abzugrenzen gegen die Gefühle von Hilfslosigkeit und Einssein mit ihm, die seine Mutter an den Tag legt.

Vater: Ist es nicht so, daß es irgendeine grundlegende Unzufriedenheit gibt mit den Dingen, wie sie nun einmal sind, die dich hierher bringt oder gewissermaßen hierher zwingt?

Michael: Ja, schon, aber sieh doch mal - jeder ist doch irgendwie unzufrieden mit den Dingen, wie sie nun einmal sind - ich meine, ich bin nur so zu dem Analytiker da gegangen, und der sagte "Warum wollten Sie zu mir kommen?" und ich sagte "Ich wollte eigentlich gar nicht", und er sagt "Wissen Sie was, ich glaube, dann sollten Sie sich am besten stationär behandeln lassen", so sah er das. Ich meine, er hätte ja vieles sagen können - er hätte z.B. sagen können "Warum fahren Sie nicht per Anhalter nach San Francisco" oder etwas Ähnliches. Ich weiß nicht.

Mutter: Michael, ich - weißt du, da geht mir etwas im Kopf herum - ich kann mich gut in dich reinversetzen, weil ich aus dem, was du schon vorher gesagt hast, entnehmen konnte, daß du ziemlich Angst hast, daß diese Sache jetzt - hierm - anfängt, und dann sagtest du etwas über Deine Abwehr und ...

Michael (unterbricht): Ich habe - ich habe keine Angst. Es ist einfach so, als ich reinkam und mit dem Doktor sprach, sagte er "Nun, warum sprichst du nicht mit mir, ich bin Arzt?" Das ist mir doch egal, und wenn Sie Gott sind, das bedeutet doch noch lange nicht, daß ich mit Ihnen sprechen sollte. Also - wenn Sie wirklich Gott wären, wäre es ja vielleicht etwas anderes, wissen Sie, aber das hier sehe ich nicht so. Nur weil Sie Arzt sind, heiß das noch lange nicht, daß ich sagen müßte, also, das heißt ja nicht, daß es selbstverständlich ist, daß ich mit ihm sprechen sollte.

Therapeut (zur Mutter): Was wollten Sie sagen? Sie hatten angefangen, etwas über Ihre Reaktion auf Michael zu sagen.

Mutter: Nun - ich denke, es macht Angst - er ist es nicht gewohnt, in einem Raum mit vielen Leuten zu sein, und Fremden noch dazu, deshalb denke ich, es ist nur selbstverständlich, daß Michael hier - ängstlich ist und nicht recht weiß, was er sagen soll - genau genommen - und deshalb habe ich das Gefühl, daß ich verstehe - womit er kämpft - ääh, und wenn ich sage, was mir im Kopf herumgeht, kann ich mich ganz gut in ihn reinversetzen und, ähh, merke, daß ich auch irgendwie Angst habe und, ääh, ääh, ich glaube, wir alle. Wissen Sie, wir suchen nach Lösungen und kennen die Antworten noch nicht und deshalb sind wir hier, so vertrauen wir Ihnen, also, als Fremdem, daß Sie uns da heraushelfen.

Michael: Ich nicht! Ich habe noch gar nicht versucht, ihm zu vertrauen - ich nicht - ich meine, du tust dies wahrscheinlich, du hast dir das ja ausgesucht...

2. *Auszug*

Der nächste Auszug stammt aus einer Familientherapiesitzung, zwei Monate, nachdem Michael stationär aufgenommen worden war. Die Eltern beklagen sich darüber, wie ausfallend sich Michael am Wochenende der Mutter gegenüber verhalten hat. Beide Jugendliche beschweren sich darüber, daß ihre Eltern überbehütend und überbesorgt seien. Es ist klar, daß die Eltern verletzt und ärgerlich sind, wenn ihre Wünsche nach Nähe und Kontrolle zu ihren Söhnen zurückgewiesen werden. In diesem Auszug zeigt sich, daß diese Familie von der gemeinsamen Annahme ausgeht, daß autonomes Funktionieren eines Familienmitgliedes als Verlust erlebt wird und darauf wie auf ein zerstörerisches Verhalten reagiert wird.

Es besteht ein deutlicher Unterschied im Verhalten der Mutter gegenüber ihren beiden Söhnen. Sie ist traurig über Michaels Ablösung, fühlt sich beraubt und möchte Kontakt mit ihm, auch wenn er sie zurückweist. Sie projiziert ihre eigenen Gefühle, eine verlassene, wütende, leere Kreatur zu sein, auf ihn. Sie nimmt ihn wie eine Vogelscheuche wahr, als er von zu Hause fortgeht, um in die Klinik zurückzukehren. Als dies interpretiert wird, ist sie auch in der Lage zu erkennen, daß ein Großteil ihrer Traurigkeit in Wirklichkeit ihre eigene Reaktion auf den Verlust eines hochgeschätzten und aufregenden Teils von ihr selbst ist. Ihre Reaktion auf Pauls Rückzug von ihr ist viel weniger intensiv. Sie reagiert vergeßlich ihm gegenüber und achtet nicht darauf, was er sagt. Sie beantwortet seine Ablösung von ihr, indem sie ihn zurückweist.

Der Vater möchte eine Ablösung zwischen seiner Frau und Michael erreichen. Wie seine Frau, so neigt auch er dazu, beide Söhne übermäßig zu kontrollieren. Seine Bereitschaft, dies anzuerkennen, entspringt der Hoffnung, daß seine Frau sich ihm wieder zuwende und zu ihm die Beziehung herstellt, die sie jahrelang zu Michael gesucht hat.

Therapeut: In welcher Weise wurde denn Michael Ihnen gegenüber ausfällig an diesem Wochenende?

Mutter: Ich weiß nicht. Es ist schon Routine - worum ich ihn auch bitte, er reagiert einfach nicht - oder er sagt, laß mich in Ruhe - oder wenn ich an seine Tür klopfe, ist sie abgeschlossen und er kommt nicht heraus, oder er antwortet nicht - oder, wenn ich frage, ob er etwas essen möchte, oder, ich meine, es sind so viele - es gibt die ganze Zeit solche Situationen - und, wissen Sie - ich empfinde das so, das ist nicht mehr mein Michael.

Therapeut: Wer ist es denn?

Mutter: Ich weiß, das ist nur der derzeitige Ausdruck dessen, was immer er sonst ist - aber ich meine - für mich kann das nur eine vorübergehende Erscheinung sein - das fühle ich - Wir sind immer so gute Freunde gewesen - Wir hatten immer eine so gute Beziehung - Es fällt mir sehr schwer zu verstehen oder zu erklären - oder sonst etwas - warum er sich so verhält.

Vater: Also, dieses derzeitige Verhalten ist kein Verhalten des Reiz-Reaktions-Typs. Ich meine, er hat irgendetwas generalisiert, und jetzt wirft er es auf dich zurück, egal, was du sagst - oder was du ihm anbietest - oder was du ihm wegnimmst, die Reaktion ist immer die gleiche. In diesem konkreten Fall, so erinnere ich mich, so hat sie es mir erzählt, kam er in die Küche und wollte etwas zu essen, und sie bot ihm etwas an - oder so ähnlich - und er beschimpfte sie dafür - ich glaube, so war die Situation.

Mutter: Ich möchte Ihnen 'mal erzählen, was gestern abend passiert ist. Ich weiß, er ist schon lange wütend auf mich - und gestern abend, ehe er ging, sagte ich, ich wünsche dir eine gute Woche und umarmte ihn, als er zur Tür hinausging - daraufhin warf Paul sich auf den Fußboden - und reagierte so völlig übertrieben darauf, daß ich das zu Michael gesagt hatte - er sagte "mein Gott" und hampelte herum und machte sich lustig ...

Michael: Ich glaube nicht ...

Mutter: Was meinst du denn?

Michael: Die meisten meiner Reaktionen sind gar nicht so generalisiert- ich meine, sie sind sogar ziemlich spezifisch - weißt du - ich meine, manchmal geht es schon an die Grenzen - das stimmt - und das ist schlecht - ich meine -

im allgemeinen ist es so, wie ich sage, ich sitze am Tisch, und du sagst, möchtest du etwas Milch, möchtest du etwas hiervon, möchtest du etwas davon - also, ich meine, ich bin durchaus in der Lage, das selbst zu tun, weißt du.

Vater: Was meinst du mit tun - meinst du nehmen?

Michael: Ich meine, die Milch in mein Glas zu gießen - die genau vor mir steht - weißt du - das ist doch absurd, finde ich, ich meine diese Art von Dingen, darüber spreche ich.

Vater: Du meinst, sie engt dich ein - sie macht Sachen für dich, die du selbst machen möchtest.

Michael: Ja, das macht sie schon mein ganzes Leben lang, und das ist wirklich ein ganz schöner Klotz am Bein.

Mutter: Michael, du verhältst dich nicht wie alle anderen in der Familie - wenn du es tätest, würde auch niemand dir diese Fragen stellen.

Michael: Das stimmt nicht - du machst das immer - mit jedem, sowieso.

Paul: Wie reagiere ich denn auf diese Dinge? Ich sehe da gar keinen großen Unterschied zwischen uns beiden.

Mutter: Wenn ich dich frage, sagst du, "klar möchte ich etwas", und dann reiche ich es dir oder so.

Michael: Scheißdreck.

Mutter: Oder wenn du nichts möchtest, sagst du "nein", und wenn ich...

Michael: du tust es gerade wieder. Vorhin hast du gesagt, daß wir immer so gute Freunde gewesen seien.

Paul: Die ersten zehn Male, die du mich fragst, ob ich etwas möchte, murmele ich nur vor mich hin - dann fällt es mir auf - ich frage mich dann, ob etwas mit mir nicht stimmt, weil ich nicht reagiere, und dann versuche ich, meine Position klar zu machen und die ganze Diskussion damit zu beenden, daß ich dir antworte und sage, nein danke, und jetzt laß mich doch bitte in Ruhe.

Mutter: Oder ich hole es selbst - oder was immer du willst.

Paul: Und ich gehe auch davon aus, daß dich das ein bißchen verletzt - aber ich erwarte auch, daß du meine Gefühle verstehst und es nicht Tag für Tag so weitergeht - aber ...

Therapeut: Tut es das?

Paul: Ja - es hört nicht dadurch auf, daß ich ihr einmal eine Lektion wie jetzt eben erteile.

Michael: Gestern abend - nicht wahr - da sagte ich also: Auf Wiedersehen bis morgen, und du redestest immer weiter, also ging ich hinaus - dann merkte ich, daß ich meine Zigaretten vergessen hatte - ich wollte eigentlich nicht zurückgehen, tat es aber doch - und holte meine Zigaretten, und als ich dann auf dem Weg nach draußen war, hast du mich gepackt und umarmt - und ich stand einfach da, das war das einzige, was ich tun konnte - und das ist es auch, glaube ich, worauf Paul reagierte - daß ich einfach da stand wie .....

Vater (lachend): Ein Stück Holz. (A wooden Indian)

Michael: Du findest das auch noch lustig - ich finde es überhaupt nicht lustig - ich meine - es hat schon eine belustigende Seite.

Mutter: Also, wir - ich habe eben auf diesen Aspekt reagiert.

Michael: Aber vorhin hast du gesagt, wir seien immer Freunde gewesen, und du verstehst nicht, wieso wir keine Freunde mehr sein sollten- was genau so ein Scheißdreck ist - ich meine, niemand ist immer mit allen gut Freund. Wir sind nicht immer Freunde gewesen, und wir sind nicht immer gut miteinander ausgekommen - und so weiter - und dann versuchst du das gleiche mit Paul zu machen und sagst, Paul mache alles immer direkt - Paul ist noch mehr verwickelt als ich - außer, weißt du, daß ich eher wütend werden kann als Paul.

Vater: Paul, du machst das gleiche mit mir, wenn ich dir zu nahe trete. Dann gibst du es mir auch, und ich glaube, es stimmt, daß wir in dieser Hinsicht nichts dazulernen - wir tun zu viel für sie - wir sitzen ihnen zu nahe auf der Pelle - wir behüten sie von A bis Z - und Michael - ihm steht es bis hier - er erstickt daran .

Michael: Ja.

Therapeut: Wie war das, als Paul sich auf den Boden warf - war dies ein Kommentar dazu ?

Vater: Also, er platzte vor Lachen - für mich ist das ganz eindeutig.

Michael: Er hat nicht gelacht.

Vater: Er muß gelacht haben.

Mutter: Ich glaube, er versuchte, es zu mir rüberzubringen, die Inkongruenz der Handlung - und ich meine, ich habe das ganz deutlich gesehen und das war sein Versuch, es zu mir rüberzubringen.

Therapeut: Was war inkongruent?

Mutter: Was Michael gesagt hat. Wissen Sie, Michael stand einfach da - und es war klar, was immer ich auch machen würde, es war unerwünscht - und würde total zurückgewiesen werden - und ich tat etwas - aus meiner Sicht ganz Spontanes und Simples - und er, also, für ihn war es schrecklich - und deshalb hat es auch eine lustige Seite.

Therapeut: Was war das Spontane, Simple aus Ihrer Sicht, Mrs. Grant?

Mutter: Also, als er zur Tür hinausging, sagte ich - legte ich meinen Arm so um ihn und sagte "Ich wünsche dir 'ne gute Woche"- oder so etwas Ähnliches - und das wollte er offensichtlich nicht - ganz selten ....

Vater: du hast Deinen Arm um ihn gelegt, das war es doch, was wir gerade vor einer Minute gehört haben.

Mutter: Ich berühre ihn ohnehin nur noch ganz selten - weil ich das Gefühl habe, also, er möchte nicht, daß ich irgend etwas mit ihm zu tun habe - und er will mich nicht berühren oder daß ich ihn berühre oder ihn bemuttere oder irgend etwas mache. Meistens versuche ich auch, mich da zurückzuhalten - vielleicht, ich weiß nicht, hatte ich gerade so eine mütterliche Anwandlung oder so, und genau so, wie ich es mit jedem anderen auch tue - mit meinem Mann, wenn er zur Tür hinausgeht - oder mit sonst jemandem - von meinen Kindern - oder aus meiner Familie. Normalerweise berühre ich Leute nicht einfach so - ich bin normalerweise nicht so demonstrativ - ich meine nur, daß ich mich manchmal wegen Michael schlecht fühle, denke ich, und dann reagiere ich so und ...

Vater: Aber siehst du, das ist doch nochmals genau das gleiche.

Michael: Also du glaubst, wenn du mich umarmst, das macht alles wieder gut?

Mutter: Nein, das glaube ich durchaus nicht.

Vater: Michael ist darüber empört.

Therapeut: Ich frage mich immer noch, was daran so simpel ist. Ich glaube nicht, daß irgendeiner in der Familie so einfach ist.

Mutter: Also, ich glaube, ich reagierte - vermute ich - auf die Traurigkeit, die Michael ausstrahlte. Er sieht oft aus wie eine...

Michael (unterbricht): Offensichtlich wollte ich nicht, daß du mich umarmtest. Warum hast du es dann trotzdem getan?

Mutter (unterbricht): Vogelscheuche - meistens - wie bitte?

Michael: Offensichtlich wollte ich nicht, daß du mich umarmtest. Warum hast du es dann trotzdem getan? Jedesmal, wenn ich gehe, fängst du immer an zu reden, und, und, als ob ich - das ist ja lächerlich - als ob ich dasitzen müßte und mir anhören, was immer du zu sagen hast - also, nur weil ich gehe, brauchst du doch nicht diesen ganzen Mist auf mir abzuladen - ich weiß nicht - das ist ganz schön abwegig - das ist überhaupt nicht simpel.

Therapeut: Es ist oft sogar sehr schwer, Traurigkeit zu lokalisieren, Mrs. Grant. Sie sagen, sie sehen viel Traurigkeit in Michael, und er sagt, er sieht viel Traurigkeit in Ihnen. Ich glaube, in der Familie werden große Anstrengungen unternommen, um die Traurigkeit irgendwo anders hinzuschieben, anstatt daß jeder über seine eigene Traurigkeit nachdenkt.

Mutter: Also, ich bin traurig.

Therapeut: Ich glaube, Sie sind traurig, wenn er geht und ihnen dann wie eine Vogelscheuche vorkommt - aber ich meine auch, daß das in dem Augenblick Ihre eigene Traurigkeit sein könnte.

Mutter: Okay, es ist meine Traurigkeit, es war mir vielleicht ein impulsives Bedürfnis, ihm nahe zu sein oder mich rückzuversichern - oder sonst was - ich weiß nicht. Das habe ich mit "simpel" gemeint - es war nichts, was man nicht natürlicherweise in seiner eigenen Familie tut - es war nichts Fremdes.

3. Auszug

Dieser Auszug, der aus einer Familientherapiesitzung drei Monate nach Michaels Aufnahme in die Klinik stammt, gibt einen weiteren Einblick in Michaels Beziehung zu seinem Vater. Vater und Sohn verhalten sich seit Jahren antagonistisch zueinander. Die Familie hatte dieses begriffen als die Folge der besonderen Beziehung der Mutter zu Michael. Sie hatte das Gefühl, Michael verstünde sie besser als ihr Ehemann.

Am voraufgegangenen Wochenende hatte der Vater in Michaels Zimmer Marihuana gefunden und es in die Toilette geschüttet, ohne Michael gegenüber ein Wort darüber zu verlieren. Später gab es Streit, und Michael sagte, er sei wütend, weil er nicht darauf angesprochen wurde. In der Familiensitzung ist dies zur Sprache gekommen. Vater und Sohn sind beide verletzt wegen der Distanz zwischen ihnen. Jeder projiziert abgespaltene schmerzliche und enttäuschende Erlebnisse mit seinem Vater auf den anderen, mit dem Ergebnis, daß die Entfremdung zwischen ihnen immer größer wird.

Vater: Michael hat in der Tat gesagt, er sei sehr wütend - aber dann ist er darüber hinweggegangen, also hat er es untergepflügt oder sonst was - kannst du es nicht noch einmal hochholen?

Michael: Was hochholen?

Vater: Deine Wut.

Michael: Ich bin die ganze Zeit wütend.

Vater: Worauf bist du wütend - kannst du darüber reden - solange du nicht darüber reden kannst, solange du sie nicht ausdrücken kannst, insbesondere den Teil, der sich auf mich bezieht - irgendwie wirst du ja immer an mich gebunden sein - du bleibst daran hängen und du wirst mich nie loswerden.

Therapeut: Vielleicht denkt er, Sie wollen ihn loswerden.

Vater: Mag sein. Ist es so?

Michael: Ich weiß nicht - du scheinst dich ja selbst losgeworden zu sein, weißt du.

Vater: Wie bin ich mich denn losgeworden?

Michael: Wie bitte?

Vater: Wie bin ich mich denn losgeworden?

Michael: Nun, du hast es vermutlich versteckt, könnte ich mir vorstellen.

Vater: du meinst, du siehst es nicht.

Michael: Nein, ich glaube, ich habe es tatsächlich auch noch nie gesehen.

Vater: Okay, vielleicht lasse ich dich links liegen, aber wenn du mir gegenüber keine Gefühle hast, die ...

Michael (unterbricht): Ich habe dir gegenüber eine ganze Menge Gefühle.

Vater: Die du auch benennen kannst, glaube ich, du bist an mich gebunden, es sei denn, es hängt alles an Deiner Mutter - aber ich weiß ja nicht.

Michael: Natürlich weißt du.

Therapeut: Du sagtest, du hättest Gefühle gegenüber Deinem Vater.

Michael: Das habe ich gesagt.

Vater: Nenne ein paar.

Michael: Dazu bin ich jetzt nicht aufgelegt - weißt du.

Mutter: Michael, ich habe nicht richtig zugehört, was du gesagt hast, oder ich habe es nicht verstanden. du sagtest, er müsse es versteckt haben - was ist es, was er Deiner Meinung nach versteckt hat?

Vater: Mich selbst.

Mutter: Ist es das, was du gesagt hast?

Michael: Äh. hm, er (der Therapeut) sagte, er (Vater) wolle mich loswerden - ich habe gesagt, er (Vater) sei sich selbst schon losgeworden - und jetzt versucht er, mich loszuwerden.

Mutter: Was meinst du dazu? (zum Vater)

Vater: Nun, es zeigt eine Entfremdung, die nur allzu offensichtlich ist, aber ich spüre seine Distanz - ich spüre sie schon seit einiger Zeit - aber ich wußte nicht, wie ich dagegen angehen sollte... ich weiß nur, daß etwas zumindest Vergleichbares zwischen mir und meinem Vater passiert ist - ich habe ihn einfach aus meinen Gedanken verbannt, sozusagen. Vielleicht hat Michael das auch mit mir getan. Aber mir scheint, wir müßten darüber reden können in einer Art und Weise, die heilsam wäre.

Michael: Nun ...

Vater: Ich bitte dich nicht, mich zu mögen - dazu habe ich kein Recht - das ist seine Sache.

4. Auszug

Dieser Auszug stammt aus einer Diskussion in der Familientherapie sechs Monate nach Michaels Aufnahme in die Klinik. Die Mutter ist gerade von einem Besuch bei ihrer älteren Schwester zurückgekehrt, die in einem anderen Bundesstaat wohnt und mit einer ernsten Krankheit im Krankenhaus lag. Die Familie diskutiert einige Aspekte des Verhaltens der Mutter, ehe sie sich auf diese

Reise machte. Michael und seine Freundin waren zu Hause, als die Mutter durch einen Anruf von der Krankheit ihrer Schwester erfuhr und beschloß, hinzufahren. Die Mutter bat Michael, seinen Vater anzurufen und ihm Bescheid zu geben, weil sie ihn bei der Arbeit nicht "stören" wolle. Michael weigerte sich, das zu tun, half seiner Mutter jedoch bei den Vorbereitungen für die Reise. Die Mutter sagte Paul nichts von der Reise und verabschiedete sich auch nicht von ihm, obwohl er zu Hause in seinem Zimmer war. Sie war offensichtlich völlig durcheinander wegen der schweren Krankheit ihrer Schwester, die für sie gesorgt hatte, nachdem ihre Mutter gestorben war. Zu Michael als idealisiertem Selbstobjekt konnte sie in dem Augenblick, in dem sie es am meisten brauchte, in Beziehung treten. Sie beschreibt das in diesem Auszug, obwohl Michael dagegen protestiert. Sie wollte nicht mit ihrem Ehemann oder mit Paul sprechen. Der Auszug begann damit, daß sie ihrem Mann gegenüber feststellte, sie erfahre ihn nicht als verständnisvoll oder anteilnehmend oder hilfreich (wie Michael). Das gleiche gilt auch für Paul. Sie idealisiert ihren Mann oder Paul nicht wie Michael (und ihre Mutter und ihre Schwester). Sie erlebt Mr. Grant und Paul so, wie sie ihren Vater erlebte, als fern, wütend, niedergeschlagen und für sie emotional nicht verfügbar.

Mutter (zum Vater): Also, was mich daran stört, ist, daß du vom Kopf her sagst, du seist bereit, mir zu helfen und - das machst du auch- von der Logik her. Du tust alles, was du kannst, und du bist sehr nett und sehr hilfreich, sehr unterstützend - aber ich glaube, die Tatsache, daß du uns nicht an Deiner Privatsphäre teilhaben läßt - in keinster Weise - jemals, du schneidest das sozusagen ab, und du trennst die Gefühle ab, so daß kein gefühlsmäßiger Austausch stattfindet. Verstehst du, was ich meine?

Vater: Ich denke noch darüber nach. Natürlich höre ich, was du sagst und ..

Mutter: Da ist keine Resonanz - irgendwie.

Michael: Also, ich meine, z.B. als du nach New York fuhrst, als du sagtest, du fährst, und du sagtest: "Also, ich fahre nach New York", ich meine, das hat mich nicht richtig aus der Fassung gebracht. Ich meinte nur, das war ziemlich abwegig, weißt du. Und äh, ich habe sie (die Mutter) gefragt, wie es ihr (der Schwester der Mutter) gehe - ob sie im Sterben läge oder so, und du sagtest, du glaubtest nicht, sie läge im Sterben, und, äh ...

Mutter: Also, Katie und Michael waren zusammen, und Michael kam herein und sagte "du siehst sehr durcheinander aus, Mutter."

Michael: Und dann sagte ich, "Bist du's? Bist du durcheinander (upset)?" Weißt du, ich wußte das nämlich nicht genau, weil du dich nur irgendwie so sonderbar (freaky) benommen hast.

Mutter: Was war das für ein Wort?

Michael: Irgendwie sonderbar (freaky).

Mutter: Freaky, was soll das heißen?

Michael: Weiß nicht.

Vater: Verstört (upset).

Michael: Nein, verstört (upset), das konnte ich nicht erkennen. Du sagtest ja auch, du seiest nicht verstört, so daß ich ...

Mutter: Ich sagte was?

Michael: Daß du nicht verstört (upset) seiest.

Mutter: Nein. Ich habe gesagt: "Ich weiß es nicht, Michael. Ich gehe nur umher und erledige die Sachen, die ich erledigen muß, so schnell ich kann."

Ich hatte ja gar keine Zeit, darüber nachzudenken, ob ich verstört (upset) war oder nicht.

Michael: Nun, ich meine, ich vermute, du warst verstört (upset), aber es wurde mir nicht wirklich vermittelt (communicated), ich meine, so daß ich gewußt hätte, daß du es warst.

Mutter: Nun, geweint habe ich nicht. Ich ging nur ernst umher und versuchte, weißt du, also die Rädchen drehten sich.

Michael: Du warst irgendwie - benommen oder sonst was.

Mutter: Michael, ich habe an dich gedacht (thought), und ich brauchte nicht zu reden! Ich brauchte nicht zu reden. Ich brauchte nichts zu erklären oder zu diskutieren oder sonst was. du hast sofort begriffen und hast getan, was zu tun war. Und du hast keine Diskussionen deswegen verlangt. Ah, und das war großartig, weißt du, das war - wie eine 100%ige Unterstützung .

Therapeut: Ich frage mich, was das bedeutet - Paul war zu Hause? Du (Paul) scheinst überhaupt nicht angesprochen worden zu sein, um einen Teil der anstehenden Dinge zu erledigen, etwa beim Flughafen anrufen, einen Koffer holen oder was sonst.

Michael: Also, ich meine, so etwas kann jeder Esel erledigen.

Mutter: Also, wer immer dagewesen wäre, wäre einbezogen worden, und Paul schlief gerade und war unten, und dies alles ereignete sich oben. Folglich war er nicht dabei, aber wenn er zur Stelle gewesen wäre und ich ihn gebeten hätte, hätte auch er den Koffer sofort geholt oder sogar ...

Vater: Du hattest ja genug Hilfe, denn Michael und Katie waren ja da.

Diskussion der Auszüge

Diese Auszüge sind Beispiele für Interaktionen in einer Familie, die auf regressivem Niveau funktioniert, beherrscht von unbewußten Annahmen, in denen Individuation und Separation mit katastrophalem Verlust gleichgesetzt werden. Die Familienregression arbeitet jedem realistischen Erleben der phasentypischen Separation entgegen und besetzt die Individuation mit Angst. Das gilt sowohl für die Eltern wie für die Adoleszenten. Die Probleme der Eltern mit der Individuation in ihrer eigenen Adoleszenz werden reaktiviert in dem Augenblick, in dem ihre eigenen adoleszenten Sprößlinge sich ablösen und sich zu selbständigen Wesen entwickeln.

In den Auszügen gibt es Anhaltspunkte für eine narzißtische Beziehung zwischen Mrs. Grant und Michael, in der die Mutter Schwierigkeiten hat, sich von ihm zu unterscheiden, und in der sie idealisierte Aspekte ihrer selbst auf ihn projiziert. Die Qualitäten Sensibilität, Güte, Einfühlungsvermögen und Hilfsbereitschaft, die auf Michael projiziert werden, haben ihren Ursprung in der internalisierten, idealisierten Beziehung zu ihrer eigenen Mutter, die für ihr Selbstwertgefühl von entscheidener Bedeutung ist. Die Beziehung zu einer idealisierten Mutter ist abgespalten von der traumatischen Beziehung zu einer Mutter, bei der die Ablösung durch den Tod beendet wurde. Die idealisierte Beziehung wird dadurch stabilisiert, daß Michael als Selbstobjekt dient, auf das die Mutter die charakteristischen Merkmale der idealisierten Elternrepräsentanz projiziert. Sie reagiert auf Michaels Ablösung von ihr und auf seine Separation und Individuation wie auf eine narzißtische Verletzung, wie auf den Tod ihrer Mutter. In ihrer narzißtischen Wut und Depression projiziert sie abgespaltene Hilflosigkeit und entwertete Aspekte ihrer selbst gegenüber einer sterbenden Mutter, von der sie verlassen wurde, auf Michael.

Mrs. Grant ist nicht in der Lage, ihren Mann oder Paul mit den idealisierten Qualitäten zu besetzen, die sie auf Michael projiziert. Sowohl Mr. Grant als auch Paul werden von ihr als nicht einfühlsam, fern und kritisch wahrgenommen. Sie begegnet ihnen, wie sie ihrem distanzierten und kritischen Vater begegnete, ignoriert sie und weist sie zurück, wie ihr Vater sie in ihren Augen ignorierte und zurückwies.

Mr. Grant ist ein isolierter, depressiver, äußerst kontrollierter und intellektualisierender Mann, der pessimistisch ist hinsichtlich der Möglichkeit einer guten Beziehung zu seinen beiden Söhnen. Er reagiert auf die Zurückweisung durch sie mit Intellektualisierungen, abgespaltener Hoffnungslosigkeit und verärgerter Ablehnung und projiziert sein eigenes ärgerliches Verhalten seinem eigenen Vater gegenüber auf seine Söhne. Seine Rivalität mit Michael um das Interesse Mrs. Grants ist intensiv und offenkundig. Mr. Grants Beziehung zu seiner Frau baut sich auf seine internalisierte Beziehung zu seiner eigenen Mutter auf. Der Tod seiner Mutter, als er sechs Jahre alt war, wurde von ihm als traumatisches Verlassenwerden erlebt, und er projiziert diese abgespaltene schlimme Erfahrung mit einer sterbenden Mutter auf seine Frau, wenn sie sich von ihm zurückzieht, mit der Folge, daß er wütend auf sie wird und sie zurückweist.

Michael zeigt eine vorwiegend narzißtische Pathologie. Er hat zusammen mit seiner Mutter teil an einer Beziehung, in der sein narzißtisches Gleichgewicht von seiner Involviertheit mit ihr als Selbstobjekt abhängt. Mit der Separation-Individuation führt der Verlust dieser Beziehung zu seiner Mutter zu seinen grandiosen Gefühlen, die dann den Weg freimachen für Insuffizienzgefühle und das Gefühl von Wertlosigkeit, begleitet von Wut und dem Bemühen, seine Entwertung auf seine Mutter zu projizieren. Er versucht sein narzißtisches Gleichgewicht durch eine Beziehung zu Katie wiederzugewinnen, eine sexuelle Beziehung mit großer Abhängigkeit nach dem Muster der narzißtischen Beziehung zu seiner Mutter. Sein fragiles Selbstwertgefühl hält den realen Herausforderungen in der Schule oder bei einer Arbeit jedoch nicht stand. Er fühlt sich bedroht durch die Konkurrenz mit Männern oder Gleichaltrigen, wobei die Angst vor deren Böswilligkeit ihren Ursprung in seiner Beziehung zu seinem Vater hat.

Paul zeigt eine offene Borderline-Pathologie. Er ist in seinen persönlichen Beziehungen stark beeinträchtigt und erlebt paranoide Angst mit der Projektion von Zerstörung in jeder Beziehung, in der er versucht, ein befriedigendes Verhältnis zu einer anderen Person herzustellen und eine unabhängige Kontrolle in solchen Beziehungen zu entwickeln. Er fühlt sich weder im Ausdrücken autonomen Verhaltens noch seiner emotionalen Bedürfnisse nach Zuwendung und Befriedigung sicher. Er erfährt sich selbst als von der anderen Person kontrolliert, was heftige Wutgefühle auslöst, die er daraufhin auf eine andere Person projiziert, die, so empfindet er es dann, ihn haßt. Die langjährige Zurückweisung seiner Mutter hat ihm ihr Desinteresse eingebracht. Sie verhält sich gewöhnlich so, als ob sie ihn übersähe. Der Vater reagiert auf Pauls Wut mit Distanzierung und kontrolliertem Zorn. Paul hat sein Leistungsniveau in der Schule halten können, denn die Schule ist eine überschaubare, voraussagbare Arena , in der er die Erwartungen, die an ihn gestellt werden, leicht erfüllen kann. Dennoch sind seine persönlichen Beziehungen schmerzlich, erschrekkend und werden von Projektionen schlimmer Selbstanteile und Objektbeziehungserfahrungen dominiert. Seine beschränkte Kapazität, eine Beziehung zu einem guten, internalisierten Objekt aufrecht zu erhalten, macht es notwendig, daß er sich selbst als anpassungsfähig und kontrolliert erlebt. In jeder Situation, in der es um Bedürfnisbefriedigung geht, wird er ängstlich, und kann sich keinerlei sexuelle Ausdrucksformen erlauben.

Die Familie weist jene charakteristischen Merkmale auf, die wir für Familien mit Borderline- und narzißtischen Adoleszenten beschrieben haben: Verletzbarkeit durch Separation-Individuation und eine Regression auf eine Abwehrorganisation der Spaltung der positiven und negativen Selbst- und Objektrepräsentanzen bei den Familienmitgliedern, mit Hilfe von projektiver Identifikation.

Die Projektionen beider Elternteile auf Paul sind von negativen Selbst- und Objektrepräsentanzen geprägt, die um Schmerz und Aggression herum zentriert sind. Beide Elternteile haben ihre eigenen Bedürfnisse nach Unterstützung und emotionaler Zuwendung während der Individuation verleugnet, die an schmerzliche Erfahrungen mit Objekten in der Vergangenheit gebunden waren. Als Paul solche Bedürfnisse zeigt, weisen die Eltern ihn durch Identifikation zurück, wie sie es mit diesen abgespaltenen Qualitäten in sich selbst tun.

Die Situation ist eine andere für Michael, dessen Entwicklung entscheidend beeinflußt wurde durch eine anhaltende narzißtische Beziehung zu seiner Mutter. Sie hat ihn als Selbstobjekt benutzt und hochgeschätzte und idealisierte Aspekte ihrer selbst auf ihn projiziert. Seine Bemühungen, sich abzulösen, führen dazu, daß er sich zurückzieht und bei seiner Mutter narzißtische Wut und Depressionen evoziert, mit dem Ergebnis, daß das narzißtische Gleichgewicht der gesamten Familie gestört wird.

Diskussion: Familienbedingte Determinanten von Borderline-Störungen und pathologischem Narzißmus bei Adoleszenten

Die hier diskutierten Untersuchungsergebnisse über die charakteristischen Merkmale der Familienregression legen sowohl die Gemeinsamkeiten als auch die Unterschiede in Familien mit Borderline-Adoleszenten und Familien mit narzißtischen Adoleszenten offen. Sie stehen meines Erachtens in Beziehung zu den strukturellen Gemeinsamkeiten und Unterschieden bei Individuen, die eine Borderline-Persönlichkeit oder pathologischen Narzißmus zeigen. Unsere Befunde für Familien stehen in enger Beziehung zu Kernbergs Ausführungen über die strukturellen Gemeinsamkeiten und Unterschiede zwischen Individuen mit Borderline-Persönlichkeitsstruktur und pathologischem Narzißmus. Kernberg stellt fest, daß die Gemeinsamkeiten in der Dominanz von Spaltungsmechanismen bei beiden Störungsbildern liegen, die sich in der Präsenz wechselseitig dissoziierter oder abgespaltener Ich-Zustände äußert. So können z.B. beim pathologischen Narzißmus Gefühle der übersteigerten Grandiosität und enormer Insuffizienz nebeneinander existieren, ohne sich gegenseitig zu beeinflussen. Diese Spaltungsvorgänge werden durch primitive Formen der Projektion aufrechterhalten und verstärkt, insbesondere durch projektive Identifikation, omnipotente Kontrolle, narzißtischen Rückzug und Entwertung. Darüber hinaus zeichnen sich narzißtische Persönlichkeiten, ebenso wie Borderline-Persönlichkeitsstrukturen von einem dynamischen Standpunkt aus durch eine ähnliche pathologische Verdichtung der genitalen und prägenitalen

Bedürfnisse sowie dem vorherrschenden Einfluß der prägenitalen Aggressionen aus.

Kernberg zeigt die Unterschiede zwischen narzißtischen Persönlichkeitsstrukturen und Borderline-Persönlichkeitsstrukturen auf, indem er sich (bei der narzißtischen Persönlichkeit) des Konstrukts eines integrierten, wenn auch hochgradig pathologischen grandiosen Selbst bedient. Er definiert das grandiose Selbst als eine pathologische Verdichtung irgendeines Aspektes des realen Selbst (die "Besonderheit" des Kindes, verstärkt durch frühkindliche Erfahrungen), des idealen Selbst (die Phantasien und Selbstrepräsentanzen von Macht, Reichtum, Allwissenheit und Schönheit, mit denen sich das kleine Kind für die Erfahrung gravierender oraler Frustrationen, Wut und Neid zu entschädigten versucht) und des idealen Objekts (der Phantasie eines immer-gebenden, immer-liebenden und akzeptierenden Elternteils im Gegensatz zur Realitätserfahrung des Kindes; ein Ersatz für das entwertete reale elterliche Objekt).

Kernberg führt weiterhin aus, daß die Integration des pathologischen grandiosen Selbst in die narzißtische Persönlichkeit kompensiert, daß kein normales, integriertes Selbstkonzept entwickelt werden konnte, weil ihrer Persönlichkeit eine Borderline-Persönlichkeitsstruktur zugrunde liegt. Auf diese Weise erklärt er das Paradoxon bei der narzißtischen Persönlichkeit, bei der relativ intakte Ichfunktionen und eine oberflächliche Anpassung gleichzeitig neben einem Vorherrschen von Spaltungsmechanismen, einer damit in Zusammenhang stehenden primitiven Abwehrorganisation und einer fehlenden Integration von Objektbeziehungen existiert.

Kernberg merkt an, daß die allgemeine Charakteristik, die er für das pathologische grandiose Selbst beschreibt, übereinstimmt mit klinischen Beschreibungen dieses seelischen Zustands durch viele andere Autoren. Er weist jedoch auch auf einen grundlegenden Unterschied zu Kohut hin, hinsichtlich der Entstehung des grandiosen Selbst. Nach Kohuts Auffassung weist das grandiose Selbst auf eine Fixierung auf der Stufe eines "normalen", archaischen primitiven Selbst hin. Nach Kernbergs Auffassung ist dies eine pathologische Struktur, die sich eindeutig vom normalen infantilen Narzißmus unterscheidet.

Ich denke, daß der konsistente Befund einer narzißtischen Beziehung zwischen Eltern und Adoleszenten in allen untersuchten Familien, in denen der Adoleszente das Bild des pathologischen Narzißmus zeigt, relevant ist für das Verständnis der Genese des grandiosen Selbst und Kernbergs Auffassung unterstützt, daß das grandiose Selbst bei narzißtischen Persönlichkeiten eine pathologische Struktur ist.

Unsere Forschungsergebnisse bei Familien mit Borderline-Adoleszenten wie auch bei Familien mit narzißtischen Adoleszenten deuten darauf hin, daß bei beiden Gruppen die frühen ebenso wie die gegenwärtigen Erfahrungen in der Familie durch fehlendes Einfühlungsvermögen und große Frustrationen gekennzeichnet sind und daß bei ihnen eine altersgemäße Idealisierung seitens der Eltern fehlt. Die pathologische narzißtische Struktur des grandiosen Selbst bildet sich in dem Borderline-Adoleszenten durch frühe Frustrationen, fehlendes Einfühlungsvermögen und mangelnde alterstypische Idealisierung seitens der Eltern. Sie wird jedoch nicht, wie man erwarten könnte und wie Kohut postuliert, aus einer Fixierung auf einer Stufe eines normalen, primitiven, archaischen Selbst, hervorgerufen. Dies stellt Kohuts Auffassung in Frage, daß das grandiose Selbst narzißtischer Persönlichkeiten eine durch eben diese Bedingungen hervorgerufene Fixierung auf einer Stufe des archaischen Selbst ist.

Wir haben Anhaltspunkte für pathologischen Narzißmus nur bei Adoleszenten aus Familien gefunden, in denen eine narzißtische Beziehung zwischen einem Elternteil und einem Jugendlichen vorliegt, bei der dieser narzißtische Elternteil das Kind und den Adoleszenten als Selbstobjekt benutzt. Das legt den Schluß nahe, daß die pathologische Struktur des grandiosen Selbst bedingt ist durch die Erfahrungen des Kindes und des Adoleszenten, die er im Laufe seiner Entwicklung in einer Beziehung mit einem narzißtischen Elternteil gemacht hat, dessen Fähigkeit, sich vom Kind zu unterscheiden, beeinträchtigt ist. Kernberg stellt fest, daß die pathologische Verdichtung des grandiosen Selbst im Adoleszenten eine Komponente des realen Selbst enthält, bei der neben der üblichen Besonderheit des Kindes bestimmte sehr frühe Erfahrungen eine Rolle spielen. Ich würde sagen, es sind die Erfahrungen des Kindes als das Selbstobjekt eines Elternteils, die für das Selbstwertgefühl eben dieses Elternteils von zentraler Bedeutung sind und die die entscheidende Internalisierungen des realen Selbst im pathologischen Narzißmus sind.

In der narzißtischen Beziehung zu einem Kind versucht der betreffende Elternteil häufig, eine besondere Beziehung aus seiner oder ihrer eigenen Familie wiederzubeleben, die für die Aufrechterhaltung ihres narzißtischen Gleichgewichts wichtig war. Der Elternteil projiziert idealisierte Qualitäten des verlorengegangenen Objekts auf das Kind und den Adoleszenten und erfährt eine akute Störung des Selbstwertgefühls, wenn das Kind und der Adoleszente sich aus den Beschränkungen durch die elterlichen Projektionen löst. Diese elterlichen Projektionen sind insofern besonders einengend, als der betreffende Elternteil sie braucht, um sein (oder ihr) narzißtisches Gleichgewicht und darüber das narzißtische Gleichgewicht der gesamten Familie aufrechtzuerhalten. Das verleiht dem Kind und Adoleszenten eine ungeheure Macht - ein Aspekt des realen Selbst, der sich häufig im grandiosen Selbst des narzißtischen Adoleszenten wiederfindet.

Das pathologische grandiose Selbst, das Kernberg postuliert, umfaßt auch das ideale Selbst. Dieses hat sich als Abwehrmechanismus gegen die Entwertung der Eltern in Episoden narzißtischer Wut entwickelt. Außerdem hilft es dem Kind und dem Adoleszenten, die eigene Wut und die Neidgefühle auszuhalten, wenn der narzißtische Elternteil sich anderen Familienmitgliedern oder Interessen zuwendet, was der Adoleszente als Verlust erlebt.

Schließlich enthält die pathologische Verdichtung des grandiosen Selbst eine Komponente, das ideale Objekt. Dieses spiegelt ebenfalls die Erfahrung des narzißtischen Kindes und Adoleszenten in einer narzißtischen Beziehung mit einem Elternteil. Hierbei steht die Phantasie eines immer-gebenden, immer-liebenden und akzeptierenden Elternteils nicht völlig im Gegensatz zur Realitätserfahrung des Kindes, wie es Kernberg formuliert. Die Phantasie des idealen Objekts spiegelt die Realitätserfahrung des Kindes, wenn die narzißtische Beziehung zu dem betreffenden Elternteil sich im Gleichgewicht befindet und es (das Kind/der Adoleszente) der Empfänger unangemessener Idealisierungen seitens eines "idealen" Elternteils ist. Wenn das Kind und der Adoleszente dieses Gleichgewicht durch seine Separation-Individuation stört, wird die narzißtische Wut und Entwertung des Elternteils durch reziproke Entwertung eben dieses Elternteils und durch defensive Verstärkung der inneren "idealen" Elternrepräsentanz abgewehrt und zum pathologischen grandiosen Selbst verdichtet.

Das abgespaltene, schlechte, entwertete Selbst im Kind und Adoleszenten enthält internalisierte, negative Selbst- und Objektrepräsentanzen, die die Erfahrungen mit dem narzißtischen Elternteil spiegeln, wobei Separations- und Individuationsversuche zu narzißtischer Wut und Projektionen von schlechten und entwerteten Anteilen auf das Kind und den Adoleszenten führen.

Die Arbeit mit diesen Familien in der Familientherapie liefert uns detailliertes genetisches Material und gleichzeitig Beobachtungsdaten zu aktuellen narzißtischen Beziehungen. Aufgrund dieser Daten können wir eine frühere narzißtische Beziehung zwischen Elternteil und Kind rekonstruieren, die über einen längeren Zeitraum relativ stabil geblieben und für das narzißtische Gleichgewicht der gesamten Familie entscheidend gewesen ist. Der konsistente Nachweis einer solchen Beziehungsstruktur in allen untersuchten Familien, in denen der Adoleszente eine narzißtische Störung zeigt, bringt mich zu der Schlußfolgerung, daß das grandiose Selbst bei narzißtischen Patienten eine pathologische Struktur ist, deren charakteristische Merkmale bedingt sind durch eine narzißtische Beziehung zu einem Elternteil. Ich stimme mit Kernberg darin überein, daß es eine pathologische Struktur ist, die sich vom normalen infantilen Narzißmus eindeutig unterscheidet, und widerspreche daher Kohut, der die Auffassung vertritt, das grandiose Selbst im narzißtischen Patienten spiegele lediglich eine Fixierung auf der Stufe eines normalen, primitiven, archaischen Selbst wider. Weder Kernberg noch Kohut konzeptualisieren aber in angemessener Weise die strukturellen Konsequenzen einer narzißtischen Beziehung zu einem Elternteil für die Herausbildung des grandiosen Selbst, obwohl beide in ihren Rekonstruktionen der Kindheitserfahrungen narzißtischer Patienten häufig klinische Befunde einer solchen narzißtischen Beziehung selbst anführen.

(Übersetzung aus dem Englischen:
Gisela Brock, Marianne Leuzinger-Bohleber)

Literatur

Berkowitz, D./Shapiro, R./Zinner, J./Shapiro, E. (1974a): Family contributions to narcissistic disturbances in adolescence. International Review of Psychoanalysis 1 (3-4): 353-362.

Berkowitz, D./ Shapiro, R./Zinner, J./Shapiro, E. (1974b): Concurrent family treatment in narcissistic disorders in adolescence. International Journal of Psychoanalytic Psychotherapy 3 (4): 370-396.

Bion, W. (1961): Experiences in Groups. London: Tavistock.

Erikson, E. (1950): Childhood and Society. New York: Norton.

Erikson, E. (1956): The problem of ego identity. Journal of the American Psychoanalytic Association 4: 56-121.

Erikson, E. (1968): Identity: Youth and Crisis. New York: Norton.

Jacobson, E. (1964): The Self and the Object World. New York: International Universities Press.

Kernberg, O. (1975): Borderline Conditions and Pathological Narcissism. New York: Aronson.

Kohut, H. (1966): Forms and transformations of narcissism. Journal of the American Psychoanalytik Assocation. 14: 243-272.

Kohut, H. (1968): The psychoanalytik treatment of narcissistic personality disorders. The Psychoanalytic Study of the Child. 23: 86-113.

Kohut, H. (1971): The Analysis of the Self. New York: International Universities Press.

Kohut, H. (1977): The Restoration of the Self. New York: International Universities Press.

Mahler, M. (1968): On Human Symbiosis and the Vicissitudes of Individuation. Vol. I. Infantile Psychosis.. New York: International Universities Press.

Mahler, M. (1971): A study of the separation-individuation process an its possible application to borderline phenomena in the psychoanalytic situation. The Psychoanalytic Study of the Child. 26: 403-424. New York: Quadrangle.

Mahler, M. (1975): The Psychological Birth of the Human Infant. New York: Basic Books.

Masterson, J. (1972): Treatment of the Borderline Adolescent: A Developmental Approach. New York: Wiley.

Shapiro, E. (1978): The psychodynamics and developmental psychology of the borderline patient; a review of the literature. The American Journal of Psychiatry. 134: 1305-1315.

Shapiro, E./Zinner, J./Shapiro, R./Berkowitz, D. (1975): The influence of family experience on borderline personality development. International Review of Psychoanalysis 2 (4): 399-411.

Shapiro, E./Shapiro, R./Zinner, J./Berkowitz, D. (1977): The borderline ego and the working alliance: indications for family and individual treatment in adolescence. International Journal of Psychoanalysis. 58 (1): 77-89.

Shapiro, R. (1967): The origin of adolescent disturbances in the family: some considerations in theoryand implications for therapy. In: G. Zuk and I. Boszormenyi, eds. Family Therapy and Disturbed Families. Palo Alto, Calif.: Science and Behavior Books.

Shapiro, R. (1969): Adolescent ego autonomy and the family. In: G. Caplan and S. Lebovici, eds. Adolescence: Psychosocial Perspectives. New York: Basic Books.

Shapiro, R. (1979): Family Dynamics and object-relations theory. Adolescent Psychiatry 7: 118-135. Chicago: University of Chicago Press..

Shapiro, R./Zinner, J. (1971): Family organization and adolescent development. In: E. Miller, ed. Task and Organization. London: Wiley, 1976.

Zinner, J./Shapiro, R. (1972): Projective identification as a mode of perception and behavior in families of adolescents. International Journal of Psychoanalysis 52 (4): 523-530.

Zinner, J./Shapiro, R. (1974): The family group as a single psychic entity: implications for acting out in adolescence. International Review of Psychoanalysis 1 (1): 179-186.

Soziale und antisoziale Tendenz in der Spätadoleszenz

Dieter Bürgin/Dorothe Biebricher

1. Soziale und antisoziale Tendenz

Beim Terminus soziale resp. antisoziale Tendenz handelt es sich um ein Konstrukt. Die Definition einer "sozialen" resp. "antisozialen" Tendenz beansprucht nicht, eine objektive Realität abzubilden, sondern bietet ein Erklärungsmodell, um Phänomene der Beziehungsentwicklung und der Dissozialität in ihrer Komplexität besser zu verstehen und sie sinnvoll zu gliedern.

Den Begriff "sozial" zu definieren, ist außerordentlich schwer. Er umfaßt so etwas wie Gemeinschaft suchend, stiftend, betonend oder festigend.

Ein Konstrukt sollte in dem Sinne "neu" sein, als seine Erklärungshypothesen nicht bereits anders benannt vorhanden sind, und es sollte in dem Sinne bereichernd sein, als sich mit seiner Hilfe beobachtbare Phänomene besser gliedern und damit verstehen lassen. Auch sollte es daraufhin untersucht werden, ob es mit bereits bestehenden Grundvorstellungen oder Erklärungsversuchen kompatibel ist.

Als *soziale Tendenz* läßt sich ein angeborenes, mehr oder weniger triebhaftes Suchen nach dem Objekt bezeichnen. Es ist die Bewegung auf einen Dialog hin, das Ausgerichtetsein auf einen Austausch. Soziale Tendenz beinhaltet somit ein Bezogensein, ist selbst aber noch nicht Beziehung, sondern vielmehr eine Art Urmotivation, in Beziehung zu treten. Sie kann damit auch als Überbrückungshilfe für frustrierende Erfahrungen, die die Beziehungsaufnahme erschweren oder blockieren, bezeichnet werden.

Der Terminus der *antisozialen Tendenz* bezeichnet ebenso eine angeborene, aber auf Rückzug und Abgrenzung ausgerichtete Besetzungsveränderung. Beide Tendenzen sind lebens- und überlebensnotwendig, richtungweisend für die Entwicklung des Menschen. Die angeborene Ausrichtung auf das äußere Objekt, das heißt zuerst auf die entsprechende Repräsentanz oder ihre Vorläufer, steht in Wechselwirkung und Gleichgewicht zu einer ebenso angeborenen *Ausrichtung auf sich selbst*, (das heißt die Selbstrepräsentanz bzw. ihre Vorläufer), die man Selbstbehauptungstendenz nennen könnte. Sowohl die soziale als auch die antisoziale Tendenz dienen mit ihrem sich abwechselnden Vorherrschen beim Säugling dem Überleben. Die triebhafte Besetzung wie auch der Besetzungsabzug (das heißt die objektgerichtete Bewegung wie auch z.B. der Rückzug auf das Körperselbst im Schlaf) ist anfänglich libidinös-aggressiv gemischt und bezieht sich auf eine nicht oder nur wenig differenzierte Selbst-Objekt-Repräsentanz. Beides dient anfänglich dem Ziel zu überleben. Mit fortschreitender Entwicklung aber ist diese Übereinstimmung zunehmend weniger erkennbar und nicht mehr in demselben Ausmaß gültig wie zu Beginn.

Reifung ist gekennzeichnet durch genetisch bedingte Veränderungen, *Entwicklung* durch Wandel infolge sozialer Interaktion. So entsteht in der Wechselwirkung von Reifungs- und Entwicklungsabläufen ein lebendiges Gefüge von Besetzung und Abgrenzung, von Stabilität und Änderung, von Auflösung und Integration. Diese Abfolge von Umstrukturierungsschritten ist modellhaft zu fassen mit der Vorstellung eines wechselnden Gleichgewichtes zwischen mehr oder weniger integrierten Teilen der sozialen und antisozialen Tendenz.

Jedes menschliche Wesen kommt, auf Grund seiner Zugehörigkeit zu den Säugetieren, mit einer *hereditär angelegten Bereitschaft für soziale Interaktionen und ihre Beendigung* zur Welt, die für die Entwicklung der Fähigkeit zur Beziehungsentwicklung essentiell ist. Der Säugling besitzt eine bereits bei der Geburt vorhandene und sich schnell differenzierende, organisierte Fähigkeit, aktiv eine Interaktion mit einem anderen menschlichen Wesen anzufangen, sie aufrecht zu erhalten oder sie abzuschließen (Emde, 1988). Er tritt abwechslungsweise in einen sich selbst stimulierenden, interpersonalen, emotionalen *Dialog* mit kommunikativem Austausch sowie in auf sich selbst bezogene Ruhephasen ohne stärkere Bezogenheit auf die Außenwelt bzw. ein Objekt. Dieses Verhalten ist Teil einer immer komplexer werdenden Interaktionsverschlaufung, die auf Grund angeborener Entwicklungsschritte und umgebungsabhängiger Erfahrungen prozeßhaft fortschreitet.

Die genannten Veränderungen der sozialen und antisozialen Tendenz bei fortschreitender Entwicklung sind nicht nur reifungs-, sondern vor allem auch erfahrungsabhängig und oft verknüpft mit wesentlichen Schritten des Strukturwandels im Ich.

Die soziale Tendenz kann, in Wechselwirkung mit der antisozialen, somit als zentrales Movens für den Aufbau der Beziehungsfähigkeit von der völligen Abhängigkeit bis zur genitalen Sexualität angesehen werden.

Es gibt aber *physiologische Phasen stärkerer antisozialer Tendenz* (z.B. Fremdeln, "Nein"-Sagen oder Trotzen).

Bei gesundem, d.h. gut integriertem Ich mit starker sozialer Tendenz treten sie gleichsam in den Dienst des Ichs, haben die Entdeckung von Neuem und Funktionen der Abgrenzung, der Entwicklung einer gesunden Fähigkeit zur Kritik und, in der Adoleszenz, der phasenentsprechenden Auflehnung und Ablösung zur Aufgabe. Man könnte sie als *ich- und entwicklungssyntone Formen der antisozialen Tendenz* bezeichnen.

Der *antisozialen Tendenz* kommt keine lebenserhaltende Funktion zu. Sie hat bei Säugetieren eher aberrative Entwicklungen zur Folge (z.B. Einzelgängertum mit geringen Überlebenschancen) und kann beim Menschen lebensbedrohlich wirken. Das Auftreten einer antisozialen Tendenz kommt nicht nur bei fehlender sozialer Tendenz zustande, sondern vielmehr dann, wenn einer sozialen Tendenz nicht mehr nachgegeben werden darf oder kann, da dies Angst oder Konflikte zur Folge hätte, die gehemmt, blockiert oder ins Gegenteil verkehrt werden müßten. Entwicklung bleibt möglich, läuft aber unter veränderten Bedingungen ab. Eine antisoziale Tendenz kann durch vordergründige Anpassung bzw. pseudosoziales Verhalten überdeckt oder cachiert werden.

Individuen mit fehlgeleiteter sozialer Tendenz bzw. starker antisozialer Tendenz sind unschlüssig, ambivalent und unsicher bezüglich der Erreichbarkeit und Wünschbarkeit ihrer sozialen Zielsetzungen, auch wenn sie diese lautstark proklamieren und gegebenenfalls rücksichtslos zu erreichen suchen. Sie sind konflikthaft auf ein Gegenüber bezogen und fixiert und suchen diese Tatsache gleichzeitig krampfhaft abzuwehren. Soziale Tendenz und Selbstbehauptungstendenz stehen für sie in grundsätzlichem Widerspruch, der dann aufbricht, wenn die Abwehr-, Anpassungs- oder Kompensationsmechanismen versagen.

Die *Abwehr-, Anpassungs- und Kompensationsmechanismen* bestimmen weitgehend die Form, das zeitliche Vorherrschen und die Mischungsformen, mit denen sich die sozialen und antisozialen Tendenzen intrapsychisch und im Verhalten manifestieren.

Sie entwickeln sich in spezifischer Kombination bei jedem Individuum im Dienst der aus inneren oder äußeren Gründen geforderten sozialen Anpassung. Anpassung selbst ist eine weitgehend durch die äußere Realität modifizierte, eigene, interpersonal ausgerichtete Tendenz, eine Berücksichtigung der vom Dialogpartner ausgehenden Wünsche und Zielsetzungen, weil dieser entweder mehr Macht ausübt oder der Adressat der sozialen und dialogischen Tendenzen des Subjektes ist. Anpassung wird erleichtert, wenn der bedeutungsvolle Andere der Garant der eigenen Sicherheit, der Verstärker der eigenen Selbstbehauptungstendenzen oder der Vermittler von Wohlgefühl ist. Die in den dialogischen Kontakten entstandenen Eindrücke hinterlassen Erinnerungsspuren, welche als Basis einer Normenentwicklung dienen können.

Der *frühkindliche Dialog* und die entsprechenden Dialogvorläufer sind weitgehend averbal, ein Austausch von Handlungen und Reaktionen, und umfassen eine Vielzahl von Rückkoppelungsprozessen, die sich wechselseitig stimulieren. Gefühle sind die bewegende Kraft, welche den Dialog in Gang bringt und in zunehmende Komplexität vorwärts treibt. Der Dialog ist eines der zentralen Mittel, um die Triebe im Rahmen der Objektbeziehungen lenkbar zu machen. Spitz (1976) formulierte dies so: "Die Objektbeziehungen bedienen sich des Dialogs zu ihrer Ausübung" (S. 81). "... Wenn der Dialog in der frühen Kindheit zusammenbricht, wird die Ich-Bildung gehemmt, die Ich-Funktionen entarten und verkümmern. Die Ich-Apparate verkrüppeln, und die Integrität des Ichs, des Hauptorgans der Anpassung, ist in Gefahr. Es werden dann kompensatorische Funktionen entwickelt, die wenig oder nichts mit den Gegebenheiten der Realität zu tun haben. Ein solches Ich wird, wenn es überhaupt am Leben bleibt, starke Mißbildungen aufweisen und niemals die Fähigkeit erreichen, sich zu einem gut integrierten Partner in irgendeiner Art von Dialog zu entwickeln." (op. zit., S.112). Der frühkindliche Dialog kann somit als "der Beitrag der Umwelt zur Entstehung, Entwicklung und schließlich Festigung von Ich, Selbst, Charakter und Persönlichkeit" bezeichnet werden (S. 25).

Von D.W. Winnicott (1969, 73, 74, 78, 88, 90) wurde ein Konzept einer *antisozialen Tendenz* beschrieben, das unter dem Aspekt des hier vorgestellten Modelles gut zu integrieren ist, da es sich wie ein Teilbereich in ein größeres Ganzes einfügt. Er verstand unter dem Terminus der antisozialen Tendenz eine jedem Menschen innewohnende Neigung, die durch ein Verhaltenselement gekennzeichnet ist, das auf die Umwelt einwirkt und sie nötigt, Stellung zu beziehen. Sie zwingt den Anderen, sich des Subjektes anzunehmen, hat die Qualität eines *Notsignals* und ist charakterisiert durch Grenzüberschreitungen und Überbesetzung eigener Ansprüche auf Kosten Anderer. Der Begriff der antisozialen Tendenz umfaßt alle Ansprüche an Zeit, "Energie", Durchhaltevermögen und Toleranz der Mutter, der Eltern oder der Gesellschaft, die weit über das übliche Maß hinausgehen. Es gibt bezüglich Besitz und Selbst/Objekt-Grenze keine naturgegebene Trennungslinie zwischen der Norm und dem

Unüblichen, sondern nur eine individuell oder gesellschaftlich-sozial gesetzte Linie des "Bis-hierher-und-nicht-weiter".

Die *Entwicklung einer (verstärkten) antisozialen Tendenz* steht bei Winnicott im Zusammenhang mit einem spezifischen Versagen der Umwelt, mit einem mehr oder weniger vollständigen Verlust (Deprivation) früher, guter Erfahrungen, der erlitten wurde, und nicht in erster Linie mit einem Manko (Privation). Eine durchschnittlich gute Mutter befähigt ihren Säugling durch ihre Anpassung an seine Bedürfnisse in schöpferischer Weise, "Objekte" (im psychoanalytischen Sinne) zu finden. Der Säugling "findet" so in einer spontanen (wahrscheinlich hereditär angelegten) Geste, was bereits vorhanden ist, erschafft sich auf diese Weise seine Welt. Wird dieser Vorgang unterbrochen, so erfährt das Kleinkind einen traumatischen Verlust, verliert im Extrem die Fähigkeit, etwas in schöpferischer Weise zu finden, den Kontakt mit den Objekten zu erhalten. Dieser Verlust kann enorme Angst (z.B. zu fallen), Verwirrung, Desorientierung, Verlust des Kontaktes zum eigenen Körper und Desintegration des Ich/Selbst nach sich ziehen, zum schmerzlich traumatischen Erlebnis werden, das nachfolgend zu einer psychischen Neuorganisation nötigt. Der Säugling muß hierbei wahrgenommen haben, daß der Grund für den Verlust, der als Katastrophe erlebt wurde, in der *Außenwelt* gelegen ist. Der Grad der Ich-Reife, von dem diese Wahrnehmung abhängig war, ist dafür verantwortlich, daß sich aus dem Verlust eine (im Sinne unseres Modelles verstärkte) antisoziale Tendenz und nicht eine psychotische Dekompensation entwickelt hat. Der Zeitpunkt für eine tiefgehend traumatisierende *Unterbrechung der guten Erfahrungen* dürfte etwa in der zweiten Hälfte des 1. Lebensjahres liegen, in der Zeit, in welcher libidinöse und aggressive Impulse amalgamiert werden, in welcher das Bild eines integrierten, inneren Objektes entsteht. Die durch die Subdeprivation entstandene Unterbrechung des emotionalen Dialogs, des affektiven Austausches, entspricht im Erleben des Säuglings einem Im-Stich-gelassen-werden und stellt die Entwicklung der Ich-Bedürfnisse vital in Frage.

Die meisten Kinder mit starker antisozialer Tendenz haben entweder *kein Übergangsobjekt* gehabt oder es verloren. Wird einem Kind sein Übergangsobjekt weggenommen oder werden die Übergangsphänomene, die es bereits geschaffen hat, durcheinander gebracht, so bleibt ihm nur der Ausweg, seine Persönlichkeit zu spalten, wobei der eine Bereich einer subjektiven, infantil-omnipotenten Welt verhaftet bleibt, während der andere sich der äußeren Welt, die störend eingegriffen hat, unterwirft. Hat sich eine solche Spaltung ausgebildet, sind die Brücken zwischen der subjektiven und objektiven Welt zerstört worden, dann ist das Kind nicht mehr in der Lage, als ganzer, integrierter Mensch zu leben.

Deprivation kann zu einer *gesteigerten Erwartungshaltung* als Folge des Entzugs führen, die sich in der "*Erkundung im Sozialbezug*" (Bürgin, 1987) zeigen kann. Die Erkundung im Sozialbezug ist in den ersten 6 Lebensmonaten eines Kindes in erster Linie eine, die von der Mutter ausgeht. Diese versucht sich zu orientieren, in welchem inneren Zustand, in welcher emotionalen Befindlichkeit sich der Säugling befindet. Das Kind gebraucht emotionale Signale von der Mutter, um seine Unsicherheit zu reduzieren und sich zu orientieren. Wenn solche Situationen von Unsicherheit experimentell geschaffen werden, so zeigt sich, wie sehr der Ausdruck von Angst im Gesicht der Mutter prohibitiv, der von Freude und Interesse stimulativ für die weiteren explorativen

Aktivitäten des Kindes ist. Erhöhte Eigenaktivität, explorierendes Erkunden der Umgebung und ihrer Möglichkeiten sowie eine hohe Erwartung an Omnipräsenz des Objektes und an seine ständige Bereitschaft, affektive Orientierung zu vermitteln, Sicherheit zu geben, sind dann zu beobachten. Ist kein gleichbleibendes Objekt, keine konstante primäre Bezugsperson vorhanden, die diesen Anforderungen hinreichend genügen kann, oder wechselt deren affektive Verfügbarkeit infolge starker eigener Konflikte, so ist das Kind in dieser Phase extremen emotionalen Wechselerlebnissen und Verunsicherungen ausgesetzt.

Statt der Regression auf eine frühere, als befriedigender erlebte Entwicklungsstufe kann das Kind auch versuchen, in der schwierigen Situation *auszuharren*, ein gefügiges falsches Selbst aufzubauen oder auch die *Flucht nach vorn* anzutreten, d.h. verstärkt darum zu kämpfen, von der Bezugsperson diejenigen emotionalen Reaktionen zu erhalten, die Orientierung und Sicherheit geben. Wenn es die Hoffnung nicht aufgibt, so versucht es immer wieder, die Umgebung zu nötigen, sich mit seinen Aktivitäten, seiner möglichen Gefährdung, seinen grenzenlosen, auf Realisierung und Durchsetzung drängenden Impulsen zu befassen.

Zu den Ursachen, daß das Objekt in dieser Phase nicht in hinreichender Weise für die Bedürfnisse sozialer Erkundung zur Verfügung stehen kann, kann auch zählen, daß eine *Trennung* stattgefunden hat, es sich nicht um dasselbe Objekt handelt, mit dem das Kind den primären Dialog aufgebaut hat. Es ist aber auch denkbar, daß das Primärobjekt durch soziale *Belastungen*, eigene *Erkrankung*, Erkrankung im Umfeld u.ä. oder durch seine *Persönlichkeitsstruktur* momentan oder überdauernd nicht fähig ist, sich dem Kind in dieser Phase so, wie dieses es braucht, zuzuwenden. Es kann aber auch sein, daß *Faktoren, die mit dem Kind zusammenhängen* (z.B. Krankheitsgefährdung, Neigung zu Hyperaktivität, Mißachtung von Gefahren u.ä.), bewirken, daß vom primären Bezugsobjekt zwar emotionale Signale ausgehen, die für das Kind aber nicht stimmig, nicht zu identifizieren oder sonstwie nicht für eine klare Orientierung brauchbar sind.

Ob die aufgrund negativer Erfahrungen in dieser Phase sich entwickelnde, verstärkte antisoziale Tendenz mehr geprägt ist durch *narzißtische Rage*, d.h. eine Tendenz, das, was unsicher macht, zu zerstören, oder ob sie mehr gekoppelt ist mit *appellativen Bemühungen*, das Objekt, die Umwelt, doch noch dazu zu bringen, emotional klar Stellung zu beziehen, Orientierung zu vermitteln, hängt ab von den Primärerfahrungen des Kindes und von den Begleitumständen, unter denen es zu einer Fixierung dieser Art kam. Die auferlegte Kränkung, der Entzug und das Manko bewirken häufig Haß und die Aktivierung *aggressiver* Triebimpulse. Solche reaktiven Impulse finden sich im ungebremsten Zugreifen und rücksichtslosen Grenzen-Überschreiten, der Gierigkeit und der Ansprüchlichkeit, aber auch im chaotischen Verhalten, im zwanghaften Zerstören sowie im Provozieren ("aggredi").

Die verstärkte antisoziale Tendenz ist also ein Versuch, einen Anspruch zu erheben. Allerdings wird dieser Anspruch krankhaft, d.h. in einer die Umwelt störenden, sie zu Reaktionen zwingenden Form, ausgedrückt, da das betroffene Individuum zumeist nicht weiß, welches die ursprüngliche Deprivation war und die Umwelt nicht bereit ist, den Anspruch in dieser Form anzuerkennen.

Die *Entwicklungsgeschichte der sozialen Anpassung* bei einer mehr oder weniger stark ausgeprägten antisozialen Tendenz sieht bei jedem Individuum anders aus und führt zu einer Vielfalt von Möglichkeiten der Ausgestaltung sozial günstiger, d.h. akzeptierter und ungünstiger, d.h. geächteter Verhaltensweisen. (Jeder noch so dissoziale Mensch verfügt stets auch über Möglichkeiten, sich bei gegebenen Umständen sozial zu verhalten.)

Die allen Menschen gemeinsamen, gleichsam vorprogrammierten und notwendigerweise auftretenden Forderungen der Umwelt und Frustrationen, welche im Verlaufe der normalen Entwicklung zutage treten, lassen Gemeinsamkeiten in den *Reaktionsmustern* aufkommen, die sich gruppieren, definieren und benennen lassen. Sind solche Reaktionsmuster von einer Gesellschaft erwünscht, fallen sie nicht auf, entsprechen sie allgemeinen sozialen Erfahrungen und Erwartungen, so stellt sich ihnen nichts entgegen. Sind sie sozial nicht erwünscht, verpönt oder verworfen, so wird nach *Mitteln pädagogischer Art* gesucht, sie einzuschränken und zu eliminieren. Hier spielen somit pädagogische Konzepte eine bedeutsame Rolle, insbesondere bei der Frage, wie erreicht werden kann, daß ein Individuum Kompromißleistungen in Richtung spezifischer sozialer Anpassungen erbringt oder nicht. Jegliche Kultur tendiert zwecks Erleichterung des Zusammenlebens auf eine gewisse Anpassung im Verhalten. Dem phantasmatischen, gedanklichen Bereich wird mehr Freiheit zugestanden. Gelingt es einem Individuum, die sozial erwünschten Anpassungsleistungen zu erbringen, d.h. seine antisozialen Tendenzen abzuwehren und sie zu sublimieren, so gilt es nicht als dissozial, selbst wenn bei ihm im phantasmatischen Bereich noch sehr ausgeprägte antisoziale Tendenzen vorhanden und in nahen Beziehungen möglicherweise spürbar sind.

Die Definition der *kulturellen Kompromisse* zwischen Eigen- und Fremdbedürfnissen, die in jeder Sozietät durch Verhaltensregeln und normierte Übereinkünfte sozial anerkannter Art geschlossen werden, kann unter bestimmten situativen Bedingungen (z.B. Kriegssituationen) im Sinne eines Zerfalls sozial gültiger Normen entgleisen.

Soziale wie auch antisoziale Tendenz entwickeln und verändern sich also nicht nur auf Grund *genetisch determinierter Programme*, sondern auch durch spezifische Umwelteinflüsse, nämlich beabsichtigte Einflußnahmen im Sinne der Erziehung. Trotz aller Unterschiedlichkeit der verschiedenen Erziehungstheorien und -methoden zielt jegliche *Erziehung* auf Akzeptanz von Regeln und Normen, die das menschliche Zusammenleben erleichtern sollen. Zum sozialen Verhalten kann es gehören, nicht nur Regeln einzuhalten, sondern sie, sofern ein veränderter Kontext dies erfordert, auch mißachten zu können. Eine solche Flexibilität im gesellschaftskonformen Umgang mit Regeln und Normen kommt zustande, wenn sich die soziale Tendenz auch in den Dienst der antisozialen, die antisoziale aber auch in den der sozialen Tendenz stellen läßt, ein freies Wechselspiel besteht zwischen Wünschen nach Beziehung und solchen nach Abgrenzung, Lösung oder Änderung im Beziehungsgeschehen.

Erziehung, im Sinne bewußter Einflußnahme auf das Verhalten eines Individuums, grenzt ein und verlangt, Möglichkeiten einzuschränken (vgl.: "Das Unbehagen in der Kultur", Freud, 1930). Sie ist erfolgreich, wenn einem Kind noch eine Vielzahl von Entwicklungsmöglichkeiten offen und es selbst experimentierfreudig bleibt. Das Kind braucht also die Interaktion mit der Umwelt im Sinne eines *aktiven Experimentierens mit und Ausprobierens von sozialen und antisozialen Tendenzen*. Gleich wichtig ist aber auch das Vorhandensein von Zeit und Raum für entsprechende Rückbesinnung und Evaluation des Erlebten. Erziehung versagt, wenn eine Dominanz angstbetonter Abhängigkeit entstanden ist. Soziale und antisoziale Tendenzen sind somit beide notwendig und bis zu einem bestimmten Grad auch wertfrei. Denn der *Kontext* entscheidet, ob ein Verhalten als gut und richtig gewertet wird. (Zum Beispiel kann ein- und dasselbe Verhalten von unterschiedlichen Bezugspersonen/-Gruppen als falsch oder richtig, schlecht oder gut eingestuft werden.)

Obwohl die Abhängigkeit von einem äußeren Kontext bestehen bleibt, bildet sich im Laufe der Entwicklung eines Individuums, gleichsam als Gegengewicht, eine eigene *innere Hierarchie von Wertvorstellungen,* die es ermöglicht, sowohl soziale als auch antisoziale Tendenzen mit Inhalten und Zielsetzungen, die eine gewisse Konstanz aufweisen, zu verknüpfen (Über-Ich und Gewissensbildung, Aufbau von Moralvorstellungen). Ist dieser Prozeß beeinträchtigt, so wird das eigene Erleben von einem Gefühl der Abhängigkeit von der Außenwelt beherrscht, das eigene Verhalten als verwirrlich, irritierend und erratisch erlebt. Eigene antisoziale Tendenzen werden dann weder bemerkt noch wahrgenommen, geschweige denn innerlich eingedämmt, umgewandelt oder geahndet, soziale Tendenzen nicht verstanden. Bestenfalls wird wahrgenommen, daß die Einschätzung eines bestimmten Verhaltens, durch diverse Sozialpartner und durch die eigene Person, sehr divergent ist. Die Ausformung des Über-Ichs wird durch übermäßige Bindung an die Außenwelt oder ihr Gegenteil (z.B. das Erleben besonderer Abhängigkeit oder Ohnmacht), aber auch durch eine instabile Umgebung, starkes Beeinflußtwerden oder innere Faktoren, wie heftige Ängste, erschwert.

Die *antisoziale Tendenz ist nicht identisch mit Aggressivität.* Diese steht manchmal aber in ihrem Dienst. Auf Grund ihres Entstehungszeitpunktes ist die antisoziale Tendenz durch Reaktionsweisen geprägt, die wir wegen der Nicht-Respektierung der Grenzen zwischen Selbst und Objekt aber als aggressiv erleben. Das Individuum mit starker antisozialer Tendenz nimmt seine Grenzüberschreitungen als solche zwar wahr, erkennt aber den Anspruch auf einen Eigenbereich des Anderen nicht an, erlebt hingegen in Form der Lex talionis, der Vergeltung mit dem Gleichen oder der Verkehrung ins Gegenteil, die eigenen Grenzüberschreitungen als Verfolgtwerden durch den Anderen.

Die antisoziale Tendenz kann im Leben eines Individuums überwertig werden, wenn die Entwicklung der sozialen Tendenz erschwert und belastet wird. Dann kann es auch zu der irrigen Vorstellung kommen, daß das Ausleben der antisozialen Tendenz für das Überleben wichtig wäre. Das Provozieren mittels Gewalt soll hervorrufen, soll wiederherstellen, und richtet sich immer an eine anonyme Außenwelt (d.h. in sich ausweitenden Kreisen zuerst an den Körper der Mutter, dann an die Eltern, die Familie, die Schule und schließlich an die lokale Bevölkerung incl. Polizei, das Land und seine Gesetze).

Die aggressiv-destruktiven Impulse suchen (gleichsam mit den libidinösen im Schlepptau) nach einer Umwelt, die stark genug ist, stellvertretend für das zu schwache Ich, dem Druck und Anstau der Triebimpulse standzuhalten, als Mitigatoren innerer Spannung zu dienen. Sie zwingen die Umwelt, sich mit dem Subjekt auseinanderzusetzen, und nötigen sie, mittels solcher verhältnismäßig grober Aktionen, sich mit dem enttäuschenden, verlorenen und gesuchten Objektanteil zu identifizieren, zu reagieren und zu versuchen, den Verlust und das Manko zu ersetzen, was oft zu einem Versagen führt. Das reale Objekt darf deshalb bei den Angriffen nicht zerstörbar sein, sonst ist der Deprivationszustand unverändert gleich wieder vorhanden.

Daß *in der Pubertät und Adoleszenz* die antisoziale Tendenz verstärkt in Erscheinung tritt, hängt aller Wahrscheinlichkeit nach auch damit zusammen, daß in dieser Entwicklungsphase erneut hohe emotionale Schwankungen in Verbindung mit dem Triebschub im eigenen Körper auftreten, sowie der Wunsch und die Notwendigkeit, sich von den Primärobjekten zu lösen bzw. die Beziehung umzugestalten, aber auch neu zu besetzende Objekte zu finden, wobei die Angst vor einem nur Auf-sich-selbst-gestellt-sein oft sehr vehement und als nahezu unerträglich erlebt wird. Dieser Zeitabschnitt ist besonders kritisch für ein *Durchbrechen antisozialer Tendenzen in Handlung*, da in ihm eine Umstrukturierung der sozialen Verpflichtungen, eine Umdefinition der eigenen Identität und der sozialen Rollen stattfindet und das Verhältnis von Triebintensität zu Steuerungsvermögen zugunsten der Triebe verändert wird.

Für die *antisoziale Tendenz* können sich, je nach Mischung und Gleichgewicht mit der sozialen, sehr *unterschiedliche Manifestationswege* finden. In der ungefilterten Form zeigt sie sich z.B. in *dissozialem bis schwer deliktischem Verhalten* mit entsprechend gezieltem oder ungezieltem Handeln. Richtet sie sich mehr gegen die Selbstrepräsentanz, so mag sie sich in allen Formen *psychischen Zusammenbruchs* und von *pathologischen Regressionen* (bis zu psychotischer Art), Entwicklung von *Depression, Perversion, Alkohol-, Medikamenten- oder Drogenabusus* manifestieren oder auch die Biosphäre durchsetzen und die Entwicklung *körperlicher* bzw. *psychosomatischer Krankheiten* erleichtern. In gut abgewehrter Form ist sie z.B. in den *Phantasie- oder Traumbereich* oder andere *Übergangsbereiche,* wie künstlerische und kulturelle Gestaltungen, gebannt. In völlig integrierter und amalgamierter Form steht sie weitgehend *im Dienste der sozialen Tendenz,* konstant gebunden, mehr oder weniger bewußt wahrgenommen, moderiert und anhaltend differenziert durch ein funktionsfähiges Ich, als stete potentielle Gefahr konstante Sorgfalt und innere Lenkung erfordernd, eine Kraft, die - in Abwandlung des faustischen Zitates - stets das Böse will und auch das Gute schafft, in Grenzsituationen, die das Ich paralysieren, aber jederzeit bei jedermann in archaisch destruktiver Form *reaktiviert werden kann.*

2. Spätadoleszenz

Die Pubertät ist ein Produkt der Biologie, die Adoleszenz ein solches der soziokulturellen Gegebenheiten. Psychologische und soziale Aspekte stehen im Vordergrund, soll die Schlußphase der Adoleszenz verstanden werden.

In der Spätadoleszenz sollte es zu einem Zuwachs an zweckbedingter Handlung, gesellschaftlicher Integration, Berechenbarkeit, Stetigkeit der Gefühle und Stabilität der Selbstachtung sowie größerer Einheitlichkeit der Affekt- und Willensprozesse und Zugänglichkeit für Kompromisse und Aufschub kommen. Diese Phase ist die *Zeit der Konsolidierung*, mit dem Ziel einer stabilen Anordnung von Ich-Funktionen und -Interessen, der Ausweitung der konfliktfreien Sphäre des Ichs, der irreversiblen sexuellen Einstellung (Identität), der relativ konstanten Objektbesetzung und Selbstdarstellung sowie der Stabilisierung der kognitiven Funktionen. Das erreichte Gleichgewicht hält sich innerhalb gewisser Grenzen, da die Toleranz für Konflikte und Angst enorm variiert. Was erreicht wird, ist *relative Reife,* Gestaltung einer Einheitlichkeit und allgemeine *Integration* des Ichs, des Selbst und des Über-Ichs.

Die Spätadoleszenz ist auch eine *Zeit der Krise*, da die Integrationsfähigkeit des Individuums oft überfordert ist und adaptives Versagen, Ich-Mißbildungen, defensive Regressionen und schwere Psychopathologien entstehen (z.B. Identitätskrise (Erikson, 1970)). Integration vollzieht sich leiser als Desintegration. Wo eine Neuintegration nicht erreicht wird, eine persistente Ich-Dystonizität vorliegt und nur eine partielle Transformation des psychischen Apparates stattgefunden hat, bleiben häufig spezifische, unassimilierte Reste innerhalb der Gesamtpersönlichkeit erhalten, die unter bestimmten situativen Bedingungen einen hartnäckigen Auftrieb bekommen können. Solche "Traumenreste" (Blos, 1973) stellen eine intensive Beziehung zwischen einer dynamisch aktiven Vergangenheit und der Gegenwart her, konfrontieren das Ich, welches in seiner Synthese und Integrationsarbeit gestört wird, gleichsam mit einem Aufprall wiederentdeckter Vergangenheit. Die *Richtung* der Ich-Integration (Triebabfuhr, Sublimierung, Abwehr, Ich-Verzerrungen, etc.) wird weitgehend von den Einflüssen des Über-Ichs und des Ichs her bestimmt. Die *Form* aber ist von der Umgebung, sozialen Gegebenheiten, Tradition, Sitte und Wertsystemen beeinflußt. Die Spätadoleszenz ist ein sich selbstbeschränkender Prozeß infolge des Absteckens eines Lebensraumes, in welchem eine entscheidende Neustrukturierung des Über-Ichs stattfindet. In diese Zeit fällt auch das Bemühen um die Stabilisierung der Selbstachtung. Letztere geht aus der Übereinstimmung oder Diskrepanz des Idealselbst und der Selbstrepräsentanz hervor.

Der Konsolidierungsprozeß der Spätadoleszenz bedeutet Begrenzung und Kanalisierung. Das Ich wird anhaltend durch die zu neuem Erleben erwachten, frühkindlichen Konflikte herausgefordert und zu ununterbrochenem Bemühen, solche störende Einflüsse zu meistern, gezwungen. Die Arbeitsleistung kann hierbei behilflich sein, wie Freud (1930) bereits festhielt: "Keine andere Technik der Lebensführung bindet den Einzelnen so fest an die Realität als die Betonung der Arbeit, die ihn wenigstens in ein Stück der Realität, in die menschliche Gemeinschaft, einfügt." (S. 438) Die Probleme lassen sich zwar nicht entfernen, aber man kann mit ihnen in Einklang kommen. Die spätadoleszente Eingrenzung wird mit Hilfe der synthetischen Ich-Funktionen erreicht.

Ein wichtiges Charakteristikum der Spätadoleszenz ist auch die *Unvollkommenheit und Offenheit der getroffenen Lösungen.* Werden die integrierenden Fähigkeiten eines Individuums nur partiell überfordert, kommt es zu Aufschubmanövern und einer verlängerten Adoleszenz. Nimmt das adaptive Mißlingen eine endgültige Form an, dann erfolgt der Zusammenbruch und die eigentliche Identitätskrise. Klinisch erkennt man in diesen Momenten eine Schwäche oder einen Defekt der synthetischen Ich-Funktionen.

Für die Beschreibung und Interpretation, aber auch für die Abschätzung pädagogischer und psychotherapeutischer Hilfeleistungen der vielschichtigen Phänomene von Dissozialität bei Jugendlichen in der (Spät-)Adoleszenz und ihren Familien, hat sich das Konzept des wechselseitigen Kräftespiels von sozialen und antisozialen Tendenzen und vor allem ihrer pathologischen Ausformungen sehr gut bewährt.

In der Adoleszenz gerät ein Großteil der existenzsichernden Basis ins Wanken. Ebenso wird die bisherige soziale Grundausrichtung (Regeln, Einschränkungen, Verpflichtungen) in Frage gestellt. Die *Spätadoleszenz*, gekennzeichnet durch Konsolidierung, Integration und Bilanzierung, enthält außerordentlich viele Freiheitsgrade bezüglich Selbstverwirklichung, Wegfall von elterlichen und Peer-Group-Normen. Jeder Autonomiewunsch enthält bereits im Ansatz sowohl Anteile der sozialen als auch der antisozialen Tendenz, sofern eine Bezogenheit des Individuums erhalten ist. Spätadoleszenz verlangt Authentizität im Sinne eigenverantwortlicher Zielsetzungen. Das *Experimentieren* mit der *sozialen* und *antisozialen Tendenz* im Laufe der Adoleszenzentwicklung wird durch Erwachsene und Peer-Group-Mitglieder, im Sinne einer mehr oder weniger sichtbaren Erziehung bezüglich ungehemmten Auslebens, in einem gewissen Ausmaß limitiert. Die vorhandenen Freiräume eröffnen aber auch die Möglichkeit zu konstruktivem Ausleben ich-syntoner antisozialer Tendenzen (dies mag sich zeigen z.B. in Form von Freiheitsliebe, Unabhängigkeitsstreben, starken Eigenständigkeitswünschen und Einmaligkeitsgefühlen). Vorbedingung ist allerdings ein Überwiegen der sozialen Tendenzen, was sich im Streben nach einem Wir-Erleben, Gemeinschaftsgefühl und sozialer Reputation zeigen mag. In dieser Zeit stellt sich immer auch die Frage, wieviele gesellschaftstaugliche Ressourcen einem Individuum für die freiwillige Wiederannäherung an das komplexe Regelgefüge seiner Umwelt zur Verfügung stehen (hierzu zählen z.B. auch der Schulabschluß, tragfähige Beziehungen, Begabungen oder das Vorhandensein finanzieller Unterstützung).

An der *Neuintegration* sind sowohl soziale wie antisoziale Tendenzen beteiligt, vor allem beim Versuch einer Definition des eigenen Wertes und der Realisierung des Wunsches, Spuren zu hinterlassen. Im allgemeinen besteht ein Wissen um die allen Menschen innewohnende antisoziale Tendenz, die (wie übrigens auch eine überbetonte soziale Tendenz) als versteckte Gefahr latent vorhanden ist. Die Gemeinschaft wacht im allgemeinen ängstlich darüber, daß übermächtige antisoziale Tendenzen nicht die Oberhand gewinnen, obwohl sie einerseits als etwas Ubiquitäres, allen Menschen Innewohnendes bekannt sind, andererseits in ihrer pathologischen Ausformung aber beziehungs- und gesellschaftsbedrohend wirken. Denn die Angst vor dem Chaos ist, auf dem Hintergrund der Erkenntnis, daß Regeln, Gesetze, Autorität und Macht verletzlich, umstürzbar und zerstörbar sind, groß.

Die Spätadoleszenz bewirkt oft eine *Entscheidungsnot* infolge der Vielzahl von Möglichkeiten und wegen der Unkenntnis, welche Lebensziele (z.B. beruflich, beziehungsmäßig) angemessen bzw. optimal sind, da die neue soziale Einbettung meist noch nicht ausreichend etabliert, die alte nur noch von fraglichem Wert ist. Das Individuum bewegt sich zwischen Risikobereitschaft und Sicherheitswunsch, zwischen Angst vor neuer Bindung und dem Wunsch nach sozialer, zwischenmenschlicher Rückendeckung. Die Integration wird dadurch erschwert, daß dem Spätadoleszenten noch keine klare gesellschaftliche Rolle zugeordnet ist, an der er oder sie sich orientieren könnten. Alles ist gleichsam noch möglich, die Spannbreite der sozialen Situation kann von einer weitgehenden Abhängigkeit von den Eltern (z.B. beim Studium) bis zur Führung eines eigenen Betriebs (z.B. nach frühem Abschluß der beruflichen Ausbildung) gehen. Die in dieser Zeit von der Gesellschaft zur Verfügung gestellten Strukturen (z.B. Erlangung des Führerscheins, Militärpflicht) sind vor allem mit Pflichten und Verantwortung verbunden, haben nicht den Charakter gesellschaftlich getragener Rituale, die als "rites de passage" den Übergang zum Leben der Erwachsenen wie Leitlinien zu stabilisieren vermöchten (Bürgin, 1991), und unterstützen die Integrationsbemühungen des Individuums nur bedingt.

3. Fallbeispiel

Der 18jährige hat den Körperbau und die Allüren eines etwa 25jährigen Mannes. Als Kind schwersten emotionalen Deprivationen ausgesetzt, kam es in der Adoleszenz anhaltend zu dissozialem Verhalten und einer mittelschweren Drogenabhängigkeit. Er verlangte von einem Dealer Stoff, ohne diesen bezahlen zu wollen, und stach diesen Mann, als er seinem Ansinnen nicht nachgab, mit mehreren Messerstichen nieder. Der Dealer überlebte, da einer der lebensgefährlichen Stiche an der Aorta vorbeigegangen war. Das nachfolgende Gespräch, das videoaufgezeichnet wurde und hier nur in Auszügen wiedergegeben ist, fand im Rahmen einer jugendpsychiatrischen Begutachtung statt.

S. erklärte zu Beginn des Gespräches, die Behörden hätten ihm als Lösungsmöglichkeiten nur die Alternative einer Arbeitserziehungsanstalt oder von Haft im Gefängnis gestellt. Beides komme für ihn nicht in Frage. Er akzeptiere weder das System noch die Gesellschaft, werde alles in seinen Kräften stehende dagegen tun. Müsse er ins Gefängnis, so werde er an sich herumschneiden, bis die Leute müde wären von dem ihn dauernd "Ins-Spital-fahren-müssen". Entweder man lasse ihn hinaus, oder er mache sich kaputt. In seiner Aussage wird eine tiefe Verzweiflung spürbar. Anscheinend versucht er sich übermäßig abzugrenzen und betont die Autoaggression als letzte Möglichkeit einer "Autonomie". Angesprochen auf die Verzweiflung, bestätigt er diese und meint, das sei auch nur natürlich, wenn es mit einem so bergab gehe. Käme er wenigstens in eine Arbeitserziehungsanstalt, dann könne er dort weglaufen und ins Ausland gehen.

Anscheinend möchte S., der infolge seiner schweren narzißtischen Persönlichkeitsstörung in bestimmten Situationen auch sehr fremdgefährlich ist, die Umwelt durch Weglaufen vor Durchbrüchen seiner narzißtischen, destruktiven Rage schützen.

Auf die Frage, was wohl die Ursache der Verzweiflung gewesen sei, wie die wohl gewachsen sei, antwortete er, er wisse das auch nicht, die sei einfach da, sicher seitdem er im Heim sei. Dorthin sei er wegen seiner Einbrüche eingewiesen worden. Er habe aus verschiedensten Gründen Einbrüche verübt, vor allem aber, um zu Geld zu kommen. Trotzdem seien dies aber fast zufällige Handlungen, und er tue solches nicht regelmäßig. An das Tötungsdelikt hingegen habe er keine Erinnerungen, da er unter Drogeneinfluß gestanden und "zu" gewesen sei. Er wisse nur noch, was bis zur Entwicklung des Streites abgelaufen sei. Drogen habe er seit der Heimeinweisung genommen. Würde er wieder in ein Heim eingewiesen, so würde er wieder welche nehmen. Bei einer Gefängnisstrafe aber würde etwas anderes passieren!

Wenn S. das äußere Objekt nicht unter Kontrolle hat, entstehen in ihm unerträgliche Gefühle. Er versucht diese mittels Suchtstoffen zum Verschwinden zu bringen. Diese Einbrüche könnten als intrusives, gieriges Sich-Bemächtigen verstanden werden, mit welchem er sich Geld statt Zuwendung holt. Das Tötungsdelikt scheint bezüglich der mnestischen Zugänglichkeit verleugnet zu werden.

Der Interviewer greift nun ein Problem auf, das aus der Anamnese bekannt ist, nämlich ein Weglaufen von zu Hause im Alter von 14 Jahren mit Eintritt in die Fremdenlegion. Es wird die Ungewöhnlichkeit dieser Tatsache und auch die Not, aus welcher ein solcher Schritt hervorgegangen sein dürfte, angesprochen. S. meint daraufhin, es sei besser so gewesen, als in ein Heim eingewiesen zu werden. Er tue einfach nichts, was andere ihm sagen würden. In der Fremdenlegion sei es zwar nicht um die Freiheit gegangen, die er sich wünsche, im Heim aber werde man am Laufmeter erpreßt. Am liebsten würde er von dem ganzen "Scheiß", von "all den verrückten Leuten" weglaufen, das sei nur eine Frage des Geldes. Hätte er Geld, so gäbe es keine Probleme. Er würde irgendwo in Nepal, Ceylon oder Indien ein Stückchen Land kaufen und Gras pflanzen. Das Leben sei unproblematisch, wenn man Geld habe. Ein Kollege von ihm habe mit Fr. 5000,- dort für ein gutes Jahr leben können. Daraufhin habe er kurz wieder gearbeitet in der Schweiz. So wäre es auf jeden Fall machbar.

Die Anerkennung des früheren Elends und der entsprechenden Traumatisierungen schafft wenigstens im Gespräch keine zusätzliche narzißtische Belastung. Die Anpassungsfähigkeit von S. scheint sehr gering, das Bedürfnis nach Eingenständigkeit übermäßig. Gewalt wirkt wie ein normaler Bestandteil einer üblichen Beziehung. Weglaufen schiene noch die beste Möglichkeit zur Umwandlung antisozialer Tendenzen.

Auf die Frage, was er am liebsten tun würde, erklärt S., er würde am liebsten arbeiten, eine Wohnung haben, so leben wie die meisten. Mit der Zeit würde er schon glücklich und zufrieden werden, wenn er sich das anschaffen könnte, was er brauche und sich die Wohnung so einrichten könne, wie er wolle. Die Art der Arbeit wäre ihm egal, nur müßte er recht verdienen.

Hier kommen bürgerlich-idyllische Wünsche zum Ausdruck und eine Art zukunftsgerichtete Hoffnung, die Innenwelt (Wohnung) so gestalten zu können, daß er sich wohlfühlen könnte (hätte, was er bräuchte).

Als er nun gefragt wird, was gewesen wäre, wenn das Opfer gestorben wäre, sagt er: "Dann hätte ich eben Pech gehabt. Ich wäre dann nicht wegen schwerer Körperverletzung, sondern wegen Mordes angeklagt worden." Er habe sich aber gefreut, als er gehört habe, daß das Opfer noch gelebt habe.

Es scheint nicht, daß es sich hier um einen Impuls handelt, der in Empathie mit dem Opfer zum Ausdruck kommt, sondern vielmehr um die subjektive Entlastung beim Gewahrwerden, daß die eigene Destruktivität einen reparablen Schaden anrichtete.

S. erklärt, er werde sicher weiter Canabis rauchen, und bei jedem Zwang würde er mit Sicherheit zur Spritze greifen, um die Situation zu ertragen, denn im Heim sei er nur erpreßt und niedergedrückt worden.

Dem subjektiven Erleben von Erpressung und Unterdrückung (über die objektive Situation ist nichts Genaues bekannt) kann er mit Hilfe von Suchtstoffen, d.h. im weitesten Sinne autoaggressiv, begegnen, sich aber nicht angemessen dagegen wehren.

Auf die Wut angesprochen, die er wohl in sich trage, meint S.: "Wenn ich eine Wut gegen jemanden Einzelnen habe, so spreche ich sie aus. Ich weiß aber nicht, wie ich meine Wut gegen die Gesellschaft manifestieren soll." Diese behalte er für sich. Sei es einmal gelungen, über die Wut zu reden, dann sei die weg gewesen. Er erinnere sich noch an eine Situation, in der er erpreßt worden sei. Eigenständigkeit sei ihm von klein auf wichtig gewesen. Wenn ihm ein Fremder etwas vorschreibe, so tue er das aus Trotz nicht. Es gebe niemanden, der ihm etwas vorschreiben könne, schon gar nicht eingeschlossen oder eingeengt zu sein. Er werde wieder anfangen, sich selbst zu zerstören, im Moment habe er nur eine Pause eingelegt. Bereits im Untersuchungsgefängnis habe er sich einmal die Adern aufgeschnitten.

S. hat keine aus dem eigenen Selbst erwachsene Identität, sondern nur eine solche, die sich in Abgrenzung und Auflehnung gegenüber äußerem Druck spürbar macht. Als letzter Stolz gelten ihm die Attacken gegen sich selbst. Stolz empfindet er wahrscheinlich deswegen, weil auf diese Weise die Umwelt nicht mehr geschädigt wird, keine Schuld und Vergeltung entsteht.

Auf den Wunsch des Inverviewers, mehr von der Gefühlskonstellation zu erfahren, in der sich S. befinde, wenn er sich das Leben nehmen wolle, erklärt S., er wisse nicht, wie das sei, denn er sei noch nie tot gewesen. Im übrigen seien Vorstellungen darüber Privatsache. Hingegen sei klar, daß der "Sau-Jugendanwalt" ihn bewußt kaputtmachen wolle. Der sei ein reiner Hampelmann der Gesellschaft, gehöre an die Wand gestellt, wolle nur Karriere machen und einen Zahltag nach Hause bringen.

Ein paranoider Teil tritt in Erscheinung, Mordimpulse werden deutlicher.

"Die Gesellschaft, alle, wollen Sie kaputtmachen?" S.: "Logisch und klar. Sonst würde man mich nicht zu all dem zwingen, eine Situation schaffen, daß ich Heroin nehmen mußte, nur weil sie mich ins Heim tun wollten. Das Heroin hat immer nur eine kleine, befristete Befreiung gebracht, der Ausdruck Wohlgefühl wäre wohl übertrieben."

Die Position des hilflosen, von einer übermächtigen Umwelt bedrohten Opfers ist offensichtlich das kleinere Übel als die Möglichkeit eines stärkeren Durchbrechens antisozialer Tendenzen.

"Gab es eine Zeit in ihrem Leben, in der sie sich wohlfühlten?" S.: "Als ich meine Freundin kennenlernte, bevor ich ins Heim kam. Sie werden sehen, in 10 Jahren, da gibt es hier ebenso viele Unzufriedene wie in Italien und später immer mehr, davon bin ich überzeugt. Man wird sich schließlich von Kakerlaken befreien müssen."

Die Freundin hatte einen enorm stabilisierenden Effekt auf S. Dennoch reichte sie nicht aus, um die tiefgründenden Gefühle der Unzufriedenheit auszugleichen. Der destruktive Impuls (Befreiung von den Kakerlaken) führt von der Opfer- wieder mehr in die Richtung der Täter-Position.

"Sollte man denn überhaupt keine Gesetze haben?" S.: "Wenn man mit den Leuten nicht so wie mit mir umgehen würde, so würde es keine Gesetze brauchen. Wenn die Leute von allem genug haben - und das wird später einmal so sein - , dann werden sie kein Bedürfnis mehr danach haben, Gesetze zu brechen. Jeder muß dem anderen geben, sonst gehört der eben zu den Kakerlaken."

S. spricht hier von einem Phantasma einer ungestörten Balance innerhalb eines befriedigenden Dialoges ohne Übergriffe.

Auf die Feststellung, daß S. mit den Kakerlaken offenbar nicht sehr tolerant umgehe, meint er, die müsse man eben immer an die Wand stellen. Er würde sie kaputt machen, so wie sie versuchen würden, ihn zu quälen. Das Quälen habe seit der Kindheit stattgefunden, sei aber mit der Heimeinweisung bedeutend schlimmer geworden, vorher sei es minimal oder ertragbar gewesen.

Das für Übergriffe verantwortliche oder in entscheidenden Momenten nicht präsente und verfügbare und damit das Individuum in einer unerträglichen Situation belassende Objekt soll durch den antisozialen Impuls gleichsam aus dem Wege geräumt werden.

"Was war der Anlaß für ihren Weggang zur Fremdenlegion?" S.: "Ich wollte nicht mehr zu Hause sein, denn meine Mutter ist Alkoholikerin, der Vater war nie da. Ich habe auch im Moment keinen Kontakt mehr zu diesen

Eltern. Die sollen schreiben, wenn sie etwas wollen, nicht ich als erster. Ich habe auch meinen Stolz, so wie der Vater wahrscheinlich den seinen."

Implizit scheint S. von einem Anrecht zu sprechen, ungefragt Zuwendung bekommen zu können. Enttäuschung und Verbitterung werden wieder spürbar.

Als der Interviewer fragt, ob S. es einmal versucht habe, seinen schwachen Eltern behilflich zu sein, entgegnet S., soviel er wisse, sei das nie der Fall gewesen. Wie hätte er so etwas tun können? Überhaupt, das sei ihm auch egal. Der Interviewer macht nun darauf aufmerksam, daß aus einer so schwierigen Familiensituation heraus oder auch aus einer Situation, in der man nicht helfen könne oder in welcher die eigenen Hilfeanstrengungen nicht wahrgenommen würden, eben sehr viel Verzweiflung und Einsamkeit entstehen könnten. Auf diese Intervention hin erfolgt ein langes Schweigen mit tiefem Seufzen. Darauf sagt S.: "Ich sagte einige Male zu meiner Mutter, sie solle aufhören zu trinken. Aber sie tat es nicht, sie ist eben eine Säuferin." "Das wird wohl sehr schmerzlich gewesen sein?" "Natürlich, ist mir inzwischen aber egal!"

Das Verständnis des Interviewers für die mißlungenen therapeutisch-reparativen Aktivitäten des Kindes führt S. dazu zu zeigen, wie er sich mit Resignation gegen das Gefühl der Hoffnungslosigkeit zu wehren versuchte.

"Bevor es Ihnen egal war, tat es aber wahrscheinlich weh?" S.: "Ja, aber ich habe dann abgewartet, bis es versurrt ist. Bei mir ist der Schmerz inzwischen völlig weg, die Eltern sind wie fremd, nur wenn die schreiben würden, würde ich antworten. Ich habe einfach genug gehabt vom Affentheater dieser Familie, habe mich dort von klein auf nicht wohlgefühlt."

Das Kind blieb mit seinem Schmerz und seiner Verletztheit alleine und mußte Wege suchen, diese unerträglichen Gefühle abzuwehren.

Wenn es eben keine andere Lösung gäbe als Heim oder Knast, so möchte er nochmals betonen, daß er genug von allem habe, weder Knast noch Heim akzeptiere, es aus sei, ihn zu zwingen, etwas abzusitzen. Diese Gesellschaft müsse ihn in Ruhe lassen.

"In Ruhe lassen" dürfte hier wohl auch heißen, daß die Gesellschaft (= frühe Mutter) keine Übergriffe mehr machen dürfe (Wiederholungszwang).

"Das scheint eine ausweglose Situation zu sein, da die bestehenden Gesetze wahrscheinlich nur die beiden Ihnen eröffneten Alternativen offen lassen." S.: "Das habe ich seit dem ersten Tag meiner Verhaftung behauptet. Man verstand das aber nicht, Sie sind der erste, der das zu verstehen scheint."

Der Versuch, die Situation nüchtern zu benennen, hat für S. bereits die Qualität einer Anerkennung und vermittelt ein Gefühl von Verstandenwerden und damit nicht mehr alleine zu sein.

"Was wäre behilflich außer einer Gesetzesänderung?" S.: "Nichts. Wofür auch? Es ist ja nicht nötig, daß einer mehr herumläuft!" Der Inverviewer macht jetzt darauf aufmerksam, daß für ihn wieder die tiefe Verzweiflung des Patienten spürbar wird. Ob es wohl ein Gefühl gebe, es habe sich nie jemand wirklich darum gekümmert, daß S. leben könne? S.: "Das interessiert mich nicht! Es ist alles aussichtslos! Allenfalls wäre es in einer Arbeitserziehungsanstalt unter Umständen möglicherweise noch für eine kurze Zeit erträglich."

Nach der Anerkennung seiner ausweglosen inneren Situation durch den Interviewer gibt S. Signale einer Bereitschaft, Unerträgliches zeitlich limitiert ertragen zu wollen.

"Ich fühle mich nun ähnlich machtlos wie Sie. Es tut mir weh, wenn ein junger Mensch in einer aussichtslosen Situation steckt." S.: "Einfach Hinausgelassen werden, das wäre behilflich! Es ist mein Pech, wenn Sie das nicht veranlassen können." Der Interviewer weist darauf hin, daß er offensichtlich nicht viel anzubieten hatte, um die Situation erträglicher zu machen. Gespräche schienen ihm aber gut zu tun. S.: "Ja, im Grunde schon, das nützt mir aber einen Dreck, wenn ich in ein Heim eingewiesen werde." Das Gespräch führt nun zu einer möglichen medikamentösen Hilfe. S. interessiert sich für die Wirkung von Antidepressiva und erklärt schließlich, er könne sich schon selbst helfen, wisse, welche Substanz wirke. Canabis rauchen sei schon gut, das macht nicht abhängig. Wenn er einen "Aufsteller" brauche, so kenne er die Wirkung von Amphetamin und Stimulantien, habe da genügend Erfahrung. Leider sei es nur wirklich so: "Was wirklich hilft, das schadet."

Medikamente wären eine apersonale Selbsthilfe wie Drogen. Der etwas enigmatisch wirkende Satz, was wirklich helfe, schade, enthält wahrscheinlich eine tiefe subjektive Wahrheit, denn das, was hilft, das Gespräch, die Entwicklung einer guten Beziehung, würde ein Stück weit ins frühkindliche Elend, in Mangel, Übergriffsituationen und unerträgliche Abhängigkeitsgefühle hinein (= das, was schadet) zurückführen.

Literatur

Blos, P. (1973): Adoleszenz. Klett-Cotta, Stuttgart.

Bürgin, D. (1987): Die Bedeutung der affektiven Austauschvorgänge für den Aufbau des Selbst in der Kindheit. In: Rauchfleisch, U. (Ed.): Allmacht und Ohnmacht. (Festschrift für Prof. R. Battegay). H. Huber Verlag, Bern.

Bürgin, D. (1991): Autoinitiationsversuche - Mangelgeburt aus der Not. In: Klosinski, G. (Hg.): Pubertätsriten. Äquivalente und Defizite in unserer Gesellschaft. H. Huber Verlag, Bern.

Emde, R. (1988): Development terminable and interminable I: innate and motivational factors from infanca. Int. J. Psychoanal. 69/1, 23-42.

- II (1988): Recent psychoanalytic theory and therapeutic considerations. Int. J. Psychoanal. 69/2, 283-296.

Erikson, E.H. (1970): Jugend und Krise. Klett, Stuttgart.

Freud, S. (1930): Das Unbehagen in der Kultur, GW Bd. XIV, 438.

Spitz, R. (1976): Vom Dialog. Klett, Stuttgart, 81.

Winnicott, D.W. (1969): Einige Aspekte der Jugendkriminalität. In: Winnicott, D.W.: Kind, Familie und Umwelt. Reinhardt, München.

Winnicott, D.W. (1973): Übergangsobjekte und Übergangsphänomene. In: Winnicott, D.W.: Von der Kinderheilkunde zur Psychoanalyse. Kindler, München.

Winnicott, D.W. (1974): Gegenübertragung. In: Reifungsprozesse und fördernde Umwelt. Kindler, München.

Winnicott, D.W. (1974): Psychotherapie von Charakterstörungen. In: Winnicott, D.W.: Reifungsprozesse und fördernde Umwelt. Kindler, München.

Winnicott, D.W. (1978): Das Jugendalter: der mühsame Weg durch die Stagnation. In: Winnicott, D.W.: Familie und individuelle Entwicklung. Kindler, München.

Winnicott, D.W. (1988): Einige psychologische Aspekte jugendlicher Delinquenz. In: Winnicott, D.W.: Aggression. Klett-Cotta, Stuttgart.

Winnicott, D.W. (1988): Die antisoziale Tendenz. In: Winnicott, D.W.: Aggression. Klett-Cotta, Stuttgart.

Winnicott, D.W. (1988): Die Psychologie der Trennung. In: Winnicott, D.W.: Aggression. Klett-Cotta.

Winnicott, D.W. (1988): Ein therapeutisches Gespräch, in dem eine Dissoziation sichtbar wird. In: Winnicott, D.W.: Aggression. Klett-Cotta, Stuttgart.
Winnicott, D.W. (1988): Heimfürsorge als Therapie, 280-290. In: Winnicott, D.W.: Aggression. Klett-Cotta, Stuttgart.
Winnicott, D.W. (1988): Das deprivierte Kind - und wie es für den Verlust seiner Familie entschädigt werden kann. In: Winnicott, D.W.: Aggression. Klett-Cotta, Stuttgart.
Winnicott, D.W. (1990): Delinquenz als Zeichen von Hoffnung. In: Winnicott, D.W.: Der Anfang ist unsere Heimat. Klett-Cotta, Stuttgart.

Perversion und Adoleszenz bei Marcel Proust

Hendrika C. Halberstadt-Freud

"Wertvolle Bundesgenossen sind aber die Dichter, und ihr Zeugnis ist hoch anzuschlagen, denn sie pflegen eine Menge von Dingen zwischen Himmel und Erde zu wissen, von denen sich unsere Schulweisheit noch nichts träumen läßt. In der Seelenkunde gar sind sie uns Alltagsmenschen weit voraus, weil sie da aus Quellen schöpfen, welche wir noch nicht für die Wissenschaft erschlossen haben." So äußerte sich Freud in seiner Arbeit "Der Wahn und die Träume in W. Jensens 'Gradiva'" (GW, VII, S. 33).

In Übereinstimmung mit Freuds Aussage, die er selbst wahrlich nicht immer beachtete (denken wir z.B. an seine Analyse von Dostojewski, GW. XIV, S. 399-418), besteht meine Zugangsweise darin, Prousts Novellen wie einen psychologischen Text zu lesen. (Der Dichter und der Erzähler dürfen nicht miteinander verwechselt werden, obschon Proust seine Hauptfigur in dem Roman "Auf der Suche nach der verlorenenen Zeit" zweimal Marcel nennt). Es ist nicht meine Absicht, den Dichter selbst zu analysieren oder seine Lebensgeschichte dazu zu verwenden, die psychoanalytische Theorie abzustützen. Es ist mein Anliegen aufzuzeigen, wie Marcel Prousts Werke Freud und die Psychoanalyse ergänzen können, besonders was das Verständnis von Perversionen anbelangt.

"Auf der Suche nach der verlorenen Zeit" ist der Bildungsroman des Erzählers. Erstmals und direkter erkennbar in "Jean Santeuil" und später in "Auf der Suche nach der verlorenen Zeit" beschreibt Proust die Entwicklung des Erzählers von der Kindheit über die Adoleszenz bis ins Erwachsenenalter. Ich werde mich im folgenden sowohl auf Texte aus "Jean Santeuil" als auch aus "Auf der Suche nach der verlorenen Zeit" beziehen.

Meine Hauptthese ist, daß Marcel Proust, der sein Werk eine "introspektive Novelle" nannte, Freud ergänzen kann und spätere Entwicklungen in der Psychoanalyse zu Erkenntnissen der Mutter-Kind-Beziehung bei Perversionen schon andeutet. Er analysiert die perverse Interaktion zwischen einer Mutter und ihrem Sohn, und welchen Einfluß diese auf das spätere Liebesleben des Sohnes ausübt.

Freud war unsicher, welche Rolle der Mutter bei der Entstehung von Perversionen zukommt, und dies ist eine Schwäche der psychoanalytischen Perversionstheorie bis heute geblieben.

Ich möchte aufzeigen, wie Prousts Novelle, zuweilen in kaum verhüllter Form, mit der Ambivalenz und dem Haß auf die Mutter umgeht. Freud betrachtete, im Gegensatz dazu, die Mutter-Sohn-Beziehung als die "vollkom-menste, am ehesten ambivalenzfreie aller menschlichen Beziehungen" (1933, S. 143). Selbstverständlich ist uns inzwischen klar geworden, daß unterdrückter Haß und Schuld, archaisch-primitive Gefühle, zu einer Angst vor Zerstörung führen und eine zentrale Rolle bei Perversionen spielen, unter der vorwiegend Männer leiden.

Ich habe andernorts ausgeführt, daß der Begriff "Symbiose", sich nicht zur Beschreibung einer normalen Entwicklungsphase eignet, sondern sich besonders nützlich erweist, eine pathologische Mutter-Kind-Beziehung zu charakterisieren (Halberstadt-Freud, 1987, 1989, 1991). Wie die neue Säuglingsforschung belegt, existiert in der normalen Entwicklung keine symbiotische Phase (Stern, 1985), noch ist gegenseitige Abhängigkeit ein integraler Bestandteil der Mutter- Kind- Beziehung, wie dies der Begriff "Symbiose" nahelegt. Deswegen denke ich, daß solch' ein Zustand in den Bereich der Pathologie gehört. Was ich "symbiotische Illusion" genannt habe ist eine gegenseitige Abhängigkeit von Mutter und Kind, die, im Falle von Perversionen, bis ins Erwachsenenalter fortdauert. Die "durchschnittlich zu erwartende" oder "normale" Mutter ist bezüglich der Befriedigung ihrer libidinösen Bedürfnisse nicht von ihrem Kind abhängig. Dagegen mag eine narzißtisch bedürftige Mutter ihr Kind wie einen Teil ihres Körpers oder ihrer Seele brauchen, um sich "ganz", "vollständig" und "unversehrt" zu fühlen.

Sie wird Liebe, Pflege und Aufmerksamkeit nur unter der Bedingung schenken, daß Abhängigkeit fortdauert. Sie wird Passivität unterstützen statt Separation und Individuation. Die häufigen Krankheiten von Prousts Erzähler sind dafür ein exzellentes Beispiel. Ein gegenseitiger "Tauschhandel" ("bartering" nach Massud Khan, 1979) führt zu einem Kontrakt, der beide Partner in einem "falschen Idyll" bindet. Haß und Aggression werden abgespalten und auf den Vater oder die Außenwelt projiziert. Die Mutter wie auch das Kind, die beide Partner in dieser dyadischen Bindung sind, fühlen sich durch die Möglichkeit bedroht, ihre "exklusiven Rechte" an die Liebe eines Anderen zu verlieren.

Familienkonstellationen sowohl bei Perversen als auch bei Homosexuellen zeichnen sich regelmäßig durch einen Mangel an Triangulierung aus. Die Mutter tendiert dazu, verführend zu sein, hat aber gleichzeitig kein Verständnis für die spezifischen emotionalen Bedürfnisse ihres Kindes. Es liegt im allgemeinen ein Versagen des "Dritten", meist des Vaters, vor, die alles andere als "überglückliche" Dyade zwischen Mutter und Sohn aufzubrechen.

Als Kind waren sowohl Jean Santeuil als auch der Erzähler starken seelischen Qualen ausgesetzt, wie in der Gutenachtkuß-Episode berichtet wird (Proust, I). Er brauchte seine Mutter, um ihm Gutenacht zu sagen. Wenn sie nicht zu ihm hinaufkam, konnte er die ganze Nacht nicht schlafen. Er war so erschreckt, daß er sich sein Bett als Grab vorstellte und dachte, sein Tod stünde unmittelbar bevor.

Nach einem langen Kampf gab seine Mutter seinen Wünschen schließlich nach. Er hatte gelernt vorzutäuschen, er sei krank, um die Aufmerksamkeit seiner Mutter zu erhalten, die ihm nur dann Liebe und Zärtlichkeit entgegenbringen konnte, wenn er krank und hilflos war. Jedoch führte die Erfahrung, daß die Mutter seinen Launen nachgab, dazu, daß er starke Schuldgefühle entwickelte bis hin zu der Vorstellung, er hätte sie umgebracht, weil er sie daran verzweifeln ließ, je ihre Ambitionen mit ihm erfüllen zu können.

Das Resultat des gegenseitigen Nachgebens war, daß er sich in ihrer Macht und sie sich in seiner fühlte: der "symbiotische Pakt" zwischen Mutter und Sohn ist für immer und ewig besiegelt. Der Vater - wie bei der Perversion üblich - hält sich aus der Interaktion zwischen Mutter und Sohn heraus.

Die Gutenachtkuß-Episode scheint eine Deckerinnerung zu sein, die alles enthält, was schiefgelaufen ist und die Ängste vor Separation, Annihilation und Verlust in der frühen Kindheit des Erzählers hervorgebracht hat.

Bei Erreichen der Adoleszenz hat der Erzähler bereits eine lange Geschichte des Mißverstehens zwischen sich und seiner Mutter hinter sich.

In der Adoleszenz, wenn die Sexualität dem dramatischen Inhalt des Lebens beigefügt wird, entwickelt sich das perverse Szeniario, ob es nun in der Phantasie oder in der Realität ausgedrückt wird, zur vollen Blüte. Im Falle des

Erzählers zentriert sich die "zentrale Mastrurbationsphantasie" (Laufer, 1976) vor allem um Sadomasochismus und Fetischismus.

Die Eltern des Erzählers sind sehr streng und prüde. Lust (pleasure) im allgemeinen und Sexualität im besonderen unterliegen in der Kindheit des Erzählers äußerst strengen Beschränkungen, und zwar so sehr, daß lustvolle Empfindungen sich in schuldbeladene Angstträume verwandeln. Eine solche Situation könnte leicht in Depressionen enden, außer wenn Aggression und Erregung einen anderen Weg finden, sich auszudrücken.

Der Erfolg des Masochismus liegt darin, Leiden in Freuden umzuwandeln, indem das, was heimlich und verboten ist, anziehend wird, und indem die Erregung nutzbar gemacht wird, die aus dem Leiden hervorgeht. Im Sadomasochismus wechseln Leiden und Freuden rätselhaft ihre Plätze, ein Prozeß, der schon in der frühen Kindheit beginnt. Das Kind ist abhängig von seiner Mutter, und ihr Mangel an Sensibilität ihm gegenüber lehrt es, sich an das Leiden anzupassen, wie wenn es Liebe wäre. Oder, wie in unserem Falle, verwandeln die Zwänge, die dem Kind auferlegt werden, verbotene Empfindung in geheime Lust.

Die gestörte Beziehung, die ein Sohn zu seinen Eltern haben kann, wird durch Familienszenen illustriert, denen Proust die heimlichen Phantasien des Erzählers beifügt.

Die einzige Abwechslung des Erzählers als Adoleszenter, so erfahren wir, bestand darin, mit Gilberte, einem Mädchen, das er liebte, auf den Champs Elysées zu spielen (Proust, I). Er ist Asthmatiker, und plötzlich benutzt seine Mutter dies als Vorwand, um ihm nicht mehr zu gestatten, sich mit Gilberte zu treffen oder überhaupt auszugehen. Sie behauptet, durch das Spielen mit dem Mädchen würde er genau so aufgeregt wie früher durch den Gutenachtkuß. Dies impliziert die Gefahr, daß sexuelle Erregung ihn krank machen könnte. Er solle daheim bleiben und seine Hausaufgaben machen und ein braver Junge sein. Tatsächlich wird der Erzähler nach einer Petting-Szene mit Gilberte im Park krank (nach einer Szene, die ihn bis zum Orgasmus erregt).

Die Mutter fängt an, ihm vieles zu verbieten. Wenn er sich den Verboten widersetzt, sagt sie ihm, es würde ihm leichter fallen, auf etwas zu verzichten, wenn er dies der Mutter zuliebe täte. Sie drückt dies z.B. mit den folgenden Worten aus: "Wenn Du sie wirklich lieb hättest, dann würde dies wichtiger für Dich sein als alles andere und Du würdest ihr keinen Kummer bereiten." In dem ständigen Bemühen, ihren Sohn dahin zu bringen, daß er sich so verhält, wie sie es wünscht, versucht die Mutter es bisweilen auch mit Ironie. Wenn ihre kritischen und sarkastischen Bemerkungen nicht das gewünschte Ergebnis zeitigen, greift sie auf moralischen Druck und Erpressung zurück. Er solle seine Liebe zu dem Mädchen seiner Mutter zuliebe aufgeben, ist der Kern ihres Arguments. Was sie seine "Nervosität" nennt, sei keine Entschuldigung, die Eltern damit zu belasten. "... Nero hatte es wahrscheinlich auch mit den Nerven und war in dieser Beziehung auch nicht besser." (Proust, III, 102). Wenn er ihre Erwartungen nicht erfüllt, intensiviert seine Mutter ihre zudringlichen Kommentare. Die Waffen in diesem Machtkampf sind die Schuldgefühle, die Mutter und Sohn jeweils bei dem anderen hervorrufen. Er bewirkt dies, indem er krank wird; sie, indem sie Vorwürfe macht: wer am stärksten leidet, hat gewonnen. Bis diese Entscheidung fällt, dauert das gegenseitige Quälen an. Der Kampf endet gewöhnlich damit, daß der Erzähler sich mit seinen Eltern versöhnt, indem er sich den elterlichen Forderungen unterwirft.

Ein besonders enthüllendes Beispiel für die gestörte Interaktion ist die Szene, in der es darum geht, ob der Erzähler ins Theater gehen darf, um La

Berma, die berühmte Sarah Bernard, in Racines Phädra zu sehen. Zunächst wird der Theaterbesuch verboten mit dem Argument, daß er so oft krank sei. Nach langem Hin und Her darf er schließlich doch gehen, kann es aber nicht mehr genießen, weil er Schuldgefühle und Angst hat, daß sein Vergnügen seine Mutter verletzen könnte. Dies ist eine Umkehrung, die typisch ist für Perversionen: falls meine Erregung sich haßvoll auf meine Mutter richtet, wird meine Lust ihr schaden, und daher werden beide, Aggression und Libido, untrennbar miteinander verquickt.

Seine zwanghaften Zweifel, ob er weggehen oder zu Hause bleiben soll, um seinen Eltern zu gefallen, werden selbst zum Martyrium. Wenn ihm schließlich das gestattet wird, was er sich wünschte, deprimiert ihn der Gedanke, daß diese seine Freiheit seine Mutter unglücklich macht. Er muß ihre narzißtischen Bedürfnisse erfüllen, anstatt er selbst, eine eigenständige Persönlichkeit, zu sein. Liebe und Lust sind nun selbst eine Entweihung der Eltern und ihrer Wünsche.

Jedesmal, wenn er ausgeht, wird der Erzähler ermahnt, vorsichtig zu sein, damit er nicht wieder krank werde. Er wird dafür verantwortlich gemacht, als ob seine Krankheit die Strafe sei für seine Anmaßung, erwachsen zu werden, sich zu einem sexuellen Wesen zu entwickeln, zu einem von seiner Mutter unabhängigen Mann. Wenn er krank ist, wird er einem sehr strengen Regiment unterworfen. Er erhält keinerlei Nahrung, sondern mehrmals täglich Klistiere.

Wir wissen, daß anale physische Intrusion als Anschlag auf die körperliche Unversehrtheit erfahren wird und zweifellos ein Kind für Homosexualtität prädisponieren kann. Symbolisch impliziert diese Intrusion, daß der Körper des Kindes nicht sein eigener ist. In dieser Phantasie wird der Jugendliche zum passiven Opfer einer intrusiven, "phallischen Frau" und nicht zum aktiven Adolenszenten, der von der Mutter wegstürmt.

Das, was der Erzähler körperlich ausscheidet und aufnimmt, steht unter ständiger Kontrolle. Bis das Fieber vorbei ist, bekommt er nur Milch, und zwar nicht auf Anweisung des Arztes, sondern auf Initiative seiner Mutter.

Die gleiche Behandlung erhält er auch, als er krank wird, nachdem er mit Gilberte rumgespielt und dabei den ersten spontanen Samenerguß hatte. Es ist kein Zufall, daß der Ort, an dem Marcel (so heißt der Erzähler) sein erstes sexuelles Erlebnis mit Gilberte hat, später auch der Ort ist, an dem seine Großmutter ihren ersten Blutsturz hat. In seiner Phantasie ist er für ihre Krankheit und ihren Tod verantwortlich, weil er seiner Lust gefrönt hat. Sexuelle Befriedigung, Sadismus, Schuld und Bestrafung werden in seiner Phantasie immer enger miteinander verknüpft. Häufiges Kranksein und das Erreichen der Geschlechtsreife gehen beim Erzähler Hand in Hand, wobei das eine sozusagen die Strafe für das andere ist.

Seine Mutter ist unzufrieden, wenn sein Vater, der als schwächer, weicher und gleichzeitig gewalttätiger beschrieben wird, seinen Sohn nicht oft genug dazu ermahnt, seine Hausaufgaben zu machen. Später ist sie unglücklich, als der Vater schließlich anerkennt, daß eine Karriere nicht unbedingt das ist, was sein Sohn anstrebt. Er gibt eher nach als die Mutter, genau wie beim Gutenachtkuß, als er die Mutter bat, die Nacht bei ihrem Sohn zu verbringen. Sie möchte die Autorität des Vaters einsetzen, um ihre eigenen Ideale mit Hilfe ihres Sohnes zu erreichen. Das ewige Beharren darauf, daß er keine Zeit verlieren solle, sondern Zeit aufholen, seine Hausaufgaben machen, nicht faul sein, seine Willenskraft einsetzen, hat Proust offensichtlich zu dem Titel für seinen großen Roman inspiriert. Er kehrt die erlittenen Vorwürfe in ihr Gegenteil: Er genießt die verlorene Zeit als heimlichen Segen. Das ist ein gutes perverses Prinzip: "If you can't beat them, join them" ("Wenn Du sie nicht besiegen kannst, mach mit!, verwandle Forderungen und Verbote in ihr Gegenteil und genieße sie auf diese Weise".).

Wenn der Erzähler die Ermahnungen seiner Mutter nicht befolgt und daher noch mehr Demonstration von Macht erforderlich wird, ruft diese den Vater. Er muß die Wut demonstrieren, die die Mutter verbirgt, weil stilles Einverständnis darüber besteht, daß sie und ihr Sohn sich so zärtlich und fest lieben, daß nichts, aber auch gar nichts zwischen sie treten kann. Der Vater muß als Strohmann fungieren, aber heimlich ist er von der Mutter bestellt. All dies illustriert deutlich, welche Rolle der Vater bei der Entwicklung einer Perversion spielt. Er ist gewöhnlich abwesend, emotional nicht verfügbar und oft nicht nur ein ängstlicher Mann, sondern gleichzeitig auch ein Rohling.

Der Vater des Erzählers versteht eigentlich gar nicht richtig, was alles in den komplizierten Verwicklungen zwischen Mutter und Sohn vorgeht. Er bleibt bei ihren "Spielen" gewöhnlich außen vor. Charakteristischerweise sitzt er meist in seinem Arbeitszimmer, arbeitet und darf nur in Ausnahmefällen angesprochen werden. Die hypersensiblen Interaktionen zwischen Mutter und Sohn irritieren ihn meist. Wann immer er hinzugeholt wird, demonstriert er auf erschrekkende Weise Angst, Rohheit und emotionale Unbeholfenheit, während Mutter und Großmutter souverän herrschen. Dem Erzähler gelingt es kein einziges Mal, einen der beiden Elternteile, geschweige denn beide, zufriedenzustellen; sie haben offensichtlich zu unterschiedliche Vorstellungen über seine Erziehung.

Bisher haben wir über die Atmosphäre zu Hause gesprochen. Doch wie ist es in der Schule für Adoleszente wie Jean Santeuil, der sich seiner selbst und seiner sexuellen Identität unsicher ist, kurzum, der ganz anders ist als gewöhnliche Schuljungen? Jean wird von seinen Schulkameraden gehaßt; sie ärgern ihn und stellen ihm nach; alle Jungen sind seine Feinde. Er ist ein rechtes Muttersöhnchen, und es ist zu vermuten, daß er moralisch ein ebensolcher Masochist ist wie sexuell, weil er eindeutig negative Aufmerksamkeit auf sich zieht und sich wie ein Opfer verhält. Er ist derart überempfindlich, übertrieben freundlich und unterwürfig, daß er seine Klassenkameraden irritiert und sie sich entfremdet. Sie halten ihn für scheinheilig und machen sich lustig über ihn. Durch sein Verhalten demonstriert er, daß er schuldig ist und deshalb bestraft werden muß. Er weiß nicht genau, welchen Eindruck er bei anderen hinterläßt, und fühlt sich meistens unsicher. Sein Narzißmus wird durch die fehlende Männlichkeit stark beeinträchtigt. Er ist ein einsames Kind und ein einsamer Adoleszenter, wie es häufig in den Falldarstellungen späterer Perverser und/oder homosexueller Jungen beschrieben wird. Sie passen nicht zu ihrer Peer-Group. Sie mögen weder Sport noch Spiele und fühlen, daß sie anders sind als die anderen Jungen, weil ihre Geschlechtsidentität eine andere ist.

Wenn er mit seinen Schulkameraden kämpft, die ihn verfolgen, beklagt seine Mutter das als etwas, das man niemals tun solle, schon gar nicht, wenn man so schwach sei wie er. Er wird ständig entmutigt, irgendeine Initiative zu ergreifen, außer in der Schule gut zu sein und zu lernen.

Einen Freund jedoch hat Jean: Henri, mit dem er gern ausgeht. Jeans Eltern sehen diese Freundschaft nicht gern und möchten, daß sich die Freunde nicht mehr sehen. Die Eltern vermuten ein Geheimnis zwischen Jean und Henri, und daß sie miteinander viele Phantasien teilen. In der Tat unternehmen sie gemeinsam viel Verbotenes und stellen viel Unsinn an. Henri, der der Anführer zu sein scheint, verleitet den eher passiven Jean dazu, seine Hausaufgaben nicht ordentlich zu erledigen und auch bei ernsteren Regelverletzungen mitzumachen. Proust nennt ihre Beziehung "pervers" und suggeriert damit Homosexualität.

Sie würdigen Jeans Eltern herab durch die Handlungen, die sie aneinander vornehmen. Das erinnert uns an Mlle Vinteuil, die ihres Vaters Bild während des Liebesspiels mit ihrer lesbischen Freundin entwertet.

Als Jean mit seinem Freund Henri in ein Bordell geht, stellt er sich vor, er riskiere, getötet zu werden. Er vergleicht sich in seiner Phantasie mit einem Opfer in einem Schlachthaus. Ausdrücklich erinnert er sich daran, daß seine Mutter einmal von einem Dienstmädchen geschlagen wurde, das, wie sich später herausstellte, eine Mörderin war. Sie sah aus wie die Hure, der er hier begegnet. Sie sieht aus wie eine Schurkin, brutal, vulgär, gemein und attraktiv. Die Deckerinnerung oder -phantasie, daß die Hure eine Mörderin sein könnte, ist erregend. In dieser Phantasie richten sich die sadistischen Phantasien, die er beim Eintritt ins Bordell hatte, nun masochistisch gegen ihn selbst. Der Ärger auf seine Mutter wird projiziert. Nicht er empfindet in seiner Wut mörderische Impulse auf die Mutter, nein, es ist das Dienstmädchen oder die Hure, die solche Absichten hegt. Gleichzeitig ist er mit der Mutter, die geschlagen wird, identifiziert und genießt die Phantasie, ein Opfer eines gewalttätigen Akts zu sein. Diese Phantasien, die so präsentiert werden, als wären sie rein zufällig, sind insofern Voraussetzung für die sexuelle Lust, als sie die Mutter entweihen. Diese adoleszente Masturbationsphantasie wird später in "Auf der Suche nach der verlorenen Zeit" noch vervollständigt, als der Baron de Charlus sein sexuelles Vergnügen in einem Männerbordell sucht und dort von angeblich grausamen Schurken geschlagen wird (Proust III). Analog dazu besucht Albertine ein Bordell, um andere Lesbierinnen zu treffen, und wird "auf den Hintern geschlagen". Im Straßenjargon bedeutet "schlagen" oder "welche auf den Hintern bekommen" Analverkehr. Für Jean bedeutet dies, die Mutter zu schlagen. Diese Assoziation führt dann zu erregenden, selbstquälerischen Schuldgefühlen beim Erzähler.

Die Phantasie der beiden Frauen, sich gegenseitig zu schlagen, ist nicht ungewöhnlich für Fetischisten, die immer auch Sadomasochisten sind (Stewart, 1972). Anstatt daß ein Junge von seinem Vater geschlagen wird, wie in Freuds Klassiker "Ein Kind wird geschlagen" (Freud, GW XII), wird der Vater offensichtlich durch die Mutter ersetzt und die heterosexuelle Phantasie durch eine homosexuelle. (Falls solch eine Verschiebung stattgefunden hat, scheint es wahrscheinlich, daß bei diesem "auf dem Hintern schlagen" eine homosexuelle Phantasie hinter der manifesten heterosexuellen lauert. Der Vater, der den Sohn schlägt oder mit ihm sexuell verkehrt, mag dann die ursprüngliche Phantasie sein).

Einige äußerst unerfreuliche häusliche Szenen folgen, nachdem Jeans Mutter Henri mitteilt, daß Jean ihn nicht mehr treffen darf. Nach einer dieser Auseinandersetzungen steht Jean vom Tisch auf und begibt sich in sein Zimmer, wobei er derart mit den Türen knallt, daß deren Glasscheiben dabei zu Bruch gehen. Bei einer anderen Gelegenheit, als der Erzähler wütend ist und sich von den Eltern unbeobachtet fühlt, schlägt er auf deren Möbel ein. Er führt lange Selbstgespräche, in denen er ausdrückt, wie sehr er die Eltern haßt, doch bereut er daraufhin wieder alles. Als er einmal, nach einer häuslichen Auseinandersetzung, allein in seinem Zimmer ist, traktiert er den alten, pelzbesetzten Samtumhang seiner Mutter so, als wäre dieser sie selbst. Er richtet seine ganze Wut gegen dieses Kleidungsstück seiner Mutter, in einem sich mehrfach wiederholenden Akt der Schändung. In diesem fetischistischen Akt scheint er eine Masturbationsphantasie auszuagieren, was dazu dient, in einer orgastischen Entspannung all seine aufgestaute Feindseligkeit loszuwerden.

Danach wendet sich seine Stimmung wieder in Zärtlichkeit um, und er macht sich Vorwürfe wegen seines Verhaltens gegenüber der armen Mutter. Bei anderer Gelegenheit zerschlägt Jean in seiner Wut eine wunderschöne venezianische Vase, die er einst von seiner Mutter bekommen hatte. Für ihn völlig unerwartet, vergibt sie ihm diesen Wutausbruch, nutzt den Vorfall aber gleichzeitig aus, um ihren Sohn noch fester an sich zu binden. Es gelingt ihr, auf typisch perverse Weise ,Wut in Liebe umzuwandeln und die "symbiotische Illusion" zwischen sich selbst und ihrem Sohn immer wieder zu stimulieren. Diesmal erzählt sie ihm, das Zerschlagen der Vase bedeute einen ewigen Bund mit ihr, wie das Zerschlagen des Glases bei der Hochzeitszeremonie in der Synagoge. Die Wut bringt ihm folglich keinen Gewinn, im Gegenteil sie verstärkt sogar die symbiotischen Bindung an seine Mutter. Mme Santeuil unterdrückt nicht nur die Wut ihres Sohnes, sondern auch ihre eigene, wie in der Episode mit dem Gutenachtkuß. Die Versöhnung besteht immer darin, daß sie ihm ihre Liebe bezeugt unter der Bedingung, daß er ihre Wünsche erfüllt. Er muß passiv und krank sein, damit sich seine Mutter ihm liebevoll zuwendet.

Solchen Wutausbrüchen folgen Kopfschmerzen, Schlaflosigkeit und wortlose Mahlzeiten, manchmal über Wochen hinweg. Wenn er es nicht länger ertragen kann und kurz vor der Dekompensation steht, folgt die Reue. Er bittet schließlich um Vergebung und ist danach umso gehorsamer. Aber er fühlt sich hinterher immer wie ein Opfer.

Die verbotene Aggression führt zu Wut, die zunehmend in der Phantasie abgespalten wird. In einer Person existieren dann zwei einander widersprechende innere Zustände. Während die eine Seite perverse Handlungen vollzieht und Phantasien über Folter und Schändungen hat, verhält sich die andere mehr oder weniger angepaßt und konform. Der Erzähler schwankt dauernd hin und her zwischen zornigem, grobem und gewalttätigem Verhalten und dessen Gegenteil: großer Leidenschaft für seine Eltern. In seiner Phantasie quält er seine Mutter zu Tode, und anschließend fällt er in äußerste Verzweiflung, in der er sie vermißt, und sie wieder zurückwünscht.

Als die Ferien herannahen, wird entschieden, daß der Erzähler mit seiner Großmutter in die Normandie an die See fährt. Er setzt seinen Eltern so sehr zu, daß sie es vorziehen, ohne ihn Ferien zu machen. Hier wiederholt sich das ewige Problem: Entweder du tust, was wir sagen, oder wir lassen dich allein.

Ferien mit der Großmutter sind keine Erleichterung, weil sie ein genau so strenges Regiment führt wie seine Mutter. Als Marcel sich einmal nicht wohl fühlt, hält sie ihn zum Beispiel wie einen Gefangenen in seinem abgedunkelten Zimmer im Hotel, bis es ihm wieder besser geht. In Umkehrung der Rollen sperrt er später Albertine ein, um ihr die Befriedigung zu versagen, die seine Eltern ihm ebenfalls versagt haben.

Der Erzähler rächt sich, indem er seine Großmutter mit verzweifelten Erstickungsanfällen an den Rand der Erschöpfung bringt, so daß sie schließlich Gefühle zeigt und ihre Härte und Strenge aufgibt. Er zeigt ihr seine Gefühle von Traurigkeit, Frustration oder Wut nie offen, und sie verheimlicht ihm ihre Empfindungen ebenfalls. Damit lehrt sie ihn, wie seine Mutter, sich manipulativ und abweichend zu verhalten.

Als sie, wie seine Mutter, - irritiert durch seine Agonie - schließlich den Kampf mit ihm aufgibt, kann er sogar Mitgefühl für sie aufbringen und sie trösten. Zuerst aber muß er sie leiden lassen, indem er seine physischen Symptome übertreibt. Dieser Machtkampf kann sich endlos wiederholen. Das Unbehagen seiner Großmutter, das ja ausdrückt, daß sie ihn liebt, bedeutet ihm mehr als seine Ängste vor seinem eigenen Unglück, und deshalb macht es ihm immer wieder Spaß, sie zu provozieren.

Schuld und Entwertung sind in der folgenden Szene ineinander verwoben. Die Großmutter versucht nach ihrem ersten Blutsturz ihr Elend und ihre Krankheit vor ihm zu verbergen, um für ein Photo zu posieren. Daraus entwickelt sich eine sehr schmerzliche Szene: eine hilflose, alte Großmutter mit einem satanischen Enkel. Obwohl er möchte, daß sie das Photo machen läßt um es bei seinen sexuellen Spielen zur herabwürdigenden Entwertung zu benutzen, wie wir bei Mme Vinteul gesehen haben, versucht er gleichzeitig, sie davon abzuhalten. Als er sich nach dem Tod der Großmutter an diese schmerzliche Episode erinnert, macht er sich heftige Selbstvorwürfe. Er erkennt, daß diese Photographie von ihr gedacht war als tröstende Erinnerung für ihn, und fühlt sich deswegen umso schuldiger. Er hat das Gefühl, er hätte sie getötet, indem er sie zu Tode ängstigte. Gleichzeitig stimuliert ihn diese Vorstellung sexuell. So wie sexuelle Erregung die (Groß)Mutter töten kann, so kann ihn auch die Phantasie, seine Mutter stürbe, sexuell stimulieren. Ohne Rache ist keine sexuelle Erregung möglich; eine bekannte Tatsache bei der Perversion oder bei perversen Masturbationsphantasien.

Seine Mutter möchte nicht, daß der Erzähler irgend etwas mit Albertine zu tun hat, die er während der Sommerfrische kennenlernte. Was er damit jedoch auf subtile Weise auszudrücken versucht, ist: "Wenn du mich nicht brauchst und mich verlassen kannst, kann ich das auch tun: Ich brauche dich nicht, ich habe jemand anderen." Seine Mutter nimmt ihm dies übel und versucht ihn auf subtile Art zu beeinflussen, einmal indem sie wortlos leidet, so daß er sich schuldig fühlt, und zum anderen, indem sie sich offen darüber beschwert, daß er zu viel Geld für Albertine ausgibt. "Er solle Albertine nicht so häufig sehen, er mache sich in ihren Augen lächerlich, wenn er sie derart mit Aufmerksamkeiten überschütte", und so weiter. Kaum hat seine Mutter sich auf diese Weise geäußert, da empfindet Marcel - der soeben für sich beschlossen hatte, sich von Albertine zu trennen - die plötzliche Angst, er könne Albertine verlieren. Durch die Initiative seiner Mutter wird er der Möglichkeit zu der Entscheidung beraubt, den Kontakt zu Albertine abzubrechen, da sie ihn inzwischen langweilt. Statt dessen bewegt ihn seine Trennungsangst dazu, an Albertine festzuhalten und sie häufiger, ja täglich zu sehen. Seiner Mutter gelingt es perverserweise immer, bei ihm das Gegenteil dessen zu erreichen, was sie eigentlich intendiert. Immer wieder wird ihm die Initiative genommen, so daß er sein Tun nicht selbst bestimmen kann. Er kann seine normalen Pflichten nicht erfüllen, weil er nicht länger tun kann, was seine Eltern möchten, ohne seine Autonomie zu verlieren. Konsequenterweise muß er das Gegenteil tun, auch wenn es ihm schadet, ein typisches Problem von Adoleszenten. Wenn er seine Eltern bestrafen will, muß er auch immer sich selbst bestrafen. Unweigerlich macht er sich selbst unglücklich und arbeitet gegen sein ureigenes Interesse, um die Balance zwischen seiner Wut und seinen Schuldgefühlen herzustellen. Der Erzähler ist sowohl zum "moralischen Masochisten" als auch zum sexuellen Masochisten geworden, sehr geschickt darin, Leiden für sich zu schaffen.

Trennungsangst und die Angst vor Liebesverlust erreichen ihren Höhepunkt in den hochambivalenten Beziehungen, wo Wut und Haß unterdrückt werden müssen. Der Schein der symbiotischen Idylle muß gewahrt werden. Hinter jeder Perversion liegt tief verborgen eine enorme Trennungsangst, die Angst, nicht verschmolzen zu bleiben mit der Mutterrepräsentanz. Eine tiefe Depression und die Angst vor Zurückweisung lauern im Hintergrund.

Die geringste Freiheit, jeder auch noch so kleine Schritt weg von der (Groß)Mutter ist begleitet von Schuld und Verlustangst, so daß keine Lust übrigbleibt, nur Leiden, es sei denn, perverse Kreativität kann diese Erfahrung in ihr Gegenteil verkehren, indem man sich heimlich über den gehaßten und gefürchteten Elternteil lustig macht und ihn somit entwertet und herabwürdigt. Der Erzähler fühlt sich unterdrückt und erstickt, er empfindet sein Leben mit seinen Eltern als echtes Gefängnis und verkehrt dieses passive Verhalten später mit Albertine in ein aktives, indem er nun diese einsperrt. Die Phantasie, die in der Perversion des Erzählers ausgedrückt wird, ist erkennbar als destruktiver Wunsch gegenüber dem Objekt und der Strafe für diesen Wunsch. Die ursprüngliche Phantasie mag beinhalten: "Ich töte meine Mutter, indem ich mich unabhängig von ihr mache, und um dafür zu sühnen, muß ich selbst sterben."

Im gesamten Werk Prousts können wir sehen, wie begeistert er über die Mutter und Großmutter des Erzählers schreibt, über ihre besondere Empfindlichkeit, ihre Zurückhaltung und ihr Sich-im-Hintergrund-halten, keine eigenen Gefühle zu zeigen, um den anderen davor zu verschonen. Diese Medaille hat offensichtlich zwei Seiten. Einerseits macht es den Sohn wütend, zum Beispiel, als er sagt, er werde zu Albertine gehen und die einzige Reaktion seiner Mutter darauf ein schmerzlicher Gesichtsausdruck ist. Das macht ihn so völlig machtlos, daß er sich nur noch total erschöpft fühlen kann. Doch obwohl er voll von Haß- und Rachegefühlen ist, darf er diese doch nicht zeigen, weil es ein stillschweigendes Einverständnis zwischen ihnen gibt, daß seine Mutter eine unglaublich gütige Person ist, die nur sein Bestes will. Man braucht nur zu tun, was sie für richtig hält, dann ist man automatisch glücklich; warum also nicht diesen kleinen Schritt tun? Dahinter steckt die Botschaft: "Verzichte auf deine Individualität, und die Glückseligkeit ist dein."

Die symbiotische Mutter-Sohn-Illusion, in der alle Agressivität gebannt ist, ist das Samenkorn, aus dem explosionsartig Haß und Zerstörung erwachsen können, wenn sie nicht mit Libido vermischt und in einem pervertierten Ritual gebunden werden.

Der Vater spielt offensichtlich keine Rolle in dem Drei-Generationen-Stück, das der Erzähler, seine Mutter und seine Großmutter aufführen. Das ist typisch für die Perversion: der Vater ist nur ein erniedrigtes und entwertetes Objekt, das nie die Chance hatte, zwischen Mutter und Sohn zu treten; er ist machtlos, auch wenn er das Gegenteil vorschützt.

In der Perversion ist der Vater bereits von früh an ausgeschlossen, so daß Mutter und Sohn in einer Dyade bleiben; er wird nur herbeizitiert, um eine Karikatur des ödipalen Dreiecks abzugeben, während die Mutter ihn manipuliert und degradiert, weil er sich in einer solchen brutal-primitiven Rolle zeigt.

Die zentrale Masturbationsphantasie des Erzählers erhält in der Adoleszenz ihren endgültigen Stempel und enthält alle wichtigen Elemente der emotionalen Lebensgeschichte, das Leiden ebenso wie die Rache dafür.

Der Erzähler leidet nicht nur an der Unfähigkeit, daß er Liebe in keiner anderen Form oder sexuelle Erregung nicht anders erfahren kann als in perversen Modalitäten. Er ist außerdem exzessiv zwanghaft und Proust nennt ihn einen "Maniak". Die perversen Phantasien, die ihn so sehr erschrecken, sind jenen sehr ähnlich, die ihn sexuell erregen. Das ist es, was Freud meinte, als er schrieb, "die Neurose ist sozusagen das Negativ der Perversion" (GW V, S. 65). In Wirklichkeit kommen sie meist in Kombinationen bei der gleichen Person vor.

Proust macht uns außerdem zum Zeugen der Beobachtung, daß in der Perversion nur ein Teil des Überichs internalisiert ist. Das Überich bleibt weitgehend an äußere Objekte gebunden. Dieser Mangel an Internalisierung steht in Zusammenhang damit, daß die Außenwelt, die Eltern, die Wünsche des Adoleszenten chronisch mißachten und vereiteln, wie sie es mit dem Kind ebenfalls taten. In der Adoleszenz, im Prozeß der Rebellion und des Nachgebens gegenüber den Eltern, in dem sich vorwiegend um die Sexualität dreht oder um ihre symbolischen Manifestationen, erhält das Über-Ich seine endgültige Prägung. Was letztlich auf dem Spiel steht, sind Unabhängigkeit, Selbständigkeit und Urteilsfähigkeit. Wenn diese zweite Individuation und Separation nicht vollzogen werden kann, kann dies zu einem adoleszenten Breakdown, zu einer Psychose, zu einer Borderline-Persönlichkeit oder zu einer Perversion führen. Wenn die Kontrolle so allumfaßend ist und die Forderung nach Erfüllung der Elternwünsche so erdrückend, dann hat das Kind keinen inneren Raum, sich eine eigene innere Urteilsfähigkeit auszubilden. Die Außenwelt gibt ihm vor, was es zu fühlen und wie es sich zu verhalten hat. Deshalb ist es nicht in der Lage, sich seinen Körper aktiv anzueignen und ein Gewissen zu entwickeln, das nur sein eigenes ist. Unabhängig von den Eltern zu werden und ein internalisiertes Überich zu entwicklen, wird zum Problem.

So hat auch der Erzähler immer, wenn er sich an etwas erfreut, das Gefühl, er verzehre verbotene Früchte. Deshalb versteckt er seine Wünsche und gibt vor, genau das Gegenteil zu wollen. Auch als Liebesobjekte wählt er genau das Gegenteil von dem, was seine Eltern wünschen: statt einer wohlanständigen Partnerin zieht er "niedere", "perverse" Geschöpfe vor. Paradoxerweise werden die Forderungen des Überichs zu integrierten Bestandteilen des sexuellen Spiels. Nur was verboten ist, ist attraktiv, und die ständigen Vorwürfe der Mutter werden zum integralen Bestandteil der sexuellen Befriedigung. Es gibt folglich keine Lust ohne die Phantasie ihres Verbots.

In der Adoleszenz werden Überich-Anteile natürlich oft noch externalisiert, und häufig auf den Therapeuten projiziert. In der Perversion ist das rigide Überich oft wahnhaft. Die Sicherheit, bestraft zu werden, ist zu einem Bestandteil des Strafbedürfnisses geworden, was erregend sein kann. Es hat die Funktion, eine Barriere gegen Intimität in der Übertragung aufzubauen und hilft, Ablehnung zu vermeiden. Als eine paranoide Abwehr verunmöglicht es die Erfahrung positiver Gefühle von Sicherheit und Angenommensein. Es steckt auch viel Hohn und Spott in dieser perversen Karikatur von einem Gewissen, so als ob das Subjekt ausdrücken würde: "Je mehr Du mich schlägst, bestrafst oder zurückweist, desto mehr genieße ich meinen Orgasmus." Dies ist ein zentraler Mechanismus des Masochismus, der in allen Perversionen auffallend vertreten ist. Falls das Überich seine archaische Qualität beibehalten hat, gibt es keine Schuldgefühle, die mit dem perversen Akt einhergehen, während Furcht und Ärger in ihm ausgedrückt werden können.

Nicht nur das Überich, sondern auch das narzißtische Gleichgewicht des Subjekts wird ernsthaft bedroht durch Situationen, in denen die primären Objekte ihre Liebe an bestimmte Bedingungen knüpfen. Die falschen Beteuerungen von Liebe, verbunden mit ihren versteckten Bedingungen, die zum Beispiel Haßausbrüche nicht zulassen, können zu Als-Ob-Verhalten führen, zu einem "falschen Selbst" des Kindes. Die Antenne, die notwendig ist, um dem Objekt zu gefallen, zerstört das Gefühl für das eigenen Selbst. Objektrepräsentanzen treten an die Stelle der Selbstrepräsentanzen. Das Kind, und später der Erwachsene, kennt seine eigenen Wünsche und Bedürfnisse nicht. Er hat nur gelernt, dem Objekt zu gefallen. Sein Wunsch ist es, die Wünsche der Mutter zu erfüllen, und er bricht in Panik aus, wenn ihm das nicht gelingt. Sich selbst zu lieben wird äußerst schwierig, weil kaum ein Selbst vorhanden ist. Das

Kind wird daran gehindert durch unbewußte Wut und Rachegefühle, die es wiederum in seiner Selbstrepräsentanz um so weniger liebenswert erscheinen lassen.

Der Narzißmus der Mutter, die versucht, ihren Jungen nach ihrem eigenen Bild zu formen, ist schwach und ihr Selbstwertgefühl ist voller Löcher, die der Junge sozusagen füllen muß, um sie zu unterstützen und zu bewirken, daß sie ihn ihrerseits unterstützt. Den Selbstwert einer Mutter zu erhöhen, ist eine viel zu schwierige Aufgabe, als daß sie von einem Kind erfüllt werden könnte. Wie wir gesehen haben, muß es seine Freiheit einschränken, zuerst um gehorsam sein zu können, dann um in der Schule gute Leistungen zu vollbringen und schließlich, indem es niemand anderen lieben darf als seine Mutter. Es kann nicht unabhängig von seiner Mutter existieren, was seinen Selbstwert auch nicht gerade erhöht. Es bleibt an sie gebunden in einer symbiotischen Beziehung, die auch seine männliche Entwicklung bedroht. Seine Geschlechtsidentität wird dadurch negativ besetzt.

Weil sie ihn ständig in seiner männlichen Entwicklung behindert, haßt er sie so sehr, daß er überzeugt ist , er könnte sie umbringen.

Dieser abgespaltene Haß, der in sadistischen sexuellen Handlungen und Phantasien ausgelebt wird, verursacht eine ungeheure Angst vor Vergeltung. Er führt nicht zu Schuldgefühlen, die durch Überempfindlichkeit und übertriebenem Gehorsam gegenüber den Wünschen der Mutter bekämpft worden sind.

In Prousts gesamtem Werk scheint es um diesen Konflikt zwischen Liebe und Haß zu gehen. Proust selbst hatte das Gefühl, daß seine Werke seine Mutter umbringen könnten, und erst nach ihrem Tod traute er sich wirklich zu schreiben. Nichtsdestotrotz bemüht er sich immer wieder, seinen Sadismus zu rechtfertigen. Er erklärt, daß der Sadist nur vorgibt, grausam zu sein, um sich wenigstens einen Moment lang von einem Übermaß an Skrupeln zu befreien.

In Prousts Werk sind Grausamkeit gegenüber den eigenen Eltern, das Töten der eigenen Mutterimago, verbunden mit unmittelbar darauf folgenden Schuldgefühlen, die zum Suizid führen können, integrale Bestandteile sexueller Phantasien nach der Pubertät. Die symbolische Form der Zerstörung ist die Schändung (profanation). Frevel oder Blasphemie sind nicht nur wichtige Sujets in Prousts Werk, sondern Kennzeichen von Perversionen ganz allgemein.

Ich hoffe, ich konnte illustrieren, auf welche Weise Marcel Proust mein Verständnis der Feinheiten und der verschiedenen Schichten der Abwehr bei Perversionen bereichert hat. Der herzzerbrechende Konflikt des Erzählers mit seiner Mutter zaubert eine Welt hervor, in der "die vollkommenste menschliche Beziehung" zur Qual wird. In der Perversion schafft es die Seele nach der Adoleszenz, mit Hilfe einer abgetrennten Welt der Mörderin zu entfliehen, einer Welt, in der "Neosexualität" (Mc Dougall) als ein Schutz gegen die Gefahr der Unterwerfung dient.

Auf diese Weise wird die psychische Gesundheit vor psychotischen Ängsten geschützt, und es wird sogar möglich, daß große Kunstwerke erschaffen werden.

(Übersetzung: Marianne Leuzinger-Bohleber)[1]

[1]Ich danke Frau Gisela Brock, dipl. Übersetzerin, Frankfurt, für die Übersetzung einer anderen Version dieser Arbeit, aus der ich einige Passagen übernehmen konnte. Ebenfalls bedanke ich mich bei Frau Katharina Goodwin, dipl. Übersetzerin, Stuttgart, daß sie sich die Mühe nahm, meine Übersetzung nochmals zu korrigieren.

Literatur

Freud, S. (1907): Der Wahn und die Träume in W. Jensens "Gradiva". GW, VII, 29-122.
Freud, S. (1919): "Ein Kind wird geschlagen." GW XII, 197-226.
Freud, S. (1928): Dostojevwski und die Vatertötung, GW, XIV, 399-418.
Halberstadt-Freud, H.C. (1987): Die Symbiotische Illusion in der Mutter-Tochter-Beziehung.In: Bei Lichte betrachtet wird es finster, Frauensichten, Athenaeum, Zürich.
Halberstadt-Freud, H.C. (1989): Electra in Bondage: On Symbiosis and the Symbiotic Illusion between Mother and Daughter and the Consequences for the Oedipus Complex. Free Associations, 17.
Halberstadt-Freud, H.C. (1991): Freud, Proust, Perversion and Love. Swets and Zeitlinger, Amsterdam.
Khan, Masud R. (1979): Alienation in Perversions. Hogarth Press, and the Institute of Psycho-Analysis, London.
Laufer, Moses (1976): The Central Masturbation Fantasy, the Final Sexual Organization and Adolescence. Psychoanalytic Study of the Child, 31.
Mcdougall, Joyce (1986): Identifications, neoneeds and Neosexualities. Int. Jl. Psycho-Analysis, 67.
Proust, Marcel, Remembrance of Things Past, Vol. I, II, III, translated by C.K. Scott Moncrieff and Terence Killmartin. Random House, New York, 1981.
Proust, Marcel, Jean Santeuil, translated by Gerald Hopkins, Preface by André Maurois, Weidenfeld and Nicholson, London, 1955. Penguin, Middlesex, New York, 1985.
Stern, Daniel N. (1985): The Interpersonal World of the Infant. Basic Books, New York.
Stewart, Sidney (1972): Quelques aspects théoriques du fétichisme. In: La sexualité perverse. Petite Bibliothèque Payot, Paris.

Phantasie und Realität in der Adoleszenz

*Shmuel H. Erlich**

Anfangen möchte ich mit einem Zitat von Winnicott; er sagt ungefähr folgendes: "Erwachsenwerden bedeutet, Elternstelle einnehmen - nicht mehr und nicht weniger. In der unbewußten Phantasie ist Erwachsenwerden im Grunde ein aggressives Handeln. Und das Kind ist kein kleines Kind mehr"[1].

In diesen kurzen Sätzen tut Winnicott verschiedenes: zum einen legt er großen Wert darauf, daß der Akt des Heranwachsens mitsamt seiner Gefährdung der Elternposition ein Ereignis der Wirklichkeit ist; zum anderen unterscheidet er zwischen dem realen Geschehen und einer (ihm zugrundeliegenden) unbewußten Phantasie; drittens kommt er auf eine realitätsbezogene Beobachtung zurück, nämlich die physische Größe des Kindes. Außerdem fühlt er sich anscheinend bemüßigt, all dies im Zusammenhang mit einer Schilderung des Erwachsenwerdens zu äußern.

Ich stelle diese Betrachtungen an, um die Hauptpunkte meiner Argumentation anzudeuten: 1) Die begriffliche Erfassung der Beziehung zwischen Realität und Phantasie spielt in der psychoanalytischen Theorie eine entscheidende Rolle. 2) Es gibt im wesentlichen zwei einander entgegengesetzte Zugänge zu dieser Frage, worin sich anscheinend die grundlegende Dualität der Erlebnisdimensionen spiegelt. 3) Zum Verständnis von Entwicklungen und Funktionsweisen ist das Verhältnis Phantasie/Realität überaus wichtig; in besonderem Maße gilt dies im Hinblick auf die Adoleszenz. Das liegt daran, daß die Erlebnisweisen des Menschen in der Adoleszenz eine rigorose Veränderung durchmachen müssen.

1 Realität und Phantasie in psychoanalytischer Sicht

Schon in Freuds frühestem Werk (1895)[2] enthält die begriffliche Fassung der Beziehung zwischen Individuum und Realität eine gewisse Spannung. Zunächst hatte Freud vor, ein Arbeitsmodell des Geistigen in Gestalt eines geistigen Mechanismus zu schaffen. Die Hauptaufgabe dieses Mechanismus besteht darin, die äußeren und inneren Reize mit dem Lustprinzip in Einklang zu bringen. Die Beziehung zwischen dem Organismus und seiner inneren und äußeren Realität wird begriffen als die durch diesen geistigen Mechanismus vermittelte

---

*Direktor des Sigmund-Freud-Zentrums und a.o. Professor für Psychologie an der Hebräischen Universität Jerusalem.

1 "... Growing up means taking the parent's place. It really does. In the unconscious fantasy, growing up is inherently an aggressive act. And the child is no longer child-size" - Winnicott, 1971, S. 169.

2 Posthum veröffentlicht 1950.

Beziehung zwischen dem Organismus und seiner Umwelt, wobei letztere sich weitgehend auf Reizauslösung reduziert.

Allerdings erwähnt Freud plötzlich auch aktive Unterstützung von außerhalb, "(wenn eine erfahrene Person auf den Zustand des Kindes aufmerksam wird. ... So erhält dieser Weg der Entladung eine höchst wichtige sekundäre Funktion, nämlich die der Kommunikation, und die ursprüngliche Hilflosigkeit menschlicher Wesen ist die Primärquelle aller moralischen Motive)".[3]

Diese unerwartete Einführung der 'erfahrenen Person' in das Modell des geistigen Mechanismus ist eine Art Vorläufer der 'durchschnittlich zu erwartenden Umwelt' bei Hartmann[4], der 'Gegenseitigkeit' bei Erikson[5] und der 'hinlänglich guten Mutter' bei Winnicott[6]. Mit diesem kurzen Einwurf wird deutlich, woran Freuds selbstgestellte Aufgabe, nämlich der Entwurf einer 'Psychologie für Neurologen', die ausschließlich auf physischen Eigenschaften und Voraussetzungen aufgebaut sein sollte, im Grunde scheitern mußte. Ein solches mechanisches Modell würde eine gleichermaßen mechanische, passive und beschränkte Umwelt erfordern. Doch die 'erfahrene Person' muß ihre Erfahrung dadurch erworben haben, daß sie ihrerseits von anderen menschlichen Wesen aufgezogen worden ist. Daher ist sie keine raffinierte menschliche Maschine, sondern ein Arsenal von schrittweise erworbener menschlicher Erfahrung, geleitet durch soziale Kanäle, die für Kontakt und Interaktion mit dem Neugeborenen bereitstehen. Die ganze Spannung zwischen einer Psychologie des geistigen Mechanismus und einer Psychologie der menschlichen Erfahrung liegt in dem einen Wort 'Kommunikation' beschlossen.

Diese Spannung zwischen den beiden Zugängen - dem des geistigen Mechanismus und dem des menschlichen Erlebens - schlägt sich in zwei einander konträr entgegengesetzten Auffassungen der Realität im psychoanalytischen Denken nieder. Wenden wir uns zunächst dem zu, was ich die 'traditionelle Auffassung' der Realität nennen möchte, die auf der Vorstellung vom geistigen Mechanismus basiert. Freud wollte die Realität am liebsten ignorieren, er behandelte sie als 'das draußenliegende'[7]. Die Ich-Psychologie dann brachte die Realität wieder in den Bereich der Psychoanalyse zurück, indem sie als weiteren Gesichtspunkt die Anwendung einbrachte. Aber die Blickrichtung dieser Anwendung war weiterhin die 'von innen nach außen', um mit Wallerstein zu sprechen.[8] Der Organismus verfügt über vorgegebene Ich-Mechanis-

[3] "extraneous help, when the attention of an experienced person is drawn to the child's state ... In this way this path of discharge acquires a secondary function of the highest importance, that of communication, and the initial helplessness of human beings is the primal source of all moral motives" (Hervorhebungen original). Freud, S. 318; das deutsche Original war mir nicht zugänglich.

[4] "average expectable environment", siehe Hartmann (1958), S. 23.

[5] "mutuality", siehe Erikson (1968), S. 219.

[6] "good enough mother", siehe Winnicott (1960), S. 145.

[7] Der Wechsel von der Verführungstheorie zum ödipalen Wunschdenken war natürlich ein weiterer Schritt in dieselbe Richtung und hängt mit dem Thema unserer Ausführungen aufs engste zusammen.

[8] "from the inner perspective looking outward", Wallerstein, 1973.

men, die auf eine 'durchschnittlich zu erwartende' Umwelt eingestellt sind.[9] Während diese Mechanismen sich im Zuge der Entwicklung verändern und reifer werden, bleibt die Dimension Umwelt innerhalb solcher weitgesteckter Grenzen fest. Nach dieser Auffassung liegt die Realität stets *außerhalb* des geistigen Mechanismus; ihr Verhältnis zu ihm ist ein von Grund auf *gegenständliches*. Es muß eine *Grenze* geben zwischen der Realität und diesem Mechanismus; dies gilt sowohl für die *äußere* Realität (Umwelt) wie für die *innere* (Soma und Triebe). Hierzu würde ich auch Melanie Kleins Auffassung rechnen, da sie Ich und Objekt als zwei getrennte Größen voraussetzt. Neuere Beobachtungen zur Entwicklung von Neugeborenen[10] unterstützen die Annahme eines solchen Unterscheidungsvermögens in diesem frühen Stadium.

Wo es eine Grenze gibt, braucht man die Vermittlung von der einen zur anderen Seite. Das Ich ist laut Freud ein solches 'Grenzwesen'.[11] Mit begrifflichen Anleihen bei der Terminologie des 'social system' würde ich sagen, daß der Bereich, in dem das Ich agiert und seine Führungsrolle spielt, 'auf der Grenze' liegt.[12] Daß das Ich an dieser Grenze agiert, ist zweifellos von großem Vorteil. Eine Aufzählung dessen, was die Beziehung zur Realität ausmacht (z.B. Wirklichkeitserprobung, Wirklichkeitssinn, Wahrnehmung, Denken, Phantasie, Urteil, Abwehr usw.) ist im Grunde eine Liste von Ich-Funktionen.[13] Daraus geht auch hervor, daß das Ich in seinen Beziehungen zur Realität sekundäre Verfahren anwendet.

Teilweise zusammenfassend würde ich diese traditionelle Auffassung der Realität in der Psychoanalyse etwa folgendermaßen beschreiben: Die Realität besteht in den innerseelischen Entwürfen des Ich von dem, was es auf der Grenze zwischen dem Innenbereich und dem Außenbereich des geistigen Mechanismus auszurichten vermag. Die Realität wird betrachtet als etwas *außerhalb* des Ich Liegendes, das von diesem *vergegenständlicht* werden kann.

Es gibt im Bereich der Psychoanalyse noch eine andere Auffassung der Realität, aber sie gilt als subversiver, als 'weniger wissenschaftlich'. Im Unterschied zu der soeben dargestellten geht sie nicht 'von innen nach außen' vor. Vielmehr beruht sie auf der Annahme einer ursprünglichen Einheit von Ich und Realität.[14] Hier ist das ursprüngliche Verhältnis zwischen Ich und Realität (verkörpert von der Mutter) das der Einheit. Das Ich "ist beteiligt an der Schaffung der Realität", besser vielleicht: der Aktualität.[15]

Die primäre Verbundenheit zwischen Säugling und Mutter ist die der Einheit, die Winnicott als 'Sein' (being) bezeichnet. Die Entdeckung der Realität läuft über die Illusion, diese Realität werde vom Säugling geschaffen. Dadurch, daß die Umwelt mitspielt und diese Illusion aufrechterhält, entsteht ein potentieller Raum und das vorübergehende Objekt, auf denen das sub-

---

9 "average expectable environment", Hartmann, 1964.

10 Stern, 1985.

11 "frontier-creature", Freud, 1923, S. 56.

12 Dazu Erlich, 1992.

13 Dazu Hurvich, 1970; Sandler & Nagera, 1963; Wallerstein, 1983.

14 Erikson, 1962, 1968; Loewald, 1951; Winnicott, 1971.

15 Erikson, 1962.

jektive Erleben der Realität beim Säugling aufbaut. Die schrittweise Entdekkung der objektiven Realität erfolgt erst später und setzt die Schaffung potentiellen Raumes und vorübergehender Erscheinungen voraus. Um mit Loewald zu sprechen: das Ich löst die Realität allmählich von sich selbst und läßt sie zum Gegenstand werden.

Diese erlebnisbezogene Auffassung der Realität, wie ich sie nennen möchte, ließe sich ungefähr folgendermaßen zusammenfassen: Sie geht aus von der anfänglichen psychologischen Einheit von Ich und Realität. Das früheste Erleben und Wahrnehmen der Realität lehrt, daß sie Teil des Selbst ist. Auf dieser Grundlage kann es so etwas wie Interaktion gar nicht geben, denn das Selbst und das Objekt sind eins. Ereignisse finden innerhalb einer subjektiv erfahrenen Realität statt und sind dabei ungeheuer nahe und lebendig. Zweifellos ist das Ich hier aktiv beteiligt, aber auf andere Weise, als wir uns das sonst vorstellen. Geistige Vorgänge gehören zum Typus Primärvorgang; verfehlt allerdings wäre die Behauptung, daß es sich um eine primitive Funktionsweise handeln müßte.

Bis hier ging es um das, was ich als zwei entgegengesetzte Auffassungen vom Wesen der Beziehung zwischen Ich und Realität bezeichnet habe. Nun können wir uns fragen, ob und in welchem Maße im Hinblick auf die *Phantasie* eine ähnliche Situation vorliegt.

Im Hinblick auf die Phantasie sind in der psychoanalytischen Literatur drei Hauptkategorien zu unterscheiden. Dabei handelt es sich eher um verschiedene Zugänge zur Phantasie als um verschiedene Definitionen ihres Wesens:

1) Spezifische Wünsche oder Vorstellungen, oder, allgemeiner ausgedrückt, der *Inhalts*aspekt eines psychischen Vorgangs, der entweder bewußt, vorbewußt oder unbewußt sein kann. Das ist die vorherrschende Bedeutung der Vokabel 'Phantasie' im klinischen Sprachgebrauch. Dazu gehört auch die Kleinsche Auffassung, derzufolge Phantasien durchweg als die Vorstellungskomponenten von Instinkten betrachtet werden. In diesem Sinne 'sind' Phantasien instinktive Triebe oder Wünsche, die ursprünglich sowohl somatisch als auch geistig erlebt werden, dann aber zu Vorstellungen destilliert werden.[16]

2) Ein geistiger Vorgang oder eine psychische Struktur. Hier liegt die Betonung auf der Fähigkeit der Phantasie, die geistige Ausrichtung zu beeinflussen, indem sie die Rolle der Abwehr, Verhütung oder Anpassung spielt und dadurch Ängste bindet, innere Vorgänge stabilisiert und womöglich Verhalten durchgängig kontrolliert.[17] So verwendet bezeichnet der Begriff Phantasie eine geistige Struktur.[18] Eine solche Struktur kann wiederum auf verschiedenen Bewußtseinsebenen wirksam werden. Überwiegend dürfte sie sich allerdings wohl im Unbewußten finden, zumal wenn sie viele komplexe Elemente von Affekten, Vorstellungen und instinktiven Wünschen umfaßt. Dies entspricht der ich-psychologischen Auffassung der Phantasie, teilweise auch der Bedeutung, die sie im Kleinschen Ansatz hat.

3) Ein hauptsächlich durch eine markante Bewußtseinsveränderung gekennzeichneter Zustand des Ich. Unter den verschiedenen Bedeutungen der

---

[16] Isaac, 1948; Segal, 1964.
[17] Dazu Sandler & Nagera, 1964.
[18] Rapaport, 1960.

Vokabel Phantasie scheint dies die von Freud durchgängig bevorzugte zu sein.[19] Hier entspricht Phantasie dem Phänomen des Wachtraums, am besten faßbar anhand der Tatsache, daß sich das Ich von der gegenständlichen, tatsächlichen Realität abwendet, wobei es irgendwo unterschwellig stets um deren Unwirklichkeit weiß. Diese Erlebnisdimension greift nicht so sehr auf Begriffspaare wie bewußt/unbewußt oder äußerlich/innerlich zurück, wie die beiden ersten Dimensionen, sondern arbeitet eher mit Begriffen wie subjektiv/objektiv oder der 'psychischen Realität'.[20]

Ich habe den Eindruck, daß diese drei Bereiche - Realität, Phantasie und unsere Theorie des Geistigen - eng verknüpft und ineinander verschlungen sind. Anscheinend ist die Phantasie von derselben Dichotomie betroffen, die wir beim Begriff der Realität angetroffen haben. Nach der traditionellen psychoanalytischen Auffassung ist die Beziehung zwischen Phantasie und Realität im wesentlichen eine kausale - die Phantasie wird jeweils durch eine innere oder äußere Realität hervorgerufen. Umgekehrt kann die Gestaltung der Phantasie dann auch Vorgänge in der Realität beeinflussen oder hervorrufen. Nach dieser Auffassung entstehen Phantasien (besonders in der Form von Wachträumen) in erster Linie als Reaktion darauf, daß die Realität hinter den Bedürfnissen und triebhaften Wünschen des Organismus zurückbleibt: Frustration führt zu Wunscherfüllung in der Phantasie. Phantasien sind ein vorübergehendes Schwelgen des Ich in Ersatzbefriedigung, anstelle einer tatsächlichen Erfüllung im Bereich der äußeren Realität. So bringt dieses kausale Modell die Phantasie mit Ich-Funktion und -verteidigung zusammen sowie mit der Regulierung des geistigen Mechanismus.

Und wie stellt sich die Phantasie aus dem Blickwinkel der erlebnisbezogenen Realitätsauffassung dar? Hier handelt es sich nicht darum, daß das Ich eine Phantasie-Vorstellung über die Realität entwickelt, die dann an die Stelle der Realität tritt. Vielmehr *ist* Phantasie die Realität, oder 'eine Realität'. Sie wird als wirklich erlebt, in dem Sinne, daß sie als solche genossen oder verabscheut wird. Was aber noch wichtiger ist: die Unterscheidung zwischen dem, was 'objektiv wirklich' ist oder nicht, ist hier nicht die entscheidende Frage. Das zentrale Erlebnis ist das der Einheit von Subjekt und Objekt, von Ich und Realität. Innere und äußere, subjektive und objektive Realität werden als eine erlebt und betrachtet. Im selben Sinne, wenn auch aus faktischer Sicht schwieriger zu begreifen, *ist* die Realität Phantasie. Der Versuch, zwischen Phantasie und Realität zu scheiden, muß zu Enttäuschung und letztendlich zu Einsamkeit und Verzweiflung führen.

2. Die beiden Erlebnisdimensionen

Bis hierher haben wir die psychoanalytische Auffassung von Realität und Phantasie betrachtet und festgestellt, daß sie mit Modellvorstellungen vom Geistigen, insbesondere vom Ich, aufs engste zusammenhängt. Zwei diametral entgegengesetzte Anschauungen sind zu unterscheiden: Die eine, die von der

---

19 Dazu Laplanche & Pontalis, 1985.

20 Freud, 1900, S. 620.

Vorstellung eines geistigen Mechanismus ausgeht, betrachtet die Realität von innen nach außen und geht mit einer Vergegenständlichung der Realität, mit Betonung von Grenzen, Kausalzusammenhängen und sekundären gedanklichen Verfahren zusammen. Die andere, die sich auf eine erlebnispsychologische Sicht beruft, betont die anfängliche Einheit von Ich und Realität und geht einher mit Subjektivierung der Realität, Abwesenheit von Kausalität und Grenzen sowie primären gedanklichen Verfahren.

Diese beiden scheinbar gegensätzlichen Anschauungen weisen verblüffende Ähnlichkeit auf mit den beiden Erlebnisdimensionen, die ich andernorts geschildert habe.[21] Dort habe ich die Vermutung geäußert, daß das Erleben von Selbst und Objekt sich innerhalb von zwei psychologischen Modalitäten vollzieht. Diese Modalitäten arbeiten gleichzeitig und parallel, letzten Endes auch komplementär, doch im jeweiligen Augenblick dominiert immer nur eine von beiden. Die beiden Modalitäten lassen grundverschiedenes Erleben von Selbst und Objekt zu: In der ersten sind Selbst und Objekt klar voneinander abgegrenzt; die Beziehung zwischen ihnen ist kausal und funktional, bestimmt durch Zweck und Absicht, Gerichtetheit und Chronologie. Charakteristisch dafür ist logisches und kritisches Denken, daher strebt der Denkvorgang nach Objektivität und gehört der zweiten Ordnung an. In derselben Modalität werden allerdings auch triebhafter Drang und Konflikt erlebt. Die hier zentrale Frage ließe sich etwa formulieren als "Wer tut wem was?" weshalb ich diese Dimension als die des Tuns ('Doing') bezeichnet habe.[22] In der anderen Dimension ist die Grundqualität die der Vermischtheit, der Identität von Selbst und Objekt. Es gibt kaum Grenzen, allenfalls solche, die beide zusammen einschließen; Zeit, Raum und andere Kategorien der physischen oder faktischen Realität sind sekundär und unbedeutend, der Denkvorgang ist subjektiv und gehört vorwiegend der ersten Ordnung an. Das zentrale Erleben ist das des Seins (daher 'Being') in Vermischung und Gemeinsamkeit. Hier gibt es keine Konflikte oder triebhaften Wünsche, sondern nur Erleben von Sein bzw. Nicht-Sein und die daraus resultierenden Bedürfnisse und Wünsche.[23] Diese Modalitäten sind überaus wichtig für die Theorie, aber offensichtlich auch für Behandlung und klinisches Verständnis.[24] Sie wirken sich auch auf die Entwicklung des Individuums aus, besonders in der Adoleszenz. Darauf werden wir gleich noch zu sprechen kommen.

Die Frage nach Phantasie und Realität und der Beteiligung des Ich daran scheint sich in eben diesen Dimensionen abzuspielen. Im Bereich des 'Doing' überwiegen diejenigen Aspekte der Beziehung zwischen Ich und Realität, die dazu tendieren, die Realität zu erproben und sich ihr anzupassen; sie bestimmen unsere Gedanken und Phantasien. Dies ist auch der Bereich, in dem das Geistige als Mechanismus begriffen und behandelt wird. Im Bereich des 'Being' dagegen geht es um das Überleben des Selbst - nicht im Sinne der Anpassung,

---

21 Erlich & Blatt, 1985; Erlich, 1988, 1989, 1990, 1991, 1992.

22 Die Termini 'Doing' und 'Being' haben ihre Ursprünge und klaren Parallelen bei Winnicott (1971), allerdings bestehen auch einige markante und grundlegende Unterschiede zwischen seiner und meiner Auffassung.

23 Erlich & Blatt, 1985; Erlich, 1990.

24 Erlich, 1991.

sondern als dessen Fähigkeit 'mit' dem Gegenstand, der Umwelt, auch mit sich selbst 'zu sein', so daß es sich leben und gedeihen fühlt, was Winnicott 'die Fähigkeit des Alleinseins' nennt.[25]

3. Phantasie und Realität in der Adoleszenz

Das Stadium des Erwachsenwerdens ist insofern eine kritische Schaltstelle für die beiden Erlebnisdimensionen 'Being' und 'Doing', als es deren Integration und Verschmelzung verlangt.[26] Diese Integration ist die notwendige Voraussetzung für die Erreichung von markanten Stationen in der Entwicklung des Heranwachsenden, als da sind Ausbildung der Identität und Intimität.[27] Das Zusammenkommen der Bereiche von 'Being' und 'Doing' verschafft dem Heranwachsenden die Möglichkeit, völlig in einer bestimmten, ihm von der Gesellschaft vorgegebenen Rolle aufzugehen und sich dabei gleichzeitig ganz und gar dem Erwerb und der Anwendung der dafür erforderlichen funktionalen, technischen, faktischen oder mechanischen Fertigkeiten hinzugeben. Wo die Integration der beiden Modalitäten nicht gelungen ist, kommt es zu Einseitigkeiten verschiedener Art: zum Beispiel trockene Fixierung auf technische Aspekte (Computer, Elektronik, Motorsport) auf Kosten von Gefühlen der Befriedigung und des Genusses dieser Aspekte als Ausdruck einer Seite des eigenen Selbst. Demgegenüber gibt es auch Jugendliche, die allein in die Natur hinausziehen und den Kontakt zu ihr suchen, dabei aber weder willens noch fähig scheinen, sich zurechtzufinden, mit Landkarte und Kompaß umzugehen, sich um ihr Äußeres zu kümmern, sich mit Lebensmitteln und Trinkwasser auszurüsten. Zu diesem Thema gibt es natürlich zahllose Variationen, und häufig sind die fundamentalsten und frühesten Erhaltungsfunktionen für Leib und Seele betroffen. Der gemeinsame Nenner ist jeweils die gescheiterte Integration der beiden Modalitäten mit nachfolgender Überbetonung der einen auf Kosten der anderen. Zu bedenken ist, daß sowohl der Bereich des 'Being' als auch der des 'Doing' eine Beziehung zur Realität (Umwelt, Sachwelt) verlangt; der Unterschied liegt im Erleben des Verhältnisses von Ich und Realität, das im einen Fall durch Verschmelzung und Integration gekennzeichnet ist, im anderen durch Getrenntheit und Funktionalität.

Der Jugendliche besitzt ebenso wie der Psychoanalytiker die Fähigkeit, sich und die Realität auf diese beiden entgegengesetzten Weisen zu begreifen, so daß sich diese in Inhalt und Organisation seiner Phantasiegebilde niederschlagen. Wer sich und seine Gegenstände aus der Perspektive des 'Doing' betrachtet, wird vor allem auf das achten, was er für die Realität tut und was sie für ihn Dies steht in festem Zusammenhang mit dem direkten Ausdruck von triebhaften Wünschen und Konflikten bzw. mit Abwehrmaßnahmen gegen solche. Der im folgenden skizzierte Fall kann diese Art der Phantasie ein wenig illustrieren:

---

25 "the capacity to be alone", Winnicott, 1958.

26 Erlich, 1990.

27 Dazu Erikson, 1959.

A. ist ein junger Mann in den Zwanzigern mit schweren Identitätsproblemen im Bereich von Sexus und Arbeit. Die Analyse ist noch nicht weit fortgeschritten; seine Konflikte beginnen sich allerdings schon abzuzeichnen, etwa in Symptomen wie vorzeitiger Samenerguß und Impotenz, allgemeine Lustlosigkeit und Unzufriedenheit, Verunglimpfung des weiblichen Geschlechts. Die Ehe seiner Eltern war ein einziges Trümmerfeld: der Vater unterhielt ganz offen ein Verhältnis mit einem "jungen Ding", die Mutter war eine depressive Null.

In der betreffenden Sitzung spricht er über eine Beziehung zu zwei anderen Jungen in seiner Jugend. Er empfand sie als männlich und stark, sehr im Gegensatz zu seiner eigenen Schwäche und Unmännlichkeit. Verschiedene Abenteuer werden geschildert, es geht jeweils um den Wunsch der heranwachsenden Burschen nach weiblicher Nähe, demgegenüber er sich ausgestoßen und lächerlich fühlt. Dann berichtet er zum ersten Mal folgende Phantasie: Als Heranwachsender pflegte er sich vorzustellen, er verlasse sein Elternhaus mit dessen unerquicklichen Streitereien, dem Vater und seinem Verhältnis, der unbedeutenden Mutter, um in ein Militär-Internat zu gehen. Dort wurde er Soldat, ein Kämpfer und Draufgänger. In weiteren Versionen der Geschichte malte er sich aus, er werde im Ausland zum Geheimagenten ausgebildet. So meinte er schließlich zu lernen, was ihm das Wichtigste war - die Fähigkeit, sich ganz und gar unter Kontrolle zu haben, so daß ihm keinerlei reales Geschehen mehr etwas anhaben könne.

Diese Phantasie eines Heranwachsenden kreist um das 'Doing' - es geht um seine Macht und seinen Einfluß auf die Umwelt sowie um deren Einwirkung auf ihn; auf beides werden wir unten zurückkommen. Heranwachsende können sich und ihre Gegenstände allerdings auch unter der Perspektive des 'Being' begreifen. In diesem Fall wird ihr Erleben der Realität fließend und unbestimmt sein; sie werden dazu neigen, sich selbst als Bestandteile der Realität und die Realität - oder andere Personen - als Bestandteil ihrer selbst zu erfassen. Die hervorstechende Eigenschaft wird die Verschmelzung in verschiedenen Formen und Stadien sein, und im Vordergrund stehen werden nicht so sehr das Veranlassen und Vollziehen, aktive oder passive Beteiligung am Tun, als vielmehr die Zugehörigkeit und das Erleben. Der folgende Fall bietet eine Illustration dafür:

J. ist ein Junge von 16 - 17 Jahren, seit anderthalb Jahren in psychoanalytischer Behandlung. Seine Eltern sind geschieden, und seine Mutter ist mit einem anderen Mann liiert. Künstlerische Begabung und Neigungen verbinden ihn mit seiner Mutter, der er sehr nahesteht, wohingegen er seinem Vater zornig und reserviert gegenübersteht. Im Anfangsstadium der Analyse hatte der Analytiker Schwierigkeiten, die einzelnen Sitzungen im Gedächtnis zu behalten und zu rekonstruieren. Vor der hier skizzierten Sitzung war der Patient zu einigen Sitzungen nicht erschienen, seine Mutter hatte die Behandlung abbrechen wollen, und ein Gespräch zwischen Patient, Mutter und Analytiker hatte stattgefunden.

"In dem Gespräch kam es mir vor, als holte ich meine Mutter wieder zu mir her, wie damals, als ich klein war. [Als du ganz ihr Kind warst.] Ich beobachte meine sechsjährige Nichte, ich sehe, wie sie manches besser versteht als die Erwachsenen, und ich verstehe sie. [Das bringt dich zurück zu dir selbst, zu dem kleinen Jungen, der sich ganz seiner Mutter zugehörig fühlt, der den vom Vater freigelassenen Platz einnimmt.] Ich weiß nur noch, daß ich es nicht mochte, wenn sie im Wohnzimmer schlief. Ich habe keine Erinnerung daran, wenn sie zusammen waren. Ich dachte gewöhnlich, sie sind zusammen, eins, das ist eine normale Familie. Vielleicht wußte ich sogar dann, daß etwas fehlte. Aber ich wußte immer, daß ich ganz und gar ihr gehörte. [Der Analytiker deutet seinen Zorn auf den Vater.] Er kann einen verrückt machen ... Ich kann ihn auslöschen, machen, daß er nicht ist. Ihn töten, wie Sie sagen würden. So wie ich auch Sie auslöschen kann - wenn ich in Phantasien ausweiche ... Etwas in Ihnen war darauf bedacht, sich zwischen mich und Mutter einzuschalten, so daß sie und ich zusammengehörten, und Sie außerhalb stünden... [Lächeln] Ich habe daran gedacht, daß ihr beide euch unterhalten könntet, zusammensein ... so eine Phantasie... Ich kann mich völlig in meine eigenen Phantasien verlieren. [Sie werden so real, daß sie der Realität allzu nahe kommen.] (Er weint ein bißchen) Es macht einen verrückt! Und ich versuche selber, da rauszukommen, ganz mit meinen Phantasien mitzugehen, damit ich auf der anderen Seite wieder rauskomme ... Es macht mir auch Angst, mit Ihnen ... wie wenn ich mir vorstelle, daß Sie mit mir gehen, mit meinen Phantasien, ohne Abstand zu halten. Wenn Sie mir nicht mehr das Gefühl geben, daß es Phantasien sind. Als ob wir beide da drinnen gleiten, das macht mir Angst. Und dann möchte ich nicht mehr kommen (weinerlich)...".

In diesen Äußerungen ist die Modalität des 'Being' ganz stark präsent, etwa in den zahlreichen Erwähnungen von Zusammensein[28] und Verschmelzen sowie in der Erfahrung des 'Gleitens', einem Schwebezustand, losgelöst von Raum und Zeit, der für diese Erlebnisform charakteristisch ist. Besonders verblüffend ist es aber, wie er die Phantasie nicht nur als Vorgang, sondern auch als speziellen Inhalt beschreibt. So ist er etwa imstande, jemanden subjektiv 'auszulöschen', wobei unklar bleibt, ob dies in der subjektiven oder objektiven Realität geschieht. Auslöschung in der Phantasie und Vernichtung in der Realität sind für den Augenblick ein und dasselbe. Die Neigung des Jungen zum Versinken in die Phantasie als in einen Ich-Zustand, der dem Wachtraum nahekommt, ist eindeutig ganz stark vorherrschend. Es ist klar, daß für ihn in solchen Augenblicken Phantasie und Realität völlig durcheinandergehen. Er spricht davon, daß er hineingeht, um auf der anderen Seite wieder herauszukommen, als ob er etwas physisch Greifbares vor sich hätte - einen Tunnel oder eine Wolke. Außerdem ist unverkennbar, daß es für ihn trotz seiner klaren Neigung zu solchen Phantasiezuständen an diesem Punkt eine erschreckende und unangenehme Erfahrung ist. Es ist zu beachten, daß dies für ihn einen therapeutischen Fortschritt darstellt: als er die Behandlung antrat, brüstete er sich seiner Vertrautheit mit solchen Zuständen, was ihm als Abwehrmechanismus diente. Dies schlug sich auch in der anfänglichen Schwierigkeit des Analytikers nieder, die Sitzungen zu rekonstruieren, weil die Folge nicht logisch geordnet war (sekundärer Prozeß). Inzwischen hat sich der junge Mann auch ein wenig mit der Modalität des 'Doing' angefreundet, daher sind seine Empfindungen gegenüber diesen Zuständen jetzt ambivalent.

28 Einige dieser Vereinigungswünsche tragen deutlich ödipale Züge, lassen das Wirken integrativer Tendenzen erkennen, aber auch die parallele Existenz der beiden Erlebnisdimensionen.

Bis hier sind wir den verschiedenen Ausprägungen der Erlebnisdimensionen 'Being' und 'Doing' in der Entwicklung von Heranwachsenden und deren Einfluß auf die Einstellung der jungen Menschen zu Realität und Phantasie nachgegangen. Nun können wir uns einigen *speziellen Inhalten der Phantasie* zuwenden, die bei Jugendlichen anzutreffen sind. Ich möchte hier keine vollständige Liste solcher Phantasien bieten, sondern verschiedene inhaltliche Kategorien anführen, die bei der Behandlung von Jugendlichen häufig ausdrücklich thematisiert werden und vielleicht auch zugrundeliegende oder zu erschließende Kategorien des Unbewußten darstellen.

Eine erste solche Kategorie der Phantasie hat mit *Macht* zu tun. Die Entthronung der Eltern, von der Winnicott spricht, wird akut. Dieser Vorgang verlangt Macht, aber er verschafft auch Macht. Die Ablösung der elterlichen Autorität durch die eigene dient als Katalysator, der das Bewußtsein der eigenen Kräfte und Allmacht beim Heranwachsenden noch verstärken kann. Aber Macht impliziert auch ein reales Verändern der Umwelt, mit allen verfügbaren Mitteln. Dies hängt mit der Dimension des 'Doing' zusammen, mit einer funktionalen Beziehung zur Realität. Ein anderer Aspekt der Macht-Phantasie hat mit der Modalität des 'Being' zu tun, mit Allmachtsphantasien und -sehnsüchten. Die Tatsache, daß der Heranwachsende kein kleines Kind mehr ist (um mit Winnicott zu sprechen), erfordert eine besondere Form der Verweigerung[29], um mit den furchterregenden Aspekten seiner in der Phantasie aggressiv gegen die Eltern gerichteten Macht zurechtzukommen.

Mit der Macht zusammen geht die Phantasie von *Unterwerfung* im Gegensatz zu *Vertreibung*: Macht führt zu Konflikten, und Konflikte ziehen entweder das eine oder das andere nach sich: man selbst oder der andere unterliegt, wird unterworfen und unterdrückt, oder eine der beiden Parteien wird aus der ihr gebührenden, rechtmäßigen Position vertrieben. Bestimmung von Rang und Raum ist für Heranwachsende ungeheuer wichtig. Die freiwillige oder gewaltsame Trennung vom Familienverband der Kindheit ist ein anderes gefährliches Resultat dieses Ringens um die Macht; dadurch erhöht sich die Empfindlichkeit der jungen Leute dafür, daß sie oder andere falsch plaziert oder von ihrem richtigen Platz verdrängt werden. So kommt es vor, daß sie mit einer ihnen bisher fremden Heftigkeit um Privatleben und Besitzrechte kämpfen.

Die damit zusammenhängende Phantasie der *passiven Kapitulation* ist für viele Heranwachsende sehr attraktiv. Sie steht für die Versuchung, sich der Fürsorge und dem Assimilationsdruck höherer Gewalten - wie Armee, Kirche und Religion, Ideologie, auch Universität - zu überlassen, die eine Gestaltung und Prägung des Selbst versprechen. Eine Variation dieses Themas ist die besonders regressive Phantasie des *Abstürzens und Versinkens*. Diese Phantasie und die damit verbundenen Ängste finden sich häufig in nahezu pathologischen Fällen von schwerem Narzißmus. Sie hängt natürlich aufs engste zusammen mit der primären und überaus ernsten Grundangst im Bereich des 'Being', der Angst vor *Vernichtung*.

Der Bereich des 'Doing' bringt eine Phantasie hervor, *die Realität zu durchdringen* oder von ihr durchdrungen zu werden. Diese Phantasie, die zu

[29] Erlich, 1986.

ernsten Regressionen führen kann, findet sich sowohl bei männlichen als auch bei weiblichen Heranwachsenden und geht mit geschlechtsspezifischen Problemen und Komplikationen zusammen. Auf nicht-regressiver Ebene dagegen äußert sie sich als phallische Phantasie des Eindringens in die Umwelt, so daß diese Macht und Präsenz des jungen Menschen zu spüren bekommt und darauf reagiert, sowie als Offenheit für eine Beeinflussung durch die Umwelt ohne Angst vor den Folgen solchen Kontaktes.

Sexuelle Phantasien habe ich nicht gesondert aufgeführt, denn ich glaube, daß sie in der Früh-Adoleszenz normalerweise unter eine der oben skizzierten Kategorien von Phantasien fallen. Bei älteren Heranwachsenden und jungen Erwachsenen treten dann freilich mit der steigenden Bedeutung der Intimität ausgesprochen sexuelle Themen zu Tage. Laufer hat der 'zentralen Masturbations-Phantasie'[30], die im Ödipuskomplex verankert sei und regressive Befriedigungen der sexuellen Hauptidentifikationsbedürfnisse enthalte, erhebliche Bedeutung für die Adoleszenz zugesprochen. Die pathologischen Auswirkungen dieser Phantasie scheinen einige der oben aufgeführten Themen zu enthalten, so etwa das Gefühl der Ausweglosigkeit, zu dem Faktoren wie Macht, Unterwerfung und Passivität gehören. Die spezifischen sexuellen Inhalte werden von Laufer auf spezifische Muster erotisierter Kindheitserfahrungen zurückgeführt. Ich dagegen möchte solche Masturbationsphantasien lieber als idiosynkratisch betrachten, d.h. als spezifisch für einen bestimmten Jugendlichen, nicht für diese Altersstufe insgesamt; oder als Masturbationsphantasien und -praktiken, die idiopathisch mit individuellen Kindheitserlebnissen zusammenhängen.

Zum Abschluß möchte ich kurz drei Faktoren herausstellen, die für das Verhältnis des Heranwachsenden zur Realität bestimmend sind: Ausprägung der Identität, Generationenkonflikt und das psychosoziale Moratorium.

Ich-Identität verlangt ein Ich, das seinen Ausdruck innerhalb einer bestimmten von der sozialen Umwelt vorgegebenen Rolle findet.[31] Insofern sind Identität und Realität zutiefst und vollständig aufeinander angewiesen. Die Identität als die Verkörperung eines individuellen Ich und einer gegebenen sozialen Rolle ist das stärkste Bindeglied zwischen der inneren und der äußeren Realität. Allerdings wird die soziale Rolle durch Ereignisse der sozialen Realität bestimmt, über die das in der Entwicklung begriffene Ich keine Kontrolle hat. Ich denke da an den raschen Wandel von Verhaltensmustern in der westlichen Gesellschaft während der letzten paar Jahrzehnte. Ein Heranwachsender springt in eine gegebene Rolle nicht hinein: er wird von Geburt an allmählich auf sie vorbereitet. Wenn die Rollen sich aber ständig verändern und nicht scharf umrissen sind, hat das Ich Schwierigkeiten, geradlinig zu einer klaren Identität zu gelangen. Denken wir nur an Rollen, die sich in jüngster Zeit so stark gewandelt haben und immer noch nicht fixiert sind, wie die des Homosexuellen, des Handwerkers oder der Karriere-Frau, dann wissen wir,

30 "central masturbation fantasy", Laufer, 1976.

31 Erikson, 1968.

worum es sich hier handelt. Eine sich rasch wandelnde soziale Realität macht die Herausbildung der Identität vielleicht reicher, aber sicher nicht einfacher.

Ein Bereich, in dem der Wandel schon zum Gemeinplatz geworden ist, ist der Generationenkonflikt. Autorität und Respekt, die der Elterngeneration im allgemeinen zugestanden werden, hängen in hohem Maße davon ab, wie weit diese Generation sich nach Abschluß ihres eigenen Erwachsenwerdens auf Ideale wie Dauer und Beständigkeit, Bewahrung und Erhaltung von Werten und Ideologien festgelegt hat. So gewährleistet der Konservatismus der jeweils herangewachsenen Generation die Freiheit der danach heranwachsenden auf Opposition und Veränderung, auf Verwirklichung ihrer Vorstellung von einer besseren Welt und Gesellschaftsordnung. Wenn aber die Elterngeneration ihrerseits sich mit Wandel identifiziert, bleiben die entsprechenden Bedürfnisse der nächsten Generation unerfüllt.

Das Streben jugendlicher Erwachsener nach Moratorium (Aufschub) läßt sich auch als eine Art Suche nach der besseren Welt interpretieren, wo das Ich bessere Chancen für die Ausprägung seiner Persönlichkeit hat. Hartmanns 'durchschnittlich zu erwartende' Realität ist für den Experimentierdrang eines Heranwachsenden zu statisch und zu restriktiv. Wir dürfen nicht vergessen, daß das Ich auf Sicherheitserwägungen anspricht. Unter den derzeit in vielen Weltgegenden herrschenden Bedingungen ist die Konfrontation mit bestimmen sozialen Rollen für das Ich des Heranwachsenden mit erheblichen Gefahren verbunden. Diese Eigenschaften der Realität machen dem Heranwachsenden die völlige Übernahme einer Identität bisweilen geradezu unmöglich, wenn sie nämlich mit Gefahren verbunden wäre, die das Ich nicht bewältigen kann. Auf der anderen Seite hat die Jugend es immer verstanden, Verstandes- und Sicherheitserwägungen im rechten Augenblick über Bord zu werfen und Leib und Seele aufs Spiel zu setzen für eine Sache oder Ideologie, die mit dem Ich-Ideal identifiziert wird. Besser verständlich wird uns dieser Widerspruch vielleicht, wenn wir ihn aus der Perspektive von 'Being' und 'Doing' betrachten. Im Bereich des 'Being', in der Einheit von Ich und Realität, scheint das Leben als solches - das 'Sein' von Selbst und Objekt - ewig; Ich-Ideal und Ich gehen ineinander über, so daß die Ideale das eigentliche Leben *sind* und der Mensch den 'kleinlichen' Sicherheitserwägungen, die das Ich im Bereich des 'Doing' anerkennt und anwendet, entzogen ist.

Dürfen wir also wirklich darüber hinwegsehen und es nicht zur Kenntnis nehmen, wenn die Umwelt sich in einem gefährlichen Übergangszustand befindet, wenn sie zu instabil oder umgekehrt allzu streng fixiert ist? Es gibt ein Bedürfnis nach 'Realitätskonstanz'[32], ebenso gut wie eines nach Objekt-konstanz. Für den sozialen Bereich folgt daraus das Bedürfnis nach einem Wandel, der darauf abgestimmt ist, was als unschädlich erfahren wird und ohne Schaden für Leib und Seele erfahren werden kann. Wir Psychoanalytiker können kaum mehr tun, als darauf hinweisen. Vielleicht sollten wir uns etwas einfallen lassen, wie wir die Realität besser im Sinne unserer Phantasie-Theorien beeinflussen und umgestalten können.

Um noch einmal kurz zusammenzufassen: Ich habe versucht zu zeigen, daß psychoanalytische Auffassungen der Realität und der Phantasie davon abhän-

---

32 Frosch, 1966.

gig sind, wie wir das Ich begrifflich fassen. Ich habe unterschieden zwischen einem mehr mechanistisch-objektiven und einem mehr erlebnismäßig-subjektiven Zugang zu Realität und Phantasie und habe diese beiden Betrachtungsweisen in Beziehung gesetzt zu 'Being' und 'Doing' als den beiden grundlegenden Dimensionen des Erlebens. Die Entwicklung von Heranwachsenden erfordert die Integration und Verschmelzung dieser beiden Modalitäten. Je nachdem, wie weit der junge Mensch seine 'Doing'- bzw. 'Being'-Beziehung zur Realität als getrenntes Gegenüber oder als mit ihm selbst vermengtes Konglomerat mit entsprechenden Phantasie-Inhalten und Ich-Zuständen zu integrieren vermag, wird seine Persönlichkeitsentwicklung von Erfolg gekrönt sein. Schließlich habe ich noch die soziale Realität in den Blick genommen als eine Dimension, die ihrerseits Wandel und Veränderung unterworfen ist, und auf einige Probleme hingewiesen, die für so entscheidende Aufgaben des Erwachsenwerdens wie die Ausprägung der Identität daraus resultieren. Der Heranwachsende braucht in seiner sozialen Umwelt ein Höchstmaß an Realitätskonstanz und ein Mindestmaß an sozialem Konservatismus. Dies ermöglicht ihm das Streben nach Verwirklichung seiner Phantasien, durch die er die Hoffnung auf eine Zukunft hegt, in der wir alle uns auf den Fortschritt hin entwickeln können.

Literatur

Erikson, E.H. (1959): The problem of ego identity. In Identity and the Life Cycle, Psychol. Issues, 1: 101-164.

Erikson, E.H. (1962): Reality and actuality. J. Amer, Psychoanal. Assn., 10: 451-474.

Erikson, E.H. (1968): Identity, Youth and Crisis. New York: Norton.

Erlich, H.S. (1986): Denial in adolescence. Psychoanal. Study Child, 41: 315-336.

Erlich, H.S. (1988): The terminability of adolescence and psychoanalysis. Psychoanal. Study Child, 43: 199-211.

Erlich, H.S. (1989): On loneliness, narcissism, and intimaca. Read to Israel Association for Psychotherapy.

Erlich, H.S. (1990): Boundaries, limitations, and the wish for fusion in the treatment of adolescents. Psychoanal. Study Child, 45: 195-213.

Erlich, H.S. (1991): Die Erlebnisdimensionen "Being" und Doing" in Psychoanalyse und Psychotherapie. Zeitschrift (J. Psychoanal. Theory & Pracitice), 4: 317-334.

Erlich, H.S. (1992): Ego and self in the group. Read to Israel Association for Group Therapy.

Erlich, H.S./Blatt, S.J. (1985): Narcissism and object love. Psychoanal. Study Child, 4: 57-79.

Freud, S. (1895/1950): Entwurf einer Psychologie, G.W., Nachtr., 387-477.

Freud, S. (1900): Die Traumdeutung, G. W., Bd. 2/3.

Freud, S. (1923): Das Ich und das Es, G.W., Bd. 13, 237-289.

Frosch, J. (1966): A note on reality constancy. In: Psychoanalysis - A General Psychology. Ed. R. Lowenstein, et al. New York: I. U. P.

Hartmann, H. (1958): Ego Psychology and the Problem of Adaptation. New York: I.U.P.

Hartmann, H. (1964): Essays on Ego Psychology. New York: I. U. P.

Hurvich, M. (1970): On the concept of reality testing. Int. J. Psychoanal., 51: 299-312.

Isaac, S. (1948): The nature and function of phantasy. In: Riviera, J.(ed): Developments in Psychoanalysis. London: Howgard Press, 1970, 67-121.

Kohut, H. (1964): Symposium on fantasy. Int. J. Psychoanal., 45: 199-202.

Laplanche, J./Pontalis, J.-B. (1985): The Language of Psychoanalysis. London: Hogarth Press.
Laufer, M. (1976): The central masturbation fantasy, the final sexual organization, and adolescence. Psachoanal. Study Child, 31: 297-316.
Loewald, H. (1951): Ego and reality. Int. J. Psychoanal., 32: 10-18.
Rapaport, D. (1960): The structure of psychoanalytic theory. Psychol. Issues, 2: 7-158.
Sandler, J./Nagera, H. (1963): Aspects of the metapsychology of fantasy. Psychoanal. Study Child, 18: 159-196.
Sandler, J./Nagera, H. (1964): Symposium on fantasy. Int. J. Psychoanal., 45: 190-197.
Segal, H. (1964): Introduction to the Work of Melanie Klein. London: William Heinemann.
Stern, D.N. (1985): The Interpersonal World of the Infant. New York: Basic Books.
Wallerstein, R.S. (1973): Psychoanalytic perspectives on the problem of reality. J. Amer. Psychoanal. Assn., 21: 5-33.
Wallerstein, R.S. (1983): Reality and its attributes as Psychoanalytic concepts . An historical overview. National J. of Psychoanalysis, 10, 125-144.
Winnicott, D.W. (1958): The capacity to be alone. In: The Maturational Processes and the Facilitating Environment. London: Howgarth Press, 1979, 29-36.
Winnicott, D.W. (1960): Ego destrotion in terms of true and falth self. In: Maturational Process, vgl. oben, 140-152.
Winnicott, D.W. (1971): Playing and Reality. LKondon: Tavistock Publ.

Spätadoleszenz und Kultur

Mario Erdheim

1. Einführung

Wenn wir versuchen, zwischen der Lebensphase der Spätadoleszenz, bei uns also die Zeit ungefähr nach dem 20. Geburtstag, und der Kultur Zusammenhänge herzustellen, so tauchen viele Fragen auf, die - je nach Ausgangspunkt - verschieden angegangen werden müssen. Wollen wir wissen, welche Formen von Kultur die Spätadoleszenz bevorzugt? Oder interessieren wir uns eher dafür, welche Formen der Spätadoleszenz von einer Kultur gefördert oder benachteiligt werden? Ich möchte im folgenden die Problematik der Kultur zum Ausgangspunkt nehmen und die Frage untersuchen, wie sich die Akzeleration des Kulturwandels auf die Spätadoleszenz auswirkt.

Wenn wir bedenken, daß stabile, wenig dem Wandel unterworfene Kulturen die Adoleszenz streng zu reglementieren versuchen und somit die Spätadoleszenz möglichst kurz halten, so ließe sich daraus folgern, daß die für die Moderne charakteristische Beschleunigung der Geschichte offenbar wesentliche Ressourcen aus der Spätadoleszenz zieht. Um welche Ressourcen handelt es sich hier? Und inwiefern ist die Adoleszenz ein zeit- und kulturspezifisches Phänomen? Ist sie womöglich eine Erfindung von Bürgertum und Kapitalismus? Ich möchte mich darauf beschränken, einige Theoriesegmente zu beschreiben, die mir wichtig erscheinen, um diese Fragen zu beantworten.

Was den Begriff der Kultur anbelangt, werde ich mich an Freuds Definition in "Das Unbehagen in der Kultur" (1930) orientieren, wonach Kultur als ein Prozeß aufgefaßt wird, der über die Menschheit abläuft. Und zwar als Prozeß *im Dienste des Eros,* dessen Ziel laut Freud darin besteht, immer mehr Menschen *libidinös* miteinander zu verbinden: In diesem Wachstumsprozeß werden Individuen zu Familien verbunden, Familien zu Stämmen, Stämme zu Nationen und Nationen schließlich zur Menschheit. Es besteht also offensichtlich ein innerer Zusammenhang zwischen Spätadoleszenz und Kultur, denn der Schritt zur Familiengründung vollzieht sich in der Regel in der Spätadoleszenz. In den meisten Fällen wird mit diesem Schritt auch das Ende der Adoleszenz eingeläutet. Wie aber kommt es zum Übergang von den Familien zu den Stämmen und von den Stämmen zur Nation? In diesem Bereich ist eine besondere Ausprägung von Kultur angesiedelt, die heute eine problematische Aktualität erreicht hat, nämlich die Heimat, oder, um einen ethnologischen Begriff zu verwenden, das Ethnische. Wie verhält sich nun die Adoleszenz zum Ethnischen und zu den Heimatvorstellungen? In welchem Bezug steht der Ablösungsprozeß von der Familie zur Erfahrung von Heimat und Volk?

2. Chaos und Adoleszenz. Zur kulturellen Genese der Adoleszenz

Wie ist es möglich, daß sich Institutionen verändern oder sich bewußt gegen den Wandel wehren? Was treibt Individuen dazu, Revolutionen in Gang zu bringen oder dagegen zu kämpfen? Wie kommt es dazu, daß Kulturen eine Geschichte, das heißt ein Bewußtsein von Kontinuität und Wandel haben? Es ist ein bereits in den Mythologien erprobtes Denkmodell, sich die Kreativität, die den Wandel vorantreibt, als eine dem Chaos entsprungene Kraft vorzustellen. Wo nur Ordnung herrscht, ist bekanntlich der Tod. Andererseits fürchtet man sich seit jeher vor Chaoten und Anarchisten, die angeblich unkontrollierbare Kräfte freisetzen. Chaos und Ordnung sind politisch außerordentlich wirksame Begriffe. Der amerikanische Ethnologe Victor Turner versuchte das kulturelle Leben durch eine Gegenüberstellung der Begriffe *Struktur* und *Anti-Struktur* zu erfassen - es handle sich um zwei Modelle "*Sozialbeziehungen, die nebeneinander bestehen und einander abwechseln*" (a.a.O., S. 96). Turner stellte binäre Gegensätze auf, um die unterschiedlichen Eigenschaften von Struktur und Anti-Struktur zum Ausdruck zu bringen:

Chaos	**Ordnung**
Totalität	Partialität
Heterogenität	Homogenität
Anarchie	Hierarchie
chaotische Sexualität	geregelte Sexualität
Bisexualität	Maximierung der Geschlechtsunterschiede
Inzest	Inzestverbot
Narrheit	Weisheit

Um dieses Modell zu illustrieren, verwies Turner auf afrikanische Gesellschaften, die zu bestimmten "heiligen Zeiten" die Ordnung aufhoben, um sie im ausbrechenden Chaos regenerieren zu können. Ähnliche Beispiele lassen sich auch aus anderen Kulturen zitieren, was zur Verallgemeinerung führen könnte: Das kontrollierte Chaos steht stets in Bezug zur starren Hierarchie, welche die Gesellschaft strukturiert. Gerade weil diese Gesellschaften so starr organisiert waren, mußten sie wenigstens zu bestimmten Zeiten durcheinander gebracht werden, um wieder assimilationsfähig zu werden.

Im Verlauf des Zivilisationsprozesses und mit der Beschleunigung des Kulturwandels wurden diese "heiligen Zeiten" zunehmend abgeschafft. Die Fasnacht und der Karneval sind bei uns letzte Reste davon. Wo aber ist sonst das Chaos geblieben, ohne das keine Ordnung lebensfähig ist? Meine These lautet, daß dieses Chaos aus der Gesellschaft in die Individuen versetzt worden ist: Im Verlauf der Geschichte kam es zu einer Individualisierung und Verinnerlichung des Chaos. Wir können das Chaos heute insbesondere in der Adoleszenz wiedererkennen; sie ist gewissermaßen "der Karneval des Subjekts". Aber im Gegensatz zum sozialen Karneval, der hoch ritualisiert und zeitlich beschränkt ist, müssen die adoleszenten Subjekte selbst schauen, wie sie mit ihrem Chaos fertig werden. Die Formen, die sie finden, um das Chaos der Adoleszenz in Ordnung zu verwandeln, und ihre Fähigkeit, Spannungen zu ertragen, werden später wesentlich ihre Kulturfähigkeit bestimmen.

Wenn wir die Adoleszenz als Übergangsphase betrachten, in der im Individuum chaotische Kräfte - dazu gehören auch präödipale Triebregungen und archaische Größen- und Allmachtphantasien - umgesetzt werden, so können wir uns ihrer Problematik auch von religionsethnologischer Seite her nähern.

Turner knüpft in seinem Buch "The Ritual Process" (1969) an van Genneps "Rites de Passage" (1908) an und beschreibt die drei Phasen eines Rituals folgendermaßen: "In der ersten Phase (der Trennung) verweist symbolisches Verhalten auf die Loslösung eines Einzelnen oder einer Gruppe von einem früher fixierten Punkt der Sozialstruktur ... In der mittleren Übergangsphase ist das rituelle Subjekt (der 'Passierende') von Ambiguität gekennzeichnet; er durchschreitet einen kulturellen Bereich, der wenig oder keine Merkmale des vergangenen oder zukünftigen Zustandes aufweist. In der dritten Phase (der Angliederung...) ist der Übergang vollzogen. Das rituelle Subjekt - ob Individuum oder Kollektiv - befindet sich wieder in einem stabilen Zustand und hat demzufolge anderen gegenüber klar definierte, sozialstrukturell bedingte Rechte und Pflichten. Man erwartet von ihm, daß es sein Verhalten an traditionellen Normen und ethischen Maßstäben ausrichtet, die alle Inhaber sozialer Positionen ... einbindet" (a.a.O., S. 94).

Wenn wir dieses Modell des Rituals benützen, so entspräche die Adoleszenz der Übergangsphase: der Adoleszente wäre der "Passierende", und zwar von der Ordnung der Familie zu einer neuen Ordnung, die wir noch genauer werden bezeichnen müssen. Ich möchte zunächst zweierlei hervorheben: Erstens die Vorstellung, daß diese Übergangsphase von Ambiguität gekennzeichnet ist, daß sie sowohl Ängste als auch Hoffnungen weckt, die keine klaren Richtungen erkennen lassen; und zweitens, daß der kulturelle Bereich, den der Neophyt durchschreitet, "wenig oder keine Merkmale des vergangenen oder zukünftigen Zustandes aufweist". Es scheint mir sinnvoll zu sein, die Adoleszenz unter diesem Aspekt einmal als chaotische Phase voller Ambiguitäten zu betrachten und als Bereich, der wenig oder keine Merkmale der Kindheit oder des Erwachsenenalters aufweist (vgl. auch Kaplan, 1984). Ich hoffe, damit die Betrachtungsweise der Adoleszenz zu entpathologisieren, und das, was am Bezug der Adoleszenz zur Kultur spezifisch ist, deutlicher erkennen zu können.

In den Gesellschaften, die Lévi-Strauss wegen ihrer Neutralisierung des Kulturwandels kalt nannte, wird die Adoleszenz mehr oder weniger stark ritualisiert. Diese Ritualisierung ist sinnvoll, weil die Gesellschaft streng strukturiert ist und sich nicht verändern soll: die Rollen der Erwachsenen sind weitgehend definiert, und die Initiation, die den Übergang von der Kindheit ins Erwachsenenalter regelt, prägt und formt die Einstellungen, die für die Bewältigung der zu erwartenden Probleme notwendig sind. Eine starke Ritualisierung wird in kalten Kulturen auch deshalb angestrebt, weil die Adoleszenz mit ihren Ambiguitäten und Verflüssigungen nicht klassifizierbar ist und deshalb als unrein und gefährlich gilt.

Der kulturelle Wandel führte nicht zuletzt zu einer Öffnung der Gesellschaft in bezug auf ihre Zukunft. Es wurde ungewiß, was die Zukunft bringt; ja man kann sich heute nicht einmal mehr darauf verlassen, daß die auftauchenden Probleme diejenigen sind, die man erwartet hat. Damit wird auch die Initiation entwertet; sie verliert ihre Gültigkeit als Einführung ins Leben, weil man nicht mehr wissen kann, was einen erwartet. In Zusammenhang mit dem Industrialisierungsprozeß schritt die Entritualisierung der Adoleszenz und damit auch die Individualisierung des Chaos schnell voran. Die Trennung von der Familie, die zuvor rituell organisiert war, wurde nun ökonomisch erzwungen. Die finanzielle Abhängigkeit der Jugendlichen von ihren Eltern wurde durch die neuen Arbeitsbedingungen weitgehend aufgehoben: der Adoleszente wurde autonom und "auf den Markt geworfen". So wurde die Jugend in gewisser Hinsicht freigesetzt.

Die Initiationsrituale hatten einst vielfältige Funktionen zu erfüllen. Sie begründeten die kulturelle Identität, und sie stifteten zwischen denjenigen, die sich den gemeinsamen Ritualen unterzogen, Solidaritätsbeziehungen, die dem Zusammenhalt der Gruppe zugute kamen. Die rituellen Begründungen waren nicht hinterfragbar; vor ihnen mußte jede Art von relativierender Reflexion Halt machen. Psychologisch gesehen dienten die Rituale der Angstreduktion und der emotionalen Stabilisierung: sie standen also im Dienst der Krisenbewältigung. Mit der Entritualisierung der Adoleszenz gingen diese Leistungen verloren, und die Probleme blieben nicht nur dieselben, sondern sie verschärften sich sogar.

3. Der Antagonismus zwischen Familie und Kultur

Ich habe die Adoleszenz als Übergangsphase zwischen zwei Ordnungen, von der Ordnung der Familie zur Ordnung der Kultur, beschrieben. Der Grund, daß dieser Übergang so schwierig ist und dabei so viel chaotische Kräfte ausgelöst werden, ist nicht zuletzt das antagonistische Verhältnis, das zwischen den beiden Ordnungen herrscht.

In "Das Unbehagen in der Kultur" schrieb Freud: "Die Familie will aber das Individuum nicht freigeben. Je inniger der Zusammenhalt der Familienmitglieder ist, desto mehr sind sie oft geneigt, sich von den anderen abzuschließen, desto schwieriger wird ihnen der Eintritt in den größeren Lebenskreis (...). Die Ablösung von der Familie wird für jeden Jugendlichen zur Aufgabe, bei deren Lösung ihn die Gesellschaft oft durch Pubertäts- und Aufnahmeriten unterstützt" (a.a.O., S. 462-463).

Freuds These vom Antagonismus zwischen Familie und Kultur ist von den Psychoanalytikern unbeachtet geblieben. Die strukturale Ethnologie hingegen hat diesen Antagonismus in den Mittelpunkt ihrer Kulturtheorie gestellt und damit die Allgemeingültigkeit des Inzestverbotes erklärt: Die Kultur sprengt durch das Inzestverbot die Familie; zwingt sie, Angehörige freizugeben, um durch Ehebündnisse die gesellschaftliche Bewegung in Gang zu halten. Lévi-Strauss schrieb in seinem Aufsatz über "Die Familie“: "... die Kernfamilie ist nicht das Grundelement der Gesellschaft ('Gesellschaft' wird hier in einem ähnlichen Sinn verwendet wie 'Kultur', M.E.) und sie ist auch nicht deren Produkt. Richtiger wäre zu sagen, daß die Gesellschaft nur existieren kann, indem sie in Gegensatz zu ihr tritt, wenn sie ihre Zwänge auch respektiert ...".

Lévi-Strauss verwies auch auf das Mißtrauen der Gesellschaft gegenüber der Familie: "Die Gesellschaft erlaubt den Kernfamilien den Fortbestand nur für einen befristeten Zeitraum, der je nach den Umständen kurz oder lang sein kann, aber unter der gebieterischen Bedingung, daß ihre Elemente, das heißt, die sie konstituierenden Individuen ohne Unterlaß ersetzt ..., abgetreten oder eingefordert werden, und zwar so, daß sich aus den abgesplitterten Familienfragmenten neue bilden können, bevor sie ihrerseits wieder auseinanderbrechen."

Der Blick auf die fremde Kultur ermöglichte es der Ethnologie, die Idylle, in welche sich das Verhältnis der Familie zur eigenen Kultur so wirksam hüllt, zu zerreißen und den grundlegenden Konflikt zwischen den beiden Instanzen zu erkennen.

Die ethnopsychoanalytische Konstruktion des Verhältnisses von Familie und Kultur könnte man folgendermaßen zusammenfassen: Die Familie ist der Ort des Aufwachsens, der Tradition, der Intimität im Guten und im Bösen, der Pietät und der Verfemung. Die Kultur hingegen ist der Ort der Innovation, der Revolution, der Öffentlichkeit und der Vernunft. Der Antagonismus zwischen diesen beiden Ordnungen ist eine Weiterentwicklung der Ambivalenz. Während die Ambivalenz notwendig ist, um unsere Autonomie aufzubauen, indem sie Fixierungen verhindert, zwingt uns der Antagonismus, unseren Geist lebendig zu erhalten. Der Antagonismus schafft den objektiven Raum, in welchem die Adoleszenz sich erfüllen kann. Der zweite Triebschub ist auch eine Voraussetzung für den Kulturwandel: weil das Individuum nicht in dem aufgeht, was die Familie ihm vorgegeben hat, ist ein Wandel möglich, der nicht bei der Biologie des Menschen ansetzen muß.

4. Adoleszenz, Ethnizität und Kulturwandel

Wenn wir nicht mehr annehmen, daß das Wesentliche an der Entwicklung durch die Familie und in der frühen Kindheit für alle Zukunft festgelegt wird, so bekommen wir den Blick frei auf die Adoleszenz in ihrer Beziehung zum Kulturwandel. Nur Kulturen, in denen der Wandel möglichst eingefroren wird, heben den Antagonismus zur Familie weitgehend auf, beachten aber auch dann noch die Inzestschranke, die als die ursprünglichste Form des Antagonismus gelten kann. In diesen sogenannten kalten Kulturen wird der Ablauf der Adoleszenz durch Initiationsriten reglementiert. Der Geschichtsprozeß wird als (voraussehbare) Wiederholung erlebt, und deshalb ist es möglich,
"daß Großeltern sich für ihre neugeborenen Enkel keine andere Zukunft vorstellen können als ihre eigene Vergangenheit. Die Vergangenheit der Erwachsenen ist die Zukunft einer jeden neuen Generation; ihr Leben bildet ihr Grundplan. Die Zukunft der Kinder wird so gestaltet, daß sie nach Abschluß ihrer Kindheit das erleben werden, was die Vorfahren nach Abschluß ihrer Kindheit erlebt haben" (Mead 1971, S. 27)

Hier ist auch der Bereich, wo wir das Ethnische orten können. In gewisser Hinsicht könnte man sagen, das Ethnische stelle den Versuch dar, den das Subjekt quälenden Antagonismus zwischen Familie und Kultur zu versöhnen. Das Ethnische deckt sich weder mit der Familie noch mit der kulturellen Dynamik, versucht aber, indem es deren Gegensätzlichkeit mildert, beide einander näherzubringen.

Entwicklungspsychologisch betrachtet, ist es die sogenannte Latenzzeit (zwischen dem fünften und dem zehnten Lebensjahr), in der sich die ethnische Identität zusammen mit dem Überich herausbildet.

"Das Kind", schrieb Rotmann, "entwickelt Interesse an sachlichen Dingen, an Zahlen und Größenverhältnissen, an Entdeckungen und Abenteuern; kurz, es entwickelt Fähigkeiten der Beschäftigung und Auseinandersetzung mit konkreten Dingen im Gegensatz zum Interesse an phantastischen Vorgängen der Kindheit, den kindlichen Phantasiegebilden und Tagträumen, wie sie in der

Welt des Märchens fixiert sind. In der Auseinandersetzung mit der Außenwelt, der Schule und der Gruppe der Gleichaltrigen erweitert das Kind seinen Lebensbereich über die Familie hinaus. (...) Das Kind beginnt, sich mit Personen außerhalb der Familie zu identifizieren. Identifizierung bedeutet: so zu werden wie ein anderer oder genauer, bestimmte Eigenschaften oder Einstellungen eines anderen Menschen zu übernehmen und damit zu den eigenen zu machen. Die Identifizierung mit Lehrern, Freunden, Vorbildern aus der Literatur, dem Film und dem Fernsehen tritt nun an die Stelle der engen Bindung an die frühen Beziehungspersonen. (...) Die Forderungen der Außenwelt sind zu einem Bestandteil seines eigenen Moralsystems geworden." (1973, S. 87-88)

In der Latenzzeit verinnerlicht das Kind die für seine Ethnie spezifischen Formen des Umgangs mit Objekten; es wird festgelegt, wie man sich bewegt und verhält, welche Geschmacksrichtungen man gut findet, vor welchen Speisen man sich ekelt und mit welchen Kindern man spielen darf und mit welchen nicht. Autoritätspersonen außerhalb der Familie umschreiben nun den Kreis dessen, was erlaubt und was verboten ist.

Die Umgestaltungen und Triebdurchbrüche, welche mit der Pubertät ihren Anfang nehmen, bringen dieses relative Gleichgewicht wieder durcheinander. Norbert Bischof beschrieb diesen Wandel folgendermaßen:

"Mit dem Fortschreiten vom infantilen zum juvenilen Alter wird das Sicherheitsbedürfnis abgebaut, und komplementär dazu steigt der Wunsch nach Erregung an. Man beobachtet nun immer häufiger eine positive Appetenz nach allen möglichen erregungssteigernden Situationen. Das Abenteuer beginnt zu locken, Kampfspiele und Erkundungszüge erfreuen sich steigernder Beliebtheit, und nicht mehr die behütende Mutter, sondern der irgendwo aufgegabelte Kumpan, von dem man sozusagen nicht einmal den Nachnamen weiß, wird der bevorzugte Umgang. Bis in die Adoleszenz hinein werden die Jugendlichen zunehmend neugierig und vorwitzig, und zwar immer ausgeprägter auch im sozialen Bereich." (1985, S. 434)

Dieser Umbruch von Pubertät und Adoleszenz betrifft auch die ethnische Identität. Jugendliche neigen dazu, die Traditionen, in denen sie aufgewachsen sind, zu kritisieren. Das Fremde, worauf sie nun so neugierig sind, relativiert den Wert des Eigenen, und die verstärkt fließende Libido macht die Fremden noch zusätzlich begehrenswert. Eine wesentliche Funktion der Initiationsrituale besteht darin, diese adoleszenten Bewegungen unter Kontrolle zu bringen. Im Bereich des Ethnischen muß der Umbruch der Adoleszenz auf ein Minimum reduziert werden. Die den Verlauf der Adoleszenz regelnden Rituale richten im Subjekt Tabus, d.h. begründungs- und reflexionslose Verbote auf, welche die ethnische Identität erstarren lassen und den psychohygienischen Spaltungsmechanismus fixieren: das Eigene, das einem gewalttätig eingebläut wurde, ist das Gute, und das Fremde, das so verlockend erschien, ist das zu bekämpfende Böse.

In der modernen multikulturellen Gesellschaft gerät die ethnische Identität von zwei Seiten unter Druck. Einerseits relativiert der Kulturkontakt die Initiationsrituale, welche die Adoleszenz reglementieren; dadurch kommt es zu einer Aufweichung der Ethnizität. Andererseits führt aber die durch die industrielle Gesellschaft erzwungene Mobilität immer mehr zu einem Zusammenfallen von Familie und Ethnie. In der Emigration fängt das "Ausland" bereits an der Grenze der Wohnung an, und es fehlt der die (Kern-)Familie umgebende Ring von nichtfamiliären sozialen Beziehungen, durch die das Ethnische vermittelt wird. Die ethnische Identität verkümmert also gleichsam zu einer nur familiären Identität, was den Ablösungsprozeß von der Familie außerordentlich erschwert. Sich von der Familie abzulösen bedeutet in diesem Fall nämlich auch, sich von der eigenen Ethnie abzuwenden, also eine Art Kulturverrat zu begehen. Verzichtet man jedoch auf die Ablösung von der Familie, so muß man eine fortdauernde Infantilität in Kauf nehmen, und die nichtfamiliäre Kultur wird zum Hort alles Bösen werden. Hier können auch Rassismus und Nationalismus ansetzen; sie sind Produkte einer gescheiterten ethnischen Identität. Der Rassismus macht die ganze "Volksgemeinschaft" zur Familie und bringt den antagonistischen Pol der Kultur zum Verschwinden, während der Nationalismus zu einer phantasmagorischen Wiedereinsetzung der Familie in die verlorenen Machtverhältnisse wird und diejenigen verfolgt, die nicht dazugehören. Die Ambivalenz, die uns das Fremde nicht nur als bedrohlich, sondern auch als faszinierend erleben läßt, zerfällt, und es bleiben nur dessen negative Valenzen übrig. Die Unverträglichkeit zwischen den Kulturen resultiert also aus dem unverarbeiteten Antagonismus zwischen Familie und Kultur: Verkümmert dem Individuum die eigene Kultur zur Familie, so erlebt es fremde Kulturen nur noch als bedrohlichen Gegensatz.

4. Adoleszenz, Nachträglichkeit und Kultur

Nachdem ich die Adoleszenz vorwiegend aus kultureller Sicht beleuchtet habe, möchte ich nun den Gesichtspunkt wechseln und auf spezifische Züge der adoleszenten Entwicklung in ihrer Relevanz für die Kultur verweisen. Von entscheidender Wichtigkeit scheint mir hier Freuds Begriff der Nachträglichkeit zu sein.

Freuds Konzept der Nachträglichkeit spielte in der Psychoanalyse bis anhin eine geringe Rolle. Eine Ausnahme bildet Laplanche, der in seinem "Vokabular der Psychoanalyse" relativ ausführlich darauf zu sprechen kam und unter dem Stichwort Nachträglichkeit folgendes anmerkte: "Von Freud in Verbindung mit seiner Konzeption der Zeitlichkeit und der psychischen Kausalität häufig verwendeter Ausdruck: Erfahrungen, Eindrücke, Erinnungsspuren werden später aufgrund neuer Erfahrungen und mit dem Erreichen einer anderen Entwicklungsstufe umgearbeitet. Sie erhalten somit gleichzeitig einen neuen Sinn und eine neue psychische Wirksamkeit." (1967, S. 313). Das im Menschen wirkende Prinzip der Nachträglichkeit ermöglicht eine spezifische Art und Weise des psychischen Wachstums: Es ist ein Wachstum, das nicht so sehr die Zukunft als die Vergangenheit betrifft, ein Wachstum, das immer neue Potentialitäten aus der Vergangenheit reaktiviert. Borbély (1987, 1989) verwies darauf, daß es sinnvoll sei, nicht nur die Wirkung der Vergangenheit auf die Gegenwart zu berücksichtigen (z.B. mit Hilfe des Konzeptes der Transferenz, der Übertragung), sondern auch den Einfluß gegenwärtiger sozialer Partizipation auf ontogenetisch frühere Ereignisse, Phantasien und Psychodynamik (Inferenz) (1989, S. 94).

Im "Wolfsmann" beschrieb Freud das Prinzip der Nachträglichkeit folgendermaßen: "Das Kind empfängt mit 1 1/2 Jahren einen Eindruck, auf den es nicht genügend reagieren kann, versteht ihn erst, wird von ihm ergriffen, bei der Wiederbelebung des Eindrucks mit vier Jahren, und kann erst zwei Dezennien später in der Analyse mit bewußter Denktätigkeit erfassen, was damals in ihm vorgegangen." (1918, S. 72) Es handelt sich hier also um eine Wirkungsweise, die das Gesetz einer das Psychische beherrschenden Monokausalität relativiert: Zwei zeitlich getrennte Ereignisse treten zueinander in eine Wechselwirkung. Die Bedeutung des ersten wird erst später, nachträglich, erkennbar und wirksam. Laplanche spricht in diesem Zusammenhang von Freuds Theorie der Nachträglichkeit oder auch des "Traumas in zwei Zeiten": "Die erste Zeit, jene des Entsetzens, setzt ein nicht vorbereitetes Individuum einer sexuell höchst bedeutsamen Handlung aus, deren Bedeutung jedoch nicht assimiliert werden kann. Die Erinnerung an sich - in Abwartestellung - ist weder pathogen noch traumatisch. Sie wird es nur durch ihre Wiederbelebung bei einer zweiten Szene, welche in assoziative Resonanz mit der ersten tritt." (1988, S. 207)

Läßt sich die Theorie der Nachträglichkeit somit nicht zu einer Erkenntnisform verallgemeinern? Ernst Bloch hat den schönen Ausdruck vom "Dunkel des gelebten Augenblicks" geprägt. Er meint damit, daß man im Moment des Erlebens nie erkennen kann, was man erlebt, und daß erst die Zeit, auf Grund der kommenden Ereignisse, Bedeutungen an den Tag bringen wird, die wiederum neue Ereignisketten auslösen werden. Diese Zweiphasigkeit bei der Entstehung von Bedeutungen scheint mir ein wichtiges Moment für die Konstitution der Symbolwelt zu sein. Es ist also nicht so, daß Bedeutungen deterministisch auseinander hervorgehen und eine Bedeutung die nächste produziert, sondern daß es im Medium der Zeit zu einer ständigen Wechselwirkung zwischen Gegenwart und Vergangenheit kommt, die eine schier unfaßbare Anzahl an Bedeutungen ebenso wie ihre Unvorhersehbarkeit schafft.

Kehren wir nun nochmals zu den Freudschen Texten zurück. Im Entwurf von 1895 stellte Freud eine interessante Hypothese auf: es sei die Pubertät, genauer "die Verspätung der Pubertät gegen die sonstige Entwicklung des Individuums", die das Phänomen der Nachträglichkeit verursache, und zwar weil "die Verspätung der Pubertät ein anderes Verständnis des Erinnerten ermöglicht hat".

Daß es der zweite sexuelle Schub ist, der ein neues Verständnis der Ereignisse der Kindheit ermöglicht, ist ein unverzichtbarer Teil der Freudschen Theorie. Diese läßt sich allerdings auf zwei Arten interpretieren. Ausgehend von Jones' einflußreichem Aufsatz über die Pubertät (1922), kann man den Standpunkt vertreten, die Pubertät stelle lediglich eine Wiederholung der frühen Kindheit dar, ebenso wie die ersten fünf Jahre eine Wiederholung der menschlichen Gattungsgeschichte seien. Dabei reduziert sich die Theorie der Nachträglichkeit auf Theorien wie die der *"verspäteten Abfuhr"* oder der *"aufgeschobenen Handlung"*, die einem monokausalen und deterministischen Denken verpflichtet sind. Meines Erachtens läßt sich die Theorie der Nachträglichkeit jedoch nur dann sinnvoll vertreten, wenn man annimmt, daß der Pubertät bzw. der Adoleszenz eine eigene, von der frühen Kindheit unabhängige Funktion zukommt. Es ist nämlich die Zweizeitigkeit der sexuellen Entwicklung, die immer neue "Lektüren" der Kindheit ermöglicht und damit auch neue, unvorhersehbare Ereignisketten auslösen kann. In den "Drei Abhandlungen zur Sexualtheorie" (1905) schrieb Freud: "Die Tatsache des zweizeitigen Ansatzes der Sexualentwicklung, also die Unterbrechung dieser Entwicklung durch die Latenzzeit, erschien uns besonderer Beachtung würdig. Sie scheint eine der Bedingungen für die Eignung des Menschen zur Entwicklung einer höheren

Kultur, aber auch für seine Neigung zur Neurose zu enthalten." (a.a.O., S. 135)

Erst die Theorie der Nachträglichkeit macht Freuds These vom Zusammenhang zwischen Zweizeitigkeit und höherer Kultur bzw. Neurose verständlich. Die Latenzzeit, d.h. der Umstand, daß der Mensch nicht mit fünf oder sechs Jahren, sondern erst im Verlauf der Pubertät geschlechtsreif wird, schafft den Abstand, dank dessen die Prägungen der frühen Kindheit umgewandelt und in einen symbolischen Kosmos aufgenommen werden können. Erst durch die Adoleszenz wird der Mensch gleichsam geschichtsfähig, d.h. fähig, sich eine Geschichte zu schaffen, indem er Vergangenes symbolisiert und dem Prinzip der Nachträglichkeit zugänglich macht. Freud bezeichnete "Forschen und Heilen" als das "Junktim der Psychoanalyse"! - es ist ebenso das "Junktim der Adoleszenz".

Forschend die Vergangenheit zu erkunden und sich mit ihr auseinanderzusetzen kann nur deshalb eine heilende Wirkung haben, weil es das Prinzip der Nachträglichkeit gibt. "Erinnern, Wiederholen und Durcharbeiten" machen nicht nur die Wirksamkeit der Psychoanalyse aus, sondern beschreiben auch Grundprozesse der Adoleszenz, die meist unbewußt ablaufen.

Während der Adoleszenz bildet sich nämlich eine bedeutunggebende Struktur heraus, die sowohl vergangenheitsorientiert ist, indem sie neue Bedeutungen aus den positiven und negativen Erfahrungen der Kindheit herausholt, als auch zukunftsbezogen, indem sie Erwartungen erzeugt, die die Zukunft beeinflussen werden. Ich möchte im folgenden zwei Elemente dieser Struktur beschreiben, nämlich die Geschlechtsidentität sowie Aggression und Omnipotenz.

"Erst mit der Vollendung der Entwicklung zur Zeit der Pubertät fällt die sexuelle Polarität mit männlich und weiblich zusammen", schrieb Freud über die Geschlechtsidentität. "Auf der Stufe der prägenitalen sadistisch-analen Organisation ist von männlich und weiblich noch nicht zu reden, der Gegensatz von aktiv und passiv ist hier der herrschende" (a.a.O., S. 297-98). Obwohl es sich hier um einen Text von 1923 handelt und neuere Forschungen viel frühere Vorläufer der Geschlechtsidentität nachweisen, bin ich der Ansicht, daß Freud die Wichtigkeit der Pubertät für die Bildung der sexuellen Polarität zu Recht hervorgehoben hat. Das Ehepaar Laufer führte in seinem 1984 erschienenen Buch "Adoleszenz und Entwicklungskrise" Freuds Ansatz weiter. "Vorstufen der geschlechtlichen Differenzierung", heißt es da, "werden zwar schon in der ödipalen Periode erreicht und während des Latenzalters erprobt, das Selbstbild 'männlich' oder 'weiblich' wird endgültig aber erst am Ende der Adoleszenz zusammengefügt... " (a.a.O., S. 46). Dadurch komme es zu einer Umwertung der sexuellen Strebungen, die nachträglich mit neuen Bedeutungen belegt werden: "Die präpuberalen Wünsche und Phantasien waren vor Eintritt der physisch-sexuellen Reife gefahrlos und annehmbar, aber von der Pubertät an sind diese gleichen Wünsche und Phantasien mit einer neuen inzestuösen Bedeutung befrachtet. (...) Der Körper, der bis zur Pubertät als passiver Träger von Bedürfnissen und Wünschen erfahren wurde, wird jetzt in der sexuellen und in der aggressiven Phantasie wie im sexuellen und im aggressiven Verhalten zur aktiven Kraft" (a.a.O., S. 21)

Unter diesen Bedingungen kommt es erneut zum Inzestverbot, wobei es mir sinnvoll erscheint, dieses ebenfalls als ein zweiphasiges Geschehen zu begreifen. In der ersten, ödipalen Phase geht es beim Inzestverbot vor allem um die

Umwandlung von sexuellen Strebungen in zärtliche, die in den Dienst der familiären Kohäsion gestellt werden können. In der zweiten, adoleszenten Phase muß das Inzestverbot eine andere Leistung erbringen: die sexuellen Strebungen sollen nun nicht mehr in zärtliche umgewandelt werden, sondern von den familiären Liebesobjekten abgelöst und nach außen gewendet werden. Das Neue besteht also darin, daß fremde, nicht zur Familie gehörende Personen zu Liebesobjekten werden können. Indem die sexuelle Polarität männlich-weiblich aufgebaut wird, kommt es zu einer Reorganisation der Sexualität. Das von der Kultur durchgesetzte Inzestverbot macht die Fremden begehrenswert, ermöglicht kulturelles Wachstum und gibt dem Individuum die Chance, außerhalb der Familie Erfahrungen zu machen.

Auch Aggression und Omnipotenz bekommen in der Adoleszenz neue Bedeutungen. "Der vierjährige Junge, der in den Schmerzen ödipaler Konflikte steckt, träumt vom Tod seines Vaters, aber jetzt, mit vierzehn Jahren, hat er die Möglichkeit zu töten", schrieb Winnicott. "Selbstmord ist jetzt möglich. Er kann sich Drogen beschaffen. Das Mädchen, das mit vier Jahren mit seiner Mutter identifiziert war, aber auch eifersüchtig auf die Empfängnisfähigkeit der Mutter, das von Einbrechern oder vom Tod der Mutter träumte, kann jetzt, mit vierzehn Jahren, schwanger werden oder seinen Körper für Geld feilbieten." (1965, S. 321)

Möglichkeit und Wirklichkeit, Wunsch und Realität müssen nun schärfer auseinandergehalten werden. Für das Kind ist das Mögliche, der Wunsch nicht so gefährlich, weil der Schritt zu seiner Realisierung relativ groß ist. Je größer aber das Kind wird, desto realisierbarer werden seine Wünsche, und umso gefährlicher wird die Realität. Dieser Umstand kann den Übergang von der Familie zur Kultur stark erschweren: die Kultur, das Jenseits der Familie, erscheint plötzlich als chaotischer Ort voller Gefahren, vor denen nur die Familie schützen kann. Omnipotenzphantasien, die kulturell nicht umsetzbar zu sein scheinen, lassen das Subjekt regredieren und binden es weiterhin an die Familie. Hier taucht auch der Zusammenhang zwischen Aggression und Allmachtsphantasien auf: Nicht realisierbare, archaisch gebliebene Omnipotenzphantasien rufen im Individuum ein beträchtliches Aggressionspotential hervor. Dies ist insbesondere deshalb problematisch, weil archaische Allmachtsphantasien politisch gut verwertbar sind. Im Kern von Nationalismus und Rassismus sind sie auch heute leicht zu erkennen: Das eigene Land erscheint als das größte und die eigene Rasse als allen anderen überlegen. Wenn wir mit Freud den kulturellen Prozeß so definieren, daß er immer mehr Menschen miteinander verbindet - wären diese narzistischen Phantasien dann nicht ein wesentlicher kultureller Faktor? Ich bin der Ansicht, daß wir hier deutlich zwischen Familie und Kultur unterscheiden müssen: Nationalistische und rassistische Vorstellungen gehören grundsätzlich zur Ordnung der Familie und nicht zu derjenigen der Kultur. Wie wir gesehen haben, spielt bei Nationalismus und Rassismus die Phantasmagorie der Familie eine wesentliche Rolle; das Volk und die Rasse sind nämlich auf die Gesellschaft projizierte Surrogate der Familie. Die Menschen werden in diesen Vergesellschaftungsformen nicht libidinös, sondern narzistisch aneinander gebunden. Infolgedessen ist das gesellschaftliche Wachstum nur momentan und kann sich auf die Dauer gegen die narzistische Aggression nicht behaupten. Die Allmachtsphantasien können nämlich nur dann zu einem kulturellen Faktor werden, wenn sie an die Ich-Entwicklung gekoppelt und somit durch Arbeit realisierbar werden.

Literatur

Bischof, N. (1985): Das Rätsel Ödipus. Die biologischen Wurzeln des Urkonfliktes von Intimität und Autonomie. München.

Borbély, A.F. (1987): Towards a Temporal Theory of the Mind. In: Psychoanalysis and Contemporary Thought 10/4.

Borbély, A.F. (1989): Der Realitätsbegriff der Psychoanalyse oder Psychoanalyse im Übergang. In: Jahrbuch für Psychopathologie und Psychotherapie IX. 91-113.

Freud, S. (1985): Entwurf einer Psychologie. In: Freud, S.: Gesammelte Werke, Nachtragsband, Texte aus den Jahren 1885-1938, Hg. von Richards, A., u. M. von Grubrich-Simitis, I., Frankfurt a.M. 1987.

Freud, S. (1905): Drei Abhandlungen zur Sexualtheorie. In: Gesammelte Werke, Bd. V, 27-159.

Freud, S. (1918): Aus der Geschichte einer infantilen Neurose: In: Gesammelte Werke, Bd. XII, 27-157.

Freud, S. (1923): Die infantile Genitalorganisation. In: Gesammelte Werke, Bd. XIII, 291-298.

Freud, S. (1930): Das Unbehagen in der Kultur. In: Gesammelte Werke, Bd. XIV, 419-506.

Gennep, A. van (1909): The Rites of Passage. Chicago 1972.

Jones, E. (1922): Einige Probleme des jugendlichen Alters. In: Jones, E.: Die Theorie der Symbolik und andere Aufsätze, Frankfurt a.M., Berlin, Wien 1978, 143-163.

Kaplan, L.J. (1984): Abschied von der Kindheit. Eine Studie über die Adoleszenz. Stuttgart 1988.

Laplanche, J. u. Pontalis, J.B. (1967): Das Vokabular der Psychoanalyse, Frankfurt a.M. 1972.

Laplanche, J. (1988): Die allgemeine Verführungstheorie und andere Aufsätze, Tübingen.

Laufer, M. und Eglé Laufer, M. (1984): Adoleszenz und Entwicklungskrise. Stuttgart 1989.

Lévi-Strauss, C. (1956): Die Familie. In: Lévi-Strauss: Der Blick aus der Ferne. München 1985, 73-104.

Mead, M. (1970): Der Konflikt der Generationen. Jugend ohne Vorbild. Olten und Freiburg i.B. 1971.

Rotmann, M. (1973): Latenzzeit und Adoleszenz in psychoanalytischer Sicht. In: Ohlmeier, D. (Hg.): Psychoanalytische Entwicklungspsychologie. Freiburg, 85-106.

Turner, V. (1969): Das Ritual. Struktur und Anti-Struktur. Frankfurt a.M. 1989.

Winnicott, D.W. (1965): Reifungsprozesse und fordernde Umwelt. München 1974.

Teil II:

Gesellschaftliche Veränderungen und spätadoleszente Entwicklungsprozesse bei Studierenden

"Die Profis und das Chaos..."

Werkstattbericht aus einer psychoanalytischen Gruppen-Sitzung mit Studierenden der GhK*

Eugen Mahler

1. Einleitung

Im Gegensatz zu den üblichen und sonst auch von mir bevorzugten Längsschnittbeschreibungen psychoanalytisch gesehener Gruppenprozesse möchte ich diesmal aus einer einzigen Sitzung einer - von Gerhard Wittenberger und mir geleiteten - themenbezogenen, psychoanalytischen Gruppenarbeit mit Studierenden der Gesamthochschule Kassel berichten, und zwar über die 4. Sitzung einer neuen Gruppe im Wintersemester 1990/91. Die Arbeit fand im Rahmen eines Seminars statt, das im Vorlesungsverzeichnis angekündigt worden war. Das Thema sollten die Studierenden selbst sein und ihre Befindlichkeit an der GhK in der gegenwärtigen Situation. Obwohl es nachträglich so aussehen könnte, haben wir diese Sitzung nicht bewußt ausgewählt. Den Ausschlag hat vielmehr das erstbeste Tonband gegeben, das wir unserem Panzerschrank entnommen hatten[1], um es in unserem Forschungsseminar im Rahmen unseres Forschungsprojektes "Student heute" vorzuspielen, ein Verwendungszweck, dem die Teilnehmer der Gruppensitzung schon vor der von uns erbetenen Aufzeichnung zugestimmt hatten. Blindlings haben wir -nachträglich gesehen - einen ganz guten Griff getan. Bewußt hätten wir nach einer brillianten Vorführsitzung gesucht, und eine solche ist die jetzt vorliegende in unserer Erinnerung, zunächst jedenfalls, nicht gewesen.

Ursprünglich hatten wir auch noch in andere Tonbandaufzeichnungen hineinhören wollen; wir sind dann aber, über mehrere Forschungsseminarsitzungen hinweg, bei dieser einen Aufzeichnung geblieben. Sie schien uns zunehmend interessant, und zu oft waren wir gedrängt, den Lauf des (akustisch nicht optimalen) Tonbandes zu unterbrechen oder auch zurückzuspulen, um Fragen zu stellen, um die direkten Erinnerungen zu mobilisieren und auszutauschen, um Antworten zu versuchen oder um unseren Assoziationen und Einfällen nachzugehen. Vom Verlauf und von der bewußten und unbewußten Gruppenpsychodynamik sowie vom Übertragungsgeschehen haben wir nachträglich dann natürlich zunehmend sehr viel mehr verstanden als in der Sitzung selbst.

---

*Geänderte Fassung eines Vortrages, gehalten am Freitag, dem 24.4.1992, auf dem Symposion "Phantasie und Realität in der Spätadoleszenz".

[1]Die Bänder aus vielen Semestern sind dort zwar katalogisiert und jeweils mit einem Kennwort versehen. Über das Verzeichnis verfügt aber - aus Doppelsicherungsgründen für den Datenschutz - nur unsere Sekretärin. Diese ist zum genannten Zeitpunkt nicht mehr im Haus gewesen, und wir hatten versäumt, uns vorher rechtzeitig vor dem Seminar ein Band auszusuchen.

Zugleich eignet sich der Inhalt aber auch dazu, bestimmte Aspekte aus dem Punktuellen und Spezifischen dieser Gruppensitzung ins Allgemeine des Studentseins heute zu erheben. Das Spezifische bezieht sich zeitlich auf den fixierten Querschnitt vom 12.12.1990, räumlich auf die GhK und den Seminarraum im WZ II (Wissenschaftliches Zentrum für Psychoanalyse und Psychosoziale Forschung) in der Gottschalkstr. 28 und methodisch auf ein bestimmtes Konzept der psychoanalytischen Gruppenarbeit[2] mit Studierenden und schließlich auf das Setting: 20 Teilnehmer, 2 verschieden alte männliche Gruppenleiter und ein deutlich jüngerer männlicher Beobachter.

Zum Thema "Phantasie und Realität in der Spätadoleszenz" paßt unser Beitrag in besonderer Weise, weil es ja zur gruppenanalytischen Arbeit gehört, unbewußte Phantasien, Wünsche und Motivationen aufzuspüren, die das Verhalten und die Befindlichkeit einer Gruppe bestimmen, einer Gruppe von Studierenden in diesem Falle, von Spätadoleszenten. Gelingt die psychoanalytische Gruppenarbeit insgesamt, so können sich für die Gruppe und für den Einzelnen im Hier und Jetzt der jeweiligen Sitzung, genauso aber auch außerhalb und für jeden in seinem eigenen Umfeld, neue und "erwachsenere" Realitätsbewältigungsmöglichkeiten ergeben.

2. Die Gruppe

Die Gruppe bietet ein buntes Bild. Es sind 20 Teilnehmer, 11 weibliche und 9 männliche, im wesentlichen zwischen 20 und 30 Jahren. 3 Teilnehmer sind mit 40 Jahren und darüber deutlich älter, ein Mann, der ein Zusatzstudium absolviert, und 2 Frauen, die über den Zweiten Bildungsweg ins Studium gelangt sind. Etwa die Hälfte sind StudienanfängerInnen, die übrigen in fortgeschrittenen Semestern. Sie kommen aus den Fachbereichen Erziehungs- und Sozialwissenschaft, einzelne auch aus den Fachbereichen Architektur und Kunst.

Die meisten sind im üblichen "Studenten-Gammellook", andere aber auch modisch-schick. Ein Student hat einen glattrasierten Kopf, ist schäbigst gekleidet, trägt aber, wie im Kontrast dazu, eine Art Wanderstiefel von guter Qualität.

Im übrigen werde ich die TeilnehmerInnen unter erfundenen Vornamen vorstellen, wenn sie in der Gruppe bzw. in meinem Bericht hier zu Wort kommen.

3. Die Sitzung

a) Die initiale Szene

Das Abhören des Bandes und der Versuch einer nachträglichen Bearbeitung im Forschungsseminar hat im Sommersemester 1991 stattgefunden; die Sitzung lag inzwischen also schon ein halbes Jahr zurück.

[2]Siehe dazu: Mahler, E.: Psychoanalytische Gruppenarbeit mit Lehrerstudenten, Psyche 2, 28. Jg., Februar 1974, S. 97-115, und Mahler, E.: Interdependenz von Klein- und Großgruppenprozessen aus psychoanalytischer Sicht - am Beispiel einer Gruppenarbeit in der Lehrerausbildung. Gruppenpsychotherapie und Gruppendynamik, Bd. 10, Heft 1, April 1976, S. 25-49, Vandenhoeck & Ruprecht.

In der Tonbandaufzeichnung beginnt diese zögerlich mit Gemurmel, Stuhlrückgeräuschen und mit Gesprächsfetzen aus multiplen Unterhaltungen, die sich zum Teil auf Irritationen beziehen, die einige Zuspätkommer verursachen, und dies besonders im Zusammenhang mit einer auf meine Veranlassung hin im Kreis herumgegangenen Teilnehmerliste, die den Zuspätkommern nachgereicht werden mußte.

Peter (als beamteter Lehrer in einem Zusatzstudium ist er mit etwas über 40 Jahren das älteste männliche Gruppenmitglied. Er trägt einen dicken, auffallend kunstvoll gestrickten Pullover in dunklen, grün-blauen Farbtönen und Blue Jeans) und *Paul* (er stammt aus Dresden und ist als anerkannter Ausreisewilliger schon vor dem Fall der Mauer in die BRD gekommen. Er hat die 30 schon überschritten, sieht aber trotz Vollbart und Pferdeschwanz jünger aus) sind mit Vorschlägen bald deutlicher herauszuhören: Man solle sich gegenseitig zur Pünktlichkeit verpflichten, und es sei besser, die Liste am Eingang auszulegen. Die "Prozedur" sei dann nicht so störend wie beim Herumreichen der Liste. Zuspätkommen und Listeherumreichen seien "Zeitverschwendung", so *Paul*.

Ich bleibe bei dem Wunsch, die Liste in der Runde herumgehen zu lassen. Den Grund dafür hatte ich in der Vorbesprechung schon einmal ausführlich genannt: "Aus einer Teilnehmerliste, die in der Gruppe die Runde gemacht hat, läßt sich nachträglich die Sitzordnung rekonstruieren, und wir haben es gerade bei einer noch jungen Gruppe dann leichter, uns die Namen zu merken bzw. diese den Personen zuzuordnen."

Diese Begründung schien im Augenblick in Vergessenheit geraten zu sein. Einzelne Teilnehmer bezogen sich dann aber direkt oder indirekt doch auf diese.

So sagt *Peter* nach einer Pause: "Hinter diesem Ritual verbirgt sich also wieder einmal so ein Geheimnis, von dem wir nichts wissen ...!"

Beim nachträglichen Abhören des Bandes erscheint manches zuerst sehr fremd und neu. Anderes wird rasch wieder lebendig, und ich erinnerte mich sofort wieder an Peters Bemerkung und auch daran, daß die Worte "Ritual", "wieder einmal" und "Geheimnis" sich in meiner "gleichschwebenden Aufmerksamkeit"[3] verfangen hatten.

Dazu wurde mir nach Peters Hinweis selbst auch deutlich, wie sehr das von mir persönlich initiierte Herumreichen der Liste in der Runde etwas von einem Ritual an sich gehabt hat. Zwar hat *Peter* dies ironisch vermerkt; nichtsdestoweniger hat er mit seismographischer Einfühlungsfähigkeit etwas über die Gesamtbefindlichkeit[4] der Gruppe ausgesagt, deren Teilnehmer dabei gewesen sind, sich in einer unterschwelligen Feierlichkeit in unsere Teilnehmerliste einzutragen.

"Wieder einmal" und "Geheimnis" waren Anspielungen auf die vorletzte Sitzung, in der uns, im Zusammenhang mit der Tonbandaufzeichnung, vor allem von *Udo* (dem Studenten mit dem glattrasierten Kopf und den auffallenden Stiefeln) bittere Vorwürfe gemacht worden waren: wir seien "genauso wie die meisten Professoren heutzutage". Wir kümmerten uns nicht um die

[3]"Gleichschwebende Aufmerksamkeit" , siehe dazu Freud, S.: Schriften zur Behandlungstechnik. Fischer, Wissenschaft. Studienausgabe. Ergänzungsband S. 170-172, 175.

[4]Siehe dazu: Bion, W.R. (1961): Experiences in Groups. - Dt.: Erfahrungen in Gruppen. Stuttgart (Klett) 1971.

"Interessen und Wünsche der Studierenden", sondern wir dächten "nur an unsere Forschung, um uns zu profilieren", und wir wollten auf ihre Kosten "Karriere" machen. Sie seien für uns nur "Versuchskaninchen"! Andere hatten dann gemeint: "Ganz so" könne es wohl "doch nicht" sein. Vielmehr spüre man ja "gerade in dieser Veranstaltung hier viel persönliches Interesse!" "Geheimnis" bezog sich vordergründig auf das, was wir, Gerhard Wittenberger, Diethelm Class und ich, über sie denken oder was wir über sie reden, wenn die Gruppe nicht dabei ist. Darüber hinaus denken natürlich alle Einzel- und Gruppenpsychoanalytiker bei "Geheimnis" immer auch an Phantasien über die Urszene. So hat ja auch jede Gruppe Phantasien über ihre Herkunft, über ihre Zusammensetzung, über ihre "Geburt" sozusagen, Phantasien, die sich bei der Übertragung auf einen weiblichen Leiter dann auch auf eine, wie auch immer ausgestattete Ur-Mutter beziehen können, bei männlichen auf einen Vater oder Über-Vater bis hin zum lieben Gott und bei einem Leiter-Paar auf ein Übertragungs-Elternpaar. Was diese Gruppe hier in ihrer Übertragungsphantasie aber mit uns drei Männern im Leitungsteam anfangen könnte, war mir unklar, wobei ich der Großväter-, Gerhard Wittenberger der Väter- und Diethelm Class der Sohn- bzw. Geschwister-Generation hätten zugeordnet werden können.

Nach der kurz erwähnten Vorgeschichte in der 2. Sitzung und nach dem gegenwärtigen Eindruck jetzt zu Beginn der 4. Sitzung sprach zum Zeitpunkt von Peters Bemerkung alles für eine gemeinsame unbewußte Gruppenphantasie[5], die dem Wunsch nach einem Initiationsritus im Sinne einer feierlichen Aufnahme und öffentlicher Namensnennung hätte entsprechen können, verbunden mit tiefen Hingabewünschen, die abgewehrt werden mußten. Peters Bemerkung erfüllte diese Abwehrfunktion. Er hatte das "Ritual" erkannt, benannt und damit zuerst einmal aufgehoben.

Die Frage ist, wie sich der weitere Verlauf der Gruppensitzung zu dieser Eingangsszene und zu dieser Eingangsphantasie verhält. Bevor ich darauf zurückkomme, werde ich am besten versuchen, in Kurzform den Verlauf der Sitzung zu skizzieren.

b) Der Verlauf

1. Das Chaos und die Profis

Während die Gruppe sich nun ihrerseits Gedanken um die Sitzordnung machte, die sich im Verlauf der vorausgegangenen Sitzungen kaum verändert hatte, und Möglichkeiten und Probleme erörterte, wie sich die Teilnehmer am besten und möglichst rasch gegenseitig kennenlernen könnten, durch gegenseitiges Sichvorstellen oder durch Namensschilder, ob dies hier besser gehe oder außerhalb, und ob sie dies überhaupt wollten und wozu, fanden unterschwellig, vor allem zwischen den Männern, Rivalitäts- und Rangordnungskämpfe statt. Im Rahmen dieser lehnte sich *Alex* (mit kräftig-knochigem Körperbau, dunklen, kurzen Locken und einem blendenden, starken Gebiß, das er beim Lachen gerne zeigt, hat er etwas von einem Naturburschen an sich. Er trägt schwarze, zimmermannszunft-ähnlich geschnittene Cordsamthosen) an mich an, so, als ob er mich unterstützen und gegebenenfalls verteidigen müsse. Vor allem rivalisiert er, auf dem Stuhl rechts neben mir sitzend, dabei insgeheim mit G.W., der links von mir sitzt. Im Grunde möchte er der bessere Co-Leiter sein. Mit

[5] S. dazu Argelander, H.: Die Analyse psychischer Prozesse in der Gruppe. Teil I und Teil II, Psyche, 1963, XVI. Jg., Heft 7 und Heft 9.

diesem Verhalten macht er sich in der Gruppe nicht nur unbeliebt, sondern er wird vorübergehend auch zum Gruppen-Clown, so z.B. als er vorschlägt, jeder solle eine Person oder Persönlichkeit nennen, die er/sie gerne wäre.

Daraufhin *Fritz*: "... und dann wärst du Napoleon!" Gelächter.
(*Fritz* ist schick, sportlich gekleidet, er ist blond, hat einen kürzeren, gefälligen Haarschnitt und markante Gesichtszüge. In seinem Studium ist er allem Anschein nach zielstrebig und erfolgreich. Er hat in der Gruppe die attraktive *Susanne* kennengelernt. Sie hat schulterlange, üppige blonde Haare, und sie hat es bisher verstanden, sich mit spitzen Bemerkungen Respekt zu verschaffen. Zusammen wirken die beiden wie ein junges Paar, dem die Zukunft gehören könnte. Dieser Phantasie entsprechend, hatten sie in der vergangenen Sitzung gekonnt einen Flirt vorgeführt, an dem die Gruppe mit eigenen Hoffnungen partizipiert hatte.)

Jetzt saß *Susanne* fast anlehnungsbedürftig neben *Fritz*, der sie aber auffallend wenig beachtete. Während er offenbar das Gefühl hatte, sich ihrer inzwischen sicher zu sein, ging es ihm jetzt vordringlich um sein Ansehen und seine Stellung in der Gruppe. Mit seinem Hieb gegen *Alex* hatte er die Lacher auf seine Seite gebracht. Beunruhigt war er aber - nach meinem Eindruck - durch *Peter* und *Paul*, die, einander gegenübersitzend, sich gegenseitig die Bälle zuwarfen und die darüber hinaus in spürbaren Andeutungen den Aufstand gegen G.W. und mich probten. Sie wollten alles voranbringen, rationalisieren, und schließlich schlug *Peter* auch noch vor - sichtlich in der Absicht, G.W. und mich zu provozieren - , man könne sich ja außerhalb der Sitzungszeiten hier, unabhängig von uns, nebenan im Café "Nordpol" treffen. Einzelne Teilnehmer gingen nach der Sitzung sowieso dorthin, und man fände dort die Zeit, die hier fehle, um sich besser kennenlernen zu können.

Dagegen kommen sofort viele Einwände, z.B.: Im Café löse sich sowieso alles bald in Zweiergespräche auf, während man hier ja gerade mit allen ins Gespräch kommen könne.

Vor allem *Helga* (sie ist mit *Elisabeth* zusammen eine der beiden älteren Frauen, die nach ihren eigenen - einer alten soziologischen Studie entliehenen - Worten ihre K.K.K.-Phase (Kinder, Küche, Kirche) schon hinter sich hatten) warnt mit guten Argumenten, aber auch, so vermute ich, aus der Befürchtung heraus, sie könne dort leicht ausgeschlossen werden. Man solle, so meint sie, nicht mit einem Konkurrenzunternehmen die Gruppensitzungen hier aushöhlen. Mit einem Blick zu mir will sie sich mein Einverständnis holen, und für mein Empfinden bewirbt sie sich damit bei mir um eine Mutterrolle in der Gruppe. Dementsprechend hört die Gruppe sehr auf sie und stimmt zu. Als *Helga* nun aber zu sehr betont, es gehe hier doch vor allem um Gefühle und darum, sich gegenseitig "zu öffnen", zieht sich die Gruppe spürbar wieder von ihr zurück.

Bernhard (der etwas blaß und schmächtig wirkt und noch nie etwas gesagt hat) meint, sogar fast schroff, auf Gefühle käme es hier überhaupt nicht an. Nach einer längeren nachdenklichen Pause meint *Peter*: "Ich wundere mich über den Zusammenhalt der Gruppe hier. Wir kommen doch alle in der etwa gleichbleibend großen Anzahl her, trotz unserer *chaotischen Disskussion...*! - Nun, wir haben ja auch noch *unsere beiden Profis* hier. Vielleicht können die uns erklären, warum wir das machen, in dieser Menge...". Dabei fängt er an, die TeilnehmerInnen zu zählen. Ich sage jetzt sofort und ohne Überlegung: "Es sind genau 20 Teilnehmer, 11 Frauen und 9 Männer und zusätzlich wir Profis, wie Sie uns genannt haben!"

Die Bemerkung war mir spontan herausgerutscht. Immerhin aber hatte ich mich mit dieser jetzt selbst auch als "Profi" ausgewiesen, der - nicht zuletzt dank der anfangs durchgesetzten Teilnehmerliste - den Überblick hat.

G.W. fragte nun seinerseits *Paul*, warum er die anderen denn nicht direkt frage, wenn er sich dafür interessiere, warum sie hierher kämen, und im übrigen habe er von sich selbst dazu ja bisher auch nichts gesagt.

Diese Bemerkung nahm *Peter* nicht als Frage nach dem Warum seines Verhaltens, sondern als eine direkte Anweisung, der er willig und wie übereifrig nachkam und so, als redete er nun von sich selbst. Es klang aber eher so, als lese er aus einem Lehrbuch der Gruppendynamik vor: "Ich komme, weil ich hoffe, daß meine Selbstwahrnehmung durch Fremdwahrnehmung korrigiert werden kann ... ruhig auch kritisch ... , und ich brauche einen Spiegel, der mir vorgehalten wird, damit ich meine blinden Flecke erkenne...!" u.v.a.m.

Ich sage daraufhin zu ihm: "Ich habe den Eindruck, Sie möchten zu erkennen geben, daß Sie etwas von der Sache verstehen, und Sie möchten uns sagen, wie es gemacht wird und worum es geht. Vielleicht haben Sie dabei auch andere Vorstellungen und sind von uns enttäuscht...".

Wie ertappt und mit der Geste eines In-sich-Zusammensackens, bestätigt er den ersten Teil meiner Vermutung, "ja", er habe einiges nachgelesen. Im übrigen meine er aber nicht, daß er von uns enttäuscht sei, vielmehr habe ihn etwas ganz anderes gestört. Darüber berichtet er nun locker mit Witz und Selbstironie: "Als preußischer Beamter, der ich ja nun einmal bin, habe ich versucht, mich ordnungsgemäß hier anzumelden. Das ist mir aber nicht gelungen. Entsprechend der Ankündigung im Vorlesungsverzeichnis bin ich zuerst zum Fachbereich 3, Psychologie, gegangen. Die zuständige Sekretärin war aber krank gewesen, und ihre Stellvertreterin wußte nicht Bescheid. Sie schickte mich dann hierher ins WZ II und zur Psychotherapeutischen Forschungs- und Beratungsstelle, obwohl ich ja keine Therapie gewollt hatte. Die Sekretärin hier war dann sehr nett, erklärte, daß die ausgeschriebene Veranstaltung in den Räumen hier stattfinde, es sei ein Seminar, und es gehe nicht um Gruppenpsychotherapie. Von einer Teilnehmerliste allerdings wußte sie nichts. - Mir wäre es aber wichtig gewesen, bei der begrenzten Zahl mir einen Platz zu sichern..."

Peter hatte jetzt die ganze Aufmerksamkeit der Gruppe auf sich gezogen, die gespannt und mit der Bereitschaft zum Amusement an seinen Lippen hing, zumal einige andere, wie sich unter viel Lachen herausstellte, eine ähnliche Odyssee hinter sich hatten.

Mir selbst war dies alles aber zunehmend peinlich, weil *Peter* und die anderen im Vorfeld der Gruppenentstehung das reine Chaos schilderten und nichts von einer strukturgebenden Gruppen-Schöpfungsgeschichte. Reale Versäumnisse meinerseits im Zusammenhang mit einer Veränderung des Veranstaltungsortes gegenüber der Ankündigung im Vorlesungsverzeichnis wurden dabei natürlich mit Genuß gigantisch übertrieben. *Peters* Bericht spitzte sich darüber hinaus aber auch noch zu und bekam dabei noch etwas Mythologisch-orakelhaftes; - denn, so habe die Sekretärin im weiteren gesagt: "Das mit der Teilnehmerzahl dürfen Sie nicht so wichtig nehmen. Nach den ersten Sitzungen bleiben sowieso die meisten weg. Was übrigbleibt, ist der 'harte Kern', und für den lohnt sich die Arbeit dann erst; denn die, die diese Gruppenarbeit anbieten und durchführen, sind Fachleute!"

Während mir innerlich die Haare zu Berge standen, lachte die Gruppe zwar noch, aber doch wie unter dem vorausgesagten Verhängnis der Dezimierung und so, als sei diese von uns gewollt und eingeplant. - Es liegt uns aber im Gegenteil alles daran, die Teilnehmerzahl von Anfang an konstant zu halten, und wir setzen unsere ganze Deutungskunst ein, um dies möglichst auch zu erreichen.

Schließlich sagte ich: "Tatsächlich ist es ja schwierig, sich in dem relativ großen Kreis gegenseitig kennenzulernen und zu einer gemeinsamen Arbeit zu kommen. Die eine oder der andere wird sich dann schon überlegen, ob er bleiben und standhalten will, oder lieber gehen, d.h. flüchten möchte. Uns ist es aber lieber, wenn Sie bleiben und die Arbeit in diesem Rahmen mit uns versuchen."

2. Image und Identität

Es kam nun eine ruhige Stimmung auf, in der offenbar nachklang, was ich gesagt hatte, und es entwickelte sich ein längeres Schweigen, in dem jede(r) anfing, sich den eigenen Gedanken zu überlassen. .

Ich mußte daran denken, daß die Gruppe sich in der letzten Sitzung nach einem längeren Schweigen dazu geäußert hatte, wie jede(r) dieses Schweigen erlebt hätte, und nach vielen anderen Einfällen hatte *Elisabeth* schließlich gemeint: "Wie ein schwarzes Loch!" Dieses Wort bzw. dieser Begriff hatte es natürlich in sich, weil er von der Geburt bis zur kosmischen Vernichtung ja alles enthält. ["Das schwarze Loch" war deshalb auch für unsere Kartei zum Kennwort für diese vorhergegangene Sitzung geworden.]

Für die augenblickliche Situation bedeutete dies auch, daß alles, was jetzt in das Schweigen, also in "das schwarze Loch" hineingesagt werden wird - auch das scheinbar Nebensächliche -, durch die sofort vorhandene, bestehende allseitige Aufmerksamkeit große Bedeutung gewinnt und vielfältiges Echo auslöst, so, als handle es sich um eine welt- oder wenigstens doch gruppenbewegende Geburt.

Diese von der Gruppe also schon gemachte Erfahrung erhöhte im Augenblick die Hemmschwelle, etwas zu sagen, wodurch aber "das schwarze Loch" nur gähnender und erwartungssüchtiger wurde. Andererseits wuchs mit noch längerem Schweigen die Gefahr, in eine Stimmung hineingezogen zu werden, die jetzt bewußt niemand wollte, in die man sich aber doch hineinverlieren könnte, sei es auf Grund von Hingabewünschen der Gruppe an uns oder auf dem Boden einer untergründigen Depression im Umfeld der Bionschen dependency-fantasy

Insofern hatte sich alles, was sich bisher in dieser Sitzung ereignet hatte - das "Ritual" beim Einschreiben in die Teilnehmerlisten, das gegenseitige Rivalisieren, die Paar-Bildung, der Aufstand gegen uns - , am Rande dieses "schwarzen Loches" abgespielt, das es mit Aktivitäten zu verdecken galt oder das man erst gar nicht entstehen lassen wollte. Eile war deshalb geboten, Warten demnach nicht nur "Zeitverschwendung", sondern gefährlich, und die Zuspätkommer hatten ihrerseits zu ihrer Entschuldigung angeführt: "Am Anfang ist ja sowieso nichts los!" - D.h. sie hatten gehofft, die anderen hätten den initialen Kampf gegen das Schweigen bzw. gegen das drohende *Nichts* schon bestanden, und sie könnten sich etwas später unauffällig dazugesellen, was ja gerade nicht gelungen war. Vielmehr hatten sie großes Aufsehen und Ärger erregt.

Fritz durchbrach nun mutig das Schweigen mit einer Attitüde des Ärmelhochkrempelns und In-die-Hände-spuckens, so, als wolle er sagen: "Keine weitere Zeitverschwendung mehr; einer muß mit der Arbeit beginnen, und der bin jetzt ich!"

Ohne weitere Umschweife nahm er sich den ihm gegenübersitzenden *Udo* vor, der auch sofort aus einem in sich versunkenen Zustand aufschreckte, und im Sinne von *Peters* vorheriger Anweisung hielt er ihm den von *Peter* genannten ominösen Spiegel vor. Dabei ging er nicht zimperlich mit *Udo* um, sondern vielmehr so, als habe er sich schon lange über ihn geärgert. Was die äußere Erscheinung betrifft, so kann man sich auch kaum größere Gegensätze vorstellen wie die zwischen dem sportlich-eleganten *Fritz* und dem vergammelt-schmutzig wirkenden *Udo* mit seinem glattrasierten Kopf und seinem runden Gesicht.[6] In der Gruppe waren sie wie Antipoden. Aber auch andere regten sich zunehmend über *Udo* auf, der nicht wahrhaben wollte, daß er wie ein Skinhead aussähe. Auch über seine Stiefel sprach man, von denen man nicht wisse, ob es Wander- oder Fallschirmspringerstiefel seien [mich erinnerten sie an Stiefel von Studenten und gelegentlich auch Studentinnen in den frühen 70er Jahren, als diese noch in subversiv-spätrevolutionärer Absicht "den langen Marsch durch die Institutionen" vor sich zu haben glaubten, ein Einfall, den ich aber für mich behielt].

Der in Bedrängnis geratene *Udo* beteuerte weiterhin, er habe mit seinem glattrasierten Kopf niemanden provozieren wollen. Er habe bis vor kurzem übrigens noch schulterlange Haare getragen, über die sich in der letzten Zeit Leute aber auch zunehmend aufgeregt hätten. Eigentlich gehe es ja niemanden etwas an, wie er seine Haare trage. Mit langem Haar habe er sich früher wohlgefühlt. Auf einmal hätte er sich so aber selbst nicht mehr leiden können, und deshalb habe er "zur Abwechslung" seine Haare gleich ganz abmachen lassen. - "Das ist alles!", fügte er trotzig hinzu, und: "Im übrigen", so fuhr er fort, "Skinhead ist für mich ein sehr belasteter Begriff. Ich bin alles andere. Ein Skinhead will ich auf gar keinen Fall sein, und ich finde es beschissen, wenn Ihr mich so seht! - Vor allem will ich nicht im Mittelpunkt sein. Jetzt bin ich es doch, und ich habe einen Kloß im Hals...".

Damit verstummte er und war sichtlich nahe am Weinen. *Fritz* wollte dennoch nicht von ihm ablassen und fragte, warum er sich dann selbst zum Skinhead mache, was ja nichts weiter als "Hautkopf" heiße, und ein solcher sei er jetzt ganz konkret ja doch, von allen Wertungen und Bewertungen einmal abgesehen. "Beschissen" seien aber nicht die anderen, sondern er selbst und seine Naivität, zu glauben, er könne sich die Haare abrasieren, "nur so", ohne dann das Image eines Skinhead zu erzeugen.Das beste Mittel, in den Mittelpunkt zu rücken, sei diese Maßnahme außerdem. - Und dann sage er, er wolle kein Mittelpunkt sein: "Also entweder bist Du blöd oder verrückt, oder was oder wer bist Du denn, sag schon!" Schrecklicherweise lachen nun alle, als *Udo* stammelt: "Ich bin ein engagierter Jungsozialist!"

Wenn wir jetzt nicht zusehen wollten, wie *Udo* von der Gruppe, offenbar als Sündenbock, vollends geschlachtet werden würde, mußten wir intervenie-

[6] Vielleicht war er ja auch gar nicht der starke Mann, sondern der Säugling!? - ein Gedanke, der mir jetzt erst kommt, und somit eine Spur, der wir bisher nicht nachgegangen sind.

ren. Es gelang mir aber nicht, aus meinen Wahrnehmungen und Einfällen heraus rasch eine plausible Deutung zu machen.

Mich hatte vor allem beeindruckt, daß *Udo* sich mit seinem radikalen Haarschnitt, wie in einem Anschlag gegen sich selbst bzw. gegen einen Anteil von sich selbst, von heute auf morgen von einem bisher offenbar eher mädchenhaft wirkenden Wesen in einen knallharten Burschen hatte verwandeln wollen. Dabei schien es mir so, als befinde er sich in einer Idenditätskrise, die als seine persönliche Identitätskrise zu bearbeiten hier aber nicht unsere Aufgabe sein konnte. Falls es sich aber mutmaßlich um einen konflikthaften Zustand der Gruppe zwischen Anteilen des sogenannten negativen Ödipus-Komplexes mit Anteilen des sogenannten positiven Ödipus-Komplexes gehandelt haben sollte, zwischen Hingabewünschen an den Vater also auf der einen, und Wünschen, sich an seine Stelle zu setzen, auf der anderen Seite, lag es nahe, darin paradigmatisch etwas von der Übertragungs- und Gegenübertragungskonstellation der Gruppe mir gegenüber und, etwas komplizierter, uns gegenüber zu sehen. Die Sachlage wird darüber hinaus aber noch komplizierter, weil die geschilderten gegensätzlichen Impulse aus negativem und positivem Ödipuskomplex bestimmte Phasen oder Fixierungen des Vater-Sohn-Verhältnisses kennzeichnen, aber nicht die Vater-Tochter-Beziehung. Insofern vernachlässigt der Gedanke die weiblichen Mitglieder der Gruppe.

Die Hingabewünsche hatten sich in der Art und Weise gezeigt, in der die Gruppe sich vertrauensvoll in unsere Teilnehmerliste eingetragen hatte. *Peter* hatte etwas davon als "Ritual" bezeichnet und den weiteren Hingabewünschen durch Entlarvung zuerst einmal einen Riegel vorgeschoben. Im weiteren hat er sich als ältester Gruppenteilnehmer mit bestimmten gruppendynamischen Vorstellungen - die anders sind, als unser gruppenanalytisches Konzept - , wenn auch nicht unangefochten, zum Oppositionsführer gemacht. Wenn man so will, hat *Fritz* nun seinen Spiegelvorhalte-Angriff im Sinne von *Peter,* d.h. im Dienste der Opposition, geführt. - *Udos* weicher Kern, den er mit seinem Äußeren ja am liebsten verleugnet hätte, und *Fritzens* Kampfgeist auf der anderen Seite repräsentierten uns gegenüber die gespaltenen Anteile und Wünsche der Gruppe, die in ihrer Ambivalenz nicht wußte, ob sie sich uns hingeben oder ob sie uns bekämpfen sollte. In dieser Verstrickung war es ja von *Peter* eine besonders geniale und richtungsweisende Intervention gewesen, uns aus der (preußischen) Vater- und der (verschlingenden) Mutter-Übertragung herauszuhalten und uns zu den "Profis" zu machen, denen man sich auf einem rationalen Wege zwischen Szylla und Charybdis anvertrauen konnte, ohne uns zu überhöhen oder zu verteufeln.

In diesen Überlegungen befangen, war ich froh, daß nun G.W. die Initiative ergriff und mit seiner Intervention von der Oberfläche ausging und schließlich dabei doch in die Nähe meiner obigen Phantasien und noch unausgesprochenen Interpretationsversuche gelangte.

G.W., zunächst an *Fritz,* dann an die ganze Gruppe gewandt: "Für mich ist es noch eine Frage, warum Sie die Äußerung: 'Du siehst aus wie ein Skinhead' gemacht haben, ob Sie *Udo* treffen wollten oder ob Sie ihm die Möglichkeit geben wollten, über sich selbst nachzudenken. - Bemerkt hat *Fritz* aber, wie wir alle, daß *Udo* sich nicht so verhalten, daß er nicht so reagiert hat, wie man es vom Klischee eines Skinheads erwarten würde. An seinem Verhalten und an seiner Art, wie er über sich selber spricht, haben wir sofort gemerkt, er ist in diesem Sinne kein Skinhead, auch wenn er so aussieht...".

Nachdenkliches Schweigen. G.W. fährt fort: "*Fritz* hat auch gesagt:, ... 'mit Deinen Stiefeln, Deinem Körperbau und Deinem glattrasierten Kopf siehst Du aus wie ein starker und harter Bursche!' Die Art und Weise, wie er dann reagiert hat, zeigt, daß er das aber gar nicht ist, sondern vielmehr weich und empfindsam. Bei ihm passen also etwas Äußeres und etwas Inneres nicht zusammen, fallen sozusagen auseinander."

Obwohl die Deutung bzw. die Andeutungen in G.W.'s Intervention genau dem entsprechen könnten, was ich oben gemeint hatte, sagte G.W. im Forschungsseminar später, er habe in dem Moment seiner Intervention nicht die Unsicherheit in der Geschlechtsidentität gemeint, obwohl es jetzt so klingen könnte, sondern einfach nur den Kontrast zwischen "Image" und "Identität".

In diesem Sinne, also mehr an der relativen Oberfläche, geht die Gruppe im weiteren auch mit G.W.'s Deutung um. Sie fragen sich, inwieweit die äußere Erscheinung bzw. das "Outfit", das jeder sich ja aus dem Angebot der Mode auswählen kann, zu den Vorstellungen paßt, die jeder von sich selber hat, was bei *Udo* ja besonders auseinandergefallen sei. Abmildernd wird zu *Udo* noch gesagt, er sähe ja doch nicht ganz wie ein Skinhead aus, sonst hätte er ja noch einen Haarschopf stehen und diesen grell färben lassen müssen. Außerdem fehle eine genietete Lederjacke, und er sei ja wohl auch nicht tätowiert u.a.m.

Im weiteren meinen die Männer, die Frauen hätten es leichter, sich so zu kleiden, wie es ihrem eigenen inneren Bild entspricht. - Die Frauen behaupten überwiegend das Gegenteil. Sie hätten es in dieser Hinsicht gerade besonders schwer.

Schließlich weist *Alex* noch darauf hin, *Peter* sähe in seinem kunstvoll gestrickten Pullover und seinen Bluejeans auch nicht so aus, wie man sich einen 'preußischen Beamten' vorstelle.

Peter sagt, er fühle sich in den "Klamotten" wohl. Was den 'preußischen Beamten' betreffe, so habe er eine "Selbstkarikatur von sich entworfen. Allerdings aber sei er "preußisch streng" erzogen worden, und er habe selbst viel von einer solchen Struktur verinnerlicht. Er habe zwar versucht, sich davon zu lösen, aber ganz sei ihm dies nicht gelungen. Zwar halte er sich im allgemeinen an die üblichen Spielregeln, die ja legerer seien. Wenn er dann aber plötzlich merke, daß er sich doch wieder wie ein 'preußischer Beamter' verhalten habe, dann stelle er dies eben auch selbstkritisch fest.

Alex fragt nach, ob *Peter* es in der Hand habe, ob und wann er ein 'preußischer Beamter' ist oder sein will, und wie drohend: "Das wäre gut! - Hier drin will ich jedenfalls keinen 'preußischen Beamten' haben!"

E.M.: "Vielleicht wünschen Sie sich hier den 'preußischen Beamten' als Ordnungshüter doch, weil Sie das Chaos fürchten, das ohne diesen ausbrechen könnte."

Peter: "Gegen das Chaos oder aus dem Chaos heraus hilft kein 'preußischer Beamter', und ein schöpferisches Chaos ist mir ja auch recht. Ich hasse aber 'preußische Beamte', die alles in Paragraphen zwängen wollen!"

Nach längerer Pause E.M.: "Sie hassen Ihren Vater!"

3. Die Väter

Mit meiner Bemerkung: "Sie hassen Ihren Vater..." wollte ich *Peters* Vater hereinholen, weil diesem ja wohl die Wut gelten mußte, die der 'preußische Beamte' abbekommen hatte, der 'preußische Beamte', der offensichtlich auch ein verinnerlichter Teil von *Peter* ist.

Da sich im übrigen auf diese Figur 'preußischer Beamter' schon mehrere TeilnehmerInnen eingeschossen hatten, rechnete ich natürlich mit weiteren Vätern, und mit: '*Sie* hassen Ihren Vater' war also nicht *Peter* allein angesprochen, sondern vage auch die Gruppe insgesamt. Ich hatte aber nicht damit gerechnet, mit meiner Äußerung eine Affekt-Lawine loszutreten, auf der die Väter gleich reihenweise in den Raum polterten. Etwas stiller kam dann auch die eine odere andere Mutter. Eine war gestorben. Last, but not least - erschien zuletzt noch eine dominierende Oma.

Die Stimmung war schließlich so, als seien Zeit und Raum vergessen, und es wurde letztendlich schwierig, die immer spannender werdende Sitzung rechtzeitig zu beenden. In der zeitlichen Reihenfolge lasse ich im folgenden des Tonbandtranskripts die Teilnehmer auszugsweise zu Wort kommen.

Peter: "Ich habe ihn gehaßt... mit neunzehn, ja, da habe ich ihn gehaßt....!" Während *Peter E*inzelnes dazu berichtet, mischen sich mehrere TeilnehmerInnen ein und fragen sich, inwieweit sie die Väter heute noch hassen oder ob sie sie jemals gehaßt haben oder bei bestimmten Gelegenheiten, z.B. mit 16, mit 18 oder mit 19 Jahren. Bei jedem hat es eine Krise gegeben, die mit dem Abbruch der Beziehung oder mit der Versöhnung auf einem anderen, dann eher gleichgestellten Niveau endete. Einzelne Szenen werden witzig dargestellt, und auf der Tonbandaufzeichnung geht vieles in Lachen unter, meist auf Kosten der Väter, die sich bei irgendeiner Gelegenheit 'unmöglich' verhalten und benommen hatten.

Ina (eher still, mit zugleich offenem und entschiedenem Gesichtsausdruck): "Ich weiß nicht, was ich sagen soll oder sagen will... Mein Vater ist preußischer Offizier, Berufssoldat. Er bestand zu Hause immer darauf, daß alles pünktlich ablief, das Mittagessen z.B. und Ähnliches...!"

Peter: "... Genau, genau, so ist das mit den preußischen Vätern ....".

Paul: "Mein Vater ist auch Berufsoffizier ...".

Allgemeines Lachen.

Peter stellt jetzt fest: "Mein Vater war Beamter im Westen, *Inas* Vater ist Berufsoffizier im Westen, und *Pauls* Vater ist Berufsoffizier im Osten...".

Paul: "Das ist egal....", deutlich erstmals in sächsischem Tonfall.

E.M.: "Dann sind Sie hier west-östliche Geschwister...".

Pause.

Alex: "Ich hasse meinen Vater nicht, obwohl er auch Beamter ist."

Wieder schallendes Lachen.

Alex fährt fort: "Er hat mich zwar einmal rausgeworfen. Das war mir eigentlich sogar ganz recht, und ich bin die Nacht über weggeblieben. Meine Mutter war froh, als ich am anderen Morgen wiederkam, und mit dem Vater ist seither Ruhe....!"

Bernhard zu *Alex:* "Du hassest Deinen Vater nicht. Ich weiß nicht, ob ich den meinen hasse. Haß kann man das nicht nennen. Vielleicht in einer pubertären Phase, daß ich da meinen Vater gehaßt habe. Früher gab es Konflikte, wenn ich in die Kneipe wollte z.B., oder bei anderen Gelegenheiten. Und es gibt sie heute noch, weil ich als Student von ihm abhängig bin. Aber Haß ist das nicht."

Peter, nachdenklich: "... Na ja, ich sagte ja auch, ich hasse meinen Vater heute nicht mehr. Mit ihm habe ich heute auch keine Konflikte mehr, diese habe ich eher in und mit mir selber. Dem Vater begegne ich heute auf gleichem Niveau. Aber ich glaube nicht, daß wir viel für- oder gegeneinander empfinden. Was den Umgang mit dem Gefühl betrifft, das fällt einem 'preußischen Beamten' ja schwer, sich auf Gefühle einzulassen. - Und doch können dann plötzlich auch Dinge herauskommen, wo du ins Staunen gerätst und wo du merkst, daß auch ein 'preußischer Beamter' ein Herz im Leibe hat...".

Im weiteren Gespräch stellt sich heraus, daß sowohl *Peter* zwei Töchter hat als auch *Paul,* worüber wieder Lachen ausbricht. Beide lieben ihre kleinen Töchter und werden, so meinen sie, von diesen auch geliebt.

Alex kommentiert, daß *Peter* und *Paul* sich vorsichtshalber Töchter angeschafft hätten, weil man als Vater mit Töchtern besser zurechtkomme als mit Söhnen.

Dietlinde (blond, kühl, fast herb, brilliert aber mit witzig-spitzen Bemerkungen): "... Das stimmt nicht. Ich brauche nur fünf Minuten zu Hause zu sein, dann ist der schönste Krach mit meinem Vater da. - Ich hasse ihn deshalb aber nicht. Ich habe ihn auch schon verzweifelt erlebt, und mir war dann plötzlich auch klar, dem kann's ganz ähnlich gehen wie mir...".

Marga (dunkeläugig und dunkelhaarig, wirkt sanft und anschmiegsam): "Die Schwächen der Eltern sind aber auch nicht immer das beste. Meine Mutter war immer verzweifelt und kam überhaupt nicht klar, und gerade damit hat sie mich immer besonders unter Druck gesetzt. Das war ganz schlimm! Mein Vater hat das nie gemacht. Er hat mich nie unter Druck gesetzt. Zu ihm habe ich eine ganz gute und vernünftige Beziehung...".

Erika (alleinerziehende, tatkräftige junge Mutter): "... Bei mir gab es oft Krach mit meinem Vater, und viermal einen ganz großen. Beim letzten bin ich dann endgültig zu Hause hinausgeflogen. Darüber war ich natürlich zuerst verzweifelt und traurig. Im Endeffekt ist es aber die große Befreiung für mich gewesen...!".

Carsten (*Carsten* und *Clemens* sind wie unzertrennlich und sehen sich darüber hinaus auch noch ähnlich. Sie halten sich beide sehr zurück und lassen sich auch bei hartnäckigen Fragen nicht aus der Reserve locken. Umso erstaunlicher ist, daß *Carsten* von sich aus sich jetzt äußert, und zwar klar und bestimmt): "Ich verstehe nicht so recht, daß Ihr Eure Verzweiflung an Euren Vätern oder Müttern festmacht. Ich mache die meine vielmehr am Vaterland fest... Und ich könnte sagen, daß ich mein Vaterland hasse! - Meinen Eltern würde ich sogar das eine oder andere Gute zugestehen, aber das Land, so insgesamt die Atmosphäre ...".

Seine Äußerungen werden sehr zwiespältig aufgenommen, überwiegend kritisch, ablehnend, ironisierend. Worin sein Haß auf sein Land oder sein Unbehagen im Land genau besteht, sagt er nicht. *Clemens* äußert sich selbst nicht, läßt aber erkennen, daß er mit *Carsten* übereinstimmt.

Alex: "Warum bleibst Du dann, wenn es Dir hier nicht gefällt...?"

Carsten: "Gute Frage, ich war auch länger weg ... In Südamerika z.B. - Dort hat es mir gut gefallen."

Ein Bedürfnis, mehr darüber zu erfahren, besteht anscheinend nicht. Vielmehr macht man Witze: "Dort war es wahrscheinlich wärmer...".

Carsten: "Ja, das auch...!"

Weitere Äußerungen: "Was heißt denn 'Vaterland' für Dich...?"

Oder: "Wenn Du gefrustet bist, dann schimpfst Du auf die Gesellschaft und auf das Land...!"

Carsten: "Nein, das tue ich nicht; es kann natürlich sein, ich meine aber nicht. - Im Ausland aber besonders schäme ich mich oft, ein Deutscher zu sein...".

Obwohl ich den Eindruck habe, daß er Konkretes zu sagen hätte, läßt man ihn dazu nicht kommen. Vor allem *Fritz* legt sich schließlich mit *Carsten* an, und er versucht ihn lächerlich zu machen. *Carsten* bleibt ernst, geschickt und kontrolliert. Er ist offensichtlich welterfahren, was die anderen irritiert, und schließlich rottet man sich fast gegen *Carsten* und *Clemens* zusammen, die man dem Sinne nach für Nestbeschmutzer hält.

Carsten lenkt ein: "Es ist nicht leicht, mich verständlich zu machen. Es beschäftigt mich jetzt aber sehr, daß ich da offenbar eine andere Art von Schwierigkeiten habe als die andern hier, die meine Antipathie, wie ich sie habe, nicht teilen können. Gut, es mag schon sein, daß einzelne auch ähnlich empfinden wie ich - aber vielleicht bin ich da doch überempfindlich und vielleicht auch korrekturbedürftig."

Alex: "Doch, Probleme mit dem Land, in dem ich lebe, habe ich natürlich auch; aber vor allem auch Probleme mit den Menschen im Land, in dem ich lebe. Aber Haß ist eine unglaublich viel stärkere Geschichte als nur so Probleme ...".

Carsten: "Mit dem Haß, das könnte ich ja zurücknehmen, das habe ich vielleicht auch nicht so gemeint. Oft langweilt mich auch alles. Jedenfalls habe ich so ein Unwohlsein, und oft sage ich mir, was ich hier so treibe in der BRD, ist Zeitverlust. Alles ist Leistungsanspruch, Kraft und Einsatz. Keiner versteht es, das Leben zu genießen...".

Pause.

Elisabeth und *Helga* stimmen zögernd zu. Sie fragen bei *Carsten* etwas nach, stellen aber auch Fragen an die anderen und zögern, über sich selbst zu berichten. Offenbar fühlen sie sich betroffen, da sie ja zu der älteren, zur Müttergeneration, gehören. Sie lassen durchblicken, daß sie viele Konflikte haben und hatten, mit dem Ehemann z.B., aber auch mit den schon erwachsenen oder fast erwachsenen Kindern. Vor allem interessiert sie, inwieweit die Anwesenden mit ihren Eltern wirklich über Probleme reden könnten.

Ilse (ordentlich, schick gekleidet, bisher zurückhaltend, geht jetzt aus sich heraus): "Ich konnte mich mit meinen Eltern nie austauschen, über Gefühle schon gar nicht. Meine Mutter starb, als ich sechs Jahre alt gewesen bin; sie hat sich das Leben genommen. Niemand hat mich gefragt, wie es mir geht und wie ich es schaffe, weiterzuleben! - Mein Vater hat in allen äußeren Dingen gut für mich gesorgt, vorbildlich eigentlich. Gewünscht hätte ich mir aber auch, er hätte mich einmal in den Arm nehmen und sagen können: 'Wir beide, wir schaffen das' oder so. Das konnte er aber nicht."

Die ganze Gruppe ist sehr betroffen, nimmt Anteil, und *Ilse* kann sagen, daß sie verheiratet ist, zwei Kinder hat, einen Sohn und eine Tochter, und sie glaubt, sich mit beiden gut zu verstehen. Insofern sei sie vom Leben voll entschädigt worden, und sie habe einen wirklich lieben und verständnisvollen Mann. Es habe noch lange gedauert, bis sie dahin gekommen sei. Zuerst habe sie noch eine Stiefmutter gehabt, und mit der zweiten Mutter habe sie gleich noch eine neue Oma mit dazubekommen: "Die Oma blieb den ganzen Tag bei uns, und sie ging erst zu sich nach Hause, wenn wir alle schon im Bett lagen. Die Oma und ihre Tochter und mein Vater und ich - das waren in der Familie schließlich zwei Lager. Die Stiefmutter hat ihre Mutter gefragt, wenn sie kam:

'Na Muttchen, wie geht's Dir denn?' "Wenn wir, mein Vater und ich, grün und blau nach Hause gekommen wären, sie hätte sich nicht darum gekümmert. Für uns gab es kein Gefühl. Heute ist mein Vater längst schon tot, die Stiefmutter lebt noch...".

Längeres Schweigen.

Paul: "Ich kann es Dir nachempfinden, wie es ist, wenn man sich so alleine fühlt. So ist es mir gegangen, als ich hierher in den Westen gekommen bin und sich niemand wirklich für mich interessiert hat... Eigentlich habe ich es aber im voraus schon gewußt, daß es so kommen würde..."

Elisabeth: "Warum bist Du dann aber herübergekommen, wenn Du doch schon wußtest, wie es Dir ergehen würde?"

Paul: "Ich fürchte, daß das jetzt zu lange dauert, dies zu erklären. Im übrigen ist das Gefühl, alleingelassen zu sein, für mich noch erträglich. Das habe ich gelernt. Ich kann damit umgehen, wenn oft auch nicht gut. Aber, und das war der Grund, warum ich dort weggegangen bin, ich habe Hoffnung in das Land, also noch einmal, ich habe unheimlich viel Hoffnung in dieses Land drüben investiert, und ich habe dann, nachdem ich zehn Jahre gepowert habe, eben festgestellen müssen, Hoffnung ist nicht mehr da. Es ist nichts mehr da, woran ich mich hätte festhalten können. Alles war einfach weg...!".

Längeres nachdenkliches Schweigen.

Paul fährt fort: "Es ging alles da drüben nur, wenn man Hoffnung hatte. Früher ist mir dies gar nicht bewußt gewesen. Erst, als die Hoffnung nicht mehr da war, habe ich das gemerkt...".

Im übrigen habe er als Lehrer Berufsverbot gehabt, ohne zu wissen, warum. Er sei schon eingestellt gewesen zur Probe. Dann kam eine Weisung von oben, und er mußte gehen. Trotz allem Nachfragen hat er nicht erfahren können, warum. - Er ist dann mit seiner Frau und mit den zwei kleinen Töchtern, von denen vorher schon die Rede gewesen ist, auf's Land gezogen. Dort war er Hausmann, und seine Frau studierte in der Großstadt. Als seine Frau ihn dann aber verließ, hat er alles darangesetzt, um hierher in den Westen zu kommen. Als er sagen muß, daß die Töchter bei der Ehefrau geblieben sind und er keinen Kontakt mehr zu ihnen hat, fängt er an zu weinen.

Sein eindringlicher Bericht dauert lange und nimmt die letzten zehn Minuten der Sitzung in Anspruch. Niemand macht ihm diese aber streitig, im Gegenteil, alle hören gebannt und teilnehmend zu.

Schockierend war darüber hinaus noch das Folgende: "Wie ich vorher schon sagte, ist mein Vater ja Berufsoffizier in der DDR-Volksarmee gewesen. Er war so ein richtiger, hundertfünfzigprozentiger Stalinist. - Ich habe einen älteren Bruder, der immer als der Starke und Erfolgreiche galt, und einen jüngeren, der als Nesthäkchen alle Zuwendung von der Mutter erhalten hat. Ich mußte dann miterleben, wie mein Vater meinen älteren Bruder denunzieren wollte, weil dieser sich in der Familie kritisch geäußert und auf den Staat geschimpft hatte. Das führte nun zur größten Vorsicht zu Hause, zu der Zeit, als ich noch in der Schule war. Es war schlimm, auch zu Hause kein offenes Wort mehr reden zu können - immer die Angst im Nacken, der (der Vater) sorgt dafür, daß du von der Schule fliegst, der sorgt dafür, daß du keinen Lebensplan haben kannst oder nicht den realisieren kannst, den du gerne hättest ...".

Alex, empört: "Wenn das mein Vater gewesen wäre, auf den hätte ich eine solche Wut bekommen, den hätte ich glatt umgebracht...".

Paul: "... Weißt Du, ich kenne die Biographie meines Vaters ... ".

Helga: "Soll das heißen, daß Du Verständnis für ihn hast?"

Paul: "Verständnis im Sinne von Verzeihen, - nein! Von meinen Vorstellungen aus verstehe ich natürlich nicht, wie er sich so verhalten konnte. Ich muß aber akzeptieren, daß er von seinen Voraussetzungen aus in seinen gesellschaftlichen Zusammenhängen nicht anders denken und nicht anders handeln konnte...".

Längeres, nachdenkliches Schweigen.

Paul: "Daß ich jetzt hier studieren kann - Ihr könnt Euch nicht vorstellen, was das für mich bedeutet, und daß ich beim Studieren eine eigene Meinung haben und diese auch aussprechen darf, das hätte ich mir früher nicht träumen lassen."

Und zu *Carsten* gewandt: "Deshalb hatte ich auch Schwierigkeiten mit dem, was Du vorher gesagt hast. Ich finde dieses Land, so wie es jetzt ist, mit allen möglichen Fehlern, wunderbar. Aber wir kommen halt aus verschiedenen Welten."

Carsten und *Paul* sind sich schließlich darin einig, daß 'Warten', 'Warten auf bessere Zeiten', ein unnützer und entnervender Zustand ist. In der früheren DDR habe man immer nur gewartet, und wie es sich letztendlich gezeigt habe, eigentlich auf nichts.

Paul: "... Für mich war das Warten, das ewige Warten, schließlich auch Zeitverlust und Zeitverlieren - und Du guckst in den Ausweis und stellst fest, du bist dreißig und wartest und wartest...".

G.W. spielt auf den Anfang der Sitzung an: "Jetzt kann man auch besser verstehen, warum Sie am Anfang so sehr darauf gedrängt haben, jede Zeitverschwendung zu vermeiden..."

Geräusch des Aufbruchs, Ende der Sitzung; vielfaches: 'Auf Wiedersehen!'

4. Interpretationsversuch und Ausblick

Anhand einer Tonbandaufzeichnung und einer Transskription und mich beziehend auf nachträgliche Interpretationsversuche im Forschungsseminar "Student heute" habe ich mich bemüht, die zufällig herausgehobene psychoanalytische Gruppensitzung mit Studierenden der GhK vom 12.12.1990 bruchstückhaft zwar, aber wohl doch in wesentlichen Zügen darzustellen.

Eine verstehend-hermeneutische Beurteilung könnte nun unter gruppen-psychoanalytischen Aspekten erfolgen und, vor allem im Sinne unseres Tagungsthemas (bzw. unseres Buchtitels), zentriert auf die Situation der Studierenden heute, wäre schließlich auch ein Vergleich mit der Studiensituation um 1968 herum zu wagen. Eine getrennte Abhandlung scheint mir aber zu umständlich, und ich will statt dessen eine sozusagen dreifarbige Skizze versuchen.

Zunächst einmal handelt es sich um eine künstlich herbeigeführte Situation, die weder einer therapeutisch orientierten Gruppenpsychoanalyse entspricht noch einem herkömmlichen Seminar mit einem vorgegebenen Thema.

In der initialen Phase der Sitzung hatte die Gruppe (Übertragungs-)Schwierigkeiten mit uns, d.h. mit dem dreiköpfigen, männlichen, Drei-Generationen-Leitungsteam, Schwierigkeiten im Umgang mit dem initialen Schweigen, das möglichst nicht aufkommen sollte, und Probleme des gegenseitigen Sichkennenlernens bei einer TeilnehmerInnenzahl von 20.

In sehr rascher Folge, im Zeitraffer gleichsam, ereignete sich gruppendynamisch Bekanntes, wie der Versuch der Herstellung einer (Hack-)Ordnung (im Sinne Raoul Schindlers), Kampf- und Fluchteinstellungen (im Sinne Bions) und wie durch uns, dem männlichen Leiterpaar - Diethelm Class als Beobachter saß außerhalb des Kreises - , hervorgerufen, gab es sofort auch verschiedenartige und verschieden funktionierende gleichgeschlechtliche Paarbildungen in der Gruppe in Gestalt von Helga und Elisabeth, von Carsten und Clemens, von Peter und Paul, von Fritz und Udo und anderen. Das zweigeschlechtliche Paar, Susanne und Fritz, hob sich da deutlich ab, und sie waren in der vorausgegangenen Sitzung als das Paar der Zukunft zum Hoffnungsträger im Sinne eines Bion'schen pairings geworden.

Im übrigen probten Peter und Paul, wie beschrieben, den Aufstand gegen G.W. und mich im Dienste eines doppelbödigen Auftrages der Gruppe im Sinne der Selbstbehauptung oder der Selbstzerstörung.

Abgewehrt wurde die Angst vor dem Schweigen, vor dem Schweigen als "schwarzes Loch", aus dem heraus die Gruppe hätte geboren oder vernichtet werden können.

Die kreative Anfangsleistung der Gruppe ist es dann gewesen, sich Peters Einfall anzuschließen, wir seien die "Profis", die die Gruppe schon aus dem Chaos herausführen bzw. herausstrukturieren werden. Damit waren sie in der Übertragung der Vater-Imago 'preußischer Beamter' auf der einen und der alles verschlingenden Mutter Imago auf der anderen Seite entgangen, so daß die Gruppe mit uns und umgekehrt nun relativ vertrauensvoll arbeiten konnte, auf eine quasi sachliche Weise.

Allerdings waren wir bzw. ich zuvor in das Zwielicht geraten, als Profi auf der einen Seite zugleich der Chaos-Erzeuger auf der anderen Seite zu sein. Hinzu kam der Schicksalsspruch der (Nornen)-Sekretärin, Dezimierung stehe ihnen unausweichlich bevor.

Dabei möchte ich mich jetzt etwas aufhalten. Von den multiplen, gleichgeschlechtlichen Paarbildungen einmal abgesehen, ist das bisher Gesagte so ungewöhnlich nicht; denn jedem Schulanfänger/jeder Schulanfängerin, versüßt zwar noch einmal durch die regressive Befriedigung gewährende Zuckertüte, steht ganz Entsprechendes bevor. In der womöglich großen Klasse muß er/sie sich ebenso verloren fühlen, wie er/sie gezwungen ist, sich ihre/seine Stellung in der Klasse zu erobern und er/sie muß, wenn schon nicht die Liebe, dann doch die wohlwollende Zuwendung oder wenigstens Beachtung des Lehrers/der Lehrerin erreichen, andernfalls ist er/sie verloren, und Auslese und Dezimierung stehen schicksalhaft im Hintergrund, weil durch die Schulstruktur in der Leistungsgesellschaft vorgegeben.

Den Nutzen einer vernünftigen Begabtenauslese für alle Beteiligten und eine dementsprechende Förderung will ich hiermit nicht grundsätzlich bestreiten, aber doch behaupten, daß Schulversagen seltener Begabungssache ist, sondern viel häufiger die Folge der Gruppen- bzw. Klassenpsychodynamik oder die Folge von fehlgelaufenen und nicht erkannten oder abgewehrten Übertragungsvorgängen auf Lehrer bzw. Lehrerin.

Selbstverständlich spielen die aus der Ursprungsfamilie mitgebrachten neurotischen Störungen eine sehr große und manchmal nicht überwindbare Rolle. Außerdem ist der Lehrer weder ein Einzel- noch ein Gruppen- bzw. Klassentherapeut, ja, er kann und darf es, nach meiner persönlichen Überzeugung, in seiner Rolle gar nicht sein. Die relativ große Gruppe von der ersten Schulklasse an setzt aber, jenseits der verschiedenartigen, individuellen Begabungen, eine ziemlich robuste psychische Gesundheit voraus, um sich durchsetzen zu können und anerkannt zu werden. Darüber hinaus besteht die sogenannte Förderstufe kaum ein Kind erfolgreich ohne die kenntnisreiche Unterstützung des Elternhauses oder durch einen Nachhilfeunterricht. Von der sogenannten Chancengleichheit kann also keine Rede sein. Unter den üblichen Bedingungen ist es nämlich kaum möglich, eine Gruppe von etwa 20 TeilnehmerInnen zum gleichberechtigten Funktionieren zu bringen.

Dazu gibt es ein - mir persönlich sehr unangenehmes - Beispiel aus der Verhaltensforschung: Jagt man nämlich eine größere Anzahl Ratten durch einen engen Röhrendurchmesser, so werden die ersten von den nachfolgenden dynamisch vorangetragen, die folgenden werden mehr und mehr behindert, und die letzten werden schließlich totgetrampelt. - Einer vergleichbaren Versuchsanordnung setzen wir - wenn auch grob überzeichnet - unsere Schulanfänger aus, und während wir von Begabten-Auslese reden, frönen wir zugleich einem blanken sogenannten Sozial-Darwinismus. Zu dieser Erkenntnis stehend war es mir also natürlich besonders peinlich gewesen, von der Sekretärin so hingestellt worden zu sein, als gehöre dieser Darwinismus der "natürlichen Auslese" innerhalb der gesellschaftlichen Bedingungen, die ja keineswegs natürlich sind, zu meinem Konzept. Wenn die Gruppen sich also gelegentlich trotz allen Bemühens dezimiert haben, so sahen wir dies nicht als "natürlich" an, sondern erlebten es als Panne oder als persönliches Versagen. (Dies alles habe ich nach der Sitzung dann auch noch der Sekretärin erklärt und mit ihr besprochen.)

Die gruppendynamischen Probleme und die gruppendynamisch beginnenden Dezimierungen lassen sich also, unabhängig von Begabung oder individueller Neurose, offensichtlich nie völlig vermeiden. Das Verständnis dafür zu wecken und den Blick dafür zu schärfen, daß es diese Vorgänge in der Schulklasse und insbesondere in Schulklassen von Anfängern gibt, ist das Ziel unserer Veranstaltung, weil dieses sich theoretisch allein nicht erreichen läßt, wohl aber durch eigene Gruppenerfahrungen.

Freilich gibt es altersspezifische Gruppenprobleme; bestimmte gruppendynamische Vorgänge betreffen aber den Erwachsenen in der Gruppe ebenso wie Schulkinder und erst recht die Studierenden als Spätadoleszente, die ja erneut Lehrer-Schülerverhältnisse eingehen.

Wie beschrieben, hatte die Gruppe zu Beginn der Sitzung eine große Bereitschaft gezeigt, sich auf uns einzulassen, sich uns sozusagen hinzugeben, aufgrund passiver Liebeswünsche und im Vertrauen darauf, hier doch nicht dezimiert, sondern beim Namen genannt und aufgehoben zu werden.

Andererseits waren viele Störungen im Raum, an denen ich mit dem Nachreichen der Teilnehmerliste an die Zuspätkommenden mitbeteiligt gewesen bin, Umstände, die von Peter und Paul kritisiert worden sind, von Paul mit dem Akzent: "Zeitverschwendung", von Peter mit der ironisch gefärbten Deutung: "Hinter diesem Ritual verbirgt sich wieder einmal so ein Geheimnis, von dem wir nichts wissen...!"

Wie schon mitgeteilt, hatte ich an dieser Stelle die Ahnung von einer unbewußten Phantasie der Gruppe, die mit dem Wunsch nach einem Initiationsritual verbunden gewesen sein könnte.

Auch dazu ein paar Worte: Tatsächlich gibt es ein solches beim Eintritt in die Universität nicht bzw. nicht mehr. Die Immatrikulation ist zum reinen Verwaltungsakt geworden; Immatrikulationsfeierlichkeiten, bei denen die Professorenschaft die neuen Studierenden begrüßt und aufnimmt, womöglich im vollen Ornat und je nach Fakultät und Rang in verschiedenfarbigem Talar, finden nicht mehr statt, von den archaischen Mensurritualen schlagender Studentenverbindungen einmal ganz zu schweigen. Zu letzteren habe ich auch keine persönliche Beziehung, wohl aber zu den großen Einführungsveranstaltungen.

Wenn ich nun meinen eigenen Phantasien, Einfällen und Erinnerungen etwas Raum gebe, so entferne ich mich nur scheinbar von der mutmaßlichen unbewußten Phantasie der Gruppe. Sie gehören außerdem zu unserem Rahmenthema, und die Aura der eigenen Erfahrung spielt mit beim Versuch, die Gruppe zu verstehen. Erlauben Sie mir deshalb die Erwähnung nur eines Beispiels: Ich erinnere mich sehr genau an die Feierlichkeit, die die Medizinische Fakultät der Universität Würzburg 1949 für die Medizin-Studierenden nach dem Physikum zur Aufnahme in die klinischen Semester veranstaltet hat, mit einer Begrüßung durch den Dekan und mit einer Rede des Psychiaters, der sozusagen für die Philosophie der Medizin und der Ärzte zuständig war. Er sagte uns unter anderem, ein Augenarzt operiere nie Angehörige, Freunde oder gute Bekannte, weil er in einem solchen Fall vom Blick nicht abstrahieren könne zugunsten des anatomischen Substrates Auge, an dem die Operation sachlich, kühl und technisch gekonnt vorgenommen werden muß, und vieles andere, was zur professionellen Persönlichkeitsspaltung des Arztes gehört. Das medizinische Handwerk zu erlernen und die Ehrfurcht vor dem Leben und dem Tode nicht zu verlieren, im Gegenteil, das mache die hohe Kunst und das Ethos des Arztes aus bis hin zum Hippokratischen Eid. Ich gebe zu, daß ich damals, im Vorfeld der eigenen klinischen Tätigkeit, eine für mich wesentliche Prägung erfahren habe, ebenso wie mutmaßlich auch meine damaligen Kommilitoninnen und Kommilitonen. Eine solche Prägung kann also auch rein im Geiste erfolgen und bedarf nicht unbedingt des Schmisses oder der körperlichen Kennzeichnung.

Talare, Prunk und Pomp sind nun andererseits, auch wieder aus guten Gründen, von der 68er-Studentengeneration aus der Universität getrieben worden, u.a. mit dem kühn doppeldeutigen Slogan: "Unter den Talaren der Muff von tausend Jahren!", womit also sowohl die herrschaftliche fürstenabhängige Universitätstradition gemeint sein konnte, wie andererseits das "1000jährige Dritte Reich". Offen autoritäre Professoren gibt es seither kaum noch. Aber leider werden auch die Autoritäten seltener, und überhaupt hat die Universität seither auch wertvolle Anteile ihrer Tradition verloren, und sie hat insgesamt in der Gesellschaft ihre eigenständige, maßgebliche Autorität eingebüßt. Vielmehr steht sie im Dienste der Ministerien und der Verwaltung anstatt umgekehrt, wie es dem Sinne nach sein müßte, und schließlich auch und vor allem im Dienste der wirtschaftlichen Zusammenhänge. Geistige Selbstbestimmung und akademische Freiheit sind verlorengegangen, und das Heil der Welt erwartet heute niemand mehr von den Universitäten, die mehr und mehr einen Fachhochschul-Charakter angenommen haben.

Hochbezahlte Jobs und "Markt und Mäuse" (so ein kritischer Abiturienten-Sprecher am Gymnasium in Melsungen vor kurzem) sind angeblich auch das vorrangige Ziel der Studierenden und nicht eine umfassende Allgemein- und Bewußtseinsbildung. Auch die Planer wollen es auf der anderen Seite so: das Studium soll fachspezifisch kurz sein und möglichst wenig Geld kosten.

Die antiautoritäre Studentenrevolte hat also möglicherweise die autoritären Personen und Professoren verschreckt und verjagt, den Kampf gegen den autoritären Charakter aber hat sie keineswegs gewonnen, im Gegenteil: die maßgeblichen Strukturen in Verwaltung und Gesetzgebung sind autoritärer geworden. Bei aller Scheinfreiheit stehen dafür der Numerus clausus, die Regelstudienzeit und der Extremistenerlaß, juristisch verankerte Fakten, gegen die man sich persönlich nicht mehr zur Wehr setzen kann.

Somit ist es kein Zufall, wenn in unserer Gruppe - und damit kehre ich also zum Ausgangspunkt zurück - der Vater als "preußischer Beamter" erscheint, der alles nur mit Paragraphen regelt!

Doch zu den Vätern gleich noch mehr.

Zuerst zeigte sich in der Gruppe die Identitätskrise, die einerseits etwas von einer Unsicherheit in der Geschlechtsidentität hatte, was wir hier jetzt vernachlässigen wollen und was auch damit zusammenhängen konnte, daß wir ein gleich- und nicht ein verschiedengeschlechtliches Leiterpaar waren - andererseits ging es um das Auseinanderklaffen von äußerer und innerer Erscheinung, von Selbsteinschätzung auf der einen und Wahrnehmung auf der anderen Seite, was sich am auffallendsten bei Udo zeigte, der aussah wie ein "Skinhead", der von sich selbst aber sagte, er sei ein "engagierter Jungsozialist". Oder bei Peter, der sich das Äußere eines Künstlers gab, sich selbst aber, wenn auch karikierend, als "preußischer Beamter" bezeichnete.

Im übrigen glaube ich aber über unsere Sitzung hinaus tatsächlich, daß die Studierenden heute sich insgesamt mehr oder weniger in einer Identitätskrise befinden. Die 68er Generation hatte sich, wenn auch vielfach gewaltsam, eine eigenständige Gegenidentität gegen die Väter oder Vater-Bilder aufgebaut, zwar vielfach getragen von spätadoleszentem Größenwahn, eine Zeitlang aber doch erstaunlich stabil und in Anlehnung an heute nachträglich teilweise auch sehr fragwürdig erscheinende Gegen-Vater-Figuren wie Mao Tse Tung, Ho Chi Minh, Fidel Castro oder Che Guevara. Darüber nun nichts weiter, auch nicht zu dem Geschlechterkampf, der den jungen Revolutionären ins Haus gestanden war oder den sie zu nivellieren versucht hatten.

Der Identitätsverlust oder die Identitätsprobleme heute betreffen nun aber nicht nur viele Studierende aus den neuen Bundesländern - dabei hatte in unserer Sitzung der ostdeutsche Paul ja erstaunlich stark seine eigene Identität aufrechterhalten können, mit bemerkenswerter Standfestigkeit durch Schmerz, Trauer und Verlassenheitsgefühle hindurch - , auch ein großer Teil der Studierenden der alten Länder ist betroffen durch den Verlust der linken Utopie und Philosophie.

Anpassung und Scheinanpassung treten nun häufig an die Stelle einer eigenständigen Identitätsbildung, und das Studieren in Richtung auf innere Unabhängigkeit läuft zu leicht auf Arbeitslosigkeit hinaus und der hochbezahlte Job auf Selbstverleugnung. Im übrigen besteht die große Gefahr, daß - eher außerhalb als bisher noch innerhalb der Universitäten - viele Jugendliche jedes Zugehörigkeitsgefühl verlieren. Auch objektiv alleingelassen und ohne reale Berufs- und Zukunftschancen driften sie in extreme, längst überwunden geglaubte Positionen ab, wie wir dies zur Zeit schmerzlich erleben.

Der dritte Teil der Sitzung mit dem Bericht über die Herkunftsfamilien und vor allem über die Väter, aber auch über das Vaterland, spricht für sich.

Am meisten hat uns die differenzierte Art und Weise gewundert, in der die Väter gesehen und beschrieben worden sind, und dies auch angesichts schrecklicher Umstände. Wir fragten uns, ob die Studierenden heute im Vergleich zu denen der 68er Jahre soviel reifer geworden sind, oder ob sie den harten Konflikt, der um 1968 herum mit der Väter-Generation geradezu gesucht worden ist, heute erst gar nicht mehr wagen. Am ehesten scheint es aber so zu sein: Die 68er Väter sind von den Töchtern und Söhnen für die jüngste Vergangenheit und für die bestehenden und sich restaurierenden Verhältnisse verantwortlich gemacht worden. Sie sind als starke Väter gesehen und dementsprechend hart bekämpft worden. An die Macht der Väter heute glaubt man demgegenüber aber offenbar nicht mehr, und selbst Pauls stalinistischer Vater war zwar in der DDR-Zeit gefährlich mächtig und hat den Söhnen existentiell schaden können; er war aber nicht imponierend, sondern klar gekennzeichnet als Vasall. Die Väter aber - nicht die großen Über-Väter, von denen es immerhin noch einige gibt, nach dem Tod von Willy Brandt z.B. den gegenwärtigen Bundespräsidenten - die einzelnen Familienväter sind "auf dem Weg zu einer vaterlosen Gesellschaft" weiter verkleinert und entmachtet worden. Übrig bleiben die phantasierten oder wirklichen Industrie-, Bank- und Wirtschaftsbosse, die von ihren Untergebenen jede Anpassung verlangen können, oder, wie in der Gruppe, der "preußische Beamte", der nach Paragraphen alles regelt und verwaltet.

Darüber hinaus aber besteht nichtsdestoweniger die Sehnsucht nach dem überzeugenden, starken, richtungsweisenden, unbestechlichen und nicht einzuschüchternden akademischen Ersatzvater, der aber immer seltener zu finden ist.

Fragmentarisch will ich hier enden mit großem Dank an die GruppenteilnehmerInnen, an Gerhard Wittenberger und Diethelm Class und mit einem gewissen Stolz darauf, daß in der 1 1/2stündigen Sitzung von den 20 TeilnehmerInnen immerhin 16 mehr oder weniger zu Wort gekommen sind. Die übrigen 3 weiblichen und der männnliche Schweiger sind aber, deutlich spürbar, innerlich ebenfalls sehr engagiert gewesen.

Separation, Autonomie und Trauer

Eine zentrale Dimension spätadoleszenter Identitätsbildung bei heutigen Studentinnen?

Marianne Leuzinger-Bohleber/Renate Dumschat

1. Einleitung

In der Delphi-Befragung stellten die Therapeutinnen und Therapeuten übereinstimmend fest, daß sich bei den Studierenden in der Beziehung zwischen den Geschlechtern in den letzten 20 Jahren viel verändert hat (vgl. Bertrams und von Salis in diesem Band). Allerdings scheint es schwierig zu sein, diese Veränderungen detailliert zu erfassen und zu beschreiben. Es wird noch viel klinische, empirische und interdisziplinäre Forschungsarbeit notwendig sein, bis das Zusammenwirken komplexer Faktoren bei solchen Veränderungen präziser faßbar wird.

Die weibliche Identitätsbildung umfaßt eine Vielzahl spezifischer Entwicklungsaufgaben, wie z.B. die Integration des sexuell reifen Körpers in ein tragendes Körperschema, die Unterordnung der präödipalen und ödipalen Befriedigungsmodalitäten unter das "Primat der Genitalität"; die definitive (innere und äußere) Loslösung von der Primärfamilie, wobei nochmals eine Auseinandersetzung sowohl mit den Mutter- als auch mit den Vaterrepräsentanzen stattfindet; Aufbau konstanter Objektbeziehungen speziell von Liebesbeziehungen und damit verbunden das Ausprobieren verschiedener weiblicher Geschlechtsrollen; Entwicklung einer beruflichen Identität in Zusammenhang mit dem Erwerb von Berufsqualifikationen und Festlegungen auf ein bestimmtes berufliches Spektrum etc; Stabilisierung eines eigenen Wertraums, von Einstellungen und Lebensphilosophien usw. Im Rahmen eines Buchbeitrages können wir nicht auf das ganze Spektrum weiblicher Identitätsbildung eingehen, sondern müssen im folgenden einen einzigen, aber, wie uns scheint, zentralen Aspekt davon herausgreifen: die Bedeutung von Separation, Autonomie und Trauer. Es geht uns dabei auch hier um die gleiche Frage, die wir schon in einer früheren Arbeit[1] diskutiert haben: Warum gelingt es manchen heutigen Studentinnen

[1]In jener Arbeit haben wir eine andere Informationsgestalt solcher komplexen Veränderungen beleuchtet und mit Hilfe psychoanalytischer Konzepte und klinischer Beoachtungen zu beschreiben versucht (Leuzinger-Bohleber u. Dumschat, 1991). Unseren Fokus richteten wir dabei auf den verborgenen Einfluß, den die jüngste deutsche Vergangenheit auch auf die weiblichen Identitätsbildungsprozesse während der Spätadoleszenz ausübt (vgl. Lit.). Wir haben anhand zweier exemplarischer Fallvignetten diskutiert, daß die Studentinnen der 68er Generation, als Zugehörige zur "Zweiten Generation", noch intensiver unbewußt mit der "Schuld der Väter" verwickelt waren als heutige Studierende, die zwar ebenfalls an den Folgen dieses düsteren Kapitels deutscher Geschichte zu tragen haben, aber nicht im gleichen Ausmaße in ihrer weiblichen Identitätsentwicklung durch diese Verwicklungen determiniert sind. Ausgegangen sind wir dabei von dem Phänomen, daß manche Studentinnen, 1968, und

besser, anderen schlechter, neue historische Chancen für ihre Identitätsbildung zu nutzen? Welche psychodynamischen Faktoren erleichtern bzw. erschweren berufliche und persönliche Entfaltungen? Wie wirken hier Faktoren aus der idiosynkratischen Frühsozialisation, entwicklungsspezifischen Problemstellungen und institutionellen und gesellschaftlichen Realitäten ineinander?

Historisch neue Freiräume existieren für Studentinnen zweifelsohne, besonders wenn wir sie mit Frauen anderer Bevölkerungsgruppen vergleichen. Dafür sprechen z.B. auch die Ergebnisse der Befragung "STUDENT 92", die belegen, daß immer mehr Studentinnen bisher fast vorwiegend durch Männer dominierte Studienfächer wählen. Nach Brämer (vgl. Beitrag in diesem Band) haben die Studentinnen sogar die Führung in den studentischen Gremien an den Hochschulen übernommen.

Beim Nachdenken über solche Entwicklungen interessieren uns viele Fragen: Welche Studentinnen fühlen sich durch für Frauen unkonventionelle Wissenschaftsdisziplinen angezogen? Warum sind aber bei Studienabbrüchen immer noch mehr Frauen als Männer vertreten? Welche psychodynamischen Faktoren ermöglichen Frauen, durch das Nadelöhr der Promotion oder der Habilitation schlüpfen zu können? Sind es wirklich vorwiegend äußere Gründe, warum die meisten der ohnehin wenigen Professorinnen keine Kinder haben?[2]

Auf die Spur, die wir in dieser Arbeit aus der komplexen Problematik herausgreifen und etwas weiter verfolgen möchten, stießen wir zufällig. Im Rahmen unseres Forschungsprojektes haben wir einige psychosoziale Daten von Studentinnen erhoben, die in den letzten Jahren die psychotherapeutische Forschungs- und Beratungsstelle in Kassel aufsuchten[3].

Bei der Analyse dieser Daten ist uns aufgefallen, daß häufig Studentinnen aus geschiedenen oder unvollständigen Familien in unserer Stichprobe enthalten sind. Dazu ein konkretes Beispiel: Von den 30 Studentinnen, mit denen R. Dumschat an der Psychotherapeutischen Beratungsstelle in den letzten sechs Monaten ein Erstinterview durchführte, hatten 12 in der frühen Kindheit die Scheidung ihrer Eltern erlebt. Bei weiteren vier jungen Frauen war der Vater verstorben; drei von ihnen hatten sich selbst umgebracht. Von den übrigen 14 bezeichneten nur 2 die Ehe ihrer Eltern als "in Ordnung". Die andern verstanden nicht, weshalb die Eltern überhaupt geheiratet hätten bzw. nicht schon längst auseinandergegangen waren.

---

weniger dramatisch teilweise auch heute noch, aufgrund unbewußter Konflikte nicht in der Lage zu sein scheinen, bestehende Chancen für ihre Identitätsentwicklung im beruflichen und persönlichen Bereich zu nutzen, sondern, wie die beschriebene deutsche Germanistikstudentin anfang der 70er Jahre in Zürich, unbewußt auf attraktive weibliche Entfaltungsmöglichkeiten verzichten müssen und damit ihren Tribut an die (phantasierte und/oder reale) Schuld der Väter an den Geschehnissen während der Zeit des Nationalsozialismus bezahlen.

[2] Selbstverständlich müßten wir diesen Fragen in interdisziplinärer Zusammenarbeit nachgehen. Wir können uns in diesem Rahmen nur auf unser eigenes Fachgebiet, die psychoanalytisch orientierte Studentenpsychotherapie bzw. die Psychoanalyse, beziehen und einige erste Hypothesen formulieren, die einer weiteren psychoanalytischen und interdisziplinären Überprüfung bedürfen (vgl. dazu auch Bertrams und Brämer in diesem Band).

[3] Wir haben das Alter, evtl. vorhandene Berufsausbildung, Alter der Mutter bei der Geburt, Geschwister, Studienfach, Semester, Beruf von Mutter und Vater sowie den Anlaß zum Aufsuchen der Beratungsstelle erhoben.

Bei der Dikussion dieser Beobachtung schien sie uns immer weniger zufällig. Wie Wallerstein und Blakeslee (1989) in ihrer Langzeitstudie zu den Auswirkungen von Scheidungen aufzeigen, ist gerade bei betroffenen Mädchen auffällig, daß diese zum Zeitpunkt der Scheidung i.d.R. weit weniger mit psychosomatischen oder neurotischen Symptomen reagieren als die Jungen. Hingegen haben die Langzeitstudien darauf verwiesen, daß Mädchen, mehr als Jungen, an schwerwiegenden Spätfolgen der Scheidungen ihrer Eltern leiden: oft reaktiviert die erste intensive Liebesbeziehung die alten Traumatisierungen, verbunden mit der unbewußten Angst, durch die Abhängigkeit in einer intensiven Beziehung zu einem Mann das gleiche Schicksal wie die Mutter zu erleiden. Wie in der Studie ausgeführt wird, sind es viel häufiger die Frauen, die zu den Verlierern einer Scheidung werden als die Männer. Dadurch wird eine Identifizierung mit einer weiblichen Rolle in einer intensiven Liebesbeziehung für die adoleszenten und spätadoleszenten Töchter sehr konfliktreich und löst oft schwere Krisen aus (z.B. Anorexien oder Depressionen mit Suizidtendenzen).[4]

Doch welche Relevanz hat diese Problematik für unsere Fragestellung? Wir haben in der Einleitung dieses Buches erörtert, daß wir die Auffassung vertreten, daß jene Studierenden, die eine psychotherapeutische Hilfe suchen, sich nicht qualitativ von heutigen Studentinnen und Studenten abheben, d.h. eine ganz besondere, abgrenzbare Gruppe der Studierenden sind, sondern manche von ihnen, aus verschiedenen Gründen, lediglich sensibler und intensiver auf objektiv bestehende Widersprüche in der institutionellen und gesellschaftlichen Realität sowie auf anstehende, spätadoleszente Entwicklungsaufgaben reagieren als ihre Kommilitoninnen. I.a.W.: sie sind nicht "psychisch krank" im Sinne des medizinischen Modells (vgl. u.a. Keupp, 1972, Szasz, 1972), das eine scharfe Grenze zwischen "dem Gesunden" und "dem Kranken" zieht, sondern stellen einen Pol eines fließenden Kontinuums dar. Wir haben sogar betont, daß es vielfach die besonders Begabten, Kreativen und Sensiblen unter den Studenten sind, die Entwicklungskonflikte, ausgelöst durch Widersprüche in ihren äußeren Realitäten (etwa an der Massenuniversität), wahrnehmen und daran bewußt leiden, statt diese Wahrnehmungen und Empfindungen ins Unbewußte zu verbannen. Wir dachten dabei an klinische Erfahrungen, die in der psychoanalytischen Literatur ausführlich diskutiert sind und u.a. in einen

---

[4]Allerdings möchten wir schon einleitend darauf hinweisen, wie schwierig generalisierende Aussagen zu Scheidungsfolgen sind. Wir werden noch darauf eingehen, durch welch komplexe Wechselwirkungen äußerer und innerer Realitäten diese Folgen zustandekommen und zu einer unverwechselbaren, idiosynkratischen Verarbeitung bei den Betroffenen führen. Uns geht es in dieser Arbeit lediglich um die Frage, warum und in welcher Weise die Studentinnen aus Scheidungsehen seismographisch auf spezifische Weiblichkeitskonflikte heutiger Spätadoleszenter reagieren.

Auch möchten wir auf einen methodischen Einwand gegen Scheidungsuntersuchungen hinweisen, der beinhaltet, daß die Scheidungsfolgen auf die psychische Befindlichkeit von Kindern im Grunde genommen mit jenen von chronisch schlechten Ehen verglichen werden müßten, was sich einer systematischen Untersuchung entzieht. - Daher ist uns wichtig zu betonen, daß es uns nicht um eine "moralische" Dimension bei dieser Thematik geht, die leider gerade bei der Scheidungsproblematik gern unbemerkt anklingt: möglicherweise hätten die hier betrachteten Studentinnen ebenso große, wenn auch wahrscheinlich andere Konflikte, wenn ihre Eltern in einer schlechten Ehesituation verharrt hätten und es nicht zu einer Scheidung gekommen wäre (vgl. Fallbeispiel B, 6.)

Zusammenhang mit dem Wiederholungszwang gebracht werden. Mit diesem seelischen Mechanismus versuchte schon Freud (u.a. 1933) die Tendenz zu beschreiben, erlittene (frühinfantile) Traumatisierungen in strukturell analogen aktuellen Konfliktsituationen immer wieder zu reinszenieren in der Hoffnung, sie endlich adäquater zu bewältigen und dadurch alte Wunden zu schließen. Daher reagieren z.B. Studentinnen mit (frühinfantilen) Traumatisierungen im Zusammenhang mit Separation und Individuation mit besonders intensiven Emotionen auf die strukturell analogen Entwicklungsaufgaben in der Spätadoleszenz. Sie nehmen aber auch, analog zu den alten Traumatisierungen, erschwerende Bedingungen zur Bewältigung solcher Aufgaben in der äußeren Realität besonders deutlich wahr. In dieser hellsichtigen Wahrnehmung z.B. für institutionelle, für die studentische Identitätsbildung kontraproduktive Strukturen liegt daher auch eine institutions- und kulturkritische Dimension. Zudem bietet der innerseelische Druck, der vom Wiederholungszwang ausgeht, nicht nur eine Chance, psychische Energien zu mobilisieren, um alte individuelle Traumatisierungen zu bewältigen, sondern auch die ihnen entsprechenden Strukturen in der äußeren Realität einer kritischen Prüfung und daher evtl. einer progressiven Veränderung zu unterziehen.

Von diesen Überlegungen gehen wir aus, wenn wir postulieren, daß Studentinnen, die in ihrer Lebensgeschichte spezifische Traumatisierungen mit Separation und Individuation erlebt haben, seismographisch auf heutige Entwicklungsanforderungen reagieren, die direkt oder indirekt mit Trennungssituationen verbunden sind, und die uns, wie wir gleich kurz diskutieren werden, historisch neu anmuten (2.). Dann wenden wir uns der in der Einleitung dieses Buches schon kurz vorgestellten Theorie spätadoleszenter Identitätsbildungsprozesse zu (3.) und beleuchten darin vor allem die Relevanz psychischer Trennungsprozesse in dieser Entwicklungsphase. Darauf (4.) fokussieren wir einen möglichen Generationenunterschied zwischen den beiden in unserem Projekt miteinander verglichenen Generationen von Studentinnen: fehlten bekanntlich bei vielen 68ern die Väter, bedingt durch Krieg und Gefangenschaft, während der frühen Kindheit (vgl. Preuss-Lausitz u.a., 1983), haben die hier diskutierten Studentinnen oft ihre Väter wegen einer Scheidung partiell "verloren". Wie wirken sich diese aus unterschiedlichen Gründen "fehlenden Väter" auf die spätadoleszenten Identitätsfindungsprozesse der Töchter aus? Dann weisen wir auf eine damit in Zusammenhang stehende Dimension archaischer Weiblichkeitskonflikte hin (5.) und verfolgen deren Einfluß auf die spätadoleszenten, weiblichen Entwicklungsprozesse anhand von zwei ausführlichen Fallbeispielen (6.), die wir schließlich, kurz zusammenfassend und bezugnehmend auf unsere Hypothesen, diskutieren (7.).

2. Stabile Selbst- und Objektgrenzen: eine psychische Voraussetzung zur Entfaltung moderner Weiblichkeitsentwürfe bei Akademikerinnen

a) In den letzten zwanzig Jahren haben sich die Anforderungen an Akademikerinnen sowohl im Wissenschaftsbetrieb als auch in Industrie und Wirtschaft wesentlich verändert. Um nur einige Entwicklungen zu skizzieren: im Zuge der Computerrevolution haben sich viele der bisherigen wissenschaftlichen Arbeiten, wie die Literaturaufarbeitung (vor allem in den Geistes- und Sozialwissenschaften), mathematische und statistische Berechnungen, überhaupt die gesamte Datenverarbeitung in empirischen Studien, die Dokumentation (z.B. Erstellen von Tabellen und Graphiken) und das Schreiben wissenschaftlicher Texte entscheidend vereinfacht und nehmen daher z.B. in Promotionen oder Habilitationen nicht mehr den gleichen Stellenwert ein wie früher, als z.B. eine germanistische Promotion noch weitgehend darin bestand, in verschiedenen Bibliotheken nach Quellen und Texten zu suchen und diese kreativ zusammenzufassen. Heutzutage übernimmt die elektronische Datenverarbeitung, z.B. das Benutzen von entsprechenden internationalen Datenbanken, weitgehend solche Aufgaben. - Parallel dazu sind manche Anforderungen an den wissenschaftlichen Nachwuchs gestiegen: bei wissenschaftlichen Arbeiten zählen immer mehr Originalität, Innovation und Eigenleistung.

Außerdem hat die moderne Massenkommunikation auch die Welt der Wissenschaften erreicht: wir haben in einem ungleich höheren Maße als vor zwanzig Jahren eine weltweite Vernetzung von Wissenschaft und Wirtschaft (vgl. Leuzinger-Bohleber, 1989). Dies erfordert z.B. von einer Promoventin, daß sie, in welchem Gebiet auch immer sie arbeitet, verpflichtet ist, zur Kenntnis zu nehmen, was weltweit in dem betreffenden Problemfeld wissenschaftlich gearbeitet wird. Sicher war dies z.T. immer schon der Fall, doch scheint uns als neuer Faktor dazuzukommen, daß die modernen Kommunikationsmittel einen neuen Anspruch an die Mobilität des einzelnen erheben: zwar ist es durch die eben erwähnten technischen Möglichkeiten des Literaturtransfers einfacher geworden, sich zum Stand der wissenschaftlichen Diskussion zu einer bestimmten Fragestellung zu informieren. Doch ist der neue Anspruch entstanden, die modernen Reisemöglichkeiten insofern zu nutzen, als erwartet wird, weltweit mit Wissenschaftlern in Kontakt zu treten, die am gleichen Thema arbeiten, um auch deren noch unpublizierte Erkenntnisse mitberücksichtigen zu können. Dies führt zu der Verpflichtung einer regen Reisetätigkeit, denken wir hier nur an Kongreßbesuche, Workshops etc. Eine hohe Mobilität und Flexibilität wird von der einzelnen Wissenschaftlerin erwartet, die sich zuweilen nur schwer mit festen Objektbeziehungen und einer konstanten sozialen Verankerung verbinden läßt. Auch steht sie, weit mehr als vor zwanzig Jahren, in einer internationalen Rivalität mit anderen Wissenschaftlern. Zudem spielt aus unserer Sicht oft eine Rolle, daß durch diese internationale Vernetzung der Wissenschaften zwar einerseits die Allmachtsphantasien enorm stimuliert werden können, z.B. zu der crème de la crème auf dem ganzen Globus zu gehören, sich mit dem Flugzeug die Welt zu erobern, mittels Telefax mit Forschern auf der ganzen Welt kommunizieren zu können etc., doch sind die Kehrseiten solcher Phantasien bekanntlich die Ohnmacht und das Leiden an Insuffizienzgefühlen, wie z.B. den quälenden Zweifeln, ob die eigene wissenschaftliche Leistung auch wirklich internationalen Anforderungen standhält.

Ohne hier auf die Kreativitätsforschung eingehen zu können, ist aufgrund der psychoanalytischen Klinik und Theorie unumstritten, daß eine solche (wissenschaftliche) Kreativität, Produktivität, Mobilität sowie die Fähigkeit, mit Rivalitäten und narzißtischen Größenphantasien produktiv umzugehen, hohe Anforderungen an das psychische Funktionieren stellt. Zwar ist bekannt, daß gerade wissenschaftliche Persönlichkeiten teilweise dadurch auffallen, daß sie einerseits zu Höchstleistungen in einem eng umschriebenen Gebiet fähig sind, aber anderseits im persönlichen Kontakt große Schwierigkeiten haben und in ihrer Objektbeziehungsfähigkeit stark eingeschränkt sind. Manche scheinen sogar ihrer wissenschaftlichen Produktivität weitgehend ihr "persönliches Glück" zu opfern, d.h. eine extreme Sublimierungsleistung aufzubringen, die bekanntlich Freud (1930)[5] als psychische Voraussetzung für eine wissenschaftliche und künstlerische Produktivität beschrieben hat. Wir haben anderorts diskutiert, daß uns solche wissenschaftlichen Partialleistungen, da sie - pointiert formuliert - oft kombiniert sind mit einer gravierenden Kommunikationsstörung, angesichts der heute zu bewältigenden wissenschaftlichen und politischen Aufgaben höchst problematisch erscheinen, da immer mehr ein "Zusammendenken", eine Integration interdisziplinären Wissens erforderlich sein wird (vgl. dazu Leuzinger- Bohleber, 1992b). Wir konnten beobachten, daß manche Studentinnen, aufgrund ihrer weiblichen Sozialisation diese Problematik präzise wahrnehmen und spüren, daß sowohl ein reifes Niveau der Objektbeziehungen als auch eine gute narzißtische Selbstwertregulation erforderlich sind, um solche Integrationsleistungen in dem modernen Wissenschaftsbetrieb ein Stück weit zu übernehmen; übrigens eine latente Erwartung, die institutionell oft mehr an Wissenschaftlerinnen als an ihre männlichen Kollegen gerichtet wird.

Analoge Entwicklungen kennzeichnen auch die heutige Situation des akademischen Nachwuchses in Industrie und Wirtschaft. Auch hier hat die Computer- und Technikrevolution bewirkt, daß automatische, manuelle Arbeiten zusehends maschinell verrichtet werden. Daher werden Akademikerinnen in vielen Bereichen entweder in der Personalführung, im Management oder aber bei der innovativen Entwicklung neuer Produkte und Ideen sowie zum Transfer neuester wissenschaftlicher Erkenntnisse auf Problemstellungen in der "Praxis" eingesetzt. Zudem ist in Zeiten der Akademikerarbeitslosigkeit ein hoher Konkurrenzdruck schon bei Bewerbungen um Stellen wie auch anschließend als Stelleninhaberinnen in vielen Industrie- und Wirtschaftszweigen vorherrschend. Für die kreative und produktive Bewältigung all dieser Anforderungen werden von den Akademikerinnen neben ihren fachlichen Qualifikationen analoge psychische Fähigkeiten verlangt wie von den Wissenschaftlerinnen.

Diese erhöhten Ansprüche in Wissenschaft, Industrie und Wirtschaft wirken zurück auf die Hochschulen (vgl. Einleitung dieses Buches), was manche der Studentinnen, die die psychotherapeutischen Beratungsstellen aufsuchen, sensibler als viele ihrer Kommilitoninnen wahrnehmen und mit Konflikten und Ängsten darauf reagieren.

b) Ebenso tiefgreifende Veränderungen haben während der letzten zwanzig Jahre in den Beziehungsstrukturen, vor allem auch in den Liebesbeziehungen, stattgefunden. Beck und Beck-Gernsheim (1990) sprechen vom "ganz nor-

---

[5]Er schreibt in "Das Unbehagen in der Kultur": "Die Triebsublimierung ist ein besonders hervorstechender Zug der Kulturentwicklung, sie macht es möglich, daß höhere psychische Tätigkeiten, wissenschaftliche, künstlerische, ideologische, eine so bedeutsame Rolle im Kulturleben spielen.... Drittens endlich, und das scheint das Wichtigste, ist es unmöglich zu übersehen, in welchem Ausmaß die Kultur auf Triebverzicht aufgebaut ist..." (S. 457).

Bekanntlich hat in diesem Zusammenhang folgende Feststellung vor allem bei Analytikerinnen und weiblichen Leserinnen zu Widerspruch geführt: "Wir sagen auch von den Frauen aus, daß ihre sozialen Interessen schwächer und ihre Fähigkeit zur Triebsublimierung geringer sind als die der Männer." (Neue Folge, 1933, S.144)

malen Chaos der Liebe". Bekanntlich wurden zwar während der Studentenrevolten viele neuen Beziehungsformen zwischen den Geschlechtern ausprobiert, aber, wie sich später herausstellte, beteiligte sich aktiv nur ein relativ geringer Teil der Studentenschaft an entsprechenden "Beziehungsexperimenten". Auch war es bei jener Studentengeneration noch weitgehend selbstverständlich, irgendwann zu heiraten und eine Familie zu gründen. Besonders für die Studentinnen galt, daß sich noch weitaus die meisten einem relativ traditionellen Rollenverständnis verpflichtet fühlten, auch wenn sie dies oft nicht offen äußerten, was u.a. bedeutete, daß sie trotz ihres akademischen Studiums davon ausgingen, in einer Institution wie der Ehe eine gewisse äußere und innere Sicherheit zu erlangen, auch wenn dies den Konflikt implizierte, evtl. zugunsten der Mutterrolle auf eine optimale berufliche Entfaltung zu verzichten.

Diese Selbstverständlichkeit ist bei heutigen Studentinnen viel seltener zu beobachten. Die hohe Scheidungsrate (z.Zt. in deutschen Großstädten 50 %), die Zunahme nicht institutionalisierter Beziehungsformen, die hohe Anzahl alleinerziehender Mütter wie auch ökonomische Faktoren, z.B. daß oft ein Gehalt in den Großstädten heute nicht mehr ausreicht, eine Familie zu ernähren, sind Indikatoren, die von den Studentinnen in der Weise interpretiert werden, daß sie auch als Frauen davon ausgehen müssen, sich selbst eine Existenz aufzubauen und sich nicht mehr, vereinfacht gesagt, darauf verlassen können, irgendwann einen Mann zu finden, der für den gemeinsamen Lebensunterhalt aufkommen wird. Viele Studentinnen nehmen dies als Befreiung wahr, als neue Chance der Selbst- und Identitätsentfaltung und engagieren sich deshalb uneingeschränkter und intensiver für eine wissenschaftliche Ausbildung und Profilierung als viele der 68er Generation.

Doch hat diese Chance eine Kehrseite: sie bedeutet auch einen Verzicht auf Sicherheit und von außen garantierte Stabilität und aktualisiert u.U. ungelöste Konflikte im Autonomie- und Abhängigkeitsbereich. Wiederum sind es die Studentinnen, die als Kinder die Erfahrung einer auseinanderbrechenden Beziehung miterlebt haben, die seismographisch darauf reagieren, daß von ihnen potentiell erwartet wird, allein (und zwar nicht nur ökonomisch) für die eigene Existenz und die Existenz von Kindern aufzukommen. Viele dieser Frauen haben an ihren Müttern erlebt, wie destruktiv sich ökonomische und psychische Abhängigkeit von einem Liebespartner auswirken kann und tragen daher die Angst vor einem analogen Schicksal in sich (vgl. Falldarstellungen). Diese Frauen nehmen zudem sensibler als andere wahr, daß es auch in unserer modernen Gesellschaft für Frauen noch schwierig ist, berufliche Entfaltung mit der Mutterschaft zu kombinieren. Es fehlen immer noch weitgehend die institutionellen Hilfen, eine solche Kombination einigermaßen befriedigend zu realisieren. Judith Kestenberg (1988) weist am Schluß einer psychoanalytischen Arbeit zu heutigen Weiblichkeitskonflikten ebenfalls auf psychosoziale Faktoren hin:

"Gegenwärtig stehen Frauen an einem Scheideweg: Sie sind gefordert, ihre integrativen Fähigkeiten in höchstem Maße zu nutzen, um Mütter, versorgende und attraktive Sexualpartner in einem zu sein. In dieser historischen Übergangszeit hat der übergroße Druck auf die Frauen zu ihrer Maskulinisierung, zu Kindesmißhandlung und -vernachlässigung geführt und schließlich zu der Angst. daß sie in keinem ihrer Wirkungskreise erfolgreich sein könnten. Auf dem Wege, sich neue Lebensformen zu erobern, sind Frauen aggressiver und unabhängiger geworden. Sie bemühen sich darum, ihre unerfüllten mütterlichen Möglichkeiten in kreativer Tätigkeit zu sublimieren. Kreativ sein, Kinder aufziehen, Erfolg im Beruf haben und gute Ehefrauen sein - all das streben sie gleichzeitig an, doch stehen keine entsprechenden gesellschaftlichen Einrichtungen zur Verfügung, die den Frauen die Integration all dieser Tätigkeiten erleichtern würden. Einige, aber noch keineswegs zufriedenstellende Lösungen werden angeboten, etwa Kinderkrippen nahe dem Arbeitsplatz oder kürzere Arbeitszeiten; doch in der Zwischenzeit wächst eine Generation von Kindern heran, deren Angst vor Verlassenwerden übermächtig ist." (S. 362).

Aufgrund eigenen Leidens als Kinder nehmen jene Studentinnen, von denen wir hier hauptsächlich sprechen, diese Kosten moderner Individualisierungsprozesse präzise wahr, wie auch die damit verbundenen widersprüchlichen Verhältnisse, die von der einzelnen Frau nur schwer zu bewältigen sind, und reagieren darauf mit Angst, Unsicherheit und unbewußter Verweigerung.

Dazu kommt, daß außer den realen Erschwernissen, verschiedene Weiblichkeitsentfaltungen zu integrieren, auch innere Barrieren bei beiden Geschlechtern[6] gegen eine solche moderne weibliche Selbstverwirklichung existieren: zwar wird "vom Kopf" her gerade heute Studentinnen und jungen Akademikerinnen eine solche Kombination weitgehend zugestanden, dennoch sind die traditionellen Rollenbilder psychisch noch repräsentiert und determinieren daher, oft unbewußt, Emotionen, Kognitionen und Interaktionen zwischen den Geschlechtern. Jessica Benjamin (1990) hat solche unbewußten Barrieren in ihrem Buch "Die Fesseln der Liebe" verfolgt. Sie ist der Frage nachgegangen, welche unbewußten Faktoren dazu beitragen, weiterhin an einem Herr-Knecht-Verhältnis zwischen den Geschlechtern festzuhalten, obschon heute Modelle moderner Beziehungsformen vorliegen und durchaus realisiert werden könnten. Ihr schwebt eine neue Interdependenz zwischen den Geschlechtern vor, die auf gegenseitiger Andersartigkeit in Anerkennung der Gleichwertigkeit des Anderen aufbaut:

"Um diesen Zirkel der Herrschaft zu unterbrechen, muß das Objekt, wie gesagt, einen Unterschied setzen. Dies bedeutet, daß Frauen ihre Subjektivität beanspruchen müssen, um die Zerstörung überleben zu können. Damit können sie den Männern eine neue Möglichkeit bieten, den Konflikt mit der Außenwelt aufzunehmen, selbst und in Gegenwart einer gleichberechtigten Anderen lebendig zu werden. Das Konzept gleichberechtigter Subjekte wird eben erst intellektuell plausibel, seit die Gleichheitsforderung der Frauen zu einer realen gesellschaftlichen Kraft geworden ist. Diese materielle Veränderung bewirkt, daß die Vision der Intersubjektivität nicht mehr nur als utopische Abstraktion erscheint. Sie erscheint vielmehr als legitime Herausforderung an die traditionelle Logik von Subjekt und Objekt. Die Vision der Anerkennung zwischen gleichberechtigten Subjekten läßt eine neue Logik entstehen, die Logik des Paradoxons: der ausgehaltenen Spannung zwischen antagonistischen Kräften. Das wohl schicksalhafteste Paradoxon besteht in unserem Bedürfnis nach Anerkennung und gleichzeitig nach Unabhängigkeit: es besteht in der Tatsache, daß das andere Subjekt unserer Kontrolle entzogen ist und wir es dennoch brauchen. Dieses Paradoxon zu begrüßen, heißt, den ersten Schritt zu tun und die Fesseln der Liebe zu sprengen. Es heißt nicht, unsere Bindungen an andere

[6] Es übersteigt unseren Rahmen, hier analoge Veränderungsprozesse bei Männern zu analysieren, obschon sie teilweise untrennbar mit jenen der Frauen verbunden sind.

aufzulösen, sondern sie zu entwirren, damit sie nicht zu Ketten werden, sondern zu Bindungen der gegenseitigen Anerkennung." (S. 214/15).

Die Studentinnen, die wir hier im Auge haben, ersehnen sich solche interdependenten Beziehungen mit einer Balance zwischen Abhängigkeit und Autonomie. Gleichzeitig befürchten sie, oft eher vorbewußt als bewußt, aufgrund ihrer Traumatisierungen nicht dazu in der Lage zu sein, solche modernen Beziehungsformen zu gestalten. Sie werden gewahr, daß ihnen dazu eine gut entwickelte innere Autonomie, sichere Selbst- und Objektgrenzen sowie eine stabile narzißtische Selbstwertregulation fehlen. Viele von ihnen suchen aufgrund solcher Selbstwahrnehmungen psychotherapeutische Hilfe (vgl. Falldarstellung).

c) Schließlich möchten wir noch auf eine Problematik kurz verweisen: auf die Konfrontation mit "dem Fremden" in den Medien und in unserem Alltag, auch dem Alltag an den Universitäten. Für unser Thema ist dabei u.a. entscheidend, daß heutige Studentinnen viel mehr als ihre Kommilitoninnen vor 20 Jahren mit weiblichen Identitäten aus anderen Kulturen konfrontiert sind, der Ausländeranteil weiblicher Studentinnen hat sich in den letzten zwanzig Jahren sukzessiv erhöht. Zudem werden wir durch die Medien und die inzwischen umfangreiche Frauenliteratur vermehrt über Frauenschicksale aus fremden Kulturen informiert.

In Zeiten des Wandels der eigenen Geschlechterrolle und weiblicher Selbstverständlichkeiten ist eine solche Konfrontation mit alternativen Weiblichkeitsentwürfen und -realisierungen in der Spätadoleszenz von einer hohen Relevanz. Daher denken wir, daß dieser Umgang mit "fremder Weiblichkeit" (vgl. dazu u.a. Kristeva, 1988) wie auch mit der eigenen "fremden Weiblichkeit in sich"[7] eine wichtige Dimension heutiger Identitätsentwicklungen darstellt (vgl. 3. und 4.).

Doch zuerst betrachten wir die spätadoleszente Identitätsentwicklung noch etwas näher.

3. Trauer und Trennung: eine Dimension der spätadoleszenten Identitätsbildung

Bohleber (1988, 92, 92a) hat psychoanalytische Konzepte der spätadoleszenten Identitätsbildung differenziert beschrieben, so daß wir darauf, wie auf unsere daran anschließenden Darlegungen (Leuzinger-Bohleber u. Dumschat, 1991, Leuzinger-Bohleber, 1992, Leuzinger-Bohleber u. Garlichs, 1991) verweisen können und hier nur einige der wesentlichen Gedanken skizzieren. Wir bezie-

[7]Freud (1919) selbst betrachtete bekanntlich das weibliche Genitale als das Symbol des Unheimlichen an sich. "Es kommt oft vor, daß neurotische Männer erklären, das weibliche Genitale sei ihnen etwas Unheimliches. Dieses Unheimliche ist aber der Eingang zur alten Heimat des Menschenkindes, zur Örtlichkeit, in der jeder einmal und zuerst geweilt hat. "Liebe ist Heimweh", behauptet ein Scherzwort, und wenn der Träumer von einer Örtlichkeit oder Landschaft noch im Traume denkt: Das ist mir bekannt, da war ich schon einmal, so darf die Deutung dafür das Genitale oder den Leib der Mutter einsetzen. Das Unheimliche ist also auch in diesem Falle das ehemals Heimische, Altvertraute. Die Vorsilbe "un" an diesem Worte ist aber die Marke der Verdrängung."(S. 258,9).

hen uns dabei auf eine kürzlich erschienene Zusammenfassung dieser komplizierten theoretischen Konzeptualisierungen (vgl. Leuzinger-Bohleber,1992b, S. 92 ff, vgl. auch Einleitung dieses Buches).

Nach Bohleber sind bei der Theoriebildung zu spätadoleszenten Identitätsentwicklungsprozessen drei Dimensionen besonders zu berücksichtigen:

a) Identitätsbildungsprozesse im intermediären Raum zwischen innen und außen, zwischen Selbst und Objekt

Das Identitätskonzept stellt im Gegensatz zur psychoanalytischen Theorie des Selbst einen Grenzbegriff dar, mit dem in Rechnung gestellt wird, daß sich diese Entwicklungsprozesse an der Schnittstelle zwischen äußerer und innerer Realität abspielen (siehe auch Leuzinger-Bohleber, 1992). Das Gefühl der Gleichheit und Kontinuität mit sich selbst ist einmal abhängig von einem Vergleich mit dem eigenen Selbst, von früheren Erfahrungen und deren Bewertungen und Erinnerungen - aber auch von der Wahrnehmung von außen als "der immer noch gleichen Person". Dies führt zu einer komplexen und immer konflikthaften Wahrnehmung von Identität, die Lichtenstein (1977) als das "dilemma of human identity" beschrieben hat. Identität besteht immer einerseits aus der genuinen Erfahrung, "innerlich sich selbst zu sein", andererseits ist sie gleichzeitig auf die Übernahme sozialer Rollen angewiesen, was ständig die Gefahr in sich birgt, darin in seiner Individualität ausgelöscht zu werden. Bohleber (1988) definiert Identität daher als einen Bestandteil des intermediären Bereichs nach Winnicott (1971), in den in gleicher Weise innere Realität und äußeres Leben einfließen (S. 11). Dieser intermediäre Bereich ist eine Voraussetzung für den Beginn einer Beziehung zwischen dem Säugling und der Welt, psychoanalytisch betrachtet, eine Voraussetzung für die Differenzierung zwischen innen und außen, zwischen Phantasie und Realität und zwischen Selbst und Objekt. Daher betrachten wir diese Prozesse als ein Fundament der Autonomieentwicklung und der Individuation (vgl. u.a. Lichtenstein, 1977, Mahler, 1972, Stern, 1985).

Bei diesen Entwicklungsvorgängen - wie auch bei den ihnen verwandten in der Adoleszenz und der Spätadoleszenz - spielt nun das Identitätsgefühl eine zentrale Rolle. Das Identitätsgefühl ist das Resultat der synthetisierenden Aktivitäten im Ich und besteht darin, Phantasien über das Selbst zu organisieren. Dabei existieren außer den reiferen Identitätsgefühlen immer gleichzeitig verschiedene Identitätsgefühle nebeneinander, die aus früheren Entwicklungsstadien stammen und zum Teil auch unbewußt sind. Auf diese unbewußten Anteile der Identität hinzuweisen, gehört zum genuin psychoanalytischen Beitrag zur Identitätsforschung.

Die frühesten Formen eines Identitätsgefühls zentrieren sich um Omnipotenzphantasien, die die Trennung zwischen Selbst und Objekt verleugnen, sowie aus frühen Körperphantasien. Der Kern eines positiven Identitätsgefühls besteht aus jenem Teil des Selbst, in das das primäre Objekt internalisiert wurde. Dabei ist die "good enough mother" (Winnicott), die auf die idiosynkratischen Bedürfnisse ihres Säuglings eingehen kann, die basale Voraussetzung für die Ausbildung eines frühen Gefühls der eigenen Einzigartigkeit.

Modell (1975) beschreibt, wie die "good enough mother" dem Säugling ein basales Gefühl von sich selbst, eines "sense of self" ermöglicht und der Säugling auf dem spiegelnden Gesicht der Mutter in ihren Reaktionen erstmals "sich selbst erahnt". Diese Erfahrungen sind eingebunden in den intermediären Raum zwischen Mutter und Kind, da nur ein "Zwischenraum" zwischen ihnen zu der sich anbahnenden Erfahrung der Unterscheidung von Selbst und Objekt befähigt. Stern (1985) spricht von einem "sense of a core self", Emde (1983) von einem "core sense of identity" und Caldwell (1976) und andere von "primary identity". Sander (1988) beobachtete die täglichen Verhaltensweisen in frühen Mutter-Kind-Dyaden. Es zeigte sich, daß "event structures" entwickelt werden, d.h. stabile, wiederkehrende Muster des Verhaltens und des Tagesablaufs, die dem Säugling das Gefühl geben, nicht nur passives Opfer, sondern aktiver Mitgestalter der Interaktion ("ein agent") zu sein, da er den Ablauf der immer wiederkehrenden Handlungen antizipieren kann und daher psychisch die Illusion entwickelt, diese aktiv herbeizuführen. Zudem entwickelt der Säugling in befriedigenden Mutter-Kind-Interaktionen schon bald einen Zustand der "alert inactivity", d.h. einen relativ ruhigen seelischen Zustand, in dem er, wie inzwischen viele Studien aus der empirischen Säuglingsforschung belegen, psychisch am besten in der Lage ist, wahrzunehmen, zu beobachten und zu lernen. In diesem Zustand kann er auch die erste lustvolle Erfahrung des "Allein-sein-könnens" machen, die Erfahrung einer ersten Trennung vom Objekt. Diese Erfahrungen können sich nur in einem "open space" abspielen, d.h. in der Situation, in der die Mutter zwar anwesend ist, aber dem Säugling den Raum lassen kann, sich selbst zu spüren, sich selbst zu erfahren, indem sie nicht z.B. mit irgendwelchen Stimulationen oder Handlungen interferiert. Bohleber (1992) charakterisiert diese Interaktionen wie folgt:

"Innerhalb eines harmonisch regulierten Mutter-Kind-Systems sind während einer Wachperiode Zeiten zu beobachten, die eine Entflechtung zwischen Mutter und Kind hinsichtlich der eingespielten Regulationsabläufe zulassen. Dies kann eintreten beim Fehlen einer inneren körperlichen Erregung und beim Ruhen von Interaktionen. Der Säugling ist dabei wach und in einem Zustand einer "alert inactivity". Dies erlaubt dem Säugling, innere Empfindungen oder Impulse als seine eigenen, die in ihm selbst aufkommen, wahrzunehmen. Der Impuls wird zu einem "personalen Erlebnis" (Winnicott, 1974, S. 43). Damit entsteht beim Säugling, wenn auch zunächst rudimentär, die Fähigkeit, allein zu sein. Innere aufkommende Empfindungen und Impulse schaffen ein Selbstgefühl, das sich im Laufe wiederkehrender Zeiten von Entflechtung verstärkt und komplexer wird. Sander bezeichnet diese Zeiten als einen "offenen Raum", der zur Selbst-Entwicklung notwendig ist. Er sieht in ihm eine erste Form eines intermediären Raumes nach Winnicott, der von der Mutter gehalten werden muß. Sie muß da sein, darf aber nicht mit Stimulationen oder Pflegeleistungen eingreifen. Im Zuge der Entfaltung dieses Raumes kann der Säugling zunehmend verschiedene Selbst-Erfahrungen machen über seine Autorschaft von Empfindungen, Gefühlen, Vorstellungen und Reaktionen, und er erwirbt sich das Gefühl eines eigenen psychischen Raumes. Mit dem Erwerb der Fähigkeit zur inneren Repräsentation und einer objektivierbaren Selbstrepräsentanz entwickelt und erweitert sich innerhalb dieses intermediären Raumes das Identitätsgefühl. Das Kind eignet sich zunehmend ausdifferenziertere Selbst-Bilder an.

Diese Verbindung von Selbst-Entwicklung als personalem Erlebnis mit dem intermediären Raum zwischen Mutter und Kind sehen wir als eine frühe Vorform späterer Identitätsentwicklung an. Die Identität ist von ihrer Struktur her mit den im intermediären Raum angesiedelten Übergangsobjekten verwandt. Diese haben eine Mittelstellung zwischen der inneren Welt und der äußeren. Sie sind ein Teil von beiden. Genau diese Mittelstellung kommt auch der Identität zu. Sie stellt eine Balance dar zwischen äußerer Erwartung, gesellschaftlichem Rollenverhalten und der inneren Wirklichkeit, den Phantasien und persönlichen idiosynkratischen Wünschen." (S. 355/56).

Wie wir anhand der Fallbeispiele diskutieren werden, findet auch die weibliche Identitätsentwicklung in einem solchen intermediären Raum statt, in den einerseits Erlebnisse mit äußeren Gegebenheiten einfließen, wie z.B. konkrete Beobachtungen und Erfahrungen realer Veränderungen des Rollenverhaltens zwischen den Geschlechtern, weiblicher Identitätsentwürfe und deren Realisierungen, aber anderseits auch alle bisherigen weiblichen Sozialisationserfahrungen und eine darauf aufbauende idiosynkratische Bedürfnisstruktur.

b) Spiegelerfahrung im "bedeutsamen Anderen" - eine lebenslange Komponente des Identitätsgefühls

Eine zweite Dimension spätadoleszenter Identitätsbildung betrifft die Spiegelerfahrungen mit einem "bedeutsamen Anderen".

Bohleber (1992) diskutiert in der erwähnten Arbeit einen weiteren Aspekt von Forschungsergebnissen aus der neuen Säuglingsforschung, der sich für das Verständnis von Identitätsbildungsprozessen als hilfreich erweist: der erste Vorläufer eines Identitätsgefühls bzw. eines "sense of self" beruht auf der Erfahrung, sich selbst im "Spiegel: Mutter", d.h. in ihren Reaktionen auf das Selbst in ihrem Gesicht zu erkennen. Diese ersten Erfahrungen eines "emergent self" (Stern, 1985) ist allerdings noch nicht in dem Sinne differenziert, als noch nicht zwischen Selbst- und Objektimagines unterschieden wird, da die Fähigkeit, Repräsentanzen zu bilden, noch nicht entwickelt worden ist. Dennoch sind diese frühen Erfahrungen die Vorläufer der späteren reflexiven Erfahrungen des Kindes, indem das Kind zuerst sich im Anderen wahrnimmt und erst anschließend sich selbst. Die Selbstrepräsentanz, die auf diese Weise wahrgenommen wird, wird anschließend introjiziert. Daher scheint es zur basalen Struktur von Identität zu gehören, daß Identität nur in der Beziehung zu einem bedeutungsvollen Anderen gebildet werden kann. Auch ist eine Spaltung im Kern-Selbst notwendige Voraussetzung für eine Selbstwahrnehmung. Zuerst in einem Spiegelprozeß in der äußeren Realität und anschließend in einem analogen inneren Prozeß kann das Selbst sich ein Identitätsgefühl erwerben. Die Erwartungen, die der bedeutungsvolle Andere an das Selbst richtet, soziale Normen und Werte, bilden später den "Spiegel", vor dem sich Identität bilden kann. Erwartungen und Wertvorstellungen werden zwar von außen übernommen, jedoch darin auch die eigene Individualität ausgedrückt.

"Die basale Struktur der Art und Weise, wie sich Identität durch Spiegelerfahrungen bildet, wäre nicht vollständig verstanden, wenn sie nur als rein psychischer Prozess aufgefaßt würde. Der Erwerb von Identität geschieht sowohl interaktiv wie intrapsychisch, und die Beschreibung intrapsychischer Prozesse muß durch ein interaktives Konzept ergänzt werden. Um uns selbst zu finden, sind wir abhängig von der Interaktion mit anderen." (Bohleber, 1992a, S. 123, Übersetzung M. L.-B.).

Bohleber führt hier aus, daß wir, analog zu den Spiegelerfahrungen als Säugling, ein Leben lang abhängig bleiben von spiegelnden Erfahrungen mit einem bedeutsamen Anderen. Besonders in der Adoleszenz und in der Spätadoleszenz, in denen die Loslösung von den Primärobjekten, das Finden eines Liebesobjekts sowie die sexuelle, persönliche und berufliche Identitätsentwicklung im Zentrum des psychischen Geschehens stehen, kommt der Spiegelerfahrung mit bedeutsamen Objekten eine zentrale Funktion zu. Bezogen auf die Entwicklung einer tragenden weiblichen Identität, sind in diesem Zusammenhang Spiegelerfahrungen mit dem Liebesobjekt, aber auch weiteren wichtigen Personen sowohl im privaten als auch im öffentlichen Bereich entscheidend. Wir werden anhand der Fallbeispiele zu illustrieren versuchen, daß bei diesen Prozessen einerseits die Auseinandersetzung mit realen oder idealisierten Frauenbildern (z.B. in Kunst und Literatur) prägen, anderseits aber auch die Spiegelungsprozesse im Zusammenhang mit weiblichen Repräsentanzen, vor allem mit der präödipalen und ödipalen Mutterrepräsentanz. In diesem Kontext spielt die heutige Situation, daß weibliche Identifikationsfiguren, etwa bezogen auf eine "sinnliche Kombination von kreativer Berufsentfaltung, sexueller Befriedigung und Mutterschaft", immer noch weitgehend fehlen trotz entsprechender Ansätze in verschiedenen Strömungen der Frauenbewegung. Zudem ist in diesem Kontext die Alltagserfahrung mit verschiedensten Weiblichkeitsentwürfen und -realitäten in unserer multikulturellen Gesellschaft von Interesse. Solche neuen, aktuellen Wahrnehmungen treten bei diesen Identitätsbildungsprozessen in einen komplexen, dialektischen Interaktionsprozeß mit den in der eigenen Sozialisation erlebten und gespeicherten Erfahrungen mit Weiblichkeit, in unserer Kultur oft mit der Weiblichkeit der Mutter und evtl. Großmutter und deren Beziehung zu den weiblichen Kindern, auch mit sich selbst. Doch auch der soziale Raum der Frühsozialisation (z.B. im Dorf, im Kindergarten, in der Schule) hat seine Spuren hinterlassen und geht oft unbemerkt in die eigene Identitätsfindung mit ein.

c) Separation und Trauer - ein sine qua non der spätadoleszenten Identitätsbildung

Von den vielen eben skizzierten weiblichen Identitätsentwürfen müssen nun jene ausgewählt werden, die als zugehörig und relevant für die ureigenste Identität als Frau empfunden werden. Diese Auswahl ist verbunden mit i.d.R. vorbewußten Entscheidungsprozessen, die immer auch Trennungsprozesse beinhalten: man muß sich von früheren oder eben ausprobierten Selbst- und Selbstidealentwürfen trennen, auch von "nicht (mehr) genehmen" Identitätsanteilen. Daher sind die eben aufgeführten Spiegelprozesse nicht von Separationsprozessen zu trennen, ja sie stellen sogar notwendige Voraussetzung dafür dar. Eine erste Trennung des Selbst vom Objekt ist die Bedingung, daß das Kind sich schließlich im Spiegel erkennt. Durch das ganze Leben hindurch sind die kreativen Prozesse der Identitätsfindung, die wir hier klinisch und theoretisch umkreisen, untrennbar mit der Erfahrung des Getrenntseins verbunden und aktualisieren immer auch analoge frühere Erfahrungen mit Trennungen. Um mich von vertrauten Selbstrepräsentanzen zu entfernen und ein neues Selbstbild auszuprobieren, muß ich dieses Selbstbild ein Stück weit in der Realität ausprobieren, in Handlung umsetzen, um in einem zweiten Schritt die konkreten Erfahrungen mit diesem Selbstentwurf vor meinem inneren Auge vorbeiziehen zu lassen, innerlich zu "spiegeln" und schließlich zu entscheiden, ob dieses neue Spiegelbild in mein Selbstbild, meine Identität, integriert werden kann (vgl. dazu Bohleber, 1987). Falls dies nicht der Fall ist, werden diese erprobten Selbstimagines wieder ausgestoßen: ich muß mich von solch einem "Selbstentwurf" wieder trennen. Doch auch wenn dieser akzeptiert wird, bedeutet dies innerlich in gewissem Sinne eine Trennung - das Neue wird integriert, das Alte, so wie es war, geht verloren, weicht etwas Neuem - einem Stück neuer Identität. Ich bin zwar immer noch dieselbe, die ich vorher war, aber ich bin nicht mehr die Gleiche. Außerdem werde ich auch von außen wieder anders wahrgenommen, muß mich folglich auch von vertrauten und bekannten Reaktion auf mich selbst u. U. trennen. Diese psychischen Prozesse können nur gelingen, wenn die Grenzen zwischen Selbst und Objekt stabil entwickelt sind und nicht Gefühle wie Hilflosigkeit, Minderwertigkeit oder die Angst vor endgültiger Trennung und Verlust, die z.B. aus analogen Erfahrungen während der Rapprochementkrise (nach Mahler) stammen, evoziert werden.

"So weisen alle Menschen, die an schweren Identitätsstörungen leiden, eine stark konflikthafte Autonomieentwicklung zur Zeit der Wiederannäherungskrise auf (vgl. Bohleber, 1987)." (Bohleber, 1992, S. 357).

Bekanntlich spielen bei psychischen Differenzierungs- und Trennungsprozessen eigene aggressive Impulse eine entscheidende Rolle; ohne diese Impulse ist eine Abgrenzung zwischen dem Selbst und dem Objekt, zwischen innen und außen, Phantasie und Realität nicht möglich. Daher kommt auch bei dieser Dimension der Identitätsentwicklung dem Schicksal der eigenen Aggressionen eine große Bedeutung zu: Können die eigenen aggressiven Impulse von außen stammenden unterschieden werden? Stehen sie als integrierte Abgrenzungsaggression zur Sicherung stabiler Selbst- und Objektgrenzen zur Verfügung? Auf welchem Niveau bewegen sie sich? Welche Modalitäten sind vorherrschend, und welche Richtung nehmen sie? Sind gesellschaftliche Realitäten, Institutionen oder Bezugspersonen Ziel aggressiver Impulse oder - durch Umlenkung rigider Überich- und Ichidealstrukturen - das eigene Selbst?

Wiederum sind Studentinnen mit Traumatisierungen im Bereich der Individuation und der Autonomieentwicklung für Störungen dieser Entwicklungsprozesse besonders anfällig. So haben z.B., wie wir dies anhand unserer Fallbeispiele kurz diskutieren, Scheidungskinder oft chronisch aggressiv-destruktive Konflikte in der familiären Situation erlebt und daher in diesem Milieu auch nur ungenügend die Möglichkeit vorgefunden, eigene aggressive Impulse zu sozialisieren, m.a.W. psychisch in die sukzessive psychische Reifung zu integrieren. Oft leiden sie daher an einer archaischen Aggressionsproblematik, die vielerlei Folgen für die Identitätsentwicklung hat (vgl. unten).

4. Zwischenresümee

Wir versuchten kurz zu diskutieren, daß das Konzept der Identität, so schwierig es theoretisch auch sein mag, uns eher den Blick öffnen kann für die komplexe Wechselwirkung zwischen innerer und äußerer Realität spätadoleszenter Entwicklungsprozesse als andere, rein psychologische Konzeptualisierungen. Zusammenfassend fokussiert Identität immer psychische Prozesse im intermediären Raum und muß daher immer soziologisch wie psychologisch betrachtet werden. Identität findet auch nie im luftleeren Raum statt, sondern ist ein Leben lang abhängig von Erfahrungen mit dem "bedeutsamen Anderen" in der Realität und als internalisiertes Objekt. Zudem ist Identitätsbildung immer auch mit Trennungserfahrung verknüpft und erfordert daher stabile Selbst- und Objektgrenzen wie auch die "Fähigkeit zu trauern". - Vor allem wird Identität, in der Konzeptualisierung von Bohleber, nicht als ein statisches Phänomen verstanden (im Sinne einer Identität. die man "hat"), sondern als komplexer, konflikthafter und lebenslanger Prozeß, der u.a. initiiert wird durch das unlösbare Dilemma der Spannung zwischen subjektiver, persönlicher Identität und sozialer Rollenidentität. Er zentriert sich um das Identitätsgefühl, das psychisch die Erfahrung der Kontinuität in der Zeit und der Einheit mit sich selbst vermittelt und daher als ein aktives inneres Regulationsprinzip verstanden wird.

"Das Identitätsgefühl stellt eine übergeordnete Regulationsinstanz dar, die Handlungen und Erfahrungen daraufhin überprüft, ob sie zu einem passen, d.h. ob sie in die zentralen Selbst-Repräsentanzen, die für das Identitätsgefühl den Bezugsrahmen abgeben, integrierbar sind.... Es gibt aber nicht nur ein Cluster von zentralen Selbst-Repräsentanzen als Bezugsrahmen, sondern mehrere, falls sie nicht miteinander integrierbar sind... Eine harmonische Identität kann sich nur sehr begrenzt bilden, Zum einen sind Bedürfnisse und Wünsche des Individuums nie wirklich mit der Realität der Gesellschaft zu versöhnen. Somit haben wir es bei der individuellen Identität stets mit Brüchen und Widersprüchen zwischen einzelnen Identitätselementen zu tun. Eine Identität zu entwickeln, ist auch ein gesellschaftlich erzwungener Vorgang (vgl. Adorno, 1966)." (Bohleber, a.a.O., S. 361).

Identität ist folglich nie harmonisch, sondern immer konflikthaft und widerspruchvoll - im besten Fall gelingt in diesem dialektischen Prozeß eine momentane Synthese, ein selbstverständliches Gefühl der Idiosynkrasie und Kontinuität mit sich selbst, das aber im nächsten Moment wieder in neue Widersprüche zerfällt.

Dieses Identitätskonzept bietet sich besonders dafür an, spätadoleszente Entwicklungsprozesse differenzierter zu verstehen (vgl. Einleitung dieses Buches). Wir wollten hier besonders darauf hinweisen, daß Studentinnen in ihrer weiblichen Identitätsentwicklung ebenfalls in einem Spannungfeld zwischen äußerer und innerer Realität stehen. Der Wandel von weiblicher Selbstentfaltung in der Beziehung zwischen den Geschlechtern, im beruflichen und öffentlichen Bereich, bietet einen historisch neuen Spielraum zur Entwicklung neuer, vom traditionellen Rollenverhalten als Frau abweichende Identitäten. Doch kann diese historische Situation sowohl als Chance als auch als Gefahr erlebt werden, je nach der innerseelischen Situation, in der sich eine Studentin befindet und welche frühinfantilen Konfliktkonstellationen durch die spätadoleszenten Entwicklungsaufgaben (z.B. im Kontext von Individuation und Separation) reaktiviert werden.

5. "Ein toter Vater ist kein geschiedener Vater..."

Bei fast allen Studentinnen, deren Eltern sich getrennt hatten, ist eindrücklich, daß sie sich an die Trennung und die Zeit direkt danach kaum erinnerten. Mehrere von ihnen formulierten, es sei "wie ein schwarzes Loch", obwohl es die Erinnerung an die Zeit davor durchaus gibt. Im Gegensatz dazu konnten wir bei den Frauen, deren Väter gestorben waren[8], solche "dunklen Löcher" in ihrer Erinnerung weit weniger ausgeprägt feststellen. Dies führte uns dazu, der Frage nachzugehen, wie unterschiedlich ein (partieller) Verlust des Vaters durch eine Scheidung bzw. durch seinen Tod von den Töchtern erlebt wird. Z.B. kann wahrscheinlich ein Tod eher betrauert werden als der Verlust des Vaters durch eine Scheidung[9]. Während und kurz nach einer Scheidung erwarten oft beide Elternteile, besonders von einer Tochter, insofern "Trost", als diese möglichst störungsfrei zu "funktionieren" hat und die Eltern nicht noch durch eigene Trauerreaktionen "belastet". Viele Eltern sind wegen ihrer eigenen psychischen Not und Bedürftigkeit auf die Wahrnehmung angewiesen, die Tochter leide nicht unter dem Verlust des jeweils anderen Elternteils (i.d.R. des Vaters). - Verliert eine Tochter ihren Vater durch einen Todesfall, wird sie i.d.R. bedauert und getröstet - verliert sie ihn (partiell) infolge einer Scheidung, muß sie "möglichst keine Probleme haben", "fröhlich und zufrieden sein" - ein Trost für die verlassene Mutter![10] Dies begünstigt bei der Tochter Abwehrmechanismen wie die der Verleugnung. Z.B. sagte eine Studentin, die 5 Jahre alt war, als die Eltern sich trennten: "Ich denke, daß es mir nichts ausgemacht hat, denn ich kann mich überhaupt nicht daran erinnern." Das "dunkle Loch" in der Erinnerung könnte daher ein Hinweis auf solche (evtl. von den Eltern übermäßig stimulierten) Verleugnungsprozesse sein.

Einen weiteren Unterschied in kollektiven Schicksalen der beiden Studentinnengenerationen sehen wir im folgenden:

Viele der 68er Studentinnen hatten ihre Väter im Krieg durch einen "Heldentod" verloren. Oft waren diese als noch junge Männer nach einer kurzen Ehe an der Front gefallen. Ein "Heldentod" eignet sich bekanntlich besonders für eine posthume Idealisierung des Toten, auch wenn diese Idealisierung durchaus unbewußt dazu dient, Enttäuschung und Wut auf den Toten ("weil er mich im Stich gelassen hat"), abzuwehren (vgl. dazu u.a. ausführliche Falldarstellung von Leuzinger-Bohleber, 1992a).

Wie anders ist, verglichen damit, die Situation eines Mädchens, das den Vater durch eine Scheidung "verliert"! Zwar ist aus psychoanalytischen Behandlungen bekannt, daß Töchter nach Scheidungen ebenfalls das verlorene Liebesobjekt idealisieren, vor allem wenn die reale Beziehung zum Vater nach der Scheidung stark reduziert oder sogar abgebrochen wurde und dadurch eine sukzessive Deidealisierung des Vaters dank vieler realer Alltagserfahrungen mit ihm fehlt. Dennoch ist bei diesen Frauen meist ein tiefgehender Loyalitätskonflikt zu beobachten: sie haben sich i.d.R. mit den "verlassenen Müttern" identifiziert und fühlen sich verpflichtet, ihnen innerlich die Treue zu halten. Die Liebe zum Vater wird dadurch oft sehr konflikthaft (vgl. Falldarstellungen in 7. und Bohleber in diesem Band).

---

[8]Diese Beobachtung machten wir sowohl bei den Studentinnen der 68er Generation als auch den wenigen heutigen Frauen, die den Vater durch Tod verloren hatten.

[9]Allerdings haben schon Mitscherlich u. Mitscherlich (1967) in "Die Unfähigkeit zu trauern" darauf hingewiesen, daß kollektive und individuelle Verluste während der Zeit des Nationalsozialismus, bzw. bedingt durch dessen Zusammenbruch, von den Deutschen nur partiell, und z.T. pathologisch, betrauert wurden.

[10]Bei der hier vorgestellten Stichprobe von Studentinnen waren es meist die Mütter, die von den Vätern verlassen worden waren. Auch wurde bisher das Sorgerecht i.d.R. der Mutter zugeteilt, so daß die meisten Studentinnen nach der Scheidung bei den Müttern gewohnt hatten.

Zudem ist einer Scheidung meist eine lange Zeit chronischer Ehekonflikte vorausgegangen, so daß diese Studentinnen (oft allerdings unbewußt) Liebesbeziehungen mit der Erfahrung von unlösbaren und schließlich destruktiven, aggressiven Konflikten assoziieren. Das Miterleben solcher aggressiver Auseinandersetzungen, insbesondere von offener Gewalt, stimuliert überdies bekanntlich eigene aggressive Triebimpulse beim Kind, die sich (ebenfalls unbewußt) sowohl gegen die elterlichen Objekte als auch gegen das eigene Selbst richten (vgl. z.B. die auffallende Schuldgefühlproblematik dieser Frauen, vgl. 7). Daher stellt sich in Psychotherapien mit Frauen aus Scheidungsehen oft heraus, daß sie - im Gegensatz zu jenen Studentinnen, deren Väter verstorben sind - mit ihren Vätern nicht nur durch Idealisierungen, sondern auch durch einen ausgeprägten Haß unbewußt verbunden sind (vgl. 7.).

Wie sah nun das aktuelle Verhältnis der Studentinnen[11] zu ihren (geschiedenen) Vätern aus? Die meisten hatten zu ihnen ein eher ambivalentes Verhältnis. Es fanden wenig persönliche Gespräche statt, obschon offensichtlich noch eine starke (wenn auch oft von negativen Emotionen geprägte) Bindung dieser Frauen an ihre Väter vorlag. 2/3 von ihnen mußten sich wegen des Unterhalts teilweise sogar über Gerichte oder das Bafög-Amt mit ihren Vätern auseinandersetzen. Nur in zwei Fällen wurde der Unterhalt vom Vater ohne Schwierigkeit und angemessen bezahlt. Diese existentiellen Schwierigkeiten konnten i.d.R. nicht durch Hilfe von seiten der Mütter kompensiert werden. Fast alle Mütter waren zur Zeit der Scheidung Hausfrauen und mußten nachher einer wenig qualifizierten Arbeit nachgehen, so daß sie nicht in der Lage waren, allein den Unterhalt der Kinder zu bestreiten. Daher scheint auch für diese Stichprobe das Ergebnis der Studie von Wallerstein u. Blakeslee (1989) zuzutreffen, daß meist die Frauen und die Kinder zu den "Verlierern" einer Scheidung gehören.

Möglicherweise war das mütterliche Schicksal ein Grund, warum fast alle diese Studentinnen (17) vor ihrem Studium schon eine Ausbildung absolviert und sich daher eine berufliche Existenz gesichert hatten, bevor sie sich auf das Wagnis einer Studiums näher einließen.

In den Beratungsgesprächen fiel mir (R. Dumschat) auf, daß die Töchter aus geschiedenen Ehen von einer glücklichen, harmonischen Beziehung in der Zukunft träumen, leicht zu Eifersucht neigen und damit bestehende Partnerschaften belasten. Obwohl die eigene Erfahrung gezeigt hat, daß es Liebe und Treue "bis der Tod Euch scheidet" kaum gibt, träumen diese jungen Frauen heimlich doch noch vom Märchenprinzen, der sie für immer glücklich machen wird. Viele haben schon mehrere enge Beziehungen mit gemeinsamer Wohnung hinter sich und wären nach dem gesellschaftlichen und moralischen Verständnis der Zeit ihrer Eltern schon 2-3mal geschieden. Sie sind auf der Suche nach dem großen Glück und ahnen gleichzeitig, daß es das nicht geben wird.

Aus der psychoanalytischen Scheidungsforschung sind die innerseelischen Mechanismen bekannt, die solches Verhalten determinieren. Dabei spielen viele Faktoren eine Rolle (wie z.B. idiosynkratische Ressourcen des Kindes, Alter bei der Scheidung, Umgang beider Elternteile mit den Ehekonflikten und der Scheidung (evtl. Gewaltszenen zwischen den Eltern etc.), Verfügbarkeit nicht

---

[11] Wir beziehen uns in diesem Absatz auf die einleitend erwähnten 30 Studentinnen, mit denen R. Dumschat in den letzten 6 Monaten in einem Erstinterview gesprochen hat.

betroffener, stabiler Bezugspersonen für das Kind, Regelung und Kontakt mit dem weggezogenen Elternteil nach der Scheidung etc.). Es übersteigt aber den Rahmen dieser Arbeit, auf diese psychoanalytischen Forschungsergebnisse einzugehen (vgl. dazu u.a. Koechel, 1992). Auch ist die Verarbeitung einer Scheidung der Eltern jeweils hoch idiosynkratisch und hinterläßt ganz unterschiedliche seelische Spuren.[12] Für unsere Thematik hier möchten wir lediglich unsere Vermutung festhalten, daß der Verlust des Vaters durch eine Scheidung oft noch weniger als der Verlust des Vaters durch Tod von den Töchtern betrauert werden kann und daher, wie dies für ungenügend geleistete oder pathologische Trauer charakteristisch ist, weiterhin eine intensive unbewußte Bindung an das verlorene Objekt existiert (vgl. dazu u.a. Freud, 1917). Manifest erfolgt dagegen oft eine Distanzierung vom Vater wie auch eine Parteinahme für die als sein Opfer erlebte Mutter. Unbewußt bleibt aber die starke frühkindliche Bindung an den Vater z.B. in Form einer idealisierten Vaterrepräsentanz erhalten, die in Phantasien über den "Märchenprinzen" zum Vorschein kommt und u.a. der innerseelischen Abwehr von Enttäuschung, Wut und Aggression auf ihn dient. Zudem fehlte, wie schon erwähnt, oft jahrelang die alltägliche Realerfahrung mit dem Vater, was ebenfalls die Deidealisierung des ödipalen Liebesobjektes erschwerte. Daher wird der spätadoleszente Liebespartner zum Erben dieser hoch idealisierten, aber gleichzeitig auch gehaßten Vaterrepräsentanz, was meist die Beziehung zu ihm belastet. Da die Liebesbeziehung unbewußt vorwiegend nach dem Muster einer Tochter-Vater-Beziehung strukturiert ist, erleben sich diese Studentinnen oft darin "wie ein Kind" von ihrem Partner abhängig und leiden unter der Angst, auch von ihm verlassen zu werden. Zuweilen wird dann diese passiv erlittene Angst ins Aktive umgekehrt: die Studentin bricht selbst die Beziehung ab. Zudem motiviert häufig unbewußt auch ein Loyalitätskonflikt (evtl. bedingt durch ungelöste präödipale und ödipale Schuldgefühle) mit der Mutter diesen Beziehungsabbruch: bei all diesen Frauen stießen wir auf die unbewußte Überzeugung, sie verdienten kein besseres Frauenschicksal als ihre Mütter!

Da wir, im Gegensatz zu unserer Anfangszeit (ab 1973), solchen Konfliktstrukturen bei Studentinnen an unserer Beratungsstelle in den letzten Jahren auffallend häufig begegnen, fragen wir uns, ob sich darin nicht eine Facette von Weiblichkeitskonflikten heutiger Studentinnen manifestiert. Die Studentengeneration von 1968 schien uns eher damit beschäftigt, von zu Hause auszuziehen und die Werte der Eltern grundsätzlich in Frage zu stellen. Es war die Hochblüte der Wohngemeinschaften und der Selbsterfahrungsgruppen. Auch in der Universität war Gruppenarbeit angesagt. Daher entsteht der Eindruck, daß die damaligen Studierenden ihre Lebensprobleme im Kontext der Universität und studentischer Gruppen zu lösen versuchten. Nicht selten prozessierten Studenten wegen des Unterhalts mit ihren Eltern und brachen die Beziehungen zu ihnen abrupt ab. Wer meinte, ein gutes Verhältnis zu seinen Eltern zu haben, war nicht normal. Daher war eher ein abruptes, manifestes Ablösungsverhalten charakteristisch für diese Studentengeneration. Wir haben in unserer früheren Arbeit ausgeführt, daß sich hinter diesem manifesten Bruch mit den Eltern aus

---

[12] Daher sind generalisierende Aussagen zu den Auswirkungen von Scheidungen problematisch. Uns kann es in diesem Rahmen nur darum gehen, einige Konfliktlinien zu skizzieren, die wir - in verschiedensten idiosynkratischen Manifestationen - bei den hier untersuchten Studentinnen gefunden haben.

psychoanalytischer Sicht u.U. der verzweifelte Versuch verstecken kann, sich von ihnen und ihrem deutschen Schicksal abzutrennen, wobei latent oft die Tendenz besteht, durch die massiven Schuldgefühle, die durch die heftig aggressiven Separationsprozesse evoziert werden, wiederum an die Eltern und ihr Schicksal unbewußt gebunden zu bleiben (vgl. Beispiel: Frau M. in Leuzinger-Bohleber und Dumschat, 1991).

Demgegenüber scheint mindestens die hier fokussierte Gruppe von heutigen Studentinnen offen zu thematisieren, daß sie unter der Verwicklung mit dem elterlichen Schicksal leiden "und schwer von ihnen loskommen". Sie suchen einzeltherapeutische Hilfe, um diese psychische Nabelschnur zu durchschneiden; denn aufgrund ihrer frühinfantilen Traumatisierungen mit destruktiv verlaufenen Trennungen fühlen sich manche von ihnen unfähig, ohne Hilfe die spätadoleszente Separation von ihren Primärfamilien und die damit verbundene Trauerarbeit zu leisten. Politisches Engagement oder Gruppenarbeit innerhalb der Universität scheinen sich für sie nicht als adäquate Hilfen bei ihrer Konfliktbewältigung anzubieten.

Zu diesen Verwicklungen mit dem elterlichen Schicksal gehört auch die durch die Scheidung zusätzlich belastete Mutter-Tochter-Beziehung, ein Aspekt, auf den wir noch kurz eingehen möchten.

6. "Den Menschen ist die Lieb ein großer Fluch..." (Medea, V. 329). Zum Einfluß archaischer Weiblichkeitskonflikte auf die spätadoleszente Identitätsfindung bei Studentinnen[13]

Wir haben eben einen determinierenden Faktor bei den weiblichen Identitätsprozessen herausgegriffen: die Rolle der Väter sowohl in der frühen Triangulierungsphase, der ödipalen Phase wie auch in der Spätadoleszenz (im Zusammenhang mit dem Ausbilden der eigenen Geschlechtsidentität). Fehlt der Vater als "Dritter" kann dies weitreichende Konsequenzen für die Identitätsentwicklung der Tochter haben. Z.B. bedeutet der Verlust einer Alltagsbeziehung zum Vater in unserer Kultur für viele Töchter oft eine hohe Belastung der Beziehung der Töchter zu ihren Müttern. Nicht nur die adoleszente und spätadoleszente Loslösung von diesen Müttern wird erschwert; vor allem werden regressive Prozesse begünstigt, die ein Wiederaufleben archaischer Weiblichkeitskonflikte bewirken. In der therapeutischen Arbeit mit diesen Studentinnen gewannen wir den Eindruck, daß diese Frauen durch unbewußte Identifikationen mit ihren "Opfer-Müttern" eine ausgeprägte Angst vor

---

[13]Wir haben in einer anderen Arbeit, bezugnehmend auf die Medea-Tragödie, ein unbewußtes Phantasiesystem detailliert beschrieben, das wir bei mehreren Analysandinnen mit psychogener Sterilität gefunden hatten (Leuzinger-Bohleber, 1992c). Im Zentrum dieses Phantasiesystems stand die Überzeugung, daß die eigene Weiblichkeit potentiell die Gefahr in sich berge, zur Kindsmörderin zu werden und daher eine eigene Mutterschaft mit jedem Mittel verhindert werden müsse. - Bei den Studentinnen hier geht es uns weniger um diesen Aspekt der archaischen Weiblichkeitsproblematik als um die tiefe Abhängigkeit, die diese Frauen zur sexuellen Leidenschaft assoziieren und die in ihren Ängsten Verlassenwerden, Kränkungen und Demütigungen zur Folge haben können. Auch diese Facette weiblicher Leidenschaft ist im Medea-Drama eindrücklich gestaltet.

ihrer eigenen Weiblichkeit (u. a. vor sexueller Leidenschaft und weiblicher Abhängigkeit) entwickelt hatten. Dazu einige fragmentarische Hinweise:

Die Erfahrung, "als abhängige Frau von einem Mann verlassen zu werden", eignet sich strukturell zur Reaktivierung analoger frühinfantiler Ängste, die u.U. bis ins erste Lebensjahr zurückreichen, d.h. in eine Zeit, wo der menschliche Säugling als "physiologische Frühgeburt" existentiell auf die Versorgung durch "den Anderen" angewiesen ist. Die Angst vor Verlassenheit ist folglich psychisch auf dieser Ebene assoziiert mit existentieller Abhängigkeit wie auch mit der dieser Situation entsprechenden Vernichtungs- oder Todesangst. Diese archaischen Ängste determinieren z.B. eine unbewußte Überzeugung bei solchen Frauen "Trennung bedeutet Tod " (vgl. Fallbeispiel B., 7.) oder "Bei Trennungen geht immer jemand zugrunde - entweder ich oder der Andere!" (Fallbeispiel A., 7.). - Weiter entspricht der archaischen Qualität dieser Ängste auch das Niveau der Abwehrmechanismen, die eingesetzt werden, um diese aus dem Bewußtsein zu verbannen: es sind primitive Abwehrmechanismen wie Verleugnung (vgl. "schwarzes Loch"), Verneinung, Spaltungs- und Projektionsprozesse sowie der Mechanismus der projektiven Identifikation.

Bei vielen der hier untersuchten Frauen waren Spaltungen zwar - aufs Ganze gesehen - nicht die vorherrschenden Abwehrmechanismen[14], aber sie schienen psychisch präsent, wenn es um das Erleben ihre eigenen Weiblichkeit vor allem im Zusammenhang mit phantasierter oder realer Abhängigkeit ging. In solchen seelischen Situationen war eine ausgeprägte Spaltung zwischen einem "guten" und einem "bösen" Mutterintrojekt zu beobachten, die das Erleben der eigenen Weiblichkeit unbewußt determinierte. In den erwähnten "Märchenphantasien" tauchte die idealisierte Mutterimago sowie, via Identifizierung mit ihr, eine Selbstidealrepräsentanz auf, d.h. die Phantasie einer "reinen", "guten", "immer liebenden", "aggressionsfreien" Weiblichkeit, die sich "auf immer und ewig" mit einem ebenso idealisierten Partner verbindet. - Die "böse Mutter" bzw. die "böse Selbst- und Selbstidealrepräsentanz" war i.d.R. der Verdrängung anheimgefallen, wurde aber z.B. in Träumen von triebhaften Hexen, verschlingenden Loreley-Figuren oder Kindesmörderinnen dem therapeutischen Erkennen wieder zugänglich (vgl. Fallberichte, 7. und in Leuzinger-Bohleber, 1992a). Diese Spaltungsprozesse bildeten u.M.n. eines der unbewußten Motive, warum sich diese Studentinnen weitgehend nicht in der Lage fühlten, historisch neue Chancen zur Entfaltung weiblicher Selbstentwürfe zu nutzen. - Hinzu kam, daß durch diese Spaltungsprozesse eine Integration eigener aggressiver Impulse erschwert wurde und daher nur ungenügend, z.B. als funktionale Abgrenzungsaggression vom weiblichen Primärobjekt, zur Verfügung standen. Bei all diesen Frauen war auffallend, daß die Grenzen zwischen dem Selbst und dem mütterlichen Primärobjekt teilweise

---

[14]Diagnostisch ist zu erwähnen, daß uns bei diesen Studentinnen immer wieder das Nebeneinander von reifen und archaischen Abwehrmechanismen beeindruckte. Oft waren sie im Studium und in sozialen Aktivitäten ausgesprochen differenziert, kreativ und erfolgreich und verfügten über eine sensible Einfühlung in andere. Ihre Konflikte tauchten erst in intensiven Liebesbeziehungen auf, in denen es um die Entfaltung ihrer Weiblichkeit (auch in der Sexualität) ging und die sie mit Sehnsüchten (und Ängsten) nach tiefer Verbundenheit mit dem Liebespartner - und daher auch mit Abhängigkeitsgefühlen von ihm - konfrontierte. In diesem Kontext tauchten die beschriebenen Spaltungs- und Projektionsmechanismen auf, die eine archaische Dimension seelischen Funktionierens indizierten.

fließend waren. Bei einigen Frauen stießen wir daher auf die unbewußte Phantasie "Mein weiblicher Körper gehört der Mutter!" (vgl. Fallbeispiel B., 7.). - Verständlicherweise führte diese mangelhaft stattgefundene Separation vom Primärobjekt wie auch das Fehlen von basal tragenden Identifizierungen mit der prägenitalen Mutter zu Komplikationen auch in der ödipalen Phase. Wiederum stand wenig Abgrenzungsaggression psychisch zur Verfügung, um sich von der Mutter weg - zum Vater hin - zu bewegen. Zuweilen schien dies den negativen Ödipuskomplex stark zu stimulieren (vgl. Fallbeispiel von Bohleber in diesem Band). In anderen Fällen war eine zwar forcierte, aber abrupte Zuwendung zum Vater möglich, aber nur dank einer Überstimulation aggressiver Impulse, die wiederum massive Schuldgefühle gegenüber der ödipalen Mutter zur Folge hatte, ein psychodynamischer Hintergrund für den schweren Loyalitätskonflikt dieser Frauen. Weiter fiel auf, daß eine Identifizierung mit der entwerteten, ödipalen "Opfer-Mutter" i.d.R. für diese Töchter unattraktiv bzw. stark konflikthaft war, ein weiterer Grund für ihre Weiblichkeitskonflikte. Diese Frauen konnten nur ungenügend ein zentrales weibliches Identitätsgefühl einwickeln bzw. sichere weibliche "Kern-Repräsentanzen", die ihnen eine innere Orientierung bieten könnte, für die Entscheidungs- und Integrationsprozesse hin zu einer tragenden Geschlechtsidentität "unter dem Primat der Genitalität".

Theoretisch sind diese klinischen Beobachtungen schwer zu fassen. Löst die aktuelle Konfrontation mit spätadoleszenten Separationsprozessen eine Reaktivierung ödipaler und präödipaler Traumatisierungen in strukturell analogen Konfliktbereichen aus? Aktualisiert die der spätadoleszenten Integration innewohnende Sehnsucht nach "Ganzheitlichkeit und Synthese" Verschmelzungserlebnisse mit der frühen, prägenitalen Mutter, die dadurch psychisch wieder präsenter wird - und mit ihr auch ihr weibliches Eheschicksal? Oder kam es zu einer Regression auf die Stufe ungelöster Separationskonflikte und daher zu einer partiellen Fusion mit dem Primärobjekt, subjektiv erlebt z.B. im Gefühl als "Selbst untrennbar mit dem weiblichen Schicksal der Mutter verbunden zu sein"? Sensibilisierte die spätadoleszente Separationsaufgabe im Sinne der "Nachträglichkeit"[15] für das leidvolle weibliche Schicksal der Mutter und zog

[15]Freud (1918) hat in seiner Krankengeschichte "Der Wolfsmann" diese Problematik mit dem Konzept der "Nachträglichkeit" zu erhellen versucht, als er aufgrund von Assoziationen zu dem berühmten Traum mit den weißen Wölfen auf eine Urszenenbeobachtung des Patienten schließt. "Der Aussage des Patienten tragen wir vielleicht am ehesten Rechnung, wenn wir annehmen, daß der Gegenstand seiner Beobachtung zuerst ein Koitus in normaler Stellung gewesen ist, der den Eindruck eines sadistischen Aktes erwecken muß. Erst nach diesem sei die Stellung gewechselt worden, so daß er Gelegenheit zu anderen Beobachtungen und Urteilen gewann. Allein diese Annahme ist nicht gesichert worden, scheint mir auch nicht unentbehrlich. Wir wollen über die abkürzende Darstellung des Textes die wirkliche Situation nicht außer Auge lassen, daß der Analysierte im Alter nach 25 Jahren Eindrücken und Regungen aus seinem vierten Jahr Worte verleiht, die er damals nicht gefunden hätte. Vernachlässigt man diese Bemerkung, so kann man es leicht komisch und unglaubwürdig finden, daß ein vierjähriges Kind solcher fachlicher Urteile und gelehrter Gedanken fähig sein sollte. Es ist dies einfach ein zweiter Fall von *Nachträglichkeit.* Das Kind empfängt mit 1 1/2 Jahren einen Eindruck, auf den es nicht genügend reagieren kann, versteht ihn erst, wird von ihm ergriffen bei der Wiederbelebung des Eindrucks mit vier Jahren, und kann erst zwei Dezennien später in der Analyse mit bewußter Denktätigkeit erfassen, was damals in ihm vorgegangen. Der Analysierte setzt sich dann mit Recht über die drei Zeitphasen hinweg und

in der Folge Loyalitätskonflikte und weibliche Identitätsprobleme nach sich? So könnten z.B. die spätadoleszenten Festlegungsprozesse, d.h. eine Wahl eines Liebespartners, was psychisch, wie beschrieben, immer auch eine Verzichtleistung und eine Trennung von anderen potentiellen Beziehungen bedeutet, Erinnerungen an das weibliche Schicksal der Mutter evozieren. Aufgrund der aktuellen Entscheidungssituation würden in dieser Sichtweise nonverbale und verbale Eindrücke an mütterliches Leiden in der schlechten Ehesituation oder während der Scheidung "nachträglich", aus der spätadoleszenten Sicht, neu interpretiert und verstanden. Viele dieser Studentinnen beschäftigten sich in den Therapiesitzungen, ausgehend von Erfahrungen mit ihren Müttern oder anderen Frauen, intensiv mit dem Thema weiblicher Abhängigkeit vom Liebespartner. Oft faßten sie in feministischen Begriffen eine unbewußte Phantasie, daß sexuelle Leidenschaft Frauen nur Abhängigkeit, Leid und Verlassenwerden bzw. die Konfrontation mit destruktiv aggressiven Konflikten beschert. "Den (Frauen) ist die Lieb ein großer Fluch..." (Medea). Daher werden bei diesen Studentinnen die spätadoleszente Festigung innerer Autonomie, die Separationsprozesse und die damit verbundene erforderte Trauerarbeit, wie wir in den beiden folgenden Fallbeispielen zu illustrieren hoffen, zum Auslöser frühinfantiler Reaktivierungen im Umkreis von archaischen Weiblichkeitskonflikten - ein Grund, warum es in der Spätadoleszenz zum psychischen Zusammenbruch kommt.

7. Fallskizzen

A: "Eigentlich habe ich Sehnsucht nach einer richtigen Familie...sogar ein Häuschen im Grünen mit Garten am Stadtrand. Aber das kann ich doch meinen Kommilitonen nicht erzählen, die finden mich dann spießig und kleinbürgerlich...." (R. Dumschat)

Als Frau A. Anfang der 70er Jahre in der Beratungsstelle auftauchte, studierte sie im 2. Semester Sozialwesen, war 26 Jahre alt und hatte einen 6jährigen Sohn, mit dessen Vater sie aber nichts mehr zu tun hatte. Sie wirkte traurig und ein wenig antriebslos.

Frau A. hatte nach der Mittleren Reife eine Ausbildung als Kindergärtnerin gemacht und auch schon eine Zeit in diesem Beruf gearbeitet. Sie wäre sicher nicht auf die Idee gekommen zu studieren, wenn sie dafür in eine andere Stadt hätte ziehen müssen. Die Gründung der GhK machte ihr den Entschluß leicht. Die junge Frau lebte mit ihrem Sohn in einer Wohngemeinschaft mit drei Männern - alle drei Studenten - , die sich im linken Spektrum der studentischen Gruppen bewegten.

Auf mich machte die Studentin einen eher unscheinbaren Eindruck, war aber genau im Stil der damaligen Studenten gekeidet: fleckige Latzhose mit schmuddeligem, viel zu weitem Pullover. In dieser Zeit herrrschte unter den

setzt sein gegenwärtiges Ich in die längstvergangene Situation ein. Wir folgen ihm darin, denn bei korrekter Selbstbeobachtung und Deutung muß der Effekt so ausfallen, als ob man die Distanz zwischen der zweiten und der dritten Zeitphase vernachlässigen könnte. Auch haben wir kein anderes Mittel, die Vorgänge in der zweiten Phase zu beschreiben." (S. 72).

Studenten - vor allen Dingen bei Sozialwesen-Studenten - die Ideologie, daß es egal sei, was man trägt, nur die Persönlichkeit zählt. Gleichzeitig gaben damals junge Leute relativ viel Geld in einschlägigen Geschäften aus für Jeans-Klamotten, die schon beim Kauf aussahen, als hätte man mit ihnen schon einige Ölwechsel am Auto vorgenommen.

Frau A. hatte mit allen drei Wohngenossen geschlafen; keiner wollte sich aber auf eine Beziehung mit ihr einlassen. Feste Beziehungen mit einem Partner seien spießig und kleinbürgerlich, sagten die Genossen. Außerdem hätte das etwas mit Besitzdenken zu tun. Die Studentin hatte diese Argumentation übernommen und hatte neben den dreien auch immer wieder sexuelle Begegnungen, bei denen sie eigentlich fast immer die Initiative ergriffen hatte. Das sei die sexuelle Revolution und Emanzipation der Frau, meinte sie.

Warum aber war sie dann so unglücklich?

In den Gesprächen stellte sich heraus, daß die junge Frau gar keinen Spaß an ihren sexuellen Abenteuern hatte und meinte, dabei auch noch nie einen Orgasmus gehabt zu haben. Sie fand es jedoch toll, alles auszuprobieren.

Zum größeren Problem wurde es für Frau A., als die Mutter begann, ihr Vorwürfe über "ihren liederlichen" Lebenswandel zu machen. Der Sohn der Studentin verbrachte viel Zeit bei seiner Großmutter und hatte dort etwas erzählt.

Frau A. war streng religiös erzogen worden und kurz nach Aufnahme des Studiums zum Entsetzen der gesamten Familie aus der Kirche ausgetreten, was die Familie auf ihren schlechten Umgang mit manchen Studenten zurückführte.

Die Mutter hatte während des Krieges geheiratet und ihren Mann dann früh an der Front verloren. Bei einem deutsch-amerikanischen Freundschaftsfest lernte sie dann kurz nach dem Krieg einen jungen amerikanischen Offizier kennen. Aus dieser Beziehung stammte Frau A.. Der Amerikaner wollte die Mutter heiraten und sie mit dem Kind in die USA mitnehmen. Die Familie "erlaubte" das nicht, und so wuchs das Mädchen alleine mit der Mutter im Hause der Großmutter auf.

Der Großvater - ein sehr frommer Mann - war auch in den letzten Tagen des Krieges beim Einmarsch der Amerikaner durch diese ums Leben gekommen, und daher sah es die Großmuttter als doppelte Schande an, daß ihre Tochter ein uneheliches Kind von einem "Feind" bekam. Daß die Tochter diesen "Feind" heiraten und mit ihm fortziehen wollte, hintertrieb sie mit allen Mitteln.

Frau A. nahm der Großmutter übel, daß sie ihr den Vater genommen hatte. Sie wäre sonst in Amerika aufgewachsen und hätte es dort sicher besser haben können.

Mit 19 Jahren - Frau A. war noch in der Kindergärtnerinnenausbildung - ließ sich das junge Mädchen ebenfalls mit einem amerikanischen Soldaten ein und trennte sich sofort von ihm, als sie schwanger war. Den kleinen Jungen nannte sie nach ihrem leiblichen Vater John, ihrem Vater, mit dem sie real nie Kontakt gehabt hatte. Sie meinte in der Therapiesitzung, sie habe das wahrscheinlich alles nur getan, um die Großmutter zu ärgern und sich an ihr zu rächen.

Die Studentin wollte (bewußt) auf keinen Fall so leben wie ihre Mutter, die außer mit ihrem Vater und der kurzen Kriegsehe mit ihrem Mann keine weiteren sexuellen Erfahrungen gemacht hatte und auch nicht mehr machen würde, weil sie viel zu moralisch sei.

Die Mutter ermahnte Frau A. häufig, sich doch endlich einen Ehemann zu suchen, damit der kleine John in geordnete Familienverhältnisse käme und nicht durch die häufig wechselnden kurzen Beziehungen Schaden nehmen würde.

Frau A. berichtete mit wenig Begeisterung in der Stimme, daß sie mit ihren Kommilitonen offen über Sexualität und gesellschaftliche Zusammenhänge und Unterdrückung reden könne, obschon sie zu Hause nicht einmal aufgeklärt worden sei. Es sei immer nur gesagt worden, daß sie ja nicht mit einem Kind heimkommen solle, und genau das habe sie dann getan. Ihren Mitstudenten sei das egal, daß sie ein Kind habe, und niemand mache ihr moralische Vorhaltungen.

Mit den Männern habe sie jedoch schon viele Enttäuschungen erlebt, sie wollten nur mit ihr schlafen und sonst nichts. Das sei für die "wie ein Bier trinken gehen".

Sie hatte einmal in dem Theaterstück von Bertolt Brecht "Aufstieg und Fall der Stadt Mahagonny" den Satz gehört: "Wenn einer tritt, dann bin ich es, wird einer getreten, bist Du's!", und daran halte sie sich jetzt.

Meine Anregung, daß Emanzipation doch bedeuten könne, nur das zu tun, was sie wirklich wolle, und auch nein zu sagen, wenn sie nein meine, nahm Frau A. nachdenklich auf.

In einer der nächsten Stunden erzählte sie, daß sie eigentlich Sehnsucht nach einer richtigen Familie habe. Vielleicht sogar ein Häuschen im Grünen mit Garten am Stadtrand. "Aber das kann ich doch meinen Kommilitonen nicht erzählen, die finden mich dann spießig und kleinbürgerlich", sagte sie. Um in dem Studentenmilieu, in dem sich Frau A. vorwiegend bewegte, angenommen zu werden, glaubte sie, ihre Wünsche und Sehnsüchte geheimhalten zu müssen bzw. sie selbst gar nicht mehr wahrzunehmen.

Daher kam vor allem ihre Unzufriedenheit und Mißlaunigkeit. Wir sprachen lange darüber, ob der Preis nicht einfach zu hoch sei dafür, daß sie, nur um für progressiv gehalten zu werden, so lebte, wie sie es eigentlich gar nicht wollte.

Die Studentin lernte kurz darauf einen Mann kennen, mit dem sie ein altes Haus bezog, und vereinbarte mit ihm aber eine "offene Beziehung". Wie sich diese Beziehung und ihre Lebenssituation weiterentwickelten, weiß ich nicht, denn sie suchte nie mehr bei mir Hilfe. - Im Gegensatz zu Psychoanalysen und psychoanalytischen Langzeittherapien ist dies eine häufige Erfahrung bei Beratungen und psychoanalytischen Kurztherapien: die Studierenden beenden oft die therapeutische Arbeit relativ abrupt, "sobald es ihnen besser geht und sie es wieder allein probieren wollen", wie dies viele von ihnen formulieren.

Diskussion

Wir möchten nur einige Auffälligkeiten aus dieser Psychotherapie mit dieser spätadoleszenten Studentin herausgreifen, die für unsere Überlegungen hier interessant sind. Nicht eingehen können wir auf die darin ebenfalls augenfällige Verwicklung ihrer Biographie mit der deutschen Vergangenheit während des Zweiten Weltkriegs und danach.

Einmal ist eindrücklich, daß Frau A. bewußt "nie so leben will wie ihre Mutter" (bzw. wie die Großmutter) und mit ihrer Schwangerschaft offenbar vor allem das vorbewußte Ziel verfolgt, die Großmutter zu ärgern, sich an ihr zu rächen, i.a.W. sich trotzig von ihr (und dem männerlosen, alleinerziehenden

Frauenschicksal ihrer Familie) loszulösen. Doch gerade dieser spätadoleszente Loslösungsversuch mißlingt auf einer unbewußten Ebene: man muß unweigerlich an das Phänomen des Wiederholungszwangs denken, wenn sie erzählt, daß sie, wie die Mutter, ein uneheliches Kind von einem amerikanischen Soldaten bekommen hat. Vermutlich dient diese Schwangerschaft auch dazu, in der Phantasie eine Beziehung zu ihrem "verlorenen" und hoch idealisierten Vater herzustellen. Zu dem realen Kindsvater bricht sie die Beziehung ab: den Sohn nennt sie wie ihren leiblichen Vater - beides Indizien, daß sie eine unbewußte Phantasie ausagiert, von ihrem Vater dieses Kind zu bekommen bzw. durch diesen "John" endlich mit ihm verbunden zu sein!

Außerdem eignet sich die dadurch entstehende, reale Lebenssituation exzellent, die geplante Loslösung von dem "Reich der Mütter" zu hintertreiben: als junge, alleinerziehende Mutter ist sie auf die Unterstützung durch ihre eigene Mutter bei der Kindesbetreuung u.ä. angewiesen: sie bleibt dadurch real, aber, wie sich in der Therapie zeigte, auch psychisch an ihre Mutter und deren Schicksal gebunden.

Wir sehen darin u.a. eine Illustration der oben diskutierten Problematik, daß ein Fehlen der Väter den Töchtern die Individuationsprozesse erschwert, vor allem auch im Zusammenhang mit der in unserer Gesellschaft geforderten Loslösung von den Müttern. Die bewußte Rachephantasie und die in ihr enthaltene intensive Aggression richten sich bei Frau A. nicht auf ihre Mutter, sondern auf ihre Großmutter - ein Indikator, daß es für sie schwierig ist, eigene Aggressionen progressiv im Loslösungsprozeß von ihrer Mutter einzusetzen, i.a.W. psychisch gut zu intergrieren (wie natürlich auch auf ihre präzise Wahrnehmung, daß sich ihre eigene Mutter ebenfalls nicht von ihrer Mutter[16] loslösen konnte, auch indem sie ihr eigenes Eheleben mit dem Vater von Frau A. dem mütterlichen Verbot opferte).

Frau A. verachtet zwar das asexuelle, moralische Leben der Mutter und sucht - in ihrer Vorstellung von sexueller Revolution und Emanzipation - bewußt eine völlig andere sexuelle Entfaltung als Frau, doch ist - aus psychoanalytischer Sicht - zu vermuten, daß ihre Anorgasmie auch mit einer Internalisierung des mütterlichen Sexualverbots in Zusammenhang steht: sie darf als Frau keine sexuelle Befriedigung erleben. Zudem zeigte sich in der Therapie, daß ihre Anorgasmie u.a. mit der Idealisierung des verlorenen Vaters zusammenhängt, der ihr u.a. nicht ermöglichte, ihre ödipalen Wünsche an ihn zu

[16] Allerdings äußert M. Mitscherlich (1985) die Vermutung, daß ein Wiederaufleben der Frauenbewegung im Anschluß an die Studentenrevolten psychodynamisch auch mit einer unbewußten Identifikation dieser Töchtergeneration mit ihren "starken" Müttern zusammenhängt, Müttern, die ohne Männer während der Kriegszeit ihre Existenz meisterten, bekanntlich in der Wirtschaft und Industrie die Männer auch in führenden Positionen ersetzten. Allerdings weist Mitscherlich auch darauf hin, daß durch das Fehlen der Väter sich die Töchter den prägentalen, mächtigen Müttern übermäßig ausgesetzt fühlten, was bekanntlich die Ambivalenz ihnen gegenüber sehr verstärkte. Zudem war oft für die Töchter eine einschneidende Erfahrung, daß viele ihrer "starken Kriegsmütter" und "Trümmerfrauen" in den 50er Jahren, als die Männer aus der Gefangenschaft zurückkehrten, auf ihre Autonomie und berufliche Selbstentfaltung verzichteten und wieder eine traditionelle Mutter- und Frauenrolle übernahmen. Wie Frau A. nahmen sie die häufig damit verbundene Depression der Mutter als Kinder sehr genau wahr. Diese Töchter waren daher sensibilisiert für Brüche in der weiblichen Selbstentfaltung; nach Mitscherlich eine unbewußte Motivation, sich im Feminismus zu engagieren.

bearbeiten, bekanntlich eine Voraussetzung für eine spätere Loslösung vom ödipalen Objekt. Wie die Namensgebung ihres Sohnes illustriert, ist sie psychisch noch mit diesem ödipalen Liebesobjekt verbunden: kein realer Partner kann es als psychischer Rivale mit ihrem idealisierten, verlorenen Vater aufnehmen. Unbewußt ist sie immer noch sein Liebesobjekt!

Für unser Thema hier ist die Auseinandersetzung mit alternativen Weiblichkeitsentwürfen eindrücklich: sie "möchte alles ausprobieren" - auf der Suche nach einer befriedigenderen weiblichen Selbstentfaltung als jene, die sie bei Mutter und Großmutter vorgelebt bekommen hat. Besonders der Bruch in der weiblichen Biographie der Mutter, die während des Krieges weitgehend ein autonomes und für sie befriedigendes Lebens als Frau geführt hatte und sich auch durch den Tod ihres Ehemannes "nicht völlig unterkriegen ließ" (sich z.B. in ihren Vater verliebte und schwanger wurde), aber in den 50er Jahren dem Druck ihrer Mutter und der sozialen Umgebung nachgegeben hatte und in ein eingeschränktes, moralisches und traditionelles Frauendasein zurückkehrte, spielte für Frau A. in ihrem Identitätsfindungsprozeß eine entscheidende Rolle. Dies war auch eine unbewußte Motivation, warum sie die "Emanzipation der Frau" so sehr faszinierte. Es ist eindrücklich, daß sie gerade diese bewußte Hinwendung zur Frauenbewegung und einer "emanzipierten Sexualmoral" unbewußt dazu einsetzt, einem weiblichen "Opfer-Schicksal" ihrer Mutter treu zu bleiben: sie muß unbewußt ihren weiblichen Körper den Männern "wie ein Opfer" zur Verfügung stellen, ohne dabei eine Befriedigung eigener Wünsche und Sehnsüchte zu erlangen.

Auf diesem Hintergrund initiiert die Frage der Therapeutin: "Könnte man unter Emanzipation der Frau nicht auch verstehen,... mal nein zu sagen?" einen selbstreflexiven Prozeß, der auch verbunden ist mit bisher (mit Hilfe einer "progressiven Ideologie" abgewehrten) Sehnsucht nach einer heilen Familie und einer Idylle mit Haus im Grünen. Diese Sehnsucht teilt sie wahrscheinlich mit Mutter und Großmutter und wurde auch aus diesem Grunde aus dem Bewußtsein ferngehalten. In den Therapiesitzungen kann sie nun diese Sehnsucht bewußt erleben und sich zusammen mit der Therapeutin in einen Entscheidungsprozeß begeben, welche Möglichkeiten ihr als Frau und Studentin offenstehen, solche Sehnsüchte zu realisieren bzw. mit anderen Sehnsüchten ("wenn einer tritt, dann bin ich es..") zu verbinden. Dieser Reflexionsprozeß war bisher erschwert durch die herrschende Beziehungsideologie ihrer Kommilitonen: es wird ihr bewußt, daß sie unter einem starken Gruppendruck steht, aber dennoch - heimlich - solche Sehnsüchte nach einer "ganzen Familie", nach Sicherheit und Geborgenheit, hat.

Wie wir gleich bei dem zweiten Beispiel diskutieren werden, scheint uns dies ein typischer Konflikt vieler Studentinnen der 68er Generation: sie fühlten sich einem Gruppendruck und einer "progressiven Ideologie" ausgesetzt, mußten gewisse Normen und Wertvorstellungen übernehmen, "um dazuzugehören"[17]. Dieser äußere Gruppendruck wurde oft, wie bei Frau A., durch innere Faktoren zusätzlich unterstützt, z.B., wie skizziert, durch einen unbewußten Verzicht auf weibliche Selbstentfaltung u.a. aufgrund ödipaler und präödipaler

[17]Wie inzwischen viele klinische Erfahrungen gezeigt haben, konnte die kollektive Gruppenideologie - trotz oder vielleicht auch gerade wegen ihrer manifest progressiven Inhalte - beim Subjekt dazu eingesetzt werden, eine individuelle Loslösung und Individuation zu verhindern.

Schuldgefühle, die eine Verbindung mit dem Kriegsschicksal der Mütter darstellte.

Doch, wie schon erwähnt, war heimlich oft noch eine ungebrochene Sehnsucht nach einer traditionellen Frauenrolle und Kleinfamilie vorhanden (übrigens bedingt durch eine unbewußte Teilhabe an analogen Sehnsüchten der Kriegsmütter) - im Gegensatz zu heutigen Studentinnen. Diese stehen oft weit weniger unter einem bestimmten Gruppendruck bzw. einem Druck von außen, ein bestimmtes Weiblichkeitsbild (der "emanzipierten Frau") der studentischen Außenwelt gegenüber vertreten zu müssen. Auch ist die diesem äußeren Druck entsprechende innere Dynamik oft nicht mehr in diesem Maße - als unbewußtes Bindeglied zu den Opfer-Müttern des Krieges - vorhanden. Ihre Konflikte scheinen in eine etwas andere Richtung zu gehen: Für sie sind die Chancen, zwischen verschiedensten Formen der weiblichen Selbstentfaltung wählen zu können, sicher weit größer als vor zwanzig Jahren; die Individualisierungsprozesse sind weiter fortgeschritten - doch leiden heutige Studentinnen oft gerade unter dieser Vielfalt, die sie auch großen Unsicherheiten und einem Verzicht auf bisherige Selbstverständlichkeiten aussetzt. Sie sind konfrontiert mit einem verwirrenden Wertevakuum und müssen versuchen, es selbst zu füllen - meist ohne verbindliche Orientierungen an Gruppenideologien oder philosophischen, religiösen und politischen Sinnentwürfen .

Wie wir an dem zweiten Fallbeispiel diskutieren werden, ist auch bei dieser Generation entscheidend, welche innere Dynamik die äußere ergänzt, z.B. welche Identifizierungen mit den (ödipalen und präödipalen) Müttern vorliegen.

B: "Ich war eine von vielen..., niemand hat gemerkt, ob ich da war oder nicht..." [18] *(M. Leuzinger- Bohleber)*

Eine 28jährige Jurastudentin suchte Mitte der 80er Jahre in einem desolaten psychischen Zustand psychotherapeutische Hilfe: sie saß seit Wochen meist in ihrem verdunkelten Zimmer, das sie nur in Begleitung ihres Freundes verlassen konnte, allerdings auch dann von großen Ängsten begleitet. Sie litt unter Eß- und Schlafstörungen, Nagelbeißen sowie einem ausgeprägten Waschzwang (sie wusch sich oft die Hände blutig).

Ihr Freund, selbst Phobiker, war praktisch die einzige Bezugsperson. Sie fühlte sich von ihm existentiell abhängig und entwickelte aufgrund der Angst, von ihm verlassen zu werden, eine fast wahnhaft anmutende Eifersucht. Vor einem halben Jahr hatte sie eigenmächtig einen viermonatigen Aufenthalt in einer psychiatrisch-psychotherapeutischen Klinik abgebrochen. Seit einigen Wochen suchte sie einen ambulanten Therapieplatz, weil die Symptome unerträglich geworden waren.

Im Erstinterview beeindruckte mich die extreme motorische Unruhe der Patientin, sie konnte keinen Moment lang ruhig sitzen, redete ununterbrochen in einer monotonen Sprache, ohne Pausen und, wie mir schien, ohne wahrzunehmen, ob ich mit dem Gesprochenen etwas anfangen konnte. Es entstand eine für mich fast unerträgliche Situation - ich fühlte mich gequält, funk-

---

[18] Bekanntlich ist es aus vielen Gründen sehr schwierig, differenziertes Fallmaterial zu veröffentlichen. Wir sehen uns daher gezwungen, zur Illustration unserer Überlegungen auf die gleiche Behandlung zurückzugreifen wie in einer anderen Arbeit zur Identitätsbildung (vgl. Leuzinger-Bohleber, 1992b). Die Daten sind aus Diskretionsgründen aktiv verschlüsselt.

tionalisiert und ohnmächtig. Nachträglich hatte ich den Eindruck, daß die Patientin mir auf diese Weise unbewußt einen Eindruck von ihrer eigenen gequälten inneren psychischen Situation vermitteln wollte. - Diese Botschaft erreichte mich, wie auch das Lächeln, mit dem sie sich, wie ein kleines, hilfesuchendes Kind entschuldigend verabschiedete. Inhaltlich drehte sich das Gespräch vor allem um ihre aktuelle Lebenssituation: oft gelang es ihr bis spät nachmittags nicht, aus dem Bett zu steigen. Mit den andern Studenten im Wohnheim vermied sie jeden Kontakt, aber beobachtete vom Bett aus, wie chic und "selbstverständlich fröhlich" sich ihre Kommilitoninnen morgens zur Universität aufmachten oder abends mit Freunden ausgingen. Sie selbst konnte die Universität nicht mehr besuchen: mehrmals hatte sie in den überfüllten Hörsälen oder in der Mensa Panikattacken bekommen, was sie so sehr erschreckte, daß sie das Universitätsgelände schon lange völlig mied.

Die weiteren Interviews waren zwar ebenfalls sehr quälend, doch überraschte mich die Patientin mit unerwarteten partiellen Einsichten sowie ihrer hohen Motivation für eine Behandlung. So stellte sie selbst eine innere Verbindung her zwischen ihrer Phobie und ihrer schweren Anorexie mit 20 Jahren, die sie nach zwei langen Hospitalisierungen schließlich "aus eigener Kraft" überwand, u.a. indem sie von zu Hause wegzog und zu studieren begann. Sie fand in der ersten Zeit an der Universität einige Kontakte, schließlich auch ihren ersten Freund. Doch als sich die Beziehung intensivierte und es auch zu sexuellen Erfahrungen kam, brach sie die Beziehung zu ihm ab und entwickelte mehr und mehr phobische Symptome. Auch das Studium gab sie wegen der Zunahme ihrer Ängste auf, auch "aus Enttäuschung, weil ich nicht mehr wie im Gymnasium selbstverständlich immer die Beste war. Ich konnte es nicht ertragen, ein Neutrum zu sein, eine von Tausenden. In jedem Seminar war ich eine von vielen... niemand hat gemerkt, ob ich da war oder nicht.." Sie war zwar immer noch eingeschrieben, studierte aber schon seit 6 Semestern nicht mehr. - Vom Elternhaus erfuhr ich praktisch nichts, außer, daß die Eltern sich nach einer chronisch unglücklichen Ehe scheiden ließen, als die Patientin 15 war.

Beziehungen sind parasitär .... Separation bedeutet Tod

Als ich mich nach langem Zögern entschied, der Patientin eine Psychoanalyse anzubieten, war sie sehr ambivalent. Sie konnte das Angebot erst annehmen, als sie von einem Mitpatienten aus der Klinik zufällig erfuhr, er habe bei mir ebenfalls angerufen und um einen Therapieplatz gefragt - ich hätte aber keine Zeit. Erst durch diese reale Information konnte sie mir glauben, daß ich mich für sie interessierte und mit ihr arbeiten wollte und es nicht nur auf ihr Geld abgesehen hätte bzw. "sie nicht für meine Existenz brauchte". - Damit wurde die parasitäre Struktur erstmals sichtbar, die Frau B. unbewußt zu menschlichen Bewegungen assoziierte. - Ein "Symptom" führte uns auf einige biographische Informationen in diesem Kontext: wie im Erstgespräch hatte die Patientin während des ganzen ersten Jahres der Behandlung ein "Symptom": sie füllte die ganze Analysestunde praktisch ohne Pause mit monotonem Reden. Wir verstanden zuerst, daß sie damit die Kontrolle über die analytische Situation sichern wollte, offensichtlich litt sie unter panischer Angst vor Kontrollverlust. Doch spürte ich darüber hinaus etwas Aggressives, ja oft sogar Sadistisches - die Stunden waren für mich zuweilen kaum zu ertragen. Als könnte sie meine Gedanken lesen, sagte da Frau B. in einer Stunde unvermittelt: "Ich habe gestern mit meiner Mutter telefoniert, es war nicht auszuhalten, völlig unerträglich, sie redete und redete und redete - sie hörte gar nicht zu und schien mich überhaupt nicht wahrzunehmen." Offensichtlich hatte sich die Patientin mit dieser "totredenden Mutter" identifiziert, bei der sie sich kaum als eigenständiges Wesen empfindet konnte, wie sie es formulierte: "Ich kann mich ihr nur unterwerfen oder mich aus dem Staub machen." Ein Gefühl des Abgetrenntseins von ihr konnte sie in ihrer Gegenwart nicht empfinden. Nach dieser Stunde brachte die Analysandin ihren ersten Traum: "Meine Freundin ist gestorben ..." Ihre Assoziationen führten zu der Enttäuschung an dieser Freundin, weil diese sich nach ihrer Heirat von der Patientin zurückgezogen hatte und kaum noch zu ihr Kontakt halte. Mich erinnerte dieser Traum, der auch die extreme kognitive und affektive Einschränkung der Patientin illustriert, an ihren spätadoleszenten Zusammenbruch, ihre Anorexie, die durch den anstehenden Wegzug von ihrer Mutter nach dem Abitur ausgelöst worden war. Sie hatte sich darin fast selbst umgebracht und wahrscheinlich die tödlichen Aggressionen gegen die Mutter, die so sehr an ihr festzuhalten schien, gegen sich selbst gerichtet. Unbewußt schien eine "Wahrheit" zu existieren: "Trennung bedeutet Tod."

Viel später in der Behandlung wurde deutlich, daß die Magersucht auch einen Versuch darstellte, ihren, unbewußt der Mutter gehörenden, weiblichen Körper selbst in Besitz zu nehmen, die "Kontrolle" über ihn zu gewinnen, ihn von jenem der Mutter "abzutrennen". Wie es oft bei solchen neurotischen Versuchen der Fall ist, war gleichzeitig in der Anorexie die Sehnsucht dargestellt, in einen kindlichen, nicht menstruierenden Zustand zurückzukehren und mit eben dieser Mutter (wieder) verschmolzen zu sein.

Unintegrierte, archaische Aggressionen und das unbewußte Selbstbild einer "Mörderin"

Ich möchte hier nur einige wenige Linien nachzeichnen, die mir zum differenzierteren Verständnis der schweren Agressionsproblematik dieser Frau, die ich anfangs als Borderline-Patientin diagnostizierte, verholfen haben, einer Problematik, die ihr die spätadoleszente weibliche Identitätsfindung weitgehend verunmöglicht hatte.- Nach über einem Jahr der Behandlung erzählte die Analysandin ihren zweiten Traum: "Ich war krank und hatte so hohes Fieber, daß ich dachte, ich werde gleich sterben. Da kam ein Arzt und hat mir eine Spritze gegeben." Auch in diesem Traum ging es um das Thema "Tod", doch war sie diesmal im manifesten Traum selbst das Opfer. Sie assoziierte zu dem Arzt auch eine "helfende Spitze", für mich ein Hinweis, daß sich eine Übertragungsbeziehung zu mir entwickelt hatte. - Allerdings war für mich sehr auffällig, wie sehr sie dies vor mir verstecken mußte, wie auch ihre Veränderungen in der "Welt draußen" (wahrscheinlich auch aufgrund der unbewußten Angst, ich - als Mutter-Übertragungsfigur - hätte sie schon in mein Spinnennetz eingefangen und kontrolliere ohnehin jede ihrer Bewegungen). Sie war umgezogen, konnte seit zwei Monaten regelmäßig einer Arbeit nachgehen und bewältigte den Weg zur Behandlung selbständig und ohne Panikattacken. - In den Stunden redete sie meist immer noch fast ohne Unterbrechung und konnte nur in seltenen Momenten signalisieren, daß sie möchte, daß ich ihr Reden nicht nur über mich ergehen lasse, sondern auch verstehe. - Nach zwei Jahren der

Behandlung äußerte sie erstmals Zukunftspläne: sie wollte sich um eine Ausbildung als Kinderkrankenschwester bemühen, da sie beim Babysitten die Erfahrung machte, daß der Kontakt mit Kleinkindern psychisch wohltuend für sie war, vor allem weil sie die Kinder in ihrer Emotionalität spontan erreichten. Auch die Beobachtung der warmherzigen Mutter dieser Kinder (wie auch von mir in manchen Phasen der Behandlung, in denen sie mich als "warm und mütterlich" erlebte) spielten dabei eine große Rolle: "Offenbar kann man auch auf eine andere Art Mutter sein, als mir dies meine eigene Mutter vorlebt!" In dieser Zeit starb ihre Großmutter, die Mutter der Mutter, die ihr schwerste Vorwürfe machte, weil sie die Oma nicht mehr besucht hatte. Die Mutter lebte noch bei ihren Eltern: sie hatte es nie geschafft, sich von ihren Eltern zu lösen und lebte, als über fünfzigjährige Frau, immer noch wie eine Tochter in der gleichen Wohnung, während ihre älteren Geschwister längst ausgezogen waren und eine eigene Familie gegründet hatten. - Auf die "Kinderkrankenschwesterpläne" von Frau B. reagierte die Mutter abwertend: sie sei doch immer Spitzenschülerin gewesen, dies sei doch alles unter ihrem Niveau - und verlangte von ihr, daß sie wieder zurück zu ihr in eine weitentfernte Stadt zöge und von dort aus eine Berufsausbildung begänne. - Darauf träumte Frau B. ihren 3. Traum: "Die tote Oma ist mir im Traum erschienen und hat gesagt, ich hätte sie umgebracht ..."

Im *manifesten* Traum erschien sie als Mörderin - wichtig für unser Thema ist, daß sie sich darin mit den Vorwürfen der Mutter identifiziert hatte, was uns einmal mehr die mangelhaft ausgebildeten inneren Grenzen zwischen ihr und der Mutter illustrierte. In ihren Assoziationen wurde deutlich, daß die Todeswünsche an Mutter (Oma) zum *latenten* Traumgedanken gehörten.

Auffällig scheint mir, wie direkt beides, das Latente wie das Manifeste, in der Traumgestaltung erscheinen: Frau B. verfügte kaum über Symbolisierungsmöglichkeiten, u.a. ein Indikator, wie wenig sie einen intermediären Raum entwickelt hatte. Dies ließ sich sowohl in der Übertragung/Gegenübertragungsszene als auch aufgrund der sukzessiv sich differenzierenden biographischen Daten annehmen, auf die ich aber in diesem Rahmen nicht eingehen kann. Das Reden in den Stunden hatte auch die Funktion, die Grenze zwischen uns zu sichern: sie fühlte sich nur unbedroht "abgegrenzt", wenn sie mich völlig kontrollieren konnte. Sie konnte lange Zeit nicht ertragen, einen "Spielraum" zwischen uns entstehen zu lassen, etwa eine Pause, eine Stille zum Nachdenken, zum Erspüren der aktuellen Gefühle und Körperempfindungen. Wir fanden für diese Phänomene das Bild eines Hauses, ohne sichere Fenster und Türen. Jedermann könne ihr mitten in ihr Wohn- und Schlafzimmer reintappen, sie habe keine Möglichkeit, die Türe auf- oder zuzumachen. Daher biete nur ein völliges Dichtmachen, ein Runterlassen aller Jalousien und ein Verrammeln der Türe eine minimale Sicherheit. -

Offensichtlich konnte Frau B. bei ihrem spätadoleszenten Ablösungsprozeß von ihrer Primärfamilie, vor allem von ihrer Mutter, nicht über eine adäquate und integrierte Abgrenzungsaggression verfügen. - Die anstehende spätadoleszente Separation von den Primärbezugspersonen reaktivierten die analogen frühinfantilen Traumatisierungen, die ihr verunmöglicht hatten, ihre aggressiven Impulse psychisch zu integrieren und zu kultivieren. Daher hatten ihre aggressiven Triebimpulse unbewußt ihre archaische Qualität beibehalten und prägten u.a. ihr Selbstbild einer potentiellen Mörderin. In dieses Selbstbild waren viele infantilen Phantasien eingegangen. Es wurde in der Behandlung sehr deutlich, wie stark eigene aggressive Impulse durch die chronischen Ehestreitigkeiten stimuliert worden waren. Auch tauchten viele Erinnerungen an schwere Handgreiflichkeiten zwischen den Eltern auf, die zudem noch nach außen versteckt werden mußten, da die Familie in dem kleinen Dorf als mustergültig hingestellt werden mußte. Außerdem versuchten beide Elternteile immer wieder, die Analysandin auf ihre Seite zu ziehen, was u.a. die ödipalen Konflikte enorm komplizierte und auch zu der infantilen Phantasie geführt hatte, sie selbst sei die potentielle Mörderin ihrer ödipalen Rivalin. Gleichzeitig wurde eine Identifikation mit der ihrerseits als mörderisch erlebten ödipalen Mutter sichtbar: bis heute sagte ihr Vater immer wieder, die Mutter hätte ihn und sein Leben zerstört und sei schuld an seinen Depressionen! - Bestätigt wurde diese unbewußte Wahrheit weiter durch einen Teil ihres Familienromans, den mir die Analysandin aber erst im 3. Jahr der Behandlung erzählte: sie war ein Zwilling. Ihr Bruder wurde totgeboren - in der kindlichen, unbewußten Phantasie hatte sie ihn utero ermordert.[19]

Entwicklung eines intermediären Raums, stabilerer Selbst- und Objektgrenzen und die Suche nach Spiegelerfahrungen mit "bedeutsamen Anderen"

Für unser Thema hier ist interessant, daß das Durcharbeiten dieser archaischen Weiblichkeitskonflikte in der Übertragung, von Konflikten, die mit Separations- und Inviduationprozeßen eng verflochten waren, der Analysandin sukzessiv neue innere und äußere Spielräume eröffnete. Im beruflichen Bereich probierte sie vorsichtig tastend neue Tätigkeitsfelder aus. Z.B. erlebte sie bei einem Praktikum in einer Kinderklinik ihre "mütterlich-pflegende" Tätigkeit und den direkten emotionalen Kontakt zu den Kindern als befriedigend und "alte Wunden schließend", doch als intellektuell zu wenig fordernd und ihren Fähigkeiten entsprechend. Schließlich war für sie auch wichtig, daß sie dabei wenig Geld verdiente und sich auf Dauer als finanziell abhängig von einem Partner phantasierte. Eine gemeinsame, anspruchsvolle Seminararbeit mit einer Freundin bewältigte sie ohne Schwierigkeiten und freute sich an den damit eingeholten Lorbeeren im Seminar, so daß sie überlegte, das Studium wieder aufzunehmen. Doch erinnerte sie das Tätigkeitsfeld als Juristin zu sehr an das unglückliche Berufsleben ihres Vaters wie auch an die normativen, überichhaften Einschränkungen des Elternhauses. "In diesem Berufsfeld würde es wieder immer um 'Recht' und 'Unrecht', 'Gut' und 'Böse' gehen - ich denke, dies bekommt meiner Seele nicht!" - In monatelangen Auseinandersetzungen mit Frauengestalten in der klassischen und der modernen Literatur sowie mit einer Tante, die als unverheiratete Modedesignerin in Paris ein ihr faszinierend erscheinendes Leben führte, entschloß sie sich schließlich, ein Angebot anzunehmen, die Leitung einer vornehmen Modeboutique zu übernehmen und damit sofortigen, guten Verdienst, hohes Sozialprestige und damit die Möglichkeit einer intellektuell anspruchsvollen Weiterbildung zu verbinden. In diesem Berufswunsch war ein Stück spätadoleszenter Integrationsleistung enthalten, z.B. ein Versuch einer Integration ihrer intellektuellen und emotionalen Fähigkeiten

[19]Eine weitere Determinante dieser unbewußten Überzeugung bestand in einer Identifizierung mit der (phantasierten/realen) nationalsozialistischen Vergangenheit ihres Großvaters, ein Aspekt, auf den wir hier nicht eingehen können, aber in der erwähnen Arbeit diskutiert haben (vgl. dazu Leuzinger-Bohleber, 1992c).

und Bedürfnisse, aber auch eine Bewältigung schwerer narzißtischer Traumatisierungen mit ihrem weiblichen Körper, sowie von Identifizierungen mit verschiedenen, für sie positiven Frauenfiguren (Tante, "schöne Mutter", Analytikerin).

Es war eindrücklich, wie im Zusammenhang mit dieser beruflichen weiblichen Identitätsbildung ein Durcharbeiten ihrer schweren Traumatisierungen in ihrer Frühsozialisation, der spätadoleszenten Entwicklungsaufgabe der Loslösung vom Elternhaus, der Festlegung und der Identitätsfindung sowie von aktuellen gesellschaftlichen Realitäten, vor allem im Felde der sich verändernden Berufschancen und -verwirklichungen von heutigen Frauen, stattfand.

Festlegungsprozesse - Abschied und Trauer - auf dem Weg zu einer reifen Autonomie

Ähnlich vielschichtig waren die Identitätsfindungen im Beziehungsbereich. Nachdem sie jahrelang nicht mehr mit ihrem Partner sexuellen Kontakt hatte, fand ein schwieriger, aber eindrucksvoller Wiederannäherungsversuch an die sexuellen Möglichkeiten in dieser Beziehung statt. Interessant war, daß ihr Freund, parallel zu ihr, ebenfalls ein Stück berufliche Identitätsfindung initiierte, was dem Paar auch neue Spielräume in ihrer Beziehung eröffnete. Sie führten nun ein zeitlich mehr getrenntes Leben, gestatteten sich auch (nicht sexuelle) Beziehungen außerhalb ihrer Partnerschaft und gewannen dadurch auch neue, teilweise gemeinsame Freunde. Doch blieb die Sexualität für beide unbefriedigend, so daß sie sich schließlich trennten. Im Zusammenhang mit der Trennung von ihrem Freund wurde die unbewußte Idealisierung wie der Haß auf den Vater in der analytischen Behandlung und die damit verbundene unbewußte Vaterbindung sichtbar. Erst danach war es ihr möglich, ein Stück Trauerarbeit zu leisten um das Stück verlorener und unwiederbringbarer Kindheit, um das sie ihr Vater, und in anderer Weise auch ihre Mutter, (absorbiert durch die chronischen Ehekonflikte) gebracht hatten.

Offensichtlich eröffnete dieses Stück geleistete Trauerarbeit, verbunden mit dem Verzicht auf manche bisher unbewußte infantile Befriedigungsquellen, der Analysandin neue Horizonte. "Ich fühle mich wie befreit von vielen Altlasten, und seit langem wieder einmal voller Neugierde auf das Leben...!" meinte sie einmal in einer Sitzung. Sie probierte nun verschiedene Männerbeziehungen aus, wobei sie die Männer jeweils danach auszusuchen schien, welche Rolle als Frau diese ihr anzubieten schienen (z.B. eine "traditionellere" Rolle mit viel Schutz, eine "emanzipierte" aufregende aber risikoreiche, eine "gemischte", eine "exotische" mit einem Mann aus Kenia etc.). Diese Erfahrungen waren für sie aufregend und verwirrend zugleich und Basis einer tiefgehenden Selbstreflexion in der Psychoanalyse, die viele Komponenten der oben beschriebenen Spiegelprozesse aufwiesen. Oft war sie stundenlang in der Behandlung damit beschäftigt, reale Erfahrungen von sich als Frau nochmals vor ihrem inneren Auge vorbeiziehen zu lassen, um besser entscheiden zu können, ob sie sich in diesen gespiegelten Frauenbildern wieder erkennen konnte - i.a.W. ob sie damit verbundene Selbstrepräsentanzen als zu ihrer weiblichen Kernidentität gehörig erlebte oder nicht und diese wieder "ausstieß". Dabei waren nochmals ihre schweren Schuldgefühle, sich - im Gegensatz zu ihrer Mutter - einen solchen Selbstfindungsprozeß leisten zu können, und der Loyalitätskonflikt, ob ihr ein von den Eltern abgetrenntes, "besseres" Leben zusteht - vielfältig beobachtbar und im analytischen Prozeß durchzuarbeiten. Selbstverständlich spielten dabei auch die Auseinandersetzungen mit der weiblichen Selbstentfaltung der Analytikerin (real und in den Phantasien der Analysandin) eine entscheidende Rolle.

Schließlich kehrte sie zu ihrem ursprünglichen Freund zurück und erlebte erstmals mit ihm eine befriedigende, auf mehr Autonomie aufbauende Beziehung und Sexualität. Das Verhältnis zwischen ihnen schien mir nunmehr jene Züge aufzuweisen, die wir oben als "Interdependenz" beschrieben hatten. Zu Beginn der Behandlung hatte sich die Analysandin vorwiegend als "Opfer", ihren Partner als "Täter" erlebt. Sie litt unter massiven Eifersuchts- und Ohnmachtsgefühlen und fühlte sich existentiell abhängig von ihrem Freund, wofür sie ihn teilweise abgrundtief haßte und sich ihm sexuell verweigerte. Nun empfand sie sich mehr als gleichwertige Partnerin, die "aus freiem Willen" zu ihm zurückgekehrt war, nicht nur, "weil sie ihn brauchte", sondern "weil ich gern mit ihm zusammenlebe". Sie konnte besser wahrnehmen, daß auch ihr Freund unter Ängsten und Konflikten litt und sich - wie dies zu tiefgehenden Liebesbeziehungen gehört - genauso "abhängig von mir fühlt, wie ich mich von ihm." Da die tiefe Abhängigkeits- und Autonomieproblematik bei beiden Partnern zwar nun teilweise bearbeitet schien, aber immer noch einen latenten Konfliktherd bildete, versuchten sie z.B. in ihrem Wohnbereich, den Wünschen nach Gemeinsamkeit wie auch jene nach Rückzug auf sich selbst zu entsprechen, z.B. indem sie gemeinsame, aber auch eigene Räume behielten. Schließlich entwickelte sich bei beiden Partnern ein intensiver Kinderwunsch. Die Analysandin erlebte ihn nicht mehr als existentiell bedrohlich, sondern sehnte sich nach seiner Realisierung. Allerdings sagte sie dazu : "Ich will aber gut dafür sorgen, daß mir nicht doch noch ein ähnliches Schicksal droht wie meiner Mutter. Ich werde erst versuchen, schwanger zu werden, wenn ich meine Ausbildung beendigt habe und sicher bin, daß ich auch halbtags weiterarbeiten kann und sich mein Freund an der Kinderbetreuung beteiligt. - Ich brauche die Sicherheit, daß, sollte unsere Beziehung schiefgehen, ich mich und mein Kind auch allein gut durchbringen kann...".

In diesem weiblichen Indentitätsentwurf war eine Kombination zwischen Mutterschaft und beruflicher Entfaltung eingeplant, allerdings stellte Frau B. in Rechnung, daß sie ihr Haus nicht auf das "sichere Fundament einer Ehe" bauen konnte, sondern auf existentielle und innere Unabhängigkeit und Autonomie. Nur unter dieser Voraussetzung konnte sie sich die reale und phantasierte Abhängigkeit von ihrem Freund und potentiellen Vater ihres Kindes eingestehen und diese in ihre Lebensplanung miteinbeziehen. Bei diesem weiblichen Identitätsentwurf waren mögliche Konflikte sowie eine "Beziehung auf Dauer" miteingeplant, ebenso wie potentielle Copingstrategien mit damit verbundenen Phasen, "als Frau und Mutter allein ein Stück des Weges zu gehen."

8. Einige zusammenfassende Überlegungen in bezug auf die beiden Fallskizzen

Die Identitätskonflikte zweier einzelner Studentinnen können selbstverständlich nicht exemplarisch für jene einer ganzen Generation angeführt werden. Dennoch hoffen wir, mit diesen beiden Fallskizzen einige Konfliktmuster zu beleuchten, die auf Veränderungen weiblicher Identitätsfindungsverläufe bei Studentinnen in den letzten zwanzig Jahren hinweisen.

Wir gingen in dieser Arbeit von der Beobachtung aus, daß viele Studentinnen an der Beratungsstelle und in unserer analytischen Privatpraxis aus unvollständigen Familien stammten. Fehlten bei den Frauen der 68er Generation oft die Väter wegen Krieg und Gefangenschaft, standen für heutige Studentinnen in ihrer Kindheit oft die Väter wegen Trennungs- und Scheidungssituationen nur ungenügend zur Verfügung. Doch ist ein "toter Vater" kein "geschiedener Vater". Frau A. hatte ihren Vater zwar nicht durch den "Heldentod", aber durch andere Kriegsfolgen verloren. Wir haben diskutiert, daß sie ihn als hoch idealisierte Vaterrepräsentanz in sich trug und ihm, psychoanalytisch interpretiert, die Treue hielt, als sie - in bewußter Rache an der Großmutter - ihm, unbewußt, einen ebenfalls amerikanischen Sohn mit seinem Namen schenkte, was für sie auch bedeutete, auf eine stabile Männerbeziehung (z.B. zum Vater des Sohnes) zu verzichten. - Bei Frau B. war zwar ebenfalls eine teilweise idealisierte Vaterrepräsentanz auffällig, doch wurde in der Fallskizze deutlich, wie sehr sie gleichzeitig von Haß auf diesen Vater erfüllt war, was sie u.a. in den heftigen Streiten mit ihrem Freund reinzenierte. Sie war, im Gegensatz zu Frau A., weniger durch Idealisierung als durch Haß noch psychisch mit dem Vater verbunden.

Wir versuchten darauf hinzuweisen, daß - obwohl aus unterschiedlichen Gründen - die fehlenden präödipalen und ödipalen Väter die Separation von den Müttern bei beiden Patientinnen erschwert hatten und in (zwar unterschiedlich schwere, aber strukturell ähnliche) archaische Weiblichkeitskonflikte eingemündet waren. Im Zentrum dieser tiefen Weiblichkeitskonflikte stand die Angst vor existentieller Abhängigkeit vom Liebespartner und, damit verbunden, die Befürchtung, von ihm verlassen zu werden. Damit verbunden waren mangelhaft stabil ausgebildete Selbst- und Objektgrenzen, die auch in die unbewußte Phantasie eingegangen waren, der eigene weibliche Körper gehöre der Mutter. Die eigene Weiblichkeit wurde als das "Fremde in sich selbst", als "dunkler Kontinent", erlebt, als etwas Gefährliches und potentiell Zerstörerisches. Zu der damit verbundenen schweren Autonomieproblematik gehört auch die mangelhafte psychische Integration eigener aggressiver Impulse, die daher in den spätadoleszenten Festlegungs- und Trennungsprozessen nur ungenügend als "reife" Abgrenzungsaggression zur Verfügung stand.

Bei Frau A. war uns eindrücklich, wie der trotzige, spätadoleszente Abgrenzungs- und Separationsversuch von der Großmutter/Mutter in Dienst des unbewußten Wiederholungszwanges trat und die Linie einer "alleinerziehenden, männerlosen Frauenschicksals" perpetuierte und dadurch - unbewußt - die Trennung von diesen Müttern rückgängig machte. Dabei spielte die unbewußte Identifikation mit der "gebrochenen weiblichen Identität" der Mutter, wie vielleicht bei vielen Frauen ihrer Generation, eine zentrale Rolle. Die Mutterschaft begünstigte zudem durch reale Faktoren, im Wirkungskreis der Mütter zu verharren, und beschränkte dadurch zusätzlich die spätadoleszente Identitätsentwicklung.

Bei Frau B. hatte der spätadoleszente Separationskonflikt noch eine dramatischere Qualität und die Analysandin in ihrer Anorexie an den Rand des Todes geführt. Wir haben kurz diskutiert, daß ihr unbewußtes Selbstbild einer "Mörderin" multideterminiert war. Einmal hatten die chronischen Ehekonflikte und das Erleben von Gewalt die eigenen aggressiven Impulse übermäßig stimuliert und weitgehend verunmöglicht, diese psychisch zu integrieren. Weiter spielten Phantasien über ihren totgeborenen Zwillingsbruder eine Rolle. Zudem hatten Identifikationen sowohl mit der Mutter als auch mit dem Vater zu dem "Mörderinnen-Selbstbild" beigetragen, wobei eindrücklich war, daß bei ihr gleichzeitig Opfer- wie Täteridentifikationen[20] vorlagen. Diese tiefen Aggressionkonflikte führten zu den erwähnten Schwächen im Bereich der Selbst- und Objektabgrenzung, zwischen dem weiblichen Körper der Mutter und dem eigenen sowie der tiefen Angst vor der eigenen Weiblichkeit und von Abhängigkeit vom Liebespartner.

Wir konnten in diesem Rahmen nur fragmentarisch diskutieren, daß wir davon ausgehen, daß solche individuellen Traumatisierungen im Bereich der Individuation und Separation, besonders wenn sie verbunden sind mit den angeführten archaischen Weiblichkeitskonflikten, die weiblichen Identitätsbildungsprozesse in der Spätadoleszenz determinieren und belasten und dadurch gerade in der aktuellen Situation zum Tragen kommen, die von Frauen u.a. einen kreativen Umgang mit Separationen und eine reife Autonomieentwicklung verlangt. Daher fühlen sich manche dieser Frauen nicht in der Lage, historisch neue Chancen weiblicher Selbstentfaltung zu nutzen. Wir haben, bezogen auf ein neueres Konzept der spätadoleszenten Identitätsbildung (Bohleber, 1991), skizziert, daß Trennung und Trauer eine unabdingbare Dimension spätadoleszenter Identitätsbildung darstellen. Bei beiden hier vorgestellten Studentinnen wurde die anstehende Separation von der Mutter und ihrem Frauenschicksal aufgrund schwerer infantiler Traumatisierungen im Separations-Individuationsbereich weitgehend verunmöglicht. - Vielleicht wird dem Leser deutlich geworden sein, daß diese Konflikte, wie uns scheint, bei Frauen der beiden Generationen oft eine andere Qualität zu haben scheinen: fulminanter, trotziger und manifest aggressiver bei Frau A., schleichender, komplexer, schwerer zu entschlüsseln, "stiller und passiver" bei Frau B. - Kämpfte Frau A. sehr um ihre Gruppenakzeptanz und fühlte sich durch Ideologie und Gruppennormen unter Druck, erlaubten ihr diese klaren, scharfen Außenstrukturen gleichzeitig eine ebenfalls klare, innere Abgrenzung und Individuation - aus psychoanalytischer Sicht schienen die Konflikte eine ödipale Struktur zu haben (Auseinandersetzung mit klaren "väterlich-autoritären" Normen, auch mit geschichtlichen Vätern und Müttern an der Universität). - Allerdings haben wir kurz darauf hingewiesen, daß oft gerade die abrupte Loslösung von der Primärfamilie und der ideologische Gruppendruck eine individuelle, innere Separation und Individuation belasteten.

Verglichen damit hatten die Konflikte von Frau B. eine wesentlich weniger strukturierte Qualität: nicht nur in der Massenuniversität, sondern auch in ihrem sonstigen gesellschaftlichen Umfeld sah sie sich konfrontiert mit einer Situation, die es dem Individuum ausgesprochen erschwert, sich als Individuum wertgeschätzt und wichtig vorzukommen. "Ich war eine von vielen... niemand merkte, ob ich überhaupt da war oder nicht...".

---

[20]Wie wir in der erwähnten Arbeit (Leuzinger- Bohleber, 1992b) diskutierten, führte zudem eine - verglichen mit der "Zweiten-Generations-Verwicklung" von Frau A. - versecktere Spur zur Identifikation mit der Schuld des Großvaters und seiner Teilhabe an den damaligen Verbrechen als überzeugter Nationalsozialist. Wir konnten in diesem Beitrag nicht auf dieses wichtige Thema eingehen.

Zuweilen kann man sich auch des Eindrucks nicht erwehren, daß es in der heutigen gesellschaftlichen Situation für das Individuum oft weder notwendig noch sinnvoll ist, im Sinne der klassisch-psychoanalytischen Theorie den ödipalen Konflikt zu bewältigen und sich in tiefe zwischenmenschliche Beziehungen einzulassen. Für viele moderne Berufe ist die Existenz eines "Singles" mit wechselnden Beziehungen weit funktionaler.

Daher schien uns eindrücklich, daß Frau B., u.a. bedingt durch ihre frühinfantilen Traumatisierungen, auch im Beziehungsbereich wie ein Seismograph auf das Wegfallen von Normen, Sicherheiten, stabiler Perspektiven und Verläßlichkeiten (vgl. u.a. Eifersuchtswahn) und das dadurch entstandene "Wertevakuum" reagierte. Sie konnte auch nicht, wie Frau A., auf latente Sehnsüchte einer "heilen Familie mit Haus, Garten und Grünem" zurückgreifen, wie übrigens noch viele Frauen der 68er Generation. Für sie schien, zu Beginn der Behandlung, alles im Fluß, unsicher, bedrohlich und chaotisch zu sein. - Wir haben anzudeuten versucht, daß ihr die "Reise zu dem dunklen Kontinent" in ihrer Psychoanalyse ermöglichte, ihre archaische Aggressions- und Weiblichkeitskonflikte besser zu verstehen und durchzuarbeiten, was u.a. zu sichereren Selbst- und Objektgrenzen führte, zu mehr innerer Autonomie und der zunehmenden Fähigkeit, Abhängigkeit in einer Objektbeziehung zuzulassen und zu ertragen. Erst nachdem sich die Wunden in diesen Bereichen ihrer Persönlichkeit etwas schließen konnten, war sie fähig, ein Stück weibliche, spätadoleszente Identitätsentwicklung zu durchlaufen. Sukzessiv erarbeitete sie sich ein Mehr an inneren und äußeren Spielräumen, fand - in und außerhalb der analytischen Sitzungen - "zu einem Dialog in ihrem intermediären Bereich", in dem sie nun mit der dazu unverzichtbaren Muße real ausprobierte Weiblichkeitsentwürfe vor "dem inneren Auge" spiegeln konnte und sich sukzessiv dem komplexen Entscheidungsprozeß annäherte, welche Identitätsanteile sie - sowohl in beruflichen als auch im persönlichen Bereich - in ihre spätadoleszente weibliche Identität integrieren wollte und welche sie als fremd (etwa durch schuldbedingte Identifizierungen mit Vater oder Mutter entstanden) empfand, um sich im folgenden von ihnen zu trennen. Der damit verbundene Trauerprozeß war erst aufgrund der Einsicht möglich, wie sehr sie durch Rachephantasien und durch Haß unbewußt an das tragische Schicksal ihrer Eltern gebunden war, sowie durch einen Verzicht auf die damit einhergehende omnipotente Größenphantasie, das Schicksal ihrer Eltern doch noch aufzuhellen, zu retten und "ungeschehen zu machen" - ein Teil ihres sekundären Krankheitsgewinns. Trauer und Trennung stabilisierten ihre inneren Selbst- und Objektgrenzen und befähigten sie zu einem Gefühl "einer idiosynkratischen Persönlichkeit", z.B. dem Gefühl, auch in der Massengesellschaft "nicht eine von vielen zu sein...". Damit verbunden war die Einsicht, daß sie selbst die Verantwortung, aber auch die Chance hat, die in dieser Massengesellschaft vorhandenen pluralistischen Möglichkeiten weiblicher Selbstentfaltung nicht nur als Gefahr, sondern auch als Freiraum zu begreifen, um sich "ein kleines Stück Leben als Frau in dieser Welt zu erkämpfen, auch wenn ich diese Welt, genausowenig wie meine Eltern, allein vor dem Untergang retten kann...".

Literatur

Abend, S. M. (1974): Problems of Identity. Theoretical and Clinical Applications. Psychoanal. Quart., 43, 606-637.

Amsterdam, B. K./Levitt, M. (1980): Consciousness of Self and Painful Self-Consciousness. Psychoanal. Study Child 35, 67-83.

Balint, A. (1962): Liebe zur Mutter und Mutterliebe (1939). Psyche, 16, 481-496.

Barante, I. (1984): "Das einzigartige Mütterliche": Jahrbuch der Psychoanalyse, 16, 73-93.

Beebe, B./Lachmann, F. M. (1988): Mother-Infant Mutual Influence and Precursors of Psychic Structure. In: Goldberg A (Ed.): Frontiers in Self Psychology. Hillsdale, NJ: The Analytic Press, 3-25.

Beck, U./Beck-Gernsheim, E. (1990): Das ganz normale Chaos der Liebe. Frankfurt/Main: Suhrkamp.

Benjamin, J. (1990): Die Fesseln der Liebe. Psychoanalyse, Feminismus und das Problem der Macht. Frankfurt/Main: Roter Stern.

Benz, A.E. (1983): Die ungewollte Schwangerschaft und ihre Unterbrechung - eine Möglichkeit zur unbewußten Inszenierung von Trauerarbeit. Psyche, 37, 130- 138.

Benz, A. (1984): Der Gebärneid der Männer. Psyche, 38, 307-328.

Blos, S. (1979): The Adolescent Passage. Developmental Issues. New York: International Universities Press.

Blum, H. (ed.) (1977): Female Psychology. New York: Univ. Press, 139-157.

Bohleber, W. (1982): Spätadoleszente Entwicklungsprozesse. Ihre Bedeutung für Diagnostik und psychotherapeutische Behandlung von Studenten. In: Krejci, E./Bohleber, W. (Hg.): Spätadoleszente Konflikte. Göttingen, Vandenhoeck & Ruprecht, 11-52.

Bohleber, W. (1987): Die verlängerte Adoleszenz. Identitätsbildung und Identitätsstörungen im jungen Erwachsenenalter. Jahrbuch der Psychoanalyse 21, 58-84.

Bohleber, W. (1988): Spätadoleszente Identitätsbildungsprozesse. Unveröffentlichter Anhang zu Bohleber (1987), vgl. oben.

Bohleber, W. (1992): Identität und Selbst. Die Bedeutung der neueren Entwicklungsforschung für die psychoanalytische Theorie des Selbst. Psyche 46, 4, 336-66.

Bohleber, W. (1992a): Identity and the Self: Interactional and Intrapsychic Paradigm. Significance of Infant Research for Psychoanalytic Theory. In: Leuzinger-Bohleber, M./Schneider,H./Pfeifer, R. (eds.): vgl. unten, 107-133.

Brämer, R. (1992): Zusammenfassung der Ergebnisse der Studie "Student 92" am Hochschuldisput vom 20.6.92 (Tonband von M.Leuzinger-Bohleber abgehört, auch mündliche Mitteilungen dazu).

Brede, K.(Hg.) (1987): Befreiung zum Widerstand. Aufsätze zu Feminismus, Psychoanalyse und Politik. Frankfurt/Main: Fischer.

Brede, K. (1992): Liebe als Movens privater Lebensformen. Anmerkungen zur Familiensoziologie. Fragmente, 38, 27-39.

Bürgin, D. (1980): Spätadoleszenz und Autonomie. Psyche, 34, 5, 449-464.

Bürgin, D. (Hg.) (1988): Beziehungskrisen in der Adoleszenz. Stuttgart: Huber.

Burger, A./Seidenspinner, G.(1977): Jugend unter dem Druck der Arbeitslosigkeit. München: 1977.

Caldwell, R. S. (1976): Primal Identity. Int. Rev. Psycho-Anal. 3, 417-434.

Chasseguet-Smirgel, J. (Hg.) (1974): Psychoanalyse der weiblichen Sexualität. Frankfurt/Main: Suhrkamp.

Chasseguet-Smirgel, J. (1976): Freud and female sexuality: the consideration of some blind spots in the exploration for the "Dark Continent". Int. J. Psycho-Anal., 3, 275-287.

Chehrazi, S. (1988): Zur Psychologie der Weiblichkeit, Psyche, 42, 4, 307-328.

Cournut, J. (1988): Ein Rest, der verbindet. Das unbewußte Schuldgefühl, das entlehnte betreffend. Jahrbuch der Psychoanalyse, 22, 67-99.

Eckstaedt, A. (1989): Nationalsozialismus in der "zweiten Generation". Psychoanalyse von Hörigkeitsverhältnissen. Frankfurt/Main: Suhrkamp.

Eicke-Spengler, M. (1988): Über Schuld- und Schamgefühle bei Frauen, Zeitschrift für psychoanalytische Theorie und Praxis, 1, 77-94.

Emde, R.N. (1983): Dialogue from Infancy. New York. Int. Univ. Press.

Erikson. E. H. (1959): Identity and the life cycle. Psychological Issues, Vol. I. No. 1. New York: Int. Univ. Press.

Faimberg, H. (1987): Das Ineinanderrücken der Generationen. Zur Genealogie gewisser Identifizierungen. Jahrbuch der Psychoanalyse, 20, 114-143.

Flaake, K., King, V. (Hg.) (1992): Weibliche Adoleszenz. Zur Sozialisation junger Frauen. Frankfurt/Main: Campus.

Freud, S. (1917): Trauer und Melancholie. GW, X, 428-446.

Freud, S. (1918): Aus der Geschichte einer infantilen Neurose. GW, XII, 27-157.

Freud, S. (1919): Das Unheimliche. GW, XII, 229-226.

Freud, S. (1924): Das ökonomische Problem des Masochismus. GW XIII, 369-385.

Freud, S. (1930): Das Unbehagen in der Kultur. GW XIV, 419-506.

Freud, S. (1933): Neue Folge der Vorlesungen zur Einführung in die Psyhoanalyse. GW, XV.

Freud, S. (1937) : Die endliche und die unendliche Analyse. GW, XVI, 57-99.

Friedman, A.R. (1960): Group psychotherapy in the treatment of the Medea complex. Acta Pschotherapeutica et Psychosomatica 8 (1960), 457-461.

Greenacre, Ph. (1950): Special problems of early female development. Psychoanal. Study of the Child, 5, 122-138.

Giovacchini, S.L. (1979): The dilemma of becoming a women. In: Sugar, M. (Eds.): Female Adolescent Deveopment. New York: Brunner/ Mazel, 253-273.

Goffmann,E. (1963): Stigma, Notes on the Management of Spoiled Identity. Englewood Cliffs, N.J: Prentice Hall.

Hagemann-White, C.(1978): Frauenbewegung und Psychoanalyse. Psyche, 32, 8, 732-764.

Hagemann-White, C.(1984): Sozialisation: weiblich? männlich? Alltagsbiographien von Mädchen. Opladen: Leske u. Budrich.

Hartocollis, P./Davidson, G.I. (1992): The Personal Myth in the Psychoanalytic theory. Madison: Int. Univ. Press.

Heipcke, K. (Hg.) (1989): Hat Bildung noch Zukunft ? Herausforderungen angesichts der gefährdeten Welt. Weinheim: Deutscher Studien Verlag.

Jacobson, E. (1964): The Self and the Object of World. London: The Hogart Press.

Keilson, H. (1989): Psychoanalyse und Nationalsozialismus. Jahrbuch der Psychoanalyse, 25, 9-28.

Kernberg, O. (1976): Object-relations theory and clinical psychoanalysis. New York: Jason Aronson.

Kestenberg, J. D. (1988): Der komplexe Charakter weiblicher Identität. Psyche, 42,4, 349-365.

Keupp, H, (Hrsg,) (1972): Der Krankheitsmythos in der Psychopathologie. München: Urban u. Schwarzenberg.

Koechel, R. (1992): "Kindeswohl". Gesetzlicher Anspruch und Wirklichkeit. Eine mehrdimensionale Studie zur Problematik der Scheidungsfolgen unter besonderer Berücksichtigung der psychologischen Wissenschaften. Unveröffentlichtes Manuskript.

Koster-Sanders, Th./Groen-Prakken, H. (1988): Über die weibliche Identität und Sexualität,.Zeitschrift für psychoanalytische Theorie und Praxis, 113-123.

Krappmann, L. (1969): Soziologische Dimensionen der Identität. Stuttgart: Klett.

Krecji, E./Bohleber, W. (Hg.) (1982): Spätadoleszente Konflikte. Indikation und Anwendung psychoanalytischer Verfahren bei Studenten. Göttingen: Vandenhoeck u. Ruprecht.

Kristeva, J. (1988): Fremde sind wir und selbst. Frankfurt/Main: Suhrkamp (1990).

Krüger, H.(1989): Aspekte des Frauenstudiums an bundesdeutschen Hochschulen (Übersicht über die Publikationen des WZ I, GhK). Kassel/Vellmar.

Krystal, H. (1968) (ed.): Massive Psychic Trauma. New York: Int. Univ. Press.

Langer, M. (1988): Mutterschaft und Sexus. Körper und Psyche der Frau. Freiburg: Kore Verlag.

Lebovici, S. (1983): Der Säugling, die Mutter und der Psychoanalytiker: Die frühen Formen der Kommunikation. Stuttgart: Klett-Cotta, 1990.

Lempp, R.(Hrsg) (1987): Reifung und Ablösung, Bern: Huber

Leuzinger-Bohleber, M. (1984a): Nora - Die Analyse einer Zwölfjährigen. arbeitshefte kinderpsychoanalyse. WZ II, Heft 4, 29-90.

Leuzinger-Bohleber, M. (1989). "..im Unbewußten sei jeder von uns von seiner Unsterblichkeit überzeugt..." (S. Freud). Zur berufsspezifischen Abwehr individueller und kollektiver Ohnmachtsgefühle bei Psychoanalytikern, aufgezeigt an einer Fallskizze. Kultur-Analysen, 2,180- 215.

Leuzinger-Bohleber, M. (1992): Spätadoleszente Entwicklungsprozesse. Chancen und Risiken - eine Einzelfallskizze. In: Schmied-Kowarzik,W. (Hg.): Einsprüche kritischer Philosophie. Kleine Festschrift für Ulrich Sonnemann. Kasseler Philosophische Schriften, 179-209.

Leuzinger-Bohleber, M. (1992 a): Interdisciplinary Exchange or "Turning a Blind Eye"? Defense Mechanisms of Psychoanalysts. A Case Study, In: Leuzinger-Bohleber, M./Schneider, H./Pfeifer, R. (eds.) (1992) vgl. unten, 47-75.

Leuzinger-Bohleber, M. (1992b): "Der Traum der schönen Frau Seidenmann und der Riss in der Geige". Zum Motiv des erzwungenen Identitätswechsels im Roman von Andrzej Szczypiorsky. fragmente, 38, 79-109.

Leuzinger-Bohleber, M. (1992c): "J´adore ce qui me brûle.." (M. Frisch). Die Medea-Phantasie - eine unbewußte Determinante archaischer Weiblichkeitskonflikte bei psychogen sterilen Frauen. Unveröffentlichtes Manuskript.

Leuzinger-Bohleber, M./Dumschat, R. (1991): Weibliche Identitätskonflikte, 1968 und heute. Zwei Fallskizzen. fragmente Sonderheft: Student heute, 132-163.

Leuzinger-Bohleber, M./Garlichs, A. (1991): Lehrerausbildung für die Arbeitslosigkeit. Spätadoleszente Identitätsbildungeprozesse unter erschwerten Berufsperspektiven. In: Trescher, H.g./Büttner, Ch. (Hg.): Jahrbuch für psychoanalytische Pädagogik. Mainz: M. Grünewald-Verlag, 7-49.

Leuzinger-Bohleber,M./Schneider, H./Pfeifer, R. (eds) (1992): "Two Butterflies on My Head....". Psychoanalysis in the Interdisciplinary Scientific Dialogue. Berlin: Springer.

Lichtenberg, J .D. (1983): Psychoanalysis and Infant Research. Hillsdale, New Jersey. The Analytic Press .

Lichtenstein, H. (1977): The Dilemma of Human Identity. New York Jason Aronson.

Mahler, M. (1972): Symbiose und Individuation. Stuttgart: Klett.

Mertens, W.(1992): Entwicklung der Psychosexualität und der Geschlechtsidentität. Bd. 1, Stuttgart : Kohlhammer.

Mitscherlich, A. und M. (1976/77): Die Unfähigkeit zur trauern. München: Piper.

Mitscherlich-Nielsen, M. (1971): Entwicklungsbedingte und gesellschaftsspezifische Verhaltensweisen der Frau. Psyche, 25, 911-931.

Mitscherlich-Nielsen, M. (1978): Zur Psychoanalyse der Weiblichkeit. Psyche, 32, 8, 669-659.

Mitscherlich-Nielsen, M. (1985): Die friedfertige Frau. Frankfurt/Main: Fischer.

Modell, A. (1975): The Ego and the Id: Fifty Years Later. Int.J. Psycho-Anal., 56, 57-68.

Mohr, W. (1987): Frauen in der Wissenschaft. Freiburg: Dreisam.

Nadig, M. (1986): Zur Ethnopsychoanalytischen Erarbeitung des kulturellen Raums der Frau, Psyche, 40, 193- 219.

Nadig, M. (19): Die heimliche Macht der Frauen. Frankfurt/Main: Suhrkamp.

Orgel, S./Shengold, L. (1968): The fatal gift of Medea. Int.J. Psycho-Anal. 49, 379-383.

Pines, D. (1988): Wozu Frauen ihren Körper unbewußt benutzen. Zeitschrift für psychoanalytische Theorie und Praxis, 1, 94-113.

Pines, D. (1990): Schwangerschaft, Fehlgeburt und Abtreibung: eine psychoanalytische Perspektive. Zeitschrift für psychoanalytische Theorie und Praxis, 4, 311-322.

Preuss -Lausitz, U. u.a. (Hg.) (1983): Kriegskinder, Konsumkinder, Krisenkinder. Zur Sozialisationsgeschichte seit dem 2. Weltkrieg. Basel: Beltz.

Prokop, U. (1980): Weiblicher Lebenszusammenhang. Von der Beschränktheit der Strategien und der Unangemessenheit der Wünsche. Frankfurt/Main: Suhrkamp.

Psychoanalytisches Seminar Zürich (Hrsg) (1987): Bei Lichte gesehen wird es finster. FrauenSichten. Frankfurt/Main: Suhrkamp.

Quinodoz, J.M. 1986): Identifizierung und Identität der weiblichen Homosexualität, Zeitschrift für psyhcoanalytische Theorie und Praxis, 1, 82-95.

Raguse-Stauffer, B. (1990): Psychoanalytische Überlegungen zu Klimakterium und Menopause. Zeitschrift für psychoanalytische Theorie und Praxis, 4, 322-336.

Reinke-Köberer, E. (1978): Zur Diskussion über die psychosexuelle Entwicklung der Frau. Psyche, 32, 8, 695-732.

Rhode-Dachser, Ch. (1991): Expedition in den dunklen Kontinent. Weiblichkeit im Diskurs der Psychoanalyse. Berlin: Springer.

Sander, L. W. (1988): The Event - Structure of Regulation in the Neonate-Caregiver System as a Biological Background for Early Organization of Psychic Structure. In : A. Goldberg (Hg.): Frontiers of Self Psychology. Hilldale: The Analytic Press, 64-77.

Schaule, A. (1982): Tötungshandlungen von Müttern an ihren eigenen Kindern unter besonderer Berücksichtigung des Medea-Komplexes. München: Med.Diss.

Schmidt-Hellerau, C.(1988): Das Rätsel der Weiblichkeit. Psyche, 42, 4, 289-307.

Stern, E. (1948): The Medea complex: the mother's homicidal wishes to her child. Journal of mental Science, 94, 321-331.

Stern, D: (1985): The Interpersonal World of the Infant. New York: Basic Books.

Szasz, T.S. (1972): Der Mythos der seelischen Krankheit. In: Keupp, H. (Hrsg) vgl. oben, 44-56.

Wallerstein, J./Blakeslee, S. (1989): Gewinner und Verlierer. Frauen, Männer, Kinder nach der Scheidung. Eine Langzeitstudie. München: Droemer Knaur.

Winnicott, D. W. (1965): The maturational processes and the facilitating environment. London: The Hogarth Press.

Winnicott, D.W. (1971): Playing and Reality. London: Tavistock Publications.

Zeul, M. (1988): Die Bedeutung des Vaters für die psychosexuelle Entwicklung der Frau. Psyche, 42, 4, 328-349.

Rückzug oder Vorstoß?

Über Veränderungen der naturwissenschaftlichen Fachsozialisation in den 80er Jahren. Zur Studie "STUDENT 92"

Rainer Brämer

"Der Student der theoretischen Naturwissenschaften

- ist intelligenter und hat bessere Zeugnisse als seine Kommilitonen anderer Fächer,
- hat ein starkes Interesse am Fach bzw. allgemein an den Naturwissenschaften,
- arbeitet intensiver im Studium und ist leistungsbezogener als andere Studenten,
- fühlt sich auf seinem speziellen Sektor verhältnismäßig sicher,
- hat ein geringes politisches Engagement,
- fühlt sich häufig schüchtern und gehemmt und glaubt, daß er von seiner Umgebung als schwach eingeschätzt wird,
- ist kontaktarm, relativ uninteressiert an zwischenmenschlichen Beziehungen, ein Interesse an sachlicher Zusammenarbeit steht im Vordergrund der Beziehungen zu Kommilitonen und zu Hochschullehrern,
- meidet emotionale zwischenmenschliche Situationen und Konflikte, um nicht irritiert zu werden,
- gibt seinen Gefühlen ungern Ausdruck oder spricht ungern über sie,
- hat ein autoritatives Verhältnis zu seiner Wissenschaft,
- kümmert sich wenig um seine Wissenschaft begründende oder übergreifende Fragestellungen.

Alles in allem also eher ein Unglücksrabe als ein soziales Vorbild - und doch genießt der Naturwissenschaftler in der Universität und in der Gesellschaft ein vergleichsweise hohes Ansehen (besonders zum Ärger der Mitglieder und Absolventen der Philosophischen Fakultät)."

1. Naturwissenschaft als Flucht vor der Weiblichkeit?

Die obige Klassifizierung des "typischen Naturwissenschaftlers" findet sich im vervielfältigten Protokoll einer Tagung zur "Fachsozialisation im mathematisch-naturwissenschaftlichen Unterricht", die im Oktober 1976 in Marburg stattfand[1]. Ihr Autor, Jörg Bürmann, Absolvent der Philosophischen Faktultät und

[1] Jörg Bürmann: Der "typische Naturwissenschaftler" - Ein intelligenter Versager? In: Fachsozialisation im mathematisch-naturwissenschaftlichen Unterricht - vervielfältigtes Tagungsprotokoll, Marburg 1976, S. 33ff.

68er-Aktivist, konnte seine pointiert formulierten Thesen zwar durchaus auf seriöse Quellen stützen, schien indes damit zugleich das Ziel zu verfolgen, den Bazillus des akademischen Selbstzweifels aus den (seinerzeit) krisengeschüttelten Geisteswissenschaften in die Naturwissenschaften zu übertragen.

Das gelang ihm zumindest insoweit, als sich aus seiner naturwissenschaftlichen Zuhörerschaft spontan eine Arbeitsgruppe konstituierte, um den provozierenden Behauptungen auf den Grund zu gehen. Im Zuge ihrer Recherchen konnte die "Arbeitsgruppe Soznat" die Bürmann'schen Befunde allerdings im wesentlichen nur bestätigen. Mehr noch, bei der Auswertung eigener Untersuchungen zur "Empirie des typischen Naturwissenschaftlers" stieß sie sogar auf einen Zusammenhang, der womöglich als Erklärung für das verkorkste Psychoprofil des naturwissenschaftlichen "Unglücksraben" herhalten konnte: Angehende Naturwissenschaftler schienen nämlich, statistisch gesehen, deutlich häufiger als Studierende anderer Fächer Probleme mit dem weiblichen Geschlecht zu haben, ein Befund, der sich in vielerlei Details vom alltäglichen Umgang mit Frauen über die spezifische Partnerwahl bis zu sexuellen Gewohnheiten widerspiegelte.[2] Der bekannten Aversion von Mädchen und Frauen gegenüber den Naturwissenschaften entsprach also - gewissermaßen nach dem Prinzip "actio = reactio" - eine (weitgehend unbewußte) Abwehr des Weiblichen durch die Naturwissenschaftler.

Damit ließ sich das von Bürmann konstatierte Desinteresse an sozialen Kontakten und Problemen, die Vermeidung irritierender emotionaler Situationen, die Verdrängung eigener Gefühle und die Selbsteinschätzung als schüchtern und gehemmt letztlich als Schutz- und Fluchtreaktion auf eine unterschwellig empfundene Bedrohung durch das weibliche Geschlecht interpretieren. Die so hoch besetzte Wissenschaft fungierte sozusagen als Fluchtburg, in der man sich vor geschlechtlichen Irritationen sicher fühlen und dementsprechend seine emotionalen und sozialen Bedürfnisse ungehindert ausleben konnte.

Auf diese Weise gewann die Frauenfrage in der naturwissenschaftssoziologischen Forschung eine unerwartete Bedeutung, indem sie den bekanntermaßen so männlichen Charakter der "harten" Naturwissenschaften in einem ganz anderen Licht erscheinen ließ. Das wiederum warf die Frage nach der "typischen Naturwissenschaftlerin" auf, sofern man angesichts von deren extremer Minderheitssituation überhaupt von einem statistischen Typus dieser Art sprechen konnte: Zeichnet sie sich ebenfalls durch eine Distanz zum anderen Geschlecht aus, oder spielt das Problem für sie keine Rolle?

Angesichts eines verschärften akademischen Existenzkampfes war es der AG Soznat seinerzeit nicht mehr möglich, auf diese Frage eine eindeutige Antwort zu finden. Doch deutete vieles darauf hin, daß Studentinnen naturwissenschaftlicher Fächer weniger Probleme mit dem anderen als vielmehr mit dem eigenen, also ebenfalls dem weiblichen Geschlecht haben. Häufig in einer besonders engen Vaterbeziehung aufgewachsen, verbindet sich ihr Hang zur Wissenschaft mit spezifischen Abwehrreaktionen gegenüber weiblichen Rollenvorgaben, was weibliche Studierende der Naturwissenschaften, statistisch gesehen, noch stärker als männliche aus dem jeweils gleichgeschlechtlichen Akademikernachwuchs heraushebt.

---

[2] Vgl. hierzu ausführlich Rainer Brämer/Georg Nolte: Die heile Welt der Wissenschaft - Zur Empirie des "typischen Naturwissenschaftlers". Marburg 1983. Dieselben: Naturwissenschaft und Frauen - Wer hat Angst vor wem? psychologie heute, H 3/1985, S. 57ff.

2. Die Repolitisierung der Naturwissenschaften

Seit diese Frage mit anderen Aktivitäten der Arbeitsgruppe Soznat in den 80er Jahren unterging, hat sich in den Naturwissenschaften viel verändert. Wie bei keiner anderen akademischen Disziplin griff die Friedensbewegung in das Selbstverständnis einer Wissenschaft ein, die sich im Laufe der Zeit rund zur Hälfte hatte in die Rüstungsforschung hineinziehen lassen. Die Initiative "Naturwissenschaftler für den Frieden" fand insbesondere beim Nachwuchs eine unerwartete Resonanz und führte zumindest zu einer teilweisen Repolitisierung der betroffenen Disziplinen. Nimmt man noch die öffentliche Debatte über die modernen Großtechnologien hinzu, die ebenfalls nicht spurlos an den Naturwissenschaften vorübergegangen ist, so sollte man für den Beginn der 90er Jahre deutliche Veränderungen in der Sozialpsyche des "typischen Naturwissenschaftlers" erwarten.

Eine erneute Gelegenheit, den Fragen der naturwissenschaftlichen Fachsozialisation nachzugehen, bot die erste gesamtdeutsche Hochschulstudie "STUDENT 90", in deren Rahmen bereits ein halbes Jahr vor der Vereinigung rund 2000 Studierende ost- und westdeutscher Universitäten auf ihre Einstellungen zu einem breiten Themenspektrum befragt wurden. Die Auswertung der Daten enthüllte zum Teil gravierende Unterschiede in der Sozialisation DDR-und BRD-deutscher Studierender.[3] Als besonders informativ erwiesen sich dabei jene weitgehend aus DDR-Arsenalen stammenden Fragen, mit denen die Studierenden um Aufschluß über die Prinzipien und Strategien ihrer Lebensgestaltung gebeten wurden. Aus purer soziologischer Routine wurden die Daten allerdings nicht nur einer Ost-West-, sondern auch einer Fächerdifferenzierung unterzogen. Und dabei nun fielen dem Soznat-geschulten Beobachter einige gravierende Veränderungen gegenüber früheren Befunden ins Auge, die eine eingehendere Analyse allein der (westdeutschen) Naturwissenschaftsdaten lohnend erscheinen lassen.[4] Dazu stehen die Antworten von rund 120 Studierenden der harten naturwissenschaftlichen Fächer Mathematik, Physik und Chemie auf insgesamt 51 Fragen zur allgemeinen Lebensorientierung zur Verfügung. Leider gehören dieser Teilstichprobe nur 18 Studentinnen an, was die Aussagefähigkeit der folgenden Ergebnisse in einem entscheidenden Punkt stark mindert.[5]. Doch mag es einstweilen genügen, aus den vorliegenden Daten wenigstens erste begründete Leithypothesen zu gewinnen, denen dann in einer entsprechend breiter angelegten Folgestudie gezielt nachgegangen werden kann.

[3]Siehe z.B. Rainer Brämer/Ulrich Heublein: Studenten in der Wende? Versuch einer deutsch-deutschen Typologie vor der Vereinigung. Aus Politik und Zeitgeschichte Nr. 44/1990, S. 3ff.

Rainer Brämer/Kurt Bunke: Hochschullehrer im deutsch-deutschen Vergleich - Studentische Urteile vor der Vereinigung. Deutschland Archiv, H/1991, S. 617ff.

[4]Die entsprechenden ostdeutschen Naturwissenschaftsdaten fielen leider der Wende-Hektik zum Opfer, doch ist ein Ost-West-Vergleich auf Fachebene für die Nachfolgestudie "Student 92" vorgesehen.

[5]Andererseits entspricht die Frauenquote der Teilstichprobe "harte Naturwissenschaften" durchaus in etwa dem bundesweiten Erwartungswert. Bessere empirische Voraussetzungen für eine geschlechtsdifferenzierende Analyse von Naturwissenschaftsdaten sind daher von einer nicht eigens hierauf angelegten Erhebung kaum zu erwarten.

3. Anpassung an den Durchschnitt

Schon die bloße quantitative Datenübersicht von "Student 90" liefert im Hinblick auf die Naturwissenschaften bemerkenswerte Einsichten. Ermittelt man nämlich für jede der zum Vergleich stehenden sieben Fachrichtungen, zu denen neben den Naturwissenschaften die Technik und Medizin sowie die Rechts-, Wirtschafts-, Sozial- und Geisteswissenschaften gehören, wie oft sie einen der zur Debatte stehenden Zukunftsindikatoren besonders positiv oder negativ besetzen, also eine in bezug auf die anderen Fächer extreme Antwortposition einnehmen, so stellt sich heraus, daß die Naturwissenschaften keineswegs - wie noch vielleicht vor einem Jahrzehnt - in besonderer Weise zu den Extremen neigen. Im Gegenteil, als Antipoden fungieren heutzutage nicht mehr die Natur- und Geistes-, sondern die Ingenieur- und Sozialwissenschaften, die jeweils zwei Drittel aller Fragen ausnehmend zustimmend oder ablehnend beantworten.

Demgegenüber fallen die Naturwissenschaften geradezu dadurch auf, daß sie nicht auffallen. Ihr Antwortverhalten entspricht fast durchgängig mehr oder weniger dem des studentischen Gesamtdurchschnitts, und in lediglich sieben Fällen profilieren sie sich eindeutig zur einen oder anderen Seite hin. Naturwissenschaftsstudierende als Inbegriff studentischen Mittelmaßes, als Prototypen des akademischen Nachwuchses schlechthin - das ist angesichts des Bürmann'schen Kataloges breitgefächerter Besonderheiten ein unerwarteter Befund und damit zugleich das erste Indiz für gravierende Veränderungen.

Das gilt freilich im Vergleich der Einzeldisziplinen vorrangig für die Physik und im Geschlechtervergleich nur für die männlichen Vertreter der Naturwissenschaften. Die angehenden Naturwissenschaftlerinnen nehmen dagegen in etwa jedem zweiten Falle einen extremen Standpunkt innerhalb der weiblichen Studentenschaft ein. Offensichtlich hat ihre nach wie vor bestehende Minderheitensituation einen sehr viel stärkeren Profilierungszwang zur Folge. Die entscheidende Frage in diesem Zusammenhang ist freilich, ob sich dieses ausgeprägtere Profil nach wie vor aus der Bürmann'schen Sozalisationstypologie speist.

4. Privatisierung des Politischen

Dazu bedarf es einer eingehenderen qualitativen Analyse der studentischen Lebensentwürfe, die sich allerdings wegen der kleinen Stichprobe nicht auf die Detailauswertung jeder Einzelfrage stützen, sondern in der Abfolge von fünf Themenbereichen lediglich überzeugenden Pauschaltendenzen nachspüren kann. Angesichts der unterstellten Relevanz der Friedensbewegung sind dabei natürlich die politischen Ambitionen der Befragten, wie sie sich in Tab. 1 widerspiegeln, von besonderem Interesse.[6].

[6]Jeder der den Studierenden vorgelegten Einstellungsindikatoren war mit einer fünf- bzw. sechsfach gestuften Antwortvorgabe der Art "1 trifft völlig zu ... 5 trifft überhaupt nicht zu" versehen. Die Prozentangaben in den Tabellen geben jeweils den relativen Anteil an bejahenden Antworten (in Zusammenfassung der beiden ersten Antwortstufen) sowie - nach dem Schrägstrich - auch der verneinenden Antworten (in Zusammenfassung der beiden letzten Antwortstufen) an.

Wirft man zunächst einen Blick auf die Gesamtdaten der westdeutschen Stichprobe (Ges), so bekennen sich bundesdeutsche Studierende offenbar mehrheitlich zum Ideal des "engagierten Staatsbürgers", dem sie allerdings weniger gern mit konkretem politischen Engagement als mit entprechenden Diskussionen im privaten Freundeskreis gerecht zu werden versuchen. Die sich hierin andeutende "Privatisierung des Politischen" ist bereits seit Jahren von der Jugendsoziologie beschrieben und mit ausgeprägten Aversionen gegenüber politischen Institutionen in Verbindung gebracht worden. Als einigermaßen sinnvolle politische Aktivitäten erscheinen den Studierenden des Jahres 1990 lediglich die Mitarbeit in Bürgerinitiativen und die Teilnahme an Demonstrationen.

Student 90:
Politische Ambitionen
1. ja/*nein* in %

Ges	m	w	Nat	m	w	Math	Phys	Chem
Lebensprinzip: "Ein engagierter Bürger sein"								
47/*21*	48/*22*	49/*19*	47/*22*	47/*22*	42/*28*	45/*29*	49/*21*	43/*18*
Beliebte Freizeitbeschäftigungen: "Diskussion politischer Fragen mit Freunden"								
55/*17*	53/*18*	57/*15*	58/*19*	59/*4*	52/*0*	52/*36*	58/*15*	66/*9*
Beliebte Freizeitbeschäftigung: "Besuche von Foren, Gesprächsrunden usw. zu Fragen der gesellschaftlichen Entwicklung"								
19/*53*	18/*56*	22/*44*	20/*61*	20/*59*	16/*74*	13/*71*	22/*54*	22/*66*
2. ja in %								
Bereitschaft zur "Mitarbeit in politischen Gruppen"								
23	18	32	13	13	11	19	11	09
Bereitschaft zur "Mitarbeit in der studentischen Selbstverwaltung"								
29	24	38	24	26	16	23	24	25
Bereitschaft zur "Mitarbeit in Bürgerinitiativen"								
44	41	51	48	48	47	42	54	44
Bereitschaftschaft zur "Mitarbeit in Parteien"								
25	26	24	20	19	21	23	17	22
Bereitschaft zur "Teilnahme an Demonstrationen"								
62	56	74	65	67	53	65	70	56

Diesem spontan-privatistischen Politikverständnis schließen sich die Studierenden der Naturwissenschaften im wesentlichen an (Tab. 1, Spalte Nat). Dabei ist im Hinblick auf die Bürmann'schen Thesen von Bedeutung, daß ihre politischen Ambitionen nicht mehr durchgängig unterdurchschnittlich ausfallen. Besonders bei den modernen Formen spontaneren Engagements (Bürgerinitiativen, Demonstrationen), aber auch in ihrer grundsätzlichen Politikbereitschaft haben sie mit den anderen Fächern gleichgezogen. Die Rolle der unpolitischen Außenseiter überlassen sie voll und ganz den Technikern, die alle Indikatoren der Tabelle extrem negativ besetzen.

Die sich hierin dokumentierende Repolitisierung der Naturwissenschaften hat offenbar in besonderem Maße in der Physik (mit gelegentlich sogar überdurchschnittlichen Politambitionen) gegriffen, während die Mathematik noch am stärksten ihrer unpolitischen Vergangenheit verhaftet ist. In der Tat waren die Physiker über den Kriegsforschungsvorwurf am stärksten von der Abrüstungs- und Friedensdiskussion betroffen, was die Bedeutung dieser Debatte für den naturwissenschaftlichen Sozialisationswandel nachhaltig unterstreicht.

Allerdings scheint sich dieser Wandel weitgehend auf das männliche Geschlecht beschränkt zu haben (Tab.1, Spalten m und w im Ges-Nat-Vergleich). Die weiblichen Naturwissenschafts-Studierenden besetzen nach wie vor in fünf der neun Indikatoren Minimalpositionen. Sie erweisen sich damit nicht nur gegenüber ihren männlichen Fachkommilitonen als politisch zurückhaltender[7], sondern bilden - ganz den Bürmann'schen Thesen entsprechend - im weiblichen Fächervergleich sogar das Schlußlicht. Das wiegt umso schwerer, als in der Gesamtstudentenschaft die Frauen streckenweise die politische Führung übernommen haben.

5. Soziale Unverbindlichkeit

Sehr viel unübersichtlicher ist das Bild auf sozialem Gebiet. Das hängt nicht zuletzt damit zusammen, daß das jugendliche Wertesystem auf diesem Gebiet in den letzten Jahren insgesamt einen starken Umbruch in Richtung auf eine zunehmende soziale Unverbindlichkeit erfahren hat.

Das gilt "STUDENT 90" zufolge auch für die studentische Jugend. So erfahren alle Indikatoren, die das persönliche Selbstbild von der Anerkennung durch andere (im Sinne von Achtung erwerben, Eindruck machen, Autorität besitzen) abhängig machen, generell nur von einem Fünftel bis einem Drittel der Gesamtstichprobe Zustimmung, ein Viertel bis zur Hälfte dagegen bezeichnen sie ausdrücklich als irrelevant. Etwas besser sieht es auf dem Gebiet der sozialen Hilfsbereitschaft aus, wenngleich manch hochbejahtes Bekenntnis auch den Verdacht verbaler Schönfärberei aufkommen läßt. So sinkt etwa die Bereitschaft, andere zu unterstützen, abrupt von 70 auf 40 %, wenn damit ein persönlicher Verzicht verbunden ist. Uneingeschränkt positiv ist lediglich das lockere, unverbindliche Treffen mit Freunden besetzt (Zustimmungsquote 91 %).

Diese auffällige Differenzierung zwischen verbindlichen und unverbindlichen Sozialambitionen findet sich auch in den Naturwissenschaften wieder. Angesichts ihrer vormaligen Neigung zu sozialer Distanz wäre das indes nicht unbedingt negativ zu bewerten. Dabei stellt sich allerdings die Frage, ob die Studierenden der Naturwissenschaften ihre sozialen Vorbehalte tatsächlich par-

[7] Diese besetzen im statistischen Gegenzug einige Politindikatoren, bezogen auf ihr Geschlecht, sogar überdurchschnittlich positiv.

tiell überwunden haben oder nicht vielleicht umgekehrt von den Kommmilitonen und Kommilitoninnen der anderen Fächer auf deren Weg in einen sozial bindungslosen Individualismus eingeholt worden sind. Wie dem auch sei, die ursprünglichen Sozialängste der NaturwissenschaftlerInnen sind bis auf geringe Restbestände (etwa in Form eines unterdurchschnittlichen Einsatzes für sozial Benachteiligte) nicht mehr nachzuweisen. Dabei finden sich die Naturwissenschaftlerinnen im Hinblick auf Freundschaft und Familie durchgängig, beim (selbstzugeschriebenen) Altruismus punktuell vorn. Das heißt jedoch nicht, daß die Fachvertreterinnen die sozialen Defizite ihrer Profession nachhaltiger abgelegt haben als ihre männlichen Kommilitonen, entsprechen sie damit doch lediglich (und dies auch nur zum Teil) der höheren sozialen Sensibilität weiblicher Studierender insgesamt.

6. Kulturelle und intellektuelle Differenzen

Keine Besonderheiten sind auf den ersten Blick auch auf kulturellem Sektor zu vermelden. Wenn die Studierenden der Naturwissenschaften durchgängig sowohl die aktive als auch die rezeptive Auseinandersetzung mit Kunst und Kultur gleichermaßen zu je einem Drittel für wichtig wie für unwichtig halten, dann entsprechen sie damit weitgehend dem studentischen Durchschnitt. Auch daß sich Naturwissenschaftlerinnen kulturellen Ansprüchen gegenüber beträchtlich aufgeschlossener zeigen als Naturwissenschaftler, spiegelt entsprechende Gesamttendenzen wider - allerdings mit dem Unterschied, daß die Geschlechter-Differenz in den Naturwissenschaften nicht so groß ist wie in der Gesamtstudentenschaft. Das hat zur Konsequenz, daß die Naturwissenschafts-Studenten im geschlechterhomogenen Vergleich überproportional, die Naturwissenschafts-Studentinnen dagegen unterproportional aufgeschlossen gegenüber Kunst und Literatur erscheinen.

Ähnlich fällt die Geschlechterdifferenz auch auf intellektuellem Gebiet aus. Allerdings ist der Ausgangspunkt hier ein ganz anderer. Intellektuelle Neugierde und Kreativität nehmen mit Selbstzuschreibungsquoten von 70 - 80 % im Wertehorizont des akademischen Nachwuchses einen weit höheren Stellenwert ein als kulturelleWerte. Dieses Niveau wird von den männlichen Vertretern der Naturwissenschaft nochmals leicht überboten.[8] Hier besteht womöglich ein Zusammenhang mit der von Bürmann reklamierten höheren Intelligenz des "typischen Naturwissenschaftlers".

Anders die Naturwissenschaftlerinnen, die in ihren intellektuellen Ansprüchen hinter ihren männlichen Kommilitonen um 10 - 30 Prozentpunkte zurückbleiben. "Schöpferisch sein, Einfälle haben" ist etwa nur 60 % der Naturwissenschafts-Frauen wichtig, was auch im geschlechterhomogenen Vergleich einen Minimalwert darstellt. Offenbar kommt der intellektuellen Herausforderung des Unerforschten beim weiblichen Naturwissenschaftsnachwuchs nicht jene fachidentitätsbildende Funktion zu wie bei den männlichen Fachvertretern, was die Frage nach einer womöglich ganz anderen Motivationsstruktur der Naturwissenschaftlerinnen im Hinblick auf ihre Studienfachwahl aufwirft.

---

[8]Das gilt besonders für die Chemie und Physik, während sich die Mathematik durch überdurchschnittliche intellektuelle Ambitionen auszeichnet.

7. Die heile Welt der Wissenschaft

Die zurückhaltenden intellektuellen Ambitionen der Fachvertreterinnen schlagen sich indes keineswegs in einer geringeren Fachidentifikation nieder. Die "Verbundenheit" mit dem Studienfach weist bei den Naturwissenschaften keine nennenswerten Geschlechterdifferenzen wie auch insgesamt keine bemerkenswerten Abweichungen von den bei 60 - 70 % liegenden Gesamtmittelwerten auf. Die Bürmann'sche These von dem besonders starken naturwissenschaftlichen Fachinteresse findet zumindest auf dieser Ebene keine Bestätigung (mehr).

Ähnlich sieht die Situation beim Studienfleiß aus. Die entsprechenden Vorsätze (wie "mein Leistungsvermögen voll ausschöpfen", "meine Kennntisse und Fähigkeiten stets vervollkommen") werden von den Naturwissenschafts-Studierenden ebenfalls zu 60 bis 70 % bejaht. Sie erreichen damit den Fächerdurchschnitt allerdings nur zum Teil. Speziell der weibliche Naturwissenschaftsnachwuchs bleibt hinter den ohnehin schon geringeren Ansprüchen der Gesamtstudentinnenschaft zurück: Nur jeweils 30 % wollen sich erklärtermaßen "über das obligatorische Pensum hinaus mit Fachproblemen beschäftigen" bzw. auch im späteren Leben ständig weiterlernen, 20 % wollen das ausdrücklich nicht.

Damit gehen gleich mehrere Vorurteile über Bord. So kann von einer überdurchschnittlichen Arbeitsintensität und Leistungsorientierung der NaturwissenschaftlerInnen (Bürmann), den Selbstbekundungen der Betroffenen zufolge, kaum mehr die Rede sein.[9] Insbesondere das Bild von der grauen Studentinnenmaus,die ihre intellektuellen Probleme mit einem Übermaß an Fleiß kompensiert, findet sich in "Student 90" nicht wieder. Hierzu paßt es, daß die Berufskarriere, gemessen am selbstbekundeten Drang zu überdurchschnittlichen Leistungen und Führungspositionen, von den Naturwissenschaftlerinnen sogar um 20 % niedriger bewertet wird als von den Naturwissenschaftlern - hierin allerdings nur der allgemeinen Geschlechterdifferenz folgend.[10]

Außerordentlich extrem besetzen die Studierenden der Naturwissenschaften dagegen ein anderes Karriere-Item. So wollen nicht weniger als 73 % von ihnen später einmal "in der Wissenschaft tätig sein". In diesem Punkt rangieren sie um fast 30 % über dem Durchschnitt.[11]. Gegenüber dem jeweils eigenen Geschlecht liegen Naturwissenschaftlerinnen sogar um 40 %, Naturwissenschaftler dagegen nur um 20 % vorn. Eine nahezu ungebrochene "Wissenschaftsorientierung" ist und bleibt damit das herausragende Spezifikum der naturwissenschaftlichen Fachsozialisation, die vielbeschworene "heile Welt der Wissenschaft" hat an Attraktivität nichts eingebüßt.

---

[9]Das trifft in besonderem Maße auf die Mathematik zu, während in der Chemie die Fleißindikatoren tendenziell überdurchschnittlich besetzt sind.

[10]Hierin reproduziert sich bei den Naturwissenschaftsfrauen wie -männern jene eigenartige studentische Disproportionalität zwischen dem Traum von der leitenden Funktion (32 bzw. 50 %) und dem zu seiner Verwirklichung offenbar durchaus nicht immer für notwendig gehaltenen Trachten nach überdurchschnittlichen Leistungen (16 bzw. 37 %).

[11]In diesem Punkte fallen die naturwissenschaftlichen Einzeldisziplinen allerdings extrem auseinander: Der Drang zur Wissenschaft ist in der Chemie mit 87 % fast doppelt so groß wie in der Mathematik mit 48 %.

8. Wissenschaft als Askese?

Allerdings wird man nach dem Vorhergehenden den überstarken Drang zur Wissenschaft nicht mehr ohne weiteres als Flucht interpretieren können. Die Fachsozialisation des "typischen Naturwissenschaftlers" und teilweise auch der "typischen Naturwissenschaftlerin" hat in den 80er Jahren eine solche Öffnung gegenüber sozialen, politischen und kulturellen Themen erfahren, daß jedenfalls die These vom Sozialflüchtling, der sich in Abwehr, Vermeidung und Verdrängung sozialer Probleme in die klaren Gefilde naturwissenschaftlicher Kopf-Konstrukte zurückzieht, nicht mehr so offenkundig wie zuvor greift (oder aber mittlerweile auf die Gesamstudentenschaft zutrifft). Leider gibt "STUDENT 90" keinen Aufschluß über die anderen fachspezifischen Ursachen der nach wie vor so auffälligen Wissenschaftsidentifikation, wie sie seinerzeit vor allem in den Problemen mit den eigenen Emotionen bzw. dem weiblichen Geschlecht zum Ausdruck kamen. Dennoch spricht einiges dafür, daß sich hier kein so gravierender Wandel vollzogen hat. Denn zum einen läßt sich kein einschlägiger, der Friedensbewegung vergleichbarerAnlaß hierfür finden. Zum anderen liefert "STUDENT 90" mit den in Tab. 2 zusammengefaßten Indikatoren nachhaltige Hinweise darauf, daß es in den Naturwissenschaften mit dem heute so forcierten Bekenntnis zu Lust und Genuß als Leitorientierungen moderner Lebensgestaltung noch etwas hapert.

So spielt materieller Wohlstand und Besitz für Naturwissenschaftler lediglich eine vergleichsweise untergeordnete Rolle. Die damit verbundenen Freuden und Annehmlichkeiten des Lebens sind ihnen sogar extrem unwichtig.[12] Ganz offenkundig geht die Hinwendung zur Wissenschaft mit einer Abwendung von materiellen Genüssen und Lebensfreuden einher - ein Befund, der in der Bürmann'schen Sammlung naturwissenschaftlicher Sonderlichkeiten zwar nicht auftaucht, angesichts des Klischees vom asketischen Wissenschaftler, der nur in seiner Forschung lebt und darüber die schönen Seiten des irdischen Daseins vernachlässigt bzw. vergißt, aber auch nicht überrascht. Wie weit sich hieraus auf eine generelle Lustfeindlichkeit von Naturwissenschafts-Studierenden schließen und so eine Verbindung zur These von der Irritierung durch Emotion und Weiblichkeit herstellen läßt, steht dahin. Womöglich ist das Personal der exakten Wissenschaften dem (durchaus nicht unumstrittenen) Trend zum Hedonismus als dominierendem Lebensgefühl der Gegenwart lediglich nicht schnell genug hinterhergekommen - aber auch das wäre ein bemerkenswerter Sachverhalt.

Das gilt umso mehr, als hiervon die Naturwissenschaftlerinnen im besonderen Maße betroffen zu sein scheinen. Haben sie sich schon vorher tendenziell als Hort überkommener Sozialisationsspezifik erwiesen, so übernehmen sie in Tab. 2 eine besondere Außenseiterrolle. Zum einen besetzen sie sämtliche Indikatoren negativer als ihre männlichen Fachkommilitonen, obwohl sich Studentinnnen generell (und klassischerweise) nur in bezug auf materielle Werte (Geld, Wohlstand), nicht aber auch bei der allgemeinen Genußorientierung zurückhalten. Zum anderen markieren sie damit innerhalb des weiblichen Geschlechts in allen sieben Items den negativen Antwortpol, zeichnen sich also

---

[12]Streng genommen gilt es nur für die Studierenden der Mathematik und Physik, während die Chemiker alles in allem eine ambivalente Haltung zu den diesseitigen Werten und Genüssen einnehmen.

auch im geschlechts-homogenen Vergleich durch eine extreme Enthaltsamkeit gegenüber allen weltlichen Genüssen aus.

Student 90:
Genußambitionen
1. ja/*nein* in %

Ges	m	w	Nat	m	w	Math	Phys	Chem
Berufsziel: "Gut verdienen"								
50/*18*	57/*15*	39/*24*	45/*21*	48/*20*	26/*26*	29/*29*	48/*18*	56/*18*
Lebensprinzip: "Sehr gut verdienen, zu viel Geld kommen"								
28/*35*	36/*32*	16/*43*	18/*47*	19/*45*	11/*64*	6/*62*	21/*48*	25/*44*
Lebensprinzip: "Einen hohen materiellen Wohlstand erzielen"								
24/*39*	32/*35*	12/*50*	14/*47*	17/*44*	0/*58*	3/*54*	13/*42*	28/*44*
Lebensprinzip: "Auf nichts Angenehmes im Leben verzichten müssen"								
31/*30*	34/*31*	24/*28*	20/*37*	21/*39*	11/*27*	16/*32*	15/*47*	31/*25*
Lebensprinzip: "Die Freuden des Lebens genießen"								
57/*10*	53/*12*	63/*8*	47/*14*	47/*13*	47/*16*	45/*19*	38/*15*	62/*6*
Lebensprinzip: "Ein Leben voller Abwechslung, Spannung und Abenteuer haben"								
52/*13*	47/*14*	60/*11*	48/*13*	49/*12*	42/*16*	48/*16*	41/*17*	59/*3*
Lebensprinzip: "Die Schönheit und Erhabenheit in den Dingen der Welt sehen und genießen"								
66/*11*	62/*13*	70/*10*	63/*16*	64/*13*	58/*26*	74/*13*	59/*19*	59/*12*

Der naturwissenschaftlichen Fachsozialisation haftet damit also doch noch eine Art Fluchtaspekt an: Fast wie Mönche und Nonnen des Mittelalters scheut man die diesseitigen Genüsse, flieht man die irdische Verführung. Als sicherer Hafen erscheint allein die reine Welt des Geistigen. Hier kann man lustvoll Gedanken aufeinandertürmen, kreativ ganze Weltsysteme entwickeln und die einfache Ästhetik vorgegebener Gesetzlichkeiten und elaborierter Logiken genießen. Mit Sinnen und Sinnlichkeit hat all dies jedenfalls wenig zu tun, und wo sinnliche Wahrnehmungsbrücken zur Einziehung des Geistigen in das Weltliche nötig sind, werden sie weitgehend auf Geboten und Riten bzw. Formalismus und Maschinen gegründet.

Flucht vor der Sinnlichkeit, Angst vor der Lust - eine neue Rarität im Bürmann'schen Kabinett? "STUDENT 90" jedenfalls liefert, was die Naturwissenschaften betrifft, hier seine eindeutigsten Befunde und unterstreicht damit zugleich die Sonderrolle der weiblichen Angehörigen der Profession. Ob es sich bei dieser Sonderrolle um die Folge eines verständlichen Profilierungszwangs infolge der geschlechtlichen Minderheitssituation mit dem Resultat einer Überanpassung an teilweise schon überholte Selektions- und Sozialisationsnormen des "typischen Naturwissenschaftlers" handelt, läßt sich auf der Grundlage des vorliegenden Materials nur schwer ausmachen. Von daher bleibt die Beschäftigung mit der naturwissenschaftlichen Fachsozialisation auch nach ihrem partiellen Wandel in Richtung auf mehr studentisches Mittelmaß reichlich spannend.

9. Nachtrag: "STUDENT 92"

Diese Erwartung hat sich bereits unmittelbar vor Redaktionsschluß des vorliegenden Bandes insoweit bestätigt, als die ersten, noch druckerfrischen Datenblätter von "STUDENT 92" einige bemerkenswerte neue Akzente setzen. Das heißt nicht, daß die Befunde von "STUDENT 90" dadurch etwa in Frage gestellt würden. Im Gegenteil, die hier aufgezeigten Tendenzen werden durch "STUDENT 92" weitgehend bestätigt, und das auf einer erheblich erweiterten Datenbasis.

An der zweiten gesamtdeutschen Studierendenbefragung haben sich allein auf westdeutscher Seite nicht weniger als 628 Angehörige der Naturwissenschaften beteiligt, wovon 362 auf den hier in Frage stehenden Bereich der "harten" Naturwissenschaften Mathematik, Physik und Chemie entfallen. Davon wiederum sind 86 weiblichen Geschlechts, so daß auch die Aussagen zur naturwissenschaftlichen Geschlechterdifferenzierung statistisch auf erheblich sichereren Füßen stehen.

Hinzu kommt, daß der neue Fragebogen gerade für Sozialisationsstudien zusätzliche Anknüpfungspunkte bietet, und zwar insbesondere durch eine Batterie der Selbstzuschreibung ausgewählter Persönlichkeitseigenschaften. Schließlich liegen für eine Reihe von Wert- und Eigenschaftsindikatoren nicht nur Selbst-, sondern auch Fremdeinschätzungen vor, in denen etwa Studierende der Pädagogik über solche der Naturwissenschaften oder weibliche über männliche Naturwissenschaftskommilitonen urteilen und umgekehrt.

Die systematische Aufbereitung dieser Datenfülle wird noch einige Zeit in Anspruch nehmen, zumal für derlei Themen in der Regel kaum Forschungsmittel und -kapazitäten zur Verfügung gestellt werden. Von daher müssen an dieser Stelle einige vorläufige Stichworte über die neuen Befunde genügen.

Politisches Mittelmaß

"STUDENT 92" bestätigt erneut sowohl den generellen Trend einer zunehmenden Entpolitisierung der Gesamtstudentenschaft als auch die immer engere Einpassung der Naturwissenschaften in diesem Prozeß. Beides macht sich vor allem in einer wachsenden Distanz zu den herrschenden politischen Institutionen und Richtungen (mit besonderen Sympathieverlusten auf der allerdings immer noch dominierenden rot-grünen Seite des Parteienspektrums) wie auch in einer drastisch schwindenden Bereitschaft zu hochschulpolitischem Engagemt bemerkbar.

So ziehen derzeit nur noch 19 % statt 29 % der Studierenden eine "Mitarbeit in der studentischen Selbstverwaltung" in Erwägung, auf naturwissenschaftlichem Gebiet liegt diese Quote jetzt bei 14 % statt 24 % im Jahr 1990. Das sich hierin andeutende Nachhinken der Naturwissenschaften auf dem Feld politischer Aktivitäten hat sich speziell in der Mathematik mittlerweile zu einem grundsätzlichen Defizit ausgeweitet, wie es laut Bürmann seinerzeit für die gesamten Naturwissenschaften charakteristisch war. In die unpolitisch-konservative Ecke scheinen darüber hinaus auch die Naturwissenschaftsstudentinnen abzudriften: Das in der Parteiensympathie so auffällige Mittelmaß der Naturwissenschaften erweist sich im geschlechtshomogenen Vergleich als Resultante einer leichten Linkstendenz bei den Männern und eines deutlichen Rechtstrends bei den Frauen, der die generell linkeren Neigungen der Gesamtstudentinnenschaft teilweise sogar überkompensiert.

Student 92:
Schlüsselindikatoren harte Naturwissenschaften

Indikatoren ja in %	Ges		Nat	
	m	w	m	w
Politik wichtig	48	36	42	30
Hochschulpolitik wichtig	19	19	14	11
Freunde	88	92	81	88
Studentische Kontakte	53	60	43	61
Unaufgefordert helfen	68	78	65	71
Für sozial Benachteiligte einsetzen	39	48	32	34
Kontaktfreudig	44	61	28	54
Konfliktscheu	20	16	27	14
Ehrgeizig	55	51	53	68
Aufstiegsbewußt	49	37	37	42
Wissenschaft wichtig	35	22	63	40
Fachbegabung wichtig	37	30	70	56
Rational	71	45	83	64
Diszipliniert	45	40	49	54
Emotional	41	71	34	63
Introvertiert	26	19	33	19
Leben genießen	53	59	47	45
Gut verdienen	50	37	42	45

Soziale Regression?

Noch deutlicher fällt der Rückfall in überwunden erschienene Positionen auf sozialem Gebiet aus. Das beginnt bei zwar nur leichten, aber fast durchgängigen Minderbesetzungen aller mit Familie, Partner und Freunden in Zusammenhang stehenden Items. Darüber hinaus legen nur 50 bis 60 % der

NaturwissenschaftlerInnen gegenüber 70 % der Gesamtstudentenschaft Wert darauf, in ihrem späteren Beruf häufig mit Menschen umzugehen. Auch im Studium beschränkt sich ihr Umgang mit den Mitstudierenden in relativ hohem Maße auf eine "rein fachliche Kommunikation", die allerdings zugleich auch durch einen extrem hohen Grad an wechselseitiger Hilfe gekennzeichnet ist. Was schließlich die generelle Wahrnehmung sozialer Notlagen und gesellschaftlicher Konflikte betrifft, so zeichnet sich die Naturwissenschaftsfraktion durch eine signifikante Unsensibilität aus. Nur jede/r Dritte etwa hält es für wichtig, sich "für sozial Benachteiligte" einzusetzen, in der Gesamtstichprobe sind dies 10 % mehr.

Immerhin ist erstaunlich vielen Studierenden der Mathematik und Physik ihr soziales Defizit durchaus bewußt. Um eine Selbsteinschätzung ihrer Kontakt- und Konfliktfreudigkeit gebeten, liegen sie mit ihren Angaben teilweise beträchtlich unter dem Durchschnitt. Ähnliches gilt für die Klassifizierung der eigenen Emotionalität. Umgekehrt schreiben sie sich die Eigenschaft "introvertiert" in merklich überproportionalem Maße zu. An derlei Befunden hätte Bürmann gewiß seine Freude gehabt.

Allerdings läßt sich an dieser Stelle zweierlei zugunsten der Naturwissenschaften ins Feld führen. Zum einen scheinen ihre VertreterInnen in besonderer Weise zu kritischer Selbsteinsicht fähig. Dies wird nicht zuletzt auch im Vergleich mit jenen Pädagogikstudierenden deutlich, die anhand der Fragebogenindikatoren zusätzlich um eine Fremdeinschätzung ihrer naturwissenschaftlichen Mitstudierenden gebeten worden waren und sich bei der Bewältigung dieser Aufgabe in extremer Weise von Klischees haben leiten lassen, während NaturwissenschaftlerInnen, ihrerseits um die Fremdbewertung typischer pädagogischer Persönlichkeitseigenschaften gebeten, deren Selbsteinschätzungen recht nahekamen.

Zum anderen weicht das geisteswissenschaftliche Fremdbild des "typischen Naturwissenschaftlers" gerade in den Eigenschaften "kontaktfreudig", "emotional" und "introvertiert" besonders negativ vom ohnehin schon kritischen Selbstbild ab. Das legt den Verdacht nahe, daß die Studierenden der Naturwissenschaften möglicherweise einem hohen Fremdbilddruck ausgesetzt sind und sich selbst also nicht zuletzt deshalb als sozial und emotional zurückhaltend wahrnehmen, weil sie von anderen so gesehen bzw. abgestempelt werden.

Diese Dialektik greift allerdings (wenn überhaupt) vorrangig bei den männlichen Naturwissenschaflern. Frauen erscheinen nicht nur generell, sondern auch im Bereich der Naturwissenschaften deutlich soziabler. Speziell die persönlichen Beziehungen der Studentinnen untereinander werden von ihnen recht positiv erlebt - möglicherweise als Folge einer geschlechtsspezifischen Diaspora-Situation, die die Betroffenen enger zusammenrücken läßt.

Im Bereich der allgemeinen sozialen Sensibilität und Hilfsbereitschaft wird das generell höhere weibliche Niveau in den Naturwissenschaften allerdings häufig nicht voll realisiert. Dazu paßt es, daß sich Naturwissenschaftsstudentinnen im Gegensatz zu ihren männlichen Kollegen keineswegs als besonders konfliktscheu erleben. Nimmt man noch ein im weiblichen Fächervergleich geringeres Bekenntnis zu Nachgiebigkeit und Integrationswille bei gleichzeitig höherer Anpassungsbereitschaft hinzu, so zeigen sich bei den Naturwissenschaftlerinnen Züge, die mit dem Bürmann'schen Schema nicht mehr zur Dekkung zu bringen sind. Wie schon "STUDENT 90", belegt auch "STUDENT 92", daß die zukünftigen Naturwissenschaftlerinnen die sozialen Hemmungen der Zunft weitgehend überwunden haben - möglicherweise in Richtung auf mehr Durchsetzungfähigkeit und Karrierebewußtsein, was dann im übrigen auch ihren politischen Konservativismus in einem anderen Licht erscheinen ließe.

Ehrgeiz ohne Aufstiegsambitionen

Schaut man sich daraufhin einmal die Indikatoren der Studien- und Berufsmotivation an, so fallen die Naturwissenschaftlerinnen in der Tat durch einen ausgeprägten Karrieredrang auf. Während sich ihre männlichen Kommilitonen beispielsweise nur zur guten Hälfte (und damit nur durchschnittlich häufig) für ehrgeizig halten, findet diese Selbsteinschätzung bei ihnen eine knapp 70%ige Zustimmung. In der wechselseitigen Fremdeinschätzung weisen sich die Geschlechter diese Eigenschaft allerdings gleichermaßen hoch zu, und zwar mit einer Quote von 80 %. In der geisteswissenschaftlichen Fremdeinschätzung schließlich wird dem naturwissenschaftlichen Personal das Prädikat "ehrgeizig" sogar zu 90 % zugeschrieben.

Was ist nun Wahrheit, was ist Vorurteil? Sind die Naturwissenschaftsfrauen tatsächlich karrierebewußter oder nur ehrlicher? Ist den Männern ihr eigener Ehrgeiz so unheimlich, daß sie ihn lieber verdrängen?

Die klassischen Karriereindikatoren geben hierüber nur begrenzt Aufschluß. Immerhin fällt auf, daß sich der Wille zu überdurchschnittlichen Leistungen, Aufstieg und Führungspositionen in den Naturwissensschaften nicht durch jene extreme Geschlechterspezifik (zugunsten der Männer) auszeichnet wie in der Gesamtstichprobe. Vielmehr wird der Unterschied durch offenkundige Reserven auf männlicher und durchschnittliche bis überdurchschnittliche Ambitionen auf weiblicher Seite nicht selten eingeebnet. Auch hier schlägt offenbar die (relative) Sozial- und Konfliktscheu der männlichen Standesangehörigen durch.

Auf weiblicher Seite steht dem nun keineswegs ein zügelloser Karrierismus gegenüber. Der Ehrgeiz der Naturwissenschaftlerinnen konzentriert sich weniger auf Aufstiegschancen als darauf, sich den Herausforderungen des Berufsalltags voll zu stellen. So wird z.B. das eher zurückhaltende Berufsziel, ein "anerkannter Fachmann" zu werden, trotz seiner einseitig männlichen Formulierung vom weiblichen Naturwissenschaftsnachwuchs deutlich überdurchschnittlich akzeptiert. Auch die konkrete Identifikation mit dem Studienfach ist hier merklich größer. Das alles läßt den Schluß zu, daß die vergleichsweise offenere, ambitioniertere und zupackendere Haltung der Naturwissenschaftsstudentinnen vor allem dem Erreichen und Übertreffen der herrschenden Standards in einem von Männern geprägten Berufsfeld geschuldet ist.

Unveränderte Wissenschaftsfixierung

Damit stellt sich freilich die Frage, worauf sich der vor allem im Fremdbild so hochstilisierte Ehrgeiz der männlichen Naturwissenschaftsfraktion richtet. "STUDENT 92" ist hier ebenso eindeutig wie "STUDENT 90": Mit Ausnahme der Mathematiker halten zwei Drittel der Naturwissenschaftler Wissenschaft und Forschung für einen zentralen Lebensbereich, drei Viertel wollen sogar später auf diesem Gebiet tätig sein. Angesichts der Tatsache, daß sich die generelle studentische Wissenschaftsfaszination allein im Zeitraum von 1990 bis 1992 um 15 Prozentpunkte reduziert hat - ein in seiner Bedeutung für die Zukunft der universitären Ausbildung noch gar nicht abzuschätzender Befund - , ragen die harten Naturwissenschaftler mit ihrer unveränderten Treue zur Wissenschaft nur noch umso stärker aus der gesamten Studentenschaft heraus.

"STUDENT 92" ergänzt diesen Sachverhalt durch zwei aufschlußreiche Zusatzergebnisse. Über zwei Drittel der harten Naturwissenschaftler (diesmal unter Einschluß der Mathematik) halten eine besondere "Fachbegabung" für ein erfolgreiches Studium auf ihrem Gebiet für unerläßlich - im studentischen Durchschnitt liegt diese Quote nur bei einem Drittel. Und: Über 80 % schreiben sich die Eigenschaft "rational" zu, gegenüber nur 70 % im Schnitt.

Männerberuf oder männliche Berufung?

Damit gewinnt der im vorhergehenden Kapitel bereits angesprochene Vergleich der Naturwissenschaftsozialisation mit der von Mönchen bzw. Priestern an Farbe. Mit der Wissenschaft fungiert nicht nur ein abstraktes, hierarchisiertes (und über weite Strecken auch dogmatisiertes) Kopfkonstrukt als zentrale Lebensorientierung der Betroffenen, zum aktiven Umgang damit muß man ihrer eigenen Auffassung zufolge offenbar auch berufen sein.

Ist diese Berufung dann akzeptiert, weiht man sich gänzlich derWissenschaft. Wie schon 1990, zeigen sich die Naturwissenschaftler auch 1992 gegenüber allen weltlichen Genüssen reserviert. Statt dessen zeichnen sie sich durch eine auffallende Selbstfunktionalisierung der eigenen Person aus. Eigenschaften wie "sorgfältig" und "diszipliniert" werden von den Naturwissenschaften verstärkt reklamiert und ihnen im übrigen auch von geisteswissenschaftlicher Seite in besonderem Maße zugeschrieben.

Der bereits an anderer Stelle skizzierte Vergleich des naturwissenschaftlichen Aufgehens in der Wissenschaft mit der asketisch-gläubigen Hingabe von Priestern[13] findet in den Befunden von "STUDENT 92 " indes nicht nur neue Nahrung, sondern zugleich auch seine Grenzen. Denn die hierfür maßgeblichen Indikatoren weisen in den Naturwissenschaften eine extreme Geschlechterdifferenzierung auf. Zwar zeichnen sich auch die Naturwissenschaftlerinnen durch eine überproportionale Fixierung auf Wissenschaft, Begabung und Rationalität bei gleichzeitiger Distanz zu weltlichen Genüssen aus, doch lassen die Zahlen noch einen beträchtlichen Rest an Skepsis erkennen. Dafür sind vor allen Dingen sie es, die sich in besonderem Maße die Eigenschaften sorgfältig und diszipliniert zuschreiben. Und was das Geldverdienen betrifft, so ist ihnen dies nicht etwa wie im Fall ihrer männlichen Kollegen unwichtiger, sondern wichtiger als ihrer geschlechtsgleichen Vergleichsgruppe.

Offenbar ist das Ziel von Genußverzicht und Selbstfunktionalisierung bei den Naturwissenschaftlerinnen ein tendenziell anderes als bei ihren Kommilitonen. Zwar fühlen auch sie sich als intellektuelle Speerspitze ihres Geschlechts, doch stellen sie ihre damit verbundenen Fähigkeiten weniger in den Dienst der Wissenschaft als in den ihrer eigenen Emanzipation gegenüber der herrschenden Männerwelt. Mit ihrem Engagement für die Wissenschaft geht es ihnen ganz wesentlich um das - durchaus entbehrungsreiche - Erobern eines Arbeits-

[13]Eine Übersicht über die einschlägigen Modelle zur Interpretation der naturwissenschaftlichen Fachsozialisation findet sich bei Ulrich Gebhard: Naturwissenschaftliches Interesse und Persönlichkeit. Frankfurt 1988.

und Bewährungfeldes, dem von der Industriegesellschaft (ob zu Recht oder zu Unrecht) eine materielle wie ideelle Schrittmacherfunktion zugewiesen wird.

Demgegenüber haben sich ihre zukünftigen männlichen Kollegen nach wie vor vor allem deshalb für die Wissenschaft entschieden, weil sie darin einen Hort höherer Geistigkeit jenseits aller alltäglichen Versuchungen und Konflikte zu finden hoffen. Möglicherweise erklärt sich die notorische Abwehr der Naturwissenschaftler gegen den emanzipatorischen Sturm des anderen Geschlechts auf die Festung Wissenschaft daher nicht nur aus ihren eingangs erwähnten Problemen mit der Weiblichkeit, sondern auch aus einer gewissen Angst vor der Unterminierung dieser ihrer Schutzinstanz, die auf so einzigartige Weise soziale Distanz und soziale Anerkennung miteinander zu verbinden gestattet.

Studentische Identitätsfindung im Rahmen der "Wende"

Eine vergleichende Untersuchung von Medizin-Studierenden in der Deutschen Demokratischen Republik (Jena) und der Bundesrepublik (Marburg)

Teil I*

Martin Bender

Die Wendesituation allgemein: Gegen Selbstaufgabe und Abwendung

Im Jahr nach der Wende, im Frühjahr 1990, standen die Nachswuchsakademiker der DDR ebenso wie die der Bundesrepublik der neuen nationalen Perspektive mehr oder weniger reserviert gegenüber. Nach ihrer "Verbundenheit" mit dem jeweils anderen deutschen Staat gefragt, mochten sich im Osten wie im Westen nur 10 % der Studierenden "stark" oder "sehr stark" dazu bekennen, knapp die Hälfte besetzte diesen Indikator ausdrücklich negativ. Mit dem jeweils eigenen deutschen Teilstaat fühlten sich in der Bundesrepublik 41 %, in der DDR sogar 60 % stark verbunden (Brämer, 1990).

Eine ähnlich große Quote von DDR-Studierenden (57 %) befürwortete dementsprechend auch einen deutsch-deutschen Annäherungsprozeß, in dem die staatliche Eigenständigkeit der DDR gewahrt worden wäre (Vertragsgemeinschaft oder Konförderation). Noch größer war der Prozentsatz derjenigen, die grundlegende sozialpolitische Strukturen der DDR erhalten sehen wollten, allen voran der gesicherte Ausbildungsplatz (94 %), die Beibehaltung der Fristenlösung beim Schwangerschaftsabbruch (88 %), ein kostenloses Studium (86 %) und - unerwartet zweitrangig - die Vollbeschäftigung (67 %).

Allerdings läßt sich für den akademischen Nachwuchs der DDR im Vergleich mit der Situation vor der Wende z.T. eine deutliche Umorientierung auf westliche Perspektiven und Werte feststellen. Mit einem breiten Spektrum möglicher Lebensziele konfrontiert, klassifizierten im Frühjahr 1990 45 % der DDR-Befragten das Ziel "viel Geld verdienen" mit "sehr wichtig" und "wichtig", im Gegensatz zu 28 % ein Jahr zuvor. Unter den männlichen Studenten stieg diese Quote sogar von 29 % auf 51 %.

Damit hat sich der Anteil derjenigen, die (nicht zuletzt sich selbst) offen einen gewissen pekuniären Materialismus zugestehen, in der DDR in kurzer Zeit um mehr als die Hälfte über den offenbar in beiden deutschen Staaten üblichen Normalwert von knapp 30 % vergrößert (Brämer, 1990).

---

*Gefördert durch die Volkswagen-Stiftung, Hannover.

Analog dazu fanden in unserer Untersuchung 75,5 % der Nachwuchsmediziner Ost das Einkommen der Ärzte "selten" oder "nie" angemessen, diese Einschätzung teilten nur 50 % der bundesrepublikanischen MedizinstudentInnen. Wie immer man diese (real-)materialistische Wendung der DDR-Studentenschaft interpretieren mag - ob als Reflex auf eine plötzlich unsicher gewordene Zukunft, als verständliche Folge eines lang angestauten Konsumdefizites, als Kompensation weitgehend ideeller Wertverluste oder als schlichte Abgrenzungsschwierigkeiten gegenüber dem neuen befürfnisinduzierenden Werbebombardement - in jedem Fall läßt sich ein gewisser Widerspruch zwischen der fast schon demonstrativen politischen Reserve gegenüber der bundesrepublikanischen Gesellschaft und der (überproportionalen) Hinwendung zu einem ihrer legitimatorischen Grundpfeiler nicht übersehen.

Der durch die hektische Vereinigung produzierte hohe Anpassungsdruck hat zwar zu Beginn viele Unsicherheiten, Ängste und Probleme zugedeckt, aber keinesfalls gelöst, die nicht nur auf wirtschaftlichem und sozialem Gebiet, sondern auch im Bereich der geistig-kulturellen Orientierungen liegen. Es ist daher kein Zufall, daß sie gerade bei der jungen Hochschulintelligenz so offen zu Tage treten.

Als Kooperationsprojekt des Zentralinstituts für Jugendforschung in Leipzig (U. Heublein) und der Marburger "Forschungsgruppe DDR" (R. Brämer) aus dem Fachbereich Erziehungswissenschaften entstand im Frühjahr nach der Wende eine Repräsentativerhebung "Student 90", die erste größere gesamtdeutsche Vergleichsstudie von Lebenseinstellungen und Bedingungen im akademischen Bereich, aus der auch die eingangs zitierten Daten und Interpretationen stammen.

Hierzu wurden weitgehend parallelisierte Fragebögen von 570 Bundesdeutschen (von den Universitäten Marburg und Siegen) und 1460 DDR-Befragten von neun Hochschulen und aus zehn Fachbereichen ausgewertet (vgl. Friedrich, 1992; Six u. Schlegel, 1992).

Wir werden hin und wieder bei der nur ausschnittweisen Vorstellung und der Diskussion unserer Ergebnisse, die sich auf Medizinstudierende konzentrieren, auf die STUDENT 90-Zahlen rekurrieren, weil sich in unserer Medizinerstichprobe etliche Tendenzen der wegen der hohen Probandenzahl statistisch aussagekräftigeren Erhebung über die gesamte Studentenzahl bestätigt finden. Wir haben die Daten im Rahmen einer vergleichenden Untersuchung der Sozialisation von Studierenden der Humanmedizin in der DDR und der Bundesrepublik erhoben. Untersucht wurden anhand von Fragebögen mit 85 Fragen (konzipiert von Th. Spies und M. Bender) Studierende v.a. aus dem 3. und 4. Studienjahr in Pflichtkursen in Jena und Marburg, ausgehend von den Abteilungen für Internistische Psychotherapie in Jena und Psychosomatik in Marburg, jeweils in der Klinik für Innere Medizin. Es konnten 123 Fragebögen 54 Marburger und 69 Jenenser ausgewertet werden mittels deskriptiver Statistik und dem Wilcoxon-U-Test: Das durchschnittliche Lebensalter der DDR-Probanden lag bei 23,4 Jahren, die Semesterzahl bei 5,7. Die westlichen Befragten waren durchschnittlich mit 25,4 Jahren zwei Jahre älter, bei einer Semesterzahl von 8,6.

Mit 43 % Medizinstudentinnen lag die Jenaer Stichprobe unter dem tatsächlichen Frauenanteil von ca. 51 % im Fach Humanmedizin in der DDR. Der Frauenanteil von 44 % in der Westgruppe entspricht ungefähr der Geschlechterverteilung im Medizinstudium in der BRD.

Die vorgelegten Daten stammen aus Erhebungen vom Frühjahr und Sommer 1990 und gewähren einen Einblick in die Denkweisen und Beurteilungen von Medizin-StudentenInnen hüben und drüben in der Wendezeit. Trotz aller Relativität der Daten bezüglich ihrer statistischen und repräsentativen Aussagekraft erlauben sie Trendaussagen über grundlegende deutsch-deutsche Unterschiede im medizinstudentischen Welt- und Berufsbild sowie dem Wertehorizont bei einem hohen Maß an grundsätzlicher Vergleichbarkeit bei dem formal sehr ähnlichen Studienaufbau (Bruchhaus, 1983) mit seiner Dreigliederung (Vorklinik, Klinik, PJ) und dem sechsjährigen Verlauf auf der Grundlage der gemeinsamen Sprache, der gemeinsamen jahrhundertealten Tradition und dem kulturellen Erbe.

Die Wendesituation im medizinischen Bereich: MedizinstudentInnen aus Jena und Marburg

Soziale Herkunft und Familientradition: Was schon in nur teilweise veröffentlichten Untersuchungen in der DDR in den 70er und 80er Jahren (Meier, 1977; Starke, 1979; Voigt, 1975) entgegen der offiziellen sozialen Einordnung durch die Zulassungskomission belegt wurde, bestätigt sich in unserer Jenenser Stichprobe ebenfalls: in der Humanmedizin rekrutieren sich weit mehr als die Hälfte der Studierenden aus der Intelligenzschicht!

In unserer Untersuchung sind 67 % der Väter Akademiker, davon 16 % Ärzte, und 45 % der Mütter Akademikerinnen, davon 4 % Ärztinnen, während in der Marburger Stichprobe deutlich weniger, aber noch immerhin 55 % der Väter und 16 % der Mütter zur Intelligenz gehören.

Während früher in dem geringen Arbeiter-und Bauernkindanteil bei den Medizinstudierenden in der DDR noch ein "beunruhigendes Zeichen" (vgl. Moschke, 1986) gesehen wurde, wurde in den letzten Jahren die Tatsache, daß Akademiker und v.a. Arztkinder unter den Nachwuchsmedizinern stark überrepräsentiert sind, positiv bewertet, da eine hohe Fachverbundenheit bei den Studierenden festgestellt wurde, bei denen Studienfach und Beruf der Eltern übereinstimmten (Ruban, 1981).

So stellen die Eltern einen wichtigen Einflußfaktor bei der Wahl des Studienfaches dar, der in der ehemaligen DDR erheblich ausgeprägter scheint, was nicht nur an der stärkeren akademischen Familientradition ablesbar ist, sondern sich auch in der Einschätzung der Befragten wiederfindet, wer oder was sie in der Entscheidung ihrer Studienwahl beeinflußt hat (vgl. auch Hille, 1985).

(Vgl. Abb. 1: **Beeinflussung in der Studienfachwahl**, S. 226)

Während 36 % der Jenenserinnen und Jenenser den Einfluß der Eltern angeben, spielt dieser bei den Westdeutschen nur in 5,6 % eine Rolle. (Ähnliche Werte finden sich bei Brämer und Nolte (1983), während in der Untersuchung von Strewinski (1981) sogar 50,4 % der DDR-Medizinstudenten die Eltern als Entscheidungseinfluß angaben.)

Bedeutsam ist hierbei auch die Schuldifferenzierung in der DDR, wo die Schüler bereits in der neunten Klasse über einigermaßen klare Berufsvorstellungen verfügen mußten, da nach der zehnten Klasse der Übergang in alle weiterführenden Bildungsstufen vollzogen wurde. Folglich stand schon bei den 13-16Jährigen die Berufswahl im Mittelpunkt des Problembewußtseins.

Bei der Frage nach dem Zeitpunkt des Berufswunsches, bzw. wann der Wunsch entstand, Medizin zu studieren, zeigte sich ein prägnanter Ost-West-Unterschied.

(Vgl. Abb. 2: **Wann entstand der Wunsch, Medizin zu studieren?**, S. 227)

61 % der DDR-Studierenden gegenüber nur 22 % der bundesrepublikanischen entschieden sich sogar vor ihrem 15. Lebensjahr zum Medizinstudium und nur verschwindend geringe 2 % nach dem 18. Lebensjahr, während sich ein Drittel der West-Studierenden erst mit 19 Jahren und später für die Ausbildung zum Arzt entschieden.

(Diese relativ frühe Berufsorientierung in der DDR wird schon in den Studien von Krethlow (1982) und Strewinski (1981) gezeigt, bei denen sich mit unseren fast deckungsgleiche Ergebnisse für die Medizinstudenten finden.)

87,8 % der befragten Ostdeutschen und 77,8 % der Westdeutschen geben an, daß sich mit dem Medizinstudium ihr erster Studienwunsch erfüllt habe. Doch ergibt sich ein signifikanter Unterschied ($p = 0.0099$) in der Zufriedenheit mit der gewählten Studienrichtung.

(Vgl. Abb. 3: **Zufriedenheit mit der gewählten Studienrichtung**, S. 227)

Volle 100 % der DDR-Studierenden zeigen sich sehr oder weitgehend zufrieden, während immerhin 28 % der BRD-Studierenden nur "mäßig" oder "wenig" zufrieden sind und auch das Auswahlverfahren zum Studium als deutlich weniger gerecht beurteilen (23 % in der DDR gegenüber 5 % in der BRD empfinden es als gerecht).

Im kritischen Bewußtsein um die Kontraproduktivität des Medizinsystems ließ sich eine hochsignifikante Ost-West-Abweichung feststellen ($p = 0{,}0001$).

(Vgl. Abb. 4: **Ist das moderne Expertensystem Medizin krankmachend?**, S. 228)

Auf die Frage nach der Auffassung, ob das moderne Expertensystem Medizin krankmachend sei, antworteten 87,7 % der DDR-Studierenden "überhaupt nicht" oder "nur in Ausnahmefällen", während über 61 % der Marburger meinten, dies sei sogar in "weiten Teilen" bzw. "gänzlich" der Fall.

Hochschullehrer im studentischen Urteil

43 % der cand. med. aus Jena und sogar 66,7 % der Marburger plädieren "auf jeden Fall" dafür, daß die Lehrqualität der Dozenten - mit Konsequenzen (z.B. der Vergabe von Mitteln) - benotet werden sollte, wie es an etlichen ausländischen Universitäten (v.a. amerikanischen) üblich ist.

Bei der Realisierung dieser Benotung von Dozenten hätten zumindest vor der Vereinigung die DDR-Hochschullehrer sicher "bessere Karten" gehabt, was sich in der STUDENT 90-Studie zeigte, aber auch in unserer Mediziner-Erhebung sehr deutlich wurde. Die im Osten tätigen Lehrkräfte an den Medizinischen Fakultäten erhielten von ihren Hochschülern durchweg bessere Beurteilungen als ihre West-Kollegen, insbesondere werden ihnen in der STUDENT 90-Befragung zu 82 % (gegenüber 65 %) ausgezeichnete fachliche Leistungen sowie zu 73 % (gegenüber nur 59 % westlichen) die Bereitschaft, fachliche Fragen der Studierenden zu diskutieren, attestiert.

Auch im pädagogisch-methodischen Level lagen sie mit 27 % gegen 19 %, im hohen geistig-kulturellen Niveau sogar mit 38 % gegen 15 % und in der Bereitschaft, aktuell-politische Fragen zu diskutieren, mit 36 % gegen 8 % deutlich höher in der Beurteilung, obwohl auch sie die Erwartung der Studierenden an eine "ideale Lehrkraft" klar verfehlten.

So liegen die realen Merkmalszuschreibungen in beiden Stichproben gleichermaßen um durchschnittlich knapp 50 Prozentpunkte unter den idealen. Da überdies die Merkmalskataloge sowohl im idealen als auch im realen Fall auf seiten der Bundesrepublik insgesamt um 15 % weniger Zustimmung finden als auf seiten der DDR, werden die in Ostdeutschland erhobenen Ansprüche an den Musterprofessor zur Hälfte, die ohnehin schon geringeren bundesdeutschen Ansprüche sogar zu zwei Dritteln frustriert (Brämer und Bunke, 1991).

Dieser hohe Grad an Desillusionierung, der ja möglicherweise bei der zunehmenden Verwestlichung auch noch härter auf die neue ostdeutsche Studentengeneration zukommen wird, läßt sich bei aller Relativität der Befunde nicht mehr einfach nur mit dem Hinweis auf die ewige studentische Unzufriedenheit abtun. Wenn die Studierenden ihren Lehrern mehrheitlich (insbesondere auf dem Gebiet der Bundesrepublik) jene Eigenschaften absprechen, die die ihnen per Universitätsverfassung zugewiesene Rolle als Orientierung und Vorbild des akademischen Nachwuchses begründen, dann kann man nur von einem gestörten Verhältnis zwischen den Antipoden bzw. Beteiligten des deutschen Hochschullebens sprechen.

(Vgl. Abb. 5: **Dozenten im Urteil**, S. 228)

Die westlichen Nachwuchsmediziner zeigten auch in unserer Erhebung eine ausgeprägtere Distanz zu den Dozenten, sprachen ihnen wesentlich deutlicher ($p=0,001$) das Interesse an der Ausbildung der Studierenden ab als ihre Ost-KommilitonInnen (67 % im Westen gegenüber 24,5 % im Osten). Sie gaben an, man könne nicht ohne weiteres auf Dozenten zugehen, wenn etwas unklar geblieben sei (39 % gegenüber nur 12 % bei den DDR-Studierenden). Sie meinten signifikant häufiger ($p = 0,0031$), man könne mit Dozenten nicht über persönliche Schwierigkeiten im Fach, z.B. Lernstörungen, sprechen (93,4 % gegenüber 63 %).

Bei der Geschlechterdifferenzierung fällt bei den nur wenigen vorhandenen Unterschieden auf, daß die Medizinstudentinnen der gesamten Stichprobe eine deutlichere Distanz zu den Hochschullehrern angeben.

(Vgl. Abb. 6: **"Dozentennähe"**, S. 229)

Damit korrelieren auch höhere Angstwerte : Die Studentinnen geben erheblich häufiger Angst vor Prüfungen an (76 %/50 %) und erleben die Patienten mächtiger als die Männer.

Die positive ostdeutsche Dozentenbewertung findet sich auch sehr prägnant bei einer Beurteilung des Umgangs mit dem Patienten anhand von 19 Eigenschaften in Form von Gegensatzpaaren (z.B. verständnisvoll - gleichgültig; sicher - unsicher, etc.) über eine Ratingskala abgefragt. Durchweg benoten hier die Marburger Studierenden kritischer bzw. schlechter, wobei die ostdeutschen Nachwuchsmediziner bei 12 der 19 Eigenschaften ihren Dozenten signifikant bessere Urteile ausstellen.

Ist mit diesen Befunden schon automatisch eine Qualitätsaussage über die beiden Hochschulsysteme verbunden? Oder finden wir hierin die Auswirkungen der besonderen Mentalität von DDR-Studierenden, die sich der ehemals notwendigen und noch heute funktionierenden Abwehrmechanismen bedienen und die Identifikation mit dem Aggressor der Konfrontation und damit der konflikthaften Auseinandersetzung mit ihrer Lehrergeneration und somit ihrer eigenen Geschichte vorziehen? Eine Hochschulumwelt, die selbständiges Denken kaum gefödert hat und von politischer Bevormundung geprägt gewesen ist, könnte Autoritätsgläubigkeit, fehlende Ich-Stärke und damit mangelnde Kritikfähigkeit sowie eine überhöhte Anpassungsbereitschaft an die Professorenschaft erzeugt haben.

Dieser Ansatz relativiert sich jedoch in anderen Bereichen unserer Befragung und ebenfalls in den Erhebungen STUDENT 89 und STUDENT 90. Die ostdeutschen Studentinnen und Studenten gehen mit politischen Repräsentanten des alten Systems und den von diesen vertretenen politischen Dogmen schon vor 1989 hart ins Gericht und unterziehen ihre Studienbedingungen an solchen Punkten scharfer Kritik, wo es nicht um das Verhältnis zu den Professoren, sondern etwa um Studienorganisation, individuelle Entfaltungsmöglichkeiten oder soziale Rahmenbedingungen geht (Heublein, 1990). Aber die ja meist stark mit Partei und Staat verflochtenen Lehrkräfte bleiben von dieser Kritik auffällig verschont. Der Glaubwürdigkeitsverlust der geistigen Ziehväter und -mütter schlägt sich hier nicht nieder. Sie fungierten ja nicht nur als fachliche Autoritäten, sondern auch als Betreuer, die die studentischen Versorgungsansprüche in einem engeren sozialen und zwischenmenschlichen Geflecht bedienten.

Der ausgeprägtere und positiv bewertete Kontakt zwischen Student und Professor in der DDR mag auch mit der üppigeren Personalausstattung zusammenhängen. In der früheren DDR kamen auf einen Hochschuldozenten vier bis fünf Studierende, in Marburg liegt das Verhältnis bei 1:11, ohne den Fachbereich Medizin sogar bei 1:19 (die hierfür in verschiedenen Quellen zusammengestellten Zahlen für die Bundesrepublik sind relativ inkonsistent).

Eine direkte Kausalkette von der Personalausstattung über die Kontaktdichte bis hin zum Hochschullehrerbild gibt es jedoch nicht. Mag die Beziehung zwischen Dozentenbild und Kontaktdichte auch noch so eng sein, die zwischen Kontakt und Personaldichte ist es nicht.

In beiden deutschen Staaten haben sich unterschiedliche Hochschulkulturen entwickelt, die für die gefundenen Differenzen mitverantwortlich sind. Trotz des bürokratisch-zentralistischen Erziehungsparadigmas (auf dessen Grundlage z.B. gesellschaftliches Engagement zu universitären Lernzielen und Beurteilungskriterien dekretiert wurden), das die ostdeutschen Studierenden oft als Gängelei und Bevormundung kritisierten, scheint es aber so zu sein, als hätten Hochschulkräfte und Studierende gerade unter diesen belastenden Rahmenbedingungen, unabhängig von Hierachien, zu einer höheren sozialen Dichte und Sensibilität im Umgang miteinander gefunden (Brämer, 1991).

Zu den Besonderheiten des DDR-Hochschulsystems im Vergleich zu den bundesrepublikanischen Gegebenheiten gehört ferner - neben dem karriereentscheidenden politischen Bekenntnis- und Aktivitätszwang von Studierenden und Lehrenden und der starken Verschulung des Studiums mit strikten inhaltlich wie zeitlich fixierten Lehrplänen und Prüfungsvorgaben - die soziale Sicherung in Form von staatlicher Vollfinanzierung des Studiums und studentischen Lebens auf allerdings relativ niedrigem Niveau.

(Vgl. Abb. 7: **Lebensform, Motivation und Wertorientierungen**, S. 229)

Zu den sozialen Rahmenbedingungen gehört auch die Wohnform, die in der DDR vom Wohnheim mit meist 4- bis 6-Bettzimmern dominiert wird, die - wie der Autor aus eigenen Erfahrungen aus seiner Jenaer Zeit bestätigen kann - einen unausweichlich engen Kontakt und ein Sich-Arrangieren-Müssen vorgibt (Bender, 1990).

(Vgl. Abb. 8: **Glauben Sie, später einen Arbeitsplatz als Arzt/Ärztin zu bekommen?**, S. 230)

Das Netz der sozialen Absicherung in der ehemaligen DDR schlägt sich auch in den Befragungen zur Erwartung, einen Arbeitsplatz zu erhalten, der Chancengleichheit zwischen Mann und Frau und der Einschätzung nieder, Kinder und Beruf miteinander vereinbaren zu können, wobei den ostdeutschen Nachwuchsmedizinern ein Familienleben besonders erstrebenswert erscheint.

(Vgl. Abb. 9: **Soziale Sicherung**, S. 230)

Wenn in der Wendezeit immer wieder die Frage nach dem "Bewahrenswerten" der DDR-Gesellschaft gestellt wurde, so betrafen die Antworten hierauf überwiegend diesen Bereich des Sozialen in all seinen Dimensionen - von den sozialpolitischen Leistungen des Staates bis zum konkreten sozialen Umgang der Menschen miteinander. Vor allem der informelle Kontakt mit Freunden war geprägt durch ein relativ hohes Maß an sozialer Sensibilität, Dichte und Fürsorglichkeit. In STUDENT 90 zeichnen sich die Befragten aus der DDR durchgängig durch eine stärkere Zustimmung zu den per Fragebögen präsentierten sozialen Werthaltungen aus als ihre westlichen KommilitonInnen, was sich auch in unserer Erhebung wiederfindet.

Der Aussage "Wenn ich vom Leiden anderer höre , drängt es mich zu helfen" stimmten 59 % der Jenaer Studierenden mit den beiden stärksten positiven Merkmalsausprägungen "stimmt immer" bzw. "stimmt meistens" zu, dagegen nur 22 % der Marburger.

(Vgl. Abb. 10: **Humanität**, S. 231)

"Ich mache mir oft Sorgen um andere Menschen" gaben mit einem Drittel der DDR-Befragten doppelt soviele wie ihre West-Kommilitonen an.

Bei der Bewertung der Skalen für soziales Engagement und Humanität ist sicher zu berücksichtigen, daß sich hierin weitgehend Selbstansprüche dokumentieren, die überdies in der DDR-Vergangenheit ideologisch überfrachtet waren und speziell bei den Medizinstudierenden mit dem tradierten ärztlichen Berufsethos interferieren.

So zeigen sich auch im Bereich der Humanitätsskalen bei den Einstellungsfragen bezüglich der Berufsmotivation und der ärztlichen Rolle im Kontakt zu den Patienten signifikante Ost-West-Differenzen.

63,6 % der DDR-cand. med. geben an, daß ihnen bei der Berufswahl die Möglichkeit, zu helfen, das Wichtigste sei, während dies nur 28 % in der Marburger Stichprobe klar bejahen. So meinen auch knapp 80 % der Ostdeutschen gegenüber 56 % der Westdeutschen, der Arzt sollte keinesfalls die Behandlung eines Patienten ablehnen. Daß die Patienten dem Arzt auch ziemlich auf die Nerven gehen können, halten nur 28 % der Marburger, aber 53 % der Jenenser für "selten" oder "nie" zutreffend, die auch deutlich stärker zu einer "fürsorglich/väterlichen Stellung des Arztes seinen Patienten gegenüber" tendieren (25 % : 5 %).

In den schon klassisch zu nennnenden Sozialisationsstudien der 50er Jahre, v.a. aus dem angloamerikanischen Bereich (Eron, 1955; Fox, 1957 u.a.; deutsche Folgeuntersuchung: Beckmann, 1972), in denen die Entwicklung vom altruistischen, philantropen, mit humanitären Idealen erfüllten Medizinstudienanfänger hin zum distanziert-coolen, informierten Zyniker im Verlauf des Studiums belegt werden konnte, wurde mit der Erfassung von Einstellungen gearbeitet, bezeichnet als Zynismus, Humanität und Angst, die auch in unsere Erhebung Eingang fanden (wenn wir auch wegen der kleinen Stichproben keine Faktorenanalysen rechnen konnten).

Neben den dargestellten Differenzen bei der humanitären bzw. sozialen Orientierung zeigten sich aber auch Ost-West-Unterschiede bei den dem "Zynismus" zugerechneten Einstellungs-Items.

(Vgl. Abb. 11: **Zynismus**, S. 231)

Der Einschätzung "Arbeitslose finden Arbeit, wenn sie nur wirklich wollen" stimmten 22 % der DDR-Befragten gegenüber nur 5 % der Westdeutschen zu, ebenso meinten die ostdeutschen Studierenden, daß hohe Durchfallquoten in der Ausbildung zum Arzt angemessen und notwendig seien (47 % : 11 %) , daß Straftäter zum Schutz der Allgemeinheit länger eingesperrt werden sollten (94,4 % : 71,4 %) und plädierten erheblich reservierter für die Abschaffung der Todesstrafe (5 % : 26 %) in allen Staaten.

In diesen Ergebnissen dokumentiert sich auch schlicht die konservative Haltung, die die Mediziner im akademischen Spektrum der DDR auszeichnet. Die jungen westdeutschen Fakultätsangehörigen unter dem Aeskulapstab nehmen im Kanon der Fachbereiche eher eine Mitte-Links-Position ein.

Eron (1955) fand eine signifikante Zunahme der Zynismuswerte im Verlauf des Studiums und dabei einerseits eine Kopplung von hohen Angstwerten mit hohen Zynismuswerten und andererseits eine negative Korrelation zwischen Zynismus und Humanität. Die Ergebnisse unserer Befragung zeigen zumindest in den Gruppenunterschieden eine gegenläufige Tendenz. Die befragten Ostdeutschen unterscheiden sich von den Westdeutschen durch eine deutlichere Ausprägung in der sozialen und humanitären Orientierung und ebenfalls durch höhere Werte in dem Einstellungsbereich Zynismus. Schüffel (1990) interpretiert zynisches Verhalten als Schutz der jungen Studierenden vor ihren eigenen Hilfsimpulsen angesichts kaum vorstellbaren Leidens. Hier handelt es sich wohl eher um den leidenden Patienten ostdeutsche Gesellschaft in der Wendezeit, in der alte wie neue Orientierungspunkte weggebrochen sind, keinen Halt mehr bieten, und mit sozialer Unsicherheit, mangelnder Identifikationsmöglichkeit und zerstörter Glaubwürdigkeit konfrontiert wird. Hier kommen scheinbar der Rückzug auf die eigene Familie, aber auch die Identifikation mit den (dadurch vor Kritik geschützten) akademischen Müttern und Vätern und mit dem systemunabhängig benötigten ärztlichen Beruf als Schutzmaßnahmen gegen die völlige Entwurzelung zum Tragen.

Auffällig ist, daß die "zynischen" Einstellungen nicht die zwischenmenschliche Beziehungsebene, ob private oder professionelle - also z.B. die Arzt-Patient-Interaktion oder die Student-Dozent-Beziehung - betreffen, sondern externe Ordnungsprinzipien tangieren. Ein möglicher Deutungsansatz könnte hierbei die Abwehr der Angst vor dem gänzlichen Wegfall der reglementierenden, aber auch schützenden staatlichen Macht sein, die patriachalisch streng und autoritär Grenzen setzt, dadurch einengt, aber auch etwas bewahrt und sichert und damit zur autoritativen Identitätsstiftung beiträgt.

Abb. 1: Beeinflussung in der Studienfachwahl

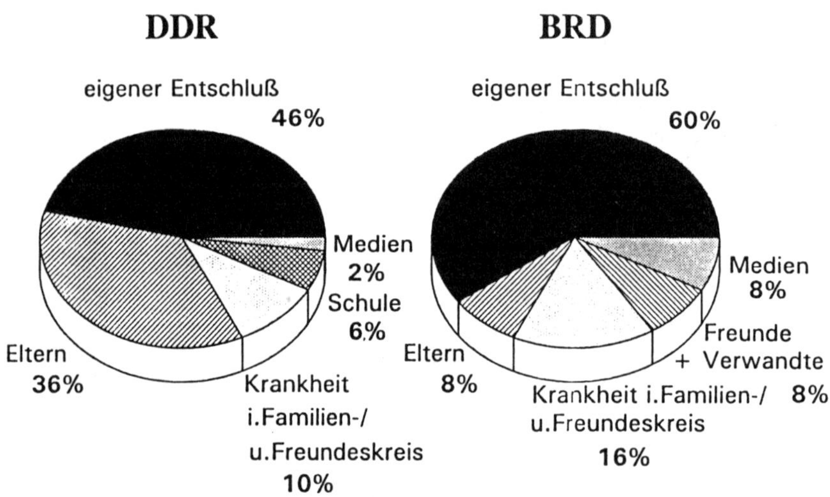

Abb. 2: Wann entstand der Wunsch, Medizin zu studieren?

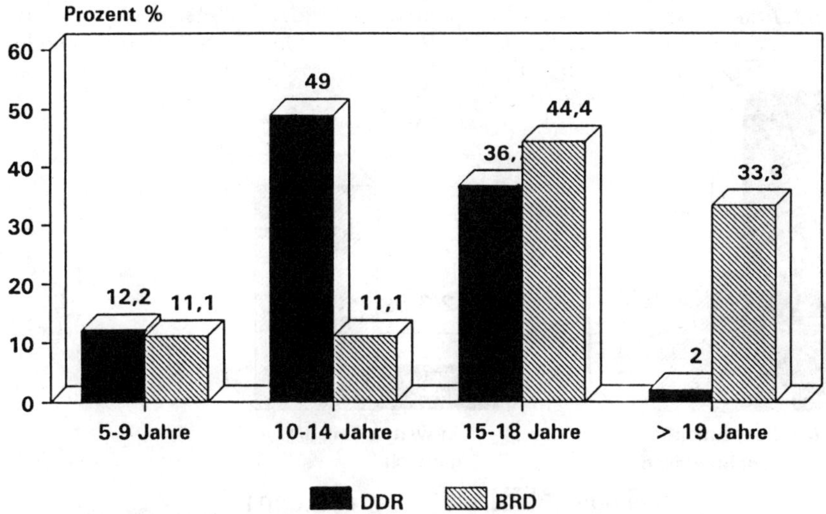

Abb. 3: Zufriedenheit mit der gewählten Studienrichtung

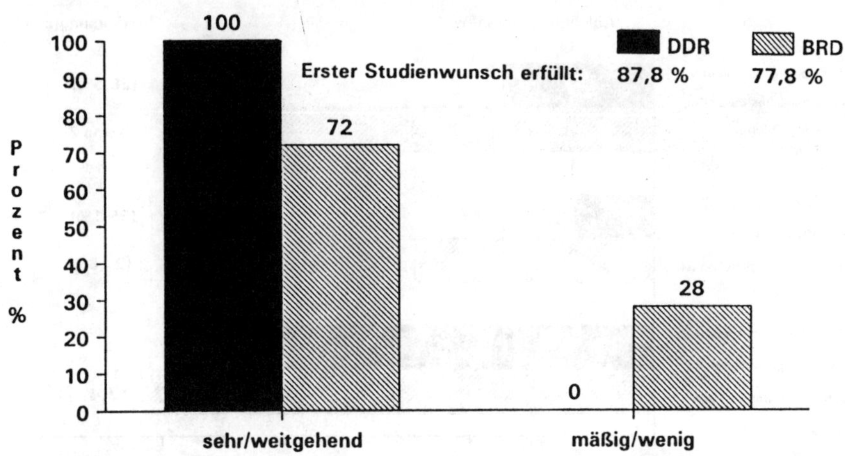

Abb. 4: Ist das moderne Expertensystem Medizin krankmachend?

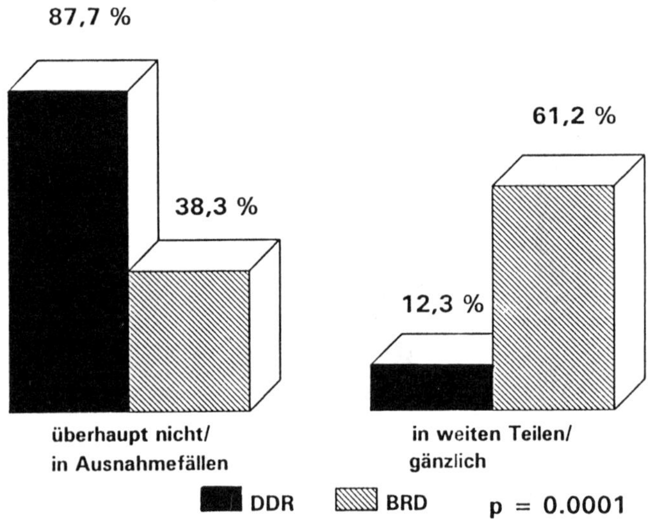

Abb. 5: Dozenten im Urteil

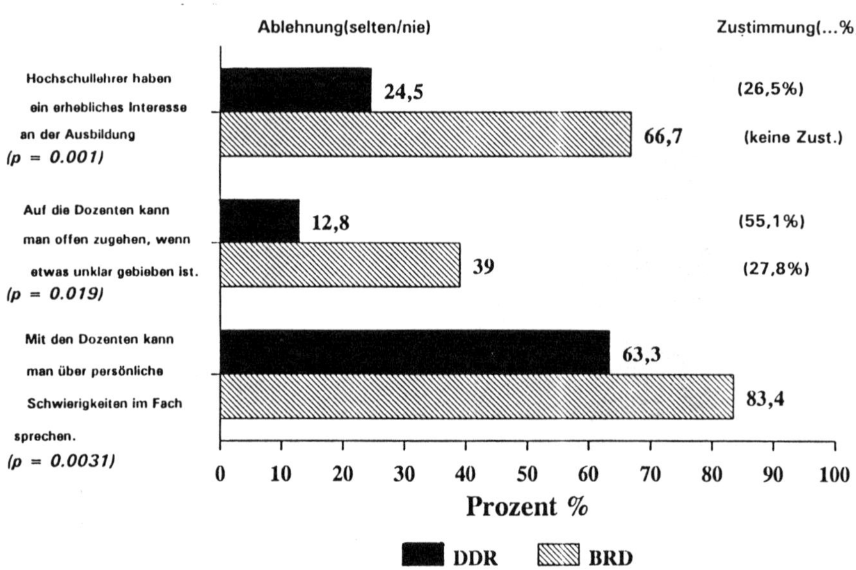

Abb. 6: "Dozentennähe"

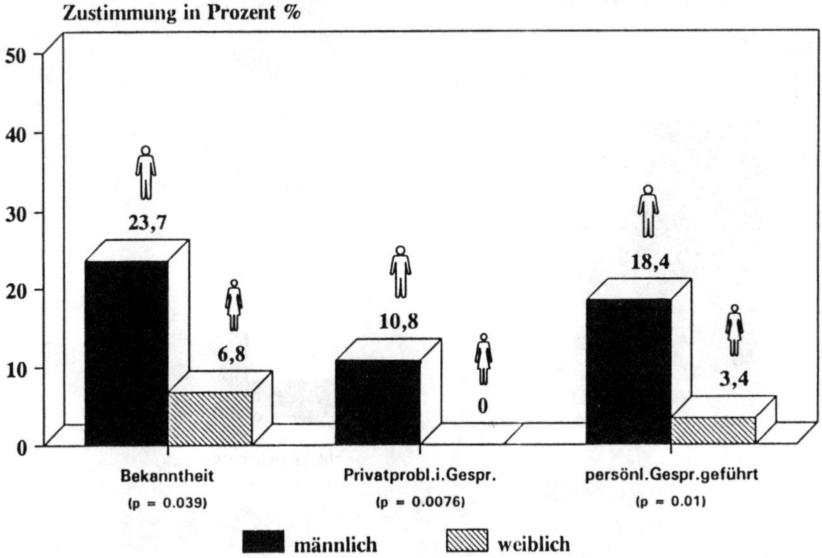

Abb. 7: Lebensform, Motivation und Wertorientierungen

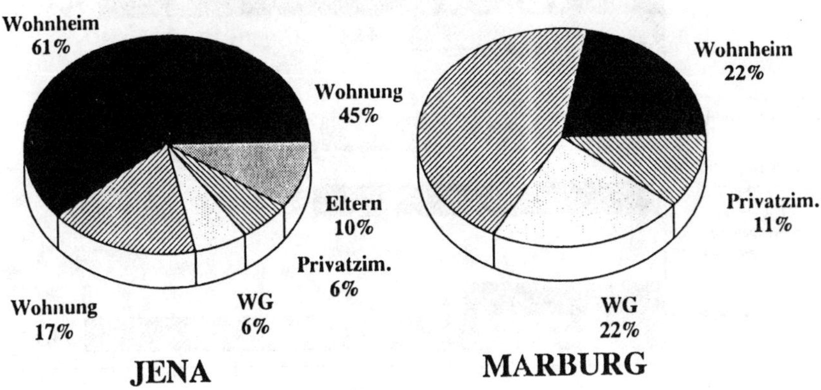

Abb. 8: Glauben Sie, später einen Arbeitsplatz als Arzt/Ärztin zu bekommen?

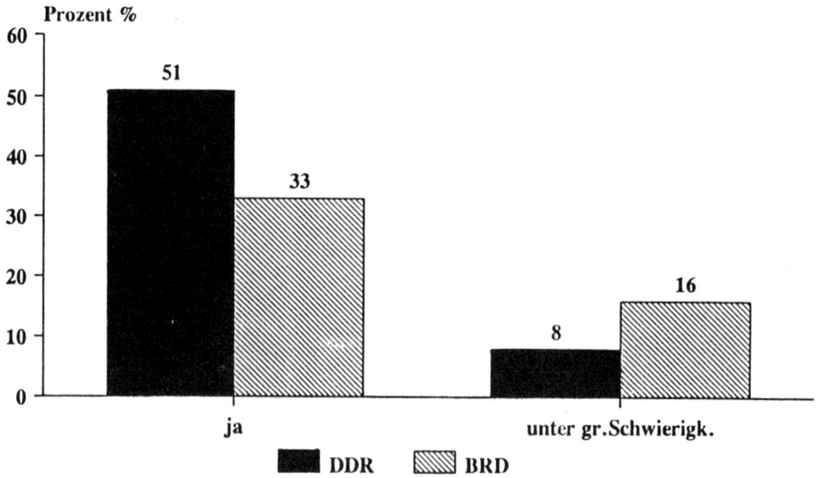

Abb. 9: Soziale Sicherung

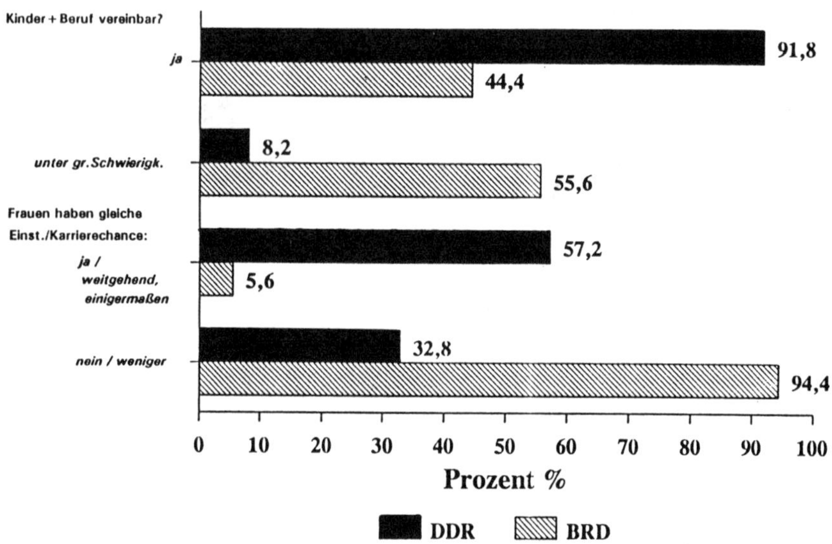

Abb. 10: Humanität

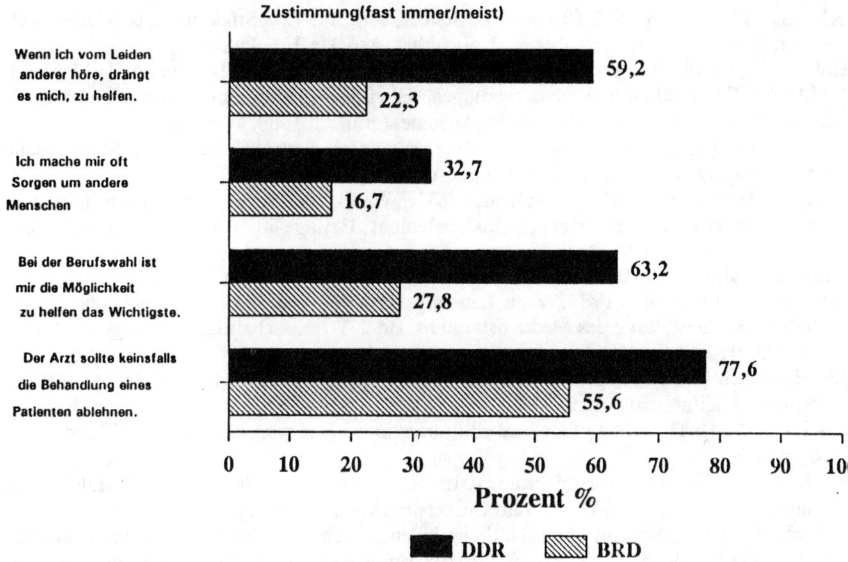

Abb. 11: Zynismus

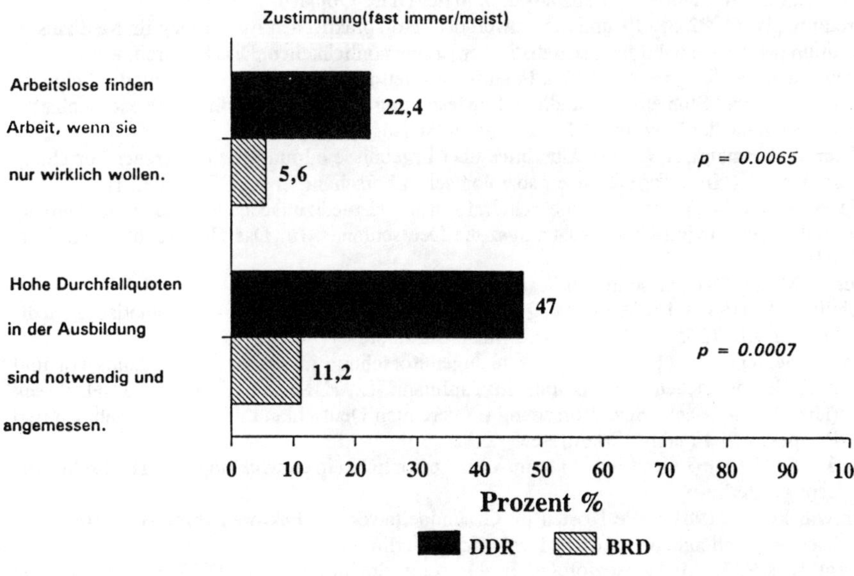

Literatur

Beckmann, O./Moeller, M.L./Richter, E./Scheer, J.W. (1972): Studentenurteile über sich selbst, über ihre Arbeit und über die Universität. Aspekte, Frankfurt/Main.

Bender, M. (1990): Anamnesegruppen-"Mission" in Jena. In: M. Bender, A. Hildebrand, M.Weber (Hg.): 20 Jahre Anamnesegruppen - Erwachsen genug zum Reformantrieb? Reader zum 9. bundesweiten Maitreffen der Anamnesegruppen 1989, Marburg.

Brämer, R./Bunke, K. (1991): Hochschullehrer im deutsch-deutschen Vergleich. Studentische Urteile vor der Vereinigung. Deutschland Archiv 6, 617-633, Jg. 24.

Brämer, R./Heublein, U. (1990): Studenten in der Wende? Versuch einer deutsch-deutschen Typologie vor der Vereinigung. Das Parlament, Beilage in: Aus Politik und Zeitgeschichte, 3-16, B 44/90, Bonn.

Brämer, R./Nolte, G. (1983): Naturwissenschaft und Technik als Beruf. Marburg.

Bruchhaus, H./Linss, W. (1983): Zum Leistungsverhalten von Studenten der Fachrichtung Medizin. In: Gestaltung des Medizinstudiums, Bd.2, Wissenschaftliche Beiträge der Friedrich-Schiller-Universität Jena.

DDR Handbuch (1985): Hrsg. vom Bundesministerium für innerdeutsche Beziehungen. (Wiss. Leitung: H. Zimmermann), 2 Bde.

Eron, L.D. (1955): The effect of medical education on medical students attidudes. J.Med.Educ. 10 , 559-566.

Fox, R. (1957): Training for uncertainty. In: R. Merton, G.C. Reader, P.L. Kendell: The Student Physician, 207-241. Harvard University Press, Cambridge.

Friedrich, W. (1992): Sozialwissenschaftliche Jugendforschung in der DDR. In: Jaufmann, D., E. Kistler, K. Meier, K.-H. Streck (Hrsg.): Empirische Sozialforschung im vereinten Deutschland. Bestandsaufnahmen und Perspektiven. Frankfurt/Main-New York.

Heublein, U./Brämer, R. (1990): Studenten im Abseits der Vereinigung. Erste Befunde zur politischen Idendität von Studierenden im deutsch-deutschen Umbruch. Deutschland Archiv 9, 1397-1410, Jg.22.

Hille, B. (1985): Familie und Sozialisation in der DDR. Opladen.

Krethlow, W. (1982): Rolle und Stellenwert der berufspraktischen Ausbildung im Medizinstudium bei der Heranbildung sozialistischer Arztpersönlichkeiten. Diss.B., Greifswald.

Kretschmar, W./Wagner, G. (1983): Potenzen einstellungswirksamer Gestaltung der Lehre im Medizin- und Stomatologiestudium. In: Gestaltung des Medizinstudiums. Wissenschhaftliche Beiträge der Friedrich-Schiller-Universität, Bd. 2, 7-21, Jena.

Meier, A./Reimann, A. (1977): Überblick über Ergebnisse bildungssoziologischer Forschung in der DDR. In: Information zur soziologischen Forschung in der DDR, H.3., 1ff.

Moschke, G. (1986): Die erste Hochschulreform an den medizinischen Fakultäten der Universitäten der sowjetischen Besatzungszone Deutschlands. In: Das Hochschulwesen, H.1, XIII.

Ruban, M.E. (1981): Gesundheitswesen in der DDR, Berlin.

Schüffel, W. (1990): Die Ausbildung zum Arzt. In: Th. v. Uexküll: Psychosomatische Medizin. 4.Aufl., 1245-1262, München, Wien, Baltimore.

Six, U./Schlegel, U. (1992): Empirische Jugendforschung im Osten Deutschlands vor und nach der deutschen Vereinigung. In: Jaufmann, D., E. Kistler, K. Meier, K.-H. Streck (Hrsg.): Empirische Sozialforschung im vereinten Deutschland. Bestandsaufnahmen und Perspektiven. Frankfurt/Main, New York.

Starke, K. (1979): Jugend im Studium - Zur Persönlichkeitsentwicklung von Hochschulstudenten., Berlin.

Strewinski, K. (1981): Die Kosten im Gesundheitswesen - Faktoren ihrer Beeinflussung. Diss. A, Akademie für ärztliche Fortbildung, Berlin.

Voigt, D. (1975): Medizinsoziologie. In: D. Voigt: Soziologie in der DDR. Eine exemplarische Untersuchung, 192, Köln.

Studentische Identitätsfindung im Rahmen der "Wende"

Teil II

Margit Venner/Irene Misselwitz/Christian Ederer

Bei dem Bemühen, die Veränderungen, Neuerungen, Ernüchterungen und Enttäuschungen, die uns seit der "Wende" bedrängen, zu erfassen, erschien es uns wichtig, die Befragung von Medizinstudenten in Jena und Marburg von 1990 fortzusetzen. Die untersuchten Studenten sind in der DDR aufgewachsen und waren zur Zeit der Wende ca. 20 Jahre alt. Sie gehörten einer privilegierten Schicht an, denn sie hatten schon zu DDR-Zeiten einen Studienplatz im Fach Medizin erhalten. Das bedeutet, daß sie fachliche und gesellschaftliche Höchstleistungen erbracht haben mußten. Sie hatten meistens ein praktisches Jahr oder 3 Jahre Armee und das 1. Studienjahr hinter sich, als die "Wende" kam. Im Gegensatz zu Studenten manch anderer Fachrichtungen oder Lehrlingen konnten sie ohne weiteres dieses Studium fortsetzen.

Nachdem wir Famulanten und PJ-Studenten gebeten hatten, uns in freier Form über ihre Erlebnisse mit und seit der "Wende" zu berichten, haben wir einen Fragebogen mit 26 Fragen aufgestellt, den 112 Studenten (65 Frauen, 47 Männer) am Ende des Wintersemesters 1992 im Seminar Psychosomatik/Psychotherapie ausgefüllt haben. Wir fragten sie nach

- Gewinnen, Verlusten und veränderten Wertvorstellungen durch die Wende,
- nach dem Zugehörigkeitsgefühl als Bundesbürger,
- nach den Eltern und der Einstellung zu ihnen,
- nach dem Studium und dessen Reformbedürftigkeit,
- nach veränderten Chancen und Zukunftssorgen
- und nach Wünschen.

Einige Ergebnisse dieser Befragung:

Aus Abb. 1 geht hervor, daß außer 2 Studenten alle Befragten Positives durch die "Wende" erlebt haben, was Freiheiten, bessere Lebensmöglichkeiten (insgesamt 50 %), mehr Selbständigkeit (23 %), aber auch materielle Verbesserungen, Gewinne im Zwischenmenschlichen und Sozialen (z.B. Wohnung) beinhaltet.

(Vgl. Abb. 1: **Hat Ihnen die Wende Positives gebracht?**, S. 239)

Verluste durch die "Wende" (Abb. 2) sind reichlich drei Viertel der Studenten widerfahren, wobei an erster Stelle Verluste im Zwischenmenschlichen stehen (27 %), gefolgt von materiellen und finanziellen Verlusten, dem Verlust an Idealen und Illusionen.

(Vgl. Abb. 2: **Hat Ihnen die Wende Verluste gebracht?**, S. 240)

Die Spalte "Ängste" bedeutet, daß Sicherheiten bezüglich Zukunft, Existenz, Geborgenheit, Vertrauen, moralischen Vorstellungen verlorengegangen sind und Ängsten, Mißtrauen und Enttäuschungen Platz gemacht haben.

Verluste im Sozialen betreffen z.B. Verluste des Arbeitsplatzes, die Verteuerung der Mieten, der Dienstleistungen u.ä.

An Problemen vor der "Wende" (Abb. 3) standen Zwänge und Einschränkungen mit 36 % an erster Stelle, es folgten soziale, zwischenmenschliche und politische Schwierigkeiten mit je 17 %.

(Vgl. Abb. 3: **Welche Probleme waren davor am größten?**, S. 240)

Probleme und Sorgen, die sich durch die "Wende" ergeben (Abb. 4), bringen einen interessanten Aspekt:

51 % der aufgeführten Probleme sind unterschiedliche Ängste, die vorher nur in 5 % angegeben wurden: Angst vor Gewalt, vor Kriminalität, vor Ausländerhaß, vor Arbeitslosigkeit, vor Verlusten, vor Entfremdung, vor der Konkurrenz und vor der Leistungsgesellschaft.

(Vgl. Abb. 4: **Welche Probleme waren danach am größten?**, S. 241)

Es fällt auf, daß vor der "Wende" in der ehemaligen DDR materielle Probleme keine Rolle spielten. Es gab keinen Reichtum, aber auch keine Armut, wie wir sie jetzt plötzlich erleben.

Ebenso beachtenswert erscheint uns, daß der Problembereich Politik nach der "Wende" mit nur noch 6 % erscheint, vorher 17 %. Ein DDR-Bürger mußte sich vom Kindergartenalter an mit Politik beschäftigen, auf zweifache Weise: offiziell z.B. in der Schule, bei Betriebsversammlungen und politischen Weiterbildungen und hinter verschlossenen Türen und vorgehaltener Hand.

Zur Zeit sind die Menschen in Ostdeutschland enttäuscht in ihren Erwartungen und vorwiegend mit dem Organisieren ihres neuen Lebens als Bundesbürger beschäftigt. Für politisches Engagement bleibt da wenig Platz.

Zusammenfassend ergibt sich, daß von 112 Studenten 110 angaben, daß ihnen die "Wende" Positives gebracht habe. Das bezieht sich auf mehr Freiheiten und Lebensmöglichkeiten insgesamt und mehr Möglichkeit zur Selbständigkeit.

Verluste durch die "Wende" beschreiben 74 der 112 Studenten, besonders zwischenmenschliche Verluste, materielle und finanzielle Verluste, Verluste an Sicherheit und Geborgenheit, an Idealen und Illusionen.

6 % dieser Studenten wünschen sich die DDR zurück (Abb. 5).

(Vgl. Abb. 5: **Wünschen Sie sich die DDR zurück?**, S. 241)

Die Abbildung 6 zeigt, daß sich 53 % der befragten Studenten nicht als Bundesbürger fühlen.

(Vgl. Abb 6: **Ihr Gefühl als Bundesbürger?**, S. 241)

66 % erleben sich als Ostdeutsche (Abb. 7).

(Vgl. Abb. 7: **Ihr Gefühl als Ostdeutscher?**, S. 242)

Ob die Studierenden die Absicht haben, in der Bundesrepublik Deutschland zu bleiben (Abb. 8), beantworten 68 % mit "Ja", 14 % mit "Nein", 18 % sind noch ambivalent.

(Vgl. Abb. 8: **Bleiben Sie in der Bundesrepublik Deutschland?**, S. 242)

61 % der Studenten wollen in den neuen Bundesländern bleiben (Abb. 9).

(Vgl. Abb. 9: **Bleiben Sie in den neuen Bundesländern?**, S. 242)

Die Auseinandersetzung mit der DDR-Vergangenheit halten 104 von 112 Studenten für richtig (Abb. 10), um Schuldfragen zu klären, Zusammenhänge zu erkennen, aus Fehlern zu lernen, Betroffene und Opfer zu rehabilitieren, Bilanz zu ziehen und die deutsche Geschichte zu bearbeiten.

Diejenigen, die dies verneinen, geben zur Begründung an, daß die bisherige Art der Bearbeitung der DDR-Geschichte an der Realität vorbeigeht und von den Medien verzerrt dargestellt wird.

(Vgl. Abb. 10: **Ist die Auseinandersetzung mit der DDR sinnvoll?**, S. 243)

Bei der Frage nach persönlichen Veränderungen durch die "Wende" (Abb. 11) meinen 77 % der Studenten, daß sie sich verändert hätten - sie seien selbstbewußter (48 %), skrupelloser und egoistischer (9 %) geworden und hätten mehr Ängste (20 %).

(Abb. 11: **Eigene Veränderung durch die Wende,** S. 243)

Die Frage nach veränderten Wertvorstellungen verneinen 59 % (Abb. 12) der Befragten. 20 % geben höhere Ansprüche, 5 % mehr Selbstbewußtsein und 16 % Entfremdung im Familien-, Freundes- und Bekanntenkreis, mehr Berührungsängste, eine höhere Sensibilität an.

(Vgl. Abb. 12: **Veränderte Wertvorstellungen?**, S. 243)

78 % machen sich Sorgen um die Zukunft, 41 % um Arbeit, Wohnung, Familie, Beruf, leben in Angst vor Hilfsbedürftigkeit und Abhängigkeit, wie aus Abb. 13 zu ersehen ist. 19 % haben Angst zu versagen, Freunde zu verlieren, benachteiligt zu sein, und 17 % fürchten sich, vom Konkurrenzkampf aufgefressen zu werden, vor dem Verlust von Idealen, vor Umweltkatastrophen.

(Vgl. Abb. 13: **Zukunftssorgen**, S. 244)

Als nächstes haben wir nach der Einstellung zur Elterngeneration gefragt (Abb. 14). Wie kritisch gehen die Studenten mit denen um, die die DDR verantwortlich mitgestaltet haben? Wir wissen, daß in den Altbundesländern die Auseinandersetzung mit der Elterngeneration aus der Zeit des Nationalsozialismus erst mit ca. 20jähriger Verspätung ab 1968 einsetzte und in der ehemaligen DDR überhaupt nicht stattfand.

Die Frage "Hätten Sie ohne die 'Wende' ähnlich wie die Eltern gelebt?", bedeutet auch: "Wären Sie wie die Eltern in der DDR geblieben mit all den Beschränkungen?"

(Vgl. Abb. 14: **Ohne Wende wie Eltern gelebt?**, S. 244)

70 % geben an, daß sie wie die Eltern gelebt hätten, akzeptierten also den elterlichen Lebensentwurf.

Auch die Hochschullehrer werden akzeptiert, wie Abb. 15 zeigt, hier sogar von 77 %.

(Vgl. Abb. 15: **Akzeptanz der Hochschullehrer**, S. 244)

Die jungen Erwachsenen machen ihren Eltern keine Vorwürfe über die DDR-Vergangenheit (Abb. 16), nur 3 % der Befragten halten ihre Eltern direkt für mitschuldig.

(Vgl. Abb. 16: **Vorwürfe an die Eltern?**, S. 245)

Die Interpretation muß mehrere Faktoren einbeziehen: Auf Grund der eingangs geschilderten Sozialisation sind Medizinstudenten überwiegend angepaßt und autoritätsgebunden. Auch die Befragung von 1990 läßt diesen Schluß zu. Die kritische Auseinandersetzung findet z. Z., ähnlich wie nach dem Zusammenbruch des 3. Reiches, noch nicht statt, Diese jungen Erwachsenen sorgen sich um ihre Eltern, die durch den gesellschaftlichen Wandel ebenfalls verunsichert, geängstigt und orientierungslos geworden sind und vielfach um ihre Existenz kämpfen.

Die Mehrzahl der Studenten gibt zwar an (Abb. 17), daß ihre Eltern mit der "Wende" zurechtkommen (78 %), jedoch werden bei den drei Zauberwünschen am Schluß der Befragung immer wieder Wünsche für das Wohlergehen der Familiengenerationen geäußert sowie die Sehnsucht nach Harmonie, Treue und Nichtalleingelassenwerden. Die Familienmitglieder klammern sich infolge der psychischen Belastungen durch den gesellschaftlichen Wandel eher aneinander, als daß Generationskonflikte ausgetragen werden.

(Vgl. Abb. 17: **Kommen die Eltern zurecht?**, S. 245)

Die Abb. 18 zeigt, daß 90 % der Studenten mit ihren Eltern über die Belastungen durch den gesellschaftlichen Wandel sprechen können. Eine Untersuchung von Scholz (Leipzig) bestätigt, daß das Binnenklima von DDR-Familien emotional tragend war und offensichtlich noch ist. Im Vergleich zu Familien aus den Altbundesländern werden in DDR-Familien wesentlich mehr emotionale Bedürfnisse eingebracht und auch befriedigt.

(Vgl. Abb. 18: **Sind die Eltern ansprechbar?**, S. 245)

Dies ist sicher eine wichtige menschliche Ressource für die Menschen in einem Unterdrückungssystem gewesen, die offensichtlich weiter trägt. Man kann sich jedoch vorstellen, daß dieser Mechanismus auch alte hierarchische Strukturen festigt und die Individuation junger Erwachsener behindert.

Die von Bender schon 1990 festgestellte Zufriedenheit mit der Wahl der Studienrichtung bei den Oststudenten findet sich auch jetzt wieder: 54 % der Befragten halten das Medizinstudium nicht für reformbedürftig, und weitere 44 % sind mit den bisherigen Reformen seit der "Wende" zufrieden. Es bleiben also nur 3 %, die sich weitere Reformen wünschen.

Dabei geben jedoch 65 % der Studenten erschwerte Studienbedingungen an, wie neue Bürokratie, Bafög, Unsicherheit des Arbeitsplatzes, Mangel an vorgegebener Studienplanung und damit auch Mangel an Orientierung (Abb. 19).

(Vgl. Abb. 19: **Verschlechterungen im Studium**, S. 246)

Bei der letzten Frage unserer Erhebung boten wir den Studenten an, drei Wünsche zu formulieren. Es ergaben sich drei Schwerpunkte:

1. Wünsche für sich selbst: ein guter Arzt, ein guter Mensch zu werden, die psychischen Beeinträchtigungen durch die "Wende" zu überwinden, die Welt zu verbessern, sowie Gesundheit, ewige Jugend und Zeit.
2. Wünsche für die Angehörigen und Freunde: daß die Eltern gesund, stabil, in sozialer Sicherheit leben können, aber auch für die eigene Familie und den Freundeskreis Gesundheit, Harmonie und Treue.
3. Wünsche für die Gesellschaft: Frieden und Gerechtigkeit in der Welt, Überwindung materiellen Denkens, Hochhalten und Anerkennen menschlicher Werte und eine saubere Umwelt. Überwindung materiellen Denkens auch in der Medizin.

Zur Illustration der Zahlen sollen Auszüge aus dem "Wendebericht" einer Studentin folgen:

"Ich bin als ein typisches DDR-Kind aufgewachsen, in der üblichen Schizophrenie, die mich beizeiten lehrte, bei allem, was ich sagte, reflexhaft den Gehirnfilter einzuschalten, damit kein unerlaubtes Wort in unbefugte Ohren gelangte. Später dann, mit Anfang zwanzig, als ich zur Studentengemeinde kam, lernte ich, mich freier zu bewegen und unabhängiger meine tatsächliche Meinung zu äußern. Die übliche Phraseologie beherrschte ich so gut, daß ich in den gesellschaftswissenschaftlichen Fächern stets gute Noten bekam und mir ein 'parteilicher Standpunkt' bescheinigt wurde.

Die Zeit der 'Wende' und die Monate danach bargen eine ungeheure Hoffnung. Hier war sie endlich, die Chance, nach der wir uns so gesehnt hatten, eine menschenfreundlichere Gesellschaft mitzugestalten. Ich hatte das Gefühl, endlich bist du wichtig, endlich kommt es auf dich an. Auf mich, nicht auf irgend jemand, der oder die austauschbar ist. Sondern auf mich, weil ich so gebraucht wurde, wie ich war.

Und jetzt: 'BRD' - das ist und bleibt für mich der Westen, das, wovon ich immer ausgeschlossen war; das Geheimnisvolle, Unbekannte, die Fluchtmöglichkeit. Irgendjemand sagte einmal, die DDR-Bürger und -Bürgerinnen hätten eine Exilmentalität.

Jetzt ist der Westen zu mir gekommen, nachdem mein Land kurze Zeit das liberalste System der Welt war, nachdem Basisdemokratie kein Fremdwort mehr war, nachdem eine kurze Zeit alles in Bewegung war, nachdem die

Chance da war, etwas zu verändern. Jetzt habe ich noch nicht einmal mehr eine Fluchtmöglichkeit, die mich, wenigstens in Gedanken, von zeitweise als unerträglich empfundenen gesellschaftlichen Zuständen befreit.

Ich habe jetzt mit einem System zu tun, in dem zwar die Begriffe 'Freiheit' und 'Individualität der Persönlichkeit' die heiligen Kühe zu sein scheinen, doch würde ich diese Individualität eher mit dem Zusatz 'Pseudo' versehen wollen, da die Mechanismen, die zwar nicht so rigide wie im alten System wirken, aber gerade deswegen einen Anpassungsdruck ausüben, dem ich mich viel schwerer entziehen kann. Er wird viel subtiler und undurchschaubarer ausgeübt.

In unserer DDR-Nische wurden diejenigen in Ruhe gelassen, die sich an die Spielregeln hielten und ihren Kopf nicht zu weit herausstreckten. Eine solche Nische habe ich noch nicht wieder entdeckt.

Ich habe jetzt Meinungsfreiheit, Pressefreiheit etc. Wie sieht es aber tatsächlich damit aus? Ich kann alles sagen, nur interessiert sich kaum jemand dafür. Wenn ich mich zu DDR-Zeiten mit einem Plakat auf den Zentralen Platz Jenas gestellt hätte - wenn ich jemals den Mut dazu gehabt hätte - , hätte es eine Menschenansammlung gegeben. Wer aber hat sich für unsere Demonstration gegen den Golfkrieg interessiert?

Ich bin austauschbar, die Gesellschaft ist an mir lediglich als einem gut funktionierenden Rädchen interessiert.

Objektive Veränderungen durch die Veränderung der gesellschaftlichen Verhältnisse, Unsicherheit, Gefühl der Inkompetenz in allen rechtlichen und sozialen Fragen.

Da mein Mann einen relativ sicheren Arbeitsplatz hat und für unsere Ansprüche auch genügend Geld verdient, habe ich keine Geldsorgen. Auch die Erhöhung von Miete und Energiekosten können wir bezahlen. Das alltägliche Leben ist einfacher geworden, da wir nicht mehr von der Mangelwirtschaft abhängen. Ich kann alle Bücher kaufen. Unser Lebensstandard hat sich eher verbessert. Ich habe mehr Angst als früher, zum Beispiel schließe ich unsere Wohnung jetzt ab, wenn ich allein zu Hause bin.

Ich bin Studentin mit Kind. Heute würde ich es mir sehr überlegen, ob ich unter den unsicheren Verhältnissen - meine berufliche Zukunft betreffend und als Frau in meinem Beruf - ein Kind hätte haben wollen. Das Studieren mit Kind ist schwieriger geworden. Zauberwort: Chancengleichheit! Was dahinter steckt, interessiert niemanden.

Ich habe das Gefühl, als Frau in der gesellschaftlichen Wertehierarchie beträchtlich nach unten gerutscht zu sein. Der Bürokratismus ist schlimmer, als ich mir das jemals hätte träumen lassen.

Im Westen ist alles besser, sogar die Dummen sind dümmer. Ich fühle mich immer noch als Deutsche zweiter Klasse.

Was in unserer Marktwirtschaft zählt, ist ausschließlich Leistung. Jung, dynamisch, flexibel, nicht über 35. Auf wen das nicht zutrifft, der fällt raus. Diesen Leistungszwang empfinde ich als quälend. Als ich mein Studium begann, wußte ich genau, daß ich nach Abschluß eine Arbeitsstelle bekomme. Vielleicht nicht die, die ich gewollt hätte, aber meine Existenz wäre gesichert gewesen. Meine Zukunft war sicher und überschaubar. Und jetzt? Jetzt ist alles unsicher, nicht planbar. Ellenbogen sind gefragt.

Es gelten plötzlich andere Normen. Die Wertehierarchie ist anders. Es wird mehr Wert auf Materielles gelegt, menschliche Werte treten in den Hintergrund. Die Gesellschaft ist unsolidarischer geworden."

Die Ergebnisse unserer Befragung und auch dieser "Wendebericht" sind sicher nicht repräsentativ für die Durchschnittsbevölkerung. Medizinstudenten unterlagen zwar, um überhaupt studieren zu können, einem hohen gesellschaftlichen Anpassungsdruck. Sie stammen zu über 50 % aus Akademikerfamilien und hatten zum Teil von klein auf die Möglichkeit, geistige und kulturelle Nischen als Ausgleich zu finden. Ein tragendes emotionales Binnenklima findet sich sowohl in den Familien der Studenten, bei den Studenten untereinander als auch in ihrem Verhältnis zu den Hochschullehrern wieder. Ob dieser Zusammenhalt der jungen Erwachsenengeneration andererseits die eigenständige Entwicklung behindert, wird die Zukunft zeigen. Materielle Werte spielten früher und auch jetzt eine dominierende Rolle. Zuwachs an Freiheit und Selbständigkeit durch die "Wende" werden dankbar angenommen, jedoch wird der Verlust zwischenmenschlicher und ideeller Werte beklagt.

Insgesamt sieht es so aus, als ob in der allgemeinen Verunsicherung, in der wir in den neuen Bundesländern leben, die relativ kleine Medizinische Fakultät in den lieblichen Thüringer Bergen als Nische fungiert. Eine psychologische Angleichung an die Befindlichkeit westlicher Studenten findet vermutlich viel zögerlicher als in einer Großstadt, wie zum Beispiel Berlin, statt. Ob die studentische Identitätsfindung nach der deutsch-deutschen Vereinigung in den neuen Bundesländern eher in Richtung einer psychologischen Angleichung verläuft oder die beschriebenen Unterschiede längerfristig bewahrt, werden spätere Untersuchungen zeigen.

Abb. 1: Hat Ihnen die Wende Positives gebracht?

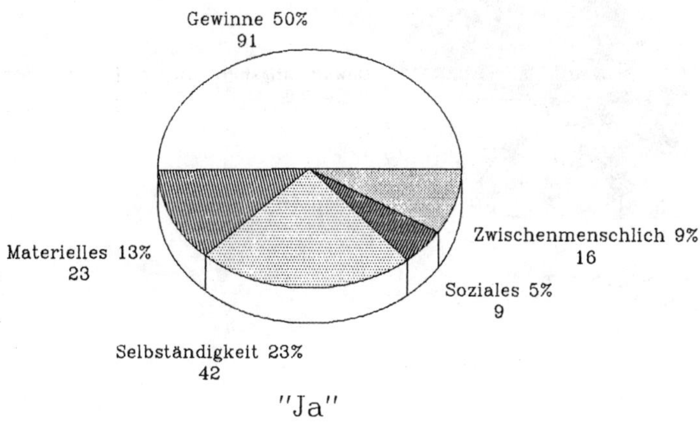

Abb. 2: Hat Ihnen die Wende Verluste gebracht?

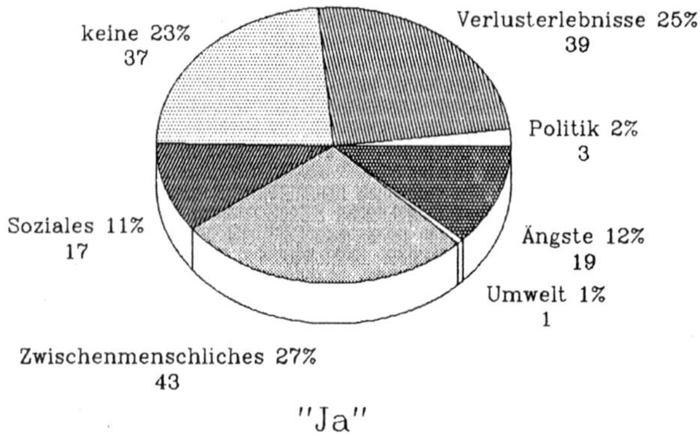

Abb. 3: Welche Probleme waren vor der Wende am größten?

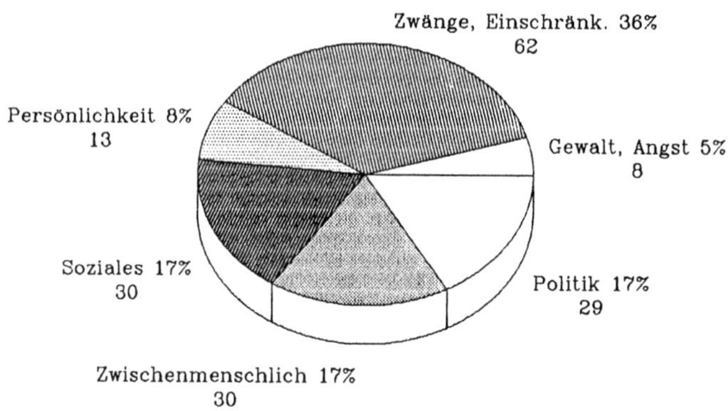

Abb. 4: Welche Probleme waren nach der Wende am größten?

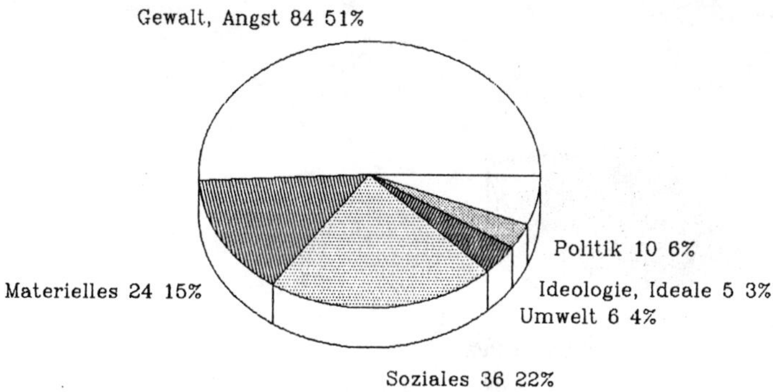

Abb. 5: Wünschen Sie sich die DDR zurück?

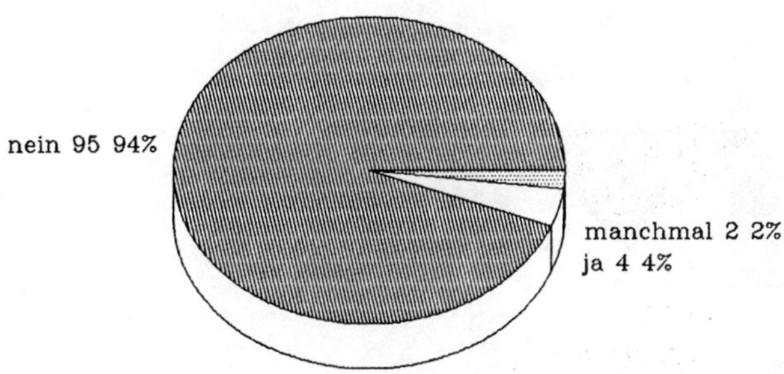

Abb. 6: Ihr Gefühl als Bundesbürger?

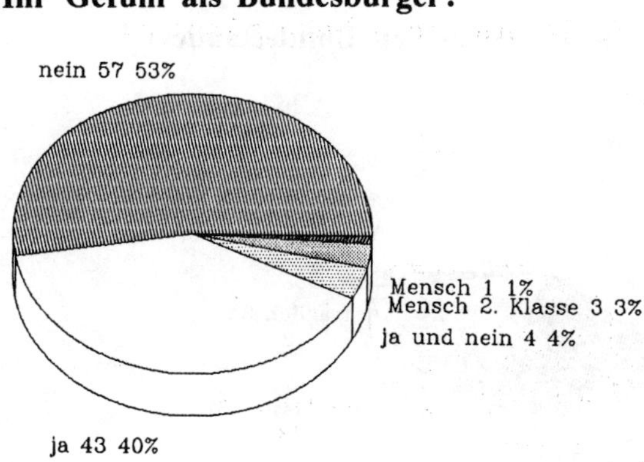

Abb. 7: Ihr Gefühl als Ostdeutscher?

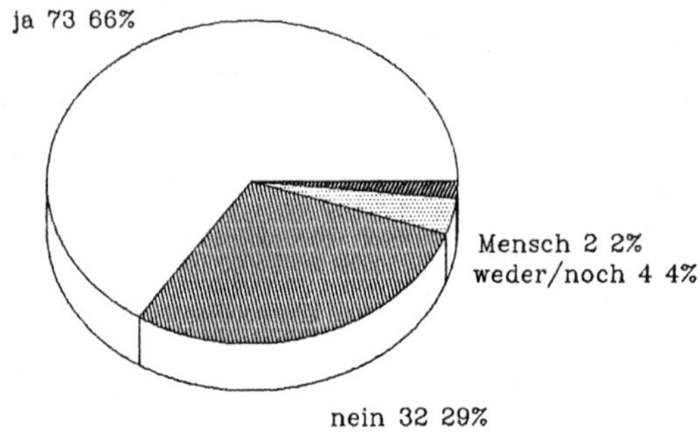

Abb. 8: Bleiben Sie in der Bundesrepublik Deutschland?

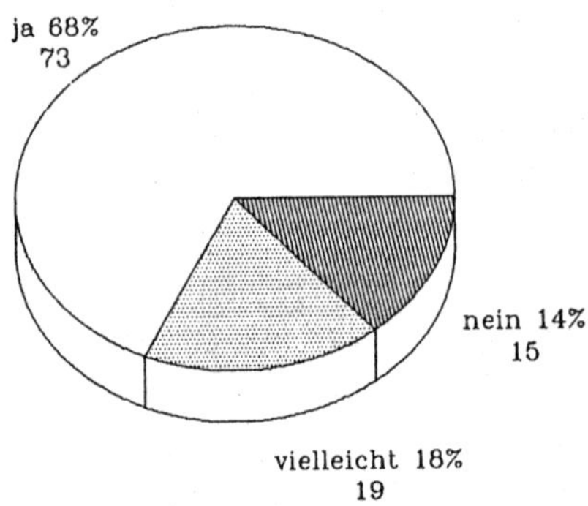

Abb. 9: Bleiben Sie in den neuen Bundesländern?

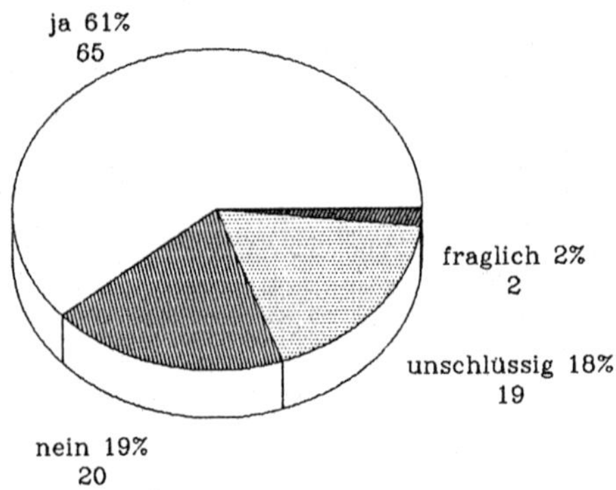

Abb. 10: Ist die Auseinandersetzung mit der DDR sinnvoll?

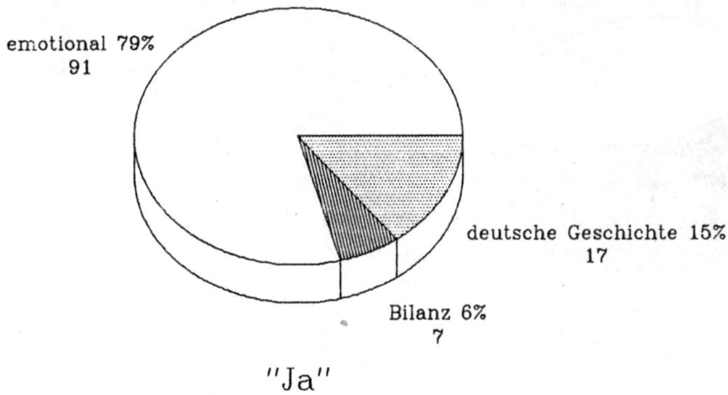

Abb. 11: Hat die Wende Sie verändert?

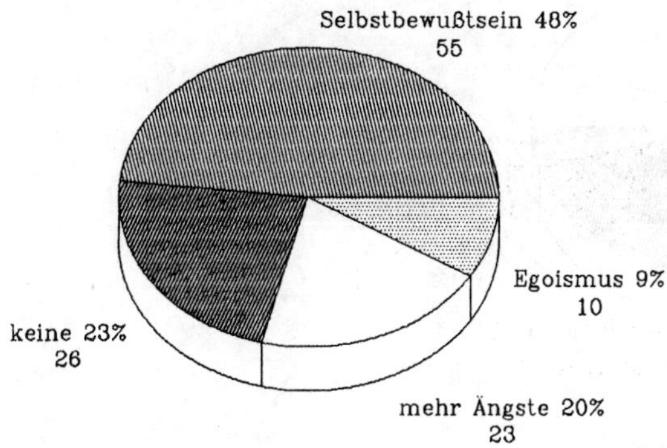

Abb. 12: Haben sich Ihre Wertvorstellungen verändert?

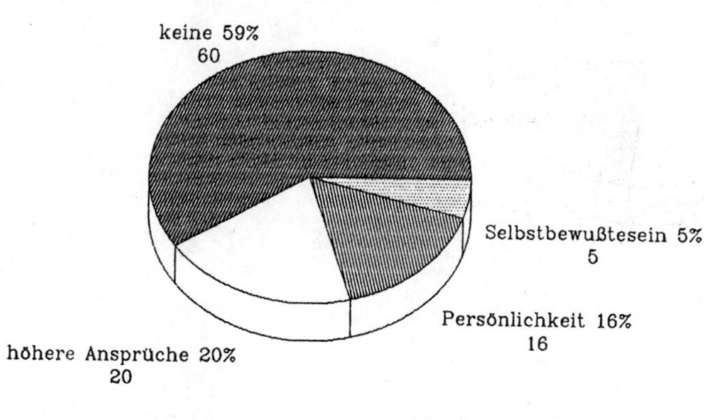

Abb. 13: Haben Sie Angst vor der Zukunft?

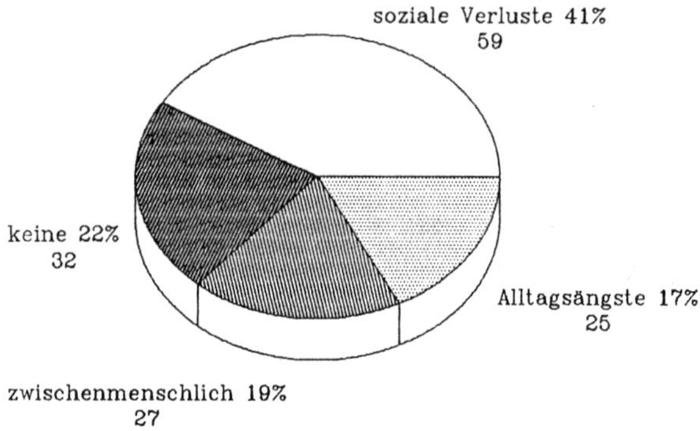

Abb. 14: Hätten Sie ohne Wende wie die Eltern gelebt?

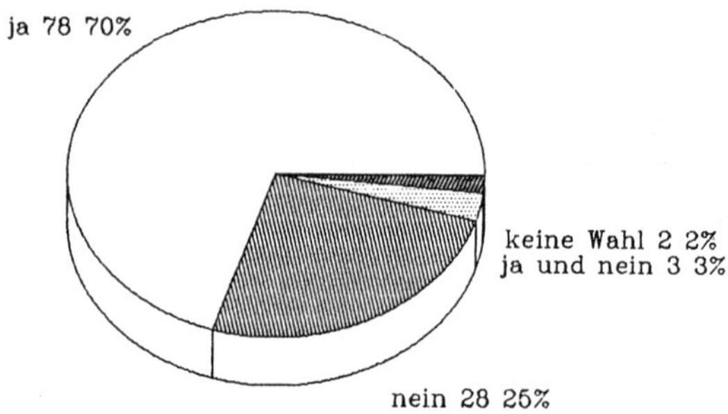

Abb. 15: Akzeptanz der Hochschullehrer?

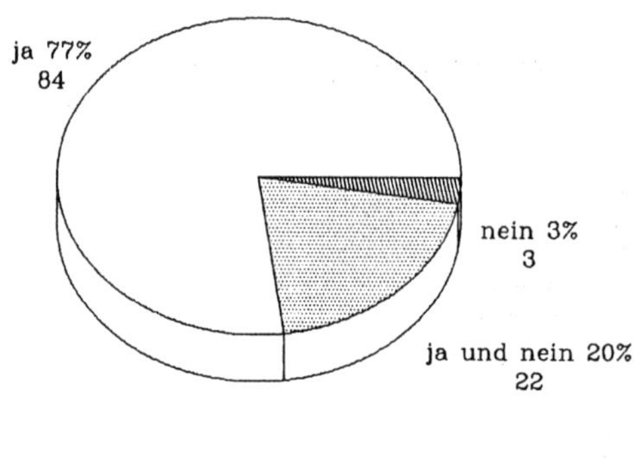

Abb. 16: Haben Sie Vorwürfe an die Eltern?

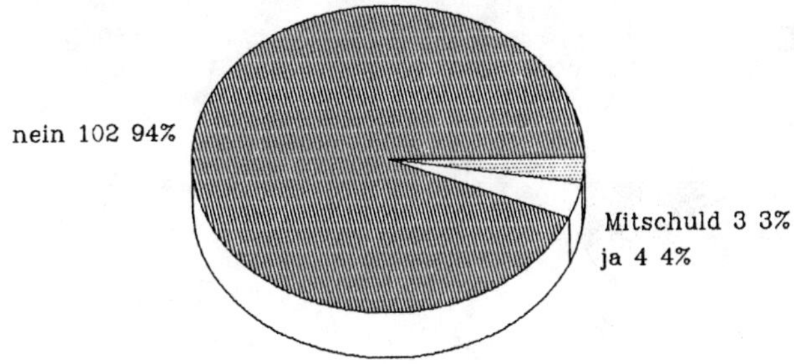

Abb. 17: Kommen die Eltern mit der Wende zurecht?

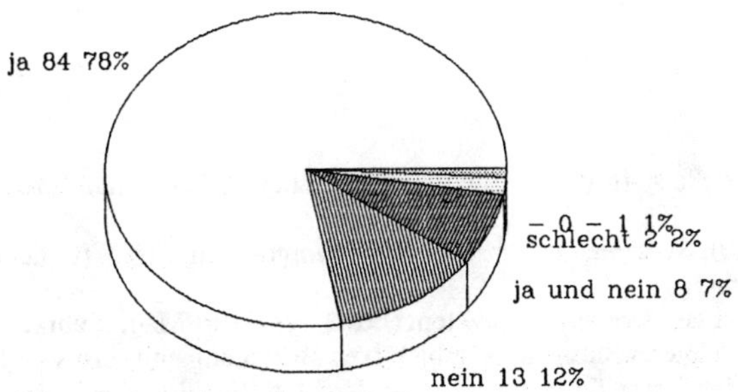

Abb. 18: Können Sie mit Ihren Eltern über die Belastungen sprechen?

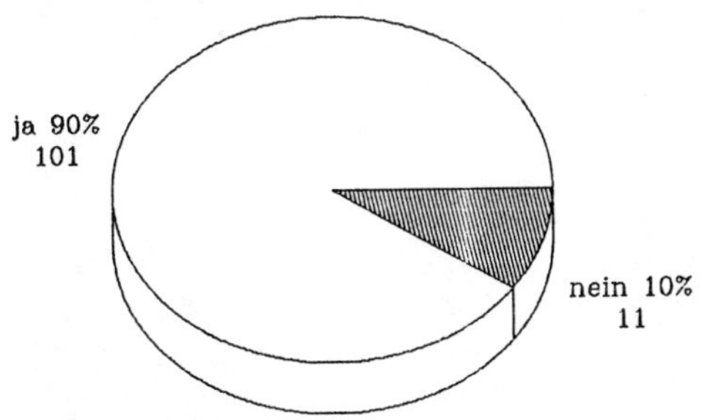

Abb. 19: Haben sich Ihre Studienbedingungen verschlechtert?

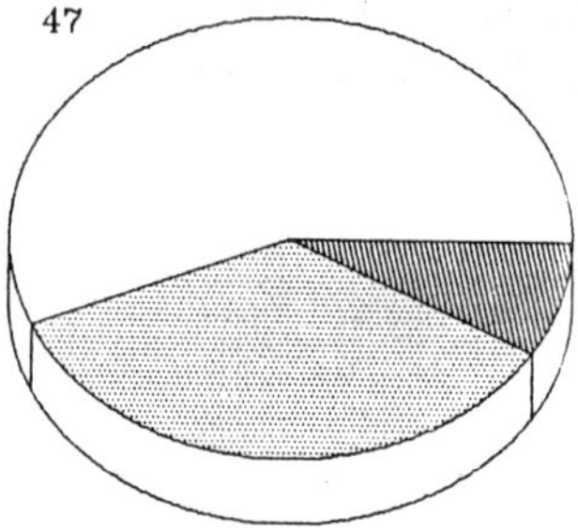

Literatur

Erdheim, M. (1982): Die gesellschaftliche Produktion von Unbewußtheit. Frankfurt/Main: Suhrkamp.

Heublein, U./Brämer R (1990): Studenten im Abseits der Vereinigung. In: Ztsch. für deutsche Einheit. Deutschland Archiv.

Moser, T. (1992): Besuche bei Brüdern und Schwestern (Edit.). Frankfurt/Main: Suhrkamp.

Schneider, Chr./Strobel, A.: Untersuchungen zu subjektiven Beziehungsmustern von Leipziger Familien. Unveröffentlichte Dissertation A an der Med. Fakultät der Universität Leipzig, angefertigt Dezember 1991.

Scholz, H. : Die Bedeutung der Familie für die Entstehung der Schizophrenie. 1992, in Vorbereitung.

Mythos Generationenkonflikt?

Spurensicherungen bei psychoanalytisch orientierten StudententherapeutInnen mit Hilfe einer Delphi-Befragung

Annette Bertrams

Im folgenden sollen einige der relevantesten Ergebnisse der Studie "Student und Studentin heute - Veränderte spätadoleszente Entwicklungsbedingungen unter veränderten institutionellen und gesellschaftlichen Bedingungen 1968 und heute - Eine Delphi-Umfrage mit Expertinnen und Experten"[1] vorgestellt werden. Befragt wurden ExpertInnen, die in Psychotherapeutischen Beratungsstellen für Studierende (im folgenden abgekürzt mit PBS) arbeiten. Die meisten verfügen über langjährige therapeutische Erfahrung mit Studentinnen und Studenten. Die statistische Auswertung dieser Studie ist abgeschlossen. Ausführlich wird die Delphi-Studie in einer späteren Publikation vorstellt und diskutiert.

Der vorliegende Beitrag umfaßt drei Kapitel. Im ersten Kapitel skizziere ich das methodische Vorgehen, d.h. Fragestellung, Methoden- und Therapeutenauswahl. Schließlich schildere ich die Konstruktion des Fragebogens, d.h. Themenbereiche, Rating-Skalen und statistische Auswertung.

Im zweiten Kapitel diskutiere ich einige ausgewählte Ergebnisse. Ich werde Stellung beziehen zur Beurteilersicherheit und zum Meßgegenstand. Ich versuche, eine Antwort zu finden auf folgende Fragen: Mit welchen Problemen suchen Studierende die Beratungsstellen auf? - Sind Studierende heute narzißtischer? - Haben präödipale oder ödipale Störungen Vorrang? - Haben sich Geschlechtsrollen und -identitäten verändert? - Gibt es einen spezifischen Generationenkonflikt?.

Im dritten Kapitel findet der/die Leser/in eine Zusammenfassung und erste Schlußfolgerungen.

1. Die Delphi-Studie

Weiß man, daß die Delphi-Methode v.a. in der *Prognoseforschung* Verwendung findet (Frerichs und Kübler, 1980), wird die metaphorische Konnotation offensichtlich; wie ein 'Delphi-Orakel' erfaßt und systematisiert sie Expertenmeinungen zu einem bestimmten Problemkomplex. Die Delphi-Methode wurde 1951 in den USA von Olaf Helmer und Norman C. Dalkey in der

---

[1] Dies ist der Titel meiner Dissertation, die voraussichtlich 1993 abgeschlossen wird. Ich danke der Hans-Böckler-Stiftung, Düsseldorf, Studienstiftung des Deutschen Gewerkschaftsbundes, für die gewährte materielle und ideelle Förderung, ohne die ich die Dissertation nicht erstellen könnte. Die Arbeit wurde von M. Leuzinger-Bohleber und E. Mahler betreut.

Rand-Corporation entwickelt und dann jahrelang in den internen Studien des Instituts angewandt (Kocher 1976, S. 362). Die Forschergruppe kennzeichnet sie als "method of eliciting and refining group judgement" (Dalkey, 1969).

Im deutschen Sprachraum gilt sie als "Methode der Informationsgewinnung durch strukturierte Gruppenbefragung" (Albach 1970, S. 17).

Wer skeptisch ist, weil die Delphi-Methode bislang v.a. in wirtschaftswissenschaftlichen Studien Anwendung fand, den hoffe ich überzeugen zu können, daß sie sich auch für soziologische oder psychologische Themen eignet. Bevor ich die Delphi-Methode allgemein charakterisiere, möchte ich kurz die Fragestellung dieser Studie skizzieren.

1.1 Fragestellung

Die ersten Studentenberatungsstellen waren Ergebnis von Forderungen der Studentenbewegung und nahmen 1969 ihre Arbeit auf. Mit unserer Befragung wollten wir erfahren, wie die ExpertInnen *die kollektiven Unterschiede zwischen den beiden Studentengenerationen* - also die 68er und die heutige - einschätzen und gewichten. Wir baten also im Anschreiben zum ersten Delphi-Fragebogen um Meinungen zu folgenden Fragekomplexen:

"Hat sich die psychosoziale Situation und das Auftreten heutiger Studenten gegenüber der 68er Generation verändert?

Wie sehen die psychosozialen Veränderungen aus?

Wie wirken sich die Veränderungen aus in Beratungen, Psychotherapien, Psychoanalysen, also auf Anlaß, Themen, Diagnostik, Interventionen etc.?"

Auch das folgende Zitat wurde einem Schreiben entnommen, das die Projektleiter vorab versandt hatten. Es veranschaulicht die gewünschte Einstellung der ExpertInnen:

"Wir wissen, daß wir Ihnen ein anspruchsvolles Anliegen unterbreiten. Sie wissen, daß berufliches Erfahrungswissen auf komplexen, d.h. auch vor- und unbewußten Wahrnehmungsprozessen beruht. Daher ist es wichtig, daß Sie versuchen, die Fragen möglichst *spontan und intuitiv* zu beantworten, und vermeiden, ins Grübeln, d.h. in zu kontrolliertes Reflektieren zu kommen. Bei der zweiten Delphi-Runde sind bewußte Reflexionen funktionaler, dann z.B., wenn Sie Ihre spontanen Einschätzungen mit jenen der anderen ExpertInnen vergleichen.

Wir wissen auch, daß es sehr schwierig ist, sich eine Gesamtschau der beiden Studentengenerationen vor Augen zu führen, und dabei sowohl klinische als auch soziale Aspekte zu berücksichtigen. Bitte denken Sie jeweils an die von Ihnen *beratenen* Studentinnen und Studenten als Generation und versuchen Sie, einen *'fiktiven Generationenquerschnitt'* zu bilden."

Die Fragestellung ist theoretisch hoch komplex[2], denn es werden sowohl soziologische als auch psychologisch-psychoanalytische Wissensbestände

---

[2]Die Frage nach der Entstehung psychischer Störungen bei Studierenden bewegt sich zwischen den Dimensionen 1. idiosynkratische Frühsozialisation, 2. entwicklungsspezifische Konflikte und 3. gesellschaftliche Determinanten. Um dieser Fragestellung annähernd gerecht zu werden, mußte ich psychoanalytische Theorien über Spätadoleszenz ebenso aufarbeiten wie reichhaltig vorhandene soz.-wissenschaftl. Untersuchungen aus den Bereichen Hochschul-, Bildungs- und Berufsforschung. Außer der hier erwähnten Literatur waren besonders anregend

befragt. Außerdem wurde vorausgesetzt, daß das befragte Wissen unmittelbar präsent und bewertbar ist. Um das Erfahrungswissen einzelner PsychotherapeutInnen zur Veränderung spätadoleszenter Entwicklungsprozesse zu sammeln, zu systematisieren und bezüglich Konsens und Dissens statistisch zu explorieren, eignet sich die Delphi-Methode besonders gut, die ich nun allgemein charakterisieren möchte.

1.2 Charakteristika der Methode

Die Delphi-Methode ist eine "mehrphasige, schriftliche, anonyme Befragung ausgewählter Personen mit jeweiliger Bekanntgabe der Ergebnisse (statistische Auswertung, Argumente, Gegenargumente) der Vorrunde" (Kocher, 1976, S. 362). Durch die mehrfach wiederholte Expertenbefragung soll ein möglichst verläßliches Gruppenurteil gewonnen werden, um z. B. Prognosen zu formulieren. Nach Bamberger und Mair (1976, S. 81) ist die Delphi-Methode heute das meistgenannte Verfahren zur Entwicklung langfristiger, sozialer oder technischer Prognosen. Sie wurde in folgenden Bereichen angewandt: Zukunftsforschung (Helmer, 1967), Unternehmensplanung (Kocher 1976), Produktplanung (Bamberger/Mair, 1976), Regionalplanung (ebd.), politische Zielsetzung (Böhret, 1970, Alter, 1985) und Sozialindikatorenforschung (Werner, 1975, Alter und Muff, 1978). Die bereits erwähnte *prognostische Funktion* ist nur eine von vier möglichen; Bamberger und Mair (1976, S. 83) nennen darüber hinaus die *Kreativitäts-*, die *Bewertungs-* und die *Konsensbildungsfunktion.*

Ich will kurz die allgemeinen Merkmale der Delphi-Methode vorstellen: Die TeilnehmerInnen sollen ausgewiesen kompetent sein und während der Befragung anonym bleiben. Die Befragung wird mehrfach wiederholt. Ab der zweiten Runde gibt es ausführliche Daten-feedbacks. Deutschsprachige Wissenschaftler haben das zweite von Dalkey (1969) formulierte Merkmal, controlled feedback, weiter aufgeschlüsselt, und mein Vorgehen richtete sich weitgehend nach dem Schema von Albach (1970, S.17), Bamberger/Mair (1976, S. 81) und Kocher (1976, S. 362). Sie nennen übereinstimmend fünf Essentials der Delphi-Methode, die auch den Verlauf dieser Untersuchung charakterisieren:

1. Verwenden eines formalen Fragebogens;
2. anonyme Einzelantworten von ExpertInnen;
3. Ermitteln einer statistischen Gruppenantwort;
4. Informieren der Teilnehmer über die Gruppenantworten und
5. Wiederholen der Befragung.

Von üblichen Umfragen unterscheidet sich die Delphi-Befragung durch Iteration, d.h. daß die gleichen oder nur leicht veränderte Fragen über mehrere Runden gestellt werden. In der ersten Delphi-Runde wird das *unabhängige Expertenurteil* ermittelt. In Folgerunden werden die jeweiligen statistischen Durchschnittswerte an die Teilnehmerinnen und Teilnehmer übermittelt; das sind meist Median, Quartile sowie fakultativ Abweichungen, Argumente und Individualurteile. Die Expertinnen und Experten werden gebeten, unter Be-

Psyche, Heft 10 (1969), Moeller und Scheer (1974), Sommerkorn (Hg. 1981), Baethge/Schomburg/Voskamp (1983), Preuss/Lausitz (1983) und Fend (1991).

rücksichtigung der rückgekoppelten Informationen ihr Urteil erneut zu gewichten. So kommt das sogenannte *abhängige Expertenurteil* zustande. Die Anzahl der Befragungsrunden entscheidet sich nach wissenschaftsmethodischen und -ökonomischen Gesichtspunkten.

Die *Reliabilität* der Delphi-Methode wurde inzwischen in vielen empirischen Untersuchungen überprüft. Nach Durchsicht der entsprechenden Publikationen kommt schon 1976 Gisholt zu dem Schluß, daß der Methode ein hoher Grad an Reliabilität zugesprochen werden kann. Zudem steigt die Zuverlässigkeit mit der Größe der Expertengruppe. Bezüglich der *Validität* der Methode können kaum verläßliche Aussagen gemacht werden, denn sie kann bei bisherigen Delphi-Studien nur durch den Vergleich zwischen gestellter Prognose und eingetroffenen Trends und Ereignissen gemessen werden. Nach Gisholt (1976, S. 177) können jedoch folgende Faktoren als Indikatoren für die Gültigkeit der Delphi-Umfragemethode gelten:

- Qualität der Befragten;
- zeitliches Maß der Auseinandersetzung mit dem Gegenstand;
- Güte der Fragebogengestaltung;
- Ergebnisse von Selbsteinschätzung der Befragten;
- Ergebnisse von Kompetenzeinschätzung durch die Panel-Leitung;
- Nachbefragung;
- Ergebnisse von Cross- und Impact-Analysen.

Allein zwischen 1970 und 1984 wurden laut Dissertations Abstracts Database 660 auf der Delphi-Methode basierende Dissertationen registriert. Ich wies bereits darauf hin, daß die Delphi-Methode hauptsächlich in den Wirtschaftswissenschaften, hier v.a. im Bereich der Volkswirtschaft, vielfältige Anwendung fand. Dazu ein Beispiel: Im Jahre 1986 publizierte das Wirtschaftsprüfungs- und Forschungsinstitut Arthur Anderson und Co. in Zürich eine Delphi-Umfrage mit Finanzexperten. Diese Studie wird häufig zu Rate gezogen und z.B. in der Wirtschaftswissenschaftlichen Bibliothek der Universität Basel sehr häufig verliehen. Gefragt wurden Experten nach prognostizierten Entwicklungen des Schweizerischen Bankwesens in den nächsten 10 Jahren. Aber auch in der Sozialplanung ist die Delphi-Methode recht beliebt, denn sie ermöglicht, das umfangreiche Erfahrungswissen der PraktikerInnen 'vor Ort' für Ziel- und Bedarfsplanung nutzbar zu machen. Unter dem Stichwort Partizipation von Betroffenen wird sie beispielsweise auch im Handbuch der örtlichen Sozialplanung, herausgegeben vom Deutschen Verein für öffentliche und private Fürsorge (1986), empfohlen als "intuitives Prognoseverfahren mit Experten" (S. 473).

1.3. Zur Auswahl der Delphi-Methode für unsere Studie

Wie in der Einleitung zum vorliegenden Buch erwähnt, steht meine Untersuchung im Zusammenhang eines größeren Forschungsprojekts mit ähnlicher Fragestellung.[3] Neben theoriegeleiteten Inhaltsanalysen von psychoanaly-

[3]Bei konkreten Forschungsproblemen profitierte ich sehr von dem Wissen Frau Leuzinger-Bohlebers. Sie hatte früher bereits eine Delphi-Studie betreut, und zur Einführung konnte ich

tischen Fallberichten aus Literatur und aktueller Praxis sollte die Delphi-Studie dazu dienen, die klinisch-analytischen Beobachtungen zusätzlich zu evaluieren. Klinische Hypothesenbildungen zu möglichen Veränderungen spätadoleszenter Entwicklungsprozesse werden so emprisch hinterfragt bzw. abgestützt, empirisch im Sinne der "n- heads rule" (Dalkey, 1969 , S. 6).

Helmer und Dalkey, die 'Väter' der Delphi-Methode, verfolgten den an sich trivialen Grundgedanken, daß in 20 'Köpfen' - der befragten Delphi-Experten - mehr Wissen steckt als in einem allein. Alter und Muff (1978) relativieren:

"Wenn jedoch angenommen werden darf, daß in zwei Köpfen mehr richtige Information steckt als in einem Kopf, so muß auch angenommen werden, daß in zwei Köpfen mehr falsche Information steckt als in einem. Die "n-heads rule" ist daher nur brauchbar, wenn Wege gefunden werden, die es ermöglichen, die Wahrscheinlichkeit für den Output richtiger Information zu erhöhen, während gleichzeitig die Wahrscheinlichkeit für den Output falscher Information gesenkt wird. Helmer und Dalkey glauben, mit der Entwicklung der Delphi-Methode eine mögliche Lösung dieses Problems gefunden zu haben." (S. 292f)

Die Delphi-Studie sollte also Hypothesen hinterfragen bzw. stützen helfen, die auf aus Einzelfallstudien extrapolierten Erkenntnissen basieren. Bei klinischen Einzelbeobachtungen stellt sich immer wieder die Frage, inwiefern es sich um subjektive Eindrücke konkreter Personen (z.B. Psychotherapeuten) handelt, wie diese zu gewichten sind, inwieweit sie sich nur auf Einzelschicksale beziehen oder aber Ausdruck sind einer repräsentativ veränderten Spätadoleszenz. Über solcher Art "generalisiertes" und umfangreiches klinisches Wissen um adoleszente Entwicklungsverläufe, das auf detaillierten, indiosynkratischen Einzelfallstudien basiert, verfügen PsychotherapeutInnen, die erfahren sind in der Arbeit mit Studierenden.

Wie kann nun das reichhaltige Erfahrungswissen, das bei einzelnen Therapeuten - sei es un-, vor- oder bewußt - "gespeichert" ist, einer wissenschaftlichen Kommunikation erschlossen werden? Diese Frage hat weitgehende wissenschaftstheoretische Implikationen, die ich hier nicht weiter diskutieren kann (vgl. z.B. Tress, 1985, Leuzinger-Bohleber, 1989).

In unserer Studie wurde also klinisches Erfahrungswissen von psychoanalytisch orientierten Studententherapeutinnen und -therapeuten erfragt und evaluiert. Nun möchte ich unsere spezifische Studie vorstellen und beginne mit der Expertenauswahl.

1.4 Auswahl der befragten PsychotherapeutInnen

Da uns, wie gesagt, vor allem das in Einzelberatungen erworbene klinische Erfahrungswissen über Veränderungen spätadoleszenter Entwicklungsprozesse interessierte, suchten wir langjährig erfahrene Psychotherapeutinnen und -therapeuten. Ein wichtiger Referenzrahmen unserer Untersuchung ist zweitens die Kenntnis der psychoanalytischen Adoleszenztheorie, so daß wir uns weitgehend auf psychoanalytisch orientierte Psychotherapeutinnen und -therapeuten

mich weitgehend an den Vorarbeiten von Urs Alter und Anita Muff (1978) über "Soziale Indikatoren für depressives Verhalten" orientieren.

beschränken mußten.[4] Wir schrieben insgesamt 30 Expertinnen und Experten in der Bundesrepublik Deutschland, der Schweiz und Österreich an, überwiegend MitarbeiterInnen und LeiterInnen von Beratungsstellen. 23 sagten spontan ihre Teilnahme zu. Durch gezielte Auswahl der TeilnehmerInnen, mit umfangreichen Anschreiben und z.T. durch persönliche Ansprache versicherten wir uns der bestehenden Motivation und der zeitlichen Kapazität, mitzuarbeiten und waren erfreut, daß nur 7 Angeschriebene im Vorfeld absagten. Außerdem machten wir von Anfang an auf die geplante Gruppendiskussion anläßlich einer Tagung aufmerksam, die vom 24. - 26.4.92 an der Universität-Gesamthochschule Kassel stattfand mit dem Thema: "Realität und Phantasie - Gesellschaftliche Veränderungen und spätadoleszente Entwicklung bei Studierenden". Ich vermute, die Möglichkeit, in einem zweiten Schritt persönlich miteinander und mit uns zu diskutieren, wirkte ebenfalls motivationsfördernd.

8 TeilnehmerInnen zogen ihre Zusage nach Versand des 1. Fragebogens zurück, 3 Teilnehmer wegen aktueller zeitlicher Einschränkungen, eine Teilnehmerin gab keine Nachricht. 4 TeilnehmerInnen signalisierten z.T. methodische Vorbehalte, z. T. inhaltliche, beziehungsweise persönliche Schwierigkeiten beim Ausfüllen der Bögen.

Die Angaben über die empfohlene minimale Expertenbeteiligung variieren in der Literatur stark. Becker (1974, S. 34) schlägt 7 Personen vor, während Fussfelder und Foster (zit. ebd., S.12) mindestens 10 - 12 Teilnehmer empfehlen. Es gibt aber auch Umfragen mit über 1000 Teilnehmerinnen und Teilnehmern. An der Befragung nahmen schließlich 15 Therapeuten und Therapeutinnen teil, 12 aus der Bundesrepublik Deutschland und 3 aus der Schweiz.[5] In der ehemaligen DDR existierten keine psychonalytisch-orientierten Beratungsstellen, und wir mußten uns auf die ehemalige Bundesrepublik beschränken. Bei durchschnittlich 16jähriger, maximal 26jähriger Beratungserfahrung besteht an der hohen Kompetenz der Befragten kein Zweifel. Die beiden Teilnehmerinnen, die weniger als 4 Jahre in einer PBS tätig waren, studierten etwa um 1968 und konnten dieses Hintergrundwissen in ihre Beurteilungen einfließen lassen. Die Anzahl von 15 psychoanalytisch orientierten und erfahrenen Studententherapeutinnen und -therapeuten, die bei 23 definitiven Zusagen schließlich definitiv teilnahmen, ist gängig und kann durchaus als repräsentative Auswahl interpretiert werden.

[4]Von wenigen Ausnahmen abgesehen, waren die Erfahrungen mit nicht-psychoanalytisch orientierten BeraterInnen bei der Befragung negativ. Die Betreffenden gaben rasch zu erkennen, daß sie v.a. mit dem zweiten Teil der Befragung (5. Psychodynamische Einsichten) überfordert waren.

[5]Ich möchte an dieser Stelle den Teilnehmerinnen und Teilnehmern der Befragung nochmals herzlich für ihre Mitarbeit danken: Herrn Auchter, Aachen (früher PBS Freiburg), Frau Bakmann, PBS Zürich, Herrn Bohleber, Frankfurt/M (früher Leiter der PBS Tübingen), Frau Dumschat, PBS Kassel, Frau Klemm, PBS Zürich, Herrn Junker (früherer Leiter der PBS Kassel), Frau Leuzinger-Bohleber (früher Beratungsstelle des Instituts für Klin. Psychologie, Zürich), Herrn Mahler, Leiter der PBS Kassel, Frau Mohr, PBS Mainz, Frau Petersen, PBS Frankfurt/M, Herrn Ruhnau, Leiter der PBS Tübingen, Herrn Schraivogel, PBS Tübingen, Frau Seuster, PBS Konstanz, Frau Sperling, PBS Kassel, Herrn Teuwssen, Leiter der PBS Zürich, Frau Troje, PBS Frankfurt/M.

Mit durchschnittlich zwei bis drei Stunden pro Runde gestaltete sich die Bearbeitung der Fragebögen zeitlich sehr aufwendig. Die zahlreichen Anregungen, Kommentare, Anmerkungen in den Fragebögen spiegeln das hohe Engagement der TeilnehmerInnen. Daher war ich froh, daß der beabsichtigte Prozeß der Konsensbildung bereits in der zweiten Runde so weit fortgeschritten war, daß ich auf eine dritte Runde und damit auf zusätzliche kostbare Expertenzeit verzichten konnte. Die Befragten blieben während der Umfrage anonym. Negative psychologische Reaktionen, wie z.B. Dominanz bzw. Überanpassung, die nach Bamberger und Mair (1976, S. 82) in einer offenen Gruppendiskussion meist wirksam sind, wurden so vermieden. Am Ende unterrichtete ich über die anderen Teilnehmer und übergab einen umfangreichen Auszug aus der Gesamtauswertung.

Erfahrene Psychotherapeuten sind in ihrer Alltagspraxis gewohnt, individualpsychologische Evaluationen einzelner Beratungs- und Therapieabläufe zu präsentieren und diese mit Hilfe metapsychologischer Kategorien und Konzepte zu reflektieren. Sie sind meist weniger gewohnt, ihre professionellen Erfahrungen überindividuell zu bewerten und diese auch noch in Beziehung zu setzen zu soziopolitischen Veränderungen. Mit meiner empirischen Untersuchung betrete ich also Neuland. Es ist der Versuch, in einer stukturierten Gruppendiskussion festzustellen, ob - abgesehen von klugen wissenschaftlichen Einzeltheorien[6] - erfahrene Praktiker übereinstimmende Auffassungen vertreten über Art, Ausprägung und Ursachen der wahrgenommenen Veränderungen. Marianne Leuzinger-Bohleber und Eugen Mahler, die Gesamtprojektleiter, fokussierten in einem ersten Anschreiben an die Experten diese Problematik:

"Sie kennen alle das der Psychoanalyse inhärente Problem, daß wir uns dank unserer langen, intensiven Ausbildung und Berufserfahrung ein hochspezifisches klinisches Expertenwissen aneignen, aber oft zu wenig Zeit und Möglichkeiten haben, dieses Expertenwissen in Publikationen en detail zur Diskussion zu stellen und dadurch einem breiteren Fachpublikum zugänglich zu machen."

Dies war ein Ziel meiner Studie. Die meisten Experten waren durchaus froh über unseren Anstoß zu einer solchen Reflexion. Als Forscherin übernahm ich selbst eine 'Brückenfunktion' in der Kommunikation zwischen den klinischen Experten.

1.5 Konstruktion des Fragebogens

Der auf ausführlichen Literaturstudien basierende Fragebogenentwurf wurde in zwei Pretests geprüft und überarbeitet.[7]

Vorab möchte ich kurz den Fragebogenumfang und die Rücklaufquote thematisieren: Der erste Delphi-Fragebogen enthielt ca. 400 Fragen und 700

---

[6]Ein relativ berühmtes Beispiel ist die Theorie vom Neuen Sozialisationstyp von Thomas Ziehe (1975), s.u. Abschnitt: Sind Studierende heute narzißtischer?

[7]Für ihre Teilnahme an den Pretests danke ich Frau Gaertner, Frankfurt, Frau Ehlers, Lörrach, sowie den Studentinnen und Studenten des Seminars, das im Sommersemester 1991 an der Uni-Gesamthochschule Kassel im Rahmen des Forschungsprojekts '"Student und Studentin heute - Veränderte spätadoleszente Entwicklung unter veränderten institutionellen Bedingungen" stattfand.

Items und umfaßte 47 Seiten. Erfahrung mit empirischen Befragungen lehrt, daß auch bei hoher Absicherung mit einer gewissen 'Aussteigerquote' gerechnet werden muß. Das Ziel, ca. 2/3, d.h. mindestens 15 (= 65%) der Fragebögen zurückzuerhalten, wurde erreicht. Einen von 15 rückgesandten Bögen konnte ich leider nicht verwerten; er war nur zum Teil ausgefüllt.

Der zweite Delphi-Fragebogen war mit 54 Druckseiten etwas umfangreicher, denn im Anhang befand sich ein Auszug aus den vielfältigen Kommentaren und Anmerkungen der ersten Runde. Erfahrungsgemäß muß bei empirischen Befragungen auch in der zweiten Runde mit weiteren 'Abbrechern' gerechnet werden. Nach einem Erinnerungsschreiben Ende Februar kamen insgesamt 12 Fragebögen zurück, das sind 86 % der ersten Befragungsrunde.

In 1.5.1 werde ich die befragten Themenbereiche, in 1.5.2 die verwendeten Ratingskalen und in 1.5.3 die statistische Auswertung vorstellen.

1.5.1 Befragte Themenbereiche

Die Delphi-Befragung besteht aus zwei Teilen, einem sozialwissenschaftlichen und einem psychoanalytischen. Jeder Teil umfaßt etwa die Hälfte der 400 Fragen, das sind jeweils ca. 23 Fragebogenseiten. Als roter Faden des ersten Teils wurde der diagnostische Informationsprozeß nachempfunden, so wie er sich idealtypisch im Verlauf des Erstkontakts zwischen BeraterIn und KlientIn vollzieht : Anlaß, Phänomenologie, Fragen nach Sozialisationsbedingungen und nach psychosozialem Umfeld. Hier ein Überblick über den *sozialwissenschaftlichen Teil*:

1. Manifester und latenter Anlaß zum Aufsuchen der Beratung: Studienprobleme - Beziehungskonflikte - Psychosomatische Beschwerden;
2. äußere Erscheinung und Auftreten;
3. kollektive frühe Sozialisationsbedingungen: Mutter der frühen Kindheit - Vater der frühen Kindheit - Unmittelbare familiäre Umgebung - Sozioökonomische Faktoren - Sozialpädagogische Faktoren - Erziehungsstile;
4. soziales, institutionelles und ideologisches Umfeld Wohn- und Lebensform - Zugehörigkeit zu sozialen Gruppen - Wertewandel - sozioökonomische Situation - Institutionelle Situation an den Hochschulen - Stimulierung aggressiver Konflikte.

Im zweiten Befragungsbereich geht es um *psychoanalytische* Themen. Die Unterthemen richten sich weitgehend nach dem berühmten Hampstead-Index für Adoleszente, der von Anna Freud (1971) entwickelt und zunächst von Moses Laufer (1977) für die Entwicklungsphase Spätadoleszenz, dann von Leuzinger-Bohleber (1982) speziell für die Studentenberatung überarbeitet wurde. Zentral waren u.a. Fragen zu Identitätsbildungsprozessen in der Spätadoleszenz, angelehnt an die Überlegungen Bohlebers (1987, 1988). Hier die Übersicht:

5. Psychodynamische Einsichten

5.1 Frühinfantile TriebentwicklungLibidofixierung- Fixierung der aggressiven Triebentwicklung- Narzißtische Selbstwertregulation;

5.2 Niveau der Ich-Entwicklung - Sekundäre Ich-Autonomie - Haltung und Motivation,zu studieren - Geschlechtsidentität - Stuktur der Abwehrorganisation - Identifikationen mit ödipalen Substituten - Schwierige Affekte;

5.3 Über-Ich-Problematik
Präödipale Prägung - Ödipale Prägung - Ich-Ideal;

5.4 Objektbeziehung
Eltern - Partnerin oder Partner - Peer-group-Autoritäten;

5.5 Entwicklungsphase Spätadoleszenz - Experimentierfreudigkeit - Manifestationsformen - Aktivitätsniveau - Fähigkeit zu Passivität und Entspannung;

5.6 Diagnosestellung
Strukturell-diagnostische Erwägungen - Psychodynamische Faktoren- Spätadoleszente Identitätsbildungsprozesse - Diagnosen.

In diesem Aufsatz werden in erster Linie Ergebnisse aus den psychoanalytischen Teilen der Delphi-Studie referiert.

1.5.2 Zur Konstruktion der Rating-Skalen

Die Expertenurteile wurden auf meist uni-, manchmal bipolaren, 7stufigen Ratingskalen gewichtet (Bortz, 1984, S. 128f). Drei Beispiele sollen veranschaulichen, wie von uns gefragt und auf welche Weise die Befragten urteilen sollten. Der Leser bzw. die Leserin findet unten zunächst zwei Ratingskalen:

1. unter einer allgemeinen Frage fettgedruckt mit anschließender Frage nach der Urteilssicherheit über die Veränderungstendenz,
2. eine spezielle Frage.

Dann folgt unter 3. ein Beipiel für das skalierte Polaritätenprofil. Mit 0 wird die Skala gekennzeichnet, auf der der Eindruck von der ersten studentischen Beratungsgeneration (nach 1968) gewichtet wird, mit X der Eindruck von der heutigen Studentengeneration.

1. Manifester und latenter Anlaß zum Aufsuchen der Beratung

Hat sich der Anlaß, eine Beratung in Anspruch zu nehmen, generell verändert?

1-------2-------3-------4-------5-------6-------7
nicht sehr ein **mittel** eher sehr **sehr**
wenig **erheblich**

Wie sicher sind Sie sich in dieser Frage?

1-------2-------3-------4-------5-------6-------7
nicht sehr ein **mittel** eher sehr **sehr**
. **wenig** **erheblich**

2. Wie häufig waren Studienprobleme Thema?

0......1-------2-------3-------4-------5-------6-------7
nie sehr eher **mittel** eher sehr **immer**
selten **häufig**
X 1-------2-------3-------4-------5-------6-------7

3. Wie wirkten/wirken die beiden Studentengenerationen?

zurückhaltend 0 -3........-2........-1........0-------1-------2-------3 fordernd
sehr rel. eher **mittel** eher rel. sehr
zurückhaltend **fordernd**
zurückhaltend X -3........-2........-1........0-------1-------2-------3 fordernd

1.5.3 Statistische Auswertung

Aufgrund der vorhandenen Datenbasis in dieser Delphi-Studie werden die aufgestellten Hypothesen einer *explorativen Datenanalyse* unterzogen. Ich habe die Daten zunächst *deskriptiv* mit Hilfe stilisierter box-plots dargestellt.

Anhand eines Beispiels möchte ich dem Leser bzw. der Leserin die deskriptive Datenbasis und die Auswertungsart veranschaulichen. Hier zunächst die deskriptive Darstellung.

1.1 Wie häufig waren Studienprobleme Thema?

Schwierigkeiten mit Berufsperspektiven?

0 1-------2-------3-------4-------5-------6-------7
nie sehr eher mittel eher sehr immer
selten häufig
X 1-------2-------3-------4-------5-------6-------7

Festlegungsprobleme (Wahl- und Entscheidungskonflikte)?

```
0   1-------2-------3-------4-------5-------6-------7
    nie   sehr    eher   mittel   eher    sehr immer
          selten          häufig
X   1-------2-------3-------4-------5-------6-------7
```

Der mittlere Bereich findet sich markiert zwischen zwei Hochstrichen, i.e. das 25. und das 75. Percentil. In diesem Bereich liegen also 50 % aller Urteile, so daß 25 % aller Antworten jeweils links und rechts vom gekennzeichnetem Mittelpunkt, also vom Median, i.e. 50. Perventil, situiert sind. Die Pfeilspitzen markieren den Bereich zwischen dem extremsten Urteil und dem 10. bzw. 90. Percentil; manchmal fallen Extremwert und 10. bzw. 90. Percentil zusammen. Anschließend wurden die beiden Urteils-Verteilungen, die auf der 0-Skala oben und der X-Skala unten erkennbar sind, paarweise durchgetestet. Zur Erinnerung: 0 markiert das Urteil über die sogannte erste studentische Beratungsgeneration, X über die heute Studierenden. So wurde festgestellt, welche Veränderungen zwischen den beiden Generationen statistisch auffällig sind.

Aufgrund der Datenbasis konnten die erhobenen Veränderungen nicht mit statistisch strengen, also parametrischen Verfahren, untersucht werden. Der Wilcoxon-Test für gebundene Stichproben ist ein Verfahren, das nichtmetrische Daten auf Auffälligkeit testet (Claußß, G./Ebner, H., 1992). Bei explorativen Datenanalysen spricht man nicht von Signifikanz, sondern von Auffälligkeit (Lorenz, 1988).

Es ergab sich eine solche Fülle von Auffälligkeiten, daß wir sehr erstaunt waren. Allerdings muß bei der Interpretation gerade deswegen Vorsicht walten, oder, provokant formuliert: es scheint fast interessanter, die Daten zu betrachten, die *nicht* auffällig sind. Abschließend und überleitend zum 2. Kapitel ein

1.6 Erstes Fazit

In 1.2 nannte ich die vier Funktionen der Delphi-Methode. In unserer speziellen Studie standen 1. Informationsgewinnung und 2. Konsensbildungsfunktion im Vordergrund, jedoch wurden 3. auch kreative und bewertende Prozesse bei den PsychotherapeutInnen initiiert. Folgende Fragen implizieren 4. auch prognostische Aussagen:

Wie wirken sich aktuelle Hochschulstrukturen auf spätadoleszente Entwicklungsprozesse aus?

Wie wesentlich determinieren sie die Persönlichkeitsentwicklung?

Welche Folgen hat das für Arbeitsverhalten, Beziehungsmuster, etc.?

Als auffällig finden hier meist nur Daten Berücksichtigung, die dem Wilcoxon-Test bei einer statistisch strengen Irrtumswahrscheinlichkeit (p) standhielten, d.h. p ist immer kleiner als 0.01.

Wie in 1.5.3 referiert, kristallisierte sich auch bei strenger p-Norm statistisch eine Fülle eindeutiger Veränderungen zwischen den beiden Studentengenerationen heraus. Ich interpretiere diesen Sachverhalt als Indiz dafür, daß im Fragebogen fast nur wirklich relevante Themen behandelt wurden. Zweitens kann festgehalten werden, daß die Befragten die heutige Generation wohl tatsächlich anders erleben. Die Tatsache, daß es sich, wie gesagt, um eine repräsentative Auswahl psychoanalytisch orientierter und erfahrener Therapeutinnen und Therapeuten handelt, berechtigt zu der begründeten Annahme, daß die wahrgenommenen und beschriebenen Veränderungen auch stattgefunden haben.

2. Diskussion einiger ausgewählter Ergebnisse

In diesem Beitrag möchte ich einen ersten und hoffentlich interessanten Einblick in unsere Studie geben. Ich werde einige der wichtigsten Fragen herausgreifen und zusammenfassend interpretieren. Die Themen sind v.a. dem psychoanalytischen, weniger dem sozialwissenschaftlichen Teil der Studie entnommen. Selbstverständlich ist es an dieser Stelle nicht möglich, eine auch nur annähernd repräsentative Auswahl auffälliger Ergebnisse vorzustellen. Eine im strengen Sinne wissenschaftliche Darstellung verlangt, auf Daten basierende Ergebnisse und Interpretationen deutlich zu unterscheiden. Dem kann und will ich hier nur bedingt nachkommen. Auch würde die Lektüre schwerfällig, wenn ich alle referierten Feststellungen jeweils statistisch ausweisen würde. Eine detaillierte und umfassende Darstellung wird der Leser bzw. die Leserin in der geplanten Publikation finden (Bertrams, vorauss.1993).

2.1 Zur Beurteilungssicherheit

Jeweils zu Beginn eines Fragenkomplexes und am Ende des jeweiligen Themenabschnitts wurden die Teilnehmerinnen und Teilnehmer gefragt, wie sicher sie sich in der Urteilsgebung fühlten. Ein Beispiel für eine soche Anfangsfrage findet sich unter 1.5.2, in der zweiten Skala zur ersten Frage. Die den Themenbereich 1. abschließende Bewertungsskala sei an dieser Stelle veranschaulicht:

Beurteilen Sie, wie sicher waren Sie bei der Gewichtung der Variablen
1. manifester und latenter Beratungsanlaß?

1	2	3	4	5	6	7
nicht	**sehr wenig**	**ein**	**mittel**	**eher erheblich**	**sehr**	**sehr**

Allgemein kann festgehalten werden, daß die Beurteilungssicherheit, mit der die Befragten *generelle* Veränderungen annahmen, bei den allgemeinen Tendenzfragen meist ein wenig höher lag als bei den spezifizierenden Unterthemen, die nach Ausprägungen und Begründungen fragten. Es fiel den Befragten also leichter, pauschal erhebliche Veränderungs*tendenzen* anzunehmen als sie konkret zu verstehen, zu beschreiben und zu begründen.

Dies betonten einige der Befragten auch in der abschließenden Life-Diskussion am 24.4.92 in Kassel.[8]

2.2 Was wurde gemessen?

Aufgabe der Befragten war es ja, intergenerationelle Unterschiede zu beurteilen. Bei der Auswertung kann die Relevanz der *Therapeutenvariable* nicht hoch genug eingeschätzt werden. Die erste, die betonte, wie sehr sie sich selbst und ihre diagnostischen und therapeutischen Kenntnisse weiterentwickelt habe, war die Psychoanalytikerin und Leiterin der PBS Freiburg, Erika Krejci, eine der erfahrensten Studentenberaterinnnen, die zwar nicht an der Befragung, aber an der Life-Diskussion in Kassel teilnahm. Das folgende Verbatimprotokoll ist leicht gekürzt und der Schriftsprache angepaßt:

"Wie ist das Zusammenspiel zwischen Außeneinflüssen und innerer Verarbeitung? Ich denke, da liegt heute viel Unsicherheit. Da fragen wir viel intensiver nach und sind viel weniger selbstgewiß, daß wir das wirklich wissen. Wir sind als Psychoanalytiker viel weniger überzeugt, daß wir von einem Individuum mit inneren Strukturen ausgehen können, die zunächst einmal relativ autonom sind, und die allein das bestimmen, was hier und jetzt passiert. Daran glauben wir nur noch bedingt. Die Rolle von projektiven und introjektiven Prozessen scheint größer zu sein, als lange Zeit angenommen wurde. Entsprechend gilt in der Therapie unsere Aufmerksamkeit in verstärktem Maß der therapeutischen *Interaktion*, der Wechselwirkung zwischen dem Patienten und dem Therapeuten. Neben der Beachtung der Übertragung ist die Beachtung der Gegenübertragung für das Verständnis und die Formulierung wirksamer Interventionen absolut notwendig. (...)

Zwischen 1971 und 1992 liegen rund 20 Jahre. Ich war damals am Anfang meiner psychoanalytischen Ausbildung und habe angefangen, mir die klassische psychoanalytische Theorie zu eigen zu machen. Ich lag auf der Couch bei einem schweigsamen, "klassischen" Analytiker. Nach 20 Jahren habe ich mir eine Form von Psychoanalyse angeeignet und praktiziere sie auf eine Weise, die *meine* Psychoanalyse ist. Die Art und Weise, wie ich die Leute heute in ein therapeutisches Gespräch hole, ist ganz, ganz anders als vor 20 Jahren. Ich kann nicht bestätigen, daß die Leute weniger aggressiv sind. Wenn ich auf Ausweichen, Abwarten, passives Angebot entsprechend eingehe, führt das dazu, daß die Probleme im allgemeinen sehr schnell Konturen kriegen, weil ich die Studenten-Patienten aus solchen Schlupfwinkeln konfrontierend, erklärend oder deutend heraushole. Das hat mit der Art und Weise zu tun, wie ich diese Dinge heute sehe und konzeptualisiere."

Gemessen wurden also aktuelle *Einstellungs- und Wahrnehmungstrukturen*, Reflexionen und *Begründungsversuche* der ExpertInnen. Wenn ich dennoch erheblichen Erkenntnisgewinn, auch über heutige Studierende, sowie Repräsentativität reklamiere, dann v.a. aufgrund der folgenden Validierungskriterien

[8]Die Life-Diskussion wurde von Thomas von Salis, Zürich, koordiniert. Als Delphi-TeilnehmerInnen beteiligten sich: Frau Bakmann, Herr Bohleber, Frau Dumschat, Frau Leuzinger-Bohleber, Herr Mahler, Frau Mohr, Frau Sperling, Herr Teuwssen. Außerdem diskutierten mit: Herr Bürgin, Leiter der Psychiatrischen Poliklinik für Kinder und Jugendliche in Basel, Frau Hanwahr PBS Kassel, Frau Krejci, Leiterin der PBS Freiburg, sowie Herr Müller, PBS Kassel.

(Näheres dazu in 1.2 Charakteristika der Methode): Die Teilnehmerinnen und Teilnehmer sind 1. ausgewählt kompetent, 2. langjährig praxiserfahren, 3. engagiert, und 4. repräsentativ ausgewählt. 5. zählt auch die Qualität des Fragebogens.

Gegen die Studie kann man kritisch einwenden, sie dokumentiere eher eine psychoanalytische (dé-)formation professionelle, die als ihren Königsweg Gegenübertragung erforscht[9], und sie bezeuge exemplarisch die Neigung, eigene Theorien am Beratungs'objekt' (hier Student und Studentin) zu bestätigen. Man könnte weiter einwenden, die vorliegende Untersuchung sei methodisch unangemessen. Ich werde diese Einwände in der späteren Veröffentlichung ausführlicher würdigen.

Hier will ich festhalten: Immerhin *initiiert der nachträgliche Blick auf die sogenannte 68er Generation eine Perspektiventriangulierung zwischen BeraterInnen und heutigen Studierenden.* Die Perspektiventriangulierung unterstützte komplizierte und ungewohnte Distanzierungen vom Einzelfall und ermöglichte typisierende Bewertungen der heutigen Studentengeneration. Darüber hinaus wurde eine konsensbildende und kreative Gruppendiskussion geführt. Durch Art und Inhalt der Befragung entstand ein Bild der aktuellen PBS-Klienten und -Klientinnen, eine Art *fiktiver* Generationsquerschnitt. Allerdings sind die gewonnenen Einsichten nur sehr vorsichtig auf die Gesamtstudentenschaft 'hochzurechnen'. Nachträgliche Aussagen über die in den Folgejahren von 1968 Studierenden sind weder repräsentativ noch beabsichtigt.

Erfaßt wurde also, wie behutsam und differenziert die Befragten typische Probleme der heutigen StudentInnen bewerteten!

2.3 Ausgewählte Fragen

In diesem Abschnitt werde ich weitere relevante Ergebnisse unserer Studie referieren und interpretieren. Parallel dazu versuche ich, das sich verändernde psychoanalytische Theorieverständnis zu illustrieren und zu diskutieren.

Vorab einige generelle Ergebnisse der Studie: Bei konflikttheoretischen Überlegungen werden die Phänomene wie erhöhte Aggression, verstärkte Präödipalität und Schwierigkeiten bei der Ablösung vom Elternhaus betont. Es ist nicht weiter erstaunlich, daß die Diagnosen "narzißtisch-neurotische Persönlichkeitsstörung" (1.) und "Spätadoleszenzkrise mit Gefahr der Pseudoidentität" (2.) auffällig zugenommen haben. (Weiteres dazu in 2.3.2 und 2.3.3).

Es ist Konsens, daß interaktionelle, aber auch äußere Probleme, die im Gefolge spezifischer Entwicklungsaufgaben auftreten, wie Partnerwahl, Geschlechtsrollenübernahme und Berufs- und Weiterbildungsplanung, in Be-

[9] Ich fasse den Begriff Gegenübertragung etwas weiter als nur beschränkt auf die Reaktion des/der PsychoanalytikerIn auf die Übertragung des/der Analysanden/in und beziehe ihn auch auf Gruppen. Es war Devereux (1967), der in seinem Buch, Angst und Methode in den Verhaltenswissenschaften, das Phänomen Gegenübertragung wissenschaftstheoretisch erörterte. In allen, wie wir heute modern sagen, psychosozialen Wissenschaften fußt methodisches Vorgehen auch im Wunsch des Wissenschaftlers/der Wissenschaftlerin, die eigene Angst vor dem Untersuchungs'objekt', vor problematischen Wahrnehmungen, Themen, Vorgehensweisen zu reduzieren.

ratungen, Psychotherapien und -analysen eine große Rolle spielen. In *Ergänzung* zu klassischen psychoanalytischen Wissensbeständen werden heute Identitätsbildungsprozesse berücksichtigt und therapeutisch unterstützt. Tabu sind weder alltagsweltliche Themen noch Stukturierungshilfen (siehe z.B. auch Zitat von Frau Krejci in 2.2). Studierende zu beraten und zu therapieren, ist ein Bereich angewandter Psychoanalyse. Die hier tätigen Therapeutinnen und Therapeuten sind sehr bemüht, gesellschaftliche Veränderungen zu verstehen; sie denken sozialpsychologisch und reduzieren psychische Probleme nicht einseitig auf intrapsychische Aspekte. Nur eine Teilnehmerin, Frau Bakmann, PBS Zürich, schränkte in ihrem Abschlußkommentar ein: "Für eine psychoanalytisch orientierte Befragung sind mir zu viele Fragen soziologisch gerichtet, nach *äußerlichen* Faktoren."

2.3.1 Mit welchen Problemen kommen Studierende an die Beratungsstellen?

Autoritätsprobleme, "verklemmtes", d.h. ausgeprägt gehemmtes, sexuelles Erleben sind heute seltener Anlaß, eine Beratung aufzusuchen als in den Anfängen der Beratungsstellen. Statt dessen klagen Studierende heute oft über Einsamkeit, diffuse Unzufriedenheit, Identitätsprobleme, Leistungsdruck, Perspektivenmangel, Konkurrenzdruck. Ungelöste aggressive Konflikte geraten zunehmend in den Blick der Psychotherapeuten. Sie äußern sich z.B. in Trennungsunwilligkeit vom Elternhaus, Bindungsschwäche an PartnerInnen oder auch in der Unfähigkeit, für die eigenen Interessen zu streiten. Daß Konflikte mit Eltern und Erziehenden seltener offen und heftig ausgetragen werden, daß die familialen, aber auch die institutionalisierten Beziehungen scheinbar weniger objektal sind, betonte mehrfach der Leiter der PBS Zürich, Eugen Teuwssen, und warnte: "Daraus aber zu schließen, sie seien weniger objektal, wenn sie nur verdeckter objektal sind, daß ist eine Gefahr des (Delphi- A.B.) Fragebogens."

Gefühle der Ohnmacht werden in der Massenuniversität in einem Ausmaß mobilisiert, daß es erfreulich ist, wenn dennoch studentische Initiativen entstehen. Ein Beispiel war das bundesweit selbstorganisierte, neuntägige Seminar Studierender in Kassel. "Alles Lüge - Wie verändern sich unsere Wirklichkeiten?" - so nannten sie ihre "Insel selbstbestimmten Lernens", an dem auch namhafte DozentInnen kostenlos teilnahmen (siehe Bericht von Elke Bockhorst in der Frankfurter Rundschau vom 30.7.92). Eine Bielefelder Studentin beklagte sich sinngemäß, daß wegen falschverstandener Konkurrenz in den wissenschaftlichen Einzeldisziplinen kaum ein Dozent zu finden ist, der bereit wäre, eine interdisziplinäre Arbeit zu betreuen, und das sei doch so wichtig (ebd.). Es gibt sie also noch, die regen Studierenden, und ob man die heutige Generation generell als 'angepaßter' bezeichnen kann, darüber diskutierten auch in unserer Studie die ExpertInnen kontrovers. So markierte Frau Petersen, PBS Frankfurt/Main, die Tendenz, heutige Studierende für aggressiver oder angepaßter zu halten, als mögliche Projektionsneigung von Psychotherapeuten (ausführliches Zitat in der zweitletzten Passage des folgenden Abschnitts). Hingegen verallgemeierte Frau Mohr, PBS Mainz, die Tendenz zu aggressiverem Verhalten in der spätkapitalistischen Konkurrenzgesellschaft: "Mein Eindruck ist, daß die Gesellschaft insgesamt aggressiver im Durchsetzen von eigenen Interessen geworden ist."

Auf die noch zu differenzierende Aggressionsproblematik kann ich an dieser Stelle nicht näher eingehen. Festhalten möchte ich noch, daß sich die bei PsychotherapeutInnen erhöhte Fähigkeit zur Selbstwahrnehmung und -reflexion in unserer Studie immer wieder Bahn brach gegen die Versuchung, die heutige Studentengeneration zu pathologisieren, anstatt sie zu verstehen. Das gilt sowohl für die Antworten und Kommentare im Fragebogen als auch für die geführte Life-Diskussion.

2.3.2 Sind Studierende heute narzißtischer?

Die Ergebnisse unserer Delphi-Studie widersprechen der These, es gebe so etwas wie einen Neuen Sozialisationstyp, und damit einer pauschalen Etikettierung heutiger Studentinnen und Studenten als narzißtischer, selbstbezogener, egoistischer, weniger emanzipiert.

Galt Jugend bislang eher als aufmüpfig und unangepaßt, reklamierte erstmals die (erwachsene) Generation, die sich der Studentenbewegung zugehörig fühlte, Progressivität gegenüber der nächstjüngeren und befand, diese sei zu angepaßt. Diese These Thomas Ziehes (u.a. 1975) löste breite und kontroverse Diskussionen aus. Zwar distanzierte sich der Hauptautor und Pädagoge Ziehe bald selbst von seinem sogenannten Neuen Sozialisationstyp-Typ, abgekürzt NST, aber die Wellen der simplifizierenden Diskussion sind bis heute immer noch nicht ganz verebbt. Allerdings muß hier eingeschränkt werden, daß diese These, mit der ja die sogenannte Nullbock-Generation Ende der 70er Jahre beschrieben werden sollte, schon deshalb in bezug auf heute Studierende nur wenig aussagekräftig ist.

Auch die Argumente des Amerikanischen Soziologen Christopher Lasch (1986), der, bezogen auf die 80er Jahre, gar von einem narzißtischen Zeitalter spricht, sind nicht einfach von der Hand zu weisen. Jedoch gerät durch pathologisierende Zuschreibungen der Einfluß rasanter gesellschaftlicher und institutioneller Veränderungen in der Moderne allzu leicht aus dem Blick. Mit Verunsicherungen, Sinnkrisen, Wertewandel und gesteigerten Lebensrisiken (Beck, 1986) setzen sich nicht nur heutige Studierende auseinander. Als Stichwort mag die unmittelbar plausible Zunahme von Zukunftsängsten bei Kindern, Jugendlichen und auch StudentInnen, aufgrund bekannter politischer, ökonomischer und ökologischer Veränderungen, die allgemeine Verlängerung der Bildungsprozesse und mit diesen die Verlängerung der Adoleszenz als Lebensphase dienen.

Jedoch scheint es mir fragwürdig, daraus, wie Ziehe in der 70er Jahren, einen neuen Sozialisationstyp oder, wie Lasch in den 80er Jahren, gar einen neuen Sozialcharakter abzuleiten. Ob mit Hilfe quantitativer oder qualitativer Methoden - einiges spricht dafür, Theorien der Mühe einer empirischen Überprüfung zu unterziehen. Beschränkt auf *quantitative Forschungsansätze* unterstreicht z.B. auch der Jugendforscher Tippelt (1988) in Anlehnung an Hornstein (1985, S. 352f, zit. nach Tippelt):

Wissenschaftler seien "gut beraten, künftig auf publikumswirksame vereinheitlichende Generationsbilder zu verzichten, besonders wenn es sich um gehaltvolle, differenzierte und daher wissenschaftlich kritisierbare Studien handelt, die über Lebenslagen und soziale Orientierungen verschiedener Gruppen informieren". (178)[10]

Werden Gegenübertragungsphänomene nicht berücksichtigt, treten leicht unreflektierte Idealisierungen - bzw. als deren Kehrseite Abwertungen - des Forschungsobjekts oder der Eigenperspektive des Forschers zu Tage. Auf Idealisierungstendenzen wiesen TeilnehmerInnen der Delphi-Befragung immer wieder hin, einige kritisch-bezogen auf die eigene Neigung, die 68er Generation, der sie selbst angehören, zu idealisieren, andere kritisch-bezogen auf die Konstruktion des Fragebogens, in dem Idealisierungstendenzen auch nicht ganz auszuschließen waren. Dazu kommentierte freundlich-ironisch Herr Schraivogel, PBS Tübingen: "Manchmal denke ich, daß die damalige 68er Generation und solche, die gern dabei gewesen wären, die Untersuchung anregten und durchführen (?). Könnte eine Selbstidealisierung dieser Generation nicht eine große Rolle bei der trotzdem relevanten Fragestellung spielen?"

Schließlich relativierten viele Kommentare alle Aussagen, die auch nur im Entferntesten nach Pauschalurteil tönten. Die Feststellung, Studierende seien heute weniger aufmüpfig, kommentierte Frau Petersen, PBS Frankfurt: "Ich hatte das Gefühl, beim 2. Durchgang wesentlich unsicherer zu sein. Dies wurde mir besonders deutlich beim Thema Aggression. Ich habe nicht den Eindruck, daß die heutigen Studenten weniger aggressiv, im Sinne von angepaßt, sind. Ich glaube, daß die Aggression heute im Sinne von Projektion oder projektiver Identifizierung wirksam wird (der/die Therapeut(in) hat die Aggression). Das spielt natürlich auch beim Ausfüllen des Fragebogens eine Rolle, so daß das präödipale Entwicklungsniveau stärker zum Tragen kommt. Ob dies allgemein als kollektive Regression zu interpretieren ist, bleibt fraglich. Auch die Sichtweise der Psychoanalytiker in Richtung Präödipalität ist von Bedeutung. Zudem ist zumindest bei mir eine Idealisierung der 68er Generation vorhanden. Meine Idealisierung der eigenen 68er Generation geht sicher mit ein. Schwierigkeiten insbesondere bei Aggression versus Angepaßtheit. Die *heutigen Studenten sind nur scheinbar angepaßt, aber subtil aufsässig und aggressiv*." (Hervorhebung A.B.)

Unsere Studie belegt, daß zunehmend eine 'postmoderne Neurose' *angenommen* wird. In 2.3 sagte ich bereits, daß die Diagnosen 'narzißtisch-neurotische Entwicklungsstörung' sowie 'Spätadoleszenzkrise mit abgebrochener Identitätsentwicklung' auffällig häufiger gestellt werden. In einem kürzlich erschienenen Psyche-Aufsatz bezog auch der Psychoanalytiker und Soziologe Reimut Reiche (1992) eine optimistische Gegenposition zur Annahme eines neuen Sozialisationstypus. Er vertrat die Auffassung, "daß der Modernisierungsschub in den posttraditionalen Gesellschaften *nicht* zu einer Zunahme 'früher Störungen' führt. Eher läßt er das Potential 'früher Störungen' früherer Epochen unter seinem eigenen Namen auftreten und zu sich selbst kommen". (ebd., S. 1050, Hervorhebung, A.B.)

[10]Kürzlich erschien der umstrittene Versuch Reinhard Mohrs (1992), die Eigenheiten der sogenannten "78er" Generation pauschalisierend zu beschreiben und diese als Generation zu klassifizieren. Mohr betrachtet die "78er" als notorische "Zaungäste", die gegenüber der sogenannten 68er zu spät zur Revolution und gegenüber der 88er Generation zu früh kamen, um den aktuellen politischen Realitäten genügend Rechnung tragen zu wollen bzw. zu können.

Auch wenn ich Reiches Optimismus nicht ganz teilen und keine weiteren Einzelergebnisse referieren kann, schließe ich mich seiner Auffassung an: "Statt von einer Zunahme früher Störungen sollte man darum besser von den Risiken des Scheiterns von Lebensentwürfen bei erhöhtem gesellschaftlichen Zwang zur Individualisierung sprechen." (ebd S.1064)

Warum auf dem Hintergrund der gehäuften Diagnose 'Frühstörung' verstärkt präödipale Konflikte angenommen werden, durch welche Umstände diese eher mobilisiert oder auch nur wahrgenommen werden, auf diese Fragen versuche ich im folgenden Abschnitt erste Antworten zu finden.

2.3.3 Haben ödipale oder präödipale Störungen Vorrang?

Sowohl bezüglich der libidinösen als auch der aggressiven frühinfantilen Entwicklung stellten die Befragten eine auffällige Zunahme präödipaler Fixierungen einer Abnahme sogenannter ödipaler Konflikte gegenüber. Aber auch bei diesem Ergebnis ist nicht zulässig, *vorschnell* auf *wesenhaft* veränderte innerpsychische Konflikte zu schließen, ohne auch Veränderungen der psychoanalytischen Theorie und Praxis sowie der gesellschaftlichen Rahmenbedingungen zu berücksichtigen.

Die Dichotomie ödipal/präödipal ist zunächst einmal eine *begriffliche*. Als präödipal werden in der psychoanalytischen Literatur solche Konflikte bezeichnet, die im Kindesalter bis etwa 4 Jahren auf der oralen bzw. analen Entwicklungsstufe zu lokalisieren sind und vorwiegend in der Interaktion des Kindes mit der primären Bezugsperson, i.e. meist die Mutter, entstehen. Ödipale Konflikte ranken sich um die Triade, also um die Interaktion zwischen Kind, Mutter und Vater. In der neueren psychoanalytischen Säuglingforschung und in vielen klinischen Arbeiten wird der vorödipalen Triangulierung immer größere Bedeutung beigemessen (siehe z.B. von Klitzing, 1991). Heute besteht mehr Sensibilität für die komplexe Verschränkung präödipaler und ödipaler Faktoren bei der Genese neurotischer Störungen (Bohleber, 1982). Auf dem Hintergrund ihrer reichhaltigen praktischen Erfahrungen in Psychoanalysen stellt Anita Eckstaedt (1991) fest: "Die klassischen Neurosen mit einer Verdrängungssymptomatik, die um den Ödipuskomplex kreist, scheint es kaum mehr zu geben. Die ödipale Situation ist und bleibt aber der Wende- und Reifepunkt am Ende der frühen Kindheit mit dem Erwerb des Überichs durch Aufgabe der Objektbesetzung und folgenden Identifizierung mit dem Objekt sowie Desexualisierung und Sublimierung der übrigen libidinösen Strebungen, und so gehört sie auch heute in jede psychoanalytische Behandlung, nur daß die tragenden Voraussetzungen *vorher geschaffen* werden müssen." (ebd., S.31 Hervorhebung, A.B.)

Als Ursachen der heute veränderten Neurosestruktur führt sie einmal den gesellschaftlichen Wertewandel und zum zweiten verunsicherte Eltern an. Eine ähnliche Interpretation legt auch unsere Untersuchung nahe: Durch die existenziellen Erschütterungen in beiden Weltkriegen vollzog sich ein tiefgreifender *Wertewandel*. Erstaunlicherweise blieben die Fragen nach dem Stand der Verarbeitung des Nationalsozialismus in unserer Untersuchung statistisch-explorativ unauffällig. Ich interpretiere dies als Zeichen von Unsicherheit bei der Beurteilung der Problematik, denn die Reflexionsbereitschaft bei den ExpertInnen war allgemein sehr hoch. Es scheint immer noch schwierig zu sein, in anonymisierten Gruppendiskussionen Aufschluß zu gewinnen über die eher tabuisierten, psychosozialen Hintergründe des Nationalsozialismus.

Ich will noch anmerken, daß die im Gefolge der Studentenbewegung erreichten Verbesserungen des institutionalisierten und alternativen Erziehungswesens sich offensichtlich positiv auswirken. Sicher sind autoritäre Charakterzüge längst nicht verschwunden, und die pädagogische Alltagsrealität läßt viel zu wünschen übrig, aber überwiegend und schichtunspezifisch halten Erziehungsideale und -normen heute zu mehr Liberalität und Verständigung an. Frau Mohr, PBS Mainz, kommentierte: "Mein Eindruck: Tendenz von sehr rigidem Über-Ich zum flexiblen heute ist deutlich."

Verglichen mit der sogenannten 68er Generation haben es heute Studierende leichter, gesellschaftskritische und frauenfreundliche Wissenschaftsansätze einzufordern. Sie stoßen heute z.B. eher auf offene, wenn auch selbst verunsicherte Dozenten bzw. Dozentinnen, die die Auswirkungen der gegenwärtig rasanten gesellschaftlichen Veränderungen auch nicht abschätzen können und daher selbst weit entfernt davon sind, autoritäre 'letzte' Wahrheiten und Normen zu vertreten.

Immer wieder betonen die ExpertInnen, wie *verunsichert Eltern*, v.a. Mütter, aber psychisch oder auch physisch abwesende Väter, oft sind. Es besteht die Tendenz zur Eineltern-, d.h. meist mutterzentrierten Familie. Auch wenn sich, so ein weiteres Ergebnis unserer Studie, die Beziehungen v.a. von Mädchen zu ihren Vätern gegenüber der 68er Generation verbessert haben sollen, ist doch festzustellen, daß die Thematik des emotional wenig verfügbaren Vaters v.a. bei Jungen immer noch virulent ist. Der Frankfurter Psychoanalytiker Werner Bohleber erläuterte in der Life-Diskussion, daß es gerade bundesdeutschen Vätern, die der 68er Generation v.a. in Deutschland angehören, schwerfällt, Werte zu vermitteln, weil sie selbst noch im autoritär-faschistischen Geist erzogen wurden. Dies beeinflußte die Ich-Idealbildung bis in die dritte Generation.

Neben Wertewandel und Elternverunsicherung betont Eckstaedt weiter, daß Eltern oft neidisch sind auf scheinbar oder real bessere Lebensbedingungen ihrer Söhne und Töchter. Die *intergenerationelle Neidproblematik* hatte politisch v.a. im 20. Jahrhundert verheerende Folgen.[11] Dazu gibt Eckstaedt ein erschütterndes Beispiel: Bei der Kapitulation Berlins 1945 wurden 20.000 Jugendliche abgeordnet, das Olympiastadion zu verteidigen und zu sterben (a.a.O. 32). Ich möchte zwei weitere Beispiele hinzufügen: Die Volksrepublik China opferte sowohl in der 60er als auch Ende der 80er Jahre einen Teil der jugendlichen Intellektuellen ihren innenpolitischen Auseinandersetzungen; US-Amerikaner opferten, auch etwa im Zyklus zweier Dezennien, v.a. Unterschichtsjugendliche meist in Kriegen mit Drittweltländern.

Abschließend noch ein Beispiel aus unserer Untersuchung: Mütter, die nicht berufstätig sein konnten und dies bedauern, stellen für ihre Töchter, die sich zeitgemäß mit den Rollenanforderungen zwischen Familie und Beruf anders auseinandersetzen können und müssen, nicht nur kein Vorbild dar, sondern versagen aufgrund ihrer unbewußten Neidproblematik auch darin, die professionellen und damit auch die persönlichen Autonomiebestrebungen der Töchter zu unterstützen. So werden zeitgemäße Bestrebungen, das aktuelle

[11] Leider konnte die intergenerationelle Neidproblematik in unserer Studie nicht ausführlich ausgearbeitet werden.

Ideal, Familie und Beruf zu vereinbaren, behindert, und oft bleiben junge Frauen mit ihren Identitätsproblemen, ihren Ambivalenzen, ihren Schuldgefühlen allein. Bekanntlich vollzieht sich der positive Ausgang des Ödipuskomplexes bei Mädchen über die Identifikation mit der Mutter als sexueller Partnerin des Vaters. Ich vermute, daß die psychischen Prozesse durch die Identifizierung mit einer auch 'aushäusig' aktiven Mutter heute erleichtert werden. Die Anerkennung der Mutter in ihrer persönlichen Autonomie wiederum wird erleichtert durch einen hierin vorbildlichen und greifbaren Vater.

2.3.4 Haben sich Geschlechtsrollen und -identitäten verändert?

Während der Life-Diskussion anläßlich der Projekttagung in Kassel fragte der Leiter der PBS Kassel, Eugen Mahler, skeptisch, ob schließlich doch die "Welt am weiblichen Wesen genesen" werde. Auch wenn ich nicht davon ausgehe, so muß ich doch festhalten: Laut unserer Untersuchung verändern sich Studentinnen immer noch eher als ihre Kommilitonen. Sie setzen sich mit veränderten Rollenanforderungen aktiv auseinander. Studenten erscheinen verunsicherter, sie wirken auf Mahler tendenziell passiver und gehemmter als ihre 68er Vorgänger. Nun sind diese soziologischen Erkenntnisse ebensowenig neu (siehe auch Beck und Beck-Gernsheim, 1990) wie die psychoanalytische Kontroverse, ob Weiblichkeit nur als Mangel erfahren und ontologisch erst durch den Penisneid konstituiert wird. Die Delphi-ExpertInnen sind sich recht einig; auch sie meinen, daß innerpsychisch mit der Penisneidhypothese nicht die gesamte diffizile geschlechtliche Entwicklung erklärt werden kann.

Die in der Nachfolge Freuds vertretenen Konstruktionen von Weiblichkeit (Schlesier, 1981) sind, v.a. in den letzten zwanzig Jahren, häufig kritisiert worden, anfangs von psychoanalytisch interessierten Sozialwissenenschaftlerinnen (Dinnerstein, 1979, Hagemann-White, 1979, Chodoroff, 1985/87), zunehmend auch von PsychoanalytikerInnen (Cherazi, 1988, M. Mitscherlich, 1978, Benjamin, 1990, Rohde-Dachser, 1991, Fast, 1992). Mertens (1992) ist zuzustimmen, wenn er in seinem Buch "Entwicklung der Psychosexualität und der Geschlechtsidentität" feststellt, daß jenseits der Dekonstruktionen klassisch psychoanalytischer Positionen, differenzierte Erklärungsversuche der Geschlechtswerdung immer noch hypothetischen Charakter haben. Er findet, "daß die Entwicklung der Geschlechtsidentität aus moderner psychoanalytischer Sicht eine komplexe *Konstruktionsleistung* darstellt, in der ... kognitive Komponenten, ... Körperempfindungen, Interaktionserfahrungen mit Eltern (und Geschwistern), besonders die Einflüsse der bewußten und unbewußten Phantasien der Eltern und diverse Identifizierungen, die Sozialisationslinien der Objektbeziehungen, die psychosexuelle und Aggressionsentwicklung mit eingehen." (ebd., S.11, Hervorhebung A.B.).

In Abgrenzung zu soziologischen und kognitiven (Attributions-)Theorien und mit dem abschließenden Hinweis, daß Geschlechtsidentität selbstverständlich immer von gesellschaftlichen Vorgaben geprägt ist, fährt Mertens fort, daß "durch unbewußte Konflikte störanfällig ... die Geschlechtsidentität immer wieder neu 'errungen' werden muß. Dieses konflikthafte Geschehen schließt aber nicht aus, daß es in der psychischen Repräsentanzenwelt Spaltungsvorgänge gibt, so daß scheinbar widerspruchsfrei verschiedene geschlechtsrelevante Erfahrungen nebeneinander existieren können (z.B., ich weiß, daß ich eine Frau bin, gefühlsmäßig vage, 'irgendwie' fühle ich mich aber eher männlich)" (a.a.O. 50,51).

Es klang bereits an, daß Studentinnen aktiver im Konflikt zwischen Mutterschaft (Familie) und Beruf stehen und deshalb sehr gegensätzliche Verhaltensanforderungen mit ihrer Geschlechtsidentität in Einklang bringen müssen. Zunehmend wurden auch von unseren Befragten symptomatische Eßstörungen psychotherapeutisch behandelt. Während Adipositas in unserer Untersuchung unauffällig blieb, werden Anorexien seit den 50er Jahren (von Braun, 1985) und Bulimien seit den 70er Jahren gehäuft registriert. Anorektische Ersterkrankungen treten meist in der Adoleszenz auf, Bulimien oft erst in der Spätadoleszenz (von Essen, 1991). Ist Bulimie vielleicht die moderne Art der Freudschen Konversionshysterie der Jahrhundertwende? In seinem Buch mit dem Titel "Heißhunger" reflektiert Tilman Habermas (1989) umfassend die historischen, sozialpsychologischen und psychoanalytischen Bedingungen der Bulimia Nervosa[12]. Er kommt zu dem Schluß, die Bulimikerin symbolisiere somatisch die Schwierigkeit von meist spätadoleszenten Frauen, die unterschiedlichen persönlichen An- und Überforderungen aktuell normierter Weiblichkeit zu erfüllen. Dem postmodernen Emanzipationsmythos entsprechend muß eine Frau gleichzeitig beruflich erfolgreich, leistungsfähig, mütterlich, sexuell attraktiv, superschlank und jugendlich bleiben, und dies jeweils situationsadäquat und selbstgenügsam, oft ohne weibliche Vorbilder oder auch ohne partnerschaftliche Unterstützung. Erfüllt sie das tendenziell überfordernde moderne Frauensoll nicht vollständig, nagen an ihr erhebliche Selbstzweifel. Wie die Freß- und Brechanfälle müssen die Mühen der Emanzipation verheimlicht werden.

Nach wie vor wird im Wissenschaftsbetrieb die Forderung nach *Frauenforschung* und nach mehr Dozentinnenstellen erhoben. Insgesamt wurde positiv bewertet, daß zunehmend, wenn auch immer noch viel zu selten, Dozentinnen und Professorinnen als Vorbilder zur Verfügung stehen, an denen sich Studentinnen 'abarbeiten' können. Auch wenn wesentliche Anfangserfolge verzeichnet werden, scheint es Frauen immer noch schwerer zu fallen, ein professionell-wissenschafliches Ichideal herauszubilden und die Wissenschaftsdiskurse aus ihrer Perspektive nachhaltig zu prägen.

Daß die Motivation, *Sexualität* freier entfalten zu können, bei der Ablösung vom Elternhaus heutzutage nicht mehr die entscheidende Rolle spielt wie vor zwanzig Jahren, verwundert nicht angesichts der seit den 60er Jahren vollzogenen Lockerungen. Homosexuelle Beziehungen können heute offener gelebt und problematisiert werden. Offen bleiben hier so interessante Fragen wie: Korrespondiert sexuelle Befreiung mit Beziehungslosigkeit? Ist die Tendenz zu sexueller Libertinage wieder rückläufig? Ist die Krankheit Aids Ursache oder Symptom? Kritisch muß angemerkt werden, daß direkte Fragen über das Sexualverhalten, also *das* zentrale Thema im Geschlechterverhältnis, sowohl im Fragebogen als auch in den sonst zahlreichen Anmerkungen der Befragten

[12]Eine gute Zusammenfassung befindet sich in von Essen und Habermas (1989). Während von Braun (1985) in ihrem informativen Buch im Symptom Anorexie die letzte Bastion des Widerstandes gegen ein völliges Verschwinden des weiblichen Körpers und damit den neurotischen Aspekt der Auflehnung hypostasiert, vernachlässigt Habermas die Tatsache, daß sich in der Symptomatik Bulimie nicht nur ein Scheitern am aktuellen Emanzipationsideal ausdrückt, sondern ebenfalls eine, wenn auch neurotische, Rebellion dagegen.

unterrepräsentiert waren. Doch werde ich versuchen, auf diese Thematik in einer späteren Publikation ausführlicher einzugehen.

Bevor ich zur Zusammenfassung komme, will ich doch noch einmal kurz auf die sogenannte 68er Generation, also die erste Beratungsgeneration, zu sprechen kommen.[13]

2.3.5 Gibt es einen spezifischen Generationenkonflikt?

Können sich die sogenannten 68er von ihren Vorstellungen trennen, wie Jugend zu sein hätte? Die heutige Generation wurde z.B. durch die atomare Katastrophe von Tschernobyl, den Zusammenbruch des Realen Sozialismus, den Golf-Krieg und aktuell durch den Bürgerkrieg in Jugoslawien ähnlich tief, wenn auch anders, in ihren Wertsetzungen verunsichert wie ihre Elterngeneration durch den Zweiten Weltkrieg. Welches sind aktuell repräsentative Werte, die anzunehmen oder von denen abzugrenzen sich für die heutige Generation lohnte? Genau damit müssen sich auch die in den 40er und 50er Jahren Geborenen auseinandersetzen. In dieser Beziehung gibt es *keinen* spezifischen Generationenkonflikt. Aber es dürfte schwierig sein, sich mit Menschen auseinanderzusetzen, die selbst Progressivität reklamieren, ohne sich auch zu den eigenen Überzeugungen und Schwächen zu bekennen und das Erreichte in Frage stellen zu lassen. Vielleicht agiert die heutige Studentengeneration im Sinne einer Wiederkehr des Verdrängten Dinge aus, die die ihr vorausgegangene nicht gelebt hat, z.B: Bedürfnis nach Schutz und langer Schonung, den Wunsch, behütet zu sein und möglichst lange versorgt zu werden. Entziehen sich die sogenannten '68er' der Aufgabe, selbst als 'Autoritäten' zu fungieren? Wird hier Rivalität und *intergenerationelle Spannung* zur These verarbeitet, die heute Studierenden seien nicht fähig zur Auseinandersetzung, sie seien eben zu angepaßt?

An Massenuniversitäten ist es heute objektiv schwieriger, ein individuell-professionelles Ich-Ideal, z.B. als Wissenschaftler oder Wissenschaftlerin, im direkten Kontakt mit DozentInnen herauszubilden. Sicher gelang und gelingen diese Prozesse der aktiven Elite nach wie vor, aber wie immer kommen diejenigen zu kurz, die nicht der Elite angehören oder schwächer sind. Wenn die Befürchtung stimmt, daß immer mehr junge Erwachsene am Konkurrenz- und Individualisierungsdruck der modernen Risokogesellschaft scheitern (siehe dazu auch 2.3.2), dann könnte sich dies zu einem spezifischen Generationskonflikt zuspitzen. Darüber will ich aber an dieser Stelle nicht weiter spekulieren (vgl. 3.3).

Es steht fest, daß im 20. Jahrhundert die Schere zwischen biologischer, psychischer und sozialer Reife immer mehr auseinanderklafft. Adoleszenz als Entwicklungsphase wird immer bedeutsamer und differenziert sich phasenspezifisch aus (Blos, 1979). Warum dies nicht allein auf erhöhte psychosoziale Bildungsanforderungen, sondern auf klassenspezifische und intergenerationelle Spannungen, und zunehmend auch - so ergänze ich - auf internationale Verteilungskämpfe zurückzuführen ist, begründete schon Elias (1989): "Hand in Hand mit dem verlängerten Alter, einer Folge der gewachsenen physischen Sicherheit in relativ hochentwickelten Industriegesellschaften, geht eine

[13] Aus Gründen, die ich bereits in "2.2 Was wurde gemessen?" genannt habe, muß dies hypothetisch bleiben.

verlängerte Jugend. Sie ist gewissermaßen das Gegenstück zu der Schließung oder *Verengung beruflicher wie politischer Laufbahnkanäle* durch ältere, etablierte Generationen, ..." (ebd., S.351, Hervorhebung, A.B.)

Intergenerationelle Rivalität gestaltet sich in jeder Generation wieder anders. Ich frage mich, ob die etablierte Generation mit der These übergroßer Anpassung heute (Spät-)Adoleszenter nicht den Sprengstoff verleugnet, der in aktuellen materiellen und politischen Verteilungskämpfen schlummert, und zwar nicht nur regional und international, sondern auch intergenerationell, und das nicht nur schichtspezifisch. Symptomatisch und aktuell gehäuft drücken v.a. marginalisierte Jugendliche und junge Erwachsene ihre große Unzufriedenheit aus in lebensgefährlichen fremdenfeindlichen und faschistoiden Aktionen gegen Andersdenkende. Die Aktionen sind meist chaotisch, kurzlebig und delinquent. An dieser Stelle kann ich nicht über anwachsenden Rassismus und Ausländerfeindlichkeit eines Teils der heutigen bundesdeutschen Jugendlichen, geschweige denn über politische Lösungen nachdenken.

Wie versucht werden könnte, im ersten Schritt zumindest einige intergenerationelle *Verständigungsprobleme* zu überwinden, das dokumentieten die TeilnehmerInnen der Delphi-Studie - auch dann, wenn dies von Psychotherapeuten professionell erwartet wird - recht vorbildlich:

- Hinterfragen der eigenen Kategorien;
- Selbstreflexion, v.a. bezüglich Idealisierungen und Abwertungen;
- Anbieten verbindlicher Beziehungen;
- Ernstnehmen der spezifischen Identitätskonflikte in der späten Adoleszenz;
- Berücksichtigen der Dreigenerationenperspektive.

3. Erste Schlußfolgerungen und Zusammenfassung

Zum Abschluß dieses Beitrags möchte ich zunächst einige methodische Überlegungen (3.1) anstellen, um dann die in diesem Beitrag referierten Ergebnisse unserer Delphi-Studie (3.2) zusammenzufassen. In 3.3. findet der Leser bzw. die Leserin die Zusammenfassung meiner ersten theoretischen Schlußfolgerungen.

3.1 Methodologische Überlegungen

Aufgrund schriftlicher Rückmeldungen und mündlicher Mitteilungen der Befragten glaube ich sagen zu können, daß die meisten von unserer Gruppendiskussion profitiert haben, indem sie sich, was sehr anstrengend war, mit der hochkomplexen Fragestellung auseinandersetzten.[14]

Auf einige der methodischen Probleme habe ich bereits verwiesen (siehe z.B. 2.2), und ich will an dieser Stelle nochmals kurz theoretisch zusammenfassen:

In der psychoanalytischen Theoriebildung ist es generell schwierig, verallgemeinernde Aussagen über entwicklungs- und sozialpsychologische Sachver-

[14]Nachdem sie etwa 200 von 400 Fragen beantwortet hatte, dokumentierte eine Befragte die Mühe und entlastete sich, meinen Wortschatz erweiternd, mit dem Kommentar: "Da wird man ja lappedudelig!"

halte empirisch nachzuvollziehen. Unter empirisch verstehe ich hier erfahrungswissenschaftlich; dies umfaßt selbstverständlich auch qualitative und nicht allein quantitative, schon gar nicht nur streng statistische Verfahren. Infolge intensiver Schulung und spezieller Tätigkeit fällt es PsychoanalytikerInnen leichter, metatheoretische Aussagen aus Einzelfallschilderungen zu extrapolieren und im kollegialen Diskurs zu verifizieren. Auch scheint es eher zu gelingen, auf dem Hintergrund nicht überprüfter persönlicher Empirie theoretisch zu spekulieren, was ja auch lustvoll und gewinnbringend ist. Selbstverständlich geht es nicht darum, den Stellenwert von Einzelfallanalysen oder von metatheoretischen Überlegungen zu bestreiten. Dennoch stellt sich die Frage, inwiefern nicht auch empirische Methoden zu einer Überprüfung und Erweiterung psychoanalytischer Theorien beitragen können. Die Problematik einer Einigung auf intersubjektiv überprüfbare Kategorien, Urteile und Bewertungen zeigte sich auch in unserer Untersuchung: sie erscheint unausweichlich, sobald ein überpersonal anonymisiertes Meßinstrument, in unserem Fall ein differenzierter strukturierter Fragebogen, eingesetzt wird.

Ohne das hier weiter ausführen zu können, bin ich methodologisch zu der Auffassung gelangt, daß die Delphi-Methode vielfach überprüft ist und sich bewährt hat. Sie könnte als 'intuitive Methode' angesehen werden, mit deren Hilfe nicht nur bewußtes sondern auch vor-, vielleicht implizit auch unbewußtes Expertenwissen eruiert, gewichtet und diskutiert werden kann. In unserer Studie wurden die Expertenaussagen bei mittlerer Sicherheit mit mittlerer Präzision getroffen. V.a. wegen der Erfahrenheit der ExpertInnen und aufgrund der Qualität des Fragebogens können die Aussagen als im mittleren Grade repräsentativ gelten. Zu überlegen ist weiter, ob die Delphi-Methode, zumindest wie sie in unserer Studie angewandt wurde, im Zwischenbereich zwischen quantitativen und qualitativen Verfahren anzusiedeln wäre.

Ein wesentliches inhaltliches Fazit der Delphi-Studie, mit dem ich zur Zusammenfassung überleiten möchte, ist: *Die Grenzen zwischen innerer und äußerer Welt* werden von heutigen Studentenpsychotherapeuten nicht mehr so klar gezogen wie zu Freuds Zeiten. Im Zwischenreich von Realität und Phantasie angesiedelt, sind diese Grenzziehungen selbst Gegenstand von Psychoanalysen, Psychotherapien bzw. psychoanalytischen Beratungen. Ohne Bezug zur sozialen Welt, ohne Realitätsbegriff gibt es keine Psychoanalyse. Die Verschränkung von innerer und äußerer Welt zu analysieren, wirft wissenschaftstheoretische und -praktische Probleme auf. Die Delphi-Methode hat sich als nützliches Instrumentarium erwiesen, sich u.a. diesem Problem anzunähern.

3.2 Zusammenfassung

a) Die psychoanalytischen Studentenberater haben sich verändert. Die Expertinnen und Experten näherten sich vorsichtig dem Versuch einer psychosozialen Typisierung heutiger Studierender. Dabei half ihnen die Fähigkeit zur Selbstreflexion, die sie professionell erworben haben und auf einem hohen Niveau betreiben.

b) Der Fragebogen enthielt offensichtlich viele relevante Fragen. Mit Hilfe der Iteration wurde eine strukturierte Gruppendiskussion geführt. Dabei kam es zu erstaunlich vielen konsensuellen Urteilen. Vermittelt über die Wahrnehmungen der Therapeutinnen und der Therapeuten, wurden typische Verhaltens-

und Einstellungsänderungen heute Studierender deutlich. Ursachenbestimmungen blieben auch in der abschließenden Life-Diskussion diffizil und müssen dem weiteren Diskurs überlassen bleiben.

c) Die extensive Konsensbildung der Delphi-Befragung wurde thematisch hinterfragt und vertieft bei der Gruppendiskussion während der Tagung. So konnte ein wissenschaftsmethodisch interessanter Diskurs von ExpertInnen geführt werden.

d) Die psychoanalytische Theoriebildung berücksichtigt soziale Prozesse zunehmend sensibler. Die zweiphasige psychosexuelle Entwicklung, zunächst in der (frühen) Kindheit, dann in der Adoleszenz, wird ernstgenommen. Für die Phase der Spätadoleszenz werden spezielle Identitätsbildungsprozesse fokussiert. Psychoanalyse behauptet sich in einem ihrer Anwendungsgebiete, der Studentenberatung. Notwendige Modifikationen des klassischen Settings und der Technik sind die Folge.

e) Die Delphi-Studie zeigt, daß heute Studierende nicht nur Produkte ihrer Frühsozialisation sowie ihrer entwicklungsspezifischen Konflikte sind, was sich entsprechend in der Identitätsbildung niederschlägt, sondern daß bei Wandlungen von Identitätsbildungsprozessen ebenfalls die veränderte institutionelle, v.a. also die Hochschul-Situation, berücksichtigt werden muß. Während Problem- und Konkurrenzdruck auf (Spät-)Adoleszente eher anwächst, vermißten die Befragten bei ihren KlientInnen übereinstimmend klare Ablösungs- und Abgrenzungsversuche, sowohl gegenüber den Eltern als auch gegenüber Autoritätspersonen.

f) Andererseits beklagten die Delphi-TeilnehmerInnen mehrfach die *mangelhafte wissenschaftliche Qualifizierung* heute Studierender. Frau Seuster, PBS Kontanz, pointierte in einem ihre Kommentare: "Die Universitäten vermitteln kein *Ich-Ideal* mehr." Vielen Studierenden fehlt Betreuung durch DozentInnen, d.h. greifbare Vorbilder, an denen sie sich 'abarbeiten', also identifizieren und abgrenzen können. Darunter leidet auch die inhaltliche Identifizierung mit universitär vermittelten Berufsbildern. Die Freude an der eigenen Leistung nimmt ab, wenn sie niemand mehr wertschätzt oder aber auch relativiert. Auf diese Weise wird auch der von Spätadoleszenten notwendig zu leistende Prozeß behindert, noch bestehende Größenphantasien an der Realität zu messen und so zu relativieren. Passivität und Lustlosigkeit greifen um sich und werden einseitig den Studierenden angelastet.

g) Sieht man einmal von spontanen Aktionen ab, wie sie z.B. 1991 durch den Golfkrieg ausgelöst wurden, äußern Studierende heute ihre Unzufriedenheiten und Zukunftängste eher verhalten, selten aber kollektiv und beharrlich. Trotz vermehrter gesellschaftlicher und institutioneller Probleme entsteht wenig hoffnungsvolle und kontinuierliche Gegenbewegung.

h) Unbestritten ist die aktuelle Situation von Studierenden und DozentInnen entscheidend geprägt durch das bereits mehrfach erwähnte Phänomen 'Massenuniversität'. Überfüllte Hörsäle, 'überlaufene' DozentInnen sowie mehrfachbelastete Studierende scheinen mir die feststellbaren 'Motivationseinbrüche' der Hochschulangehörigen jedoch nicht hinreichend zu erkären. Wie werden die objektiven Probleme subjektiv verarbeitet? Wo werden sie kommuniziert?

Bevor ich in 3.3 erste theoretische Schlußfolgerungen aus der Studie ziehe, will ich einige persönliche Eindrücke schildern, die keinen Anspruch auf Repräsentativität erheben.

In einigen persönlichen Gesprächen konnte ich die These diskutieren, die Universitäten vermitteln nur (noch) wenigen Studierenden ein wissenschaftliches Ich-Ideal bzw. ein basales professionelles Rollenverständnis. So stellte ich dieses Ergebnis einer Gruppe von StipendiatInnen der Hans-Böckler-Stiftung vor. In der anschließenden Diskussion schilderten einige die verbreitete resignative Haltung ihrer KommilitonInnen. Die immer wieder zitierte Aussage: 'Das bringt ja doch nichts!' wirke auch auf die Optimistischeren und Engagierteren demotivierend. Aber auch DozentInnen, die sich für meine Arbeit interessierten, beklagten sich im Gespräch über persönliche Verunsicherung im Umgang mit Studierenden. Ein engagierter Germanistikdozent äußerte, er wisse nicht mehr, wie er das Gros seiner StudentInnen fachlich interessieren könne. Herrscht Verdrossenheit und Ohnmacht vor? Ich kann hier auf subjektive Verarbeitungsmuster nicht weiter eingehen. Abschließend sollen typische objektive Veränderungstendenzen beschreibend zur Diskussion gestellt werden.

3.3 Erste theoretische Schlußfolgerungen

International sind Hungersnöte, Bürgerkriege, Flüchtlingsbewegungen Ausdruck sich zuspitzender materieller und politischer Verteilungskämpfe. National variierend verengen sich berufliche und politische Laufbahnkanäle. Gegenwärtig verschafft sich die Unzufriedenheit, wie schon gesagt, meist marginalisierter, junger Erwachser v.a. regressiv Luft. Studierende verfügen von jeher über bessere Ressourcen als andere Jugendliche; sie kompensieren die Defizite noch mit erhöhter Eigenanstrengung. Zum Teil durchaus erfinderisch, setzen sie den erhöhten Leistungsdruck in Mehrfachqualifizierungen um. Die Berufsplanung heute Studierender trägt schon im Erstentwurf verlängerten Bildungsanforderungen Rechnung. Karriereplanung ist als Gesamtpersönlichkeitstraining konzipiert und umfaßt Grundstudium, Zusatzberuf, Zweitstudium, Weiterbildungsentwürfe und Persönlichkeitsentwicklung. Jedenfalls gilt dies für die Erfolgreichen. Für die anderen wird professionelle Planung umso schwieriger und diffuser und vollzieht sich bestenfalls nach der Devise: "Jetzt mach' ich erstmal das, dann seh' ich weiter." So verlängert sich nicht nur der Ausbildungsweg, sondern insgesamt die Entwicklungsphase Spätadoleszenz, was wiederum zurückwirkt auf die intra- und interpsychische Entwicklung. *Intergenerationelle Konflikte werden zeitlich vertagt.* Auch Studierende suchen vermehrt inividualisierte Konfliktlösungen und werden z.B. fündig auf dem expandierenden Markt psychotherapeutischer Angebote, der eine zeitlang persönliches Gleichgewicht, Kompetenz und Potenz verspricht. Sicherstellung des Lebensunterhalts, mehrgleisige Professionalisierungsanstrengungen und Beschäftigung mit sich selbst ersetzen oft selbstbewußtes politisches Denken und Handeln, und das nicht nur bei Studierenden. Ob der eigene Lebensentwurf überhaupt gelingt oder scheitert, erweist sich nicht mehr nur bei höchstqualifizierten Männern und Frauen, z.B. SpitzenpolitikerInnen oder ProfessorInnen, erst etwa in der Lebensalterspanne zwischen 30 bis 45 Jahren. Ein gelungener Ausgang der Spätadoleszenz ist abhängig von quantitativ mehr, qualitativ immer weniger planbaren inneren und äußeren Faktoren. So werden einerseits Identitätsprobleme individuell vielfältiger, andererseits nimmt der Generationenkonflikt neue Formen an. Ob er gänzlich verschwindet oder 'nur' vertagt wird - diesen Fragen werde ich an anderer Stelle nachgehen.

Literatur

Albach, H. (1970): Informationsgewinnung durch strukturierte Gruppenbefragung - Die Delphi-Methode. Zeitschrift für Betriebswirtschaft (Ergänzungsband) 40. Jahrgang, 11-26.

Alter, U. (1985): Zielkonflikte im Unternehmen Rundfunk - Eine empirische Untersuchung zum Schweizer Fernsehen. Hamburg: Bredow-Institut.

Alter, U./Muff, A. (1978): Soziale Indikatoren für depressives Verhalten - Eine methodologische Studie. Zürich (unveröffentlichte Lizenziatsarbeit an den Instituten für Soziologie und Psychologie der Universität Zürich).

Anderson, A. und Co. (1986): La place financiere suisse: perspectives, défis, chances: une enquête Delphi sur le développement du secteur bancaire suisse au cours des dix prochaines années. Zürich, Genf (Selbstverlag).

Baethge, M./Schomburg, H./Voskamp, U. (1983): Jugend und Krise - Krise der aktuellen Jugendforschung - Forschungsberichte des soziologischen Forschungsinstituts (SOFI). Göttingen, Frankfurt/Main: Campus.

Bamberger, I./Mair, L. (1976): Die Delphi-Methode in der Praxis, in: Management International Review, 16 (2), 81 - 91.

Beck, U. (1986): Risikogesellschaft, Frankfurt/Main: Suhrkamp.

Beck, U./Beck-Gernsheim, E. (1990): Das ganz normale Chaos der Liebe. Frankfurt/Main: Suhrkamp.

Becker, D. (1974): Analyse der Delphi-Methode und Ansätze zu ihrer optimalen Gestaltung. Frankfurt/Main: Deutsch.

Benjamin, J. (1990): Die Fesseln der Liebe - Psychoanalyse, Feminismus und das Problem der Macht, Frankfurt/Main: Stroemfeld.

Blos, S. (1979): The Adolescent Passage. New York: Int. Univ. Press.

Blos, S. (1983): Adoleszenz - Eine psychonalytische Interpretation. Stuttgart: Klett.

Böhret, C. (1970): Entscheidungshilfen für die Regierung - Modelle, Instrumente, Probleme. Opladen: Westdeutscher Verlag.

Bohleber, W. (1982): Spätadoleszente Entwicklungsprozesse. Ihre Bedeutung für Diagnostik und psychotherapeutische Behandlung von Studenten. In: Krecji, E./Bohleber, W. (Hg.) Spätadoleszente Konflikte. Göttingen: Vandenhoeck u. Ruprecht.

Bohleber, W. (1987): Die verlängerte Adoleszenz - Identitätsbildung und Identitätsstörungen im jungen Erwachsenenalter. In: Jahrbuch der Psychoanalyse 21, Stuttgart: Frommann und Holzboog, 58-84.

Bohleber, W. (1988): Spätadoleszente Identitätskonzepte. Unveröffentlichter Anhang zu Bohleber (1987): vgl. oben.

Bohleber, W./Leuzinger-Bohleber, M. (1981): Narzißmus und Adoleszenz. In: Psychoanalytisches Seminar Zürich (Hg.): Die neuen Narzißmustheorien: Zurück ins Paradies? Frankfurt/Main: Syndikat, 125-138.

Bortz, J. (1984): Lehrbuch der empirischen Forschung für Sozialwissenschaftler. Berlin, Heidelberg, New York, Tokio: Springer.

Bortz, J. (1989): Statistik für Sozialwissenschaftler. Berlin, Heidelberg, New York, Tokio: Springer.

Braun, Ch. von (1985): Nicht ich - Ich nicht - Logik, Lüge, Libido. Frankfurt/Main: Verlag Neue Kritik.

Bürgin, D. (1980): Spätadoleszenz und Autonomie. In: Psyche 34, Stuttgart: Klett, 449-464.

Cherazi S. (1988): Zur Psychologie der Weiblichkeit - Ein kritischer Überblick. Psyche 42, 307 - 327.

Chodoroff, N. (1985): Das Erbe der Mütter - Psychoanalyse und Soziologie der Geschlechter. München: Frauenoffensive.
Chodoroff, N. (1987): Psychoanalyse und Psychoanalytikerinnen - Der Beitrag der Frauen zur psychoanalytischen Theorie. In Psyche, 9, 800-831.
Clauß, G./Ebner, H. (1992): Statistik für Soziologen, Pädagogen, Psychologen, Mediziner. Thun, Frankfurt/Main: Harri Deutsch.
Dalkey, N. C. (1969): The Delphi-Method III - An Experimental Study of Group Opinion. Santa Monica: Rand Corporation, S. 3948f.
Deutscher Verein für öffentliche und private Fürsorge (Hg. 1986): Handbuch der örtlichen Sozialplanung, Schrift 265. Frankfurt/Main (Eigenverlag). 473ff.
Devereux, G. (1967): Angst und Methode in den Verhaltenswissenschaften. Frankfurt/Main: Suhrkamp.
Dinnerstein, D. (1979): Das Arrangement der Geschlechter. Stuttgart: Klett.
Eckstaedt, A. (1991): Die Kunst des Anfangs - Psychoanalytische Erstgespräche. Frankfurt/Main: Suhrkamp.
Elias, N. (1989): Studien über die Deutschen. Frankfurt/Main: Suhrkamp.
Essen, C. von (1991): Adolescent Inividuation Conflicts in Anorexia Nervosa and Bulimie Nervosa. Unveröffentlichtes Manuskript eines Vortrags anläßlich der 2. Tagung des European Council of Eating Disorders vom 24. - 25.10.1991 in Leuven, Belgien.
Essen, C. von,/Habermas, T. (1991): Hysterie und Bulimie - Ein Vergleich zweier ethnisch-historischer Störungen. In Kämmerer,A./Klingenspoor, B. (Hg.): Bulimie - Zum Verständnis einer geschlechtsspezifischen Eßstörung. Stuttgart Berlin, Köln: W. Kohlhammer.
Fast, I. (1992): Von der Einheit zur Differenz - Psychoanalyse der Geschlechtsidentität. Berlin, Heidelberg, New York: Springer.
Fend, H. (1991): Identitätsentwicklung in der Adoleszenz - Lebensentwürfe, Selbstfindung und Weltaneignung in beruflichen, familiären und politisch-weltanschaulichen Bereichen. Bern, Stuttgart, Toronto: Huber.
Fischer, A./Fuchs, W./Zinnecker, J. (1985): Jugendliche und Erwachsene '85: Generationen im Vergleich. Hg. vom Jugendwerk d Dt. Shell, Leverkusen: Leske und Budrich, Bd 1-5.
Frankfurter Rundschau (30.7.1992): Studium in den Ferien, Referenten ohne Honorar - Ein Modell zum Nachahmen: Studenten aus verschiedenen Disziplinen organisieren sich ein Seminar, von Elke Bockhorst, 6.
Frerichs W./Kübler K. (1980): Gesamtwirtschaftliche Prognoseverfahren. München: Vahlen.
Freud, A. (1971): Wege und Irrwege der Kinderentwicklung. Bern: Huber.
Fuchs, W. (1988): Methoden und Ergebnisse der qualitativen Jugendforschung. In: Krüger Heinz-Herrmann (Hg.).
Gisholt, O. (1976): Marketingprognosen unter besonderer Berücksichtigung intersubjektiver Befragungsmethoden. Bern: Haupt.
Habermas, T. (1989): Heißhunger - Historische Bedingungen der Bulimia Nervosa. Frankfurt/Main: Fischer.
Hagemann-White, C. (1979): Frauenbewegung und Psychoanalyse. Frankfurt/Main: Stroemfeld.
Helmer, O. (1967): 50 Jahre Zukunft - Bericht über eine Langfrist-Vorhersage für die Welt der nächsten fünf Jahrzehnte. Hamburg: Mosaik.
Huber, L. (1991): Sozialisation an der Hochschule. In: Hurrelmann, K./Uhlig, D. (Hg.): Neues Handbuch der Sozialisationsforschung. Weinheilm: Beltz.
Jugendwerk der Deutschen Shell, Hg. (1983): Näherungsversuche Jugend '81. Opladen: Leske und Budrich.
Klitzing, K. von (1991): Die Frühentwicklung der Eltern-Kind-Triade In: Schweizerische Gesellschaft für Psychotherapie: Psychoanalyse und Säuglingsforschung, Bulletin Heft 5. Zürich, Olten: Selbstverlag.
Kocher, G. (1976): Ein zweckmäßiges Prognoseverfahren für die Unternehmensplanung: Die Delphi-Umfrage In: Management-Zeitschrift 45, 362-364.

Krappmann, L. (1982): Soziologische Dimensionen der Identität. Stuttgart: Klett.

Krejci, E./Bohleber, W. (Hg.) (1982): Spätadoleszente Konflikte - Indikation und Anwendung psychoanalytischer Verfahren bei Studenten. Göttingen: Vandenhoeck und Ruprecht

Krüger, H. (Hg.) (1988): Handbuch der Jugendforschung. Leverkusen: Leske und Budrich.

Krüger, H.J./Manciewski, I. F./Steinmann I. (1982): Studentenprobleme - Psychosoziale und institutionelle Befunde. Frankfurt/Main.

Lasch, Ch. (1986): Das Zeitalter des Narzißmus. München: Deutscher Taschenbuch Verlag.

Laufer, M. (1977): Assessment of Adolescent Disurbances - The Application of Anna Freuds Profile (1965). In: Eissler, R./Freud, A./Kris, M./Solnit, A.: Psychoanalytic Assessment - The Diagnostic Profile. London: Yale University Press.

Leuzinger-Bohleber, M. (1982): Indikation psychotherpeutischer Verfahren bei Studenten. In: Krejci/Bohleber (Hg.), vgl. oben.

Leuzinger-Bohleber, M. (1987): Veränderung kognitiver Prozesse in Psychoanalysen. Bd. 1: Eine hypothesengenerierende Einzelfallstudie. Berlin, New York: Springer.

Leuzinger-Bohleber, M. (1989): Veränderung kognitiver Prozesse in Psychoanalysen. Bd 2: Fünf aggregierte Einzelfallstudien. Ulm: PSZ Verlag.

Leuzinger-Bohleber, M./Garlichs, A. (1991): Lehrerausbildung für die Arbeitslosigkeit. Spätadoleszente Identitätsbildungsprozesse unter erschwerten Berufsperspektiven. In: Frankfurter Arbeitskreis für psychoanalytische Pädagogik. Hg: Jahrbuch der psychoanalytischen Pädagogik, 3. Mainz: Matthias-Grünewald.

Linstone, H.A./Turoff, M. (Hg.) (1975): The Delphi-Method - Techniques and Applications. Reading (Mass.): Addison-Wesley.

Lorenz, R. J. (1988): Grundbegriffe der Biometrie. Stuttgart: Thieme.

Mahler, E. (1969): Psychische Konflikte und Hochschulstruktur. In: Psyche 23 (10). Stuttgart: Klett, 772-795.

Mertens, W. (1992): Entwicklung der Psychosexualität und der Geschlechtsidentität. Stuttgart, Berlin, Köln: Kohlhammer.

Mitscherlich, M. (1978): Zur Psychoanalyse der Weiblichkeit. Psyche 36, 669-694.

Moeller, M. L. (1969): Psychotherapeutische Behandlung von Studenten im Urteil der Therapeuten. In: Psyche 23 (10). Stuttgart: Klett, 724-747.

Moeller, M. L./Scheer, J. W. (1974): Psychotherapeutische Studentenberatung - Probleme der Klienten - Problematik der Institution. Stuttgart: Thieme.

Mohr, R. (1992): Zaungäste - Die Generation, die nach der Revolution kam. Frankfurt/Main: Fischer.

Preuss-Lausitz, U. u.a. (1983): Kriegskinder, Konsumkinder, Krisenkinder - Zur Sozialisationsgeschichte seit dem Zweiten Weltkrieg. Weinheim: Beltz.

Reiche, R. (1992): Haben frühe Störungen zugenommen? Psyche 12, 1045-1066.

Rhode-Dachser, Ch. (1991): Expedition in den dunklen Kontinent - Weiblichkeit im Diskurs der Psychoanalyse. Berlin, Heidelberg, New York: Springer.

Sackmann, H. (1975): Delphi-critique - Expert-opinion, Forecasting and Group Process. London: Lexington Books.

Schlesier, R. (1981): Konstruktion von Weiblichkeit bei Sigmund Freud. Frankfurt/Main: Europäische Verlagsanstalt.

Sommerkorn, I. N. (Hg.) (1981): Identität und Hochschule - Probleme und Perspektiven studentischer Sozialisation. Hamburg: Arbeitsgemeinschaft für Hochschuldidaktik e.V.

Tippelt, R. (1988): Methoden und Ergebnisse der quantitativ orientierten Jugendforschung. In: Krüger H.-H. (Hg.), vgl. oben, 159-180.

Tress, W. (1985): Psychoanalyse als Wissenschaft. Psyche 39 (5), 385 - 412.

Werner, R. (1975): Soziale Indikatoren und soziale Planung - Einführung in die Makrosoziologie. Reinbek: Rowohlt.

Ziehe, Th. (1975): Pubertät und Narzißmus. Frankfurt/Main: Europäische Verlagsanstalt.

Die DELPHI-Gruppe

Eine analytisch-sozialpsychologische Untersuchung

Thomas von Salis

Einleitung

"Was hat sich in den vergangenen 20 Jahren verändert: bei StudentInnen, bei PsychotherapeutInnen, an der Uni?", fragt Annette Bertrams im Titel zu ihrem Beitrag in dem vorliegenden Buch. Sie führt aus, daß eine zusätzliche Frage sich aufdrängt: wie verändern sich diejenigen Personen, welche über die zu erforschenden Veränderungen forschen? Der vorliegende Bericht über die Gruppensitzung der DELPHI-Experten handelt von Forschung, Forschern, Beforschten und Forschern als Beforschten. Die schöne Bezeichnung DELPHI als eine Methode, aus Experten in einem gewissen Gebiet Kenntnisse zu extrahieren, welche auf andere Weise kaum zu gewinnen wären, verweist auf das Orakel, somit also auf den Mythos. Der Zusatz "Methode" hingegen läßt in uns die Vorstellung von Formeln aufkommen, welche Exaktheit markieren sollen. Forschung beginnt beim Menschen gewöhnlich in den ersten Lebensjahren mit dem Rätsel des Geschlechtsunterschiedes und führt bei gewissen Leuten, eben bei den Forschern, zu immer raffinierteren Vorkehrungen, um sich des rätselhaften Gegenstandes, der sich immer auf neue Weise verkleidet, zu bemächtigen. Vor und hinter der infantilen Sexualforschung liegen Motive der Neugier und der Kreativität in der Anlage des Menschen und treten bei unterschiedlichen Wechselfällen im psychosozialen Feld, jedoch vorzugsweise in Phasen eingeteilt, in Erscheinung. Die Forscher aus Kassel (Bertrams, Leuzinger-Bohleber, Mahler und andere) hatten die gute Idee, im eigenen Forschungsbetrieb Projekte voranzutreiben, welche in besonderer Weise die eigenen Erfahrungen der Forscher im Forschungsvorgang instrumentalisieren sollen.

Im folgenden möchte ich zwei Themen beleuchten, während ich über die von A. Bertrams erwähnte Gruppensitzung berichte: eine kurze Überlegung zur Methodendiskussion und eine ausführlichere Darstellung des Gruppenprozesses.

Zur Methode

Eine analytische Sozialpsychologie muß A. Bauleo[1] zufolge die Gruppe ins Zentrum rücken und ruht auf den Pfeilern der Klinik, der Psychoanalyse und des historischen Materialismus. Zur Klinik sei darauf verwiesen, daß der Philosoph Michel Foucault eine pertinente Arbeit geschrieben hat über die Ge-

[1]Siehe z.B. Bauleo, A., 1988, Ideologie, Familie und Gruppe, Hamburg, Argument.

schichte des klinischen Blickes. Im folgenden wird darauf nicht mehr eingegangen. Es liegt mir jedoch daran, die Begriffe Krankheit, Gesundheit und Hygiene in ihrem historischen Kontext und nicht ahistorisch zu verwenden. Die Psychoanalyse ist eine prozeßorientierte Disziplin. Sie stellt Entwicklungsmodelle, Strukturmodelle, topische und dynamische Modelle auf, um ihre Erkenntnisse formal zu fassen. Sie unterscheidet eine Metapsychologie und eine Theorie der Technik. Auf diesem tridisziplinären Hintergrund können wir bei der Definition des Subjekts bzw. des Forschungsgegenstandes vier Bereiche ausmachen: den individuellen, den der Gruppe, den der Institution und denjenigen des Gemeinwesens. Was immer auch der Sozialpsychologe forschend ins Auge faßt, ist immer gleichzeitig individuell, gruppal, institutionell und politisch determiniert, und die forschende Intervention beeinflußt ihrerseits wiederum alle erwähnten Bereiche.

Die Möglichkeit der Gruppe, Gesellschaftliches ins Subjektive, Individuelle zu heben und, bearbeitet, wieder in die Gesellschaft zu vermitteln, sei es, von Ideologie "gereinigt" oder mit Ideologie angereichert, sollte dem Forschungsprojekt zur Verfügung gestellt werden.

Dieses ist in einem Raum situiert, der von verschiedenen Gruppen bestimmt wird. Methodisch wurde so vorgegangen, daß die Daten gewonnen wurden von einer Gruppe von Studentenberatern, die sich untereinander nicht kontaktierten, aber die gleichen Aufgaben gestellt bekamen (Fragebogen ausfüllen auf eine bestimmte Art, unter Zuhilfenahme aller verfügbaren Einfälle zu den StudentInnen heute im Vergleich zu den "68ern". Diese Gruppe von Experten erfüllte grundlegende Kriterien für die "Gruppe" nicht, so z.B. fehlt die Beziehung zwischen den Gruppenmitgliedern, welche sich aus den gemeinsamen Arbeiten an einem Ort und in einer gewissen Zeit ergeben würden. Da die Mitglieder dieser "Gruppe" aber zur gleichen Zeit die gleichen Aufgaben lösten und per Post über die Ergebnisse orientiert wurden, um danach weiter an der Aufgabe zu arbeiten, ist ein wichtiges Kriterium der Gruppe erfüllt. Als man sich dann in Kassel traf, war schon ein verbindendes Element vorhanden, und es war somit zu erwarten, daß der Gruppenprozeß einen im Verhältnis zu anderen Gruppen beschleunigten Verlauf nehmen würde.

Die Arbeit an der Gruppenaufgabe wird selbstverständlich in der Erwartung geleistet, daß ein Resultat erzielt wird. Mit dem Produktionsmittel hat es aber eine besondere Bewandtnis: anfänglich glauben die Gruppenmitglieder, je einzeln im Besitz des nötigen Wissens und der entsprechenden Erfahrung zu sein, die im Verlauf der Arbeit zum erwünschten Produkt führen sollte. Wenn aber die Gruppe sich bildet, entsteht zuerst einmal ein großes Durcheinander wegen der je verschiedenartigen Auffassungen vom zu bearbeitenden Thema und zu erwartenden Produkt. So war es denn in unserer Gruppe z.B. nicht eindeutig klar, wie der Forschungsgegenstand definiert ist. Sind es die in die Beratung gekommenen StudentInnen, oder ist es die Gesamtheit der Studenten früher und heute? Oder sind es in Wirklichkeit die Studentenberater, die (nach der DELPHI-Methode) befragt wurden? Will man die Daten aus dem Bereich des Manifesten oder des Latenten gewinnen? Geht es um Psychoanalyse bzw. eine Anwendung der Psychoanalyse oder um Soziologie?

Ein gruppaler Ansatz verspricht, die Erwartung, daß im Laufe der Gruppensitzungen ein gewisser Konsens über solche Fragen entsteht, wenigstens ansatzweise zu befriedigen. Gleichzeitig mit der Entstehung eines Konsenses wären auch Ergebnisse zu erwarten, die die Inhalte der Forschung ausmachen, d.h. daß das Denken der Gruppe dahingehend verändert würde, daß der Erkenntnisstand nach den Gruppensitzungen größer ist als vorher.

Zum Gruppenprozeß

Um etwas über den Gruppenprozeß aussagen zu können, halte ich mich an die sogenannten Emergenten, d.h. Momente im Gruppengeschehen, die vom Koordinator erfaßt werden dank ihres Gehaltes an Affekt, an Bewegung, und die Ausdruck sind für das Zusammentreffen sogenannter vertikaler und horizontaler Elemente, d.h. von Kreuzungspunkten individueller Geschichte mit dem aktuellen Gruppengeschehen.

Wir hatten für diese Gruppenarbeit einen Nachmittag zur Verfügung und konnten ihn nicht ohne Kampf um das Setting für zwei aufeinanderfolgende Gruppensitzungen verwenden. Die Bemühungen des Koordinators (so bezeichne ich mich in der Rolle desjenigen, der für das Setting der Gruppensitzungen besorgt ist und das Gruppengeschehen interpretierend verfolgt und mitgestaltet), meine Bemühungen also um das Einhalten des ursprünglich entworfenen Programms und beim Kampf gegen eine Umstellung in letzter Minute, wurde mit Lächeln und Erstaunen quittiert. Als dann das Zusammenfinden der Gruppenteilnehmer soweit gediehen war, daß sich eine Veränderung der Vorstellungen dessen, was die Aufgabe sei, aufzwang, entlud sich die steigende Anspannung in der Gruppe in Lachen über die Vorstellung, der Koordinator habe vielleicht mit Adoleszenz keine weitere Erfahrung als gerade die persönlich erlebte eigene Adoleszenz. Vorher, in der Vorstellungsrunde, erregte der Satz "die depperten Studenten sollen nicht studieren" gemeinsam empfundene Empörung. Das Gemeinschaftsgefühl dient als Schutz gegen die Realisierung, daß sich die Unterscheidungen zwischen Koordinator und Teilnehmern und sodann zwischen den Teilnehmern untereinander aufdrängen. Daß die StudentInnen Forschungsgegenstand sind und im übrigen Menschen wie wir, kann man als Rationalisierung betrachten. Sie dient der Abwehr der differenzierten Beschäftigung mit der Aufgabe.

Kaum ist es aber soweit, daß sich eine wirklich gemeinsame Gruppenaufgabe herauskristallisiert, treten die Komplikationen ein, die mit der Veränderung einhergehen, die im Denken stattfinden muß. Sie zeigen sich im Moment, da sich die Umstellung vom vorherigen individuellen Konzept der Aufgabe auf ein neues, für die Gruppe gemeinsames, aufdrängt. Zuvor meinten alle Gruppenteilnehmer, sie wüßten, was die Aufgabe sei. Sie hatten ja auch schon sehr viel Arbeit in das Forschungsprojekt investiert. Nun aber, im Laufe der Vorstellungsrunde, tauchte die "Verwirrung" auf - freilich sogleich rationalisiert in Begriffen der Forschungsmethodik. Daß die zum Bewußtsein gekommenen Widersprüche vorerst dem Forschungsgegenstand und nicht den Differenzen zwischen den Gruppenteilnehmern angelastet wurden, entspricht den Erwartungen, die üblicherweise an eine beginnende Gruppe gestellt werden können. Im Augenblick, da die sogenannte Aggruppierung soweit gediehen ist, daß die Gruppenaufgabe ins Gesichtsfeld rückt, entbrennt ein wahrer Kampf um die Aufgabe. Jeder zieht sein Arsenal von Problemstellungen zu Rate und begibt sich in den Kampf, rivalisierend mit den Positionen anderer Gruppenteilnehmer. Während es zuvor noch darum ging, wer zur Gruppe gehört und wer wer ist, läuft nun die Diskussion über die Frage, was die

Aufgabe ist und wie man sie am besten anpackt. Man bezeichnet diese Frage in der Terminologie der operativen Gruppen[2] als Voraufgabe.

Im Zusammenhang mit der Aggruppierung ist die folgende Beobachtung interessant: außer den in der DELPHI-Erhebung befragten Studentenberatern waren noch drei weitere Personen anwesend. Von diesen entfernten sich am Ende der ersten Sitzung zwei, und es blieben durchweg besonders stark engagierte und betroffene Gruppenteilnehmer bis zum Ende der zweiten Sitzung. Es gab noch einen weiteren Wechsel in der Gruppenzusammensetzung, da zwei BeraterInnen einander ablösen mußten, wegen Teilnahme an Parallelveranstaltungen in leitender Funktion. Solche Verschiebungen in der Gruppenzusammensetzung können teils die Spannung in der Gruppe erhöhen, teils aber auch zum Abbau der Spannung beitragen, wenn die Gruppe eine Außenwelt heranzieht, um (im Sinne der Abwehr) auf das Geschehen in der Gruppe Einfluß zu nehmen. Besonders wenn die Leadership der Gruppenphantasie zufolge unbefriedigend ist, wird mit Vorliebe auf Ressourcen außerhalb der Gruppe gegriffen. In unserer Gruppe kam es nach der Intervention des Koordinators, der die Verwirrung ansprach, allmählich zur alleinigen Beschäftigung mit dem Golfkrieg. Anhand der Reaktionen deutscher Studenten auf den Golfkrieg stellten die Beteiligten fest, daß auch heute noch gewisse solidarische Bewegungen und Aktivitäten entstehen können, was als tröstlich empfunden wurde gegenüber der sonst vorherrschenden Anpassung an wirtschaftliche Stagnation bzw. Krise und Massenbetrieb an den Universitäten. Der Koordinator intervenierte schließlich mit dem Hinweis auf die bemerkenswerte Einigkeit in der Gruppe bezüglich des Golfkriegs und interpretierte, daß diese manifeste Situation von etwas Latentem unterlagert sein könnte, was mit der Methodik zu tun hat. Die Befragerin der DELPHI-Experten, die anfänglich als Informatorin der Gruppe gewirkt hatte, ging dann auf einige methodisch wichtige Punkte ein und wies insbesondere auf ein relatives Zukurzkommen des Themas Sexualität hin. Im weiteren Verlauf des Gruppengesprächs tauchten das Wort Führer und ein Hinweis auf die Faschismusgeschichte auf, was in den Zusammenhang der im Vergleich zur Sexualität überrepräsentierten Aggression bei den Studenten zu gehören scheint, aber in Wirklichkeit im Gruppengeschehen selbst das Thema der Leadership anschlägt. Die Fortsetzung der Positionskämpfe in der Gruppe spielte sich dann am Inhalt der unterschiedlichen Vorgeschichten der Studentenberatungsstellen ab, und es kam zu Anhäufungen von Ja-Nein- und Entweder-Oder- sowie Rein-Raus-Alternativen, die schließlich im polaren Gegensatz zwischen sichtbar und unsichtbar endeten ("Sichtbar wurde die Bulimie in der Medizinerwelt erstmals in Form von Defekten im Zahnschmelz", sagte ein Gruppenmitglied). Interpretierend kann hier angenommen werden, die Gruppe oszilliere zwischen Voraufgabe und Aufgabe hin und her.

Die zweite Sitzung, nach der Pause, begann mit einem neuen Stück Information, in dem wiederum auf das Thema Sexualität speziell verwiesen

[2]Dieser Terminus wurde von Pichon-Rivière Ende der 40er Jahre in Argentinien eingeführt und wird seitdem im lateinamerikanischen Raum, in Spanien und jetzt auch in Italien und in der Schweiz verwendet. Die operative Gruppe verbindet die heuristischen und therapeutischen Potentiale der Psychoanalyse mit Forschungsansätzen und Forschungspraxis aus den Sozialwissenschaften, der kritischen Theorie und des historischen Materialismus. Sie wird vorwiegend im Bereich der Psychiatrie, Sozialhilfe, Supervision, des Unterrichts und der sozialpsychologischen Forschung gebraucht.

wurde. Daraufhin entbrannte eine lebhafte fachliche Diskussion, in der nun endlich die Gruppenteilnehmer wirklich zusammenarbeiteten und die affektive Lage von Gelassenheit geprägt war. Der Koordinator hatte keinen Grund mehr zu intervenieren bis zum Ende der Sitzung, das er mit Hinweis auf die Uhr signalisierte. Freilich kam es thematisch nicht zu einer Glättung der Widersprüche, vielmehr erkannte man die Widersprüche genauer, schärfer konturiert und in ihrem historischen Kontext. Am Beispiel von Anorexie und Bulimie wurde herausgearbeitet, wie je nach historischem Kontext symptomatisches Verhalten verdeckt wird oder sich manifestieren kann. Methodisch ergibt sich dann für epidemiologische Forschungen eine Begrenzung, die nur durch Einbezug analytischer Methoden durchbrochen werden könnte. Damit wird in dieser Gesprächsrunde deutlich, daß die DELPHI-Methode, die genau diese Öffnung der im Forschungsbetrieb allzu rigiden Grenzen bezweckt, im vorliegenden Forschungsprojekt Früchte hervorbringt. Ging es bei der Anorexie versus Bulimie um die Frage der Sexualität, der Lust und der verdrängten oder verdeckten Aggression, fand im Erwägen einer Veränderung in der Generationenfolge die Frage der autoritären Erziehung besondere Berücksichtigung. Es wurde geschlossen, daß bei allen Unsicherheiten doch anzunehmen sei, die vor der 68er Zeit noch sehr häufigen katastrophalen aggressiven Vater-Sohn-Verhältnisse hätten eine Ablösung gefunden in weniger aggressionsbesetzten, wenn auch weiterhin problematischen Beziehungen. Ob Unsicherheit und Anstrengung zur (passiven) Anpassung heute bei den Studenten stärker vertreten seien und welches dann die Gründe dafür wären, entfachte nicht nur Methodendiskussionen, sondern gab auch Anlaß zum Auftauchen von Zeichen der Verwirrung und Spannung in der Gruppe. Das Verlassen der traditionellen Formen von Leadership durch die Anwendung der operativen Gruppentechnik begünstigte vermutlich ein allmähliches Aufladen der Spannung, die sich gegen Schluß der zweiten Sitzung in einem olympischen Gelächter entlud, als ein Teilnehmer das Bild des Vaters mit dem Sohn im Einkaufswagen brachte und jemand die Vorstellung aufbrachte, so ein Sohn könnte schon 20jährig sein. Im Gelächter löste sich eine auf die Veränderung bezogene Spannung, und die neugewonnene Autonomie (Verzicht auf traditionelle Leadership in der Gruppe) wurde zugelassen, d.h. ein Abschied von alten Bindungen war möglich geworden. Es dürfte um den Verzicht auf das Konsumstereotyp des hierarchisierten Forschungs- und Bildungsbetriebs, dargestellt durch den großen Sohn im Einkaufswagen, gehen. Blieb auf der einen Seite ein gewisses ungelöstes Autoritätsproblem als Quelle von Spannung in der Gruppe, wurde auf der anderen Seite ein neues Frauenbild signalisiert, welches, nicht ganz unbestritten, aufgrund von geschlechtsspezifischen Anteilen der "neuen Frau" die Fähigkeit attestiert, Grundbedürfnisse neu zu artikulieren. Dieser Wandel gehe nicht ohne erhebliche Störungen vonstatten, die sich z.B. in schuldbeladenen Verhältnissen ganztägig berufstätiger Mütter artikulieren und die Entstehung von Psychopathologie begünstigen. Im Gruppengeschehen widerspiegelte sich das Thema des Geschlechterverhältnisses in gegen Ende der zweiten Sitzung besonders lebhaften Interaktionen zwischen quasi paarbildenten weiblichen und männlichen Gruppenmitgliedern. Dabei kam nochmals zum Vorschein, wie sehr die Klienten der StudentInnenberater Kinderstelle vertreten, und wie sehr das Forschungsprojekt Aneignungswünsche weckt. Das Ende der Sitzung kündigte sich an mit dem Einfall der Abtreibungen, welche heute problemloser vorgenommen werden können als in der 68er Zeit. Gleichzeitig können heute die Schuldprobleme, die damit verbunden sind, besser artikuliert werden. Das Thema Abtreibung steht für die Sorge der Gruppenteilnehmer, daß die Frucht der Gruppenarbeit nicht lebensfähig sein könnte.

Schlußbemerkung

Der Rahmen dieser Arbeit würde überschritten, wenn der Bericht über die Delphi-Gruppensitzung mit einer weitergehenden Erörterung der operativen Gruppenforschung - obgleich vielleicht wünschenswert - ergänzt würde. Die Delphi-Methode und ihre Anwendung in der Arbeit von Annette Bertrams sollte durch die Gruppenarbeit mit der operativen Methode eine zusätzliche Beleuchtung erhalten. Die "operative Gruppe" als Konzept sollte anhand dieses hier vorliegenden Berichtes als Thema angeschlagen, konnte aber nicht mit ihren Implikationen in Theorie und Praxis näher erläutert werden. Vielleicht kann in einem zukünftigen Forschungsprojekt die Anlage der Arbeit am operativen Gruppenkonzept orientiert und die ganze Forschung mit der entsprechenden Methodik durchgeführt werden.

Studierende und Öffentlichkeit - eine Determinante spätadoleszenter Entwicklung

Erste Ergebnisse einer inhaltsanalytischen Untersuchung der Berichterstattung in der Frankfurter Rundschau und der Frankfurter Allgemeinen Zeitung 1967/68 und 1989/90

Ulrike Schulmeyer-Herbold/Claudia Lützen

Vorbemerkung

Die Idee zu dieser Untersuchung entstand im Rahmen des in diesem Band vorgestellten Forschungsprojektes "Psychische Konflikte und Hochschulstrutur 1968 und heute", das mit seinem besonderen Interesse für die strukturelle Beziehung von Kultur und individuelle psychische Sozialisation das theoretische Terrain absteckte.

Der eigentliche Zugriff auf das Untersuchungsmaterial erfolgte anhand der theoretischen Arbeiten von Bohleber/Leuzinger-Bohleber, die in Auseinandersetzung mit unterschiedlichen theoretischen Sozialisationskonzepten eine mehrdimensionale Beschreibung von Sozialisation entwickelten. Diesem Ansatz liegt das Modell einer Trias zugrunde, in der das Phänomen Adoleszenz seine angemessene Reflexion aus der Rekonstruktion der Korrelation aus der individuellen Sozialisation als auch der jeweiligen gesellschaftlichen Situation erfährt.

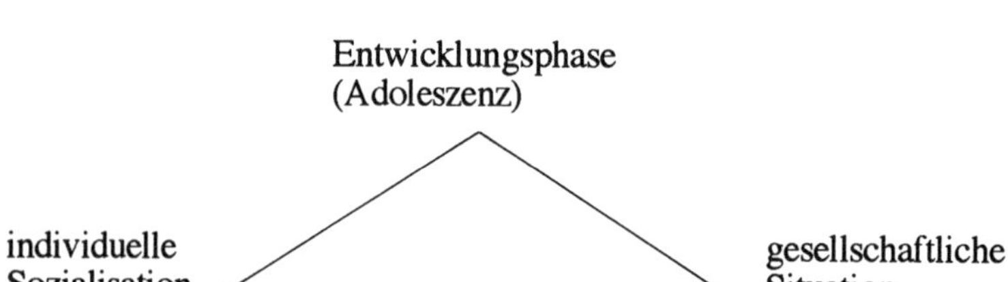

(vgl. Leuzinger-Bohleber, 1991)

Beim Hineinwachsen in die Gesellschaft sind Jugendliche/Studierende in doppelter Weise mit der gesellschaftlichen Realität konfrontiert. Zum einen unterliegen sie der bloßen Adaption vorgefundener Verhältnisse, anderseits ist diese Adaption ein kreativer Vorgang, der die Übernahme dieser Verhältnisse in die je eigene Situation und Verfassung mißt und diese modelliert. Nach psychoanalytischer Auffassung sind Spätadoleszente in dieser Zeit besonders sensibel für die latenten Widersprüche der Gesellschaft, in der sie leben. Dies liegt unseres Erachtens in einer psychologischen Ungleichzeitigkeit gesellschaftlicher Strukturen begründet. Gemeint ist damit eine Diskrepanz von realer gesellschaftlicher Entwicklung und deren psychischen Realisation durch die Protagonisten dieser Veränderung. Während die nachrückenden Generationen vielen Widersprüchen unter dem Zwang der Bewältigung von Gesellschaft direkt ausgesetzt ist, greift die tragende Generation auf Muster der Bewältigung zurück, die zeitlich verschoben an einer Vergangheit orientiert sind, die den augenblicklichen Zustand der Gesellschaft nicht mehr zur Genüge repräsentiert. Ein Phänomen, das in unterschiedlicher Form auf die Beständigkeit psychischer Strukturen verweist und das die psychoanalytische Auffassung von der besonderen Sensibilität der spätadoleszenten Lebenphase gegenüber den latenten Widersprüchen der Gesellschaft stützt, wird von Wyatt wie folgt beschrieben:

"Jugendliche und junge Erwachsene werden zu natürlichen Mittlern, die das Unbehagen an der Gesellschaft zum Ausdruck bringen. Indem sie bewußt machen, was bis dahin nur latent vorhanden war, wird die Zeit der Jugend zum nätürlichen Wendepunkt sozialer und geschichtlicher Veränderung." (Wyatt 1968, S. 56f, zit. nach Krejci, S. 60)

Während der Entwicklungsphase der Spätadoleszenz, in die das Hochschulstudium fällt, wird der damit verbundene Konflikt in besonderer Weise aktualisiert. Zwar ist er analog zur grundsätzlichen Tendenz der spätadoleszenten Entwicklungsproblematik zu begreifen, die in der Bewältigung von Aufgaben liegen, wie die Ablösung von den Eltern als primäre Bezugsperson, die Wahl eines festen sexuellen Partners, die Ausbildung einer sexuellen Identität und die Realisierung von Berufsplänen, scheint aber in bezug auf deren Ausgestaltung in zeitlicher und inhaltlicher Form unter spezifischen Rahmenbedingungen zu erfolgen. Nach dem Identitätsbildungskonzept von Bohleber (1987), das in der Einleitung dieses Bandes ausführlich vorgestellt wurde, vollzieht sich die Identitätsbildung immer im Wechselspiel zwischen innerer und äußerer Realität. Diesem Ansatz liegt u.a. die theoretische Annahme zugrunde, daß sich das Selbst nur durch die Spiegelung im Objekt entwickelt.

Der junge Erwachsene/Studierende benötigt einen gestalterischen Freiraum, damit er seine Selbstrepräsentanzen in eigenen Handlungen und Selbstentwürfen und mit Handlungen und Selbstentwürfen anderer Personen, den "bedeutsamen Anderen", mit Perspektive auf eine definitive Festlegung bzw. Stabilisierung der eigenen Identität, überprüfen kann. Dabei kommt es zu einem Spiegelungsprozeß, d.h. Selbstrepräsentanzen werden z.B. mit einer bestimmten Berufsrolle probebesetzt und im Ich gespiegelt. "Das Selbst zieht sich mittels des Ichs sozusagen 'neue Kleider' an und schaut im Spiegel, ob ihm diese passen" (Bohleber, 1987, S. 78). Damit deutet sich eine wechselseitige Beziehung an, denn nicht nur Jugendliche halten der Gesellschaft einen Spiegel vor, sondern im Vollzug dieser Spiegelung und ihrer gesellschaftlichen Wertung übernimmt die Gesellschaft dieselbe Funktion für die Jugendlichen selbst. Vor diesem Hintergrund gilt unser Interesse nicht dem Ziel, die in der Theorie ausgearbeiteten Zusammenhänge zwischen Identitätsbildung, psychischer Dispositionen und gesellschaftlicher Identifikatoren zu verifizieren, sondern nur der Erstellung eines für die Entwicklung des Adoleszenten relevanten Gesellschaftsprofiles 1967/68 und 1989/90, so daß über dieses Profil Hypothesen,

Ideen und Fragen in bestimmterer Form zur Wechselwirkung 'gesellschaftliches Umfeld - spätadoleszente Entwicklung' gebildet werden können. So beschäftigt uns bei dieser Untersuchung die Frage, welches Bild die Gesellschaft, d.h. die reale äußere Welt, exemplarisch repräsentiert durch zwei Tageszeitungen, die uns als Indikatoren für Zeitgeist, Stimmungen und Meinungen gelten, von Studenten 1968 und heute hatte und hat. Gab es und gibt es ein Bewußtsein der Öffentlichkeit für die Probleme der Studenten? Wird über studentische Anliegen heute anders oder weniger häufig berichtet? Welches Bild von sich sieht der Student, wenn er in diesen Spiegel blickt? Hat und hatte die Öffentlichkeit ein Interesse an Studenten? Aufgrund dieser Vorüberlegungen entwickelten wir drei Dimensionen, die die Entwicklung unseres Kategorienbogens (siehe Anhang) leiteten. Wir fragen nach

1. dem vorhandenen Spielraum für Studierende damals und heute an der Hochschule, im privaten und im öffentlichen Bereich;
2. den Kontakten von Studierenden an der Hochschule und im Privatleben, also nach den "bedeutsamen Anderen";
3. den Faktoren, die auf die Festlegungs- und Trennungsprozesse Einfluß haben.

Erste Ergebnisse der Untersuchung

Es soll hier nur fragmentarisch auf die ersten Ergebnisse der Untersuchung eingegangen werden, indem einige mögliche Fragen aufgeworfen werden. Wir gehen unseren Hypothesen z.Zt. noch weiter nach, indem wir die gewonnenen Daten auf die konkrete soziale Situation 1967/68 und 1989/90 rückbeziehen. Zudem erscheint es uns sinnvoll, die herausragenden Daten mit Hilfe einer qualitativen Analyse zu erhärten, d.h. anhand von konkreten Beispielen nochmals zu diskutieren. Fritz Schütze illustriert ein solches Vorgehen exemplarisch in seinem Beitrag in diesem Band.

Zur Vorgehensweise

Das für die Untersuchung benötigte Quellenmaterial wurde aus zwei Tageszeitungen, der Frankfurter Rundschau (FR) und der Frankfurter Allgemeinen Zeitung (FAZ), entnommen. Diese beiden Zeitungen wurden aufgrund ihrer unterschiedlichen politischen Orientierung gewählt. Die FR wird als linksliberal eingeschätzt, die FAZ gilt eher als konservativ. Zudem bieten sie darüber hinaus nicht nur den Vorteil, am gleichen Ort zu erscheinen, wodurch ein besserer und interessanterer Vergleich der Regionalteile möglich ist, sondern auch an einem Ort, der neben Berlin, Heidelberg und Tübingen als Zentrum der 68er Studentenbewegung gilt. Es wurde jeweils die gesamte Zeitung nach den Stichworten "Student/in", "Universität" oder "Hochschule" durchgesehen, mit Ausnahme der Stellenanzeigen, Reklamen und Annoncen. Zugrunde gelegt wurden jedoch nur Artikel, in denen deutsche Studenten und deutsche Hochschulen thematisiert wurden (DDR und BRD).

Als Untersuchungszeiträume wählten wir von jedem Jahrgang die Monate Mai, Juni und Juli, da ein ganzer Jahrgang eine solche Fülle an Material geliefert hätte, die nicht mehr im Rahmen der uns zur Verfügung stehenden Mittel zu bearbeiten gewesen wäre. Folgende Kriterien leiteten uns bei der Bestimmung des Untersuchungszeitraumes:

Der Zeitraum Mai, Juni, Juli 1967 wurde gewählt, weil sich in diesem der Tod Benno Ohnesorgs während des Schahbesuchs in Berlin ereignete (2.6.67). Es interessierte uns die Zeit vor und nach dem für die Studentenbewegung so wichtigen Datum. Da im Jahr 1968 die Studentenbewegung ihren Höhepunkt erreichte, war es wichtig, daß auch dieser Zeitraum in der Untersuchung berücksichtigt wurde. Die Bestimmung des Untersuchungszeitraumes für die heutige Zeit sollte sich ursprünglich an einem dem Tod Benno Ohnesorgs vergleichbaren Ereignis orientieren. Am 17.11.1989 kam bei einer Demonstration in Göttingen eine Studentin ums Leben. Dieser Unglücksfall erregte in den Medien und in der Öffentlichkeit im Vergleich zu damals sehr wenig Aufmerksamkeit, d.h., ein Vergleich der Zeitungsartikel zu diesem Thema war, außer der erwähnten Auffälligkeit, wie wenig über den Tod dieser Studentin öffentlich nachgedacht wurde, für unsere Fragestellung inhaltlich wenig ergiebig. Zum anderen schien es nicht ratsam, einmal die Monate Mai bis Juli eines Jahres und das andere Mal die Monate Oktober bis Dezember als Untersuchungszeitraum zu wählen, da im letztgenannten Zeitraum das Wintersemester beginnt und erfahrungsgemäß in dieser Zeit in den Zeitungen häufiger über Studenten berichtet wird. Analoge Zeiträume sind also, um die Vergleichbarkeit zu gewährleisten, wichtig. Die Einbeziehung der Zeitspannen Mai bis Juli 1989 und 1990 bringen einen anderen interessanten Aspekt in die Untersuchung, nämlich die Zeit vor und nach dem Fall der Mauer (9.11.1989) und damit möglicherweise erste Eindrücke über die Auswirkungen dieses Ereignisses auf die Situation von Studenten in den neuen und alten Bundesländern. In der FR und FAZ konnten in den genannten Zeiträumen folgende Anzahl von Artikeln über studentische Berichterstattung ermittelt werden:

<u>Häufigkeitsverteilung der Artikel auf Jahr und Zeitung:</u>

	1967	**1968**	**1989**	**1990**	
FR	298	623	74	84	= 1079
FAZ	355	655	165	188	= 1373
insg.	635	1291	239	272	
FR+FAZ	1944		511		
Total					= 2455

Die Zahlen von 1944 Artikeln in 1967/68 und 511 Artikeln in 1989/90 belegen eindrücklich, daß damals Studierenden offenbar mehr Aufmerksamkeit gewidmet wurde als heute. Die FAZ weist insgesamt rund 300 Beiträge mehr auf als die FR. Im Verhältnis zu 1967 ließen sich hier in beiden Zeitungen ungefähr doppelt soviel Beiträge finden. Diese Zahlen sagen allerdings nichts darüber aus, welche Ausprägungen diese hohe Aufmerksamkeit hatte, also ob Studierende beispielsweise mit ihren Problemen ernstgenommen wurden oder ob sich darin ein Unmut der Öffentlichkeit ihnen gegenüber artikulierte. Etwas mehr hierzu läßt sich anhand der Häufigkeit der in den Artikeln vorkommenden Kategorien sagen.

Häufigkeitsverteilung der Oberkategorien:

	FR		FAZ	
	67/68	**89/90**	**67/68**	**89/90**
Studienbedingungen	217	66	348	244
Auseinandersetzung mit Werten, Kulturen, Politik	399	19	391	15
Student im Privatleben	38	17	40	21
Student in Interaktion mit Student	355	19	306	44
Hochschule und Öffentlichkeit	130	43	137	201
Arbeitslage	32	21	38	77

Anhand dieser Abbildung wird deutlich, wie innerhalb der Zeiträume eine Themenverschiebung stattfand. Während 67/68 noch die Auseinandersetzung der Studierenden mit Werten, Kultur und Politik im Mittelpunkt der Berichterstattungen stand, liegt heute der Themenschwerpunkt bei "Studienbedingungen" sowie "Hochschule und Öffentlichkeit." Zu diesem Ergebnis lassen sich nun unterschiedliche Vermutungen anstellen. Wurden damals eher die Veränderungs- und Lebenswünsche der Studierenden wahrgenommen, und geht es heute mehr um die formalen und verwaltungstechnischen Seiten des Studiums? Dies würde heißen, daß die Studierenden in den Medien weniger als Individuen, sondern vorwiegend im Zusammenhang mit der Institution Hochschule wahrgenommen werden. Oder bedeutet diese Themenverschiebung, daß sich Studierende nicht mehr für gesellschaftliche Veränderungen einsetzen? Möglicherweise berichten die Zeitungen auch über solche Aktivitäten nicht, da ihnen weniger Bedeutung zukommt. Wenn es diesen Willen, Bestehendes zu verbessern, dieses Potential, in der Öffentlichkeit nachzudenken, nicht mehr gibt, heißt das, daß der Student sich ins Private zurückgezogen hat? Wo findet dann Denken statt, wo Kreativität, wo Phantasie? Werden die kritischen Stimmen, die sich mit der Zukunft von Gesellschaft auseinandersetzen, öffentlich nicht mehr wahrgenommen?

Häufigkeitsverteilung der einzelnen Kategorien:

	FR		FAZ	
	67/68	**89/90**	**67/68**	**89/90**
Studienbedingungen	217	66	348	244
Eintreten für bessere Studienbedingungen	68	7	65	10
Leistungsdruck	5	5	9	80
Anonymität	–	5	8	10
Praktikum	4	7	16	10
Struktur des Studiums	31	8	38	93

Mit diesen Kategorien sollte herausgefunden werden, inwiefern das Studium den Rahmen für Selbstverwirklichung und Studienerfolg bietet. Zunächst einmal fällt nach der Tabelle auf, daß die FAZ wesentlich häufiger als die FR über "Leistungsdruck" und "Struktur des Studiums" berichtet. Dies entsprach nicht unseren Erwartungen, so daß wir vermuteten, daß hier ein Codierfehler vorlag, und wir mußten dies anhand des Originalmaterials nochmals überprüfen. Dabei stellten wir u.a. fest, daß die Berichterstatttungen der FAZ zum größten Teil technischen Charakter haben. D.h. es wurde nicht etwa sensibel mit dem Problem des steigenden Leistungsdrucks aufgrund des Akademikerüberhangs und der Zunahme von NC-Fächern umgegangen, sondern vornehmlich über die Fächer Wirtschaft, Medizin und Jura, insbesondere deren Umstrukturierung nach der Wende, diskutiert (vgl.Fritz Schütze in diesem Band).

Anonymität scheint durchweg ein kaum erwähnenswertes Thema zu sein. Dies erstaunt, da doch allgemein von studentischer Seite die Vereinzelung an den Massenuniversitäten beklagt wird.

Das Eintreten der Studenten für bessere Studienbedingungen hat die Verbesserung der Studienbedingungen und damit die Erweiterung des Spielraumes zum Ziel. Es geht hier also nicht um Anpassung an das Vorgegebene, sondern um das Engagement für Veränderungen. Nach unserem Recherchenmaterial waren hierzu Studenten 1967/68 wesentlich eher bereit als heute, oder es stellt sich auch hier wieder die Frage, ob sich heutige Studenten grundsätzlich eher in das Gegebene fügen oder ob einfach über Bestrebungen, das Bestehende zu verändern, nicht berichtet wird?

Die Möglichkeit, während des Studiums ein Praktikum zu absolvieren, schafft Gelegenheit, eigene berufliche Identitätsentwürfe auszuprobieren, aber auch die Verbindung von Theorie und Praxis herzustellen. Dieses für die Identitätsentwicklung wichtige Moratorium bleibt in den Zeitungsartikeln beinahe unerwähnt. Die Struktur des Studiums spielt neben den allgemeinen Studienbedingungen eine wichtige Rolle, denn es ist nicht unerheblich, ob man frei und eigenverantwortlich sein Studium organisieren kann oder ob man sich in einem verschulten Studiengang an unabänderlich festgelegte Regeln halten muß. Im einen Fall ist eher der Freiraum zur Identitätsbildung gegeben, im anderen Fall wird der spielerische Umgang mit den universitären Realitäten (Krüger u.a., 1982) stark eingeengt und eine hohe Anpassungsleistung gefordert. Laut Berichterstattung waren 67/68 die Studenten anscheinend eher bereit, sich für Veränderungen innerhalb der Hochschule zu engagieren und sich in der Öffentlichkeit aktiv für Veränderungen einzusetzen, wie sich in der folgenden Tabelle zeigt:

	FR		FAZ	
	67/68	**89/90**	**67/68**	**89/90**
Auseinandersetzung mit Werten, Kulturen, Politik	399	19	391	15
Politische Themen	351	10	301	4
Umweltproblematik	1	5	1	7

Der gesellschaftskritische Aspekt als das Markenzeichen der 68er Bewegung tritt anhand dieser Kategorie deutlich zutage. Die Oberkategorie wurde hier 1967/68 in beiden Zeitungen häufig angekreuzt, d.h. neben politischem Interesse waren auch kulturelle und ethische Themen von Bedeutung. Auffällig ist, daß die heute hochaktuelle Problematik der Ökologiediskussion aus den Berichterstattungen herausfällt. Vermutlich finden Aktivitäten zu diesem Themenbereich außerhalb der Hochschule statt. Gesellschaftpolitische Themen sowie kulturelle und ethische werden demnach nicht mehr innerhalb der Hochschule zwischen Studierenden diskutiert, sondern haben sich (verglichen mit 1968) einen anderen Rahmen geschaffen.

	FR		FAZ	
	67/68	**89/90**	**67/68**	**89/90**
Student im Privatleben	38	17	40	21
Partnerschaft	7	–	10	2
Elternschaft	7	1	8	1
Student und Ursprungsfamilie	6	2	9	6
Wohnsituation	15	15	21	13

Diese Kategorien finden weder heute noch damals einen nennenswerten Niederschlag in den beiden gewählten Tageszeitungen, was wir als Indikatoren dafür interpretieren, daß studentische Probleme für die Öffentlichkeit nicht von Interesse sind. Existentielle Probleme wie akute Wohnungsnot, die inzwischen so gravierend ist, daß Studierenden in manchen Universitäten in Schlafsäcken auf dem Campus übernachten oder mehrstündige Anfahrtswege in Kauf nehmen müssen, werden kaum thematisiert. Die angespannte Lage auf dem Wohnungsmarkt kann stark spielraumeinengend wirken, d.h. es ist nicht mehr möglich, je nach Stand der Identitätsbildung, die eigene Wohnform auswählen zu können.

Partnerschaft ist 1967/68 in den beiden Zeitungen noch eher ein Thema als heute, jedoch verwundert auch hier die niedrige Anzahl der Beiträge zu dieser Kategorie, da doch gerade 1968 viele neue Wege ausprobiert wurden, um Partnerschaft zu leben. Für die Festlegungsprozesse stehen die Kategorien Partnerschaft (sexuelle Identitätsbildung) und Elternschaft (verantwortungsbewußte

Rollenübernahme) exemplarisch für den privaten Bereich. Die Anzahl der Studenten mit Kindern hat im Vergleich der Zeiträume zugenommen; über ihre Probleme aufgrund der Doppelbelastung von Studium und Familie sowie der damit oft einhergehenden finanziell schwierigen Situation wird nur in zwei Einzelfällen berichtet. Interessiert sich die Gesellschaft für die existentiellen Probleme der Studenten nicht, kann auch der Studierende selbst nicht das Gefühl erlangen, für die Gesellschaft von Bedeutung zu sein, was wiederum Rückwirkungen auf sein Selbstwertgefühl hat.

	FR		FAZ	
	67/68	**89/90**	**67/68**	**89/90**
Student in Interaktion mit Student	355	19	306	44
peer-group	162	9	135	21
Geschlechterverhältnis/ Rollenverhalten	–	1	–	2
Rivalität	–	1	3	16
Hochschulpolitische Aktivität	209	9	185	11

Unter der Oberkategorie: "Student in Interaktion mit anderen Studenten" werden Daten erhoben zu den Fragen, ob sich das Verhältnis der Studenten zueinander gewandelt hat, ob die Spannung unter Studenten gestiegen ist, was sich unter anderem in einer verstärkten Konkurrenzsituaton zeigen würde. Doch gerade diese Kategorie wird mit Ausnahme der FAZ in heutiger Zeit nicht thematisiert, was wohl nicht bedeuten kann, daß es Rivalität unter Studenten praktisch nicht gibt, sondern eher, daß sie für die Öffentlichkeit nicht von Bedeutung ist, womit wieder einmal der Student mit seinen Belastungen nicht wahrgenommen wird.

Die studentische peer-group stellt das Gegengewicht zur Vereinzelung der Studenten an der Massenuniversität dar, denn sie steht für persönliche Kontakte. Die Orientierung an den Werten der peer-group hat zudem den Effekt, daß sie das Verlassen des Elternhauses erleichtert.

"Diese Beziehungen stellen einen wichtigen Verbündeten und einen Halt im Kampf um die Lösungen von infantilen Objekten dar. Elterliche Über-Ich-Normen können z.B. durch peer-group-Ideale ersetzt werden. Außerdem sind diese Beziehungen ein Ort, wo neues Verhalten ausprobiert werden kann durch partielle Übernahme neuer Rollen" (Bohleber 1982, S. 37-38).

Arbeitsgruppen sind ein Ausgleich zu den überfüllten Seminaren, in denen Studenten oft unter Sprechangst leiden. Sie erleichtern die Kontaktaufnahme und helfen beim Lernen. 1967/68 hat die peer-goup anscheinend eine wesentlich wichtigere Bedeutung als heute, denn immerhin beschäftigen sich ca 1/3 aller Artikel mit diesem Themenkreis. Dies liegt im wesentlichen daran, daß diese Kategorie auch mit der Kategorie "Hochschulpolitische Aktivitäten" korrespondiert. So stehen einige Kategorien in einem kausalen Zusammenhang. Aufgrund der sich häufig bildenden Arbeitsgruppen zu politischen und hochschulpolitischen Aktivitäten findet die Kategorie hier einen signifikanten Niederschlag. Über die sozialen Beziehungen von Studenten erfahren wir aber auf diese Weise wenig. Mit der Kategorie "Geschlechterverhältnis" soll herausgefunden werden, ob sich die Studienbedingungen auf den Umgang von Student und Studentin auswirken und ob sich dieses Verhältnis in den Zeitungen widerspiegelt.

"Die Geschlechtsrollenidentitäten sind nicht mehr so scharf gegeneinander abzugrenzen. Für Männer ist es gesellschaftlich und persönlich leichter, passive Seiten zuzulassen und diese nicht mehr massiv unterdrücken zu müssen. Für Frauen gilt umgekehrt ähnliches, vor allem im Gefolge der Bewußtseinsbildung durch die Frauenbewegung" (Bohleber 1982, S. 27).

	FR		FAZ	
	67/68	**89/90**	**67/68**	**89/90**
Hochschule und Öffentlichkeit	130	43	137	201
Darstellung stud. Leistungen	19	11	19	9
Darstellungen nichtstud. Leistungen	53	5	28	9

Die Darstellung studentischer Leistungen in der Öffentlichkeit, z.B. durch Zeitungsartikel über Konzerte von Musikstudenten oder Ausstellungen von Kunststudenten, stellt einerseits eine Gratifikation dar, und andererseits zeigt sie den Grad der Anerkennung der Studenten durch die Öffentlichkeit. Die Kategorie "Darstellung nichtstudentischer Leistungen", wie z.B. Vortäge usw., wurde eingerichtet, um den Vergleich herstellen zu können, ob über Leistungen von Professoren mehr als über die von Studierenden berichtet wird oder wurde. Beide Kategorien fallen nicht nennenswert ins Gewicht. Die häufige Nennung der Oberkategorie zeigt, daß in der Regel auf "universitäre Leistungen" lediglich in Form eines Veranstaltungshinweises ohne nähere Berichterstattung hingewiesen wird, was bedeutet, daß die Universität einen nicht bedeutsamen Stellenwert in der Öffentlichkeit einnimmt, der im Vergleich der Zeiträume auch eher abgenommen hat. Die FR hat 1967/68 im Vergleich zur FAZ häufiger und ausführlicher über nichtstudentische Leistungen wie Vorträge und Symposien berichtet.

	FR		FAZ	
	67/68	**89/90**	**67/68**	**89/90**
Arbeitslage	32	21	38	77
Arbeitssituation während des Studiums	14	3	15	4
drohende Arbeitslosigkeit	2	13	7	30
Zukunftsangst	–	1	1	6

Der Bezug von Studium und Beruf ist oftmals durch die drohende Arbeitslosigkeit gestört, die von dem Studierenden als Zeichen dafür verstanden werden kann, daß die Gesellschaft kein Interesse an seiner Mitarbeit hat. Gerade die Sicherheit, den erlernten Beruf auch ausüben zu können, bedeutet eine Gratifikation, die die Festlegung auf ein Studienfach und damit die Trennung von möglicherweise vorhandenen anderen beruflichen Träumen aufwiegen sollte. Die schlechten Chancen auf dem Arbeitsmarkt haben psychosoziale Auswirkungen und würden, so Krüger, darin bestehen, "...daß lange gehegte Berufsvorstellungen und Lebensperspektiven und auch identifikatorische Selbstdefinitionen revidiert werden müßten, ohne daß die damit verbundenen Enttäuschungen und Versagensgefühle einen gesellschaftlichen Ausdruck fänden und realitätsentsprechend verarbeitet werden könnten" (Krüger 1982, S.88).

Werfen wir einen Blick auf die gewonnenen Daten, so erstaunt, wie wenig Beachtung das Thema in den Tageszeitungen findet. Zwar berichtet die FAZ wesentlich öfter über drohende Arbeitslosigkeit, aber auch hier ließ sich beim genaueren Hinsehen ein primäres Interesse der Zeitung an Wirtschaftswissenschaften, Jura und Medizin finden. Die Geisteswissenschaften, die in besonderem Maß von Arbeitslosigkeit bedroht sind, werden kaum erwähnt.

Die Kategorie "Zukunftsangst" soll eine ganz konkrete Auswirkung der Verunsicherung und des Infragestellens von Zukunftsperspektiven fassen. Es fällt auf, daß dieses doch sehr elementare Problem in den Tageszeitungen nicht thematisiert wird.

Neben der zu erwartenden Arbeitslosigkeit in vielen Fachrichtungen können auch gesellschaftliche Bedingungen von den Studenten als belastend empfunden werden und Angst vor der Zukunft bewirken. Zu nennen sind hier Problemschwerpunkte wie Umweltprobleme und atomare Rüstung für heutige Studenten und z.B. die Auseinandersetzung mit dem Nationalsozialismus oder der Notstandsgesetzgebung für die damalige Studentengeneration.

	FR		FAZ	
	67/68	**89/90**	**67/68**	**89/90**
Sammelkategorie Langzeitstudenten	4	3	7	24
Gewalt gegen Studenten	123	1	85	–
Gewalt ausgehend von Studenten	85	–	89	–
Student/Uni DDR/neue Bundesländer	9	14	8	46
Ablösungsproblematik	–	–	–	1
Psychische Probleme von Studierenden	–	–	9	4
Frauenprobleme	2	5	6	7
Studentin als Mutter	2	1	1	3
Selbsterfahrung	–	–	–	1
Umgang mit Autoritäten	205	2	164	20

In diesen Kategorien sind alle für die Entwicklung der Spätadoleszenz relevanten Themenbereiche aufgenommen, die entweder in den genannten Oberkategorien nicht einzuordenen waren oder nach denen noch einmal explizit gefragt werden sollte.

Die Ursachen für das Phänomen "Langzeitstudenten" können, neben einer permanenten Erwerbstätigkeit, die den Zeitaufwand für das Studium einschränkt, auch in einer Reaktion auf die drohende Arbeitslosigkeit (lieber Student als arbeitslos) gesehen werden. Jedoch gibt es Langzeitstudenten nicht nur heute, auch vor 20 Jahren gab es viele, die Probleme hatten, die Universität zu verlassen. Dies weist auf eine Ablösungsproblematik von der Hochschule hin. Um den Abschluß der Adoleszenzphase aufzuschieben und das psychosoziale Moratorium zu verlängern, kommt es zu einem Festhalten an der Studentenrolle. Die FAZ berichtet im Verhältnis zur FR auffällig oft über diese Thematik, jedoch nimmt sie dieses Thema nicht sensibel auf, sondern erwähnt es in negativer Konnotation, etwa in dem Sinne, daß zuviel Studenten an der Hochschule 'rumgammeln' und anderen die Studienplätze wegnehmen.

Die Gewaltproblematik steht 1967/68 deutlich im Vordergrund, wobei sie heute praktisch nicht mehr zu existieren scheint. In diesem Zusammenhang muß ebenso die Kategorie "Umgang mit Autoritäten" gesehen werden, da diese ja auch gesellschaftliche Leitbilder darstellen, gerade im Hinblick darauf, daß die 68er Studentenbewegung ihren Kampf als antiautoritär bezeichnet hat.

Mit der Kategorie "Student/Universität-DDR-neue Bundesländer" ging es uns darum, erste Eindrücke der Auswirkungen der deutsch-deutschen Vereinigung zu gewinnen. Ein Vergleich mit dem Untersuchungszeitraum 1967/68 entfällt hier. Totzdem ist dieses Thema wichtig, da davon ausgegangen werden kann, daß in den ehemaligen beiden deutschen Staaten eine unterschiedliche Identitätsbildung bei den Studenten stattgefunden hat und diese Differenz auch in der Zukunft noch eine Rolle spielen wird. "...die hektische Vereinigung der beiden deutschen Staaten deckt mit dem von ihr produzierten Anpassungsdruck und den damit verbundenen Bergen von Unsicherheit und Angst viele Probleme des Umbruchs zu, die in Wirklichkeit keineswegs gelöst sind und uns mit Sicherheit noch langfristig beschäftigen werden. Diese Probleme liegen nicht nur, wie man derzeit immerhin zu bemerken beginnt, auf wirtschaftlichem und sozialem Gebiet, sondern auch im Bereich geistig- kultureller Orientierungen und Wertvorstellungen. In welchem Maß sich innerhalb der akademischen DDR-Jugend nicht nur Anpassungsprozesse vollziehen, sondern im Widerstreit von Beharrung und Aufbruch auch eigenständig geistig-kulturelle Orientierungs- und Verhaltensmuster herausbilden, das dürfte vor allem auch für den damit in nächster Zeit konfrontierten bundesdeutschen Intelligenznachwuchs eine nicht unwichtige Frage sein". (Brämer/Heublein, 1990, S. 4-5; vgl. dazu auch Bender, Venner und Misselwitz in diesem Band).

Bei den Kategorien "psychische Probleme von Studenten" und "Selbsterfahrung" überschneiden sich der private Lebensbereich und der Bereich von Studium und Hochschule. Es kann davon ausgegangen werden, daß es eine Wechselwirkung zwischen Hochschulstruktur, Studiensituation und der Persönlichkeitsstruktur des Studenten gibt, bis hin zu der Möglichkeit, daß bestimmte Bedingungen des Studiums "wie ein Schlüssel ins Schloß einer reaktivierbaren infantilen Neurose" (Mahler 1971) passen könnte. So schreiben Schnitzer u.a., die die Ergebnisse der 11. Sozialerhebung des deutschen Studentenwerkes vom Sommersemester 1985 vorstellen (leider gehen weder die

12. Sozialerhebung von 1989 noch die von 1967/68 auf die psychosoziale Situation von Studenten ein), daß sich 87 % der Studenten durch psychische Probleme im Studium beeinträchtigt fühlen. Dabei werden Arbeits- und Konzentrationsschwierigkeiten sowie Prüfungsangst und die Angst vor Autoritäten am häufigsten genannt und auch am intensivsten als belastend erfahren. Im privaten Bereich sind es vor allem Partnerschaftskonflikte, aber auch "...die durch zu lang erscheinende wirtschaftliche Abhängigkeit verursachten Probleme wie Konflikte mit den Eltern, finanzielle und Wohnprobleme" relevant (Schnitzer u.a. 1989, S. 215). Auch wenn der überwiegende Teil der Studenten sich in der Lage sieht, mit diesen Schwierigkeiten selbst fertig zu werden, fühlen sich immerhin noch 13 % auf Hilfe angewiesen. 5 % suchen eine psychotherapeutische Beratungsstelle auf, und "8 % aller Studenten sind nach eigenem subjektiven Urteil beratungs- und betreuungsbedürftig, nehmen aber bestehende Beratungs- und Therapieangebote aus unterschiedlichen Gründen nicht wahr" (Schnitzer u.a. 1989, S. 215). Viele Studenten sind sich ihrer Probleme bewußt und sehen sie als innerpsychisch an. Selbsterfahrungsgruppen sind eine von den Studenten aktiv eingesetzte Lösungsstrategie für ihre Probleme. Als das entscheidende Motiv für die Teilnahme an therapeutischen Verfahren, die die Konfrontation mit der inneren Realität ermöglichen, wird bei Krüger "das Bedürfnis, sich selbst klarer zu sehen und zu verstehen", genannt. Dies "...scheint ein Hinweis dafür zu sein, daß der Wunsch, Identitätszweifel zu beheben und Identität herzustellen, vor einer bloßen Symptom- und Problembeseitigung steht" (Krüger 1986, S. 43). In den Tageszeitungen findet diese Problematik kaum eine Niederschlag. Es lassen sich nur singuläre Fälle in der FAZ ausfindig machen, die sich diesem Thema widmen. Zur Beurteilung der darin enthaltenen Urteile und Wertungen scheint uns eine Ergänzung durch eine qualitative Inhaltsanalyse geboten.[1]

Bei den Kategorien "Frauenprobleme und Studentin als Mutter" interessierten uns ganz speziell die Probleme der weiblichen Identitätsbildung an der Hochschule. Immer noch sind Frauen in den "typisch männlichen" Studiengängen, wie z.B. Maschinenbau, Elektrotechnik und Physik, unterrepräsentiert (vgl. dazu Brämer, Leuzinger-Bohleber und Dumschat in diesem Band). Immerhin gibt es aber einen Trend dahin, daß Studentinnen im Vergleich zu früher in diesen Studiengängen immer stärker vertreten sind.

"So scheint es für heutige Studentinnen selbstverständlicher geworden, in ihre weibliche Identitätsbildung akademische Berufsausbildungen einzuschließen, die vor 20 Jahren noch vorwiegend Männern vorbehalten waren. Auch wird in die individuelle Lebensplanung eine Kombination von Berufstätigkeit und Mutterschaft selbstverständlicher einbezogen" (Leuzinger-Bohleber/Dumschat 1991, S. 133).

In den Zeitungen spiegelt sich dieser Wandel nicht wieder.

Schauen wir uns zum Abschluß noch die Kategorie "Umgang mit Autoritäten" an. Hier fällt zunächst die Diskrepanz zwischen damals und heute ins Auge. Diese Kategorie steht zum einen im Zusammenhang mit den Kategorien "Gewalt von und gegen Studenten sowie "Auseinandersetzung mit Werten,

---

[1]Wir teilen die Auffassung der Herausgeber, daß quantitative und qualitative Inhaltsanalyse bei der Untersuchung komplexer Fragestellungen durchaus miteinander korrespondieren können.

Politik und Kultur" und erhält allein dadurch schon 1967/68 eine zentrale Bedeutung. Zum anderen beinhaltet sie auch einen für die Identitätsentwicklung wichtigen Aspekt des Umgangs mit Leitfiguren und Vorbildern. Nicht selten wird aber gerade die große Distanz und damit der Kontaktmangel zwischen Hochschullehrern und Studierenden beklagt. Der Hochschullehrer erscheint häufig als "distanzierte kontrollierende Machtfigur, die einem in Zwischenprüfungsphasen das erste und möglicherweise gleich das letztemal" persönlich gegenübertritt" (Krüger 1989, S. 102).

"Die fehlende reale Auseinandersetzung mit anerkannten Autoritätspersonen hat aber psychologisch gesehen die Begünstigung archaischer Omnipotenz-Phantasien und präödipaler Ängste zur Folge, die nicht durch reale Auseinanderstzungen kontrolliert, abgearbeitet und damit realitätsangepaßt werden können. U.a. ist die spätadoleszente Ausbildung eines reifen Ich-Ideals dadurch behindert, wenn nicht in manchen Fällen verunmöglicht" (Bohleber 1982, S. 24).

Das Maß aller Dinge oder Die Erblast der 68er

Die Studentenunruhen im Jahre 1968 haben, unbestreitbar, die Entwicklung der Bundesrepublik geprägt und geschichtsträchtige Zäsuren gesetzt. So nimmt es nicht wunder, wenn in der Nachfolge eine Konjunktur von wissenschaftlicher und gesellschaftlicher Auseinandersetzung mit dem Phänomen Student stattfand, die in den späten Sechzigern und den frühen Siebzigern ihren Höhepunkt fand. Auffällig hingegen ist, wie - bis auf die Schwemme zum 20jährigen Jubiläum der Studenentenrevolte im Jahr 1988 - das Interesse an der studentischen Lebensphase zurückging. Während sich die Indizien an den Universitäten und Hochschulen dafür häuften, daß sich ein neues Unbehagen verbreitete, war die gesellschaftliche Teilnahme daran nur marginal. Hätte man nicht an diesem Punkt anderes erwarten müssen? Über 20 Jahre nach den Protesten, die so ungestüm und unerwartet aufgetreten waren, sind ihre Protagonisten selbst schon lange in jenen Institutionen, die durch den langen Marsch erobert werden sollten. In den Redaktionen der Zeitschriften, auf den Professorensesseln sitzen längst die Reformer von gestern, eine Generation, die aus der eigenen Erfahrung sensibilisiert sein sollte für die Vorgänge im universitären Bereich. Dennoch - und dies tritt schon anhand dieser ersten, skizzierenden Sichtung und Einschätzung unseres Untersuchungsmaterials deutlich zutage - ist das Interesse weit stärker zurückgegangen, als dies bei aller Übermacht der historischen Bedeutung der 68er angemessen scheint, ein Phänomen übrigens, von dem auch wissenschaftliche Arbeiten und Untersuchungen nicht ausgenommen sind. Hier öffnet sich augenscheinlich eine Kluft zwischen öffentlicher Meinung und den psychischen, psychosozialen und existentiellen Problemen von Studenten, die in Anbetracht der jüngeren Geschichte dieser Republik unverständlich scheint und über deren Ursachen wir bloß Vermutungen anstellen können. Die bloße Zuschreibung einer solchen Entwicklung in einer Gesellschaft, deren primäres Interesse der Verwertbarkeit der zukünftigen Akademiker gilt und die deshalb nur das Studentsein thematisiert, insofern diese Verwertungsinteressen gefährdert sind, ist daher nur zum Teil ausreichend, auch wenn dieser Eindruck durch Politiker, die ein "Herumbummeln" von viel zu vielen unfähigen Studenten auf Kosten einer studierwilligen Elite beklagen, ebenso wie durch die Veröffentlichung der Zahlen von Studienabbrechern, bestätigt wird.

Wo aber sind die kritischen Stimmen eben jener, die angetreten waren, diese Gesellschaft zu verändern, deren langatmiges Glaubensbekenntnis, die Kritik der politischen Ökonomie, als Bettlektüre unverzichtbar war. Sind sie abgetaucht in den Feuilletonredaktionen der Zeitungen, wo sie keinen politischen Schaden mehr anrichten? Oder aber ist ihnen der Blick auf die Problemlage heutiger Studenten verstellt, gerade durch die eigene Geschichte, durch Erfahrungen, die Problemartikulation nur als politische Aktion versteht, die Bedeutsamkeit von Problemlagen nur im Kontext von Gesellschaftskritik wertet? Tatsächlich unterliegt dieser Umstand einem eklatanten Defizit der Selbsteinschätzung der Studentenrevolte durch ihre Protagonisten, in der Annahme, die Unruhen von 68 seien ein singuläres Ereignis, eine einmalige Konstellation, deren Inhalt und Ergebnisse Maß aller studentischen Bewegung sein müssen - eine Fehleinschätzung, die Folgen zeitigt. Läßt man den Umstand einmal beiseite, daß die 68er Unruhen eine gesellschaftliche Umbruchsitutation manifestierten, lassen sich Momente einer gesellschaftlichen Dynamik erkennen, die nicht ein singuläres Phänomen sind, sondern auf die besondere Rolle von Gesellschaft und Student hindeuten, jene spezifische Situation, die, wie es Bohleber nennt, die Studenten zu Seismographen der gesellschaftlichen Entwicklung macht. Dies muß aber unter den oben beschriebenen Bewertungskriterien verborgen bleiben. Über die mißlichen Selbstdeutungsversuche zur eigenen Geschichte der Generation der 68er - mit ihrem immanenten Hang zur eigenen Heroisierung - sagt Morshäuser:

"Die zweite Generation (68er, d.V.), die den Panzer der ersten Generation (Nationalsozialismus, d.V.) knacken wollte, war gegen Selbsteinpanzerung nicht gefeit. - Mitte der siebziger Jahr wurden .... auch die Jüngeren definiert: >>Neuer Sozialisationstyp<< war der Begriff, der aus den Seminaren an die Kneipentische als Abkürzung kam. Die Behauptung des >>NST<< war der Versuch der zweiten Generation, die dritte Generation (NST, d.V.) als >>narzißtisch<< auszuweisen. Mit diesem Coup setzten die Redner der zweiten Generation sich als die einzig Wahren zwischen zwei deformierten Generationen."(S. 126).

Trifft eine solche Einschätzung zu, so wird verständlich, warum das Interesse an der studentischen Situation bloß nebensächlichen Charakter hat, kann sich doch die jüngere Geschichte der Studentenschaft nicht mit der geschichtlichen Projektion der 68er Revolte messen, noch einem Vergleich mit ihr standhalten. War es den Studierenden 1967/68 mindestens gelungen, die Öffentlichkeit auf sich aufmerksam zu machen, auch wenn in der Berichterstattung teilweise starke Entwertungen studentischer Anliegen eine "Nostrifizierung" ihrer spätadoleszenten Gesellschaftskritik zu beobachten war (vgl. dazu Schütze in diesem Band), stehen die Studierenden vor dem Dilemma der Nichtbeachtung ihrer Bedürfnislagen einerseits und den bloß technischen Interessen an ihrer funktionalen Verwertbarkeit andererseits. Daß einer solchen Generation die Identität "als Träger gesellschaftlicher Zukunft" abgeht, ist nicht sonderlich verwunderlich. Was bleibt ihr anderes übrig, als den Blick von dieser Nichtbeachtung in der Öffentlichkeit abzuwenden und Orte zu suchen, wo die Studierenden als Individuen wahrgenommen werden? Ist es da nicht logisch, jedes Studium bloß funktional und ohne emotionales Engagement zu absolvieren? - Oder aber nach Nischen zu suchen, in denen sie als Individuen ein Stück Wertschätzung und sinnliche Lebensqualität finden? Die in den Medien oft beklagte Passivität, Resignation und politische Enthaltsamkeit erinnert an den unüberwindbaren Zirkel der Frage nach nach dem Huhn und dem Ei: resignativer Rückzug und Desinteresse an Politik ist vielleicht nicht der Grund, sondern die Folge täglicher Erfahrung der öffentlichen Reflexion über die spezifische Lebenslage der Studierenden.

Codierer:........................ / Artikelnr.:...................

Kategorien

[ ] **1. Studienbedingungen**

[ ] 1.1 Eintreten für bessere Studienbedingungen
[ ] 1.2 Leistungsdruck
[ ] 1.3 Anonymität
[ ] 1.4 Praktikum
[ ] 1.5 Struktur des Studiums

[ ] **2. Auseinandersetzung der Studenten mit Werten, Kultur und Politik in der Öffentlichkeit**

[ ] 2.1 Politische Themen
[ ] 2.2 Umweltproblematik

[ ] **3. Student im Privatleben**

[ ] 3.1 Partnerschaft
[ ] 3.2 Elternschaft
[ ] 3.3 Student und Ursprungsfamilie
[ ] 3.4 Wohnsituation

[ ] **4. Student in Interaktion mit anderen Studenten**

[ ] 4.1 Peergroup
[ ] 4.2 Geschlechterverhältnis/Rollenverhalten
[ ] 4.3 Rivalität
[ ] 4.4 Hochschulpolitische Aktivitäten

[ ] **5. Hochschulbetrieb und Öffentlichkeit**

[ ] 5.1 Darstellung studentischer Leistungen
[ ] 5.2 Darstellung nichtstudentischer Leistungen

[ ] **6. Arbeitslage**

[ ] 6.1 Arbeitssituation während des Studiums
[ ] 6.2 drohende Arbeitslosigkeit
[ ] 6.2.1 Zukunftsangst

[ ] **7. Sammelkategorien**

[ ] 7.1 Langzeitstudenten
[ ] 7.2 Gewalt gegen Studenten
[ ] 7.3 Gewalt ausgehend von Studenten
[ ] 7.4 Stud./Uni. – DDR/neue Bundesländer
[ ] 7.5 Ablösungsproblematik
[ ] 7.6 psychische Probleme von Studenten
[ ] 7.7 Frauenprobleme
[ ] 7.8 Studentin als Mutter
[ ] 7.9 Selbsterfahrung
[ ] 7.10 Umgang mit Autoritäten

[ ] **8. nicht einzuordnen**

	pos.	neg.	neutr.	n.einzuord.
9. Einstellung des Verfassers	[ ]	[ ]	[ ]	[ ]

10. Codierung: (leicht) 1 2 3 4 5 (schwer)

Literatur

Brämer, R., Heublein, U. (1990): Studenten in der Wende? Versuch einer deutsch-deutsche Typologie vor der Vereinigung. In: Aus Politik und Zeitgeschichte 1990, 44. Bonn: Bundeszentrale, 3-16.

Bohleber, W. (1982): Spätadoseszente Entwicklungsprozesse. Ihre Bedeutung für Diagnostik und psychotherapeutische Behandlung von Studenten. In: Krejci, E./Bohleber, W. (Hg.), vgl. unten, 11-53.

Bohleber, W. (1987): Die verlängerte Adoleszenz. Identitätsbildung und Identitätsstörungen im jungen Erwachsenenalter. In: Jahrbuch der Psychoanalyse 21, 1987, 58-84.

Krecji, E. (1982): Studentenzeit als psychosoziales Moratorium. In: Krecji, E./ Bohleber, W. (Hg.), vgl. unten, 53-81.

Krecji, E./Bohleber, W. (1982): Spätadoleszente Konflikte. Indikation und Anwendung psychoanalytischer Verfahren bei Studenten. Göttingen: Vandenhoeck u. Ruprecht.

Kokemohr, R./Marotzki,W. (Hg.) 1982: Biographien in komplexen Institutionen. Studentenbiographien I. Frankfurt/Main/ M., 17-69.

Krüger, H.J./Maciejewski, F./Steinmann, I. (1982): Studentenprobleme. Psychosoziale und institutionelle Befunde. Frankfurt/Main, New York: Campus-Verlag.

Krüger, H.J./Steinmann, I./Stetefeld, G./Polkowski, M./Haland-Wirth, T. (1986): Studium und Krise. Eine empirische Untersuchung über studentische Belastungen und Probleme. Frankfurt/Main, New York: Campus-Verlag.

Krüger, H.J. (1989): Studierende und Universität. In: vgl. Huber, L./Wulf, M., 1989, 99-109.

Leuzinger-Bohleber, M./Dumschat, R. (1991): Weibliche Identitätsbildungskonflikte 1968 und heute. Zwei Fallskizzen. In: vgl. Wittenberger, G. (Hg.), 1991. fragmente Sonderheft, 132-162.

Mahler, E. (1971): Psychische Konflikte und Hochschulstruktur. Gruppenprotokolle. Frankfurt/Main: Fischer.

Morshäuser, B. (1992): Hauptsache Deutsch. Frankfurt/Main: Suhrkamp.

Schütze, Y./Geulen, D. (1983): Die "Nachkriegskinder" und die "Konsumkinder". Kindheitsverläufe zweier Generationen. In: Preuss-Lausitz u.a. (Hg.), 1983: Kriegskinder, Konsumkinder, Krisenkinder. Zur Sozialisationsgeschichte seit dem Zweiten Weltkrieg. Basel: Belz, 29-52.

Unterschiede in der Berichterstattung der FR und der FAZ zu studentischen Anliegen 1967/68 und 1989/90

Eine qualitative Auswertung

Fritz Schütze/Claudia Lützen/Ulrike Schulmeyer-Herbold

Einleitung

Im Anschluß an die quantitative Untersuchung erschien es sinnvoll, auch die Umrisse einer *qualitativen* Auswertung über die Berichterstattung in der "Frankfurter Rundschau" (FR) und in der "Frankfurter Allgemeinen Zeitung" (FAZ) über studentische Anliegen einerseits in der Zeit der Studentenrevolte und andererseits an der Schwelle der 90er Jahre zu erkunden. Zu diesem Zweck kam es zu einer begrenzten Zusammenarbeit zwischen Ulrike Schulmeyer-Herbold und der Forschungswerkstatt für qualitative Sozialforschung, die von Gerhard Riemann und Fritz Schütze (und anderen) am Fachbereich Sozialwesen der GhK seit über zehn Jahren betreut wird (vgl. Riemann/Schütze, 1987).

1. Inhaltliche Darstellung der Untersuchung

1.1 Das empirische Material und seine Auswahl

Ulrike Schulmeyer-Herbold hatte zusammen mit Claudia Lützen auf der Grundlage ihrer detaillierten Übersicht über das große Artikel-Korpus der quantitativen Studie (rd. 2000 Texte) für die Arbeit in der Forschungswerkstatt neun Zeitungsartikel aus der FAZ und der FR ausgewählt, welche die Berichterstattung über Studenten in den Jahren 1967/68 und 1989/90 in ihren wichtigsten Merkmalen dokumentieren sollten. Die Auswahl mußte deshalb relativ klein sein, weil die Artikel an einem einzigen (fünfstündigen) Nachmittag in der Forschungswerkstatt für qualitative Sozialforschung bearbeitet werden sollten. Durch diese Vorab-Einschränkung ergab sich für Ulrike Schulmeyer-Herbold die empirische Aufgabe, darauf zu achten, daß die auszuwählenden Artikel innerhalb der theoretischen Gesamtvarianz des empirischen Materials zentral - oder eher alltäglich ausgedrückt: "typisch" - waren.

Der angedeutete Abkürzungsschritt ist methodisch durchaus legitim: Aus der genauen Analyse selbst einer kleinen Zahl von empirischen Fällen können theoretische Hypothesen mit Allgemeinheitsanspruch generiert werden, wenn die formalen Merkmale der Textgestaltung als Hinweise auf allgemeine soziale Prozeßmerkmale genutzt werden. (Das ist sicherlich für Psychoanalytiker keine aufregende methodische Feststellung, wohl aber für viele Soziologen.) Allerdings müssen hierbei drei Voraussetzungen erfüllt sein:

a) Bei der Auswahl und Interpretation der Fälle muß die theoretische Gesamtvarianz des denkbaren Auftretens unterschiedlicher Fälle - dies natürlich auf der Grundlage des bereits gesammelten empirischen Materials - im thematischen Gegenstandsfeld berücksichtigt werden. Es muß z.B. überlegt werden, ob der analysierte Fall ein Zentralfall oder ein "Ausreißer" innerhalb des thematischen Gegenstandsfeldes ist.[1]

b) Die Textmaterialien müssen im Medium ihrer textuellen - und das heißt auch: formalen - Präsentation untersucht werden. Jede Äußerung kann also nur kontextuell und in ihrer formalen Darstellungsweise analysiert werden - d.h. sie darf nicht isoliert und in ihrem Aussagegehalt at face value genommen werden.

c) Es müssen zum Zwecke der Kategorienbildung und -differenzierung kontrastive Vergleiche zwischen den gesammelten und den zu untersuchenden Fällen in ausreichender Anzahl möglich sein.

Wir geben nunmehr in einer groben Skizze wieder, was das Ergebnis der Arbeit in der Forschungswerkstatt-Sitzung war, an der sich natürlich neben den Autorinnen und dem Autor auch Marianne Leuzinger-Bohleber beteiligte.

1.2 Inhaltlicher und formaler Vergleich der Artikel von 1967/68 und 1989/90 im Überblick

In den Jahren 1967 und 1968 findet in den beiden überregionalen Frankfurter Tageszeitungen eine kontroverse Debatte über die Lebenssituation der Studenten, über ihre Vorstellungen für die Veränderung der Universitäten und über ihre fundamentale Kritik an der Gesellschaft statt. Es werden aufregende Interaktionsszenen im Universitätsleben beschrieben (z.B. Gebäude-Besetzungen); das Gegeneinander kontroverser Stellungnahmen zu universitätspolitischen und gesamtgesellschaftlichen Problemen innerhalb der Studentenschaft sowie zwischen der Studentenschaft und den Machtausübenden in der westdeutschen Gesellschaft wird dargestellt (z.B. zu universitären Statuten-Ände-

---

[1]Hierauf hat Ulrike Schulmeyer-Herbold auf der Grundlage ihrer Erfahrungen mit der quantitativen Kodierung des empirischen Gesamtmaterials geachtet.

Freilich war nicht die Zeit, das Geflecht der an jenem Nachmittag aus dem kleinen Auswahlmaterial entwickelten theoretischen Kategorien dann später noch mehrfach an *weiteren kleinen* Materialauswahlen zu erproben. Auf diese Weise hätte erkundet werden können, ob am Kategorien-Gesamtgeflecht, wie es in der Forschungswerkstatt vorläufig erarbeitet worden war, bzw. auch nur an verschiedenen der dort erarbeiteten *Einzel*kategorien Erweiterungen, Differenzierungen, Korrekturen im Sinne der theoretischen Sättigung (Glaser, 1978, Kap. 4-5; Strauss, 1987, S. 35f) vorgenommen werden müßten, damit der theoretische Kategorienvorrat für das thematische Gesamtgegenstandsfeld allgemeine Erklärungskraft beanspruchen könne. Insofern haben die im folgenden vorzutragenden Ergebnisse nur vorläufigen Charakter. - Wir gehen freilich davon aus, daß die Auswahl der neun Artikel für die Arbeit der Forschungswerkstatt umsichtig vorgenommen worden ist, da Ulrike Schulmeyer-Herbold einen eingehenden Überblick über das sehr umfangreiche Gesamtmaterial hatte. Auch haben wir uns bemüht, präzise Einzel-Textanalysen durchzuführen. Insofern dürfte - unserer Vermutung nach - ein endgültiges theoretisches Modell der Berichterstattung über studentische Angelegenheiten in der FR und der FAZ während der beiden Zeiträume nicht dramatisch von dem nunmehr von uns vorläufig Erarbeiteten abweichen. -

Wie dem auch sei, das im folgenden Skizzierte wird hoffentlich weitere differenzierende Forschungsaktivitäten anregen.

rungen oder zur Gewalt auf der Straße, gerade auch zu der von der Polizei ausgeübten); die Artikelschreiber fühlen sich bemüßigt, selbst zu bewerten und Stellung zu nehmen - dies insbesondere in den häufigen Leitartikeln zu studentischen Fragen -; und die emotionalen Qualitäten der Auseinandersetzung um studentische Kritik an Universität, Staat und Gesellschaft sowie um studentische Ansprüche werden immer wieder lebendig zum Ausdruck gebracht. Studentische Fragestellungen und Aktivitäten stehen - entsprechend einer solchen Berichterstattung - im Zentrum des Diskursuniversums[2] der bundesdeutschen Gesellschaft am Ende der 60er Jahre.

In den Jahren 1989/90 sind die Studenten statt dessen ein Nebenthema, das in der Presse pflichtschuldigst mitbearbeitet wird. Sowohl in der FR als auch in der FAZ wird in der Regel nunmehr nicht über die Studierenden als Personen, ihre intrapsychischen Veränderungsprozesse, ihre Lebensmilieus und Lebensstile und ihre gesellschaftlich-politischen Orientierungen berichtet, sondern über die materiellen Bedingungen des Studiums in der Gegenwartssituation und die ökonomischen Potentiale des Studiums (bzw. einzelner Studiengänge im Vergleich) für die Zukunft des Studierenden oder auch für die Gesellschaft insgesamt. In den Artikeln der Jahre 1989 und 1990 finden sich wenig Situationsdarstellungen, zu Stellungnahmen sind die Artikelschreiber kaum herausgefordert, Leitartikel über studentische Probleme sind nahezu undenkbar, Emotionen kommen nicht zum Ausdruck. Entsprechend kann man davon ausgehen, daß studentische Fragen im Diskursuniversum der deutschen Gesellschaft an der Schwelle der 90er Jahre nahezu irrelevant sind.[3] Die Reizthemen

---

[2]Mit dem Begriff des Diskursuniversums soll derjenige Kommunikationsbereich in einer Gesellschaft bezeichnet werden, welcher die grundlegenden Haltungen des Individuums zur gesellschaftlichen Kollektivität prägt und verändert. Es geht hier um die elementare Eigenschaft des Individuums als Subjekt "bürgerlich-politischer" Willensbildung (im allgemeinsten Sinne) - und nicht um besondere Eigenschaften eines Menschen als von speziellen Problemen Betroffener, als professioneller Experte, als politischer Aktivist, usw. Im Diskursuniversum finden Auseinandersetzungen über kollektiv maßgebliche Interpretationen der Vergangenheit einer Gesellschaft - insbesondere zentraler Problembestände (wie der Naziverbrechen) - und über die grundsätzlichen kollektiven Orientierungen auf den zukünftigen Charakter einer Gesellschaft statt (z.B. ob sie das Selbstverständnis und den offiziellen Charakter einer Einwanderungsgesellschaft haben solle oder nicht). Auch sind die Thematisierungen des Diskursuniversums eine wichtige Bedingung für die (massenhaft-allgemeine oder auch "lager-gespaltene") Tendenz der Individuen, sich zeitweilig in der Gesellschaft eher zu engagieren oder eher zurückzuhalten (vgl. Hirschman, 1970). Die zentralen Steuerungsprinzipien des Diskursuniversums werden von seinem Kernbestand, nämlich dem *symbolischen* Universum einer Gesellschaft bzw. dessen grundlegenden Interpretationsversionen, bereitgestellt, die für das kollektive Leben und die Biographie der Individuen letzten und umfassenden Sinn bereitstellen (vgl. Berger/Luckmann, 1966, S. 88-90; Schütze, 1992, S. 197 und 206).

[3]Im Jahre 1992 ist freilich die Anzahl der Artikel über die deutschen Universitäten und über studentische Angelegenheiten wieder steil angestiegen. Typische Themen sind nunmehr die Überfüllung der Hochschulen und die damit einhergehende mangelnde Ausbildungsqualität und Perspektivenlosigkeit für die akademische Jugend und die enorm lange Studiendauer als Ergebnis oder auch als mögliche Teilursache für die Überfüllung der Universitäten (z.B. Art. in "Die Zeit", Nr. 4, 17. Jan. 1992, S. 9-12: "Neue Lehre braucht das Land"). Die Trendwende hinsichtlich eines neuerwachten Interesses an der Situation der Studenten wurde besonders sinnfällig an der Spiegel-Titelgeschichte "Sturm auf die Uni - Wohin mit den Studenten?" (Spiegel Nr. 45, 46. Jg., 2. Nov. 92, S. 80-110). Zudem erscheinen zunehmend

dieser Zeit für gesellschaftliche Auseinandersetzungen sind statt dessen: Ökologie, Wiedervereinigung, die wirtschaftliche Umgestaltung der (ehemaligen) DDR, Spitzeldienste für die Stasi, Ausländerzuzug, Rechtsradikalität und der beginnende Verteilungskampf zwischen Ost- und Westdeutschen.

Nicht nur inhaltlich, sondern auch in den Formen der Berichterstattung sind die Zeitungsartikel von 1967/68 ungleich differenzierter als die Zeitungsartikel von 1989/90. Für die Periode der Studentenrevolte gibt es:

- Reportagen mit aktuellen Situationsschilderungen;
- aktuelle Berichte über die unterschiedlichen Standpunkte der Kontrahenten; es werden also Vergleiche bzw. "Triangulationen" von gegensätzlichen Positionsverlautbarungen angeboten;
- interpretative Hintergrundsbeschreibungen und -einschätzungen mit der Stellungnahme des Journalisten sowie
- zentrale Kommentare ohne Berichtsanteil, insbesondere Leitartikel.

Für die Periode von 1989/90 sind beobachtbar:

- Berichte von institutionellen Veranstaltungen wie einem Treffen von ost- und westdeutschen RCDS-Studenten oder von Meinungsumfragen über die politische Orientierung von Studenten im Vergleich zwischen Ost- und Westdeutschland nach der Maueröffnung;
- nüchterne, z.T. statistik-gestützte Überblicksartikel (mit lakonisch-kritischem Unterton) über die berufliche und ökonomische Verwertbarkeit des

---

Artikel über Maßnahmen von Bund und Ländern zur Verbesserung der Studiensituation; dies ist auffällig oft verbunden mit einer Kritik an den Professoren, die unmotiviert und didaktisch unfähig seien (vgl. etwa den FR-Artikel vom 17. Okt. 92, S. 22: "Die offenkundigen Mängel bei Lehre und Studium. Wissenschaftsministerin versucht neue Reform-Anstöße zu geben - Professoren in der Kritik"). Von ähnlicher Thematik sind Artikel, die über Forschungsprojekte bezüglich der Qualität der Lehre berichten, und Artikel, die Ansätze zu einer erneuten Hochschulreform im Zeitalter des Drangs eines Drittels aller Schulabsolventen auf die Hochschulen darstellen und erörtern (- dies in Richtung der "Entschlackung" und Verkürzung von Studiengängen und der Aufspaltung zwischen einem praxisbezogen-verschulten Basisstudium, wie es die Fachhochschulen anbieten, und einem forschungsbetonten Elitestudiums; in den letzteren Zusammenhang gehören auch Artikel über Graduiertenkollegs - vgl. "Die Zeit" vom 11.9.92, S. 45: "Absturz in den Alltag. Die Graduiertenkollegs waren einmal als Chance für den wissenschaftlichen Nachwuchs gedacht. Jetzt droht der Reformidee die finanzielle Auszehrung."). Schließlich tauchen naturgemäß immer häufiger intensive und lebendige Artikel über neue hochschulpolitische Akzentsetzungen in Ostdeutschland auf (so z.B. ein langer FR-Artikel vom 15. Okt. 92, S. 6, über die Neugründung der Viadrina-Universität in Frankfurt/Oder).

Insgesamt ist sicherlich die Feststellung richtig, daß sich die Haltung der deutschen Gesellschaft zu ihren Studenten im Zeitraum 1989 bis 1992 stärker geändert hat als in den ganzen zehn Jahren davor. Die Studenten sind nun wieder relevant - allerdings dies eher im Sinne eines zentralen Problems materieller Ausstattung und gesellschaftlicher Versorgung, das wegen der enormen Finanzprobleme, die auf die deutsche Wirtschaft und Gesellschaft angesichts der Notwendigkeiten des Aufbaus des östlichen Landesteils zukommen, mehr und mehr zum zentralen Ärgernis wird. Dies spiegelt sich auch in den Zeitungsartikeln der Jetzt-Zeit wider: neben der gesteigerten Relevanzsetzung sind Anzeichen von Unduldsamkeit angesichts eines "überflüssigen" hartnäckigen Problems, das die Gesellschaft gerade jetzt nicht gebrauchen könne, unübersehbar.

Studiums, insbesondere in geisteswissenschaftlichen Studiengängen, und über die materiellen Bedingungen des Studiums sowie
- Kurznotizen über Wahlen zum Studentenparlament, sofern man daraus eine Glosse machen kann.

1.3 Vergleich zwischen den Artikeln der FAZ und der FR in beiden Perioden

Für die Periode der Studentenrevolte ist eine starke Polarisierung der Berichterstattung zwischen der linksliberalen FR und der konservativen FAZ feststellbar. Die FR stellt die unterschiedlichen Standpunkte klar und kritisiert die damals von der Springer-Presse und der Polizei in Berlin geschürte Pogromstimmung. Sie fordert die Ablösung der politischen Führung in Berlin - oder doch zumindest den Rücktritt des Polizeipräsidenten bzw. des Innensenators. Die FAZ versucht in einigen Artikeln des Jahres 1967 und auch noch des Jahres 1968 zunächst, die von den Studenten aufgeworfenen Fragestellungen zu verharmlosen. Sie kennzeichnet sie als die Sichtweisen von Menschen, die künstlich im Nicht-Erwachsenen-Status gehalten würden. Wenig später schon werden die Studenten in anderen Artikeln als Wegbereiter des Terrorismus hingestellt, die sich selbst aus dem Diskurs der Vernünftigen ausgeblendet hätten. In einer rhetorischen Figur wird dann - nach dem Attentat auf Rudi Dutschke - "sehnsuchtsvoll"-ironisch an die problembezogenen, "sachlichen" Diskursleistungen von Dutschke und seinen Mitstreitern erinnert.

Für die Periode 1989/90 ist eine solche Polarisierung zwischen den beiden Zeitungen nicht feststellbar. Freilich hat es den Anschein, daß die FR stärker an einer deskriptiven Darstellung der Studentenprobleme dieser Zeit interessiert ist (z.B. an der Arbeitslosigkeit von Absolventen geisteswissenschaftlicher Studiengänge), während die FAZ am Ausgang der 80er Jahre immer noch über die zukünftige Möglichkeit einer neuen Studentenrevolte beunruhigt zu sein scheint. Auch betont die FAZ stärker als die FR die Relevanz der Hochschulausbildung für die Wettbewerbsfähigkeit der deutschen Wirtschaft; der besonderen Förderung der Naturwissenschaften und der Technikdisziplinen wird vor allem in der FAZ das Wort geredet.[4]

1.4 Handlungsschemata in den Zeitungsartikeln über Studenten

Zwar ist es das vornehmste Interesse von Qualitätsjournalismus, zu *berichten* über das, was in der Gesellschaft und in der Welt der Fall ist, und dieses dem Lesepublikum verständlich zu machen. Aber natürlich handeln Journalisten, indem sie Artikel schreiben, auch über die Absichten des Berichtens und Verständlichmachens hinausgehend. Dies darf keineswegs als ein Mißbrauch der Rolle von Journalismus angesehen werden. Journalisten tun während des Artikelschreibens all das, was Menschen auch im Alltagsleben bei (schriftlichen und mündlichen) Kommunikationsvorgängen aller Art tun: nämlich anklagen, sich entschuldigen, bitten, kritisieren, sich distanzieren, loben - dies als kom-

[4]Die beiden letzteren Feststellungen können sich nur auf die Betrachtung und globale Einschätzung des Gesamtkorpus der FAZ- und FR-Artikel aus den Jahren 1989 und 1990 durch Claudia Lützen und Ulrike Schulmeyer-Herbold empirisch stützen; aus der kleinen Textauswahl für die qualitative Nach-Untersuchung allein läßt sich dieser Unterschied nicht ausmachen.

munikative Handlungsschemata verschiedenster Art. Journalisten sollten freilich die journalistischen Basisaufgaben des Explizierens, des diskursiv Darlegens und des Durchschaubarmachens stets mitbearbeiten. (Es ist klar, daß die Erfüllung dieser Aufgaben oft zu wünschen übrig läßt; das ist aber bei anderen Diskursinstitutionen mit vergleichbarem Aufgabenprofil wie Schule und Universität auch nicht anders.) Insgesamt: Das "Tun" der Journalisten ist nicht etwas, was von Handlungszusammenhängen des praktischen Lebens abgehoben wäre; die positivistische Unterscheidung zwischen einer "deskriptiven" und einer "präskriptiven" Kommunikationsform (oder welche Begriffe auch immer man benutzen will, um eine rationale Darstellungsaktivität von allen anderen Formen der Kommunikation abzugrenzen)[5] ist für die meisten menschlichen Kommunikationssituationen weltfremd.

Mit dem Berichten und Verständlichmachen der journalistischen Tätigkeit läßt sich mühelos eine Reihe von weiteren Handlungsabsichten verbinden: so z.B. die Kritik, die Anklage, die Anerkennung, die Wiedergutmachung, die Distanzierung usw. Aus der genauen Untersuchung von tonbandaufgezeichneten und transkribierten Alltagsgesprächen kennen wir die grundlegende Struktur von kommunikativen Handlungsschemata: sie werden als beabsichtigte Kommunikationsformen den Interaktionspartnern angekündigt, sie werden ausgehandelt, sie werden ratifiziert, sie werden im Schemakern inhaltlich durchgeführt, und sie werden im Ergebnis gesichert (Kallmeyer/Schütze, 1976). Diese grundlegende Struktur von Handlungsschemata findet sich auch in journalistischen Artikeln wieder. Ein vertieftes reflektiertes Verständnis der Bedeutung eines Artikels setzt auch schon beim Lesen im *Alltag* voraus, daß sich die Rezipientin bzw. der Rezipient verdeutlicht, welche Handlungsabsichten die Artikelschreiberin bzw. der Artikelschreiber mit dem Verfassen des Artikels über die Berichts- und Verständlichmachungsfunktion hinaus verfolgt. Es ist freilich nur allzu menschlich, daß wir als Alltagsleser einem Artikel nur selten die Anstrengung eines solchen vertieften reflektierten Verständnisses angedeihen lassen. Aber gerade beim unreflektierten Rezipieren wirkt das Handlungsschema des Artikelschreibers in uns unbewußt und unkontrolliert weiter.

Eine *wissenschaftliche* interpretative bzw. rekonstruktive Analyse (vgl. Bohnsack, 1991) von Zeitungsartikeln kann demgegenüber *überhaupt nicht* ohne eine Untersuchung der mit dem Artikelschreiben verfolgten Handlungsschemata auskommen. Drei Gesichtspunkte müssen bei der Identifizierung solcher Handlungsschemata besonders bedacht werden: (a) Auch Artikelschreiber benutzen die für die Kennzeichnung der formalen Schritte von alltäglichen kommunikativen Handlungsschemata (Ankündigung gegenüber dem Interaktionspartner bzw. Schemarezipienten, Aushandlung zwischen den Interaktionsbeteiligten - Schemainitiator und Schemarezipient -, Ratifizierung, Schemakerndurchführung, Ergebnissicherung) gebräuchlichen universalen Markierer des Aufzeigens und Identifizierens, und im Zuge ihrer Verwendung markieren sie zugleich auch - gewissermaßen im gleichen Arbeitsschritt - die

[5]Vgl. etwa Albert, 1965, S. 183 ff; Zetterberg, 1962, S. 50 f. Ähnlich wird mitunter die Unterscheidung zwischen Lokution/Proposition und Illokution in der Sprechakttheorie verwendet. Vgl. Austin 1962: Lect. VIII-XII, Searle, 1971: Kap. 2. (Vgl. auch als Überblick und Einbringung in eine sozialwissenschaftliche Theorie der Sprachfunktionen: Schütze, 1975, S. 500-512; 685-704; 772-791.)

inhaltlichen ("thematischen") Aktivitäten des Handlungsschemas (deren Merkmale freilich aus kulturspezifischen Wissensbeständen schöpfen). (b) Da Artikelschreiber bei der Orientierung auf den Leser als Schemarezipienten mit einem abstrakten, verallgemeinerten Interaktionsgegenüber zu tun haben, das naturgemäß nicht Schritt für Schritt bzw. "interaktions-lokal" im *aktuellen* Kommunikationsvorgang der Artikelproduktion real auf die einzelnen Teilkommunikationsaktivitäten des Schemainitiators (d.h. des Autors) innerhalb des sich entfaltenden Handlungsschemas reagieren kann, muß der Artikelschreiber in der (imaginativen) Aushandlungsphase seines Handlungsschemas durch den Appell an Verständnisse und Absichten, die mit dem anonymen, allgemeinen Lesepublikum unterstelltermaßen geteilt werden, besonders sorgfältige Grundlagen für die erwünschte "interaktive" Ratifizierung des Handlungsschemas (seitens des imaginierten allgemeinen Lesepublikums) legen. (c) Das mit dem Artikelschreiben verfolgte Handlungsschema braucht nicht nur nicht den Rezipienten, sondern auch den Artikelschreibern nicht voll bewußt zu sein, es kann durchaus auch "unbewußt" hinter dem Rücken des Artikelschreibers (wie auch des Lesers) "ablaufen". (Freilich wird auch in einem *solchen* Falle für die genaue strukturelle Analyse vermöge der "automatischen" Markierung der formalen Aktivitätsschritte und ihrer inhaltlich-thematischen Ausfüllung deutlich, um welches Handlungsschema es sich jeweils handelt.)

In allen Artikeln beider Zeitungen und beider Perioden sind die von den jeweiligen Journalisten intendierten und verfolgten Handlungsschemata prägnant ausgeprägt. So trägt einer der FR-Artikel aus der Zeit der Studentenrevolte das Handlungsschema der Anklage gegen die veröffentlichte Meinung der Springer-Presse und gegen die offiziellen Verlautbarungen des Berliner Senats vor. Es werde in der Öffentlichkeit - so der Artikel - nicht hinreichend gesehen, daß die Studenten eine Arena der Auseinandersetzung mit den bestehenden problematischen Verhältnissen in Universität und Gesellschaft eröffnen wollten und damit Agenten der gesamtgesellschaftlichen Aufklärung seien (Rudolph Ganz in der FR, 5.6.67). Ein FAZ-Artikel, der eine Rektoratsbesetzung an der FU Berlin schildert, verbindet statt dessen eine entsprechende Reportage mit dem ausgrenzenden handlungsschematischen Versuch, die solcherart auf handgreifliche Weise revoltierenden Studenten als eine Spezies darzustellen, die aus dem Diskurs der vernünftigen Gesellschaftsmitglieder aus freien Stücken selbst ausgeschieden sei. (Die Studenten hätten sich nun selbst endgültig desavouiert. - Rolf Michaelis in der FAZ, 17.7.1968)

1.5 Der Student als das "fremde, bedrohliche Wesen" und das Nostrifizierungs-Handlungsschema in den Artikeln aus der Zeit der Studentenrevolte

Besonders interessant erschien uns in der Forschungswerkstatt aber das Handlungsschema der "Nostrifizierung". Der Ethnologe Justin Stagl hat damit in Anlehnung an Duerr (1985, S. 202-206) alle Versuche bezeichnet, das Fremde - in Stagls und noch stärker Duerrs ethnologischer Fragestellung natürlich insbesondere das Außereuropäisch-Exotische und deshalb zugleich für das europäische Selbstverständnis Bedrohliche - in einer Gesellschaft bzw. Wir-Gemeinschaft vertraut zu machen (Stagl 1985, S.107f)[6]

Das soziale Arrangement des Nostrifizierungshandlungsschemas setzt zunächst einmal die Gegenüberstellung des Vertrauten, personifiziert in der Wir-Kategorie der Einheimischen oder der "vernünftigen" Erwachsenen, einerseits und des Fremden, Rätselhaften andererseits voraus - dieses personifiziert in den Menschen aus fremden Völkern, denen die eigene Gesellschaft bzw. das Abendland verständnislos begegnet, bzw. personifiziert in den aus der Sicht der älteren "Etablierten" so merkwürdig handelnden Studenten, die gegen die sozialen und kulturellen Arrangements der Älteren aufbegehren und ihnen einen eigenen Lebensstil entgegensetzen. Sodann bedarf es für das Nostrifizierungshandlungsschema des Vermittlers, der den "Unsrigen", d.h. der Wir-Gemeinschaft der einheimischen Gesellschaft bzw. der älteren Generation der

---

[6]Stagl definiert "Nostrifizierung" folgendermaßen: "Das Unvertraute und dadurch Unheimliche wird durch seinen Nachvollzug *gebannt*, mit der eigenen Lebenswelt in Beziehung gesetzt und dadurch vertraut gemacht. Indem sich die Beschreibung an *andere* wendet, macht sie das von ihr Beschriebene mit der Traditionsgemeinschaft eines Lebenskreises kommensurabel." (Stagl, 1985, S. 108) Stagls Begriffsschöpfung der Nostrifizierung ist offensichtlich durch das "Traumzeit"-Buch von Duerr angeregt, das in Stagls Artikel immer wieder - wenn auch nicht gezielt *dies*bezüglich - zitiert wird. Duerr selbst verwendet den Nostrifizierungs-Terminus nicht explizit, sondern spricht statt dessen von "Heimisch-Machen" bzw. von der "'Entfremdung' des Fremden": "Das Fremde wird 'entfremdet', wird heimisch gemacht und dadurch neutralisiert. Verstanden ist etwas dann, wenn gezeigt werden kann, daß wir es virtuell immer schon verstanden haben, wenn es eingeordnet ist in das, was wir zum Bereich unserer eigenen Kultur rechnen."(Duerr, 1985, S. 203)

Beide Ethnologen betonen, daß nicht nur die abendländische Alltagskultur einschließlich der Medien, sondern auch jede Sozial- und Kulturwissenschaft mit Notwendigkeit nostrifizierende Grundoperationen anwendet, indem sie das "Besondere" der sozialen Realität mit seinen Unerwartetheiten und Irrationalitäten durch Einordnung in die Vorstellungswelten allgemeiner Begriffsgeflechte vertraut und ideenproduktiv macht (vgl. etwa Stagl, 1985, S. 107, 114; vgl. auch die systematisch weiterführenden Überlegungen von Matthes, 1985, S. 51 ff). Bei Duerr überwiegt aber die Skepsis gegenüber der Nostrifizierungstendenz in der Wissenschaft, insbesondere auch in der Ethnologie, weil sie viel zu oft verhindert habe und immer noch verhindere, daß sich die Wissenschaft vorbehaltlos und offen dem Fremden, Irrationalen, Unerwarteten geöffnet habe bzw. öffne. Statt dessen hätten die automatische Tendenz zur Nostrifizierung als "Entfremdung des Fremden" stets vorherrschende Weltsichten stabilisiert, insbesondere alle Spielarten des Eurozentrismus. Stagl dagegen legt dar, daß jede wissenschaftliche Forschung schon in der Basistätigkeit des *Beschreibens* auf Nostrifizierungsoperationen zum Zwecke von universalistisch-interkultureller Verständigung zurückgreifen müsse.

Aus der Kontroverse zwischen Duerr und Stagl läßt sich insgesamt festhalten, daß Nostrifizieren stets eine ambivalente kognitive Tätigkeit ist: sie macht einerseits ganz fremde Erscheinungen außerhalb der uns vertrauten Welt verständlich, und andererseits schottet sie uns gegenüber den besonderen Schockerfahrungen der Begegnung mit dem Fremden - und damit auch gegenüber den Merkmalen des ganz anderen - wirksam ab. Es ist selbstverständlich, daß im Zeitalter der Medien und der veröffentlichten Meinung insbesondere die Journalisten das ambivalente Vermittlungsgeschäft der Nostrifizierung betreiben. Sie sind oft Hüter einer generellen Weltsicht-Linie, auf die sich ihr Periodikum festgelegt hat. Nicht wenige Journalisten vermuten, daß ihre Leser gerade *von ihnen* die Bekräftigung dieser Weltsicht-Linie entgegen allen Irritationen durch fremdartige Neuigkeitserlebnisse und -informationen erwarten - ansonsten seien der wirtschaftliche Erfolg ihres Periodikums und/oder ihr eigener beruflicher Erfolg in Gefahr.

Etablierten, in deren eigenen alltäglichen Kategorien das Rätselhafte als eine Variante des Bekannten erschließt. Eine solche Funktion haben in der europäischen Neuzeit und bis ins 20. Jahrhundert hinein lange Zeit die exotische Reiseberichterstattung und auch die Ethnologie als akademische Disziplin gehabt. Deren soziale Leistung bestand darin, daß das kulturell Fremde so vermittelt wurde, daß das Vertraute der eigengesellschaftlichen Wir-Gemeinschaft nicht in Frage gestellt wurde (vgl. etwa Duerr, 1985, § 12). (Das gilt selbstverständlich nicht mehr für die moderne Sozialanthropologie, bedenkt man ihre kritische Perspektive auf das Partikulare, Kolonialistische, Zerstörerische der westlichen Gesellschaften - vgl. etwa Lévi-Strauss, 1960; Geertz 1963, 1990.)

Einen ähnlichen Habitus und eine ähnliche symbolische Pose des Vermittlers, Übersetzers, Deuters nehmen diejenigen Journalisten ein, die der unterstelltermaßen verschreckten Öffentlichkeit erklären, daß die irritierend mächtig in den Blick der Gesellschaft geratenen, ach so rätselhaften Studenten derart unberechenbar und schreckerregend doch gar nicht seien. Sie seien eigentlich wie die Kinder von mir und dir - nur befänden sie sich in einer besonders schwierigen Lebenssituation, die aber - bei rechtem Licht besehen - relativ leicht behebbar sei. Die nostrifizierende Haltung kommt insbesondere in zentralen operativen Sätzen der Artikel zum Ausdruck, z.B.: "Man muß diese Männer zu verstehen suchen." (Jürgen Eick in der FAZ 4.5.68, Spalte 1, Abs. 3); oder: "Es ist gut, daß die Berliner Eruptionen es unmöglich gemacht haben, nur lästig, störend und abstrus zu finden, was wachsender Aufmerksamkeit bedarf; daß sie den gefährlichen Prozeß wachsender Entfremdung zwischen den Generationen unterbrechen können. Ihn umzukehren, ist die Chance der Stunde." (Bruno Dechamps in der FAZ 24.6.1967, Spalte 1, Abs. 1)

Es ist interessant, daß insbesondere in den FAZ-Kommentaren die Studenten als solche fremden - oder auch: der Gesellschaft entfremdeten - Wesen angesehen werden, die wieder verständlich gemacht, d.h. in die Selbstverständlichkeiten der Wir-Gemeinschaft der westdeutschen Gesellschaft der ausgehenden 60er Jahre, zurückgeholt werden müßten. Die Fremdheit sei dadurch eingetreten, daß die Kommunikation zwischen den Generationen beinahe abgerissen sei - dies ist sicherlich eine Feststellung, die durchaus eine bemerkenswerte Verstehensbereitschaft der von den Artikelschreibern repräsentierten "etablierten" Generation der Älteren dokumentiert. - Die beiden Kommentatoren der von Ulrike Schulmeyer-Herbold ausgewählten FAZ-Leitartikel (von Bruno Dechamps vom 24.6.67 und von Jürgen Eick vom 4.5.68) nehmen freilich völlig unterschiedliche Standpunkte dazu ein, wie die Kommunikation zwischen den Generationen wiederhergestellt werden könne.

Der eine der beiden Kommentatoren (Dechamps) wirbt dafür, von der breiten Öffentlichkeit müsse zunächst erst einmal die Erkenntnisgrundlage und diskursive Ausgangsposition akzeptiert werden, daß die Studenten den Konsensus mit den Verantwortungsträgern der Gesellschaft aufgekündigt hätten. Dadurch werde ein Gespräch zwischen den Studenten und der älteren Generation überhaupt erst wieder möglich. Der Kommentator ahnt auch, daß in einem solchen künftigen (Dauer-)Gespräch eigentlich insbesondere die Verstrickung der älteren Generation in die Nazi-Herrschaft zur Sprache kommen müßte. Er macht sich aber nicht hinreichend klar - wahrscheinlich hat er nicht gründlich genug über Fragen nachgedacht, wie sie zu jener Zeit in Alexander und Margarete Mitscherlichs Buch "Die Unfähigkeit zu trauern" (1967) erörtert wurden -, wie schwierig dieses Gespräch werden könnte. Er drückt sich nämlich folgendermaßen aus: "Die Studenten begehren auf gegen Verfälschungen und Verhärtungen des Consensus, das ist der Übereinstimmung über die Grundlagen unseres Zusammenlebens, die eine nach Irrungen und Wirrungen gewitzte und gereifte, auch gedämpfte Generation noch einmal Davongekommener nach dem Krieg gefunden hat." (FAZ 24.6.1967, Leitartikel von Bruno Dechamps, Spalte 2, Abs. 1)

Schaut man aus heutiger Sicht auf diese Zeilen, so beeindruckt die Sensibilität des damaligen Autors; zugleich wird aber in der Art und Wortwahl der Formulierungen auch seine eigene Ausblendungshaltung (vgl. Schütze, 1992) gegenüber den schwersten Schuldbelastungen der jüngsten deutschen Geschichte deutlich. - In der weiteren Entfaltungs- und Wirkungsgeschichte der Studentenrevolte ist dann - um diesen Gedankengang abzurunden, bevor wir zum zweiten der beiden näher zu betrachtenden Leitartikel-Kommentare der FAZ kommen - entsprechend zu sehen, wie sowohl die etablierten Intellektuellen - diese sehr schnell und behende - als auch später die Studenten die schuldhafte Verstrickung der älteren Generation in die Nazizeit nach einer ersten sich entsetzenden, aber noch tastenden Thematisierung (in der Anfangsphase der Studentenrevolte) wieder weitgehend aus ihrem Bewußtsein ausgeblendet haben. Damit ist eine wesentliche Bedingung für ein vertieftes Selbstverständnis der Studentenrevolte als ein erstes naiv-erschrockenes Realisieren der Unfaßlichkeit der Verfehlungen und Kompromittierungen der Elterngeneration und als ein erster Versuch des moralischen Protestes dagegen bereits (in der Anfangsphase der Studentenrevolte) wieder verschüttet worden.

Ein typisches Beispiel für journalistische Aktivitäten der gleichzeitigen (unverstandenen) Wahrnehmung und Ausblendung der studentischen Thematisierung der Kompromittierungen und Verbrechen der Nazizeit ist der 1968 entstandene FAZ-Artikel "Die Kinder fressen ihre Revolution" (von Rolf Michaelis, FAZ 12.7.68) über die studentische Rektoratsbesetzung an der FU aus Anlaß der Ablehnung des Satzungsentwurfs für das OSI (Otto-Suhr-Institut) durch den Akademischen Senat der FU. Die von der Polizei umzingelten und belagerten Studenten teilen im Laufe des sich - wie der Autor in einer plastischen szenischen Darstellung veranschaulicht[7] - stündlich verschärfenden Konflikts per Megaphon mit, daß der Kommandeur der Berliner Schutzpolizei

[7]Es spricht durchaus für die journalistische Kompetenz des Autors, daß er in seiner Darstellung die quasitheatralische Dichte der Szenerie aufscheinen läßt. Allerdings bleibt er in seiner Darstellung zu sehr den burlesken Oberflächenphänomenen des Ablaufs verhaftet (indem er z.B. schildert, wie die Besetzer des Rektorats die professoralen "Beutezigarren" an die versammelten Studenten verteilen). Gerade das bitter- tragische Moment hinter den burlesken Oberflächen-Inszenierungen, nämlich der symbolische Protest gegen die ältere Generation und ihre Verstrickung in die Nazi-Zeit, bleibt dem Artikel trotz diesbezüglicher Kundgabeelemente in der Bedeutungsdimension verschlossen. - Der Autor ist 1933 geboren, gehört also der "Zwischengeneration" (zwischen der Kriegsgeneration und der Generation der Studentenrevolte) an. Er war schon damals ein kompetenter Literaturwissenschaftler (mit zwei Büchern über G. Hauptmann und H.v. Kleist) und ist heute Theaterkritiker der "Zeit". Unsere kritische Analye des damaligen Artikels impliziert kein Urteil über das interessante Gesamtwerk des Autors oder gar dessen spätere politisch-biographische Identität. - Im übrigen: partielle Ausblendungsaktivitäten sind selbst bei den Aktivisten der Studentenrevolte nachweisbar; sie gehörten und gehören zur kollektiven Textur des damaligen wie auch des heutigen symbolischen Universums der westdeutschen Gesellschaft.

im Krieg SS-Obersturmbandführer gewesen sei. Der Berichterstatter der FAZ gibt das zwar in wörtlicher Rede wieder, zieht daraus aber nicht die geringsten interpretativen Schlüsse bezüglich der entsprechenden hochsymbolischen Gehalte der vor den Augen und Ohren der versammelten Menge sich per Megaphon vollziehenden Distanzkommunikation zwischen Studenten und Polizei, obwohl der Artikel an vielen anderen Stellen hoch interpretativ ist. Die Unterlassung dieses Verstreichenlassens von Chancen zur interpretativen Verständlichmachung der Symbolisierung des Generationenkonflikts (mit der besonderen Schuldproblematik der Elterngeneration) angesichts eines szenischen Ablaufs, der in mancher Hinsicht fast die Dichte und symbolische Hintergründigkeit des Hildebrandliedes hat, steht im Gegensatz zu den weitreichenden interpretativen Aussagen des Artikels hinsichtlich des angeblich verblendeten Bewußtseinszustandes der auf diese Weise revoltierenden Studenten (die nur noch zu Klamauk und Zerstörung aufgelegt seien).

Im Gegensatz zum gerade erörterten ersten Leitartikel-Kommentar der FAZ (von Bruno Dechamps im Sommer 67) versucht der zweite (von Jürgen Eick) ein Jahr später, die Nostrifizierung der Studenten nicht nur durch Erklärungs- und Verständigungskommunikation, sondern auch durch das Plädoyer für praktisch-hochschulpolitische Maßnahmen zu bewerkstelligen. Er schlägt vor - dadurch den heutigen Hochschul-Umstrukturierungsplänen vorausgreifend -, die Studienzeiten radikal zu verkürzen. Die Studenten würden in einem künstlich verlängerten Wartezustand - einem psychosozialen Moratorium, wie wir heute sagen würden (Erikson 1966, 1975, S. 46; vgl. auch Bohleber, 1987) - gehalten. Die drastische Verkürzung der Studienzeiten werde diese paradoxe Situation partiell beseitigen. Außerdem solle man versuchen - und auch hier ist der Artikelschreiber bereits damals auf der Höhe heutiger Umstrukturierungsrationalität -, die Studentenströme in praxisnahe und naturwissenschaftliche Studiengänge umzudirigieren. Beide Maßnahmen würden - wie der Autor formuliert - die "Reizbarkeit" der Studenten, d.h. ihr kritisches Potential, entscheidend reduzieren.

Dem Artikelschreiber geht es also darum, die Funktion des Studiums als der zentralen Reflexionsstelle zwischen den Generationen, als des Ortes ganz neuartiger Erfahrungen und Ideen, die dann die Gesellschaft nach und nach verändern, möglichst weitgehend hinwegzurationalisieren. Er formuliert folgendermaßen: "Tatsächlich verzichtet der Studierende für zehn Jahre und länger auf mögliche eigene Einnahmen. Er sieht nicht ohne Ärger, daß Gleichaltrige, die frühzeitig einen Beruf ergriffen haben, es inzwischen längst zum eigenen Auto, einer schönen Wohnung, einer gesicherten Existenz gebracht haben. Das ist kein Grund, sich eine Märtyrerkrone aufzusetzen oder ein Studentengehalt zu fordern. Lernjahre sind keine Herrenjahre. Aber es ist wohl ein Grund, diese 'Schulbankperiode' drastisch zu kürzen. Eine zu lange Ausbildungszeit macht die Studenten welt- und lebensfremd, macht sie anfällig für alle möglichen utopischen Heilslehren bis hin zum Marxismus und Maoismus. Im Beruf sieht sich vieles anders an. Unlängst meinte ein Vater: 'Seit mein Sohn in der Praxis ist, haben wir wieder einen richtigen Gedankenaustausch, Gespräche, die nicht möglich schienen, solange er Student war.'" (FAZ 4.5.68, Leitartikel von Jürgen Eick, Spalte 2, Abs. 2)

Derartige Gedanken der Abkoppelung sozialer Arrangements der kritischen Reflexion und der psychosozialen Dynamik der Spätadoleszenz vom Studienbetrieb mögen auch heute noch teilweise Pate hinter manchen Vorschlägen zu praxisbezogenen Kurzstudien stehen. (Zugleich beeilen wir uns aber hinzuzufügen, daß die gegenwärtige, für viele Studenten entfremdete und deprimierend aussichtslose Studiensituation an den Massenuniversitäten tatsächlich drastisch geändert werden muß und daß gerade die Intensivierung des Praxisbezugs hierfür hilfreich sein kann. Dennoch sollte aber gerade der Moratoriums- und Reflexionscharakter des Studiums erhalten bleiben. Ohne diesen verliert das Studium für die jungen Menschen weitgehend an biographischer Relevanz, und eine darauf verzichtende Gesellschaft begibt sich eines zentralen Kreativitäts- und Innovationsmechanismus.)

1.6 Die Artikel an der Schwelle zu den 90er Jahren: das Fehlen von Erörterungen über Generationskonflikt-Themen

Bezüglich der Artikel der FAZ und der FR, die an der Schwelle zu den 90er Jahren geschrieben worden sind, kann bei genauerer Analyse festgestellt werden, daß erstaunlicherweise fast immer noch als stillschweigendes gesellschaftsbezogenes Hintergrundsinterpretament und als Kontrasthorizont für das Verständnis der aktuellen "heutigen" Gesamtsituation die Studentenrevolte Pate steht. Fast immer wird stillschweigend das Handlungsschema des Abschätzens und der Bannung der "Gefahren" einer neuen Studentenrevolte verfolgt. Diese "Gefahr" könne etwa dadurch entstehen, daß die unzufriedenen Studenten aus den neuen Bundesländern auf die westdeutschen Universitäten drängten und dann den Funken zur Revolte schlügen (z.B.: FAZ, 17.7.1989, Artikel-Glosse mit der Überschrift "Luftballon-Parteien"; FAZ, 2.5.1990, Reportage unter der Überschrift: "Wir wollen studieren, statt studiert zu werden."). - Nie wird freilich in den Artikeln von 1989 und 1990 seinerseits dieses Hintergrundsinteresse an der Möglichkeit bzw. Gefahr einer neuen Studentenrevolte expliziert oder gar selbst zum Thema der Reflexion gemacht. Dem entspricht, daß die Themen des Generationenkonflikts und der Auseinandersetzung der Studenten mit der Nazizeit und der diesbezüglichen Sprachlosigkeit der beiden Vorgänger-Generationen der Eltern und Großeltern in den späteren Zeitungsartikeln nahezu vollständig fehlen. Es ist freilich in diesem Zusammenhang zu beachten, daß die Eltern der Studenten der ausgehenden 80er Jahre selbst nicht mehr in das Nazigeschehen verstrickt gewesen sind, sie also auch nicht von ihren Kindern für die Nazi-Epoche in Generationenkonflikt-Auseinandersetzungen verantwortlich gemacht werden können. Es läßt sich ihnen von ihren Kindern, der Studentengeneration der ausgehenden 80er Jahre, aber dennoch sicherlich vorwerfen, daß sie sich nur ungenügend mit den Taten, Unterlassungen und Erfahrungen ihrer eigenen Elterngeneration (d.h. der Großelterngeneration der Studenten der ausgehenden 80er Jahre) in der Nazizeit sowie mit deren diesbezüglichen Ausblendungen und Bearbeitungsdefiziten in der Nachkriegszeit kritisch auseinandergesetzt haben. (Die in dieser Hinsicht vielversprechenden Ansätze in der Studentenrevolte wurden - wie schon angedeutet - schnell wieder verschüttet.)[8]

[8]Die Eltern der Studierenden der ausgehenden 80er Jahre waren überwiegend noch nicht selbst in die Studentenrevolte involviert. Sie dürften in der Regel bereits einige Jahre vor 1967 ihr Studium abgeschlossen haben - falls sie überhaupt studiert haben, was angesichts des enormen Anwachsens der Studentenzahlen in den letzten dreißig Jahren - d.h. angesichts der Tatsache, daß die überwiegende Zahl der Studierenden der ausgehenden 80er Jahre überhaupt

Für das Fehlen der Thematisierung des Generationenkonflikts in den FR- und FAZ-Artikeln an der Schwelle zu den 90er Jahren bieten sich zwei Erklärungen an, die sich z.T. widersprechen:

- Zu Beginn der 90er Jahre gebe es angesichts der gesamtgesellschaftlichen und makrohistorischen Rahmenbedingungen (staatliche Entmutigung oder gar Mißachtung der ökologischen Bewegung, die vorherrschende These von der Überflüssigkeit der Friedensbewegung, Erziehung zum Karriere- und Zensurendenken in der Schule mit Entsolidarisierungswirkung, konservativ-wirtschaftsliberaler Wertewandel mit rein marktwirtschaftlichen Problemlösungen als non plus ultra, Zusammenbruch des Staatssozialismus und die damit verbundene - wenn auch keineswegs zwingende - These vom "Tod des Sozialismus" generell, Pseudoerklärungen gesellschaftlicher Mißstände durch Fremdenstigmatisierungen, usw.) eben kein kritisches Potential in der studentischen Jugend Deutschlands (und anderer westlicher Wohlstandsgesellschaften)[9] - Die konservative Gestimmtheit der deutschen Gesellschaft (und anderer westlicher Gesellschaften) ließe sich z.T. zudem damit erklären, daß auf den Wellenscheitel des großen gesellschaftlichen Engagements (etwa von 1965 bis 1980) auch wiederum

die ersten Akademiker in ihren Familien gewesen sind - bei den meisten von ihnen nicht zutrifft. (Dabei soll nicht bestritten werden, daß das Lebensgefühl der Studierenden Ende der 60er Jahre sich teilweise auch auf andere Jugendliche und junge Erwachsene jener Zeit übertragen hat - weniger freilich auf diejenigen jungen Menschen, die der Phase der Spätadoleszenz schon entwachsen waren.) - Es kann also davon ausgegangen werden, daß die Eltern der Studierenden an der Schwelle zu den 90er Jahren nicht mehr *wesentlich* von der Auseinandersetzung der Studentengeneration der Zeit der Studentenrevolte mit dem Nationalsozialismus wesentlich beeinflußt worden sind. (Und davor gab es keine Massencharakter tragende Auseinandersetzung mit dem Nationalsozialismus in der westdeutschen Gesellschaft.)

Für die Auseinandersetzung der Studentengeneration der ausgehenden 60er Jahre mit dem Nationalsozialismus ist im übrigen kennzeichnend, daß sie schon recht bald bald in sehr abstrakten theoretischen Termini geführt wurde (indem der Nationalsozialismus als Variante des Faschismus im allgemeinen gesehen wurde - und dieser als extreme Spielart des Monopolkapitalismus). Dabei geriet der einmalige und ganz spezifische historische Charakter des Nationalsozialismus immer mehr aus dem Blick. Und immer öfter wurde auch der Umstand vergessen, daß man über die Generation der *eigenen* Eltern und über *diese selbst* sprach - daß also die Verbrechen des Nationalsozialismus nicht nur als welthistorisch unvergleichlich einzuschätzen waren, sondern auch auf eine existentielle und unauflösbare Weise *mit einem selbst* zu tun hatten. (Ob hier Abstraktionsprozesse der Theoriebildung auf vertrackte Weise Funktionen der Ausblendung wahrnahmen?)

[9]Sofern man vom antihumanistischen Protesttyp rechtsextremistischer Jugendlicher und der sie organisierenden Gruppenzusammenhänge absieht. Diese Protestform hat sich aber nicht an den Hochschulen auskristallisiert und artikuliert - zumindest nicht in der studentischen und gesamtuniversitären Hochschulöffentlichkeit. Auch wurde die rechtsextreme Protestform bis zum Anwachsen der ausländerfeindlichen Übergriffe im Jahre 1991 von der Presse und den Medien generell nicht als systematisches Phänomen, geschweige denn als zentrales gesellschaftliches Protestpotential oder gar als atavistisch-reaktionäre *soziale Bewegung* erkannt. - Daß aber der neonazistische Rechtsextremismus schon zu Beginn der 80er Jahre auch auf Jugendliche überging, die keiner fokussierten und ungebrochenen Nazi-Familientradition entstammten, und welche Rolle dabei quasi-charismatische Vermittler der Naziideologie in der Großvätergeneration wahrnahmen, wird von Inowlocki (1991) aufgezeigt.

ein Wellental des Rückzugs der Individuen aus (den Öffentlichkeitssphären) der Gesellschaft heraus in die unpolitische Privatheit hinein erfolgen müsse; die Beziehung zwischen Individuum und Gesellschaft könne nicht fortlaufend durch ein intensives kollektives Engagement der Individuen und eine entsprechende Begeisterung geprägt sein: auf die kollektive Aufgeregtheit müsse auch wieder ein Zustand der psychischen Abspannung folgen, in welchem sich der emotionale Haushalt der Gesellschaft und derjenige der individuellen Biographien erholen könne.[10] - Oder:

- Die Studentengeneration der Jahre 1989 und 1990 sei dem psychosozialen Moratorium der Spätadoleszenz längst entwachsen. Zum studentischen Lebensalltag dieser Generation gehöre der quasiberufliche Broterwerb - die meisten Studenten würden zumindest teilweise *selber* ihren Lebensunterhalt im Studium verdienen (und dementsprechend stiegen dann auch die materiellen Ansprüche) -, und das Studium werde durch minutiöse Prüfungsordnungen immer stärker reglementiert und standardisiert: dieser Erfahrungszusammenhang der Notwendigkeit materieller Subsistenzsicherung und der strikten Tätigkeitsregelung und Kontrolle sei dann zumindest seinem Erlebnis- und Orientierungsgehalt nach vergleichbar dem Berufsleben. Der Studienplatz sei deshalb - biographisch gesehen - mit einem Arbeitsplatz im Berufsleben weitgehend identisch geworden. In einer solchen reglementierten, standardisierten und durch materielle Notwendigkeiten und Ansprüche geprägten Lebensgestaltungs-Struktur habe das spätadoleszente Kreativitätspotential keine Entfaltungschance mehr.

Freilich tauchen in den Artikeln der Jahre 1989 und 1990 z.T. auch neuartige Themen auf: so z.B. das Thema des Innovationspotentials, das durch die Verbindung eines geisteswissenschaftlichen Studiums mit Erfahrungen in der Wirtschaft entstehe. Hier kommt in pragmatischer Wendung und in indirekter, gebrochener Weise dann wohl doch noch bei den Artikelschreibern ein gesellschaftliches Bewußtsein vom strukturell unverzichtbaren Kreativitätspotential der jungen Studentengeneration zum Ausdruck.[11]

---

[10] Vgl. Dahl, 1961, S. 309 f; Dahl, 1966, Kap. 6. Vgl. auch Shibutani, 1986, S. 317f. Wesentliche Bausteine für eine Theorie der Wellenbewegungen des Wechsels zwischen zeitweiligen Phasen der Aktivierung und der Passivierung der Individuen in Gesellschafts-, Organisations- und Marktkontexten aller Art bietet Hirschman (1970) mit seinen beiden Kategorien des "voice", d.h. des protestierenden Engagements, und des "exit", d.h. des Rückzugs aus dem Engagement - im Extremfall in Gestalt der Aufkündigung der Mitgliedschaft (wie beim Austritt aus einer Organisation, bei der Auswanderung, usw.). Hirschman führt aus, daß beide Reaktionsformen auf gesellschaftliche bzw. organisatorische Problembestände (oder auch beim Kunden: auf den Qualitätsabfall von Produkten) nach und nach in einer Art Kettenreaktion übertrieben werden können und dann die jeweilige gegenteilige Reaktionsform auf den Plan rufen (vgl. Hirschman, 1970, S. 4, 21-43, 76-105).

[11] Jede Gesellschaft, sofern es sich nicht um eine "kalte", nicht-geschichtsbewußte ("primitive") Gesellschaft (Lévi-Strauss, 1960) handelt, bedarf besonderer Mechanismen kulturellen Wandels. Zentrale Mechanismen dieser Art in modernen, komplexen Gesellschaften werden in den dauer-reflexiven Prozessen der sekundären Sozialisation aktiviert, der sich die Nachwachsenden in den Lebensphasen der Spätadoleszenz und des frühen Erwachsenenlebens unterziehen. Denn hier wird die kulturelle Überlieferung und der Wissensvorrat der Gesellschaft

1.7 Das Bild der Gesellschaft vom "rationalisierten Studenten" und die Frage nach der "inneren Realität" der heutigen Studentinnen und Studenten und ihrem eigenen Selbst- und Gesellschaftsbild

Durch die genaue Analyse der Zeitungsartikel läßt sich trotz aller Anstrengung nicht feststellen, was der tatsächliche innere Identitätszustand der Studenten zur Zeit der Studentenrevolte war bzw. was derjenige der Studenten zur Zeit des (scheinbaren "Endzeit"-)Triumpfes des Wirtschaftsliberalismus an der Schwelle zu den 90er Jahren ist. Zum Ausdruck kommt in den Artikeln nur, wie zwei der wenigen wichtigen überregionalen Intelligenz-Zeitungen der Bundesrepublik Deutschland, die das politische Orientierungsspektrum von konservativ bis links-liberal widerspiegeln, über Studenten berichten und denken. Da diese Zeitungen als Produkte des Qualitätsjournalismus einerseits relativ sensibel gesellschaftliche Veränderungen aufspüren und andererseits auf gesellschaftliche Meinungsführer und Verantwortungsträger - dies gerade im Wege der angesprochenen kommunikativen Handlungsschemata, die sich in den Artikeln auskristallisieren - orientierungsbeeinflussend wirken, kann man freilich davon ausgehen, daß sie das "Gesellschaftsbild vom Studenten" Ende der 60er Jahre und Ende der 80er Jahre (d.h. *nicht*: des Studenten *selbst*[12]) als kol-

---

nicht nur als Bestand vermittelt, sondern in Prozessen der Interpretation, der Kritik, der Untersuchung fortlaufend thematisiert, überdacht und abgewandelt. (Zum Begriff der Dauerreflexion vgl. Schelsky, 1957.) Eine besonders intensive Aktivierungsfunktion des kulturellen Wandels im Rahmen der sekundären Sozialisation übt das Lern- und Reflexionsmilieu der Hochschule aus.

Zugleich ist es aber aufgrund ihrer vordergründigen Rationalisierungsideologien für moderne komplexe Gesellschaften kennzeichnend, von genau der Dauerreflexions-Funktion des Studiums, nämlich fortlaufend kulturelle Innovationen im Bereich der Erkenntnis, der Selbstreflexion, der Gesellschaftsinterpretamente und der Lebensstile zu provozieren, systematisch abzusehen. Insbesondere wird so ausgeblendet, daß gerade auch die universitäre *Forschung* des Dialogs der Hochschullehrer mit der jungen Generation (den Studenten) bedarf. Das gilt besonders nachdrücklich für die Kulturwissenschaften (Geistes- und Sozialwissenschaften), abgeschwächt aber durchaus auch für die Natur- und Technikwissenschaften. Durch den fortlaufenden Diskurs mit ihren Studenten, die aus unterschiedlichen Generationslagerungen (Mannheim, 1964) heraus von einem völlig anderen Lebensgefühl erfaßt sind als ihre Professoren, werden die Hochschullehrer immer wieder dazu provoziert, sich selbst unbequemen, neuen Fragen zur eigenen Standortbestimmung und zur Forschung zu stellen.

[12]Für die Untersuchung der selbstreflexiven Gesellschaftsbilder von sozialen Aggregaten, sozialen Gruppen und Ortsgesellschaften *selber* waren bahnbrechend die beiden Schlußkapitel der amerikanischen Gemeindeuntersuchung "Middletown in Transition" (Lynd/Lynd, 1937, Kap. XII und Kap. XIII) sowie die empirische Untersuchung der Ruhrgebiets-Hüttenarbeiter "Das Gesellschaftsbild des Arbeiters" (Popitz, Bahrdt, Jüres, Kesting, 1957). An diese beiden Untersuchungen schlossen sich zahlreiche wissenssoziologische Untersuchungen, insbesondere in den Bereichen der Gemeindefeldforschung, der Berufssoziologie und der Erwachsenenbildung an (z.B. Negt, 1968). Sie wurden aber auch zu Ausgangspunkten des methodologischen Neuaufbruchs in der interpretativen Soziologie (vgl. etwa Arbeitsgruppe Bielefelder Soziologen, 1976).

Wichtig ist der Gedanke, daß sich das Gesellschaftsbild und das (kollektive) Selbstbild eines sozialen Aggregats bzw. einer sozialen Gruppe stets wechselseitig bedingen - so auch das der Studenten (vgl. Habermas, v. Friedeburg, Oehler, Weltz 1961). Dem steht die Einsicht gegenüber, daß das gesellschaftliche Bild *über* ein soziales Aggregat bzw. über eine soziale Gruppe, wie es die Presse vermittelt, einerseits und sein bzw. ihr kollektives Bild von sich lektives Vorstellungssyndrom bzw. gesamtgesellschaftlichen Wissensbestand relativ zuverlässig wiedergeben.

Dabei ist auffällig, daß das Gesellschaftsbild vom Studenten Ende der 60er Jahre innerhalb des politischen Spektrums der Gesellschaft lagerspezifisch kontrovers war, während es an der Schwelle zu den 90er Jahren zumindest an der Oberfläche des politischen Diskurses zwischen konservativ und linksliberal Orientierten völlig unkontrovers zu sein scheint: die studentischen Massen müßten "bewältigt" werden, auch erfolgreiche Studiengangsabsolventen seien zwangsläufig (beklagenswerterweise oder auch gerechterweise) von Arbeitslosigkeit bedroht, und die Studenten werden als privilegierte, teure Kostgänger einer hart arbeitenden Gesellschaft angesehen. Das Innovationspotential, das Studenten immer wieder in die Gesellschaft hineintragen, wird in der Presse und in der breiten Öffentlichkeit kaum gesehen, auch wenn eine latente Furcht vor einer erneuten Studienrevolte besteht - als ob die erste nicht ein Gewinn für die Steigerung des Reflexionspotentials und die demokratische "Substantiierung" der westdeutschen Gesellschaft (trotz aller Oberflächlichkeiten und späteren Opportunismen ihrer Protagonisten) gewesen wäre (vgl. etwa Habermas, 1992; Spalte 4, Abs. 3, und Spalte 5, Schlußsatz). All das verheißt nichts Gutes für die anstehende Reform der Massenuniversität.

Eine qualitative Untersuchung von Zeitungsartikeln über das Thema "Studenten" gibt - um es zu wiederholen - keinen Aufschluß über den inneren Gemüts- und Denkzustand der Studenten selbst. Es kann nicht unterstellt werden, daß die Artikelschreiber die Studentinnen und die Studenten in den 60er Jahren bzw. an der Schwelle der 90er Jahre hinreichend verstanden hätten - denn sie waren (bzw. sind) in beiden Schreibperioden in der Regel durch eine tiefe und weite Generationenkluft von der Lebenswelt der Studierenden getrennt. Die jeweiligen Generationslagerungen (Mannheim,1964, Matthes, 1985a, Bohnsack, 1989, Kap. 3.5) der Studenten und der Artikelschreiber prägen jeweils unterschiedliche Hintergrundsverständnisse von der gesellschaftlichen Lebenssituation. Die Analyse der Artikel vermittelt also ein Gesellschaftsbild (der etablierten Erwachsenengesellschaft) vom Studenten, nicht aber das Gesellschaftsbild der Studenten: d.h. dasjenige Orientierungsbild, das die Studenten selbst von der Gesellschaft und ihrer Position in ihr haben.

Um das Bild der Studenten von sich selbst und ihrer Position in der Gesellschaft sowie ihre Haltung dieser gegenüber aufdecken zu können, ist die Sammlung und Analyse empirischer Materialien erforderlich, die innere Zustände repräsentieren. Materialien wie autobiographisch-narrative Interviews (Schütze, 1983, 1987, 1992), die seit der zweiten Hälfte der 80er Jahre erhoben wurden, deuten darauf hin, daß das Studium trotz der Zwänge zum Gelderwerb von den Studentinnen und Studenten immer noch als psychosoziales Moratorium erlebt wird und daß die Gesellschaft von ihnen immer noch kritisch als eine zu verbessernde angesehen wird (vgl. Kokemohr/Marotzki, 1989; Marotzki/Kokemohr, 1990). (Es gibt freilich in zeitgenössischem autobiographischem Material von Studenten auch nicht übersehbare Hinweise auf Skepsis und Resignation). Die Moratoriumserfahrung und das mit dieser verbundene Kritikpotential werden sicherlich einerseits durch die materiellen

---

selbst, sein bzw. ihr Selbstbild, andererseits, u.U. extrem voneinander divergieren können. Dies dürfte Ende der 60er Jahre bezüglich der Studenten in extremem Ausmaße der Fall gewesen sein.

Anforderungen zur Subsistenzsicherung im Studium und andererseits durch den eklatanten Mangel an Kommunikations- und Auseinandersetzungsmöglichkeiten zwischen Lernenden und Lehrenden in den Massenuniversitäten erheblich gefährdet. Eine Gesellschaft, die das psychosoziale Moratorium der "Einsamkeit und Freiheit" des Studiums[13] strukturell wegrationalisiert, begibt sich des wohl wichtigsten Kreativitätspotentials für soziale, kulturelle, künstlerische und auch technische Entwicklung.

2. Methodischer Kommentar

Es mag nun angebracht sein, eine Skizzierung des Forschungsgangs unserer kleinen interpretativen Erkundung vorzunehmen. Der Forschungsgang läßt sich in sieben Arbeitsschritte gliedern:

- die Herstellung eines groben themendimensionalen Überblicks über das empirische Material und die Auswahl theoretisch besonders relevanter Materialstücke (Texte), die genauer analysiert werden sollen;
- die mikroskopische strukturelle Beschreibung der ausgewählten Materialstücke;
- die analytische Abstraktion der grundlegenden Aktivitätsmuster, die sich im Wege der strukturellen Beschreibungen abgezeichnet haben (z.B. wie das Handlungsschema der Nostrifizierung);
- den kontrastiven Vergleich der analytisch abstrahierten Ergebnisse der Einzelfalluntersuchungen (z.B. verschiedener Textanalysen zum Nostrifizierungs-Handlungsschema);
- die Ausbildung formaler theoretischer Teilmodelle über Aktivitätsschritte und Prozeßmechanismen, die zur Realisierung von sozialen Prozessen (wie z.B. von Handlungsschemata) erforderlich sind;
- die Ausbildung gegenstandsbezogener theoretischer Teilmodelle, die sich auf die thematische Fragestellung der Untersuchung beziehen (bei unserer Thematik: das Gesellschaftsbild vom Studenten und dessen strukturelle Hintergründe); sowie
- die empirische Differenzierung und Verdichtung der theoretischen Teilmodelle durch Konfrontation mit neuen empirischen Materialien.

Die aufgezählten Arbeitsschritte können nicht ausführlich dargestellt werden; es soll aber eine stichwortartige Andeutung darüber gegeben werden, was unter ihnen zu verstehen ist.

---

[13]Die Erinnerung an Wilhelm von Humboldts Universitätskonzeption ist durchaus beabsichtigt (vgl. auch Schelsky, 1960). Freilich müssen die Bedingungen für Einsamkeit und Freiheit in der heutigen Universitätslandschaft anders als zu Beginn des Neunzehnten Jahrhunderts sichergestellt werden. Hierzu gehören auch Formen des praxisbezogenen Studiums und der Forschungskooperation der Studierenden untereinander und mit den Lehrenden (z.B. in Forschungswerkstätten - vgl. Schütze, 1988, insbes. auch Abschnitt 6).

2.1 *Herstellung eines themendimensionalen Überblicks über das Material und die Auswahl theoretisch besonders relevanter Materialstücke, die eine genauere Analyse verdienen*

Zunächst einmal wird - wie in Abschnitt 1.1 dargestellt - eine theoretische Auswahl von Zeitungsartikeln aus den beiden Perioden vorgenommen, die unter Beachtung der Gesamtvarianz des gesammelten Textkorpus besonders typisch erscheinen: d.h. welche die Alternativen der inhaltlich interessierenden sozialen Prozesse - in unserem Fall: der Ausprägungen von Bildern und Haltungen der Gesellschaft bezüglich ihrer Studierenden - prägnant repräsentieren. Hierfür ist eine genaue Kenntnis des (bisher) gesammelten empirischen Gesamtmaterials erforderlich. Außerdem müssen - von dieser empirischen Kenntnis ausgehend - erste theoretische Überlegungen dazu angestellt werden, was an denkbaren Prozeßalternativen noch *zusätzlich* im Gegenstandsfeld der Untersuchung angetroffen werden könnte, bisher aber noch nicht tatsächlich empirisch aufgefunden wurde. Es muß dann u.U. ein weiterer Suchprozeß nach empirischem Material unter dieser analytischen Frage-Anleitung vorgenommen werden. Nach der Vervollständigung des Datenkorpus ist eine weitere Themendimensionierung unter Einbeziehung kontrastiver Vergleiche zwischen Materialtypen und der von ihnen repräsentierten sozialen Prozesse erforderlich.[14]

---

[14]Im Falle der vorliegenden (Gesamt-)Untersuchung wurde bereits im ersten Arbeitsgang - hier natürlich auch im Einklang mit der Logik quantitativer verteilungstheoretischer Forschung, die für das Basis-Forschungsprojekt maßgeblich war - von Claudia Lützen und Ulrike Schulmeyer-Herbold eine Vollerhebung des Datenmaterials (aller Artikel über Studenten in der FR und der FAZ in den beiden zu vergleichenden Zeitperioden) durchgeführt. Dies war deshalb möglich, weil der Umfang der Gesamterhebung mit plausiblen Gründen pragmatisch eng begrenzt werden konnte auf die Berichterstattung zweier in Intellektuellenkreisen besonders relevanter Zeitungen und zweier für den thematischen Gegenstand besonders aussagekräftiger Zeitperioden. - Es wäre aber auch denkbar gewesen, für die beiden Zeiträume die Presseberichterstattung über Studenten in Deutschland *im allgemeinen* in den Blick zu nehmen. Man hätte dann z.B. die Erhebung und Analyse mit zwei Intelligenzzeitungen unterschiedlicher politischer Ausrichtung beginnen, erste Kategorisierungen der so gesammelten Artikel vornehmen und sich von dort ausgehend fragen können, welche anderen Grundtypen von Berichterstattung im theoretischen Kontrast zu den bereits rekonstruierten Typen noch denkbar wären - z.B. Typen von stereotypisierender und abwertender Berichterstattung in Boulevardblättern.

Eine derartig gestaffelte Erhebung garantiert bei umfangreicheren generalistischen Untersuchungen größere Tiefe und Ökonomie der Erkenntnisgenerierung. Entscheidend für die Staffelung der Erhebung ist der Gedanke, daß zum Zwecke einer intensiven Erkenntnisgenerierung die Analyse der Materialien und eine entsprechende Theoriebildung sofort nach der ersten (kurzen) Erhebungswelle beginnen können. Die aus der Analyse der ersten empirischen Materialien hervorgehenden Kategorien und theoretischen Gesichtspunkte sind dann die Grundlage für die theoretische Auswahl weiterer empirischer Materialien, die ebenfalls umgehend analysiert werden und wiederum zu neuen Theoriegesichtspunkten Anlaß geben können. Dies leitet dann erneut auf wieder andere Auswahlgesichtspunkte hin. Die "wechselspielerische" Abfolge der Untersuchungsschritte (der Formulierung einer ersten theoretischen Hinsicht und entsprechender theoretischer Auswahlkriterien für die Erhebung, der ersten empirischen Erhebungsschritte, der Analyse der so gesammelten ersten empirischen Materialien und der entsprechenden Entwicklung theoretischer Kategorien, der Formulierung neuer theoretischer Auswahlgesichtspunkte, der erneuten empirischen Erhebung usw. - Glaser und Strauss 1967)

Nachdem das ausgewählte Textmaterial noch einmal zusammenhängend zur Kenntnis genommen worden ist, wird eine Abschätzung der formalen Textsorten, die im Korpus auftauchen, vorgenommen: es werden z.B. Artikel unterschieden, die dramatische Situationsschilderungen beinhalten (Reportagen), Artikel mit sachlich-neutral gehaltenen Ereignis- oder auch Zustandsschilderungen (z.B. Berichte über Meinungsumfragen oder über Wahlen zum Studentenparlament), Artikel mit Untersuchungscharakter im Stile einer wissenschaftlichen Analyse oder philosophischen Reflexion (Essays), Artikel mit dem Schwerpunkt auf einschätzender argumentativer und bewertender Stellungnahme (z.B. Leitartikel), Artikel mit modalisierendem (z.B. ironisierendem, burleskem, verwundertem) Vignettencharakter (z.B. im Stile einer Glosse oder des Berichts von einer mehrkwürdigen Begebenheit), Artikel mit biographischer oder historischer Geschichtenerzählung (z.B. human interest stories - vgl. Park, 1967, S. 109-113, 264; Helen Hughes, 1940 - über typische Studenten, Artikel über die Lebensgeschichte prominenter Studenten wie Rudi Dutschke), usw. Auch werden derartige Textsorten *innerhalb* einzelner Artikel unterschieden, sofern diese einen Zwittercharakter aufweisen. (Solches kann u.U. darauf hinweisen, daß vom Autor der Versuch unternommen wird, die Meinung der Leser unter der Camouflage eines "offiziellen" harmlosen Handlungsschemas stillschweigend - d.h. also: in einem weniger harmlosen verdeckten weiteren Handlungsschema strategischer Natur - zu manipulieren. - Vgl. Kallmeyer/Schütze, 1976, S. 20f.)

Die formal festgestellten Textsorteneinheiten werden sodann hinsichtlich der Frage kategorisiert, welche Handlungsabsichten und -funktionen der Artikelschreiber mit ihnen verbindet. Diese offene Kodierung (Strauss, 1987, S. 59-64) kann eher intuitiv bewerkstelligt werden; sie kann aber auch unter genauerer Berücksichtigung von textuellen Markierern geschehen, die den handlungsschematischen Charakter der Textsorteneinheit oder des Verbundes von Textsorteneinheiten formal inhaltlich kennzeichnen. So beginnt z.B. einer der bereits erwähnten Artikel mit folgenden Einleitungssätzen: "Hier wurde in zwei Stunden mehr zerstört als nur ein Rektoratsgebäude. Hier wurden letzte Fasern des Vertrauensverhältnisses von Lehrenden und Lernenden mutwillig

---

wird solange fortgesetzt, bis keine neuen theoretischen Kategorien und Gesichtspunkte bei der Analyse des zuletzt gesammelten empirischen Materials mehr auftauchen, d.h. also der epistemische Zustand der theoretischen Sättigung eintritt (vgl. Strauss, 1987, S. 35 f).

Die Logik der Staffelung der Untersuchungsschritte gilt im übrigen auch für das Auswählen von Teilmaterialien für die textuelle Feinanalyse aus dem bereits erhobenen Gesamtmaterial. Daran haben wir uns selbst bei unserer kleinen qualitativen Teiluntersuchung auf der schmalen empirischen Basis der ausgewählten neun Artikel gehalten.

Aufgrund eines ersten Überblicks über das Auswahlmaterial wurde einer der Leitartikel der FAZ der Feinanalyse unterzogen. Dabei wurde die wichtige Artikelschreiber-Tätigkeit des Nostrifizierungshandlungsschemas entdeckt. Danach wurde gefragt, wo sich weitere Anzeichen für das Nostrifizierungshandlungsschema im empirischen Auswahlmaterial finden; ein entsprechender zweiter Text wurde für die Feinanalyse ausgewählt. Weiterhin wurde gefragt, welche hierzu kontrastiven Aktivitäten der Artikelschreiber als konturierte Handlungsschemata untersuchungsrelevant sind. Entsprechend wurde ein weiterer Text für die Feinanalyse des Ausgrenzungshandlungsschemas ausgewählt, usw. (Daß die geringe Anzahl der Staffelungsschritte der Untersuchung, die über eine erste Auswahl-Materialbetrachtung von neun Artikeln nicht hinausführte - wenn sie auch für den Zweck des vorliegenden Beitrags durchaus gerechtfertigt erscheint, suboptimal ist, wurde bereits im Abschnitt 1.1 erörtert.)

zerschnitten." (FAZ, 12.7.68, Art. von Rolf Michaelis) Formal auffällig ist an diesem zitierten Ausschnitt die zweimalige, auf ein für den Leser noch nicht Bestimmtes hinweisende (vom Autor allerdings umso zielsicherer etwas Bestimmtes fokussierende) hochemotionale Aufzeigehandlung, die mit einem endgültigen Verdikt des Autors über die (noch nicht benannten) Objekte dieser Aufzeigehandlung - die in der zu erzählenden Geschichte agierenden Studenten-Besetzer - verbunden ist. Das dem Verdikt zugrundeliegende Urteil dürfte - bei ruhigerem argumentativen Aufbau - eigentlich erst das Ergebnis einer detaillierten Darlegung sein. Im Wege des vorzeitigen, deklamierten Verdikts wird - mit pathetisch-rhetorischen Mitteln - das Handlungsschema der endgültigen Verurteilung und des Ausschlusses aus dem kommunikativen Diskurs angekündigt. (Zugleich bringt der Autor durch die zu starke Dosierung und die partiellen Unstimmigkeiten der Aussageprädikate sowie durch die auffälligen Modalisierungen aber auch unfreiwillig zum Ausdruck, daß die Legitimationsgrundlagen für dieses Handlungsschema auf schwachen Füßen stehen: nicht ein *Gebäude*, sondern nur Teile der Inneneinrichtung sind vermutlich beschädigt worden, denn bei einer Besetzung wird naturgemäß nicht das Gebäude selbst beschädigt; und wie will der Autor wissen, daß es sich um die "*letzten* Fasern" eines Vertrauensverhältnisses handelt? - ganz davon abgesehen, daß die Metaphorik der "Faser" für die Kennzeichnung von Vertrauensgrundlagen problematisch ist. Und schließlich wird durch die Modalisierung "mutwillig" die autorenseitige Absicht der Stigmatisierung bezüglich der studentischen Akteure als nicht-rationaler Wesen deutlich.) - Durch die Ansehung der mit den Textsorteneinheiten verbundenen Aufzeigemarkierer lassen sich mithin relativ schnell die Handlungsschemata, die von den Artikelschreibern verfolgt werden, herausfiltern und kategorisieren: Handlungsschemata wie Anklage, Abschätzen kommender Gefahren und Warnung davor, Stigmatisierung und Ausgrenzung, sachliche Problemanalyse und Erklärung, das Verkannte in das rechte Licht rücken, Nostrifizierung, usw.

Nach der flächendeckenden offenen Kodierung der vorliegenden Artikel mit handlungsanalytischer Perspektive wird eine Auswahl derjenigen Texte vorgenommen, die eine besondere Dichte bemerkenswerter Handlungsschema-Merkmale aufweisen, sofern diese innerhalb der gegenstandsbezogenen theoretischen Fragestellung der Untersuchung besonders interessant sind. Texte, die das Handlungsschema der Nostrifizierung, d.h. der verharmlosenden Verständlichmachung und Vereinnahmung der Studenten durch die Generation ihrer Eltern und Großeltern, verfolgen, überraschten uns in der Forschungswerkstatt bezüglich ihres unerwartet prägnanten und komplexen Gehalts und Fascettenreichtums. Zwar sind spätadoleszente junge Erwachsene für die Generation ihrer Eltern *stets* mit fremdartigen, irritierenden Merkmalen versehen, denn sie müssen sich diesen gegenüber als verantwortungsautonome Handlungssubjekte "hier und jetzt" erst durchsetzen und der Elterngeneration dabei aufzeigen, daß sie aus Sinnquellen schöpfen und Lebensstilelemente kultivieren, über die erstere *nicht* verfügen. (Nur auf diese Weise kann die Generation der jungen Erwachsenen der älteren Generation gegenüber den gesellschaftlich notwendigen Innovationsanspruch durchsetzen.) Aber es erschien uns demgegenüber dennoch auffällig, wie enorm beunruhigend und in den Artikeln immer wieder neu formuliert die Fremdheitsmerkmale der jungen Erwachsenen der Studentenrevolte für deren Eltern- und Großelterngeneration waren und wie ambivalent und unecht dann aber doch zugleich die Bearbeitung dieser Fremdheitsmerkmale durch die Artikelschreiber ausfiel. Dies schien auf ein schwer gestörtes Generationenverhältnis hinzudeuten, und deshalb beschlossen wir, das Nostrifizierungs-Handlungsschema der "Eltern" der Studentenrevolten-Generation, wie es in den Artikeln zur Zeit der Studentenrevolte zum Ausdruck kommt, genauer zu untersuchen. Gerade die Textsorte des Leitartikels mit seinem argumentativ einschätzenden und stellungnehmenden Charakter brachte unserer empirischen Ermittlung nach das Nostrifizierungs-Handlungsschema besonders prägnant zum Ausdruck. Es war also klar, daß Leitartikel, wie die beiden ausgewählten (von Bruno Dechamps und Jürgen Eick) eingehend mikroskopisch untersucht und miteinander verglichen werden mußten.

2.2 Die mikroskopische strukturelle Beschreibung der für die Feinanalyse ausgewählten Materialstücke

Der Kürze halber kann hier nur die Feinananalyse eines der beiden Leitartikel, die in der Forschungswerkstatt genauer untersucht worden sind, partiell dargestellt werden. Es handelt sich um den Text "Zu lange Student" von Jürgen Eick in der FAZ vom 4.5.68. Dieser Artikel, der auf der Titelseite (!) der Ausgabe erschien, befaßt sich mit einem schon fortgeschrittenen Stadium der Studentenrevolte, in welchem den Studenten bereits der Aufruf zu Terror und Gewaltanwendung vorgeworfen wurde (FAZ 4.5.68, Art. Eick, Spalte 1, Abs. 4). Damit unsere Analyse nun auch wirklich konkret methodisch nachvollzogen werden kann, läßt es sich nicht vermeiden, den Artikel ganz zu zitieren. Die Querstriche geben an, wo im Darstellungsduktus des Artikelschreibers unserer Einschätzung nach eine unterscheidbare Präsentationsaktivität aufhört und eine neue anfängt. Die fortlaufende Numerierung an der linken Seite des Textes macht die einzelnen aufeinander folgenden konturierten Darstellungsaktivitäten des Artikelschreibers, die "Darstellungssegmente", für die anschließend durchzuführende Analyse leichter bestimmbar.

Zu lange Student*
Von Jürgen Eick

1 Oft sind simple Tatbestände für die Beurteilung eines Phänomens wichtiger als hochgestochene Theoreme. Nehmen wir einen Fall, der in dieser Zeit immer wieder kritisiert worden ist: Unsere Studenten kommen viel zu spät in die Praxis. Der junge Mann, der die Militärzeit hinter sich gebracht hat und sein Studium abschließt, ist etwa dreißig Jahre alt, ehe er in den Beruf kommt.
Dieses "Zu spät in die Praxis" ist nicht nur für die jungen Leute selbst ein schweres Handikap;/

2 es ist auch volkswirtschaftlich gesehen eine Belastung: Die Schicht derer, die das Sozialprodukt tatsächlich erwirtschaften, wird dünner. Auf der einen Seite schwillt mit steigender Lebenserwartung bei unverändertem Pensionierungsalter die Zahl der Rentner und Pensionäre beängstigend an; auf der anderen Seite dauert es wegen der Erhöhung der Abiturienten- und Studentenzahlen und der überlangen Dauer des Ausbildungsprozesses immer länger, bis die nachrückenden Jahrgänge in den Produktionsprozeß eintreten.

3 Zu spät in die Praxis - das heißt zugleich: zu lange Student. Man muß diese Männer zu verstehen suchen. Für die Rolle des ewigen Schulbankdrückens sind sie im Grunde schon zu alt. Wenn sie gescheit und tüchtig sind, müßten sie längst Position und

Verantwortung besitzen. Statt dessen bleiben sie Jahr um Jahr im Status akademischer Lehrlinge befangen und wissen im Grunde mit ihren Kräften nicht wohin./

4 Sechzehnjährige Gymnasiasten sehen schon wie junge Männer aus. In der ganzen westlichen Welt, besonders in Amerika, ist der Zug zur Frühehe zu beobachten. Etwa die Hälfte der Bewerber, die sich mit Universitätsabschluß für einen ersten Posten in der Praxis vorstellen, ist verheiratet (meist schon mit Nachwuchs). Man mag es humoristisch sehen, wenn die Kinder den Vater, der gerade seinen Doktor gemacht hat, mit Blumensträußen in der Hand an der Tür erwarten; aber solche Studentenehen (auch die Quasi-Ehen) sind nun einmal eine Lebensform, in der sich unsere Welt nicht gerade von der vorteilhaftesten Seite zeigt. Drangvolle Enge in irgendeiner Bude, Seminararbeiten-Schreiben, während das Baby plärrt, Abhängigkeit von der Wirtin, dazu Angst vor dem Examen und das Gefühl, noch gar nichts zu sein, während man doch dem Zivilstand und dem Lebensalter nach längst ein "gestandenes Mannsbild" sein müßte. Zudem ist der Student wirtschaftlich abhängig.

5 Wenn Studenten permanent demonstrieren oder randalieren und schließlich einige von ihnen gar zu Terror und Gewaltanwendung aufrufen, dann packt die Berufstätigen im weiten Sinn des Wortes eine verständliche Erregung: Wir bezahlen, denken sie, mit unseren Steuern den überaus kostspieligen Universitätsbetrieb, aber diese jungen Leute haben offenbar ganz anderes im Sinn als ihr Studium. Manche der linksradikalen Studenten sind in der Tat keine Studierenden, sondern angehende Berufspolitiker, die im Umkreis der Universität ihre Chance sehen. Aber das sind Ausnahmen. Es ist auch nur die halbe Wahrheit, wenn aufgebrachte Arbeiter in den Studenten nur arrogante Nutznießer ihrer Steuergroschen sehen.

Tatsächlich verzichtet der Studierende für zehn Jahre und länger auf mögliche eigene Einnahmen. Er sieht nicht ohne Ärger, daß Gleichaltrige, die frühzeitig einen Beruf ergriffen haben, es inzwischen längst zum eigenen Auto, einer schönen Wohnung, einer gesicherten Existenz gebracht haben. Das ist kein Grund, sich eine Märtyrerkrone aufzusetzen oder ein Studentengehalt zu fordern. Lernjahre sind keine Herrenjahre./

6 Aber es ist wohl ein Grund, diese "Schulbankperiode" drastisch zu kürzen. Eine zu lange Ausbildungszeit macht die Studenten welt- und lebensfremd, macht sie anfällig für alle möglichen utopischen Heilslehren bis hin zum Marxismus und Maoismus. Im Beruf sieht sich vieles anders an. Unlängst meinte ein Vater: "Seit mein Sohn in der Praxis ist, haben wir wieder einen richtigen Gedankenaustausch, Gespräche, die nicht möglich schienen, solange er Student war."

Es liegt auf der gleichen Linie, wenn man sich die Studienfächer ansieht, aus denen sich radikale Studentenführer vorwiegend rekrutieren; sie zeichnen sich besonders durch Praxisferne aus. Es sind die philosophischen Fakultäten und bestimmte soziologische Schulen, die sich inzwischen eine Begriffswelt gezimmert haben, in der die Wirklichkeit des normalen Sterblichen offensichtlich keinen Platz hat. Je praxisnäher der Studiengegenstand ist, je konkreter, je mehr mit dem späteren Beruf verbunden (Medizin, Chemie, Technik, Physik), um so weniger scheinen Studenten für weltumstürzlerische Parolen empfänglich.

7 Natürlich sind die überlangen Studienzeiten allein keine Erklärung für die Unruhe unter den Studenten; aber sie sind ein zusätzlicher Quell der Reizbarkeit, der vielleicht eine größere Rolle spielt als angenommen. In anderen westlichen Ländern kommen die Akademiker weitaus früher in Brot und Amt. Sind die Deutschen dümmer, daß es bei ihnen soviel länger dauert? Niemand will eine Klippschule, die sich Universität nennt. Aber solange die törichte Auffassung besteht, der Rang eines Faches richte sich nach der Länge der Studiensemester, solange Professoren auch noch stolz darauf sind, daß eine Promotion bei ihnen vier Jahre dauert, ist wenig zu hoffen. Daß hier nun endlich etwas geschehen muß, liegt klar auf der Hand.

* *Anmerkung zur Schreibweise:* Nach dem jeweiligen Schrägstrich am Ende der Segmente 1, 3 und 5 läuft im Originaldrucksatz des Artikels der Text in je-

weils derselben Zeile wie bisher weiter, d.h. an diesen Stellen findet sich im Original kein Absatz.

Wie geht nun die Feinanalyse des gerade zitierten Textes vor sich? Wesentlich ist, daß sie in Form einer strukturellen Beschreibung[15] durchgeführt wird. Eine strukturelle Beschreibung gibt sich nicht mit einer offenen Kodierung bzw. einer flächigen Kategorisierung der Darstellungsgehalte zufrieden. Sie stellt sich vielmehr die Aufgabe, in einer lückenlosen sequenziellen Analyse herauszuarbeiten, welche sozialen Prozesse sich im Medium des Textes und im Sinnhorizont der sukzessiven Etablierung einer sozialen Situation (bzw. verschiedener sozialer Situationen hintereinander) entfalten.

Um nun empirisch ermitteln zu können, welche sozialen Prozesse sich im Medium des Textes zeigen, ist die Ausgangsüberlegung ganz zentral, daß die im Ergebnis in Gestalt eines Artikels vorliegende Textproduktion als stattgehabter Vorgang selbst Teil der zu ermittelnden sozialen Prozesse gewesen ist. Diese Ausgangsüberlegung wird auch als das Prinzip der "pragmatischen Brechung" bezeichnet, weil durch sie sichergestellt wird, daß der Text im Kontext und als Moment von sozialen Handlungs- und Erleidensprozessen - und nicht nur auf seine manifesten semantischen und propositionalen Bedeutungs- und Aussagegehalte hin unter Absehung von den sozialen Kontexten der Textproduktion und Textverwendung - betrachtet und gewürdigt wird (vgl. Schütze, 1975, S. 714, aber auch S. 534, 721, 978, 994 ff).

Indem die Textproduktionsschritte unter dem grundlegenden Gesichtspunkt der Etablierung (bzw. in manchen Fällen auch: der Zerstörung) sozialer Situationen (Schütze, 1988a) sequenzanalytisch rekonstruiert werden, lassen sich nach und nach die im Text mehr oder weniger deutlich bzw. undeutlich zum Ausdruck kommenden sozialen Prozesse herausarbeiten. Hierbei ist auch zu beachten, daß die Textproduktionsschritte und die Markierer der Situationsetablierung (oder -zerstörung) vom Textproduzenten (bzw. von den verschiedenen miteinander interagierenden Textproduzenten) streckenweise gar nicht beachtet werden, d.h. hinter seinem (bzw. ihrem) Rücken ablaufen. Das gilt zwar in erster Linie für diejenigen Texte, die der Niederschlag aktuell stattfindender Interaktionsabläufe mit wechselseitig-aufeinander-zu erzeugten Interaktionsbeiträgen sind (d.h. kommunikative Begegnungen von Angesicht zu Angesicht oder auch Telefongespräche: "Aktualtexte"). In aktuellen Interaktionssituationen können die Akteure in der Regel[16] nur sehr begrenzt auf die gefühlsdynamische und interessenbedingte Symptomatik ihrer eigenen Interaktionsbeiträge achten und diese kontrollieren (oder gar kaschieren). Aber auch bei der Produktion eines Leitartikels, der eine imaginierte Interaktion mit einem verallgemeinerten Interaktionspartner, dem Leserpublikum, ist, gibt es (tieferliegende, uneingestandene Interessen, Auffassungen und Handlungsabsichten

---

[15]Als ein Beispiel für strukturelle Beschreibung im Forschungsfeld der Biographieanalyse vgl. Schütze, 1992a. Zur strukturellen Beschreibung im Rahmen der Forschungswerkstatt-Arbeit generell vgl. Riemann/Schütze, 1987. - Eine soziologische strukturelle Beschreibung fußt auf der konversationsanalytischen Beschreibung formaler Textstrukturen. Zur konversationsanalytischen Beschreibung vgl. Kallmeyer, 1988.

[16]Sofern es sich um keine formalisierten Routineabläufe bzw. um keine quasi-schauspielerisch einstudierten Inszenierungen handelt, welche die Akteure wie eine Theateraufführung kontrolliert absolvieren.

unwillkürlich ausdrückende) Aspekte der Textproduktion und des Situationsbezugs, die vom Autor bei der Texterstellung nicht oder nur unvollständig beachtet worden sind (und deshalb auch nicht in eine kaschierte Version überführt und umgebogen werden konnten).

Das gilt natürlich zunächst einmal für partiell mißglückte Artikelpassagen, in denen ein Präsentations- bzw. Argumentationsgang unstimmig ist oder in denen Aussageprädikate kontextuell unangemessen stark dosiert werden oder partiell nicht zueinander passen (vgl. das Beispiel im Rolf Michaelis-Artikel in Abschn. 2.1). - Es gilt in eingeschränkterem Maße aber auch für die Gliederung des Textes in zusammenhängende Aktivitätssegmente: zwar wird bei einem geschriebenen Text bewußt in Absätze gegliedert, z.T. fehlen in ihm aber auch Absatzgliederungen an Stellen, an denen ein bisheriger Aktivitätszusammenhang aufhört und ein neuer anfängt (vgl. den Übergang von Textsegment 3 zu Textsegment 4 im soeben vollständig wiedergegebenen Eick-Leitartikel). Es ist denkbar, daß einem Autor, wie selbstreflexiv auch immer er seine Textproduktion zu betrachten pflegt, an solchen Stellen der Aktivitätswechsel nicht immer deutlich ist.

Als Analysatoren dürfen wir den Aktivitätswechsel nicht allein am Kriterium neuer *inhaltlicher* Thematisierungen festmachen, denn ob eine Thematisierung "wirklich" neu ist, läßt sich nicht immer auf Anhieb feststellen, und Aktivitätszusammenhänge überspannen mitunter mehrere ganz unterschiedliche Thematisierungen der manifesten Textebene (obgleich ihnen stets ein tieferliegender, wenn auch oft nicht sogleich sichtbarer Aktivitätszusammenhang entspricht). Darüber hinaus müssen wir auch auf *formale* Gestaltungsprinzipien der Textproduktion achten. Eines dieser formalen Gestaltungsmittel sind rhetorische Textgliederungssignale wie die Wiederholung des Merksatzes "Zu spät in die Praxis", welche in unserem Beispieltext die Segmente 1, 2 und 3 zugleich voneinander abtrennt und als größeren suprasegmentalen Zusammenhang - wie wir später sehen werden: als den Zusammenhang der Einleitung eines Handlungsschemas - kennzeichnet. Ein anderes formales Gestaltungsmittel ist der Wechsel des Charakters der Darstellungsaktivität: z.B. von generellen argumentativen Ausgangsbehauptungen (und -begründungen) zur Anführung einer Liste von mehr oder weniger konkret anschaulichen Beispielen bzw. Argumentationsbelegen. Die Liste der argumentativen Beispielbelege beginnt in unserem Demonstrationstext mit dem Satz "Sechzehnjährige Gymnasiasten sehen schon wie junge Männer aus." (Beginn von Segment 4)

Die formalen Textgliederungssignale weisen in letzter Instanz auf die Enaktierung von Handlungsschemata hin, welche die Autoren in und mit ihren Artikeln verfolgen und die ihr Darstellungsverhalten mehr oder weniger sichtbar oder auch verborgen steuern. Die (im Sinne zentraler Bedeutungsmuster) "unterliegenden" Handlungsschemata können selbst bei relativ reflektiert geschriebenen Texten wie Leitartikeln der FAZ in wichtigen Aspekten ihres Kerncharakters bzw. ihrer Hintergrundsproblematik den Autoren durchaus verborgen bleiben. Bei dem von uns festgestellten Nostrifizierungshandlungsschema ist das sicherlich weitgehend der Fall. - Zur Feststellung des je spezifischen Handlungsschema-Bedeutungszusammenhangs reichen freilich als empirische Datengrundlage die formalen Textgliederungssignale keineswegs aus. Um Handlungsschema-Aktivitäten festzustellen, müssen zusätzlich zu den formalen Textgliederungssignalen stets auch noch solche Darstellungsaktivitäten empirische Beachtung finden, die den handlungsschematischen Aktivitätszusammenhang in seinem spezifischen Sinnstiftungs-, Absichts- und Schemainhaltscharakter speziell kennzeichnen. Besonders aufschlußreich sind diesbezüglich die bereits weiter oben (in Abschnitt 1.6) erwähnten zentralen operativen Sätze bzw. Ausdrücke für Handlungsschemata. Für unseren Demonstrationsartikel ist das - wie wir bereits weiter oben sahen - z.B. u.a. die Formulierung "Man muß diese Männer zu verstehen suchen." (Textsegment 3, Satz 2). Gerade die gemeinsame, mit einander verbundene Betrachtung der formalen Textgliederungssignale einerseits und der eher inhaltlichen Handlungsschema-Markierer (wie insbesondere solche der operativen Kernformulierung) andererseits macht es dann möglich, in der strukturellen Beschreibung die sequenzielle Entfaltung von Handlungsschemata und ihrer Teilaktivitätsschritte (u.U. auch die Konkurrenz, die Über- bzw. Unterordnung und/oder die Abfolge von Handlungsschemata) zu lokalisieren.

Wenn auch die interpretative Rekonstruktion der situativ-sequenziellen Prozeßstrukturen innerhalb, mittels und in Verknüpfung der Darstellungsaktivitäten, die sich im Text zeigen, die zentrale Untersuchungsaufgabe der strukturellen Beschreibung ist, so soll am Ende unserer allgemeinen Bemerkungen zum Forschungsschritt der strukturellen Beschreibung nicht unerwähnt bleiben, daß in einer sequenziellen Feinanalyse, welche die formalen Textkonstruktionsmittel systematisch mitbeachtet, auch das Vorstellungsgewebe der Sinnwelt, die für die Interaktanten bzw. den Autor und sein angenommenes Publikum die Hintergrundsfolie der interaktiven Situationsentfaltung ist, und der Milieurahmen der erfaßten Handlungsschema-Abläufe stets systematische Mitbeachtung finden (vgl. Schütze, 1984, S. 98-102).

Die Sinnweltstrukturen kommen z.B. in formalen Gegensatzanordnungen zum Ausdruck, wie z.B. in derjenigen des Kontrastes zwischen abstrakter ("hochgestochener") Theorie und der Konkretion der Fälle - der Fälle, die sich angeblich problemlos (d.h. ohne theoretische Bemühungen) in ihrer Kontur sichtbar in der "Lebenswirklichkeit" fänden (vgl. Segment 1, Satz 1 und 2 unseres Beispieltextes). Diese Gegensatzanordnung zieht sich durch den gesamten Text hindurch und vermittelt - fast schon karikaturhaft - das positivistisch-eindimensionale Wirklichkeitsverständnis eines hermetisch wechselseitig voneinander abgrenzenden diastatischen Verhältnisses von Theorie und gesellschaftlicher Lebenswirklichkeit - ein Wirklichkeitsverständnis, wie es von Adorno (1965) und Marcuse (1967, Kap. 7) an der Schwelle und zu Beginn der 60er Jahre so treffend charakterisiert und kritisiert worden war. Daß durch die so bewegte und zugleich bewegende Theorieproduktion der Studenten für die Gesellschaft ein zentraler gesellschaftlicher Reflexionsprozeß angestoßen und geleistet werden könnte, bleibt für den Autor auf diese Weise schlichtweg unvorstellbar: die Faktizität der bundesrepublikanischen Wirklichkeit ist für den Autor problemlos intakt, und intensive Theorieprozesse können und dürfen deshalb den gesellschaftlichen und vorstellungsmäßigen status quo auch nicht stören.

Der Milieurahmen kommt insbesondere in der Wahl und der Ausgestaltung der im Argumentationsgang als Plausibilisierungsbelege dargebotenen "Beispielwelten" (Schütze, 1978, S. 75f,S. 95) und in deren Bewertung zum Ausdruck. Wenn ein Promovent, der Kinder hat, für den Autor unseres Beispieltextes eine mehr oder weniger lächerliche oder gar abwegige Vorstellung ist (vgl. Segment 4, Satz 3), dann evoziert diese Einschätzung - nebst der entsprechenden Ausmalung der Beispielwelt vom Jammertal des verheirateten

Studenten - das assoziative Bewußtseinsfeld vom Milieurahmen einer seit Generationen finanziell abgesicherten, etablierten akademischen Familienkultur. Diese evozierte Milieurahmen-Assoziation steht in unausgesprochenem, für die Analyse aber deutlichem Kontrast zu der kollektivhistorischen und zugleich vieltausendfach individuellen Erfahrung, welche die Familien von studierenden Kriegsheimkehrern gerade erst zehn bis zwanzig Jahre vor dem Zeitpunkt der Abfassung des FAZ- Leitartikels von Jürgen Eick machen mußten. Der im assoziativen Bewußtseinsfeld des Artikels evozierte Milieurahmen ist also ein sozial außerordentlich privilegierter. Sein Vorstellungsgehalt blendet die jüngste deutsche Geschichte aus und ist sicherlich deshalb z.T. auch von mystifizierendem Charakter.

Die strukturelle Beschreibung hat - um es noch einmal zusammenfassend zu sagen - die Lokalisierung bzw. Segmentierung und Charakterisierung der sich im Text zeigenden sozialen Prozesse und ihrer Phasen zur Aufgabe. Hierbei sind die sorgfältige Beachtung bemerkenswerter formaler Gestaltungselemente erforderlich sowie die genauere Betrachtung von Kern- bzw. Kulminationsstellen der entdeckten relevanten sozialen Phänomene - bei Materialien der vorliegenden Art: der Weichenstellungen und Schwierigkeiten sozialer Handlungsschemata. Die Segmentierung und Charakterisierung der sich im Text zeigenden sozialen Prozesse wird in drei Analysedurchläufen vollzogen: Zunächst wird auf formale Segmentierungsmarkierer und auf formale Textsortencharakteristika (wie Erzählstücke, Argumentationsstücke usw. - vgl. Schütze, 1987) geachtet; dies führt zu einem ersten Segmentierungsvorschlag. Sodann werden die durch den ersten formalen Segmentierungsvorschlag abgegrenzten Texteinheiten sowohl in ihrer Darstellungsarbeit als auch bezüglich der in ihnen aufscheinenden "inhaltlichen" sozialen Prozesse beschrieben. Schließlich wird im dritten Durchgang, in der detaillierten, segmentbezogenen Zusammensicht von formalen und inhaltlichen Darstellungserscheinungen der Textsegmente (d.h. von Darstellungsstrukturen und von durch sie ausgedrückten sozialen Prozessen), die endgültige Analyseentscheidung über die Abgrenzung, den Charakter und die Aufeinanderfolge (bzw. auch Konkurrenz oder Überlagerung) der sozialen Aktivitätseinheiten - beim vorliegenden Materialtypus: von Handlungsschemata und Handlungsschema-Phasen - getroffen. Hierbei kommt es des öfteren auch zu Revisionen des ursprünglichen Segmentierungsvorschlags (als Niederschlag des ersten Analysedurchgangs). Die mögliche Revision ist nicht nur durch die Zusammensicht segment*lokaler* formaler und inhaltlich-sozialer Merkmale bestimmt, sondern auch durch die Ansehung des *Gesamt*zusammenhangs von Aktivitätssequenzen in größeren Textabschnitten und im Gesamttext sowie durch die dadurch zusätzlich geförderte Entdeckung suprasegmentaler Prozeßzusammenhänge wie komplexer Handlungsschemata (z.B. solcher der Nostrifizierung).

Wir möchten nunmehr stichwortartig das Ergebnis der Segmentierung und Charakterisierung des sozialen Prozesses und der Prozeßphasen, wie sie im ersten Teil unseres Beispieltextes aufscheinen, wiedergeben (Segment 1-4). (Dabei kann hier aus Platzgründen nicht der Gang der eigentlichen Erkenntnis*gewinnung* rekonstruiert, sondern es kann nur das Endergebnis der Erkenntnisgenerierung konstatiert werden. Das Endergebnis ist ein dem Gang der Entfaltung des Textes Segment für Segment folgendes Portrait, das naturgemäß eine fortschreitende Charakterisierung des im Text Phase für Phase sequentiell ausgedrückten Handlungsprozesses darstellt. Die Begrenzung der Segmente ist im Beispieltext - wie schon angedeutet - durch Querstriche markiert; die Segmente sind in ihrer Abfolge durch fortlaufende Numerierung gekennzeichnet.

Segment 1

Der thematische Problembestand der Leitartikel-Präsentation wird in Gestalt seines personalen Trägers indirekt-vage eingeführt: der Studenten (die später dann als besonders reizbar charakterisiert werden - Segment 7, Satz 1). Mit seiner Einführung wird der Problemgegenstand zugleich verharmlost: die Reizbarkeit oder gar die Rebellion (Segment 5, Satz 1) der Studenten wird als notwendiges Ergebnis eines alltäglich-allgemeinen Wirkmechanismus - nämlich der Vorenthaltung der angeblich altersspezifischen, für das junge Erwachsenenleben "natürlichen" Lebensweise der materiell abgesicherten bürgerlichen Berufsexistenz - hingestellt. Die Verharmlosungstendenz wird noch dadurch verstärkt, daß die Studenten bzw. die Erscheinungen der Studentenrevolte nur als "Fall" dieses allgemeinen, alltäglichen Wirkmechanismus, als Anwendungskasus einer Theorie alltäglicher Wirkzusammenhänge, gekennzeichnet werden. Zudem drückt sich die Verharmlosungstendenz auch darin aus, daß der eigentliche Problemzusammenhang, welcher die Artikelabfassung sicherlich motiviert hat, nämlich die aufregenden, irritierenden, Ordnungen umstürzenden Ereignisse und Ausdrucksformen im damaligen Studentenleben, vom Autor gar nicht thematisiert werden. Die rhetorische Pose des Autors ist: "Jeder weiß, worüber wir sprechen; aber es ist gar nicht so relevant, als daß ich mir überhaupt die Mühe des Darstellungsaufwandes machen sollte: es ist etwas ganz Harmloses, das nur exorbitant *erscheint*, in Wirklichkeit aber nicht ist."

Mit seiner Verharmlosigkeitsstrategie setzt sich der Autor gegenüber Erklärungs- und Bearbeitungsstrategien ab, die das Geschehen in der Studentenszene zu theoretisieren trachten und damit zu einem Tatbestand sui generis machen wollen, der ein Verstehen nach seinen eigenen Regeln erheische. Die Wirklichkeit - so der Autor - bestehe großenteils aus einfachen Tatbeständen und eben nicht aus Theoremen bzw. aus komplexen Ereignisbeständen, die zu ihrer Gestaltwahrnehmung und zur Erfassung der ihnen ensprechenden Bedeutungskonstellationen theoretischer Verständnisbemühungen bedürften. Dem Verdikt, das aus dieser Weltsicht hervorgeht, fallen sowohl Eigentheorien der Studenten über ihre Lebenssituation und ihre Stellung in der Gesellschaft zum Opfer als auch sozialwissenschaftliche "Fremd"-Theorien von außen, welche die studentische Aufbruchstimmung und Kritik als Expression und Bearbeitung tieferliegender gesellschaftlicher Probleme begreifen. Bei Durchhaltung dieser Sichtweise von Welt, d.h. der Negierung der aufhellenden, transzendierenden Wirkung theoretischer Anstrengungen, ist es natürlich kaum noch möglich, die Studentenrevolte als Erscheinung *sui generis* zu begreifen. Bei einem fairen und sachgemäßgen Versuch des Verstehens dürfte die Erscheinung der Studentenrevolte eigentlich weder als *vertrauter* noch als *fremder* hingestellt werden, als sie das für die Mitglieder der bundesrepublikanischen Gesellschaft am Ende der 60er Jahre faktisch gewesen ist. - Wie später aus der Betrachtung des Gesamtzusammenhangs der Darstellungsarbeit des Artikels deutlich wird, bereitet sich hier schon, im ersten Darstellungssegment, das Nostrifizierungshandlungsschema vor.

Segment 2
Der Autor wechselt nunmehr seine Perspektive. Die zunächst, im ersten Segment, markiert gewesene und dann später (ab Segment 3) wieder aufgenommene Betrachtungweise des Artikels kann man als die einer Laien-Entwicklungspsychologie kennzeichnen: es werden in ihr diejenigen psychischen Probleme fokussiert, die nach Meinung des Autors den Studenten aus einem Milieu- und Lebensrahmen erwüchsen, der ihre Existenz- und Lebensweise retardiere. Jetzt, im zweiten Textsegment, jedoch nimmt der Autor zeitweilig eine quasi-volkswirtschaftliche Betrachtungsweise ein. Die argumentative Ausgangsproposition aus Segment 1, daß die psychosoziale Unruhe der Studentenbewegung aus dem Umstand zu erklären sei, daß die Studenten zu spät in die Berufspraxis gelangen würden, wird nunmehr in ihrem argumentativen Verknüpfungscharakter, d.h. in ihrer Verflechtung von Explanandum (der Studentenrevolte) und Explanans (der sozialen Retardierung der Studenten), aufgelöst, und es findet eine Neufokussierung der Aufmerksamkeit auf das (bisherige) Explanans statt. Es wird nun argumentiert, daß die soziale Retardierung der Studenten, d.h. ihre Fesselung an ein materiell unselbständiges Lebensarrangement, welches ihrem biologischen, mentalen und psychischen Entwicklungsalter nicht entspreche, nicht nur für die Studenten selbst große Nachteile habe (und unnötige kollektive Aufregungen hervorrufe), sondern auch für die Volkswirtschaft, d.h. für die Gesellschaft insgesamt. Durch die enorme Verlängerung der Durchschnittsdauer des Studiums und durch die Erhöhung der Lebenserwartung werde das quantitative Verhältnis zwischen Berufsleben und nicht-berufstätiger Lebenszeit des einzelnen immer kürzer, und da zudem die Zahl der alten Menschen und der Studenten relativ zu den übrigen Bevölkerungsaggregaten zunehme, müsse eine immer kleinere Anzahl von Berufstätigen das Bruttosozialprodukt erwirtschaften.

Durch den Wechsel der Betrachtungsperspektive, die der Autor zeitweilig vornimmt, findet eine vorübergehende Einklammerung der eigentlichen Thematik - der Erklärung der Studentenrevolte und ihrer Bearbeitungsmöglichkeiten - statt. Dem entspricht die rhetorische Pose: "Zwar ist etwas mit den Studenten im Argen. Es geht aber im eigentlichen nicht um ihr *Rebellieren*, sondern darum, daß sie der Gesellschaft zu lange ihre Arbeitskraft vorenthalten." Durch den Perspektivenwechsel wird es also dem Autor auf eine elegante Weise möglich, die rhetorische Darstellungsstrategie zu verfolgen, die Relevanz der Studentenrevolten-Thematik für die Gesellschaft erheblich zu relativieren. Auch damit wird - wie sich im nachhinein, d.h. später im Text des Artikels, noch deutlicher zeigen wird - eine wichtige mentale Voraussetzung für die Durchführung des Nostrifizierungshandlungsschemas in den Darstellungsduktus eingebracht.

Segment 3
Der Autor kommt nach seiner grundsätzlichen Relativierung der Thematik der Studentenrevolte auf seine quasi-entwicklungspsychologische Perspektive zurück: das Studium dauere zu lange. Das Explanans in der Ausgangsproposition des Artikels, die psychosoziale Unruhe der Studenten beruhe auf der lebensgeschichtlichen Retardierung ihres Einstiegs in die Berufspraxis, wird nunmehr vom Autor detaillierter gefaßt und begrifflich differenziert: die Verzögerung des Eintauchens der Studenten in das Berufsleben sei als unnatürliche Verlän-

gerung ihrer Lehr- und Schuljahre anzusehen (und dies schaffe schwerwiegende psychische Probleme).

Entscheidend ist dann im dritten Darstellungssegment die explizite Einführung des Nostrifizierungshandlungsschemas seitens des Autors durch einen deontischen Operator: "Man *muß* diese Männer zu verstehen suchen." (Unterstreichung d.V.) Nach der Lektüre dieses Satzes des dritten Darstellungssegments können - gewissermaßen rückwirkend - die beiden ersten Textsegmente vom Forscherteam vertiefend als geschickte strategische Vorbereitung des Nostrifizierungshandlungsschemas verstanden und eindeutig entsprechend rekonstruiert werden. Zugleich wird die begriffliche Differenzierung der Ausgangsproposition - daß nämlich die Retardierung des Einstiegs in das Berufsleben eine Verlängerung der Lehrjahre bedeute und schwere psychische Probleme mit sich bringe - vom Forscherteam als zentrale, das entsprechende Handlungsschema tragende Nostrifizierungsidee erfaßt. Schließlich werden für das Forscherteam aber auch schon hier erste *Kosten* des Nostrifizierungshandlungsschemas bezüglich seiner erkenntnisgnerierenden Aufschließungskraft deutlich: die kollektive Problematik der sozialen Bewegung der Studentenrevolte wird durch die spezifische Sichtweise des Artikels - das ist die Einsicht des Forscherteams - eindimensional individualisiert und (pseudo-)"psychologisiert".

Segment 4

Der Autor begründet nunmehr das Explanans der differenziert gefaßten Ausgangs- bzw. Kernproposition des Artikels: daß nämlich die Verlängerung der Lehr- und Schuljahre durch das Studium für den psychischen Entwicklungsprozeß der betroffenen Studenten unnatürlich sei. Angesichts der nun folgenden aufwendigen Darstellungsaktivitäten des Artikels wird klar, daß Kernverrichtungen für die Durchführung des Nostrifizierungshandlungsschemas argumentativer Natur sind und daß eine Theorie des Nostrifizierungshandlungsschemas deshalb gerade auch an den argumentativen Aktivitäten und an der spezifischen Art ihrer Durchführung ansetzen muß. - Kerngedanke der argumentativen Begründung im vierten Darstellungssegment des Artikels ist, daß die unvermeidlichen Erwartungsdiskrepanzen und kognitiven Dissonanzen in der Lebenssituation und im Lebensstil höhersemestriger Studenten - nämlich (erwartungsgemäß!) ein individualisiertes Studium betreiben zu müssen, d.h. sich auf die unplanbaren Emergenzen von Lern- und Entdeckungsprozessen vorbehaltlos einlassen zu sollen, und zugleich die komplexen Erwartungen des Familienlebens zu erfüllen verpflichtet zu sein - für die Betroffenen schwer zu ertragen seien. Ähnlich sei die Diskrepanz zwischen materieller und prüfungsmäßiger Abhängigkeit einerseits und dem Gestaltungs- und Machtanspruch des jungen Mannesalters andererseits außerordentlich irritierend. Die autorenseitige Behauptung der kognitiven Dissonanzen und der Lebensführungs- und Lebensstildiskrepanzen wird zusätzlich noch dadurch verschärft, daß der Artikelschreiber die biologische Akzeleration und Frühreife im Jugendalter kräftig unterstreicht: dadurch werde die Diastase zwischen dem Abhängigkeitsstatus des fortgeschrittenen Studentenlebens und dem Wunsch nach Selbständigkeit noch vertieft und erweitert.

Des Autors Begründungen für die zentrale Nostrifizierungsidee, daß nämlich die Verlängerung der (studentischen) Lehrjahre für den psychischen Entwicklungsprozeß abträglich sei, werden sodann mit pseudoempirischen

Belegen abgestützt, die in der Beschreibung und Ausmalung von stereotypisierenden bzw. kanonischen "Beispielwelten" bestehen: in der Präsentation der Beispielwelt der Studentenfamilie, die zur Untermiete wohne, oder der Beispielwelt des Promovierenden, der nach dem Rigorosum nicht "ordnungsgemäß" von seiner Braut - wie sich das nach Vorstellung des Autors gehört -, sondern statt dessen von seinen zahlreichen Kindern mit Blumensträußen empfangen wird. Solche Beispielwelten sind in der Regel in sich nicht stimmig - ob nicht stimmig im logischen Sinne des Konstitutionsaufbaus der Bedingungen der Möglichkeit von Situationsentfaltung oder, wie in unserem Text, im Sinne des Zusammenpassens der empirischen Elemente wahrscheinlicher Situationskonstellationen des Alltagslebens: selbst Ende der 60er Jahre hat eine Studentenfamilie in den meisten Fällen nicht in der zu jener Zeit ansonsten typischen Untermietbude gehaust, und zudem dürften die studentischen Eltern schon damals angesichts solch kritischer Kulminationspunktsituationen wie eines Rigorosums dazu tendiert haben, die eigenen Kinder nicht zentral - anstelle des Ehepartners - in die Dramaturgie der Prüfungskrise zu involvieren. Die Nichtstimmigkeit der Beispielwelten ist im übrigen letztlich darin begründet, daß Autoren bzw. Interaktanten naturgemäß dazu tendieren, die Belege möglichst argumentationsgang-konform zu konstruieren (vgl. Schütze, 1978, S. 74f). - Andere Pseudobelege sind situationsunabhängige Bezüge auf klischéehafte Basisvorstellungen, die in der Gesellschaft weit verbreitet sind und angeblich für sich selbst sprechen: wie z.B. auf das Klischée vom "gestandenen Mannsbild".

Mit der Einbringung von in sich diskrepanten Beispielwelten und von klischéehaften Basisvorstellungen bringt der Autor zugleich auch den sozialen Milieurahmen zum Ausdruck, innerhalb dessen er sich im eigenen Alltagsleben bewegt und der hier und jetzt im Textproduktionsprozeß die Vorstellungsgehalte und Bewertungskriterien für den Argumentationsgang des Artikels im Vollzuge des Nostrifizierungshandlungsschemas liefert. Der im vierten Textsegment innerhalb der argumentativen Belegaktivitäten aufscheinende Milieurahmen markiert die soziokulturelle Distanz zwischen dem Autor und den Studenten als jenen fremden sozialen Objekten, mit denen er, der Autor, sich in seinem Artikel - gerade angesichts der uneingestandenen Lebensstilrätselhaftigkeit jener fremden Wesen - beschäftigen muß.

Es ist hier freilich zu unterscheiden zwischen der Distanz, wie sie eingestandenermaßen der Autor selbst wahrhaben will - diese vom Autor durchaus bereitwillig vorgestellte und offen zugegebene Distanz soll der Absicht des Nostrifizierungshandlungsschemas entsprechend möglichst gering sein -, und der soziokulturellen Distanz, wie sie faktisch-"symptomatisch" durch den Text, d.h. angesichts des gebrochen und indirekt aufscheinenden Milieurahmens, wie er im Alltagsleben des Autors wirksam ist, zum Ausdruck kommt. In unserem Beispieltext ist die faktische soziale Distanz zwischen dem Autor und seinen Nostrificanden sicherlich sehr hoch: der Autor spricht aus einer privilegierten bildungsbürgerlichen Sozialstellung heraus; die skizzierten Beispielwelten und Basisvorstellungen dokumentieren ein restauratives Verständnis von der Welt der Studenten, das streng genommen bereits zum Zeitpunkt der Abfassung des Artikels seit sechzig Jahren veraltet war und das zudem die kollektiven Erfahrungen mit der Studiensituation (und der studentischen Lebenssituation) in den ersten zehn bis fünfzehn Jahren der Nachkriegszeit, in der viele Menschen mit Kindern studiert hatten, völlig ignoriert. Gesteuert vom eigenen Milieurahmen, wie er in den Argumentationsgang eingebracht wird, und geleitet von dessen Vorstellungs- und Beurteilungsparametern blendet der Autor die enorme soziokulturelle Diskrepanz zwischen *seiner* eigenen Generation und derjenigen der Studierenden der ausgehenden 60er Jahre weitgehend aus seiner Wahrnehmung und Betrachtung aus. Diese Diskrepanz ist gerade auch eine der unterschiedlichen Generationslagerungen (Mannheim, 1964) und der mit diesen jeweils verbundenen qualitativ andersartigen kollektiv-historischen Erfahrungen. (So sind der Autor[17] und seine Generation als Zeitgenossen in die Nazizeit mit deren Kompromittierungen und/oder Verbrechen verstrickt gewesen, nicht jedoch die Studenten der ausgehenden 60er Jahre.) Die Distanz zwischen dem soziokulturellen Milieurahmen des Autors und dem seiner Nostrificanden hält also zugleich Barrieren der Einfühlung und Fallen für Sichtweise und Interpretation bereit, die einen tiefgehenden Verständigungsprozeß zwischen ihm und den Studenten verunmöglichen.

2.3 Zum Analyseschritt der analytischen Abstraktion

Die Durchführungsweise und die Art der Dokumentierung der strukturellen Beschreibung (in einem Portraitkapitel) dürfte nunmehr deutlich sein. Aus Platzgründen kann die Präsentation der strukturellen Beschreibung unseres Demonstrationsartikels im vorliegenden Beitrag nicht zu Ende geführt werden. Statt dessen sollen noch einige Hinweise zur analytischen Abstraktion (Abschn. 2.3) und danach auch noch einige kursorische Hinweise zu den übrigen Analyseschritten (Abschn. 2.4) gegeben werden.

Im Forschungsschritt der analytischen Abstraktion werden die prozessualen Gesamtzusammenhänge innerhalb des textuellen Einzelfallmaterials herausgearbeitet. Zudem wird gefragt, welche allgemeinen Prozeßmechanismen und Prozeßoperationen vermutlich auch in anderen Fallmaterialien empirisch zum Ausdruck kommen dürften. (Einsichten zur letzteren Fragestellung können im Arbeitsschritt der einzelfallbezogenen analytischen Abstraktion natürlich nur hypothetisch formuliert werden; ihre Überprüfung macht den Fallvergleich erforderlich.) Eine analytische Abstraktion, welche die generalisierbaren Erkenntnisse aus der strukturellen Beschreibung eines Zeitungsartikels als Einzelfallmaterial extrahieren will, muß zwei Ordnungsebenen berücksichtigen:

(1) die der rhetorisch-argumentativen Verfahren zur Verwirklichung von Nostrifizierungshandlungsschemata (oder von anderen Handlungsschemata), sowie
(2) die des Globalablaufs von Nostrifizierungshandlungsschemata (oder anderer Handlungsschemata).

[17] Wir nehmen aufgrund des Gesamtduktus der Artikelpräsentation an, daß Jürgen Eick der Generation der *Eltern* der Aktivisten der Studentenbewegung von 1967/68 angehört. - Postskript: Jürgen Eick wurde 1920 geboren und starb 1990. Im übrigen: Bruno Dechamp, der Autor des anderen von uns näher betrachteten Artikels, wurde 1925 geboren.

(1) Das rhetorisch-argumentative Verfahren des Nostrifizierungshandlungsschemas

Hinsichtlich der rhetorisch-argumentativen Verfahren zur Verwirklichung des Nostrifizierungshandlungsschemas lassen sich aus unserem Beispieltext folgende vermutlich fallübergreifend-allgemeinen Aktivitätsformen unterscheiden:

a) Der Aufbau des Nostrifizierungsarrangements
Zunächst einmal wird vom Autor das Nostrifizierungsarrangement aufgebaut. Die Nostrificanden (die Studenten) und das Nostrifikandum (die Reizbarkeit der Studenten - Segment 7 -, ihr Demonstrieren und Randalieren - Segment 5) werden eingeführt. Die angenommenen Beschwerdeführer (die aufgebrachten Arbeiter - Segment 5, Ende des 1. Abs.) werden mit ihren Vorwürfen gegenüber den Nostrificanden vorgestellt (die Studenten seien arrogante Nutznießer der Steuergroschen der Armen, sie würden demonstrieren und randalieren und auch nicht vor Terror zurückschrecken - Segment 5). Der Autor setzt sich selbst als Vermittler zwischen den Beschwerdeführern und den Nostrificanden in Szene, indem er die "Reizbarkeit" der Nostrificanden mittels einer grundlegenden argumentativen Nostrifizierungsidee erklärt (die Retardierung der materiellen und sozialen Lebensumstände der Studierenden im Vergleich zu den nicht-studierenden Gleichaltrigen - Segment 5, Abs. 2; Segment 3) und dabei die Vorwürfe des Beschwerdeführers partiell - aber eben auch nur partiell; gerade die Halbherzigkeit bzw. Ambivalenz hierbei ist für das Nostrifizierungshandlungsschema funktional - zurückweist (Segment 5: "Es ist auch nur die halbe Wahrheit, wenn aufgebrachte Arbeiter in den Studenten nur arrogante Nutznießer ihrer Steuergroschen sehen.") -Zur Rollensymbolik des Vermittelns gehört es umgekehrt schließlich aber auch, die Nostrificanden auf die Gefahren des Übermuts hinzuweisen ("Das ist kein Grund, sich eine Märtyrerkrone aufzusetzen oder ein Studentengehalt zu fordern" - Segment 5, letzter Satz) und eben damit die Vorwürfe des Beschwerdeführers wiederum - auch das ist essentiell - partiell bestehen zu lassen.

Daß es im vorliegenden Artikel freilich nicht nur um ein vorbehaltloses "reines" Verstehen der Nostrificanden, sondern auch um ihre Vereinnahmung und Domestizierung geht, wird bereits an der formal problematischen, ja fehlerhaften Einführung des Redegegenstandes des/der Studenten als Nostrificanden deutlich: "der Student" als Redegegenstand wird zunächst als konkreter Fall (im Sinne eines Einzelfalls) angekündigt, dann aber als allgemeiner Typus abgehandelt (Segment 1, Satz 2).

b) Die Etablierung und Aufrechterhaltung des Nostrifizierungshandlungsschemas
Das Nostrifizierungshandlungsschema wird mit Mitteln der Verharmlosung vorangekündigt und dann durch deontische Operatoren explizit eingeführt, in Betrieb gehalten und im Ergebnis gesichert. Verharmlosungsmittel sind: die anfängliche Aussparung des Nostrificandums, d.h. der Quelle der Irritation, im Darstellungsgang, weil dieses bereits allgemein bekannt und nicht so bedeutsam sei, wie es fälschlich erscheine; die Subsumierung des Nostrificandums unter eine allgemeine Gesetzmäßigkeit (daß Reizbarkeit und Rebellion nur Niederschlag einer Diskrepanz zwischen dem psychobiologischen Entwicklungsstadium der Studenten und ihren retardierenden materiellen und insti-

tutionellen Lebensbedingungen seien - Segment 1); sowie die präventive, vorbereitende Bestreitung der theoretischen Erklärungswürdigkeit bzw. -bedürftigkeit des Nostrificandums - und damit der kollektiven Relevanz der Studentenrevolte als gesellschaftlicher Erscheinung sui generis - (dies mittels der diametralen Gegenübertellung der Konkretheit des Falls und der Relevanz "hochgestochener" Theorie - Segment 1). Deontische Operatoren zur Markierung des Handlungsschemas der Nostrifizierung sind folgende Formulierungen mit "performativem" (Austin, 1962, S. 4-11), d.h. sich im Sprachvollzug selbst herstellendem, Aktivitätscharakter: "Man muß diese Männer zu verstehen suchen." (Segment 3, Satz 2 - Markierer mit Einführungsfunktion), und: "Natürlich sind die überlangen Studienzeiten allein keine Erklärung für die Unruhe unter den Studenten; aber sie sind ein zusätzlicher Quell der Reizbarkeit, der vielleicht eine größere Rolle spielt als angenommen." (Markierer mit Ergebnissicherungsfunktion - Segment 7, Satz 1).

c) Die argumentativen Kernaktivitäten des Nostrifizierungshandlungsschemas
Das Nostrifizierungshandlungsschema wird in seinen Kernaktivitäten durch argumentative Praktiken (vgl. Schütze, 1978, S. 65-79) realisiert. Zunächst einmal wird die zentrale Nostrifizierungsidee in einer Proposition vorangekündigt: Die Reizbarkeit der Studenten sei in ihrem späten Eintritt in den Beruf begründet (Segment 1). Sodann wird die zentrale Nostrifizierungsidee konkret und begrifflich differenziert ausformuliert: die Reizbarkeit der Studenten rühre von ihrem zu lange aufrechterhaltenen Status als "Lehrling" her - einem Status, der mit zunehmender Studiendauer nicht mehr ihrem psychischen und biologischen Entwicklungszustand entspreche: "Für die Rolle des ewigen Schulbankdrückens sind sie im Grunde schon zu alt." "(Sie) wissen im Grunde mit ihren Kräften nicht wohin." (Segment 3)

Sodann wird die Kernproposition der zentralen Nostrifizierungsidee mit einer Reihe von mehr oder weniger plausiblen Begründungen propositionalen Allsatzcharakters argumentativ untermauert: die Studenten gerieten in eine schwer erträgliche "Scheren"-Situation zwischen der biologischen Akzeleration und der Verlängerung der Studiendauer an den Massenuniversitäten; sie seien materiell unabgesichert, und schon deshalb sei ihr fortlaufender Selbstvergleich mit den Berufstätigen ihres Alters für sie selbst eine permanente Quelle der Verletzung und Kränkung; die Beschäftigung mit abstrakten Theorien entfremde sie im Verlauf des Studiums immer mehr von den konkreten Bezügen zur beruflichen Praxis; auch das untergrabe ihr Selbstbewußtsein und ihr Lebensgefühl und mache sie kommunikationsunfähig gegenüber Normalmenschen.

Die allsatzartigen argumentativen Begründungen werden sodann - zumindest der Absicht oder dem Anschein nach - vom Autor mit empirischen Belegen fundamentiert. Diese empirischen Belege haben entweder den Charakter der Beschreibung von Beispielwelten (wie z.B. derjenigen der Studentenfamilie, die zusammengepfercht in einem Untermietszimmer lebe - vgl. Segment 4) oder aber den Charakter der Erzählung einer selbsterlebten Geschichte bzw. - das ist natürlich weniger beweiskräftig - den Charakter einer Erzählung aus zweiter Hand. Für letzteres findet sich in unserem Beispieltext folgendes Demonstrationsexemplar: "Unlängst meinte ein Vater: 'Seit mein Sohn in der Praxis ist, haben wir wieder einen richtigen Gedankenaustausch, Gespräche, die nicht möglich schienen, solange er Student war.'" (Segment 6)

Schließlich müssen vom Autor im Rahmen des Argumentationsgangs auch noch die Gegenargumente berücksichtigt, abgewogen und bearbeitet werden, die von den Beschwerdeführern im Rahmen ihres (vom Autor selbst beobachteten oder auch nur imaginierten) Schuldvorwurfs vorgetragen worden sind (bzw. noch in Zukunft vorgetragen werden könnten). Die Gegenargumente bedrohen die Stichhaltigkeit der zentralen Behauptung und Begründung des Autors, daß die Studenten in ihrem damals doch so aufgeregten und bewegten Mentalitätszustand und in den entsprechenden merkwürdigen Verhaltensweisen - trotz der Fremdartigkeit dieser Erscheinungen - doch noch nostrifiziert, d.h. durch Theoriebestände der reduktiven Erklärung des zunächst Rätselhaften aus normalen, alltäglichen Verhaltensweisen und Wirkmechanismen doch noch in und mit ihren bizarren Lebensäußerungen, Aktivitäten und Lebensstilen normalisiert und vereinnahmt, werden könnten.

Genau deshalb muß sich der Autor also mit von ihm bereits gehörten oder doch zumindest vorstellbaren Gegenargumenten auseinandersetzen. Und das tut er nunmehr erfolgreich, wenn er folgendermaßen formuliert: "Es ist auch nur die halbe Wahrheit, wenn aufgebrachte Arbeiter in den Studenten nur arrogante Nutznießer ihrer Steuergroschen sehen. Tatsächlich verzichtet der Studierende für zehn Jahre und länger auf mögliche eigene Einnahmen...." (Segment 5). Die Auseinandersetzung mit den Gegenargumenten der Beschwerdeführer wird zugleich natürlich so geführt, daß die zentrale Betrachtungsweise der Gegenargumente durchaus als legitim herausgestellt wird: denn den Studenten sei ja in der Tat durchaus etwas Bizarres, sehr Fremdartiges zu eigen. Nur indem der Autor in "Tateinheit" mit ihrer Zurückweisung die Nachvollziehbarkeit und Rationalität der Sichtweise des bzw. der opponierenden Beschwerdeführer herausarbeitet, kann er die Berechtigung oder gar die Notwendigkeit der eigenen Nostrifizierungshandlung bezüglich der Problemträger und ihrer bizarren Verhaltensweisen herausstellen und sich selbst als besonnenen Vermittler zwischen Nostrificand und Beschwerdeführer in Szene setzen.

Es war nun bereits mehrfach angeklungen, daß mittels des Nostrifizierungshandlungsschemas zwar bedingt ein Verständnis für das (mehr oder weniger) als fremdartig erlebte Nostrificandum, d.h. für die rätselhaften oder gar bizarren Verhaltens- und Denkweisen der Problemträger, gesucht wird, daß aber zugleich die Prozesse der Wahrheitssuche durch die engen Begrenztheiten des soziokulturellen Milieurahmens des Autors und der mit ihnen verbundenen Orientierungsmuster und Wissensbestände eingeschränkt sind. Einschränkungen solcher Art kommen nicht nur bei der Vorbereitungs- und Einführungsarbeit des Nostrifizierungshandlungsschemas durch die bereits angedeuteten formalen Unstimmigkeiten zum Ausdruck (z.B. durch eine Fallrhetorik, die sich gar nicht auf konkrete Fälle einläßt usw. - Segment 1), sondern auch durch signifikante Unstimmigkeiten im Argumentationgsgang. Einer dieser Typen von Unstimmigkeiten ist die inhärente, interne Inkonsistenz von Beispielwelten (z.B.: auch eine *Studenten*familie wohnte in den 60er Jahren in der Regel nicht mehr in einer Untermietsbude - Segment 4) oder eine entsprechende inhärente, interne Inkonsistenz von Belegerzählungen. Um die Inkonsistenz von Belegerzählungen an unserem Textbeispiel (Segment 6, Abs. 1, letzter Satz) zu erläutern: Die konkrete Erzählung einer erlebten Geschichte ist immer etwas historisch Singuläres, und der Erzähler der Geschichte ist stets - das ist banal - eine konkrete Person. Die Verallgemeinerung einer solchen eigentlich mit Notwendigkeit singulären Einzelperson in der in unserem Demonstrationstext wiedergegebenen Erzähleinleitung "Unlängst meinte ein Vater ..." (Unterstreichung d.V.) ist ein wichtiger Hinweis darauf, daß die zitierte Belegerzählung keiner eigenen empirischen Zuhörerfahrung beim Erzählen entstammt, sondern den Bedürfnissen des Argumentationsgangs entsprechend konstruiert ist. Ähnlich ist die Wortwahl "Gedankenaustausch", die eher der Sphäre der Diplomatie entstammt, für Gespräche zwischen Vater und Sohn merkwürdig unangepaßt ("Seit mein Sohn in der Praxis ist, haben wir wieder einen richtigen Gedankenaustausch ..." - Segment 6, Abs. 1, letzter Satz).

Eine andere Unstimmigkeit im Argumentationsgang sind elliptische, unvollständige Beweisführungen, die als Aktivitätsmuster nicht wirklich durchgehalten werden.[18] So bilden der Hinweis auf die "Frühehen" in den 50er Jahren in den USA und der Hinweis auf den "Ehestand eines Promoventen", der mindestens 8-10 Jahre älter ist als die Partner in einer typischen Frühehe, keinerlei konsistente, konkordante Argumentenreihe für den Nachweis der angeblichen Akzeleration der biologischen und psychosozialen Lebensalterstufen (Segment 4, S. 1 und 2). - Mit der gerade geschilderten Unstimmigkeit hängt sehr eng auch die Massierung und Parallelisierung von binären Schematisierungen, die keineswegs empirisch übereinfallen, zusammen. Der Autor suggeriert solcherart mit wenigen Handstrichen eine einfache, sehr Divergentes zusammenführende Weltkonstruktion: z.B. daß Theorie, Studium, abstrakte philosophische und soziologische Schulen einerseits und Fallkonkretion, Berufspraxis und die naturwissenschaftlich-technischen Fächer (wie z.B. Physik) andererseits jeweils die beiden "Haupthälften" der Welt repräsentieren würden. (Dabei kann - das läßt sich sofort einer solch einfachen Weltenteilung entgegenhalten - die Physik sehr abstrakt und "berufsfremd" betrieben werden, und die theoretische Abtraktion kann umgekehrt von höchster Relevanz für die Berufspraxis sein.)

Schließlich sind noch die unnötigen *Zusatz*argumente zu nennen, die dem schlüssigen Aufbau eines Argumentationsgangs im Kern überhaupt nicht zweckdienlich sind, sondern gerade umgekehrt den Leser aus der vom Autor eigentlich verfolgten Argumentationslinie herausführen, wenn sie auch zunächst, d.h. bei nicht so genauem Hinsehen, den Eindruck zusätzlicher Evidenz vermitteln. (Diesen Charakter hat z.B. das "volkswirtschaftliche" Argument der Nachteile eines "zu langen" Studiums im Segment 2 unseres Demonstrationsartikels; es begründet natürlich in keiner Weise die Anfangs- bzw. Kernproposition des Artikels, daß und warum die Länge des Studiums die Studenten reizbar mache.)

d) Die normative Konklusion des Nostrifizierungshandlungsschemas

Die argumentative Einbringung des Nostrifizierungshandlungsschemas in den Präsentationsgang des Artikels ist gefolgt von einer normativen Konklusion, die angesichts des dargebotenen argumentativen Erklärungsbemühens für die Reizbarkeit, das aufsässige Verhalten und die Fremdartigkeiten im Lebensstil

[18]Damit soll keinesfalls bestritten werden, das Ellipsen außerordentich wirkungsvolle Mittel zur Durchführung argumentativer Aktivitäten sein können - gerade in Anbetracht der Tatsache, daß sie bereits *als knappe Andeutungen* zielsichere interpretativ-argumentative Wirkungen entfalten. - Man kann freilich mit Ellipsen mehr oder weniger schlüssig, konsistent und elegant im Argumentationsgang umgehen. In unserem Demonstrationstext ist die Verwendung der Ellipsen eher inkonsistent-unsauber.

der Studenten ein einfaches Modell der Lösung für die Studentenproblematik als eines nur noch schwer erträglichen gesellschaftlichen Ärgernisses anbietet: die drastische Verkürzung und die unbedingte Praxisnähe des Studiums ("Lernjahre sind keine Herrenjahre. Aber es ist wohl ein Grund, diese 'Schulbankperiode' drastisch zu kürzen." - Segment 5,6). Diese normative Konklusion des Artikels blendet natürlich den Tatbestand des kritischen Dialogs der Studenten mit der Gesellschaft, mit der Geschichte, mit der kompromittierten Elterngeneration und mit der eigenen Identität aus. Damit gerät dem Artikelschreiber das gesellschaftliche Innovationspotential studentischer Reflexionskultur und Lebensstilistik für die permanente Veränderung der Gesellschaft vollends aus dem Blick. Und das ist wohl die wesentliche verdeckte (und z.T. auch un-gewußte) Intention des Artikels.

(2) Der Globalablauf des Nostrifzierungshandlungsschemas

Hinsichtlich des Globalablaufs des Nostrifizierungshandlungsschemas, wie es der Leitartikel von Jürgen Eick im Wege unserer (nur z.T. weiter oben wiedergegebenen) strukturellen Beschreibung offenbart hat, muß ein zwar bereits abstrahiertes, aber dennoch auf den konkreten Beispieltext bezogenes Überblickschema bezüglich der Sequenz der Handlungsschritte im Rahmen des vorliegenden Beitrages genügen.

Die Stadien des Nostrifizierungshandlungsschemas im Eick-Artikel sind die folgenden:

- Einleitung des Nostrifizierungshandlungsschemas: Unterordnung der Fremdheit der thematisierten Personengruppe unter ein allgemeines Gesetz (Behauptung, daß der Tatbestand der Fremdheit der Nostrificanden entgegen aller landläufigen Vermutungen nicht exorbitant sei); Einführung des Nostrificandums und der Nostrifikanden;
- ablenkende, relativierende Konkurrenzbetrachtung, die das Nostrificandum, seine Fremdheit, undbedeutend oder gar irrelevant erscheinen läßt;
- Vollzug der ersten Phase des Nostrifizierungshandlungsschemas: Einführung des Nostrifizierungsoperators und Selbstetablierung des Autors als Vermittler; Einführung der thematischen Nostrifizierungsidee als argumentative Behauptung;
- argumentative Begründung der Nostrifizierungsidee; Beibringung von Belegen: Beschreiben von Beispielwelten, Erzählen von Geschichten;
- Verteidigung, Abwägung, Plausibilisierung der Nostrifizierungsidee durch den Autor als Vermittler gegenüber den Beschwerdeführern (nebst Einführung der Beschwerdeführer und ihrer Argumente); Steuerung des Argumentationsgangs durch den argumentativen Zugzwang der Abwägung;
- normative Handlungskonklusion des Autors, die aus dem Nostrifizierungshandlungsschema folgt: die Nostrificanden (bzw. das Nostrificanden-Aggregat) müssen (bzw. muß) gegenüber den Beschwerdeführern "zurechtgestutzt" werden - dies aber auf möglichst harmlose Weise; zugleich muß gerade durch die normative Handlungsaufforderung (in unserem Demonstrationstext: die Forderung, das Studium drastisch zu verkürzen) die Nostrifizierungsbehauptung im Anwendungsvollzug praktisch bewiesen werden ("performative" Beweisführung);

- Ausschluß derjenigen, für die das Nostrifizierungshandlungsschema nicht gelten könne (Radikale und "Abstrakt-Gesonnene");
- abschließende Abrundung des Nostrifizierungshandlungsschemas:
  - o Einschränkung seines Status als nur aspektuell wirksames Handlungsschema;
  - o Zudecken der eigentlichen Probleme und Ursachen der Fremdheit der Nostrificanden (z.B. der Problematik des Generationenkonflikts zwischen der moralisch kompromittierten Kriegsgeneration und der Generation ihrer Kinder);
  - o Umfokussierung des Angriffs der Beschwerdeführer auf die "wahrhaft Schuldigen"(im Demonstrationstext: die undidaktisch orientierten Professoren, die keine wirkliche Ausbildungsmotivation hätten); Vorbereitung von eigenen Sündenbock-Vorwürfen gegenüber dritten Parteien.

2.4 Andeutungen zu den übrigen Analyseschritten

Die auf die analytische Abstraktion folgenden Analyseschritte können hier nur noch extrem punktuell angedeutet werden. Geleitet vom in der analytischen Abstraktion verdichteten theoretischen Konzept des Nostrifizierungshandlungsschemas werden im Wege der theoretischen Auswahl im Arbeitsschritt des kontrastiven Vergleichs zwei unterschiedliche Vergleichsoperationen durchgeführt.

Zunächst einmal werden in der Untersuchungsstrategie des "minimalen Vergleichs" (Glaser und Strauss 1967: 55-58) weitere Artikel mit dominantem Nostrifizierungshandlungsschema ausgewählt und feinanalysiert. Ein solcher Artikel ist der im ersten Teil unseres Beitrags (Abschn. 1.5) erörterte FAZ-Leitartikel von Bruno Dechamps mit dem Titel: "Warum Studenten schreien", der rd. ein Jahr vor dem Leitartikel von Jürgen Eick erschienen ist (24.6.1967). Der Artikel von Bruno Dechamps entwickelt eine zentrale Nostrifizierungsidee, die vom Eick-Artikel durchaus abweicht: daß nämlich die Studentenrevolte ein Seismograph für die Entfremdung der Generationen untereinander und für den Abbruch der Kommunikation zwischen ihnen sei. Naturgemäß ist die Bereitschaft, die Erscheinungen in der studentischen Szene als Phänomenzusammenhang sui generis zu betrachten und ein entsprechendes adäquates Erkenntnismodell zu entwickeln, sehr viel stärker im Dechamps- als im Eick-Artikel entwickelt.

Die Feinanalyse des Dechamps-Artikels kann besonders klar herausarbeiten, was sowohl die Erkenntnis*chancen* als auch die Erkenntnisbarrieren des Nostrifizierungshandlungsschemas sind. Eine wichtige Voraussetzung für die Nutzung der Erkenntnischancen ist die vorbehaltlose "ethnographische" Offenheit und Gesprächsbereitschaft im Eingehen auf das Fremde. Eine wichtige Erkenntnis*barriere* im Nostrifizierungshandeln ist dagegen eine Haltung gegenüber der eigenen Identität, die sich dem Fremden in einem selbst verschließt und es nicht für möglich hält, daß dieses Fremde in einem selbst gerade in der Begegnung mit dem Fremden des *Interaktionspartners* geoffenbart und in seiner Problematik verdeutlicht wird. So möchte Bruno Dechamps bei der Analyse des Generationenkonflikts die Problematik der Verstrickung der älteren Generation in den Nationalsozialismus ausblenden; von ihm wird deshalb ein als geradezu naturgeschichtlich-vernünftig verstandener Grundkonsensus zwischen den Generationen beschworen. Dabei gerät ihm seine eigene Motivation aus dem Blick, daß nämlich im Appell an die Studenten, bloß nicht an diesem Konsensus zu rühren, die Kinder der Kriegsgeneration dazu gewonnen werden sollen, zu Fürsprechern der Kriegsgeneration zu werden und dieser eine - nicht berechtigte - "moralische Sündenabsolution" zu erteilen. Auf diese Weise sollen einerseits die Studenten als Avantgarde der ersten Generation der Nichtverstrickten in das ausblendende Geschichtsverständnis der Kriegsgeneration nostrifiziert werden, und zudem - das ist fast noch wichtiger - soll umgekehrt die eigene Generation, die Kriegsgeneration, auf unrealistisch-mystifizierende Weise in die Lebenswelt der ersten unschuldigen Generation nach der Generation der Naziverbrechen oder - anders gesagt - in die fiktive Lebenswelt eines nicht mehr kompromittierten, nicht mehr schuldigen Nachkriegsdeutschlands selbst-nostrifiziert werden. Es ist für die "eingebauten" Erkenntnisbarrieren des Nostrifizierungshandlungsschemas kennzeichnend, daß Dechamps diese Zusammenhänge - trotz guten Willens - in keiner Weise durchschaut.

In der Vergleichsoperation des "maximalen Vergleichs" (vgl. Glaser und Strauss 1967: 55-58) werden sodann die sich immer stärker differenzierenden theoretischen Konzeptionen des Nostrifizierungshandlungsschemas mit solchen Artikel-Texten konfrontiert, die davon stark abweichende Handlungsschemata repräsentieren, welche im Gesamtkontext der Auseinandersetzung zwischen den Generationen gleichwohl durchaus orientierungswirksam sind. Solche Handlungsschemata sind z.B. dasjenige des rigorosen wechselseitigen Aufklärungsdiskurses und dasjenige der Ausgrenzung aus dem Diskurszusammenhang. Ein typisches Beispiel für letzteres ist in dem bereits mehrfach erwähnten Artikel von Rolf Michaels "Die Kinder fressen ihre Revolution. Besetzung, Zerstörung und Räumung des Rektorats der Freien Universität Berlin" (FAZ vom 12.6.68) plastisch durchgeführt: die Studenten-Besetzer werden als nicht mehr rational handlungsfähig typisiert, ihnen wird auf der Ebene der Interaktionspostulate (vgl. Kallmeyer/Schütze, 1976) die Unterstellung der Aktorkompetenz (die Unterstellung des guten Willens, der Kooperationsbereitschaft, der Fähigkeit zur Perspektivenübernahme, zum Diskurs, zur rationalen Planung und Entscheidung usw.) entzogen. Die Annahme ist wohl nicht falsch, daß die Frustrierung und das Scheitern von Nostrifizierungsbemühungen oftmals in Ausgrenzungsaktivitäten einmünden dürften.

Für die Entwicklung eines theoretischen Erklärungsmodells bezüglich der Zeitungsberichterstattung über die Studentenrevolte in den Jahren 1967 und 1968 ergeben sich schließlich aus den analytischen Abstraktionen und aus den kontrastiven Vergleichen der in der Forschungswerkstatt untersuchten Textmaterialien drei Ideenkerne (die allerdings auf einer weit umfangreicheren empirischen Materialbasis als derjenigen, die ursprünglich in der Forschungswerkstatt explizit zur Debatte stand, systematisch ausdifferenziert werden müßten - vgl. Abschn. 1.1 und 2.1). Diese lassen sich folgendermaßen andeuten:

- Die Berichterstattung über die Studentenrevolte in westdeutschen Zeitungen ist nur im Rahmen einer kommunikativen Auseinandersetzung zwischen der kompromittierten Kriegsgeneration, die von den damaligen Journalisten verkörpert wird, und der nicht mehr kompromittierten Generation der Kinder dieser Kriegsgeneration verständlich zu machen. Die kommunikative Auseinandersetzung ist nicht nur deshalb äußerst beschwerlich, weil die beiden Generationen in völlig unterschiedlichen Generationslagerungen leben und deshalb voneinander sehr unterschiedliche Orientierungs- und Interpretationsmuster entwickelt haben, deren wechselseitige Kalibrierung sehr kompliziert ist. Die Unterschiedlichkeit der beiden Generationslagerungen wird durch die Verstrikkung der Kriegsgeneration in die Verbrechen der Nazizeit und/oder durch die moralische Kompromittierung angesichts eines damaligen Lebens im Status quo mit dem Nazi-Machtapparat extrem vertieft, und auf beiden Seiten sind diesbezüglich Ausblendungsmechanismen am Werke. (Auch die Kindergeneration blendet aus, weil sie die Schuldverstrickung und/oder moralische Verantwortung der Eltern zunächst kaum ertragen kann.)

- Die kommunikative Auseinandersetzung vollzieht sich angesichts der Ausblendungsmechanismen unter Bedingungen der essentiellen Einschränkung der erkenntnisgenerierenden Mechanismen der diskursiven Kommunikation. Die Doppelfunktion von partieller Ausblendung und bruchstückhaftem Erkennen wird von den verschiedenen Alternativversionen des Nostrifizierungshandlungsschemas organisiert. Das Nostrifizierungshandlungsschema und seine alternativen Einzelvarianten können auf seine bzw. ihre konstitutiven Komponenten (Interaktionsbedingungen, Realisierungsschritte und rhetorischen Posen) und seine bzw. ihre kommunikativen Funktionen (z.B. Paternalisierung der Nostrificanden, verdeckte Selbstnostrifizierung usw.) hin in einem formalen Theoriekern systematisch ausformuliert werden. Hierbei kommen im Zuge des kontrastiven Vergleichsdenkens auch andere Handlungsschema-Theoriekerne in den Blick: wie diejenigen zur offenen Auseinandersetzung und Aufklärung, zur nicht-kommunikativen Eskalation und zur Ausgrenzung ("Alterierung", "Externalisierung" bzw. "repressiven Erstickung") des Fremden. Die strukturellen Bedingungen der Überleitung von einem Handlungsschema-Kern zum anderen im Sinne gesamtgesellschaftlicher Haltungen und Organisationsformen werden theoretisch ausbuchstabiert.

- Die "natürliche Ablaufgeschichte" (vgl. Turner in Park, 1967, XXIIIf) des Generationskonfliktes im Verlauf der Studentenrevolte, wie er in der Presse ausgetragen wurde, wird als Entfaltungsmodell rekonstruiert. Hierbei wird die These ausgearbeitet, daß das Nostrifizierungshandlungsschema im Verlauf der kommunikativen Auseinandersetzung zwischen Studenten und Presse in der Zeit der Studentenbewegung immer mehr an Kraft zur Erkenntnisgenerierung verliert - wie das etwa der Vergleich der FAZ-Leitartikel von Dechamps und Eick (zwischen denen knapp ein Jahr liegt) demonstriert - und daß die Handlungsschemata der Eskalation und der Ausgrenzung immer mehr an Orientierungskraft gewinnen. Erklärungen für diesen Gang der Entfaltung der "natürlichen Ablaufsgeschichte" werden entwickelt, wobei im theoretischen Ideenvorrat aber nicht nur Eskalationsmechanismen und Mechanismen der symbolischen Dramatisierung, sondern auch die inhärenten, d.h. ab ovo "eingebauten" Ambivalenzen und Erkenntnisschranken des Nostrifizierungshandlungsschemas selbst systematische Beachtung finden.

Aus der extrem skizzenhaften Andeutung dürfte deutlich sein, daß das wissenssoziologische Erklärungsmodell für die Dynamiken der Presseberichterstattung über die Studentenrevolte sowohl formaltheoretische Elemente (wie z.B. zum Aufbau des Nostrifizierungshandlungsschemas) als auch historisch-inhaltliche Elemente (wie die natürliche Ablaufsgeschichte der Entfaltung des diskursiven Generationskonflikts (im Medium der Studentenrevolte und in der Auseinandersetzung mit ihr) aufweist. Die formalen Theoriestücke sind natürlich auch auf völlig andere - aber abstrakt vergleichbare - gesellschaftliche Auseinandersetzungen mit Fremdheit partiell übertragbar - wie z.B. auf die deutsche Asyldebatte in der Jetztzeit. Hinsichtlich der historisch-inhaltlichen Theorieelemente ist zu fragen, warum das Nostrifizierungshandlungsschema in der zweiten Untersuchungsperiode (1989/90) eine nur untergeordnete Rolle gespielt hat: d.h. warum die Studenten dieser Zeitperiode von den Journalisten nicht (mehr) als fremd erlebt wurden bzw. warum sie in deren Augen u.U. die Kraft verloren hatten, eine innovative Lebens- und Arbeitsstilistik zu entwikkeln, und was die entsprechenden mächtigen Vereinnahmungsmechanismen der Gesellschaft waren.

Es ist selbstverständlich, daß alle von uns angedeuteten Theoreme und Theorementwicklungsmöglichkeiten solange mit neuen, noch nicht verwendeten empirischen Textmaterialien aus den beiden untersuchten Zeitepochen konfrontiert werden müßten - wobei sie eine erhebliche Abwandlung und Differenzierung erfahren würden - bis entsprechend dem Prinzip der theoretischen Sättigung (Strauss, 1987, S. 35 f.) keine neuen analytischen Gesichtspunkte während der Arbeitsschritte des theoretischen Kontrastierens und des Modelldifferenzierens mehr auftauchen würden. Es darf entsprechend nicht der Eindruck entstehen, daß die theoretische Arbeit in der rekonstruktiv-interpretativen Soziologie (Bohnsack, 1991) leichtfüßig über die empirischen Sachverhalte und Textdaten hinweg gehen könnte. Genau das Gegenteil ist der Fall: interpretativ-rekonstruktive Theoriebildung kann sich nur in der fortlaufenden abduktiven Auseinandersetzung (Peirce, 1979, S. 362, 366) mit empirischen Materialien entfalten. Kursorisch anzudeuten, wie dies geschieht, war Gegenstand des methodischen Kommentars zu unserer kleinen qualitativen Untersuchung.

Literatur

Adorno, Theodor W. (1965): Soziologie und empirische Forschung. In: E. Topitsch (Hg.), Logik der Sozialwissenschaften, 511-525, Köln und Berlin: Kiepenheuer und Witsch.

Albert, Hans (1965): Wertfreiheit als methodisches Prinzip. Zur Frage der Notwendigkeit einer normativen Sozialwissenschaft. In: E. Topitsch (Hg.), Logik der Sozialwissenschaften, 181-210, Köln und Berlin: Kiepenheuer und Witsch.

Arbeitsgruppe Bielefelder Soziologen (1976): Kommunikative Sozialforschung, München: Fink.

Austin, John L. (1962): How to Do Things with Words. The William James Lectures Delivered in Harvard University in 1955 (ed. by J.O.Urmson), London: Oxford Univ. Press.

Berger, Peter L., und Luckmann, Thomas (1966): The Social Construction of Reality. A Treatise in the Sociology of Knowledge, Garden City, N.Y.: Doubleday.

Bohleber, Werner (1987): Die verlängerte Adoleszenz. Identitätsbildung und Identitätsstörungen im jungen Erwachsenenalter. In: Jahrbuch der Psychoanalyse: Beiträge zur Theorie und Praxis, Bd. 21, 58-84.

Bohnsack, Ralf (1989): Generation, Milieu und Geschlecht, Opladen: Leske und Budrich.

Bohnsack, Ralf (1991): Rekonstruktive Sozialforschung. Einführung in die Methodologie und Praxis qualitativer Forschung, Opladen: Leske und Budrich.
Dahl, Robert A. (1961): Who Governs? New Haven: Yale Univ. Press.
Dahl, Robert A. (1966): Modern Political Analyses, Englewood Cliffs: Prentice Hall.
Duerr, Hans Peter (1985): Traumzeit. Über die Grenze zwischen Wildnis und Zivilisation, Frankfurt: Suhrkamp.
Erikson, Erik H. (1966): Identität und Lebenszyklus, Frankfurt: Suhrkamp.
Erikson, Erik H. (1975): Der junge Mann Luther, Frankfurt: Suhrkamp.
Geertz, Clifford (1963): Agricultural Involution. The Process of Ecological Change in Indonesia, Berkeley and Los Angeles: Univ. of California Press.
Geertz, Clifford (1990): Die künstlichen Wilden. Anthropologen als Schriftsteller, München und Wien: Hanser.
Glaser, Barney (1978): Theoretical Sensitivity, Mill Valley: Selbstverlag.
Glaser, Barney und Strauss, Anselm (1967): The Discovery of Grounded Theory, Chicago: Aldine.
Habermas, Jürgen, von Friedeburg, Ludwig, Oehler, Christoph, Weltz, Friedrich (1961): Student und Politik. Eine soziologische Untersuchung zum politischen Bewußtsein Frankfurter Studenten, Neuwied: Luchterhand.
Habermas, Jürgen (1992): Die zweite Lebenslüge der Bundesrepublik: Wir sind wieder "normal" geworden. In: Die Zeit, Nr. 51 (11. Dez. 1992), 48.
Hirschman, Albert O. (1970): Exit, Voice, and Loyality. Reponses to Declines in Firms, Organizations, and States, Cambridge, Mass., und London : Harvard Univ. Press.
Hughes, Helen (1940): The Human Interest Story, Chicago: Univ. of Chicago Press.
Inowlocki, Lena (1991): Geschichtsbezüge im Mitgliedschaftsprozeß Jugendlicher in rechtsextremistischen Gruppen, unveröffentl. Dissertation, Fachbereich Sozialwesen, Gesamthochschule Kassel (erscheint in Weinheim, Deutscher Studien Verlag).
Kallmeyer, Werner (1988): Konversationsanalytische Beschreibung. In: Soziolinguistik. Ein internationales Handbuch zur Wissenschaft von Sprache und Gesellschaft (hrsg. von U. Ammon, N. Dittmar, K.L. Mattheier). Zweiter Halbband (S. 1095-1108), Berlin und New York: de Gruyter.
Kallmeyer, Werner, und Schütze, Fritz (1976): Konversationsanalyse. In: Studium Linguistik, Bd. 1, H. 1, 1-28.
Kokemohr, Rainer und Marotzki, Winfried (1989): Biographien in komplexen Institutionen - Studientenbiographien I, Frankfurt, Bern u.a.O.: Peter Lang.
Lévi-Strauss, Claude (1960): Traurige Tropen, Köln und Berlin: Kiepenheuer und Witsch.
Lynd, Robert S., und Lynd, Helen Merrell (1937): Middletown in Transition. A Study in Cultural Conflicts, New York: Harcourt, Brace and World.
Mannheim, Karl (1964): Das Problem der Generationen. In: ders., Wissenssoziologie. Auswahl aus dem Werk. Eingeleitet und herausgegeben von K.H. Wolff, Berlin und Neuwied: Luchterhand, 509-565.
Marcuse, Herbert (1967): Der eindimensionale Mensch. Studien zur Ideologie der fortgeschrittenen Industriegesellschaft, Neuwied und Berlin: Luchterhand.
Marotzki, Winfried, und Kokemohr, Rainer (1990): Biographien in komplexen Institutionen. Studentenbiographien II, Weinheim: Deutscher Studienverlag.
Matthes, Joachim (1985): Die Soziologen und ihre Wirklichkeit. Anmerkungen zum Wirklichkeitsverhältnis der Soziologie. In: Soziale Welt, Sonderband 3, "Entzauberte Wissenschaft", hrsg. von W. Bonß und H. Hartmann, 49-64.
Matthes, Joachim (1985a): Karl Mannheims "Das Problem der Generationen" neu gelesen. Generationen-"Gruppen" oder "gesellschaftliche Regelung von Zeitlichkeit"?. In: Zeitschrift für Soziologie, Jg. 14, H. 5, 363-372.
Mitscherlich, Alexander, und Mitscherlich, Margarete (1967/1977): Die Unfähigkeit zu trauern, München und Zürich: Piper.
Negt, Oskar (1968): Soziologische Phantasie und exemplarisches Lernen. Zur Theorie der Arbeiterbildung, Frankfurt.

Park, Robert E. (1967): On Social Control and Collective Behavior. Selected Papers (edited and with an introduction by R.H. Turner), Chicago und London: Univ. of Chicago Press.

Peirce, Charles S. (1970): Schriften II. Vom Pragmatismus zum Pragmatizismus, Frankfurt: Suhrkamp.

Popitz, Heinrich, Bahrdt, Hans Paul, Jüres, Ernst August, Kesting, Hanno (1957): Das Gesellschaftsbild des Arbeiters. Soziologische Untersuchungen der Hüttenindustrie, Tübingen: Mohr.

Riemann, Gerhard, und Schütze, Fritz (1987): Some Notes on a Student Research Workshop on Biography Analysis, Interaction Analysis and Analysis of Social Worlds. In: Newsletter 8 (Biography and Society) of the International Sociological Association, Research Committee 38 (hrsg. von E.M. Hoerning und W. Fischer), 54-70.

Schelsky, Helmut (1957): Ist die Dauerreflexion institutionalisierbar?. In: Zeitschrift für evangelische Ethik, H. 4.

Schelsky, Helmut (1960): Einsamkeit und Freiheit. Zur Idee und Gestalt der deutschen Universitäten und ihrer Reformen, Reinbek: Rowohlt.

Schütze, Fritz (1975): Sprache soziologisch gesehen, 2 Bde., München: Fink.

Schütze, Fritz (1978): Strategische Interaktion im Verwaltungsgericht - eine soziolinguistische Analyse zum Kommunikationsverlauf im Verfahren zur Anerkennung als Wehrdienstverweigerer. In: W. Hassemer, W. Hoffmann-Riem, M. Weiss (Hg.), Schriften der Vereinigung für Rechtssoziologie. Band 2: "Interaktion vor Gericht",.19-100, Baden-Baden: Nomos.

Schütze, Fritz (1983): Biographieforschung und narratives Interview. In: Neue Praxis, H. 3, 283-293.

Schütze, Fritz (1984): Kognitive Figuren des autobiographischen Stegreiferzählens. In: M. Kohli und G. Robert (Hg.), Biographie und soziale Wirklichkeit. Neue Beiträge und Forschungsperspektiven, 78-117, Stuttgart: Metzler.

Schütze, Fritz (1987): Das narrative Interview in Interaktionsfeldstudien: erzähltheoretische Grundlagen, Teil I (Merkmale von Alltagserzählungen und was wir mit ihrer Hilfe erkennen können), Studienbrief der Fernuniversität Hagen.

Schütze, Fritz (1988): Professional Schools: ein Entwicklungspotential für die Zukunft der GhK? 8. Gießhausgespräch (hrsg. vom Präsidenten der Gesamthochschule Kassel), Kassel.

Schütze, Fritz (1988a): Situation. In: Soziolingustik. Ein internationales Handbuch zur Wissenschaft von Sprache und Gesellschaft (hrsg. von U. Ammon, N. Dittmar, K.L. Mattheier). Erster Halbband, 157-164, Berlin und New York: de Gruyter.

Schütze, Fritz (1992): Pressure and Guilt: War Experiences of a Young German Soldier and their Biographical Implications, Part 1 and 2. In: International Sociology, Vol. 7, No. 2 and 3, 187-208, 347-367.

Schütze, Fritz (1992a): Biographieanalyse eines Müllerlebens. In: H.-D. Th. Scholz (Hg.), Wasser- und Windmühlen in Kurhessen und Waldeck-Pyrmont, 206-227, Kaufungen: Axel Eiling.

Scholz (Hg.), Wasser- und Windmühlen in Kurhessen und Waldeck-Pyrmont (S. 206-227), Kaufungen: Axel Eiling.

Searle, John R. (1971): Sprechakte, Frankfurt: Suhrkamp.

Shibutani, Tamotsu (1986): Social Processes. An Introduction to Sociology, Berkeley and Los Angeles: Univ. of California Press.

Der Spiegel (1992): Titelgeschichte: Sturm auf die Uni. Wohin mit den Studenten, Jg. 46, H. 45 (2. Nov. 92), 80-110.

Stagl, Justin (1985): Die Beschreibung des Fremden in der Wissenschaft. In: H.P. Duerr (Hg.), Der Wissenschaftler und das Irrationale. Zweiter Band, Beiträge aus Ethnologie und Anthropologie II, 96-118, Frankfurt: Syndikat.

Strauss, Anselm L. (1987): Qualitative Analysis for Social Scientists, Cambridge, U.K., u.a.O.: Cambridge Univ. Press.

Zetterberg, Hans L. (1962): Social Theory and Social Practice, New York: The Bedminster Press.

Die Autorinnen und Autoren

BENDER, Matthias, Dr. med., Assistenzarzt und wissenschaftlicher Mitarbeiter an der Klinik für Psychiatrie der Philipps-Universität Marburg, Rudolf-Bultmann-Str. 8, 3550 Marburg (Lahn).
Hauptarbeitsgebiet: Schmerzforschung. Publikationen u.a.: Mehrdimensionales Schmerzerleben und Schmerzverhalten bei Rükkenschmerz-Patienten. Der Schmerz, Nr. 5/91.

BERTRAMS, Annette, Dipl. Sup.vis., Zum Erzberg 4, D - 7842 Kandern 2.
Studium der Sozialarbeit, Sozialwissenschaften, Supervision und Psychologie in Bochum und Kassel. Teilnehmerin des Basler Seminars der Schweizerischen Gesellschaft für Psychoanalyse. Laufende Promotion im Fach Psychoanalyse, Fachbereich 1: Erziehungs- und Humanwissenschaftern der Gesamthochschule/Universität Kassel. Gefördert durch die Hans-Böckler-Stiftung. Arbeitsschwerpunkte: Einzel-, Gruppen-, Teamsupervision sowie Sozialtherapie. Veröffentlichungen im Bereich Supervision.

BIEBRICHER, Dorothe, Dipl.-Psychologin, Wanderstr. 2, CH - 4054 Basel.
Wichtigste Arbeitsgebiete: Testpsychologie, Entwicklungspsychologie, Psychotherapie.

BOHLEBER, Werner, Dipl.-Psych. , Am Ebelfeld 1 A, 6000 Frankfurt/M. 90.
Arbeitet als Psychoanalytiker in freier Praxis. Er ist Mitglied der Deutschen Psychoanalytischen Vereinigung und Lehranalytiker am Sigmund-Freud- Institut. Hauptarbeitsgebiete: Psychoanalytische Entwicklungspsychologie (insbesondere Adoleszenz und Säuglingsforschung), psychoanalytische Sozialpsychologie und Geschichte der Psychoanalyse.
Publikationen: Spätadoleszente Konflikte (Hg. zusammen mit E. Krejci), Göttingen: Vandenhock u. Ruprecht, 1982; "Gift, das du unbewußt eintrinkst..." Der Nationalsozialismus und die deutsche Sprache (zus. mit J. Drews), Bielefeld: Aisthesis, 1991; Antisemitismus (zus. mit J. Kafka), Bielefeld: Aisthesis, 1992.

BRÄMER, Rainer, Diplomphysiker, Dr. rer. nat., Fachbereich Erziehungswissenschaften der Universität Marburg, Ernst-Giller-Str. 5.
Arbeitsgebiete: Hochschulforschung, Wissenschaftssoziologie, DDR-Forschung. Publikationen: Anspruch und Wirklichkeit sozialistischer Bildung - Beiträge zur Soziologie des Bildungswesens in der DDR. München 1983; Der Prof. als Überpädagoge - Was Studierende von ihren Hochschullehrern erwarten. Forum Wissenschaft H1/1992, S. 29ff.

BÜRGIN, Dieter, Prof. Dr. med., Gundeldingerstr. 177, CH 4053 Basel.
Wichtigste Arbeitsgebiete: Psychoanalytische Psychotherapie mit Kindern und Jugendlichen, Psychosomatik bei Kindern und Jugendlichen, Psychoonkologie, Entwicklung triadischer Beziehungen in früher Kindheit. Publikationen: Das Kind, die lebensbedrohliche Krankheit und der Tod. Huber, Bern 1978; Beziehungskrisen in der Adoleszenz. Huber, Bern 1988.

DUMSCHAT, Renate, Dipl. Sozialarb. (FH), Erlenfeldweg 31 a, 3500 Kassel.
Arbeitet seit 1973 an der Forschungs- und Beratungsstelle für Studierende an der Gesamthochschule Kassel. Hauptarbeitsgebiete: Psychoanalytisch orientierte Studentenpsychotherapie, weibliche Adoleszenz und Spätadoleszenz. Veröffentlichungen: "Probleme - Was ist das ?" In: Schriftenreihe der AG für ländliche Entwicklung, GhK, 1989, sowie zusammen mit M. Leuzinger-Bohleber (1991): "Weibliche Identitätskonflikte, 1968 und heute". Zwei Fallskizzen. fragmente-Sonderheft, Sept. 1991.

EDERER, Christian, Dr. phil., Philosophenweg 9, O - 6902 Jena. Diplompsychologe, Fachpsychologe für Medizin, wissenschaftlicher Assistent der Abteilung Internistische Psychotherapie der Klinik Innere Medizin der Friedrich-Schiller-Universität Jena. Publikationen vorwiegend zur Gruppenpsychotherapie.

ERDHEIM, Mario, PD Dr. phil., Toblerstr 60, CH- 8044 Zürich.
Psychoanalytiker und Ethnopsychoanalytiker. Hauptarbeitsgebiete: Ethnopsychoanalyse, psychoanalytische Kulturtheorie, Adoleszenz. Publikationen: Die gesellschaftliche Produktion von Unbewußtheit. Eine Einführung in den ethnopsychoanalytischen Prozeß. Frankfurt a.M.: Suhrkamp, 1982; Die Psychoanalyse und das Unbewußte in der Kultur. Frankfurt /M.: Suhrkamp.

ERLICH, H. Shmuel, Prof. Dr. phil., Sigmund Freud Center for Study and Research in Psychoanalysis, Department of Psychology, Mt. Scopus, Jerusalem 91905, Israel. Professor für Klinische Psychoanalyse, Lehranalytiker der Israel Psychoanalytic Society, Leiter des Sigmund Freud Centers. Arbeitsgebiete: Adoleszenz, psychoanalytische Entwicklungspsychologie, Theorie und Praxis der Psychoanalyse.

HALBERSTADT-FREUD, Dr. Hendrika C. (Ph.D.), Van Breestraat 131, NL 1071 ZL Amsterdam; Tel. (020) 6799681.
Arbeitsgebiete: Psychoanalytikerin von Erwachsenen, Kindern und Adoleszenten. Privatpraxis und Dozentin der Niederländischen Psychoanalytischen Gesellschaft und Association for Child Psychoanalysis. Publikationen: Psychodiagnostik mit Kindern und Adoleszenten (auf Holländisch), 7. Auflage 1989, Swets & Zeitlinger; Freud, Proust Perversion and Love, 1991, Swets & Zeitlinger, Amsterdam.

LEUZINGER-BOHLEBER, Marianne, Prof. Dr. phil., "Psychoanalyse", Fachbereich 1: Erziehungs- und Humanwissenschaften, Gesamthochschule Kassel, Nora-Platiel-Str. 1, 3500 Kassel.
A.o. Mitglied der Schweizerischen Psychoanalytischen Gesellschaft und der Deutschen Psychoanalytischen Vereinigung.
Arbeitsgebiete: Klinische und empirische Forschung in der Psychoanalyse, Indikationsforschung, Adoleszenz, psychoanalytische Entwicklungspsychologie.
Publikationen: Psychoanalytische Kurztherapien. Zur Psychoanalyse in Institutionen, Opladen: Westdeutscher Verlag, 1985; Veränderungen kognitiver Prozesse in Psychoanalysen, Bd. 1 (1987), Bd. 2 (1989), Berlin: Springer; (zus. mit H. Schneider und R. Pfeifer): "Two Butterflies on My Head....". Psychoanalysis in the Interdisciplinary Dialogue, Berlin: Springer, 1992.

LÜTZEN, Claudia
Lehramtsstudium für die Fächer Musik, Religion und Gesellschaftslehre 1983-1987; derzeit Studentin der Erziehungswissenschaften und Philosophie an der Gesamthochschule Kassel.

MAHLER, Eugen, Prof. Em., Dr. med., Internist und Psychoanalytiker, Heckenmühle, 3509 Morschen-Neumorschen.
Lehranalytiker des Mitscherlich-Instituts Kassel. Hauptarbeitsgebiete: Psychoanalytische Gruppentherapie, Friedensforschung, Psychosomatik. Publikationen: Psychische Konflikte und Hochschulstruktur, Psyche 23, Jg. 10, 772-795; Psychoanalytische Gruppenarbeit mit Lehrerstudenten, Psyche 28, 2, 97-115; Christliche Botschaft und Apokalypse, ein psychohistorischer Prozeß ohne Zukunft?, in: Passet, P., und Modena, E. (Hg.), Krieg und Frieden in psychoanalytischer Sicht. München: Piper, 1987.

MISSELWITZ, Dr. med. Irene, Fachärztin für Neurologie und Psychiatrie, Fachärztin für Psychotherapie, Oberärztin der Abteilung Neurosen und funktionelle Störungen der Klinik für Psychiatrie und Neurologie der Friedrich-Schiller-Universität Jena, 0 - 6902 Jena-Lobeda, Erlanger Allee 101. Publikationen vorwiegend zum Thema Krankheit und gesellschaftliche Verhältnisse.

von SALIS, Thomas, Dr. med., Mühlebachstr. 17, CH-8008 Zürich.
Spezialarzt für Kinder- und Jugendpsychiatrie und -psychotherapie, Psychoanalytiker. Hauptinteressen: Operative Gruppen, ihre Anwendung in Psychiatrie, Supervision, Therapie und Unterricht. Berufspolitisch aktiv als Präsident der Schweizerischen Gesellschaft für Kinder- und Jugendpsychiatrie und in der Europäischen Vereinigung der Fachärzte.

SCHÜTZE, Fritz, Professor für qualitative Verfahren der empirischen Sozialforschung am FB Sozialwesen der Gesamthochschule Kassel.
Forschungsschwerpunkte: Biographieforschung, Interaktionsanalyse, Ethnographie sozialer Welten, Theorie professionellen Handelns.

SCHULMEYER-HERBOLD, Ulrike
Nach dem Abitur Ausbildung und Berufstätigkeit als med.-techn. Radiologie-Assistentin. 1986-1992 Studium an der Gesamthochschule Kassel im Fachbereich Sozialwesen.

SHAPIRO, Roger Lee, M.D., 2312 Tracy Place, N.W., Washington, D.C. 20008, USA.
Lehranalytiker des Washington Psychoanalytic Institute, jahrelange Forschungsarbeit am National Institute of Mental Health, Bethseda, Maryland. Hauptarbeitsgebiete: Adoleszenz, familiäre Konstellationen bei Borderline-Störungen und narzißtischen Persönlichkeitsstörungen, psychoanalytische Forschungsmethodik. Viele Publikationen in diesen Fachgebieten.

VENNER, Margit, Dr. med, Oberärztin, Fachärztin für Innere Medizin, Fachärztin für Psychotherapie, Leiterin der Abteilung Internistische Psychotherapie der Klinik für Innere Medizin der Friedrich-Schiller-Universität, 0 - 6902 Jena-Lobeda, Erlanger Allee 101.
Hauptarbeitsgebiete: Psychotherapie psychosomatisch Kranker (vor allem Patienten aus der Inneren Medizin: Colitis ulcerosa, Morbus Crohn, Asthma bronchiale, Eßstörungen, entzündliche rheumatische Erkrankungen); Lehre und Forschung auch auf diesem Gebiet.
Publikationen: Zur Gruppenpsychotherapie psychosomatisch Kranker, zur Integration von Psychotherapie/Psychosomatik in die Innere Medizin, zur Bewältigung des gesellschaftlichen Umbruchs - Zusammenhang zwischen gesellschaftlichen Veränderungen und Gesundheit und Krankheit.